四川君合律师事务所
SI CHUAN JUNHE LAW FIRM

# 君合律师论坛

## 四川君合律师事务所
## 创建30周年纪念文集

四川君合律师事务所　编
秦泽均　主编

法律出版社
LAW PRESS·CHINA
北京

**图书在版编目(CIP)数据**

君合律师论坛：四川君合律师事务所创建30周年纪念文集／四川君合律师事务所编；秦泽均主编. -- 北京：法律出版社, 2024
ISBN 978-7-5197-9159-9

Ⅰ. ①君… Ⅱ. ①四… ②秦… Ⅲ. ①律师业务－中国－文集 Ⅳ. ①D926.5-53

中国国家版本馆 CIP 数据核字(2024)第 098336 号

**君合律师论坛**
——四川君合律师事务所创建30周年纪念文集
**JUNHE LÜSHI LUNTAN**
—SICHUAN JUNHE LÜSHI SHIWUSUO CHUANGJIAN 30 ZHOUNIAN JINIAN WENJI

四川君合律师事务所 编
秦泽均 主编

策划编辑 林 蕊
责任编辑 林 蕊
装帧设计 李 瞻

**出版发行** 法律出版社
**编辑统筹** 司法实务出版分社
**责任校对** 张翼羽
**责任印制** 胡晓雅
**经　　销** 新华书店

**开本** 710毫米×1000毫米 1/16
**印张** 41 **字数** 648千
**版本** 2024年6月第1版
**印次** 2024年6月第1次印刷
**印刷** 固安华明印业有限公司

地址:北京市丰台区莲花池西里7号(100073)
网址:www.lawpress.com.cn
投稿邮箱:info@lawpress.com.cn
举报盗版邮箱:jbwq@lawpress.com.cn
销售电话:010-83938349
客服电话:010-83938350
咨询电话:010-63939796


**书号**:ISBN 978-7-5197-9159-9
**定价**:165.00元
凡购买本社图书,如有印装错误,我社负责退换。电话:010-83938349

# 本书编委会

**主　编**

秦泽均

**执行主编**

黄　徵

**副主编**

廖晓丽　寇亚明　黄明建　刘　艳

**编　委**

仇吉军　廖衍玲　熊永林　罗宏波
肖　磊　郑筱珺　唐兵兵　李　力
卢　宇　褚立宁　屈　良　陈　琳

# 前言

30 年来，君合律师不忘社会责任，坚持常年开办所内论坛，君合律师在开展律师业务时不忘把案件上升到理论高度，探索办案中的一些难点和疑点，通过探索和交流，使法律问题更加清晰和透明。

君合律师论坛已开办近 20 年，此次汇编了 2019 年至 2023 年的大部分论文。根据论文的内容，我们将论文分为建设工程与不动产交易法律实践研究、金融证券法律实践研究、保险法律实践研究、企业设立与经营法律实践研究、合同事务法律实践研究、知识产权保护法律实践研究、劳动关系法律实践研究、破产事务法律实践研究、行政管理法律实践研究、婚姻家事法律实践研究、网络法治研究、民事司法研究、刑事司法研究、行政司法研究、其他，共 15 编，以方便读者阅读和检索。

本书收录的论文均由君合律师从自己办理的案件中提炼而来，具有较高的实践性和理论性，对于从事法律工作的政府、企事业单位和其他单位人员都有一定的参考价值。

谨以此书纪念君合所成立 30 周年。

**秦泽均**

**2024 年 6 月**

# 目录

## 第一编 建设工程与不动产交易法律实践研究

## 第二编 金融证券法律实践研究

## 第三编 保险法律实践研究



## 第四编 企业设立与经营法律实践研究

## 第五编 合同事务法律实践研究



## 第六编 知识产权保护法律实践研究



## 第七编 劳动关系法律实践研究

## 第八编　破产事务法律实践研究



## 第九编　行政管理法律实践研究



## 第十编　婚姻家事法律实践研究



## 第十一编　网络法治研究

## 第十二编 民事司法研究



## 第十三编 刑事司法研究



## 第十四编 行政司法研究

## 第十五编 其他

# 第一编

# 建设工程与不动产交易法律实践研究

# 如何在建设工程合同纠纷中成功突破合同相对性

秦泽均*

【摘要】在建设工程款纠纷诉讼案件中,委托人要求合同相对人的上上级单位承担合同责任,致使案件的处理面临突破合同相对性的巨大挑战。为满足委托人如此特殊的要求并争取胜诉,律师不仅要在合同事实、法律规定和司法案例分析中寻找其可能性,更要充分发挥长期积累的诉讼技巧和经验,准确、高效地作出判断,在收集证据的基础上,抽丝剥茧地发现合同相对性可以被突破的切入点,尽忠职守地维护委托人的合法权益。

【关键词】合同纠纷;诉讼;突破;合同相对性

我与本所律师合作代理了一起重大工程合同纠纷案。在该案中,能否要求合同相对方的上上级单位承担合同责任成为重大焦点。该案历经高级人民法院的一审和最高人民法院的二审,经过6年的辛苦工作,我们最终取得了胜诉的结果。究其办案思路和办案过程,感悟良多。

## 一、我们以丰富的办案经验和深入细致的调查成果,成功地满足了委托人要把合同相对方的上上级单位列为被告的竞标条件而成为其代理人

我们的委托人即该案的原告发现与之签订合同的相对方已无资产、完全没有支付能力,其认为只有把合同相对方的上上级单位作为被告,才有可能收回工程

* 秦泽均,四川君合律师事务所律师,首席合伙人,主任。

款。为此,委托人采用了竞标的方式遴选代理人,其竞标的核心条件是代理人必须做到将合同相对方的上上级单位列为被告。我们和其他数家律师事务所参与了竞标。

为了达到竞标条件,我拷贝了委托单位上百份中英文资料,回律所后在其中仔细寻找线索,终于在一堆英文资料中发现签订合同的相对方的上上级单位为案涉工程成立过指挥部。于是,我们便提出了可以把指挥部作为突破口,进而把相对方的上上级单位确定为被告的思路。在此基础上,我们进一步对案涉工程在不同时间订立的四份合同之间的关系以及相关主体的状态进行了深入分析,发现了2011年8月签订的《设计合同》、2012年12月签订的《地管干管和道路工程采购及施工总承包合同》(以下简称包一合同)、2013年1月签订的《土建和钢结构工程采购及施工总承包合同》(以下简称包二合同)、2013年2月签订的《设备/材料采购及安装工程总承包合同》(以下简称包三合同),分别为设计、采购、施工等不同类型的合同,进而提出了究竟是分别以设计合同纠纷、买卖合同纠纷、建设工程承包合同纠纷三个案由立案还是将其统筹起来以一个合同纠纷为案由立案的重大问题。最终,我们选择用一个案由即合同纠纷案由立案,并把被告确定为两个,一是签订合同的相对方的上上级单位及其指挥部,二是签订合同的相对方及其执行部。

我们对案件的代理思路得到了委托人的高度认可与赞许,因此,我们顺利地成为该重大合同纠纷案之原告的代理人。

**二、我们成功地突破了合同相对性,使合同相对方的上上级单位最终被认定为被告,委托人的诉讼请求得到了支持**

委托人关于把合同相对方的上上级单位列为被告的要求,使该案代理工作走上了需要突破合同相对性的复杂与艰难的历程。历时6年的博弈,全方位地考验了我们代理律师的办案能力和办案技巧。

由于案件的争议标的较大,该案的一审法院是高级人民法院。一审法院受理后,因指挥部无人接收起诉书,原告撤回了对指挥部的起诉,被告则成为签订合同的相对方(以下简称被告合同相对方)和合同相对方的上上级单位(以下简称被告上上级单位)。

2017年3月,第一次开庭。此次开庭是对原被告的证据进行质证,法庭同意原告对包一合同、包二合同、包三合同进行造价鉴定的申请。

2017 年 3 月，第二次开庭。此次开庭是法庭对四份合同是否应分开审理、设计合同应付款是否已过诉讼时效、包一合同、包二合同、包三合同的欠款是多少、损失是多少、被告上上级单位是否应承担责任进行法庭调查和辩论。

2018 年 5 月，第三次开庭。此次开庭是原被告对交给鉴定机构的一大车证据材料进行质证，耗时整整一天。

2019 年 8 月，第四次开庭。此次开庭是双方对造价鉴定中原告新举示的证据进行质证。

2020 年 7 月，第五次开庭。此次开庭是法庭对原告增加和变更的诉讼请求进行审理、对鉴定机构的鉴定报告进行质证。在此次开庭中，我们以原告名义聘请的专家辅助人对鉴定报告的错误之处提出了专家意见，法庭要求鉴定机构作补充鉴定报告。

2021 年 1 月，第六次开庭。此次开庭是对原告提交的新的鉴定材料进行质证。

2021 年 7 月，第七次开庭。此次开庭是法庭对被告上上级单位是否应该承担该案的合同责任等焦点问题进行审理。在庭审中，被告上上级单位辩称自己不是适格的诉讼主体，原因在于原告起诉的依据是其与被告合同相对方签订的四份合同，案涉项目的立项主体是被告合同相对方的母公司，四份合同的签订主体、履行主体、支付主体均为被告合同相对方，被告也只能是被告合同相对方。虽然在合同履行过程中，被告上上级单位行使了一定的合同权利，但仅是履行国有公司股东对其内部子公司的管理程序和国有资金的监管程序，发挥的是协调和内部控制作用。按照合同相对性原则，被告上上级单位不应承担合同义务和责任。

2021 年 11 月，高级人民法院判决被告上上级单位和被告合同相对方支付：(1)设计费欠款；(2)包一合同、包二合同、包三合同欠款；(3)支付采购、施工及管理费用损失。

2021 年 11 月，被告上上级单位和被告合同相对方不服一审判决上诉至最高人民法院，请求撤销一审判决第一、二、三项判决中被告上上级单位承担责任的内容；撤销一审判决第二项包一合同、包二合同、包三合同欠款的内容。

2022 年 7 月 13 日，第八次开庭。此次开庭是最高人民法院的二审开庭。经此次开庭审理后，最高人民法院于2022年9月判决驳回上诉，维持原判。

**三、此次胜诉与多方因素密切相关**

突破合同相对性并胜诉与对合同相对性原则与责权相一致原则之关系进行深入的理论思考密切相关；与充分重视长期积累的实操技巧和丰富的办案经验密切相关；与敢于突破思维惯性的限制、勇于把法学理论、法律原则和法律规定与现实的法律实践相结合密切相关。

该案涉及的四份合同的签订主体为原告和被告合同相对方，如果要让被告上上级单位作为被告进而承担责任，则必须突破合同相对性原则。

众所周知，合同相对性原则在《民法典》中得到了确立。《民法典》第465条规定："依法成立的合同，受法律保护。依法成立的合同，仅对当事人具有法律约束力，但是法律另有规定的除外。"这是订立与履行合同以及处理合同纠纷的基本原则。然而，在深刻理解该原则的实质和真谛后，就能够使之与具体的合同纠纷处理实践有机地结合，并在权责相一致原则的指导下，突破该相对性原则。为此，我们进行了深入的调查取证工作，力争找到被告上上级单位在合同项下的工程中的作用、地位和享有的权利，为突破合同相对性奠定坚实的证据基础。

调查发现，该案所涉的工程项目系政府项目。长期的办案经验告诉我，政府习惯成立项目指挥部，因此，我从指挥部这个概念入手进行了调查，果然查到被告上上级单位确实为该项目成立了项目指挥部。这个指挥部针对涉案项目召开了多次工作会议并有详细的会议纪要，其中一份会议纪要特别明确地载明了被告上上级单位是项目的主要业主，工程建设指挥部是整个项目建设的组织、指挥、协调机构，也即指挥部不仅仅是一个监督者，而且是项目的实施组织者。

通过指挥部，我还查到了发改委关于被告上上级单位作为该项目业主的批文以及《协调合同》《结算管理办法》《关于成立招标领导小组的通知》等诸多关于被告上上级单位独立投资该项目的证据。其中，指挥部的会议纪要载明了指挥部是由被告上上级单位的人员组成，资金由被告上上级单位专款专用专账管理，被告上上级单位委托下属全资子公司作为业主代为签订合同、由指挥部选择承包商；《结算管理办法》规定了项目竣工结算由被告上上级单位负责；《关于成立招标领导小组的通知》载明了由被告上上级单位成立招标领导小组负责该项目的招标。这些证据充分证实了该案涉及的四份合同的实际履行人是原告与被告上上级单位。

立案后的 2018 年 3 月，我还在项目所在地的建设管理机构调取到以被告上上级单位作为业主的建设工程规划许可证、建设用地规划许可证、建设工程施工许可证；在不动产档案馆查到该工程的不动产全部登记在被告上上级单位名下。

2021 年 11 月，高级人民法院认定：虽然被告上上级单位不是签订案涉合同的相对方，但案涉合同所涉项目系一体化项目的一部分，被告上上级单位作为一体化项目主体及项目用地和建筑物的权利人，应当对一体化项目承担主体责任。案涉合同的签订、履行及结算中，被告上上级单位均有参与，案涉合同中也有关于被告上上级单位权利义务的约定，案涉项目所涉工程施工许可证亦载明建设单位为被告上上级单位和被告合同相对方，因此，原告有理由相信被告上上级单位系案涉合同的实际履行方，其请求被告上上级单位与被告合同相对方共同承担该案合同责任，法院予以支持。

被告上上级单位和被告合同相对方不服一审判决，均上诉至最高人民法院，2022 年 9 月最高人民法院判决认为：虽被告上上级单位不是合同相对方，但被告上上级单位作为一体化项目主体之一，是案涉工程项目的建设用地规划许可证和建设工程规划许可证载明的用地及建设单位，案涉项目的建设工程施工许可证亦载明建设单位为被告上上级单位和被告合同相对方，2010 年 5 月 4 日被告上上级单位工程建设指部指挥长联席会议第一次会议纪要也载明：被告上上级单位作为一体化项目的主要业主，工程建设指挥部是整个项目建设的组织、指挥、协调机构，其不仅是一个监督者，而且是项目的实施组织者。上述事实表明被告上上级单位在案涉项目中占据绝对支配与控制地位，是案涉合同的实际签约、履行主体，根据权责一致原则，一审判决被告上上级单位与被告合同相对方共同承担该案责任，并无不当。

在代理该案的过程中，我们也担心由于没有相应的案例支撑，法院会驳回原告对被告上上级单位的起诉。为此，我用了近 1 个月的时间反复查找相关资料、案例、法律和司法解释，在此过程中，不断突破自我，破除法条思维和案例思维的限制，从建设工程的立项、管理、施工等惯例着手，找到了指挥部这个切入点，从而解决了把被告上上级单位作为被告的适格问题，最终不仅获得了高级人民法院的一审支持，还获得了最高人民法院的二审支持，历时 6 年的诉讼案件终于以原告胜诉而尘埃落定。

**四、发扬律师的专业和职业精神，认真审视当事人诉求的合理性，尽力维护委托人的合法权益，既是代理律师的天职，也是律师不错过任何一个代理工作机会的法宝**

我们在与其他律师事务所竞标时就已经意识到，要代理委托人把被告上上级单位作为承担合同责任的被告就必须突破合同的相对性。在诉讼中要突破合同相对性是十分艰难的，有很多限制性条件，需要充分的事实依据。但委托人自己没有也无法提供能够把被告上上级单位列为被告的证据资料，其诉求遭遇质疑，其他律师事务所明确表示根本办不到。

而我们认为，委托人想把被告上上级单位列为被告是因为只有如此，他们的工程款才有可能收回，这对于施工企业而言是非常重要的诉求。作为代理律师，应当尽最大努力用合法的方式满足委托人的要求。为此，我们夜以继日地、主动地通过各种渠道收集资料，另辟蹊径地从指挥部着手，在指挥部的成立、作用、功能等信息中找到了被告上上级单位与案涉合同的相关资料，查到了被告上上级单位作为业主的立项、用地、建设的许可性文件，从而锁定了被告上上级单位应承担合同责任的事实依据，为委托人的诉求找到了合理性与合法性的支撑，为委托人的合法权益得到支持与维护找到了希望，最终带给了委托人胜诉的喜悦。

律师认真审视委托人的诉求，也是业务工作的重要组成部分，其审视的视角、审视的路径、审视的方式，都将成为律师能否成功获得代理业务的重要影响因素。

该案因突破合同相对性的特点，无论是从法院审理工作看，还是从律师代理工作看，都具有十分显著的意义，对该案的审理工作和代理工作进行反思与总结是很有必要的。

该案通过法院强制执行了被告上上级单位，上亿元工程款已全部执行完毕。

# 浅谈在建设工程施工合同纠纷中的竣工结算默示条款

熊永林　张逸迁*

**【摘要】**建设工程施工合同纠纷，特别是涉及工程量变更、工程涉及材料/设备变更的合同纠纷，其争议焦点往往在于工程款结算，而法院审理工程款结算纠纷的主要依据，系双方当事人签订的工程施工合同的约定与履行情况。故，“竣工结算默示条款”在建设工程施工合同纠纷中担负着关键性角色。通常，工程竣工验收合格后，先由承包方提交竣工结算文件，发包方应对承包方提交的竣工结算文件进行审核，有异议的应及时提出，无异议的则应根据确认的竣工结算报告向承包方支付结算款。

**【关键词】**建设工程施工合同；竣工结算文件；约定；视为认可

作为发包人的代理人，笔者代理了一起建设工程施工合同纠纷案件，双方就工程款结算问题产生了较大争议，承包人通过其提交的竣工结算文件，向发包人主张了400余万元的工程款，发包人虽不认可承包人主张的工程款金额，但未对此提出明确异议，即发包人就收到的竣工结算文件存在明显的“逾期不予回复”的违约行为。但因建设施工合同竣工结算条款中没有明确的关于“逾期不予答复，视为认可”的默示性约定，笔者成功将该案引入了鉴定程序，并通过笔者在该

* 熊永林，四川君合律师事务所高级合伙人律师，房地产与建设工程法律事务部部长。张逸迁，四川君合律师事务所律师，房地产与建设工程法律事务部成员。

案鉴定环节所做的工作，最终成功为发包人减少了近300万元的损失。笔者认为，虽然“逾期答复视为认可规则”条款看似无足轻重，但在诉讼及非诉业务中，有极大可能发挥至关重要的作用，能够为当事人争取更大的合法利益。现就相关问题浅谈如下。

**一、建设工程施工合同纠纷中关于竣工结算默示条款的相关法律规定及简单解读**

（一）相关法律规定

1. 最高人民法院《关于审理建设工程施工合同纠纷案件适用法律问题的解释（一）》第21条［最高人民法院《关于审理建设工程施工合同纠纷案件适用法律问题的解释》（已失效）第20条］规定：当事人约定，发包人收到竣工结算文件后，在约定期限内不予答复，视为认可竣工结算文件的，按照约定处理。承包人请求按照竣工结算文件结算工程价款的，人民法院应予支持。

2. 四川省高级人民法院《关于审理建设工程施工合同纠纷案件若干疑难问题的解答》第18条规定：“承包人要求按照竣工结算文件结算工程价款如何处理？当事人在建设工程施工合同专用条款或另行签订的协议中明确约定发包人应在收到承包人提交竣工结算文件后一定期限内予以答复，且逾期未答复则视为认可竣工结算文件的，承包人依据《建工司法解释》第二十条的规定请求按照竣工结算文件结算工程价款的，应予支持。没有明确约定逾期未答复则视为认可竣工结算文件的，承包人请求按照竣工结算文件确定工程价款的，不予支持。当事人在建设工程施工合同专用条款中未明确约定发包人应在收到承包人提交竣工结算文件后一定期限内予以答复，也未另行签订协议约定，承包人仅以原建设部《建筑工程施工发包与承包计价管理办法》第十六条的规定，或者《建设工程施工合同（示范文本）》通用条款约定为依据，诉请依照《建工司法解释》第二十条的规定按照竣工结算文件结算工程价款的，不予支持。当事人在建设工程施工合同专用条款或另行签订的协议中明确约定发包人应在承包人提交竣工结算文件后未答复则视为认可竣工结算文件，但未约定答复期限，经承包人催告后，发包人仍不予答复的，人民法院可根据实际情况确定合理的答复期限，但答复期限不应超过60日。”

3. 最高人民法院民事审判庭《关于发包人收到承包人竣工结算文件后，在约定期限内不予答复,是否视为认可竣工结算文件的复函》(〔2005〕民一他字第23号)规定:"渝高法〔2005〕154号《关于如何理解和适用最高人民法院〈关于审理建设工程施工合同纠纷案件适用法律问题的解释〉第二十条的请示》收悉。经研究,答复如下:同意重庆市高级人民法院审委会的第二种意见,即:适用该司法解释第二十条的前提条件是当事人之间约定了发包人收到竣工结算文件后,在约定期限内不予答复,则视为认可竣工结算文件。承包人提交的竣工结算文件可以作为工程款结算的依据①。"从建设部制定的建设工程施工合同格式文本②,不能简单地推论出,双方当事人具有发包人收到竣工结算文件一定期限内不予答复则视为认可承包人提交的竣工结算文件的一致意思表示,承包人提交的竣工结算文件不能作为工程款结算的依据。

(二)根据上述法律规定,在建设工程施工合同纠纷中,发包人、承包人双方对工程款结算存在争议的情况

1. 若双方在结算条款处未明确约定"在约定期限内不予答复,视为认可竣工结算文件"

即使承包人按时向发包人交付了完整的结算文件,但在承包人不予认可且逾期不予答复的情况下,法院不会直接以承包人提交的结算文件为准对工程款金额进行确认,可能导致案件进入鉴定程序,以鉴定机构的鉴定意见为准对工程款金额进行确认。该情形可能有利于发包人,而造成承包人的被动局面,导致收款周期拉长,甚至导致最终确定的工程款金额远低于承包人预期(如鉴定中,承包人无法提供争议工程量的相关签证文书、涉及工程材料/设备价款与约定不同等,导致相关工程量对应价款不予计入工程款)。

可参考以下案例。

(1)四川省巴中市中级人民法院民事判决书,(2018)川19民初34号

法院认为:以承包人提交的竣工结算文件作为结算价款的前提必须同时满足四个要件:当事人在合同中有明确约定;约定了合理的审核期限;发包人在约定期

---

① 也就是说,该情形下根据该复函的精神,法院会将承包人提交的竣工结算文件作为工程款结算的依据。——笔者注

② GF-1999-0201文件中的通用条款第33条第3款的规定,"发包人收到竣工结算报告及结算资料后28天内无正当理由不支付工程竣工结算价款,从第29天起按承包人同期向银行贷款利率支付拖欠工程价款的利息,并承担违约责任"。

限内不予答复;明确约定超过审核期限的法律后果,即视为认可承包人竣工结算文件。根据双方当事人签订的《建设工程施工合同》第17.5.2条"发包人在收到承包人提交的竣工结算报告及结算资料后30日内核实,给予确认或提出修改意见。发包人确认竣工结算报告并经审计后向承包人支付工程竣工结算价款"的约定,双方当事人并未在合同中明确约定逾期答复则视为认可竣工结算文件,且被告与十五建筑公司也并未签订相关补充协议约定承包人提交竣工资料后逾期未答复则视为认可竣工结算文件。同时在2017年8月29日原告将结算资料及清单交给被告时,被告已明确签署意见,表示原告所提交的部分资料未提供原件不符合合同约定,提出异议。因此,被告签收结算资料及清单的行为不能视为被告对原告所提交的资料的认可,该案不能适用最高人民法院《关于审理建设工程施工合同纠纷案件适用法律问题的解释》(已失效)第20条的规定,原告所举出的《工程竣工结算书》不能作为结算依据,故法院对原告十五建筑公司举出的竣工结算造价102 438 885元及损失19 424 718元的证据不予采信。

(2)四川省眉山市彭山区人民法院民事判决书,(2019)川1403民初997号

法院认为:双方无书面合同约定天浩公司应在收到原告提交的工程结算单后一定期限内予以答复,也未约定不答复的法律后果,且未另行签订协议约定,故参照四川省高级人民法院《关于审理建设工程施工合同纠纷案件若干疑难问题的解答》第18条第2款"当事人在建设工程施工合同专用条款中未明确约定发包人应在收到承包人提交竣工结算文件后一定期限内予以答复,也未另行签订协议约定,承包人仅以原建设部《建筑工程施工发包与承包计价管理办法》第十六条的规定,或者《建设工程施工合同(示范文件)》通用条款约定为依据,诉请依照《建工司法解释》第二十条的规定按照竣工结算文件结算工程价款的,不予支持"之规定,原告主张工程结算单上的价款196 222.34元,法院依法不予支持。同时,原告除工程结算单外,并未提交证据证明实际施工面积、施工厚度等,也未申请进行工程造价鉴定,故原告的主张也因证据不足,不予支持。原告可在收集证据或进行工程造价鉴定后另行主张权利。

(3)四川省高级人民法院民事裁定书,(2020)川民申3329号

法院认为:双方签订的《施工合同书》中没有约定"一方对另一方报送的竣工结算文件在一定期限内不答复便视为认可"的内容,故《结算审计报告》不能作为

工程结算的依据。

(4)四川省成都市中级人民法院民事判决书,(2019)川01民终3555号

法院认为:该案中,双方当事人并未在合同中约定,也未另行签订补充协议约定,逾期答复则视为认可竣工结算文件。因此,安盈公司(承包人)仅根据建设部相关规定主张按竣工结算文件确定工程造价的理由不能成立。一审法院依法委托司法鉴定机构对案涉工程造价进行鉴定并据此确定工程款正确,法院予以确认。

2. 若双方在建设工程施工合同中明确约定了"在约定期限内不予答复,视为认可竣工结算文件"

若承包人及时交付了完整的结算文件,则法院将根据相关法律规定,不经鉴定而直接依据承包人提交的竣工结算文件,确定工程款金额,该情形大多有利于承包人。

可参考以下案例。

(1)最高人民法院民事裁定书,(2017)最高法民申1931号

法院认为:虽然双方当事人在施工合同中约定了工程价款,但同时也明确约定了增加合同外工程量之后价款如何调整和如何结算的内容。施工合同第37.5条约定:发包人收到承包人建设项目竣工结算报告及结算资料后30天内,审查完成。第37.6条约定:发包人收到竣工结算报告及结算资料后,在规定期限内对结算报告及结算资料没有提出意见则视同认可。在陕西建安公司(承包人)完成施工任务并于2014年4月23日向神州水务公司(发包人)提交了户县第二污水处理厂(东厂)第一标段工程结算报告和结算资料,神州水务公司收到结算报告及结算资料后,在双方约定的30日内没有提出意见。神州水务公司在再审申请中提出的其在收到上述资料后提出了异议的主张,没有证据证明,法院不予支持。虽然此后双方又签订了补充协议,其中也确实约定了通过审计确定工程价款的内容,但补充协议中还明确约定委托审计是神州水务公司的义务,而且有时间限制,即最终审计金额确定的时间为2015年4月30日。但在此期间,神州水务公司既没有按照补充协议的约定委托第三方进行审计,也未给予陕西建安公司答复,系神州水务公司以自己的行为表明其不履行补充协议。在此基础上,原判决根据当事人在施工合同中的明确约定并依照最高人民法院《关于审理建设工程施工合

同纠纷案件适用法律问题的解释》第20条“当事人约定，发包人收到竣工结算文件后，在约定期限内不予答复，视为认可竣工结算文件的，按照约定处理。承包人请求按照竣工结算文件结算工程价款的，应予支持”的规定，不支持神州水务公司对工程价款进行审计的请求，确认该案工程款应按照陕西建安公司竣工结算文件作为结算依据，判令神州水务公司给付陕西建安公司工程款14 573 513.33元及相应利息，不存在适用法律错误的问题。

(2)四川省成都高新技术产业开发区人民法院民事判决书，(2018)川0191民初4431号

法院认为：电子四公司（承包人）与金阁莱公司（发包人）签订的《成都百裕金阁莱药业有限公司银杏内酯注射剂项目一期机电和净化安装工程施工合同》系双方的真实意思表达，且不违反法律规定，合法有效。该案中，电子四公司与金阁莱公司就案涉合同于2016年9月27日进行了竣工验收，2017年4月17日电子四公司将竣工结算报价资料和结算报价数据送给金阁莱公司，并由其指定的人员进行了签收，同月20日电子四公司又提交了项目结算事宜的通知，根据双方签订的合同中的专用条款第19.3.4条“发包人书面确认收讫承包人提交的完整工程竣工结算资料后60天内办理结算，否则，发包人应按承包人的工程结算报告中的工程决算总价向承包人支付各项工程款……”之约定，在电子四公司交纳了工程结算报告及相关资料后，金阁莱公司未在约定的60天期限内(2017年6月16日前)进行回复，也没有对电子四公司提出的结算金额提出异议，据此，法院对电子四公司提交的工程结算资料及结算报价的事实予以采信。金阁莱公司虽然对电子四公司提出的结算金额不认可，但对合同规定的规定单价计算标准并无异议，故对金阁莱公司要求对案涉工程进行鉴定的主张，法院不予支持。

**二、浅谈关于竣工结算默示条款的实践运用**

在诉讼中可能对于不同的主体，简单的约定会产生完全不同的效果，甚至由于争议标的额的大小、案情的不同，最终导向超出预期的结果。接下来笔者将分别就发包人、承包人的利益，浅谈对竣工结算默示条款相关内容的实践运用。

(一)基于发包人立场

1.关于建设工程施工合同中的竣工结算默示条款相关内容的约定：(1)明确约定承包人应向发包人提交竣工结算文件，以及提交竣工结算文件的具体期限；

(2)明确约定对完整竣工结算文件的要求,以及提交竣工结算文件不符合约定及法律规定的违约责任;(3)基于合同强势方的身份,在合同中规避关于"对竣工结算文件逾期不予答复,视为认可"的约定;(4)对于诸如"若发包人逾期不予答复,则按照中华人民共和国住房和城乡建设部令第16号《建筑工程施工发包与承包计价管理办法》的规定执行"或"若发包人逾期不予答复,则按财政部、建设部《建设工程价款结算暂行办法》(财建〔2004〕369号)的规定执行"的变通约定,注意加强留意,并对内容进行调整;(5)对工程量变更、工程涉及材料/设备变更等方面进行约定,如工程量变更、工程涉及材料/设备变更需进行签字并经发包人书面认可,否则相关增加费用由承包人承担等。

2. 需要注意的是,虽然最高人民法院民事审判庭《关于发包人收到承包人竣工结算文件后,在约定期限内不予答复,是否视为认可竣工结算文件的复函》中,明确了"建设部制定的建设工程施工合同格式文本(GF-1999-0201)中的通用条款第33条第3款的规定,不能简单地推论出,双方当事人具有发包人收到竣工结算文件一定期限内不予答复,则视为认可承包人提交的竣工结算文件的一致意思表示,承包人提交的竣工结算文件不能作为工程款结算的依据",但在GF-2013-0201、GF-2017-0201《建设工程施工合同(示范文本)》通用条款的14条中,均含有关于"逾期不予答复,视为认可"的约定。故,若使用《建设工程施工合同(示范文本)》,作为发包人需考虑对相关条款进行调整。

若使用《建设工程施工合同(示范文本)》,虽然存在观点认为在通用条款处对"逾期不予答复,视为认可"的相关内容有约定,仍不能视为双方对逾期答复竣工结算文件的后果达成了一致意见[如最高人民法院民事判决书,(2019)最高法民再110号;最高人民法院民事判决书,(2021)最高法民终706号;最高人民法院民事裁定书,(2021)最高法民申2760号;四川省德阳市中级人民法院民事判决书,(2021)川06民终278号],但基于谨慎保护发包人合法利益的态度,仍应对通用条款的相关约定进行调整,且在专用条款处,作出对发包人有利的约定,并明确优先适用专用条款。

通过梳理最高人民法院的相关司法解释和裁判文书,笔者理解并认为,如《建设工程施工合同(示范文本)》通用条款含有关于"逾期不予答复,视为认可"的约定,而专用条款也有相同约定,毫无疑问,该条款应该适用,承包人按约提交竣工结算文件给发包人后，发包人未在约定期限内审核确认或者提出异议，承包人主张按照其提交的竣工结算文件结算工程价款的，人民法院应予支持；如《建设工程施工合同（示范文本）》通用条款含有关于“逾期不予答复，视为认可”的约定，而专用条款也对结算事宜有约定，但是，没有约定“逾期不予答复，视为认可”的，应以专用条款未约定“逾期不予答复，视为认可”为依据，承包人按约提交竣工结算文件给发包人后，发包人未在约定期限内审核确认或者提出异议，承包人主张按照其提交的竣工结算文件结算工程价款的，人民法院不予支持；如《建设工程施工合同（示范文本）》通用条款含有关于“逾期不予答复，视为认可”的约定，而专用条款未对结算事宜进行约定，应该认定专用条款未改变通用条款的相关约定，应以通用条款约定的“逾期不予答复，视为认可”为依据，承包人按约提交竣工结算文件给发包人后，发包人未在约定期限内审核确认或者提出异议，承包人主张按照其提交的竣工结算文件结算工程价款的，人民法院应予支持。

3. 即使建设工程施工合同中没有关于“对竣工结算文件逾期不予答复，视为认可”的约定，但以下情形下，法院仍可能认为应视为发包人认可竣工结算文件[①]（下文提供个案参考）。

（1）结算书以约定的计价方式及双方确认的文件为依据制作。

有法院认为，发承包双方在合同中虽未约定发包人收到竣工结算文件后，在约定期间内不予答复，是否视为认可竣工结算文件的内容，但综合考虑承包人提交的结算书系以施工合同、产值清单核对表及双方确认的工程现场签证表为基本依据制作，且该结算书依据的产值清单均已由双方现场负责人确认，包括了工程量及单价两部分内容，对双方应当具有约束力，因此，以该结算书认定案涉工程价款并无不当。还有法院认为，承包人向发包人上报了结算文件，提交的结算文件中计算造价的方式与合同约定的计价方式一致，且结算文件所附签证单等材料均有双方当事人的签字或盖章，因此，应当按照承包人提交的结算文件所载明的工程价款作为工程造价。［参考案例：最高人民法院民事裁定书，（2017）最高法民申1321号］

---

① 参见《【裁判观点】发包人收到竣工结算文件一定期限内不予答复，承包人提交的竣工结算文件是否一定能作为工程款结算的依据？》，载微信公众号“法眼观筑”2021年8月7日，https://mp.weixin.qq.com/s/LP5ZP3OnFX-toqlru90hvg。

(2)发包人实际占有建筑物,且未提出异议,应视为认可竣工结算文件。

有法院认为,发承包双方未约定在审核期限内未答复则视为认可竣工结算文件,但发承包双方已经就工程价款结算方式进行了专门约定,参照执行《建设工程施工合同(示范文本)》通用条款第 32、33 条规定执行(通用条款第 33 条第 2 款规定:"发包人收到承包人递交的竣工结算报告及完整的结算资料后,应按上述期限进行核实,给予确认或者提出修改意见,如发包人在上述期限内对结算报告及资料没有提出意见,则视同认可……"),在发包人收到承包人出具的竣工验收报告、结算报告等材料的同时实际占有了建筑物,并未对承包人提交的报告提出意见,且在实际占有建筑物时也未对建筑物的质量、工期、工程价款等提出书面意见,应视为该工程已经竣工验收,发包人对承包人提交的结算报告、结算的工程价款予以认可。[参考案例:最高人民法院民事裁定书,(2019)最高法民申 821 号]

(3)参照适用部门规章的规定认定视为发包人认可竣工结算文件。

有法院认为,虽然不能直接适用最高人民法院《关于审理建设工程施工合同纠纷案件适用法律问题的解释(一)》第 20 条的规定,但在法律、司法解释未有规定的情况下,参照适用住房和城乡建设部颁布的《建筑工程施工发包与承包计价管理办法》第 18 条之规定,并无不妥,且与最高人民法院《关于裁判文书引用法律、法规等规范性法律文件的规定》第 6 条之规定并不冲突,因此应当认定发包人认可竣工结算文件。[参考案例:最高人民法院民事判决书,(2016)最高法民申 3690 号]

(4)通过合同其他约定推导发包人逾期不予答复视为认可竣工结算文件。

有法院认为,涉案工程为包干工程,虽然双方签订的合同并未约定"如果发包人收到竣工结算文件后,在约定期限内不予答复,则视为认可竣工结算文件",但在合同中有确定变更价款的约定,如约定"承包人在工程变更确定后 14 天内,提出变更工程价款的报告,经工程师确认后调整合同价款","承包人在双方确定变更后 14 天内不向工程师提出变更工程价款报告时,视为该项变更不涉及合同价款的变更","工程师应在收到变更工程价款报告之日起 14 天内予以确认,工程师无正当理由不确认时,自变更工程价款报告送达起 14 天后视为变更工程价款报告已确认",可见,工程价款是可随工程量的增加、变更而变更的,但双方要经过确认程序。工程师也对工程包干价以外的工程变更所变更的工程量价款均进行了确认。故工程验收合格后,承包人将结算书移交给发包人,该结算书应当作为定案依据。[参考案例:云南省高级人民法院民事判决书,(2015)云高民一终字第77号]

4. 综上所述,无论建设工程施工合同中是否存在关于"对竣工结算文件逾期不予答复,视为认可"的约定,发包人均应谨慎做好以下工作:(1)承包人未按约提交完整的竣工结算文件或发包人对提交的竣工结算文件存在异议的,发包人应及时进行书面催告或提出书面异议,在提出书面异议时,应提出明确具体的异议意见;(2)注意保留相关证据材料,如进行催告或提出异议书面材料、发送相关材料凭证(如邮寄凭证、邮箱记录等)等;(3)不轻易对签证、结算单等文件进行签字、盖章(注意加强人员管理,规避员工、授权代表个人擅自签字的情况);(4)对于任何涉及工程量变更、工程涉及材料/设备变更的条款,注意进行审查。

(二)基于承包人立场

1. 在建设工程施工合同中,关于竣工结算默示条款的相关内容应明确约定:(1)发包人对竣工结算文件的审核异议期(参考《建筑工程施工发包与承包计价管理办法》第18条的规定,异议期为28天,参考四川省高级人民法院《关于审理建设工程施工合同纠纷案件若干疑难问题的解答》第18条的规定,异议期最长不超过60天)。(2)发包人支付结算款的时间。(3)发包人未按约支付工程价款的违约责任,包括违约金以及逾期利息。(4)对需提交的竣工结算文件进行具体要求的条款,需审查该条款的要求是否合理、可行,承包人是否能满足该要求。(5)尽可能简化支付工程款条件,缩短支付工程款周期。(6)明确约定"若发包人对承包人提交的竣工结算文件逾期未答复,视为认可"[条款中应明确"竣工结算文件"字样,否则法院可能以并未明确为竣工结算文件为由,不予适用"逾期答复视为认可"规则,如四川省成都市中级人民法院民事判决书,(2019)川01民终6508号];若条件允许,建议明确约定,在发包人对竣工结算文件不予认可的情况下,发包人应提出明确、具体的异议意见,否则视为发包人对竣工结算文件进行答复,且视为认可。

2. 承包人应做好以下工作:(1)按约及时提交完整的竣工结算文件,并保留相关证据。(2)若发包人逾期对竣工结算文件进行答复,承包人应积极进行催款,并保留相关证据。(3)避免在约定的审核异议期限届满前提前催款,以防发包人进行答复或提出异议,从而丧失之后强制认定结算的可能。(4)做好相关签证签字、盖章工作,积极促成发包人对结算单或其他结算文件的签订工作,并注意保留相关证据。(5)必要时,对相关工作(如竣工结算文件的提交)进行公证。(6)编制竣工结算文件时,应保证竣工结算文件与相关书面支撑材料(如发包人签字或盖章确定的签证、建设工程施工合同约定)一致。

3. 需要注意的是:虽然 GF－2013－0201、GF－2017－0201《建设工程施工合同(示范文本)》第 14 条中,均含有关于"逾期不予答复,视为认可"的约定,但仍存在观点认为通用条款中对于相关内容进行约定,不能视为双方对逾期答复竣工结算文件的后果达成了一致意见[参见最高人民法院民事判决书,(2019)最高法民再 110 号;最高人民法院民事判决书,(2021)最高法民终 706 号;最高人民法院民事裁定书,(2021)最高法民申 2760 号;四川省德阳市中级人民法院民事判决书,(2021)川 06 民终 278 号],故若使用《建设工程施工合同(示范文本)》,建议承包人在条件允许的情况下,在专用条款处仍应对逾期答复竣工结算文件的后果(视为认可)进行明确约定。

**三、总结及评价**

见微知著,睹始知终。在建设工程施工合同纠纷中,往往细节决定成败,故对于单一法律问题的研究,显得尤为关键。正如本文所提到的,基于立场的不同,仅对于竣工结算默示条款的灵活运用,便可能产生完全不同的效果。笔者认为,律师在为当事人提供法律服务时,不仅需要整体把控,更需要对细小而关键的法律点进行尽可能精准的把握及运用。这样才能取得满意的效果,从而达到维护当事人合法利益的目的。对于建设工程施工合同纠纷相关问题的研究没有止境,如工程竣工验收问题与本文所提问题存在类似情况,基于承包方立场,结合阻碍条件成就,视为条件已成的相关法律规定,或可取得较好的效果。本文抛砖引玉,因篇幅有限,在此不再赘述。

# 房地产开发建设项目设计及施工阶段风险防控

张　悦*

**【摘要】**项目立项设计阶段是房地产项目启动前的阶段，包括市场调研、可行性研究、土地取得、规划设计、技术研究、经济评估等，目标是确定项目可行性、规划方案，并进行决策审批。施工阶段是房地产开发的关键环节，包括勘察和设计、施工准备（建设单位取得开工许可证和施工单位进行技术和物资的准备）、工程施工、生产准备等环节，目标是实现工程的整体建设。文章结合最新的监管政策和背景，梳理关于房地产开发立项设计阶段、施工阶段的合规要点，旨在为房地产企业实现开发建设合规提供法律支撑。

**【关键词】**房地产开发建设；立项设计阶段；施工阶段；建设合规；风险防控

随着房地产行业多年的高速发展，我们正处于政府全面监管的新时代。政府针对房地产市场中扰乱秩序和侵害购房人权益等问题，加大了查处力度。为此，相关部门纷纷联合开展房地产专项整治活动，以进一步规范市场秩序。文章对房地产领域不同阶段的合规要点进行重点梳理和分析，旨在归纳项目立项设计阶段和施工阶段的相关风险及防控策略。

## 一、立项设计阶段

根据我国法律规定，土地用途分为农用地、建设用地、未利用地。根据《城乡

---

* 张悦，四川君合律师事务所执业律师。

规划法》之规定，需要确保项目用地符合城乡规划法规定的土地用途、建设控制区划、建筑密度等规划要求。成都房地产开发项目需依托《成都市国土空间总体规划（2020—2035年）》严格按照土地利用总体规划确定的用途使用土地。如需变更土地用途，根据《民法典》第350条①、《土地管理法》第56条②之规定，必须经规划和自然资源部门同意。现实中有些地方政府违规操作，将不符合"用地总体规划"和未列入"年度用地计划"的地块出让。这种情况下，开发商虽然从土地部门拿到了地，但在办理其他开发手续时，在其他行政管理部门可能会受阻，导致项目开发出现障碍或延期。

（一）土地性质

根据《城市用地分类与规划建设用地标准》，用地分类分为两部分：城乡用地分类、城市建设用地分类。只有城市规划的建设用地才能够直接用于开发房地产项目。

（二）土地使用权取得

一般而言，获取土地使用权的方式包括：划拨、出让、转让、其他方式。但根据《土地管理法》第54条③之规定，一般商业房地产项目无法使用划拨土地，故房地产开发项目中土地使用权取得主要通过出让、转让。

1. 土地使用权出让

国有土地使用权出让是指由使用者向国家支付土地使用权出让金，国家将土地使用权在一定年限内让与土地使用者。目前，在土地使用权的出让模式中具体包括协议出让、拍卖出让、招标出让、挂牌出让四种模式。根据《招标拍卖挂牌出

---

① 《民法典》第350条规定：建设用地使用权人应当合理利用土地，不得改变土地用途；需要改变土地用途的，应当依法经有关行政主管部门批准。

② 《土地管理法》第56条规定：建设单位使用国有土地的，应当按照土地使用权出让等有偿使用合同的约定或者土地使用权划拨批准文件的规定使用土地；确需改变该幅土地建设用途的，应当经有关人民政府自然资源主管部门同意，报原批准用地的人民政府批准。其中，在城市规划区内改变土地用途的，在报批前，应当先经有关城市规划行政主管部门同意。

③ 《土地管理法》第54条规定：建设单位使用国有土地，应当以出让等有偿使用方式取得；但是，下列建设用地，经县级以上人民政府依法批准，可以以划拨方式取得：（1）国家机关用地和军事用地；（2）城市基础设施用地和公益事业用地；（3）国家重点扶持的能源、交通、水利等基础设施用地；（4）法律、行政法规规定的其他用地。

让国有建设用地使用权规定》第4条第1款[①]的规定，商业房地产项目不再适用协议出让模式，故商业房地产项目土地使用权出让主要通过拍卖出让、招标出让、挂牌出让的方式进行。

2. 土地使用权转让

根据《城市房地产管理法》第39条第1、2款[②]的规定，若为出让获得的土地使用权，须满足取得土地证且已完成开发投资总额25%以上，若已建成房屋则还需要持有房屋产权证书。相比一级土地市场，二级土地市场的拿地风险一般更大。我国法律规定严禁土地使用权倒卖。开发商不得直接将其从一级土地市场获取的土地使用权未经开发即转让，否则将面临土地使用权转让合同无效的法律风险。这一规定旨在防止土地使用权投机和市场不稳定，确保土地资源合理开发和利用。因此，在进行二级土地市场交易时，开发商应谨慎遵守法律法规，确保土地使用权交易的合法性和合规性，以避免可能引发的法律纠纷和风险。

根据《城市房地产管理法》第40条第1款[③]、2005年最高人民法院《关于审理涉及国有土地使用权合同纠纷案件适用法律问题的解释》（已被修改）第16条[④]的规定，若为历史遗留问题的划拨土地，则转让一定要报有批准权的人民政府批准，最迟应在合同确权诉讼起诉前办理完毕批准手续。在1988年以前，我国实行土地无偿使用制度，土地占用单位通过划拨方式获取土地使用权。如果开发商直接从这些单位手里拿地，需要注意以下事项：首先，该地块要符合两个条件，政府批准和补交地价款，之后才能进入市场交易；其次，需要考虑该地块的情况是否“干净”，核实其是否完成拆迁安置，是否存在土地抵押等情形。

---

① 《招标拍卖挂牌出让国有建设用地使用权规定》第4条第1款规定：工业、商业、旅游、娱乐和商品住宅等各类经营性用地以及同一宗地有两个以上意向用地者的，应当以招标、拍卖或者挂牌方式出让。

② 《城市房地产管理法》第39条第1、2款规定：以出让方式取得土地使用权的，转让房地产时，应当符合下列条件：（1）按照出让合同约定已经支付全部土地使用权出让金，并取得土地使用权证书；（2）按照出让合同约定进行投资开发，属于房屋建设工程的，完成开发投资总额的25%以上，属于成片开发土地的，形成工业用地或者其他建设用地条件。

③ 《城市房地产管理法》第40条第1款规定：以划拨方式取得土地使用权的，转让房地产时，应当按照国务院规定，报有批准权的人民政府审批。有批准权的人民政府准予转让的，应当由受让方办理土地使用权出让手续，并依照国家有关规定缴纳土地使用权出让金。

④ 2005年最高人民法院《关于审理涉及国有土地使用权合同纠纷案件适用法律问题的解释》第16条规定：土地使用权人未经有批准权的人民政府批准，以划拨土地使用权作为投资与他人订立合同合作开发房地产的，应当认定合同无效。但起诉前已经办理批准手续的，应当认定合同有效。

（三）针对立项设计阶段的防控建议

1. 做好尽职调查

取得土地使用权前，核实考察土地的合法性和出让权限，包括但不限于：(1)拟出资建设用地使用权登记情况、是否取得建设用地使用权证、证载内容是否与土地登记簿内容一致；(2)拟出资建设用地使用权的取得方式，不同取得方式对应的权利不同，出资时需要履行的手续也不同；(3)拟出资建设用地使用权权利是否完整，是否存在抵押、查封；(4)是否存在地上建筑物、构筑物或其他附属设施；(5)拟出资的建设用地使用权是否符合规划用途等。

2. 签好出让合同和合作开发合同

注意出让合同中的具体条款，包括：土地状态、土地出让金及支付、征地拆迁关系处理、拆迁安置的条件和费用等。

注意合作开发合同的具体条款，包括：(1)建设用地使用权的出让方式；(2)土地出让金的缴纳情况；(3)建设用地使用权的权属情况，是否存在限制；(4)建设用地使用权的投资作价；(5)建设用地使用权的交付日期、交付方式；(6)是否存在地上建筑物、构筑物、附属设施；(7)投资额发生变化、建筑面积发生变化、利润分配等条款；(8)退出机制。

**二、施工阶段**

（一）需依法取得国有土地使用证（现为不动产权证）、建设用地规划许可证、建设工程规划许可证、建筑工程施工许可证等证照

工程项目建设中需要进行规划许可审批、土地使用权审批和施工许可审批等行政手续。房地产开发企业在施工前必须依法获得规划许可证和施工许可证。未经合法审批，擅自施工可能面临工程停工的风险，施工合同无效、已完成工程被认定为违法建筑并要求拆除的风险，还可能面临行政处罚和企业信用风险。因此，开发企业必须依法取得必要的许可证件，遵守规章制度，确保项目合规进行，以避免可能出现的法律和经济风险。

（二）招标程序需符合法律规定

1. 选择具备相应资质的投标人

从事建筑施工和监理的单位必须具备相应的资质。如果房地产开发企业将工程承包给没有相应资质的单位，将面临合同无效的法律风险。因此，房地产开

发企业在选择承包商时必须仔细核实其资质，并确保其具备合法的建筑施工或监理资格。合同无效可能导致工程质量问题、违约纠纷等风险，给企业带来不必要的损失和法律纠纷。因此，企业应加强对承包商的审查，确保与合法、有资质的单位进行合作，以降低法律风险并确保项目的顺利进行。

2. 确定工程合理价格

根据《招标投标法》第41条[①]第2项的规定，“合理低价”被确定为投标人中标的条件。然而，实践中，“合理低价”往往被解释为“最低价”。如果这个“最低价”明显低于成本价，仍坚持以最低价支付，可能会导致施工方无法继续施工，项目搁置。最终不管是坚持最低价，还是据实结算，受损的往往都是房地产开发企业。

3. 规避中标无效的情形

导致中标无效的情况可以分为两类。

第一类是根据《招标投标法》第50条、第52条、第55条的规定，当投标人通过不正当行为影响了中标结果时，中标将被视为无效。这包括行贿、串标、虚假陈述等违法行为，以及其他可能导致公平竞争被扭曲的不正当手段。在这种情况下，招标机构有权取消中标结果，重新评审或重新招标。

第二类是根据《招标投标法》第53条、第54条、第57条的规定，当投标人的违法行为直接导致中标无效时，中标结果也将被视为无效。例如，投标人提交的招标文件中包含虚假材料、假冒他人身份等违法行为，或者投标人未履行相关法律法规规定的资格要求。在这种情况下，招标机构有权宣布中标结果无效，并根据法律法规采取相应的处罚措施。

为了确保招标投标过程的公平性和合法性，房地产开发企业在参与招标时应遵守相关法律法规，确保自身行为的合规性。同时，对于发现违法行为的情况，开发企业应及时向相关部门或机构举报，并积极配合调查。通过维护公正竞争和规范招标投标的原则，可以降低中标无效的风险，确保项目的正常进行。

4. 规避签订“黑白合同”的法律风险

在实践中，存在房地产开发企业或招标代理机构与工程施工单位串通作案的

---

① 《招标投标法》第41条规定：中标人的投标应当符合下列条件之一：(1)能够最大限度地满足招标文件中规定的各项综合评价标准；(2)能够满足招标文件的实质性要求，并且经评审的投标价格最低；但是投标价格低于成本的除外。

情况。这种串通行为包括先承诺后招标、明招暗定、搞虚假招标以及签订所谓的“黑白合同”。“黑白合同”,是指在工程招投标过程中,除了公开签订的合同外,还私下与中标单位签订另一份合同,要求中标单位垫资带资承包、压低工程款等。

这种行为违反了《招标投标法》《民法典》《建筑法》等相关规定,严重损害了建设工程的公正性和合法性。同时,这也会给建筑工程质量带来严重的隐患。

根据最高人民法院《关于审理建设工程施工合同纠纷案件适用法律问题的解释(一)》第22条的规定,如果当事人签订的建设工程施工合同与招标文件、投标文件、中标通知书中关于工程范围、建设工期、工程质量、工程价款的内容不一致,一方当事人要求以招标文件、投标文件、中标通知书作为结算工程价款的依据时,人民法院应予以支持。

因此,建议房地产开发企业在招标前对合同的主要条款进行审查,并确保合同内容与招标文件、投标文件、中标通知书一致。这样可以避免不利于自身利益的条款,并保障工程的质量和合法性。此外,对于发现有关串通行为的情况,应及时向相关部门或机构举报,积极配合调查,以维护建设工程领域的公正竞争和规范发展。

(三)施工过程需符合法律规定

在房地产行业的工程施工过程中,存在一些法律风险,需要采取相应的对策来应对。以下是针对具体问题的风险和对策。

1. 防止违法分包和转包

为了防止违法分包和转包,房地产开发商作为项目发包人在与承包单位签订合同时,应对其资质和施工能力进行严格审查,并在合同中明确禁止分包行为。如果发现承包单位将全部工程转包或违法分包给第三方,项目发包人可以采取追究其违约和法律责任的措施。这样可以确保施工单位按照合同约定承担责任,并保证工程质量和进度的可控性。

2. 签署发放工资保证书

为了避免在施工合同履行过程中因付款问题导致的停工风险,建议在合同中合理设计工程款支付的时间节点和条件。可以要求施工单位在支付工程进度款之前出具付清工人工资的承诺书,以确保工人的合法权益得到保护,避免工资被拖欠引发纠纷。通过这样的措施,可以维护合同双方的权益,减少停工风险的发生,促进施工合同的顺利履行。

3. 规避工程质量问题导致的风险

工程质量问题一般由承包人承担责任,但如果发包人存在过错,如提供有缺陷的设计、提供或指定购买不符合标准的建筑材料或设备,或直接指定分包人进行分包工程等情况,发包人仍可能承担相应责任。因此,在合同中建议明确工程质量保证期限、责任承担方式等相关条款,并预留一定的质保金作为保证。通过明确合同条款,可以确保发包人对工程质量有一定的监督责任,并在需要时能够追究其责任。同时,预留质保金有助于保证工程质量,并为后续的质量问题解决提供一定的资金支持。这样可以确保工程质量达到标准,并维护双方的权益。

如果在工程施工过程中发现质量问题,应立即向施工单位提出整改要求,并按照合同约定书面通知施工单位。施工单位如果未能及时进行整改,导致损失发生,应及时以书面形式通知施工单位损失的情况,以备今后索赔的需要。通过及时通知施工单位,可以确保问题得到解决并保留索赔的权利。此举有助于促使施工单位承担责任并最大限度地减少损失,确保工程质量和项目利益的实现。

**三、小结:风险防控**

房地产开发企业在项目立项设计和施工阶段面临各种可预测和不可预测的风险。其中,法律风险是最常见且可能发生的风险,但也是最容易控制和预防的。为了避免不必要的法律纠纷和规避法律风险,房地产开发企业应从内部管理入手,增强法律意识,树立合规理念,并全面提升房地产开发过程的合法性和规范性。

首先,企业应建立健全的内部管理制度和流程,确保所有工作符合法律法规的要求。加强员工法律培训,增强其法律意识和风险防范能力,确保项目合规运营。

其次,房地产开发企业应重视合同管理。合同应明确各方权责,规定履行方式和条件。合同签订和执行必须遵守法律规定,避免违法行为或不当行为的发生。

最后,与专业律师团队合作,进行法律风险评估和咨询,及时了解法律法规的变化和新政策。在项目开发过程中,咨询专业律师,根据建议进行调整和改进,确保项目合规和风险控制。

综上所述,通过加强内部管理、注重合同管理和与专业律师团队的合作,房地产开发企业可以有效控制和规避法律风险,确保项目顺利进行和合法运营。这不仅有利于维护企业声誉和利益,也有利于促进行业可持续发展和社会稳定。

## 附:房地产开发全流程图解

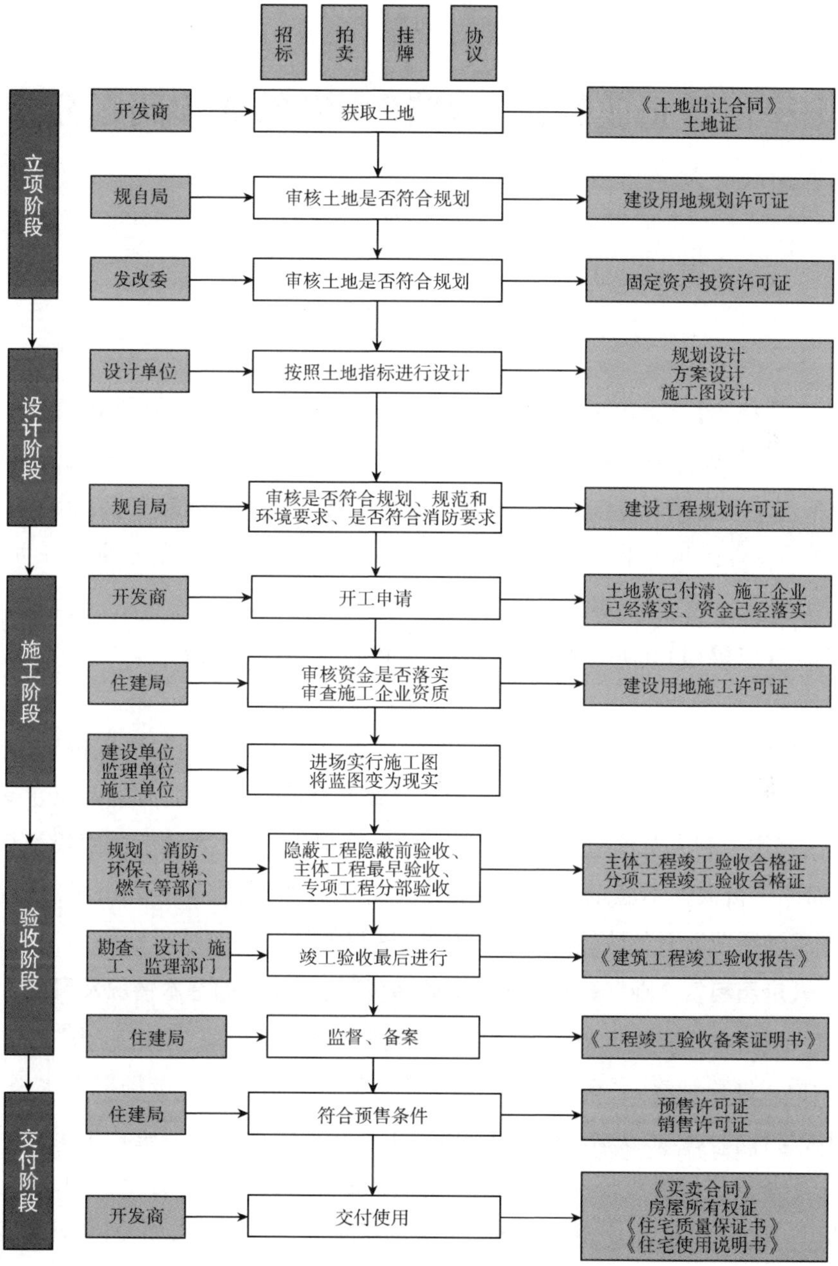

# 房屋租赁企业暴雷“跑路”引发的法律问题分析

林　梅*

【摘要】大量的房屋租赁公司因采用“高进低出”“长收短付”的经营模式导致资金链断裂倒闭,有的甚至卷款“跑路”,给房屋权利人及承租人造成了极大的经济损失。本文从房屋租赁公司的行政监管、租赁各方的民事法律关系和救济手段以及“跑路”公司可能涉及的刑事责任方面进行了分析并提出了建议。

【关键词】住房租赁;高进低出;长收短付;合同诈骗

如今,房屋租赁公司暴雷“跑路”的新闻屡见不鲜。大量的房屋租赁公司因采用“高进低出”“长收短付”的经营模式导致资金链断裂倒闭,有的甚至卷款“跑路”,给房屋权利人及承租人造成了极大的经济损失,引发大量市民聚集维权,给社会带来了极大的不稳定因素。为妥善化解矛盾纠纷,维护受害市民的合法权益,现就该事项涉及的法律问题进行分析,建议如下。

## 一、房屋租赁企业“高进低出”“长收短付”经营模式的基本情况及风险

经了解,在住房租赁市场上,很多住房租赁公司均采取“高进低出”“长收短付”的模式进行经营。“高进低出”是指住房租赁公司以高于市场平均水平的租金向房屋权利人收进房源,再以低于市场正常水平的价格将房屋转租出去。“长收短付”是指住房租赁公司收取承租人租金的周期长于给付房屋权利人租金的周期。一般来说,收取承租人租金的周期为半年、一年或两年,而给付房屋权利人

* 林梅,四川君合律师事务所专职律师。

租金的周期则是每月或每季。一般情况下,住房租赁公司还会要求房屋权利人给予其一至两个月的装修免租期。免租期内租赁公司不向房屋权利人支付租金。

“高进低出”是一种风险性极高的经营模式,可持续性差,极易出现资金链断裂的风险。但是,这种明显违背商业规则的经营模式却可以使租赁公司在短期内吸纳相当多的房源,并迅速出租从而收到大量的租金。而“长收短付”则使得租赁公司有机会利用付款时间差将已收取而未付出的租金形成“资金池”,待积累大量资金后卷款“跑路”。且由于免租期的存在,租赁公司还有一至两个月时间无须向房屋权利人付费,这个时间差也给其“空手套白狼”准备了时间。租赁公司甚至可以不付一分钱拿到房源转租出去套取大量租金,在应当向房屋权利人支付租金时突然消失。住房租赁公司的这些行为在给房屋权利人及承租人带来重大经济损失的同时,也严重破坏了住房租赁市场的秩序,影响了社会的和谐稳定。

**二、对此问题的行政监管措施**

为了整治住房租赁机构乱象,规范租赁市场秩序,2019 年 12 月 13 日,住房和城乡建设部、国家发展改革委、公安部等联合发布了《关于整顿规范住房租赁市场秩序的意见》(建房规〔2019〕10 号)。该意见要求政府各部门依职能对住房租赁企业、房地产经纪机构及网络信息平台等主体从机构备案、房源信息发布、合同签订、服务费收取等各方面加强监管。

根据该意见,房地产主管部门应对“高进低出”“长收短付”的企业进行监管,指导住房租赁企业在银行设立租赁资金监管账户,将租金、押金等纳入监管账户。对不具备持续经营能力、扩张规模过快的住房租赁企业,可采取约谈告诫、暂停网签备案、发布风险提示、依法依规查处等方式,防范化解风险。建议行政部门严格遵照上述意见的规定,对涉事企业采取约谈告诫、暂停网签备案等行政监管措施,并以发布风险提示的方式提醒市民注意住房租赁过程中的风险。

**三、当事人遇到此问题的民事救济手段**

笔者在查看了多家住房租赁企业的合同后发现,住房租赁企业、房屋权利人及承租人之间的法律关系大概可以归纳为两种类型:代理租赁关系与转租关系。房屋权利人与承租人应首先明确自己所签订合同的类型,厘清与其他各方的法律关系,之后才能合理合法地维护自己的权利。

（一）在代理租赁关系的情况下，房屋权利人一般无权要求已经履行合同义务的承租人腾退房屋，只能要求租赁企业返还代收的租金

代理租赁关系，是指房屋权利人与住房租赁企业之间签订的合同属于委托代理合同性质。租赁企业作为房屋权利人的代理人，根据合同约定向房屋权利人收取一定的费用，为其管理房屋、处理房屋出租、租金收取、纠纷化解等事宜。房屋租赁企业在代理合同签订后，再以房东或自己的名义与承租人签订租赁合同，将房屋转租给第三方。

此种情况下，房屋权利人与租赁公司之间为代理关系，与承租人之间为房屋租赁关系。根据《民法典》第162条的规定："代理人在代理权限内，以被代理人名义实施的民事法律行为，对被代理人发生效力。"租赁企业作为房屋权利人的代理人，其代理行为的后果应由被代理人——房屋权利人承担，租赁公司与承租人之间签订的租赁合同对房东具有约束力，租赁企业收取租金的行为视为房东收取租金的行为。在承租人已经足额向租赁企业支付房租，且租赁合同尚未到期的情况下，房屋权利人即使没有收到租赁企业代收的租金，也仅仅是其与租赁企业（代理人）之间的纠纷，无权以此为由要求承租人搬离房屋。若房屋权利人强行驱赶承租人，承租人可以向人民法院提起诉讼，要求房屋权利人继续履行合同或者返还已经收取的租金并承担违约责任。

（二）转租关系成立时，若房屋权利人与租赁企业的合同解除，实际承租人负有腾房义务

转租关系，是指房屋权利人与住房租赁企业之间签订的合同为租赁合同性质，房屋租赁公司作为承租人再将房屋转租给次承租人，即实际居住人。在转租关系下，房屋权利人与租赁企业，租赁企业与次承租人之间分别存在独立的租赁合同，而房屋权利人与次承租人之间没有直接的租赁合同关系。

若租赁企业因经营不善或"跑路"等情况未按合同约定向房屋权利人支付租金，房屋权利人可按法律规定及合同约定解除租赁合同。在房屋权利人与租赁企业之间的租赁合同解除后，租赁企业与次承租人的合同已不具备继续履行的条件，而次承租人与房屋权利人之间也无直接合同关系，此时次承租人已经没有继续居住的法律依据。最高人民法院《关于审理城镇房屋租赁合同纠纷案件具体应用法律若干问题的解释》第13条规定：房屋租赁合同无效、履行期限届满或者

解除，出租人请求负有腾房义务的次承租人支付逾期腾房占有使用费的，人民法院应予支持。所以，在房屋权利人与租赁企业之间的租赁合同解除后，房屋权利人有权要求承租人腾退房屋或者支付逾期腾房占有使用费。

（三）房屋权利人和实际承租人可通过向人民法院提起民事诉讼或向属地街道办事处申请人民调解的方式解决纠纷

在租赁企业暴雷“跑路”的情况下，权利受到损害的房屋权利人和实际承租人可以通过向人民法院提起诉讼的方式维护自己的权益。但是，诉讼的效果可能并不理想。一方面，诉讼成本高，时间长；另一方面，大部分租赁公司已经无法正常经营，部分企业负责人已经卷款逃匿，公司已是一个空壳，根本无法承担相应的赔偿责任。

目前，成都市各街道办事处均设置了人民调解机构对租赁纠纷进行调处。建议房屋权利人和承租人可向其申请人民调解，以便在人民调解委员会的协调下，达成调解协议，妥善地化解矛盾纠纷。

**四、此问题可能涉及的刑事责任**

《刑法》第 224 条规定，“有下列情形之一，以非法占有为目的，在签订、履行合同过程中，骗取对方当事人财物，数额较大的，处三年以下有期徒刑或者拘役，并处或者单处罚金；数额巨大或者有其他严重情节的，处三年以上十年以下有期徒刑，并处罚金；数额特别巨大或者有其他特别严重情节的，处十年以上有期徒刑或者无期徒刑，并处罚金或者没收财产：（一）以虚构的单位或者冒用他人名义签订合同的；（二）以伪造、变造、作废的票据或者其他虚假的产权证明作担保的；（三）没有实际履行能力，以先履行小额合同或者部分履行合同的方法，诱骗对方当事人继续签订和履行合同的；（四）收受对方当事人给付的货物、货款、预付款或者担保财产后逃匿的；（五）以其他方法骗取对方当事人财物的”。

最高人民检察院、公安部《关于公安机关管辖的刑事案件立案追诉标准的规定（二）》第 69 条规定，“以非法占有为目的，在签订、履行合同过程中，骗取对方当事人财物，数额在二万元以上的，应予立案追诉”。

根据我国《刑法》的规定，合同诈骗罪是指以非法占有为目的，在签订、履行合同过程中，骗取对方当事人财物，数额较大的行为。其中，主观方面是否“以非法占有为目的”，是合同诈骗罪与一般合同纠纷的本质区别。认定行为人是否

“以非法占有为目的”，应当结合行为人签订合同时的履约能力，履行合同过程中有无实际履约行动、对标的物的处置情况、未履行合同的原因以及事后行为人的态度等方面综合判定。

据了解，部分房屋租赁公司因“高进低出”导致资金链断裂，公司经营困难，在明知已无力支付租金，或已欠付大量租金的情况下，仍以提高租金及支付少量、部分租金等手段诱骗房屋产权人与其签订或继续履行租赁合同，然后迅速以低于市场平均水平的价格将房屋转租套现。套现后的租金并不实际给付房屋产权人，而是用于个人挥霍或事后卷款逃匿。租赁公司这种明知没有合同履行能力，仍以部分履行合同的方法诱骗对方当事人签订和履行合同，骗取他人资金后挥霍、逃匿，恶意不履行合同，致使大量钱款无法返还的行为，若查证属实，应当认定为“以非法占有为目的”的合同诈骗行为。

因此，建议公安机关收集相关证据，就住房租赁企业以“高进低出”“长收短付”方式套现租金，而后卷款逃匿等行为是否构成合同诈骗罪立案侦查，以有力地打击犯罪行为，维护房屋租赁市场的正常秩序，保护群众的财产安全。

# 已售不动产被查封时，买受人的权利区分与保护

林　梅*

【摘要】买受人签订合同并支付款项购买不动产后，在办理产权过户登记之前，若该不动产作为另案金钱纠纷的执行标的被法院查封，买受人可向人民法院提起执行异议申请及执行异议之诉。根据法律及司法解释的规定，交付全部或者大部分款项的商品房消费者的权利优先于抵押权人的抵押权，故抵押权人申请执行登记在房地产开发企业名下但已销售给消费者的商品房，消费者提出执行异议的，人民法院依法予以支持。而商品房消费者之外的一般买受人的权利不能对抗抵押权。一般买受人对登记在被执行人名下的不动产提出异议，请求排除执行的，适用最高人民法院《关于人民法院办理执行异议和复议案件若干问题的规定》第28条的规定。

【关键词】查封；执行异议；商品房消费者；一般不动产买受人

房屋买受人在购买房屋时，经常会遇到在签订合同并付款后却因种种原因未能办理产权证的情况。此种情况下，一旦房屋出售方卷入其他债权债务纠纷，买受人已经购买但尚未过户的不动产很可能会成为另案纠纷的执行标的被法院查封，甚至拍卖。买受人可能会面临既拿不到房屋，也追不回房款的情形。为什么买受人已经付款购买的房屋会被法院当作出售方的财产查封？法律是否对房屋买受人的权利进行了保护？买受人又应当如何在交易中降低此类风险的出现呢？

---

* 林梅，四川君合律师事务所专职律师。

笔者将在本文中对这些问题进行分析、讨论。

**一、已售不动产作为出售方的财产被法院查封的法律依据**

在很多购房人的认知里，签订了房屋买卖合同并支付了购房款后，房屋就属于自己了，为什么还会被法院当作其他人的财产查封呢？法院查封的依据在哪里呢？

《民法典》第209条第1款规定，不动产物权的设立、变更、转让和消灭，经依法登记，发生效力；未经登记，不发生效力，但法律另有规定的除外。第216条规定：不动产登记簿是物权归属和内容的根据。不动产登记簿由登记机构管理。

根据以上规定，房屋作为不动产，其权属以房屋管理部门对外公示的不动产登记簿上记载的权利人为准。权属的变更也以登记为准，未经登记，不产生物权变更的法律效力。购房人虽然已经与开发企业签订了商品房买卖合同，并支付了全部或大部分购房款，但因未办理产权变更登记，不动产登记簿上记载的权利人并未变更。法院在执行过程中是以不动产登记簿上记载的权利人来判断房屋的权属的，因为房屋依然登记在出售方名下，所以就会被当作出售方的财产被查封。

同时，最高人民法院《关于人民法院民事执行中查封、扣押、冻结财产的规定》（以下简称《查扣冻规定》）第15条也规定："被执行人将其所有的需要办理过户登记的财产出卖给第三人，第三人已经支付部分或者全部价款并实际占有该财产，但尚未办理产权过户登记手续的，人民法院可以查封、扣押、冻结……"

值得注意的是，商品房买卖合同的网签及备案登记，不能代替权属变更登记，不能排除法院的强制执行。根据相关法律法规的规定，房地产开发企业应当自商品房预售合同签订之日起30日内，到商品房所在地的县级以上人民政府房地产开发主管部门和负责土地管理工作的部门备案。房屋交易合同备案制度作为一种行政管理手段，是通过对商品房预售合同的管理，更好地保护购房者的合法权益，其核心目的是防止预售期间"一房多卖"现象的发生，并不产生商品房物权变动的效力。所以，只要买卖双方未办理产权过户登记，无论买卖合同是否备案，房屋都可能被法院作为开发企业的财产查封。

**二、购买的不动产被查封时，买受人的司法救济途径——执行异议申请及执行异议之诉**

当已经购买的不动产成为另案执行标的被法院查封时，买受人可通过向法院提起执行异议申请及执行异议之诉的方式维护自己的合法权利。《民事诉讼法》第 238 条规定:“执行过程中,案外人对执行标的提出书面异议的,人民法院应当自收到书面异议之日起十五日内审查,理由成立的,裁定中止对该标的的执行;理由不成立的,裁定驳回。案外人、当事人对裁定不服,认为原判决、裁定错误的,依照审判监督程序办理;与原判决、裁定无关的,可以自裁定送达之日起十五日内向人民法院提起诉讼。”

已购不动产被法院查封时,认为自己权益受到侵害的买受人可以向人民法院提出书面的执行异议申请,请求人民法院停止执行,解除查封。人民法院会对其申请进行审查。若买受人的权利足以排除强制执行,申请理由成立,法院会裁定中止对其不动产的执行,解除查封。若申请理由不成立,法院则会裁定驳回。在执行异议申请被法院驳回后,买受人还可以提起执行异议之诉,以案外人的身份起诉申请执行人或被执行人(不动产出售方),以达到请求法院停止执行、解除查封的目的。

## 三、一般不动产买受人和商品房消费者权利的区分与保护——最高人民法院《关于人民法院办理执行异议和复议案件若干问题的规定》第 28 条、第 29 条的适用

从签订购房合同并付款到产权证办理前的这一段时间,不动产买受人对不动产享有的仅仅是一种物权期待权,而非真正的物权。理论上,该权利只是普通债权,在与其他债权,特别是与抵押权、建设工程价款优先权发生冲突时,并不具有优先受偿性。不动产一旦作为另案金钱债权债务纠纷的执行标的被查封,将会面临不确定的处置风险。这对不动产买受人,特别是倾其一生所有购买唯一住房的消费者来说是极不公平的。为了更好地保护公民的物权期待权和基本生存权,法律和司法解释根据具体情况,将买受人区分为一般不动产买受人与商品房消费者,分别给予了不同程度的特殊保护。

### (一)一般不动产买受人:符合规定的一般不动产买受人对其所购房屋的权利可优于普通债权得到保护,但不得对抗抵押权、建设工程价款优先权——最高人民法院《关于人民法院办理执行异议和复议案件若干问题的规定》第 28 条

根据最高人民法院《关于人民法院办理执行异议和复议案件若干问题的规定》(以下简称《执行异议和复议规定》)第 28 条,金钱债权执行中,买受人对登记

在被执行人名下的不动产提出异议，符合下列情形且其权利能够排除执行的，人民法院应予支持：(1)在人民法院查封之前已签订合法有效的书面买卖合同；(2)在人民法院查封之前已合法占有该不动产；(3)已支付全部价款，或者已按照合同约定支付部分价款且将剩余价款按照人民法院的要求交付执行；(4)非因买受人自身原因未办理过户登记。

该条规定针对的是一般不动产买受人，保护的是其物权期待权。买受人只要符合《执行异议和复议规定》第 28 条规定的条件，其对已购不动产的排除执行异议申请就有可能得到法院支持，从而解除对已购不动产的查封。

但是，符合以上条件的一般不动产买受人，其权利只能对抗普通债权，不能对抗抵押权等优先受偿权，即只有当申请执行人为普通债权人时，买受人的执行异议才会得到法院支持。如果申请执行人对执行标的依法享有抵押权，根据《执行异议和复议规定》第 27 条的规定，人民法院对案外人提出的排除执行异议不予支持，除非法律、司法解释另有规定。

(二)商品房消费者：交付全部或者大部分款项的商品房消费者，其权利优于抵押权、建设工程价款优先受偿权——《执行异议和复议规定》第 29 条

如前所述，《执行异议和复议规定》第 27 条规定，一般不动产买受人的权利不能对抗申请执行人的担保物权等优先受偿权，但法律、司法解释另有规定的除外。在司法实践中，《执行异议和复议规定》第 27 条的但书条款通常是指最高人民法院《关于建设工程价款优先受偿权问题的批复》(法释〔2002〕16 号，已失效)及《执行异议和复议规定》第 29 条的规定。

根据最高人民法院《关于建设工程价款优先受偿权问题的批复》第 1 条、第 2 条的规定，建设工程价款优先受偿权优先于抵押权和其他债权，但不能对抗已经交付全部或者大部分所购商品房价款的消费者，即交付全部或者大部分款项的商品房消费者的权利优先于抵押权人的抵押权。所以，抵押权人申请执行登记在房地产开发企业名下但已销售给消费者的商品房，消费者提出执行异议的，人民法院依法予以支持。但需特别注意的是，《关于建设工程价款优先受偿权问题的批复》对消费者予以优先保护是针对实践中存在的商品房预售不规范现象为保护消费者生存权而作出的例外规定，人民法院在实践中应对适用条件进行严格把握，避免扩大范围，以免动摇抵押权具有优先性的基本原则。

根据《执行异议和复议规定》第 29 条的规定及司法实践，只有符合下列条件的买受人才属于商品房消费者，其权利才可以优先于抵押权和建设工程价款优先权，其执行异议才能得到法院的支持。

1. 买受人提出执行异议的标的应该是登记在被执行的房地产开发企业名下的商品房。只有购买房地产开发企业出售的商品房的房屋买受人才可被认定为商品房消费者，二手房的买受人不适用《执行异议和复议规定》第 29 条的规定。

2. 在人民法院查封之前已签订合法有效的书面买卖合同，即房屋的购买发生在房屋被法院查封前。

3. 所购商品房系用于居住且买受人名下无其他用于居住的房屋。根据审判实践，"买受人名下无其他用于居住的房屋"，可以理解为在案涉房屋同一设区的市或者县级市范围内商品房消费者名下没有用于居住的房屋。商品房消费者名下虽然已有 1 套房屋，但购买的房屋在面积上仍然属于满足基本居住需要的，可以理解为符合该规定的精神。其他购房用于经营或牟利的不动产买受人不能列入消费者范围获得特殊保护，只能作为一般买受人适用《执行异议和复议规定》第 28 条的规定。

4. 已支付的价款超过合同约定总价款的 50%。为保护购买商品房用于居住的自然人消费者的生存权利，司法解释中放宽了付款要求，只要求已付款不低于合同总价款的 50%，且不要求将剩余价款交至法院执行。实践中，如果商品房消费者支付的价款接近于 50%，且已按照合同约定将剩余价款支付给申请执行人或者按照人民法院的要求交付执行，可以理解为符合该规定的精神。

综上所述，法律和司法解释将房屋买受人区分为商品房消费者和一般不动产买受人，分别对其权利进行了不同程度的保护。商品房消费者的权利可对抗抵押权等优先受偿权及普通债权，而一般不动产买受人的权利则只可对抗普通债权。

**四、不动产买受人如何最大限度降低交易风险**

（一）在购房前尽量了解房屋的基本情况，在确定房屋权属无争议的情形下与开发商签订合法有效的书面购房合同

首先，买受人在购房时应通过多种渠道了解房屋的基本情况，核实房屋是否存在抵押、查封等情形，避免购买权属不清、可能存在纠纷的房产。其次，要与出售方签订合法有效的书面买卖合同。合法有效的书面购房合同是请求法院解除

查封的必要前提之一。如果在房屋被查封前只是签订了不具备购房合同全部要件的认购书、意向书等，则房屋买受人的执行异议很难得到法院支持。

（二）妥善保管购房的付款凭证

无论是对于一般不动产买受人还是商品房消费者，不动产价款全部或大部分交付都是申请执行异议的关键，买受人在支付房款后，一定要妥善保管付款凭证，包括发票、收据、银行转账记录、POS单等所有能证明自己已经支付款项的证据材料。

（三）保存能证明已合法占有不动产的证据

对于商品房消费者之外的一般不动产买受人，其物权期待权必须以一定方式对外进行公示才会产生基本等同于物权的效力。所以，合法占有不动产是一般不动产买受人的执行异议得到法院支持的必备条件。买受人可通过交房通知书、装修合同、物业费、停车费、水电费、燃气费的交费凭证等证据证明其在法院查封前对不动产的占有。对于尚未竣工或已竣工但尚未交付的房屋，由于缺乏合法占有这一要件，一般不动产买受人的执行异议申请不能得到法院支持。

（四）向登记机构申请受让物权预告登记

《执行异议和复议规定》第30条规定：金钱债权执行中，对被查封的办理了受让物权预告登记的不动产，受让人提出停止处分异议的，人民法院应予支持；符合物权登记条件，受让人提出排除执行异议的，应予支持。所以，房屋买受人在购买房屋后，可根据《民法典》第221条的规定，向登记机构申请预告登记。买受人进行了预告登记的，其对房屋或其他不动产的请求权就具有了物权效力，即具有了排他效力，可以对抗第三人，预告登记人提出执行异议申请或执行异议之诉的，法院应予支持。

（五）在条件具备时尽快办理过户登记

办理产权变更登记需要买卖双方共同完成。如果过户手续齐备、不存在障碍，买受人应立即办理过户登记手续，取得不动产产权证，以从根本上避免不动产被当作出售人的财产被查封的风险。

# 借名买房中出名人的法律风险及针对风险的合同条款设计

杨双瑜*

【摘要】随着社会经济的繁荣，人们对改善居住环境的迫切需求以及将房屋作为投资工具理念的盛行，导致购房日益成为越来越热门的经济话题。在这种大环境的影响下，因部分人群对于名下资产的保密需求、中央及地方政府陆续出台的房屋限购政策以及购房人因征信问题无法获得银行按揭贷款等原因导致借名买房这种现象越来越普遍，因此而产生的法律纠纷也不断攀升。借名买房现象中可供研究和探索的法律关系纷繁复杂，但历来实践和研究的重点都倾向于借名买房合同的效力认定以及借名人的权利救济等，对出名人面临的法律风险和预防却鲜有研究，这导致出名人的权益和风险容易被忽视。本文将结合各地司法实践对借名买房效力的认定规则，从出名人与房屋权益相关的预期利益损失、借名人不按约支付房款或偿还银行按揭贷款导致出名人承担违约责任、所有权与使用权分离存在的法律风险、借名人将房产用于担保时出名人的法律风险、出名人因代持房产被法院强制执行时的违约责任等五个方面就出名人（含其配偶）可能面临的法律风险以及如何在借名买房合同中进行合同条款设计予以规避以利于后期司法救济展开探讨。为了说明和叙述的方便，本文的“借名人”是指实际出资购房的人，“出名人”是指在房屋登记部门登记为房

* 杨双瑜，四川君合律师事务所合伙人，刑事法律事务部秘书长。

屋所有权人的人。

【关键词】借名买房;效力认定;出名人法律风险;合同条款

## 一、各地司法实践对借名买房效力的认定规则

基于规避因身份带来的购房限制、隐匿转移财产、逃避债务、节约将来可能发生的房产过户税费等因素,当前存在许多借名买房的情形。借名买房是指借名人和出名人约定以出名人的名义签订购房合同及贷款合同(如有),由借名人承担购房款项及按揭贷款(如有),所购房屋登记在出名人名下,并为借名人实际控制,其实质属于委托合同关系。委托合同属于《民法典》规定的有名合同①,所以关于借名买房合同的效力也应当依据法律关于合同效力的标准进行审查,只要借名买房合同不存在《民法典》明文规定的合同无效的情形,借名人与出名人间的借名买房合同就应当被认定为合法有效。

但鉴于借名买房行为存在较大程度的特殊性及复杂性,法院无法直接认定借名买房行为是有效还是无效,更无法仅依据借名买房合同的条款约定或者依据不动产权属登记信息直接确定房屋所有权人。

### (一)借名买房没有全国统一的法律规定或裁量标准

《民法典》未对借名买房的情形或法律后果进行规定,最高人民法院也没有针对借名买房事宜出台全国统一的司法解释,只是各地法院根据实际情况出台了部分审理指引。举例如下。

1. 广东省明确,借名买房(不含保障房)合同有效,并在借名人具备购房资格时有权要求过户,但借名人无权请求法院直接确权,同时法院优先保护善意交易第三人的权利。

广东省高级人民法院《关于审理房屋买卖合同纠纷案件的指引》第22条规定,借他人名义购买房屋,借名人请求确认房屋归其所有的,不予支持。借名人向出名人(登记权利人)要求转移登记房屋所有权的,除房屋处于限购范围、借名人无购房资格外,均可以获得支持。出名人向第三人出卖房屋、借名人以无权处分为由进行追回的,不能获得支持。

---

① 《民法典》第919条规定,委托合同是委托人和受托人约定,由受托人处理委托人事务的合同。

2. 江苏省明确,保障不动产物权登记公示公信效力,对借名人直接确认权利的主张不予支持。借名买房未经物权登记公示不能确权,但借名人可以请求过户,同时法院优先保护善意交易第三人的权利。

江苏省高级人民法院于2018年2月24日发布的《关于审理房地产合同纠纷案件若干问题的解答》第23条对借名买房如何处理进行了规定,即当事人约定一方以他人名义购买房屋,并将房屋登记在他人名下,借名人实际享有房屋权益,借名人要求确认其权属的,人民法院不予支持。借名人根据合同约定要求登记人(出名人)办理房屋所有权转移登记的,予以支持。但是,该房屋因登记人的债权人查封或其他原因依法不能办理转移登记,或者涉及善意交易第三人利益的除外。

3. 深圳市明确,政策性保障性住房以外的借名买房合同有效,借名人有购房资格的,可以请求过户。同时法院优先保护善意交易第三人的权利。

根据深圳市中级人民法院《关于房屋买卖合同纠纷案件的裁判指引的说明》第33条的规定,借名买房合同一般应认定为有效。但是借名购买政策保障性住房,因占用一定的社会保障资源,若涉及恶意串通,损害国家、集体或者第三人利益,则认定为无效。借名买房合同有效,且出资人符合政策规定的购房条件、不属于限购对象的情况下,出资人可以根据借名买房合同请求出借人协助办理房屋过户。但房屋已被他人善意取得的除外。

4. 北京市明确,政策性保障性住房以外的借名买房合同有效;借名人不能直接请求法院确权,但可以要求过户;①借名人仅能证明出资,不能证明双方有借名登记的合意,无权请求法院确权或过户;②借名买经济适用房的,以2008年4月

① 北京市高级人民法院《关于审理房屋买卖合同纠纷案件适用法律若干问题的指导意见(试行)》第15条第1款规定,当事人约定一方以他人名义购买房屋,并将房屋登记在他人名下,借名人实际享有房屋权益,借名人依据合同约定要求登记人(出名人)办理房屋所有权转移登记的,可予支持。

② 北京市高级人民法院《关于审理房屋买卖合同纠纷案件适用法律若干问题的指导意见(试行)》第15条第2款规定,当事人一方提供证据证明其对房屋的购买确实存在出资关系,但不足以证明双方之间存在借名登记的约定,其主张确认房屋归其所有或要求登记人办理房屋所有权转移登记的,不予支持;其向登记人另行主张出资债权的,应当根据出资的性质按照相关法律规定处理。

11 日为时间分界线以不同方式分别处理。[①]

司法实践中,对于经济适用房的借名购房合同,北京市法院会进行更为细致的审查与区分,在借名购房合同不具有对社会公共利益的损害时,可以认定为有效。

5. 经笔者检索暂未发现四川省高级人民法院、成都市中级人民法院对借名买房合同效力的认定出台过相关审判指导意见或会议纪要。

(二)无书面的借名买房合同易导致涉诉时事实认定困难

借名买房中的借名人和出名人通常都是亲戚、朋友或者同事等熟人关系,基于密切关系或者相互信赖,双方可能存在不订立书面借名买房合同的情形。此时,一旦出名人不承认借名买房的关系,依据民事诉讼中"谁主张,谁举证"的原则,就需要借名方自愿提供一条完整的证据链以证明借名买房关系,如当事人之间对借名买房的约定、借名人能否对借名买房作出合理解释、房屋出资及还贷情况、购房合同及贷款合同的签订、购房票据、房屋实际占有使用收益情况、水电费及物业费等缴费情况。

对可能缺乏法律意识和证据固定意识的借名人来说,完整还原全部客观事实并非易事。若借名人未能妥善保存相关的证据,将承担举证不能的不利后果。司法实践中因借名人证据不足,法院不认可借名买房合同存在的案例也并不罕见。

(三)借名买房合同违反地方政府限购政策时的合同效力认定

对于借名买房违反当地政府颁布的限购政策是否会被认定为无效,应当根据借名买房者是否具有资格来区别认定。

1. 借名人不具备限购地区的购房资格时,借名买房合同因违反公序良俗而无效。

最高人民法院在(2020)最高法民再 328 号案[②]中曾对违反限购政策的借名

---

① 根据北京市高级人民法院《关于审理房屋买卖合同纠纷案件若干疑难问题的会议纪要》、北京市高级人民法院《关于审理房屋买卖合同纠纷案件适用法律若干问题的指导意见(试行)》的相关规定,借名人违反相关政策、法规的规定,借名购买经济适用住房等政策性保障住房,并登记在他人名下,借名人主张确认房屋归其所有或者依据双方之间的约定要求登记人办理房屋所有权转移登记的,一般不予支持。

② 参见辽宁中集哈深冷气体液化设备有限公司与徐某欣案,最高人民法院民事判决书,(2020)最高法民再 328 号。

买房的效力作出否定性评价，即借名人在已经拥有多套房子的情形下，仍然以出名人的名义购房，以达到规避国务院和北京市禁止购房规定的目的，并且通过投机性购房获得一些不正当利益。如果司法不加以约束，任由这种行为发展下去，那就是在纵容不合理的住房需求和投机性购房的迅速增长，同时也会鼓励那些不诚信的人规避国家政策底线，从而获得不当的利益。这不仅违背司法维护社会诚信和公平正义的职责，还必然造成国家对房地产的宏观调控政策的落空，妨碍国家宏观经济政策的实施，从而影响经济和社会的和谐发展。故为规避国家限购政策而签订的《房产权属协议》因违反公序良俗而无效。

2. 借名人可通过取得限购地区的购房资格、消除限购政策障碍，从而补正借名买房合同的效力。此时借名人还可通过另案起诉出名人、法院判决过户的方式，实际成为房产的所有权人，从根本上改变房屋权属关系。

参照最高人民法院（2020）最高法民再 328 号案，借名人和出名人之间的借名买房合同虽然因为规避了国家的限购政策且违背公序良俗按法律规定应认定为无效，但借名人在其后因消除了限购政策障碍并经相关行政机关确认符合申购朝阳区存量住宅的条件，因其已具有购买房屋的条件，故该房屋买卖合同的无效原因已经消灭，案涉借名买房合同的效力得以补正。2018 年年底，借名人向朝阳区人民法院提起合同纠纷诉讼，以房屋代持关系为由请求办理过户登记手续。朝阳区人民法院于 2020 年 7 月 17 日作出生效判决，认定借名人申购朝阳区存量住宅的资格初步核验通过，符合购房政策，判令出名人配合办理案涉房屋的所有权转移登记手续，借名人已成为案涉房屋的所有权人。

3. 考虑到限购政策属于政府采取的临时性宏观调控手段，政策本身的时效性不长，且借名人本身也可通过就业、迁移户口或缴纳社保等方式获得购房资格，从这个层面来讲借名买房合同的效力也可以理解为效力待定，在借名人取得购房资格时，借名买房合同就具备了法律效力。

### （四）借名买房行为违反限购政策时也受当地房地产行政主管部门监管

以规避限购政策为目的的借名买房，违背了各地因地制宜制定的房屋调控政策。除司法机关有权根据借名人的诉请对借名买房当事人的权利义务进行调整外，行政监管部门也有权对借名人和出名人采取管控措施。

2021 年 1 月 23 日，深圳市住建局发布了《关于进一步加强我市商品住房购房资格审查和管理的通知》,该通知规定严查购房人资格,对偿债收入比例不符合要求的购房人,房企采取劝退等方式处理。对于违反规定购房的,不只是购买商品房,还包括保障房的租赁以及公积金的使用等都会面临管制。

2021 年 3 月 15 日西安市住建局发布了《关于进一步规范房地产市场秩序有关问题的通知》,明确房地产开发企业、房地产经纪机构不得诱导、协助购房人伪造资料骗取购房资格,不得鼓动购房人通过"代持"等方式规避限购政策。购房人骗取或通过"代持"方式规避限购政策的,其本人及"代持人"将被列入购房失信人员名册,5 年内不得购房;涉嫌犯罪的,将被移交公安机关调查处理。

2021 年 3 月 22 日成都市房地产市场平稳健康发展领导小组办公室印发的《关于进一步促进房地产市场平稳健康发展的通知》的政策解读,规定行政主管部门要杜绝购房人借用他人资格和名字"代持"商品住房的行为,否则将采取限制相关当事人房屋交易网签备案、参加成都市商品住房购房登记、购买或承租保障性住房和人才住房等措施予以坚决打击;涉嫌犯罪的,还将移交司法机关调查处理。

(五)小结

从整体上看,北京、广州、深圳、江苏的司法机关倾向于对借名买房行为的效力及法律后果作出如下认定:(1)借名人与出名人关于普通商品房的借名买房合同约定有效,针对政策性保障性住房的借名买房约定无效;(2)借名人与出名人之间只有债权关系,没有物权关系,借名人不能要求法院直接依据借名买房事实的存在确认借名人为房屋实际所有权人;(3)借名买房合同有效的前提下,只有借名人具有购房资格、不属于当地限购政策约束的对象,并且房屋过户也不影响善意交易第三人的利益,借名人才能根据借名购房合同的规定,请求出名人为其办理过户登记。

对于违反地方政府限购政策的借名买房合同的效力,除深圳市中级人民法院明确认可其合法有效以外,其他地区的司法机关均未对此进行规定。笔者认为,在法律法规、司法解释等未做出统一、明确的规定时,前述最高人民法院(2020)最高法民再 328 号案对此类合同效力的认定、补正以及房屋权属的确认有着积极的启发意义。虽最高人民法院将其认定为规避国家限购政策而订立的借名买房合同,因有违公序良俗原则而属无效合同,但最高人民法院也认可,即使合同无效,嗣后其效力也可通过一定方式补正,即借名人在具备购房资格、消除限购政策障碍后,合同无效事由消除。此时,借名人还可以成为房屋的所有权人,借名人可以向出名人以合同纠纷为由提起诉讼,并通过法院的生效判决来办理不动产登记手续,从而确定房屋权属关系。

然而在行政领域,为规避限购政策假借他人之名购房,是与地方政府房地产调控政策相违背的,行政主管部门对此均持否定态度,一经发现,借名人及出名人都将被行政主管部门予以惩戒。

关于违反限购政策的借名买房合同效力如何认定,笔者倾向于认同深圳市中级人民法院的意见,即出资人(借名人)与登记权利人(出名人)的协议目的只在于使出资人实际购得房屋,并不具有明显的相互串通、故意损害他人利益的目的;双方行为仅系规避国家政策,行为本身并没有直接违反法律法规的限制性规定;限购政策只是一种行政调控手段,是通过限制办理过户登记的方式限制购房。由于借名买房有其本身的风险,限购政策是通过增加这种风险来限制借名买房,而不在于杜绝借名买房。意思自治的领域由法律和行政法规的强制性规定来划定边界,将损害社会公共利益的合同认定无效,必须慎之又慎,这种否定合同效力的原因只能作为弥补法律漏洞、克服法律局限性的工具,而不能作为普遍适用的规则,更不能成为行政权力的工具。如果扩大其适用,就会取代法律和行政法规,过度侵入意思自治的领域,法官也就越俎代庖,实际行使了立法权。①

## 二、借名买房中出名人的法律风险

针对借名买房中出名人可能面临的法律风险,笔者拟将其分为合同效力法律风险和衍生法律风险两大类,同时结合各地法律规定、审判实务及笔者自身经验,将衍生法律风险再细分为五种情形。

### (一)合同效力法律风险——借名买房合同被法院认定无效时出名人的损失

如前所述,深圳市、北京市均已明确借名购买政策性保障住房无效,同时最高人民法院在(2020)最高法民再328号案中也曾对违反限购政策的借名买房的效力作出否定性认定。借名人与出名人针对政策性保障性住房签订的借名买房合同,或为规避国家限购政策签订的借名买房合同,因涉嫌违背公序良俗,损害国

① 参见深圳市中级人民法院《关于房屋买卖合同纠纷案件的裁判指引的说明》第33条。

家、集体或者第三人利益,存在被法院认定无效的法律风险。

一旦借名买房合同被认定无效,借名人与出名人对借名买房行为无效的后果均有过错,对因此产生的相关损失(如购房款项、房屋增值款项、资金占用损失、诉讼维权相关费用),双方均应承担责任。又因合同已被法院认定无效,即使合同内有出名人与借名人事先关于责任划分、损失分摊的约定此时也无法适用,双方可能只有继续诉诸法律,花费大量时间、人力、经济成本通过司法渠道定分止争,这违背出名人签订合同的初衷。

大多数情况下,房屋都是增值的,即便是借名买房合同签订后被法院认定为无效,但出名人基于获得房屋的所有权而享有房屋的部分增值利益,该利益可以基本弥补借名买房合同中约定的出名人基于合同无效可以获得的赔偿。所以,通常借名买房合同被认定无效后,出名人的风险较小,后文也不再就此风险进行相应合同条款设计。

(二)衍生法律风险

1. 出名人与房屋权益相关的预期利益损失

借名买房合同如对代持期限、期限内补偿约定不明,出名人可能面临“无限期代持”对其造成的预期利益损失。

基于社会经济发展及行政管理的需求,房屋除了其作为不动产天然享有的有形经济价值以外,还会有一些潜在权益依附其上,比如限购地区首套房税收及首付优惠等。对出名人来说,允许他人以自己的名义购房、办理贷款手续,导致的最直接的后果就是出名人丧失限购区域的购房资格,无法享受首套房税收及首付比例优惠。

在借名买房的情形下,鉴于出名人大多在短期内没有购房打算,出借购房名额虽然在实质上让借名人获利,但并不必然导致出名人因此受到直接经济损失。但是,随着房地产市场的不断上扬,房屋价格持续走高,在出名人有经济能力或有购房需求时,如果因为购房名额出借导致出名人自身无法购房或无法享受与房屋绑定的各项政策性权益,则对出名人造成的损失是显而易见的。

同时,“资格”并非法律意义上的特定身份,我国现行法律对于“享有购房资格”“享有首套房优惠”等权益的保护并没有明文规定,出名人不能直接以出借购房名额导致自身及家庭成员丧失购房资格、丧失首套房优惠等为由要求借名人承担责任。如双方借名买房合同对代持期限、对出名人与房屋权益相关的预期利益损失补偿等约定不明，出名人也无法要求借名人承担任何违约责任或损害赔偿责任。

2. 借名人不按约支付购房款项或偿还银行贷款对出名人造成的涉诉及信用风险

在借名买房中，如果涉及首付款或全款付款，应由出名人与房地产开发公司签订购房合同并支付房款；如果办理按揭贷款，也应由房屋登记业主即出名人作为借款主体与银行签订借款合同。即使实际购房款和按揭还款的承担主体是借名人，但根据合同相对性原则，购房合同与借款合同只能约束出名人，在购房款付款逾期时，房地产开发公司可以直接要求出名人履行付款义务并承担违约责任；在贷款还款逾期时，银行也可以直接要求出名人履行借款合同约定的偿还义务并承担违约责任。借名人不按约支付购房款或按时向银行支付借款本息，导致出名人被起诉或被强制执行的，出名人仅能在事后要求借名人承担违约责任。①

在此情形下，出名人可能面临如下法律风险：第一，如果出名人代借名人履行了付款或还款义务，则出名人垫付资金的损失如何计算。第二，如果出名人没有垫付能力，将影响出名人征信记录；如房地产公司或银行将出名人诉至法院，最终进入强制执行程序，将导致出名人被列入失信被执行人名单、被采取限制高消费措施。出名人受到的各类信用惩戒并不能直接量化为金钱损失，那么出名人的"名誉"损失应如何计算。

3. 所有权和使用权分离给出名人带来的涉诉及责任风险

我国对不动产物权采取公示公信原则，出名人系房屋的登记业主，对于在房屋使用过程中产生的纠纷，出名人系直接应诉和承担责任的主体。但在借名买房中，出名人往往并不是房屋的实际使用者，这就导致房屋的所有权（责任主体）与

---

① 参见顾某某与阚某某、中国工商银行股份有限公司惠州惠阳支行、惠州市富丽达房地产开发有限公司所有权确认纠纷案，广东省惠州市中级人民法院民事判决书，(2020) 粤 13 民终 761 号。裁判要旨：基于借名买房委托关系的合同是依据双方当事人真实意思表示依法成立的，应受法律保护，合同双方应当按照约定履行自己的义务。借名人是借出名人之名购买房屋，出名人受借名人之委托，与房地产公司签订《商品房买卖合同》，与银行签订《个人购房借款/担保合同》，以上两份合同的义务应由借名人承担，按合同约定由借名人支付首期款及随后的每月借款本息。当事人一方不履行合同义务则应当承担违约责任。因借名人没有按照双方的约定，每月及时足额地向银行支付借款本息，导致出名人被银行起诉及申请强制执行，承担(2017) 粤 13 民终 1315 号民事判决书确定的义务，借名人应当承担违约责任。

使用权(实际责任人)发生了分离,出名人难以对物业使用过程中可能发生的各类风险进行预防或规避。

例如,整栋楼发生高空抛物导致路人受伤,在无法查明具体侵权人时,楼栋的每位业主都将承担责任,在这种情形下出名人如果不能证明自己并非实际居住者则有被追究民事侵权责任的风险;房屋用于租赁而产生租赁合同纠纷时,出名人将成为应诉主体及责任承担主体;基于相邻关系产生纠纷时,出名人也将成为应诉主体及责任承担主体等。

所有权和使用权分离必然会给出名人带来更多涉诉风险以及法律责任风险,若出名人与借名人对此没有明确约定,那么出名人根据生效法律文书承担责任后难以向借名人进行追偿。

4. 借名人将房产用于担保时出名人的涉诉及责任风险

在借名买房中,因借名人系实际出资人,通常借名人地位相对更加强势,对房屋处置的话语权更大,如借名人有将房产用于担保的需求时,出名人往往也只能按借名人的要求配合办理相关手续,但出名人及其配偶可能因此承担本不应承担的法律责任。

笔者为某企业提供法律服务时,曾遇到过这样的事例。某借名人系某企业实际控制人,基于规避限购政策等因素,该借名人在当地限购区域购置数套房屋并要求数名下属员工分别代持,未签订书面代持协议,部分员工配偶对前述事项不知情。因该企业有大量融资需求,作为企业实控人需要利用自身资产用于融资担保,故借名人要求出名人以代持房产向金融机构提供抵押担保并签订抵押合同,出名人配偶也需签署知情同意书。

后该企业涉及一起合同纠纷,被起诉至当地法院。因涉案金额较大,法院依据原告的财产保全申请,对该企业的银行账户及厂房采取了查封措施。为保障企业正常生产经营不受影响,企业实控人向法院提供了等值担保财产(含所有由出名人代持的房屋)申请变更保全标的物。法院在审查过程中除了对含代持房屋在内的财产全部进行查封外,还要求出名人签署保证函及出名人配偶签署知情同意书,确保出名人愿意以代持房产接受法院保全措施、对该案生效裁判文书确定的被诉企业金钱给付义务承担连带清偿责任,并无条件接受法院对房产采取强制执行措施。

与金融机构签订的抵押合同中对抵押人/出名人已有诸多不利约束，向法院提供诉讼担保更是远远超出了出名人本应承担的义务，这些事项无异于扩大了出名人及其配偶的责任边界，一旦银行或法院要求出名人承担担保责任，出名人将面临更严峻的司法风险及法律后果。又因缺失书面代持协议，出名人难以及时获得权利救济或从借名人处及时获得赔偿、补偿。

5. 出名人因代持房产被法院强制执行时的违约责任

出名人因自身债务纠纷导致代持房产被法院采取强制执行措施时，因物权登记权利人与实际权利人不一致，借名人会主张自己因存在“借名买房”事实而对标的房产享有物权从而以案外人身份提起执行异议，但其能否终止针对房产的强制执行程序？司法实务中，最高人民法院及各地法院对此仍没有统一的规定或裁量标准。若法院最终将本应属于借名人的房产作为出名人的资产进行处置，则出名人此时因违反借名买房合同而构成违约，应当向借名人支付赔偿款，这也是出名人基于代持房产而面临的重大法律风险之一。

(1)最高人民法院关于案外人执行异议有明确的审查标准，但具体到个案再审结论却并不相同

根据最高人民法院《关于人民法院办理执行异议和复议案件若干问题的规定》第24条、第25条及第28条的规定，法院审查案外人是否系已登记不动产的权利人时，应按照不动产登记簿判断。若房屋产权已经登记在被执行人名下，案外人提出异议，符合下列情形且其权利能够排除执行，法院应予支持：①在人民法院查封之前已签订合法有效的书面买卖合同；②在人民法院查封之前已合法占有该不动产；③已支付全部价款，或者已按照合同约定支付部分价款且将剩余价款按照人民法院的要求交付执行；④非因买受人自身原因未办理过户登记。[①]

而在司法实务中，最高人民法院对于案外人能否以借名买房为由排除强制执行，根据案件实际情况又存在结论不一致的裁判案例。

最高人民法院认定案外人借名买房的执行异议不排除执行的案例，如(2020)最高法民再378号案[②]中，涉案房屋由借名人王某实际出资，由出名公司

---

① 最高人民法院《关于人民法院办理执行异议和复议案件若干问题的规定》第28条。

② 参见杨某静与王某等申请执行人执行异议之诉案，最高人民法院民事判决书，(2020)最高法民再378号。

代持。后出名公司为债务人张某向债权人杨某的借款进行担保，待债务人张某未能如期偿还债务时，法院判决出名公司承担担保责任。执行过程中查封了出名公司代持的涉案房屋，借名人王某提出执行异议。该案经过执行异议裁定、执行异议之诉的一审、二审和再审，法院最终依据最高人民法院《关于人民法院办理执行异议和复议案件若干问题的规定》第 28 条认定：首先，借名人王某无正当理由故意将房屋交由他人代持，对人民法院查封案涉房屋前房屋未过户至其名下存在明显过错。其次，在被法院查封之前，出名人王某并没有和出卖人签署一份有效的买卖合同。再次，在案证据无法证明借名人王某在人民法院查封之前已合法占有案涉房屋。最后，在案相关票据中并无任何借名人王某支付案涉房屋价款的转账记录或票据，无法印证借名人王某缴纳案涉房屋购房款的主张。因此，借名人王某的执行异议不能排除强制执行。

最高人民法院认定借名买房可以排除代持人担保债权强制执行的案例，如(2020)最高法民申 1892 号案①。法院认为，借名人林某借出名公司名义购买诉争房产系真实的，林某是争议标的的实际购买人，且林某对争议标的已经实际占有、使用、收益，虽然林某对争议标的所享有的权利尚不属于《民法典》物权编意义上的物权，但是已经具有了一些物权的特征；而(2020)最高法民申 1892 号案中，出名公司系保证人，薛某对出名公司的债权系担保之债，且诉争房产并非该案的抵押担保财产，薛某亦没有证据证明其接受出名公司的保证系基于对出名公司名下有诉争房产预告或者备案登记的合理信赖。经实质审查，法院认定林某对诉争房产享有的权利足以阻却案件执行。

(2)北京认定借名买房一般不能排除执行

北京市高级人民法院《关于审理执行异议之诉案件适用法律若干问题的指导意见(试行)》第 19 条规定，法院在执行生效法律文书确定的金钱债权的过程中，对登记在被执行人名下的特定房屋实施强制执行，案外人以其与被执行人之间存在借名买房关系，其是房屋实际所有权人为由，要求对该房屋停止执行的，一般不予支持。

---

① 参见薛某、林某再审审查与审判监督案，最高人民法院民事裁定书，(2020)最高法民申 1892 号。

(3)吉林认定除法定例外情形,借名买房不能排除执行

依据 2018 年 12 月 24 日发布的吉林省高级人民法院《关于审理执行异议之诉案件若干疑难问题的解答(二)》问题六的规定,在金钱债权的执行过程中,对登记于被执行人名下的特殊动产进行执行,案外人以其借用被执行人的名义购买案件涉及的特殊动产为由提起执行异议之诉,从而请求排除执行的,人民法院一般不予支持,除非法律对此另有规定。

(4)江苏明确否定借名买房排除执行

江苏省高级人民法院《执行异议及执行异议之诉案件审理指南(二)》(已失效)第 14 条规定,金钱债权执行中,执行法院对案涉房屋采取查封措施后,案外人以其与被执行人存在借名买房关系,且系房屋实际所有权人为由提出异议的,应裁定驳回异议。由此引发的执行异议之诉案件,应驳回其诉讼请求。

(5)黑龙江认为借名买房属内部债权关系,不发生物权变动效果,借名人不是物权所有人,且借名登记有过错,不得对抗申请执行人,故不能排除执行

根据 2019 年 4 月 30 日发布的黑龙江省高级人民法院《关于审理执行异议之诉案件若干问题的解答》第 30 条的规定,可知借用他人名义购买房屋,后出借人成为被执行人,有关房产成为被执行标的物,由此产生的执行异议之诉应如何处理。

(6)广东明确借名买房无损害国家、社会公共利益的情况时可以排除金钱债权的强制执行

2019 年 8 月 7 日发布的广东省高级人民法院《关于审查处理执行裁决类纠纷案件若干重点问题的解答》第 11 条规定,在金钱债权的执行中,人民法院针对登记在被执行人名下的房屋实施强制执行,案外人主张其与被执行人存在借名买房关系,且能够提供证据证明被执行人只是名义产权人、案外人才是实际产权人的,如无损害国家利益、社会公共利益的情况,可以排除执行。

综上所述,最高人民法院及各地法院的规定及裁判案例在维护物权的公示公信效力与保护实际权利人之间努力寻找着平衡点,但鉴于实务中借名买房案件情况的复杂性,借名买房到底有效还是无效,借名人到底是否可以以此为由排除执行,并不能简单得出统一结论。因此出名人在与借名人达成借名买房合意前,应当对自己可能面临的合同效力法律风险及衍生法律风险有一定程度的认知,同

时，及时主动签订书面借名买房合同，通过合同条款提前明确双方权利和责任，规避部分风险，维护自身合法权益。

**三、出名人法律风险规避之合同条款设计**

需要说明的是，法律对出名人存在的风险没有明文规定，实务中的情况则更加复杂，即使笔者在前文对风险进行了分类和列举，也不能涵盖所有情形。同时，并非所有法律风险都能通过合同进行预判、转移或规避。笔者无意通过本文解决实务中仍存争议的难点，仅针对出名人的部分衍生法律风险提出一些合同条款设计的建议，以供探讨。

（一）关于相关预期利益损失风险的合同条款设计

现实生活中，出名人和借名人总是存在一定的熟悉关系（亲戚、朋友、同事等），并且中国是一个"熟人社会"，借名买房基本上也存在一定的情谊帮助成分，出名人大多也不是为了利益而出借名额，过于强调"等价有偿"的原则将不利于借名买房合同的签订，合同最主要的目的还是促成借名买房的实现。在充分考虑前述法律风险和借名买房合同背景特点的基础上，为了避免出名人"无限期代持"的风险，笔者认为，为了维护出名人的权益，可以通过在借名买房合同中对代持期限及相关补偿事宜进行约定，具体如下。

1. 明确约定出名人代持房产的期限，并在代持期限内按双方协定的标准给予一定金钱补偿，补偿按照月度、季度或年度计算并支付，补偿范围包括但不限于前文所述与房产权益相关的预期利益，如首套房资格、首套房优惠资格等。

2. 超出期限后的房产代持，出名人同意继续代持房产的，可约定一个新的代持期限，由借名人继续按照原代持期限内的标准或双方协定的其他标准给予除名人补偿；出名人不愿意继续代持房产的，可约定超期后出名人任意解除合同的权利，出名人解除合同的通知到达借名人后，借名人应当在一定期限内将代持房产过户至自身名下，或出售给第三人并完成过户，过户涉及的税费由借名人承担；借名人拒不配合或逾期完成过户的，需赔偿出名人的损失，且此时出名人有权自行出售房屋，所得价款扣除出名人的损失后由出名人退还至借名人。

3. 为减轻出名人涉诉时的举证负担，对于出名人的损失，双方可事先在合同中明确认定方法、计算标准，比如借名人拒不配合过户或逾期完成过户的，自出名人解约通知内载明的履行期届满的次日起至代持房产实际完成过户之日止按照代持补偿的标准计算借名人的违约金;又如,出名人自行出售房屋产生的税费由借名人承担;出名人通过诉讼维权的,相关合理费用(含诉讼费用、房产评估费用、诉讼保全保函费用、律师费等)也可约定由借名人承担。

（二）关于房款或还贷逾期风险的合同条款设计

代持房屋的相关款项本应当由借名人承担,出名人基于借名买房合同并不负有垫资支付房款或还贷的义务。如借名人未按期付款或还贷,将最终造成出名人受到直接经济利益损失或无形的信誉损失。

笔者认为,可在借名买房合同中明确约定出名人不承担任何支付房款或偿还按揭款的义务,但出名人可以根据自己的意愿选择是否垫资。

如出名人垫资,相关款项即转化为出名人出借给借名人的借款,垫资的无因管理关系直接转化为民间借贷关系,约定借名人在出名人垫资后还款的具体期限,再依据民间借贷司法解释的相关标准约定自出名人垫资之日起至借名人清偿之日止的利息等。

如出名人不垫资或因没有垫资能力最终导致信用受损,也可在合同中明确一旦出名人出现征信记录不良或法院对出名人启动强制执行程序,借名人应当向出名人支付一定数额的违约金,用以填补出名人的“信誉”损失。

出名人通过诉讼维权的,相关合理费用(含诉讼费用、诉讼保全保函费用、律师费等)也可约定由借名人承担。

（三）关于所有权和使用权分离风险的合同条款设计

如前所述,代持房屋所有权和使用权的分离会给出名人带来涉诉和法律责任风险。鉴于通常情况下代持房屋都由借名人实际占有、使用、处置并享有收益,笔者认为,在借名买房合同中可明确房屋实际使用人为借名人,出名人对房屋不享有控制权这一事实,基于房屋占用、使用、处置过程中产生的一切责任均由借名人承担,包括但不限于基于合同纠纷、侵权责任纠纷、业主的建筑物区分所有权纠纷、相邻关系纠纷、居住权纠纷等对作为登记业主的出名人带来的责任。

但该责任承担的约定属于出名人与借名人的内部约定,无法对抗善意第三人。若代持房屋用于租赁,笔者认为,出名人应当与借名人、房屋承租人签订三方协议,将借名人作为租赁合同的签订主体之一,在房屋租赁合同内特别约定应向房屋承租人披露借名人系实际权利人,明确由借名人承担房屋出租人的全部义务。

（四）关于应借名人要求以房屋进行担保风险的合同条款设计

应借名人要求将代持房屋用于融资担保或法院诉讼、执行程序中相关担保的情形，实务中虽不如前述风险出现得频繁，但仍有存在的依据和可能，在金融机构起诉要求出名人承担担保责任，或法院针对出名人启动资产查封、强制执行程序后，出名人才实际面临承担法律责任的风险。

笔者认为，在借名买房合同中应当明确约定出名人应借名人要求将代持房屋用于担保后，一旦发生权利人要求出名人承担担保责任的情形（包括但不限于诉讼、法院对出名人资产进行查封或法院对出名人启动强制执行程序等），借名人应当向出名人支付违约金，可直接在合同内明确违约金的数额或可实际操作的计算方式，以便于后期法院的认定。

借名买房的原因和形式在实务中多种多样，出名人和借名人双方均会因借名买房事实的存在承担一些可预见或潜在的法律风险，但因出名人大多仅提供资格和名义供借名人购房，实际与房屋有关的权利和收益与出名人无关，相对于借名人，出名人基于借名买房行为享受的权利和承担的法律风险显得较为不对等。

借名买房的行为是出名人和借名人的所约定的内部事务，不能以此来对抗善意第三人，纠纷或法律风险产生后，如出名人无法通过与借名人协商一致解决纠纷，最终还需要通过司法机关来厘清双方关系，此时出名人和借名人事先订立的借名买房合同就显得至关重要。如合同中对纠纷情形、处理办法、责任承担形式及计算标准等进行了明确约定，借名买房行为被认定有效时，法院可以直接援引双方协商一致的合同条款处理争议，这更有利于出名人的权益保护。

笔者期望通过前述合同条款设计，可以让基于人情帮助下的借名买房合同不至于显得过于生硬强势，解决某些情形下出名人的被动处境，达到平衡出名人和借名人之间权利义务关系、保障借名买房合同持续稳定的法律效果。

# “一房两证”被确认违法后房屋登记机关责任比例探究

杨双瑜*

**【摘要】**“一房两证”是指一套房屋上存在由房屋登记机关颁发的两个记载不同所有权人的房屋权属证书，其出现的原因有登记申请人的故意或过失、权利人的过错，或房屋登记机关的过错等情形，因此由“一房两证”引发的争议既涉及民事纠纷，也可能涉及行政赔偿纠纷。在行政赔偿纠纷中针对“一房两证”被确认违法后房屋登记机关的赔偿责任，各级、各地人民法院对责任比例划分、赔偿范围、计算标准等没有形成统一的裁判规则，甚至存在较大的差异，这不利于保护权利人的利益。本文拟以法律法规为基础，梳理司法实践中对这个问题的裁判要点和审理思路，并结合笔者的观点及亲自承办的案件，对“一房两证”被确认违法后房屋登记机关应承担的责任比例进行探究。

**【关键词】**“一房两证”；登记机关；行政赔偿；责任比例

“一房两证”，是指一套房屋上存在由房屋登记机关颁发的两个记载不同所有权人的房屋权属证书，此种情况会导致房屋所有权权属或他项权争议。日常生活中更广为人知的可能是“一房二卖”，虽然两种情形的文字表述看上去很接近，但由此产生的法律后果却大相径庭。

一般来说，“一房二卖”系房屋出卖人违反合同约定，订立数份买卖合同，仅

---

* 杨双瑜，四川君合律师事务所律师，合伙人，刑事法律事务部秘书长。

将房屋交付其中一个买受人，对其他买受人构成合同违约，在此种情况下，房屋仅有一个产权证，不涉及房屋权属证书的瑕疵问题。同时，最高人民法院《关于审理商品房买卖合同纠纷案件适用法律若干问题的解释》第7条对"一房二卖"的特定情形及对应法律后果也有明确规定，即出卖人与第三人恶意串通，另行订立商品房买卖合同并将房屋交付使用，导致买受人无法取得房屋的，买受人有权请求确认出卖人与第三人订立的商品房买卖合同无效。"一房两证"的情形和法律后果则更加复杂。"两证"可能是因为初始登记、转移登记或变更登记环节存在瑕疵，导致一个房屋存在所有权人不一致的数个产权证；也可能是一处房产上存在数个登记内容冲突的他项权证。"一房两证"出现的原因既可能有登记申请人的故意或过失，也可能有权利人的过错，甚至可能有房屋登记机关的过错。

## 一、关于登记错误时登记机关承担责任的规定

"一房两证"出现的原因既有申请人的故意或过失，也可能有权利人的过错，还可能有房屋登记机关的过错，因此对"一房两证"法律后果也主要由民事及行政两大领域的法律法规、部门规章、司法解释等来进行明确。

### （一）法律、行政法规、部门规章

法律方面，《国家赔偿法》自立法之初至今都明确规定了由行政机关承担权利人直接损失的赔偿原则。鉴于"一房两证"情形下，房屋本身没有损毁灭失，若登记机关行为违法，或侵害的主要是权利人的财产权益（如因产权登记有误造成权利人的所有权损失，因抵押权登记有误造成抵押权人无法实现抵押权的债权损失），根据《国家赔偿法》的相关规定，行政机关及其工作人员在行使行政职权时侵犯财产权的，权利人有权取得赔偿。国家赔偿以支付赔偿金为主要方式，对财产权造成损害的，按照直接损失给予赔偿。①

原《物权法》第21条规定，当事人提供虚假材料申请登记，给他人造成损害的，应当承担赔偿责任。因登记错误，给他人造成损害的，登记机构应当承担赔偿责任。登记机构赔偿后，可以向造成登记错误的人追偿。②

《民法典》对原《物权法》的上述条款予以完整保留，《民法典》第222条规定，当事人提供虚假材料申请登记，造成他人损害的，应当承担赔偿责任。因登记错

① 参见《国家赔偿法》第3条、第32条、第36条。

② 《物权法》于2007年10月1日起施行，2021年1月1日废止。

误，造成他人损害的，登记机构应当承担赔偿责任。登记机构赔偿后，可以向造成登记错误的人追偿。

行政法规方面，国家实行不动产统一登记制度后，由国务院颁布的《不动产登记暂行条例》对不动产登记事宜进行规定，其中第29条明确规定，不动产登记机构登记错误给他人造成损害，或者当事人提供虚假材料申请登记给他人造成损害的，依照原《物权法》的规定承担赔偿责任。《不动产登记暂行条例》第30条规定，不动产登记机构工作人员进行虚假登记，损毁、伪造不动产登记簿，擅自修改登记事项，或者有其他滥用职权、玩忽职守行为的，依法给予处分；给他人造成损害的，依法承担赔偿责任；构成犯罪的，依法追究刑事责任。①

部门规章方面，原《城市房屋权属登记管理办法》第37条规定，因登记机关工作人员工作过失导致登记不当，致使权利人受到经济损失的，登记机关对当事人的直接经济损失负赔偿责任。② 原《城市房屋权属登记管理办法》自颁行之日起至被废止之日止一直沿用该条款。

原《房屋登记办法》生效后原《城市房屋权属登记管理办法》废止，但原《房屋登记办法》承继了其部分条文并加以完善，原《房屋登记办法》第92条规定，申请人提交错误、虚假的材料申请房屋登记，给他人造成损害的，应当承担相应的法律责任。房屋登记机构及其工作人员违反本办法规定办理房屋登记，给他人造成损害的，由房屋登记机构承担相应的法律责任。房屋登记机构承担赔偿责任后，对故意或者重大过失造成登记错误的工作人员，有权追偿。③

（二）最高人民法院司法解释

于2018年2月8日起施行的最高人民法院《关于适用〈中华人民共和国行政诉讼法〉的解释》第97条规定，原告或者第三人的损失系由其自身过错和行政机关的违法行政行为共同造成的，人民法院应当依据各方行为与损害结果之间有无

---

① 《不动产登记暂行条例》（中华人民共和国国务院令第710号）自2019年3月24日起施行，现行有效。

② 《城市房屋权属登记管理办法》于1997年10月27日由原建设部令第57号发布，2001年8月15日根据原建设部《关于修改〈城市房地产权属登记管理办法〉的决定》修正，已被《房屋登记办法》（发布日期：2008年2月15日；实施日期：2008年7月1日；已失效）废止。

③ 《房屋登记办法》于2008年1月22日经原建设部第147次常务会议讨论通过，自2008年7月1日起施行，自2019年9月6日废止。

因果关系以及在损害发生和结果中作用力的大小，确定行政机关相应的赔偿责任。

于2010年11月18日起施行的最高人民法院《关于审理房屋登记案件若干问题的规定》第12条规定，申请人提供虚假材料办理房屋登记，给原告造成损害，房屋登记机构未尽合理审慎职责的，应当根据其过错程度及其在损害发生中所起作用承担相应的赔偿责任。第13条规定，房屋登记机构工作人员与第三人恶意串通违法登记，侵犯原告合法权益的，房屋登记机构与第三人承担连带赔偿责任。

于2022年5月1日起施行的最高人民法院《关于审理行政赔偿案件若干问题的规定》第21条规定，两个以上行政机关共同实施违法行政行为，或者行政机关及其工作人员与第三人恶意串通作出的违法行政行为，造成公民、法人或者其他组织人身权、财产权等合法权益实际损害的，应当承担连带赔偿责任。一方承担连带赔偿责任后，对于超出其应当承担部分，可以向其他连带责任人追偿。第23条规定，由于第三人提供虚假材料，导致行政机关作出的行政行为违法，造成公民、法人或者其他组织损害的，人民法院应当根据违法行政行为在损害发生和结果中的作用大小，确定行政机关承担相应的行政赔偿责任；行政机关已经尽到审慎审查义务的，不承担行政赔偿责任。

（三）小结

不管是法律法规、部门规章，还是司法解释，均认可“一房两证”被确认违法即登记错误时，登记机关应当承担赔偿责任。但不同条文的侧重点仍有差异。

首先，在行政法视角下，不动产登记特别规定领域的条文逐步完善，明确了在登记有过错的情形下，登记机构应对权利人负赔偿责任，在进行赔偿后，有权对登记错误的过错方进行追偿。登记机关可以向提交虚假材料的申请人进行追偿，同时，依据《不动产登记暂行条例》第30条的规定，登记机关工作人员在特定情形下也能成为追偿对象。国家赔偿领域也认可行政机关在对行政管理相对人财产权造成损害时，应对直接损失承担赔偿责任。

其次，在民法视角下，依据侵权行为与损害结果之间的因果关系，权利人既可以要求有过错的登记申请人进行赔偿，也可以对进行错误登记的机关主张赔偿。相关机关赔偿后，可以向其他责任人追偿。

最后，在司法解释视角下，最高人民法院对登记机关的过错情形及对应责任做了区分,如已尽到审慎的注意义务,则不担责;如果没有尽到合理谨慎的义务,则应当按照自己的过错程度和对损害的发生所起的作用,承担相应的赔偿责任;如果登记机关与第三人之间存在恶意串通,导致权利人的合法权利受到侵害,则应当与第三人承担连带责任。笔者还将在本文第三部分对最高人民法院的司法解释进行更具体的解读。

笔者认为,上述法律条文尚存在不完善之处,一方面没有对登记机关承担责任的比例作出统一的规定;另一方面没有对直接经济损失的具体构成进行列举,这导致司法实践中对“一房两证”被确认违法时登记机关的责任比例以及直接经济损失的认定存在不同裁量标准。

**二、从六则相关案例了解法院审理思路**

(一)中国银行江西分行诉南昌市房管局违法办理抵押登记案①

房管局办理登记时未尽到合理审慎的义务,从而导致相对人财产遭受损失,应依据各自的过错程度承担相应的赔偿责任,赔偿后可向直接责任人(以虚假资料办理登记的申请人)索赔。

1. 基本案情

1995 年 4 月,债务人天龙公司向中国银行江西分行申请贷款 700 万元,并签订《借款合同》。天龙公司以案涉房屋作为担保,并在南昌市房管局办理抵押登记。1995 年 6 月,南昌市房管局函告中国银行江西分行,发现天龙公司法定代表人颜某用假产权证办理了房产抵押贷款手续。经另案刑事判决书认定,颜某用假房产证作抵押,骗取贷款 650 万元,最终造成银行实际损失 450.5 万元。

中国银行江西分行与南昌市房管局因行政赔偿事宜产生纠纷,向法院提起诉讼,要求南昌市房管局赔偿其全部贷款损失 450.5 万元。

2. 法院意见

关于房管局的过错。南昌市房管局在该案中违反职业规范,未尽必要的注意义务,为持有假房产证实施诈骗的天龙公司办理了抵押登记手续,并明示可以办理贷款。银行基于对抵押登记的信赖发放了贷款,遭受了财产损失。南昌市房管局对其违法办理抵押登记而酿成银行财产损失的后果,应当承担相应的过失赔偿责任。

---

① 参见最高人民法院行政判决书,(2002)行终字第 6 号。

关于房管局的追偿权。南昌市房管局承担行政赔偿责任后，有权就其承担的数额向天龙公司行使追偿权。

关于银行的过错。银行在办理抵押贷款的过程中，没有按照项目调查、项目评估程序规定的要求认真审查天龙公司的资信情况和履约能力，所发贷款额度亦不符合与抵押物市值比例的规定，对于造成财产损失也负有一定的过错责任。

最终，最高人民法院判决由南昌市房管局对贷款损失承担55%的责任，即赔偿中国银行江西分行人民币2 477 750元及利息（按中国人民银行同期活期存款利率计算，自1995年9月26日起至实际付款之日止）。

3. 笔者评析

经梳理该案判决，笔者归纳法院审理思路要点如下：

（1）确认房管局违法出具他项权利证明的行为与银行财产损失之间存在法律上的利害关系和因果关系，房管局应当赔偿，同时明确房管局承担的是基于自身过失的赔偿责任，而非对直接责任人的补充赔偿责任。

（2）确认抵押权人自身对贷款损失存在过错时可降低登记机关的责任比例。该案法院基于当事人各方的过错程度，酌情认定房管局承担责任的比例为55%。

（3）认定直接责任人仍是以虚假证件办理抵押登记的抵押人，并且释明房管局在赔偿后有权依法向抵押人进行追偿，同时银行遭受的其余损失也可向抵押人行使索赔权。

（4）认定银行的利息损失属于直接损失，但不能按照贷款利率计算，而是按中国人民银行同期活期存款利率计算。该案中法院认可自借款期限/抵押期限届满次日起计算利息。

### （二）中国建设银行股份有限公司深圳住房城建支行等诉深圳市规划和国土资源委员会登记行为案①

未取得房产证的第三人无权要求主管部门撤销撤证决定；权利人负有对直接经济损失的举证责任；如事先有生效判决书确认权利人债权金额，则以此作为直接经济损失的标准，而不适用在后的房屋评估价。

① 参见广东省深圳市中级人民法院行政判决书，（2012）深中法行终字第311号。

1. 基本案情

因人民币63万余元的债权债务纠纷,1993年4月26日,福田区人民法院裁定将案涉房屋作价人民币63万元抵偿给中国建设银行股份有限公司深圳住房城市建设支行(以下简称城建支行),其占有并使用该房产近19年,但未办理房地产产权变更登记手续。

案涉房屋的权属登记实际上存在瑕疵,即申请人办理所有权登记时提交的申请资料存在申请人与申请资料主体不一致、申请资料不齐全等情形,但仍于1990年8月17日取得了房屋所有权证。深圳市规划和国土资源委员会发现上述问题后,于2011年6月10日,作出撤销该核准登记的决定。

随后,城建支行诉至法院,主张撤销深圳市规划和国土资源委员会作出的《关于撤销案涉房屋〈房屋所有权证〉的决定》,并要求深圳市规划和国土资源委员会按案涉房屋现有评估价146.04万元赔偿其损失。

2. 法院意见

关于申请主体是否适格。案涉房产并未过户,城建支行并未取得案涉房产的所有权,因而不属于原《物权法》规定的已经取得所有权的善意第三人,其要求撤销案涉的撤证决定,法院不予支持。

关于登记机关可否撤销登记。登记机关审查有疏忽,核准登记不当的,登记机关可以决定撤销全部或部分核准登记事项。因此,深圳市规划和国土资源委员会在发现申请登记资料存在不符合法律法规规定的问题后,依职权可以作出撤销该核准登记的决定。

关于银行是否遭受损失。该案中,因人民币63万余元的债权债务纠纷,城建支行已于1993年通过法院裁定抵偿而实际占有涉案房屋近19年。判决酌情采取相应租金标准认定城建支行因占有使用房屋产生的实际收益已经远超过人民币63万余元,因而没有直接损失的存在,故判决驳回城建支行的全部诉讼请求。

3. 笔者评析

经梳理该案判决,笔者归纳法院审理思路要点如下:

(1)确认有权向登记机关主张撤销的主体系已经取得所有权的善意第三人,保护交易第三方的合法权益,符合原《物权法》相关规定。

(2)确认根据我国国家赔偿原则,造成的财产损失是直接损失,且赔偿请求人对损害事实的存在承担举证责任,即国家只承担权利人有证据证明的直接财产损失。

(3)如针对债权人的债权金额已有生效司法文书进行确认,即使行政赔偿纠纷产生后债权人对案涉房产做了评估,也不援引评估报告的结论,而是以原生效司法文书的金额认定债权人直接经济损失。

### (三)中国邮政储蓄银行股份有限公司张家界市分行与张家界市房地产管理局房屋登记行政赔偿案①

房管局违反法律规定办理抵押登记,致使银行财产遭受损失,在借款人和抵押人无力还贷时,房管局按照其过错程度承担相应的过失赔偿责任;按活期利率计算的利息属于直接损失。

1. 基本案情

申请人杨某就案涉房屋申请初始登记时,存在提交错误、虚假材料等问题,但张家界市房管局办理了登记。后杨某向中国邮政储蓄银行股份有限公司张家界市分行(以下简称邮储银行)借款65万元,并为梁某向邮储银行借款34万元进行担保,均以案涉房屋作为抵押物,并在张家界市房管局办理了抵押登记。

张家界市房管局发现问题后撤销了案涉房屋的所有权证和他项权证,导致邮储银行抵押权无法实现。邮储银行与张家界市房管局发生行政赔偿纠纷,邮储银行诉至法院,主张张家界市房管局赔偿债权本金853 317.27元及相应利息(截至2014年7月28日贷款利息132 804.85元,罚息87 092.31元)。

2. 法院意见

关于张家界市房管局的过错。张家界市房管局在该案中违反职业规范,未尽合理审慎职责,为已经进行过房产登记的案涉房屋又重复登记发证,并办理抵押登记手续。邮储银行基于对房产登记机关所办抵押登记行为的信赖,发放贷款,现债务人无力偿还大部分贷款,致使邮储银行遭受了财产损失。张家界市房管局违反法律规定出具他项权利证明的行为与邮储银行财产损失之间存在法律上的利害关系和因果关系。

关于银行的过错。该案中,邮储银行没有认真审查房产情况和债务人履约能

---

① 参见湖南省张家界市中级人民法院行政赔偿判决书,(2016)湘08行再5号。

力，对于造成财产损失负有一定的过错，亦应承担相应的责任。酌情确定赔偿比例为张家界市房管局承担邮储银行财产损失总额60%的赔偿责任。

对于直接损失范围。邮储银行作为金融机构，需要支付储户的存款利息，因此，涉案贷款的利息应属于直接损失，对该部分直接损失按照中国人民银行同期活期存款利率计算并予以赔偿。而按贷款利率计算的利息属于可得利益，不属于直接损失，故，邮储银行申诉提出的应按贷款利率赔偿并计罚息的请求，缺乏法律依据，不予支持。

最终，法院判决张家界市房管局赔偿邮储银行贷款损失本金511 990.36元（853317.27×60%）及利息［其中杨某借款部分的本金为330 346.45元（550577.42×60%），利息起算日为2011年4月2日起至实际付款之日止。梁某借款部分的本金为181 643.91元（302739.85×60%），利息起算日为2011年7月1日起至实际付款之日时止，利息均按中国人民银行同期活期存款利率计算］。

3. 笔者评析

经梳理该案判决，笔者归纳法院审理思路要点如下：

（1）确认登记机关违法出具他项权利证明的行为与银行财产损失之间具有法律上的利害关系及因果关系。

（2）法院严格区分该案当事人过错，认为银行在办理抵押贷款过程中，没有认真审查房产的情况和借款人的履约能力。对于造成财产损失具有的过错，综合整个案件情况裁定登记机关承担60%的责任，同时明确银行仍可就其实际财产损失向借款人及抵押人行使索赔权，这实际上是基于抵押合同与贷款合同，银行作为债权人享有的正当权利。

（3）确认贷款本金及利息均属于直接损失，但利息应按照中国人民银行同期活期存款利率来进行计算。按贷款利率计算的利息属于可得利益，不属于直接损失。该案中法院认可自银行发放贷款之日起计算利息。

（四）上高县房管局与刘某、许某及原审第三人罗某房屋登记管理案①

房管局未经核实办理了不具有实际房屋的房屋所有权证以及他项权证，导致债权人抵押权无法实现，房管局赔偿全部债权本金。

---

① 参见江西省宜春市中级人民法院行政判决书，(2018)赣09行终51号。

1. 基本案情

罗某对案涉房屋在上高县房管局办理了虚假的所有权登记,后向债权人刘某、许某借款65万元时,以案涉房屋为抵押物,在上高县房管局办理了抵押登记。

由于罗某未偿还借款,债权人刘某、许某拟实现抵押权时发现案涉房屋已被他人购买使用,导致抵押权无法实现。债权人刘某、许某与上高县房管局因行政赔偿产生纠纷,刘某、许某诉至法院,要求房管局赔偿65万元本金债权、利息损失以及实现债权花费的其他费用。

2. 法院意见

关于房管局的过错。上高县房管局未查验申请材料是否真实和房屋的有关情况,对该案所涉的已经登记过的三套房屋又进行了所有权登记,颁发了新的产权证,造成一套房子有两套不同的产权,这显然没有履行合理的检查义务。上高县房管局在办理抵押权登记的过程中,仍然没有尽到合理审查义务,基于前述房屋的错误登记,分别为刘某和许某办理了抵押权登记并颁发了相应证书,该房屋抵押权登记行为错误。

关于权利人的损失。因为其错误的登记,所以在罗某未开始还借款的情形下,刘某、许某无法通过房屋的抵押权实现自身的债权,上高县房管局应对因登记错误给刘某、许某造成的损失承担赔偿责任。由于他项权证上登记的刘某债权数额为40万元、许某债权数额为25万元,他项权证上未载明系对借款本金或利息予以抵押担保,因此,权利人因抵押权不能实现的债权损失分别为40万元和25万元。

最终法院判决房管局向债权人刘某、许某分别赔偿40万元和25万元(合计65万元)本金债权。

3. 笔者评析

经梳理该案判决,笔者归纳法院审理思路要点如下:

(1)该案中,债权人已无法通过抵押物实现债权,同时房管局在办理房屋初始登记以及抵押登记的两个环节均未尽到审核义务,法院判定房管局承担100%的赔偿责任。

(2)对于赔偿范围,因他项权证上未载明系对借款本金或利息予以抵押担保,法院认定房管局赔偿范围为全额债权本金损失,不包含利息或实现债权的其他费用。

（五）刘某、永州市零陵区自然资源局不动产登记及行政赔偿案①

申请人主观恶意明显时可减轻房管局的赔偿责任；房管局在承担赔偿责任后，可依法向申请人和具有故意或者重大过失而导致登记错误的工作人员进行追偿。

1. 基本案情

赵某明知案涉房屋已经于 2010 年 4 月转让给第三人并办理了转移登记，仍刊登遗失公告，并向永州市零陵区自然资源局申请遗失补证，造成"一房两证"的情况。

后赵某以案涉房屋为抵押物，向债权人刘某借款 20 万元。因赵某不履行还款义务，且赵某无可供执行的财产，且刘某不能实现其抵押权，刘某与永州市零陵区自然资源局因行政赔偿产生纠纷，刘某诉至法院，要求自然资源局赔偿其损失 20 万元。

2. 法院意见

永州市零陵区自然资源局为赵某办理遗失补证登记行为违法，为赵某补发的案涉房屋所有权证应属无效。债权人刘某基于对房屋登记、房屋抵押登记行政行为的信赖，借款给赵某，在寻求司法渠道救济后，因赵某无可供执行的财产而不能实现其抵押债权，其直接经济损失为 20 万元，永州市零陵区自然资源局对此应当承担相应的赔偿责任。赵某在将案涉房产转让给第三人且第三人已经就案涉房屋办理了房屋所有权证的情况下，申请遗失补证，主观上存在明显恶意，可减轻永州市零陵区自然资源局的赔偿责任。

最终法院判决永州市零陵区自然资源局承担 20%（4 万元）的赔偿责任。

3. 笔者评析

经梳理该案判决，笔者归纳法院审理思路要点如下：

（1）确认直接经济损失为寻求司法渠道救济后仍得不到清偿的债权本金。

（2）确认登记申请人主观上存在明显恶意时，房管局责任比例可降低，在该案中仅判决房管局承担 20% 的责任。该案中，房管局实际上也在遗失补证登记

① 参见湖南省永州市中级人民法院行政判决书，(2019) 湘 11 行终 97 号。

及办理抵押登记两个环节均未尽到审核义务，与前述江西省宜春市中级人民法院行政判决书(2018)赣09行终51号要求房管局承担100%责任相比，大幅降低了房管局的责任比例，并且在判决书内进一步明确了房管局的追偿权。

(3)判决书内明确列举了追偿权的对象，与其他判决不同的是，法院认可的追偿对象既包括主观恶意办理假证的申请人，也包括故意或者重大过失造成登记错误的工作人员。

(六)杜某、郑州市住房保障和房地产管理局行政赔偿案①

法院进行责任划分时，将登记机关、权利人及案外人的过错均予以考虑；房产评估报告时间与房管局行为被确认违法的时间相符时，房产损失可依据评估报告认定；房屋租金损失或维权产生的费用不属于赔偿范围。

1. 基本案情

杜某系案涉房屋所有权人，取得了所有权证。后该房屋被第三方伪装成杜某出售给了刘某，并由郑州市房管局办理了过户手续，造成"一房两证"的情况。杜某因房屋所有权被侵害而主张行政赔偿，要求郑州市房管局赔偿其房屋所有权损失、租金损失、维权费用等共计700万元。

2. 法院意见

另案判决已确认郑州市房管局为买方刘某颁发案涉房屋所有权证的登记行为违法，造成杜某原房屋所有权被侵害，杜某有权提起该案行政赔偿诉讼。

关于案涉房产损失，依据专业评估机构的评估报告认定为388.79万元。

关于租金、律师代理费、诉讼费用、误工、交通等各项损失与费用，因不属于郑州市房管局登记行为造成的直接损失且杜某也未举出有效证据予以证明，不予支持。

关于房管局赔偿责任。依据最高人民法院《关于适用〈中华人民共和国行政诉讼法〉的解释》第97条②与最高人民法院《关于审理房屋登记案件若干问题的

---

① 参见河南省郑州市中级人民法院行政赔偿判决书，(2020)豫01行赔终20号。

② 最高人民法院《关于适用〈中华人民共和国行政诉讼法〉的解释》第97条规定，原告或者第三人的损失系由其自身过错和行政机关的违法行政行为共同造成的，人民法院应当依据各方行为与损害结果之间有无因果关系以及在损害发生和结果中作用力的大小，确定行政机关相应的赔偿责任。

规定》第12条的规定[①],对于案涉房产的损失,应由各方按过错责任分担。综合考虑该案实际情况和案涉各方行为(原告杜某对重要身份财产证件未尽到妥善保管责任、案外人申请登记时的材料不实,登记机关未履行审查义务)的过错程度,酌定郑州市房管局承担70%的行政赔偿责任(272.153万元)。

3. 笔者评析

经梳理该案判决,笔者归纳法院审理思路要点如下:

(1)确认房管局登记行为违法的,权利人有权要求赔偿。对财产权造成其他损害的,房管局应按照直接损失给予赔偿,符合《中华人民共和国国家赔偿法》的有关规定[②]。法院进行责任划分时,将登记机关、权利人及案外人的过错均予以考虑。

(2)已有专业评估机构对案涉房屋价值进行估值,且评估时间与法院确认房管局登记行为违法的时间相符,可依据评估报告的房产估值认定权利人直接损失。

(3)确认房屋租金以及因诉讼维权产生的律师代理费、诉讼费用、误工、交通等各项损失与费用不属于直接损失,不在登记机关赔偿范围内。

(七)小结

笔者对以上六则案例的裁判规则进行整理如表1所示。

**表1　六则案例的裁判规则**

| 序号 | 案号 | 裁判时间 | 审理法院 | 裁判规则 |
| --- | --- | --- | --- | --- |
| 1 | (2002)行终字第6号 | 2003年9月30日 | 最高人民法院 | 南昌市房管局承担损失55%的赔偿责任 |
| 2 | (2012)深中法行终字第311号 | 2013年3月12日 | 广东省深圳市中级人民法院 | 损失的计算以当初银行的原始债权为准,不以房屋现在的房屋评估价值计算 |
| 3 | (2016)湘08行再5号 | 2016年7月19日 | 湖南省张家界市中级人民法院 | 房管局承担损失60%的赔偿责任 |

① 最高人民法院《关于审理房屋登记案件若干问题的规定》第12条规定,申请人提供虚假材料办理房屋登记,给原告造成损害,房屋登记机构未尽合理审慎职责的,应当根据其过错程度及其在损害发生中所起作用承担相应的赔偿责任。

② 参见《国家赔偿法》第36条第8项。

续表

| 序号 | 案号 | 裁判时间 | 审理法院 | 裁判规则 |
|---|---|---|---|---|
| 4 | (2018)赣09行终51号 | 2018年7月23日 | 江西省宜春市中级人民法院 | 房管局承担损失100%的赔偿责任 |
| 5 | (2019)湘11行终97号 | 2019年4月14日 | 湖南省永州市中级人民法院 | 自然资源局承担损失20%的赔偿责任 |
| 6 | (2020)豫01行赔终20号 | 2020年6月12日 | 河南省郑州市中级人民法院 | 房管局承担损失70%的赔偿责任 |

通过上述六则案例,可以看出最高人民法院或各地法院在处理登记机关登记行为确认违法后的行政赔偿纠纷时,存在一些共通点,但也存在巨大差异。

1. 登记机关登记行为被确认违法的方式大致存在如下几种情形:

(1)登记机关自行发现后撤销;

(2)由行政诉讼受理法院确认违法并撤销;

(3)由行政赔偿诉讼受理法院处理行政赔偿时一并确认违法。

无论是哪种情形,只要登记有误,致使权利人受到损害,权利人就有权向登记机关追责。

2. 最高人民法院和各地法院均认可,无论是债权人因房产抵押登记错误导致抵押权无法实现,还是房产所有权人因"一房两证"导致所有权受损,登记行为违法与权利人损失间只要具有因果关系,登记机关就应负损害赔偿责任。但确认房管局有过错后,法院对其责任比例的认定有显著差异,责任比例范围为20%至100%,跨度极大。没有判决登记机关承担100%责任的案例中,有的是因为权利人本身存在过错;有的是因为权利人没有过错,仅案外第三人有过错;还有的是因为权利人和案外第三人都有过错。

3. 最高人民法院和各地法院均认可房管局的赔偿范围仅限于直接经济损失,且直接经济损失需要权利人举证。然而损失的具体范围、计算标准在司法实践中也存在差异:针对债权损失,仅认可债权本金和既认可债权本金又认可利息(按活期利率计算)的案例都存在;针对房产损失,认可评估报告估值和否认评估报告估值的案例也都存在。

可以看出,在此类案件的处理上,各级、各地法院进行自由裁量的空间非常大,法律法规和司法解释没有对登记机关的责任划分标准和具体责任比例进行统一规定，这很可能导致基本事实相近、登记机关过错程度相似的案件在不同地域、不同级别的法院进行审理时认定登记机关承担的责任比例不一致甚至差异过大的判决结果，这对于权利人的权利预期和权益保障无疑是不利的。

**三、笔者观点**

（一）从司法解释条文解读谈权利人权益保护

笔者认为，关于登记错误时登记机关的责任，现行有效的规定可按两个层次进行划分。一方面，《国家赔偿法》《民法典》《不动产登记暂行条例》等法律法规明确规定由登记机关赔偿权利人的直接经济损失。另一方面，最高人民法院《关于适用〈中华人民共和国行政诉讼法〉的解释》、最高人民法院《关于审理房屋登记案件若干问题的规定》、最高人民法院《关于审理行政赔偿案件若干问题的规定》三部司法解释，对登记机关过错情形以及责任划定标准进行了初步区分。鉴于具体条文已在第一部分摘录，此处笔者不再赘述。

既然法律和行政法规已经明确了登记错误时登记机关应赔偿权利人直接损失，那么司法解释又对登记机关的过错及责任进行划定，是否与法律法规相矛盾呢？同时，最高人民法院《关于适用〈中华人民共和国行政诉讼法〉的解释》第97条是法院需根据各方过错在原告（权利人）与行政机关之间进行责任划分的规定。而最高人民法院《关于审理房屋登记案件若干问题的规定》第12条和最高人民法院《关于审理行政赔偿案件若干问题的规定》第23条又是第三人提供虚假材料导致登记错误时，法院需对行政机关进行责任划定，甚至最高人民法院《关于审理行政赔偿案件若干问题的规定》还进一步明确了，行政机关已经尽到审慎审查义务的，不承担行政赔偿责任。司法解释之间是否也存在冲突呢？

其实将上述两个疑问进行归纳，并结合前述类似案例的判决，笔者认为，最核心的问题是：在因登记错误造成权利人损失而引发的行政赔偿诉讼案件中，审理法院能否以案外人有过错①为由，降低登记机关的责任比例呢？

笔者认为，因登记错误造成权利人损失而引发的行政赔偿诉讼案件中，审理法院可以原告（权利人）存在过错为由适当减轻登记机关的责任，但不应当以案外第三人有过错为由降低任何登记机关的责任比例。理由如下。

① 案外人过错情形包括但不限于登记申请人故意提供虚假材料。

1. 从案件程序角度

根据《行政诉讼法》等相关规定，由“一房两证”引发的行政赔偿纠纷是一个单独的行政诉讼程序。原告系因登记错误遭受财产权损失的权利人，被告系做出违法登记行为的登记机关，案外第三人（通常是提供虚假材料办理登记的申请人）无论如何也不可能与登记机关同时成为行政赔偿诉讼的被告。第三人是否存在过错应当经另案民事诉讼受理法院审理后予以确认，不宜由行政赔偿诉讼审理法院直接进行认定，否则一方面有超越其管辖权和原告诉讼请求判案之嫌，另一方面在行政赔偿诉讼中将划责的后果强行要求权利人承受，可能对权利人另案通过民事诉讼维权带来不利影响。

基于行政赔偿程序的独立性，行政赔偿诉讼也应当形成一个闭环，审理法院主要需厘清的，是本行政赔偿诉讼原告、被告的行为与原告受损结果之间有无因果关系以及在损害发生和结果中作用力的大小，以最终确定登记机关的赔偿责任。原告自身如存在过错（如金融机构审核放贷时有错漏或不合规），则审理法院以此为由适当减轻登记机关责任是合理的，这也符合侵权责任的归责原则和行政赔偿原则。

涉及案外第三人的事项，审理法院将其作为基本事实查明即可。但是，无论案外人是否有过错、过错类型是故意还是过失、过错程度多少，审理法院都不应将其纳入评价登记机关是否尽职免责的因素，更不能因案外人事实上具有过错而降低登记机关的责任比例。一旦审理法院将案外人的过错程度纳入登记机关责任比例的评价因素，就打破了行政赔偿程序的独立性和诉讼闭环，有违《国家赔偿法》纠正国家机关错误、确保权利人获得救济的立法目的。

2. 从保护权利人角度

如果在登记过程中，原告（权利人）不存在任何过错，但仍出现了登记错误的结果，对于原告来说，直接责任人应当是登记机关。即使确实存在第三人造假，权利人的损失后果也应当是登记机关和第三人共同作用的结果，登记机关的违法登记行为与第三人的造假行为属于一个整体无法分割，两者缺一不可。更不用说在登记机关与第三人恶意串通侵害权利人权益的情形下，登记机关应当与第三人承担连带责任。

行政赔偿诉讼基于双方当事人地位的特殊性，不能刻板套用共同侵权责任的法理。对于权利人来说,其自身没有权限也没有能力区分登记机关和第三人的责任比例;如权利人无过错,法院判决时直接明确登记机关对权利人的直接经济损失承担全部赔偿责任即可;如权利人有过错(如30%),法院判决时明确登记机关对权利人直接经济损失的70%承担赔偿责任即可。这样,权利人通过行政诉讼程序,就可以及时、足额获得救济,降低其维权成本。

确有其他责任人的,登记机关赔偿后向实际责任人追偿也是现行法律明文规定的登记机关的救济途径,登记机关在保障权利人获得损失赔偿后另行发起追偿程序不存在任何司法障碍,从保护权利人的角度来说这种先后顺序也更为适宜。

相对应的,行政赔偿诉讼受理法院在裁量登记机关责任时,也不能以原告已穷尽司法渠道而仍无法获得赔偿作为行政赔偿诉讼启动的前提,同时,权利人能否实际通过另案民事诉讼从第三人处获得赔偿,也不应纳入行政赔偿诉讼受理法院的考量范围。

3. 从登记机关更高注意义务角度

《不动产登记暂行条例》对于登记机关在初始登记、转移登记、变更登记或他项权登记等各个登记环节的审核义务进行了明确规定。登记机关作为负责办理不动产登记的行政主管部门,固然要履行行政机关一般意义上的依法行政职责,但因其对不动产登记和权证颁发享有绝对的、最终的决定权,从而肩负了维护国家不动产物权登记公示公信效力的特殊职能,故登记机关理应在办理不动产登记时承担更高的审核注意义务。案外第三人的过错可以成为登记机关赔偿后启动追偿程序的事由,但不应当成为减免登记机关对权利人赔偿责任的事由,否则登记机关可以将其责任部分或全部转嫁给第三人,这不利于对登记机关行政权力的监督和制约。

虽然司法解释规定“行政机关已经尽到审慎审查义务的,不承担行政赔偿责任”,但登记机关是否尽到审查义务、审查是否审慎,应当由登记机关举证证明,同时基于其更高的注意义务,登记机关应当承担比一般标准更为严苛的举证责任,并且审理法院也必须进行仔细审核甄别,不宜随意援引该条免除行政机关的责任。笔者认为,只要登记机关出现登记错误就表示其未尽到审慎审查义务,就应当承担责任,只有这样才能确保行政赔偿程序充分发挥其作为纠错机制的功能。

(二)案例再评析

1. 宜春市中级人民法院100%划责 vs. 永州市中级人民法院20%划责

此处笔者想对第二部分的案例四和案例五再次进行评析。

案例四①中,案外第三人提交了虚假材料,房管局未经核实为其办理了不具有实际房屋的房屋所有权证以及抵押登记,导致第三人的债权人所持房屋抵押登记物及他项权证因虚假登记而不存在,债权人无法通过房屋抵押权实现自身债权,法院判决房管局对债权人的债权本金损失承担100%的赔偿责任。

案例五②中,案外第三人提交了虚假材料,房管局未经核实为已转让给受让方并办理转移登记的房屋再次办理了所有权证以及后续的抵押登记,导致案外第三人的债权人无法通过房屋抵押权实现自身债权,法院仅判决房管局对债权人的债权本金损失承担20%的赔偿责任。

两个案件的基本事实从以下几个角度来说非常相似:原告(权利人)均不存在过错,都是基于对登记机关房屋登记、房屋抵押登记行政行为的信赖,借款给案外第三人;都有案外第三人隐瞒情况,虚报材料办理房屋登记、房屋抵押登记;两地登记机关不仅在权属登记环节未尽审核义务,错误办理了房产证,在办理抵押登记时也依然怠于核实原产权信息,最终导致权利人穷尽司法途径仍无法通过房屋抵押权实现债权,遭受巨额损失。然而,即使是如此相似的案件,两地法院对于登记机关的责任比例认定也存在天壤之别。

结合前述观点,笔者认为宜春市中级人民法院判决的划责较为合理,永州市中级人民法院判决则失之偏颇。在永州市中级人民法院的案例中,权利人已事实上穷尽了司法救济途径仍无法实现抵押权,但永州市中级人民法院不仅在行政赔偿纠纷案中基于案外人的过错直接将登记机关的责任比例降至20%,从根本上否认了权利人从登记机关获得全额赔偿的权利,还明确扩大了登记机关的追偿对象——包括其有过错的工作人员,有更倾向于保护登记机关权益之嫌,明显与《国家赔偿法》的立法精神相违背。

正是由于在我国现行法律法规和司法解释的框架下,登记机关责任划分标准以及具体责任比例没有统一的规定,才导致宜春市中级人民法院和永州市中级人

---

① 参见江西省宜春市中级人民法院行政判决书,(2018)赣09行终51号。

② 参见湖南省永州市中级人民法院行政判决书,(2019)湘11行终97号。

民法院两个案情基本相似的案件出现截然不同的判决结果。笔者认为，这也是行政赔偿立法过程中应当重点完善的部分。

2. 由案例想到的其他权益保护建议

（1）责任划分方面，笔者认为可从机动车与非机动车或行人间交通事故划责中获得启发。根据具体事故情形，机动车可能承担全部责任（100%）、主要责任（80%）、同等责任（60%）、次要责任（40%），[①]行政机关登记行为被确认违法后的责任程度和比例也可参照前述标准进行区分。但这种划责仅适用于原告（权利人）与登记机关之间，法院需在判决书中明确登记机关构成全责、主责、同责或次责，并依据相应责任程度确定具体责任比例（100%、80%、60%、40%）。如果法院认定登记机关已完成举证责任，已充分尽到审慎合理的审核注意义务，不存在任何过错，也可参照《道路交通安全法》第 76 条第 1 款第 2 项的规定，由登记机关对权利人的直接损失承担不超过 10% 的赔偿责任。只有这样，才能够最大限度地避免行政赔偿诉讼“同案不同判”的情形，更好地保护权利人的合法权益。

（2）直接损失的构成及计算标准方面。鉴于 2022 年 5 月 1 日施行的最高人民法院《关于审理行政赔偿案件若干问题的规定》第 29 条明确将存款利息、贷款利息、现金利息纳入《国家赔偿法》第 36 条第 8 项规定的“直接损失”的范围，笔者认为，可以根据行政赔偿诉讼原告的主体性质以及经济损失对应款项的用途，来最终确定是按照贷款利率还是按照活期存款利率计息。

例如，原告系银行或其他金融机构，经济损失系因第三人骗贷，其发放贷款无法收回、抵押权也无法实现而遭受的债权损失，此时直接经济损失既包括无法收回的债权本金，也应包括按照贷款利率计算的利息。同时，因登记自始有误，金融机构基于对错误登记的信赖而发放贷款，利息损失应当自发放贷款之日就开始计算，直至登记机关依照判决履行全部付款义务之日。

（3）权利人的追偿权也可在行政赔偿判决书中进行明确。权利人如果有过错，则在行政赔偿诉讼中可能无法从登记机关处获得全额赔偿。笔者建议，在判决书中可明确权利人对提交虚假材料的案外责任人的追偿权和有权进行追偿的费用项目。虽然第三人的责任比例可能需要通过另案民事诉讼确定，但在行政赔

---

① 仅以成都市机动车与非机动车、行人间的交通事故划责比例为例。

偿判决书中特别明确权利人享有追偿权的事实以及有权追偿的项目,也可一定程度上减轻权利人后续诉讼维权的举证负担,有利于进一步加强对权利人的权益保护。

(三)从笔者亲历的"一房两证"案例谈登记机关责任比例

2000年6月,邹某与地产公司签订了案涉房屋的购房合同,某市原房管局于2000年10月向邹某颁发了案涉房屋的所有权证。

2003年2月,地产公司又就案涉房屋与买受人施某签订购房合同;2005年11月,某市原房管局向施某也颁发了案涉房屋的所有权证。此时案涉房屋上就存在了"一房两证"的情形。

2005年11月,施某与受让方刘某就案涉房屋签订买卖合同,并办理过户登记,某市原房管局向刘某颁发了案涉房屋的所有权证,刘某购房后实际占有使用该房屋。

邹某去世后,其法定继承人邹某甲、邹某乙于2016年5月向某市原房管局申请办理继承转移登记。某市原房管局实地查看后告知邹某甲、邹某乙,案涉房屋权属存在争议,不能办理转移登记。由此邹某甲、邹某乙与某市原房管局产生纠纷。

邹某甲、邹某乙首先向法院提起行政诉讼,请求判令某市原房管局为原告办理案涉房屋转移登记。但基层法院及市中院均认为房屋权属存在争议,某市原房管局不予办理转移登记行为符合法律规定,一审法院和二审法院均没有支持原告方诉讼请求。

接下来,邹某甲、邹某乙再次向法院起诉,请求确认市规划和自然资源局(原市房管局)向买受人施某、受让方刘某颁发房屋所有权证的行政行为违法。市中院一审时认为原市房管局向邹某颁发房屋所有权证后,又就同一处房屋先后向施某、刘某颁证,未尽到合理审慎职责,确认其向施某、刘某颁证的行政行为违法。市规划和自然资源局上诉,省高院维持原判。该案一审和二审均支持了邹某甲、邹某乙的诉讼请求。

邹某甲、邹某乙拿到确认市规划和自然资源局行政行为违法的生效判决后,立即向市中院提起了行政赔偿诉讼,请求判决市规划和自然资源局向二原告赔偿全部财产损失即案涉房屋评估价值(起诉后,邹某甲、邹某乙已向市中院申请委托鉴定机构对案涉房屋进行评估鉴定,最终评估机构以案涉房屋在市规划和自然资源局行政行为被确认违法时点的市场价值为依据出具了评估报告)。

市中院一审后部分支持了邹某甲、邹某乙的诉讼请求。法院认为,市规划和自然资源局向施某、刘某颁证的行政行为已被另案生效判决确认违法,应当对其造成的损害予以赔偿。但地产公司"一房二卖"、骗取房屋登记的过错明显,可适当减轻市规划和自然资源局的赔偿责任,结合该案事实及生活常理,根据原市房管局过错程度及其在损害发生中所起作用,法院酌定市规划和自然资源局承担案涉房屋评估价值60%的赔偿责任,其他损失原告可向直接侵权人主张赔偿。

笔者认为除前文从条文解读角度、案件程序角度、保护权利人角度以及登记机关更高注意义务角度出发阐述的观点(该案原告不存在任何过错,登记机关应全额赔偿;地产公司的过错不能减轻登记机关责任)及理由论述以外,原告在该行政赔偿诉讼以外,事实上难以通过民事诉讼从其他主体获得赔偿。

一方面,原告无法要求善意受让方刘某承担侵权赔偿责任,因目前占有房屋的是受让方刘某,而刘某已被另案生效判决认定系善意第三人,虽登记机关给刘某颁发产权证的行为被确认违法,但这并不影响刘某合法取得并占有使用案涉房屋。另一方面,原告请求解除与地产公司购房合同的诉求也无法实现。地产公司在办理所有权人为邹某的房屋所有权证过程中并无过错,并且在法律上现在房屋事实上是登记在邹某名下的,合同解除的法律后果是合同双方互负返还义务,即地产公司应向原告返还购房款,原告也应将登记在邹某名下的房屋所有权证转移登记至地产公司名下,这种方式不仅明显属于错上加错,而且事实上也无法操作。

笔者认为,原告无过错时,恰当的做法为,登记机关先行承担赔偿责任,然后再对造成登记错误的人进行追偿。而原告能否从第三人处获得赔偿,是否已穷尽司法途径也不应作为行政赔偿中法院认定登记机关承担责任时考虑的因素。

正所谓"有恒产者有恒心",不动产物权公示公信是立法确定的基本原则,是购房人对自有资产权属信赖的终极保障,登记机关理应用更加谨慎的态度去处理关乎民生大计的房产登记问题。"一房两证"的出现已是对法律原则的严重违背,此时登记机关如还无须承担全部责任,那么法律如何体现对私人合法财产的保护呢？行政赔偿诉讼不仅仅是对行政违法行为进行确认，对行政机关具体行政行为进行监督，更是权利人进行救济的最为关键的渠道。如司法机关将案外人过错引入对行政机关的评价机制，不仅不利于行政机关纠错、反思和改进，更不利于对权利人权益的保护。

# 室内装饰装修工程合同中承包人不具备相应建筑业企业资质情形下的合同效力探究

杨双瑜*

【摘要】随着社会经济的繁荣，人们对居住、生活和工作的室内环境要求越来越高，住宅、商场和写字楼装饰装修的更新频率也更高了。虽然与建筑主体工程相比较而言室内装饰装修工程投资较少，但随着人们越来越关注用材是否环保、设计是否人性化以及最终呈现的实际效果，近年室内装饰装修合同纠纷数量也在不断攀升。目前大量存在以个人名义或者无相应设计、施工资质的公司承接室内装饰装修工程的情形，我国现行法律法规对这种以个人名义或者公司名义签订的室内装饰装修设计、施工合同的效力未作出明确的规定，导致司法实践对此类合同的效力也没有形成统一的裁判标准，从最高人民法院到地方各级人民法院对此问题甚至会作出截然相反的认定。本文拟就该问题通过案例分析的方式进行实务探究。

【关键词】室内装饰装修；建筑业企业资质；合同效力

## 一、关于室内装饰装修工程资质的相关规定

《建筑法》第2条第2款将“建筑活动”定义为：各类房屋建筑及其附属设施的建造和与其配套的线路、管道、设备的安装活动。该法明确规定，建筑施工企业只能在其资质等级许可的范围内从事建筑活动。《住宅室内装饰装修管理办法》

---

* 杨双瑜，四川君合律师事务所律师，合伙人，刑事法律事务部秘书长。

第2条第2款将“住宅室内装饰装修”定义为：住宅竣工验收合格后，业主或者住宅使用人（装修人）对住宅室内进行装饰装修的建筑活动。该管理办法第22条规定，承接住宅室内装饰装修工程的装饰装修企业，必须经建设行政主管部门资质审查，取得相应的建筑业企业资质证书，并在其资质等级许可的范围内承揽工程。2006年9月1日，住建部颁发了《建筑装饰装修工程设计与施工资质标准》，针对从事建筑室内外装饰装修工程设计与施工活动的企业（建筑幕墙工程除外），设定了一级、二级、三级三个级别的资质等级，不同资质等级对应的业务承接范围有差异。

根据国务院《关于取消第一批行政审批项目的决定》（国发〔2002〕24号），自2002年11月1日起，国家取消了室内装饰行业企业资质审查项目，改为行业管理。同时，部分省市对于住宅室内装饰装修工程的资质不做强制性规定，如2003年4月1日起施行的《四川省建筑装饰装修管理办法》第24条第2款规定，鼓励装修人选择具有相应资质等级的装饰装修企业承接住宅室内装饰装修。北京市高级人民法院《关于审理建设工程施工合同纠纷案件若干疑难问题的解答》（京高法发〔2012〕245号）和四川省高级人民法院《关于审理建设工程施工合同纠纷案件若干疑难问题的解答》（川高法民一〔2015〕3号）均规定，施工人签订合同承建小型建筑工程或两层以下（含两层）农民住宅，或者进行家庭住宅室内装饰装修，当事人仅以施工人缺乏相应资质为由，主张合同无效的，一般不予支持。2022年3月1日起施行的《淮北市建筑装饰装修管理条例》第19条第1款也规定，装修人自行对住宅进行装饰装修的，提倡选择具有相应职业资格的施工作业人员进行施工，并与施工人员签订书面装饰装修合同。

但也有部分地区出台规定要求承接室内装饰装修的企业必须具备相应的建筑业企业资质，如2022年3月17日，河南省驻马店市住房和城乡建设局发布《驻马店市既有建筑装修装饰活动事项告知书》，明确规定企业应取得装饰装修专业施工资质证书方可承接装修施工，无装饰装修专业资质承揽装饰工程（含家装）施工的企业将依法予以查处。

那么，从事室内装饰装修是否一定要具备相应的建筑业企业资质？不具备资质或超越资质签订的施工合同是否当然无效？如具备室内装饰装修工程的资质系强制性规定，那么根据最高人民法院《关于审理建设工程施工合同纠纷案件适用法律问题的解释(一)》第1条的规定,未取得资质或超越资质等级的,建设工程施工合同当然无效;而如果按照《四川省建筑装饰装修管理办法》第24条和《淮北市建筑装饰装修管理条例》第19条的规定,住宅室内装饰装修工程的资质就并非强制性规定,即使签署合同的企业或自然人不具备资质或超越资质,装修合同依然具备法律效力。

综上,笔者认为,对从事室内装饰装修活动是否需要相应的资质及由此造成的合同效力问题进行研究有着积极的现实意义。笔者梳理了各级各地法院的四则案例,目前司法实践对于与欠缺资质的施工人签订室内装饰装修合同的效力认定标准并不统一。

**二、相关案例**

(一)最高人民法院:室内装修无资质不影响合同效力①

1. 基本案情

2010年4月29日,朱某以天创设计室的名义与云昌煤矿签订了《建筑装饰工程施工合同》,约定天创设计室承包云昌煤矿名下酒店大堂、标间、单间、套房、过道、茶室、餐厅、会议室、电梯间、1楼至9楼的楼梯踏步及扶手的室内装饰工程,由云昌煤矿提供效果图,合同价款3 700 000元。案涉工程的实际施工人为朱某,在施工过程中,部分项目未按效果图进行施工。2010年9月20日,合同约定的工期到期,朱某在装修工程没有完成验收的情况下离开施工现场,云昌煤矿对朱某没有完成的工程继续施工。2011年1月11日酒店开始营业。云昌煤矿先后共向朱某支付工程款1 350 000元。后双方对于装饰装修工程款的支付产生纠纷,朱某以云昌煤矿为被告诉至法院,要求云昌煤矿向其支付装修工程款、利息等费用。云昌煤矿提起反诉,要求朱某赔偿违约损失。

针对双方签订的合同效力,朱某认为根据《建筑法》、原建设部《建筑装饰装修工程设计与施工资质标准》、最高人民法院《关于装饰装修工程款是否享有合同法第286条规定的优先受偿权的函复》、最高人民法院《关于审理建设工程施工合同纠纷案件适用法律问题的解释》(已失效)第1条的规定,因朱某不具备相应施工资质,双方签订的《建筑装饰工程施工合同》应为无效,云昌煤矿应按照另

① 参见朱某与祥云县云昌煤矿其他合同纠纷申请再审案,最高人民法院民事裁定书,(2014)民申字第938号。

案中的鉴定结论,对朱某实际完成的工程量据实支付工程款。

2. 法院意见

《建筑法》并未要求从事室内装饰装修施工必须具备相应的施工资质,故该案朱某及其经营的天创设计室未取得装饰装修工程施工资质,不属于最高人民法院《关于审理建设工程施工合同纠纷案件适用法律问题的解释》第 1 条规定的应当认定为合同无效的情形。原建设部《建筑装饰装修工程设计与施工资质标准》虽然规定了核定从事建筑装饰装修工程设计与施工活动企业资质等级的依据,但并未明确规定未取得资质企业不得进行装饰装修工程施工,且该规定系部门规章,不能作为认定民事合同无效的法律依据。

(二)海南省高级人民法院:最高人民法院(2014)民申字第 938 号民事案件不属于指导性案例,并非必须参照;施工人不具备装修工程相应的施工企业等级资质证书时合同无效①

1. 基本案情

建伟商店与符某签订了《开达装饰有限公司房屋装修合同书》,在施工过程中,双方对于装饰装修工程款产生纠纷。诉讼中,针对合同效力问题,建伟商店援引最高人民法院(2014)民申字第 938 号民事裁定书,认为案涉装修合同没有涉及建筑主体和承重结构变动的内容,应为有效合同。

2. 法院意见

(2014)民申字第 938 号案不属于最高人民法院发布的指导性案例,不符合最高人民法院《关于案例指导工作的规定》要求人民法院审理类似案例时应当参照的情形,对该案不具有法律上的拘束力。

《建筑法》对建筑活动从业者实行从业资格制度。根据《建筑法》第 12 条、第 13 条的规定,从事建筑活动应取得相应等级的资质证书,方可在其资质等级许可范围内从事建筑活动。根据《建设工程质量管理条例》第 2 条、第 25 条的规定,装修工程属于建设工程范畴,从事装修工程的施工单位应当取得相应等级的资质证书。又根据最高人民法院《关于审理建设工程施工合同纠纷案件适用法律问题

---

① 参见五指山建伟装饰商店与符某装饰装修合同纠纷再审审查与审判监督案,海南省高级人民法院民事裁定书,(2021)琼民申 3 号。

的解释(一)》第1条的规定[①],该案建伟商店不具备装修工程相应的施工企业资质证书,根据《建筑法》和上述司法解释的规定,原判决认定涉案合同无效并无不当。

(三)辽宁省沈阳市中级人民法院:认可装修人与无资质自然人签订的室内装修合同的效力[②]

1. 基本案情

恒众汽修公司与李某甲签订《装饰装修工程交易合同》,约定恒众汽修公司将某网点的装修面积120平方米,以半包形式交给李某甲装修,工程总造价40 000元。合同签订后李某甲进场,后李某甲雇佣李某乙安装网点的灯具。李某乙在安装过程中从脚手架上摔落受伤。因医疗费用,李某乙与李某甲、恒众汽修公司产生纠纷。

李某乙认为其与李某甲为雇佣关系,李某甲应承担赔偿责任,恒众汽修公司将装修工程承包给无资质的李某甲,应承担连带责任。

恒众汽修公司认为,其并不是将装修工程整体发包,此案并非建筑工程施工合同纠纷,国家法律规定装修资质并不是强制取得,其与李某甲签订书面装修合同系承揽关系,不应承担李某乙受伤发生的实际损失;同时根据最高人民法院(2014)民申字第938号再审裁定书可以看出,没有装修资质也可以实施装修活动,故其不应承担该的相应义务。

2. 法院意见

依据最高人民法院《关于审理人身损害赔偿案件适用法律若干问题的解释》(已失效)第11条第2款的规定:雇员在从事雇佣活动中因安全生产事故遭受人身损害,发包人、分包人知道或者应当知道接受发包或者分包业务的雇主没有相应资质或者安全生产条件的,应当与雇主承担连带赔偿责任。法院认为恒众汽修公司与李某甲间的装修合同系建筑工程施工合同,因恒众汽修公司作为发包人,在装修的过程中知道李某甲没有相应的资质,可能存在安全生产隐患,所以其应

---

① 最高人民法院《关于审理建设工程施工合同纠纷案件适用法律问题的解释(一)》第1条第1款第1项规定,承包人未取得建筑业企业资质或者超越资质等级的,应当依据《民法典》第153条第1款的规定,认定无效。

② 参见李某甲、沈阳恒众汽车维修有限公司提供劳务者受害责任纠纷案,辽宁省沈阳市中级人民法院民事判决书,(2019)辽01民终14980号。

对李某乙的损失承担连带责任。

（四）四川省高级人民法院：室内精装修设计不属于建筑法所规定的建筑活动，不应当以资质等级问题认定合同无效①

1. 基本案情

品象装饰公司与晟茂建设公司签订《室内设计合同》，约定品象装饰公司为晟茂建设公司承建的某工业园生产指挥数据中心提供室内精装修的设计方案，设计费550万元。因设计款项双方产生纠纷。品象装饰公司营业执照载明的经营范围包括室内外装修工程设计，但其未取得从事建筑活动设计的资质证书。

双方签订的《室内设计合同》的性质和效力系该案争议焦点之一。品象装饰公司主张该合同为有效的承揽合同；晟茂建设公司主张品象装饰公司未取得建设行政主管部门颁发的资质等级证书，其承揽面积达6万余平方米的建设工程的设计业务已经违反法律法规的强制性规定，该《室内设计合同》为无效合同。

2. 法院意见

该案一审、二审法院均认为，室内装修工程设计合同属于《建筑法》第13条所规定的需要取得资质等级的工程设计活动，因品象装饰公司无相应资质，故案涉合同应属无效。

但再审中，四川省高级人民法院认为《室内设计合同》是双方的真实意思表示，且不违反法律、行政法规的强制性规定，应当为合法有效的合同；该案合同标的"室内精装修设计"不属于《建筑法》所规定的建筑活动，不应当因资质等级问题导致合同无效。

（五）案例小结

最高人民法院在（2014）民申字第938号再审裁定书中载明：承包人在未取得建筑业企业资质证书的情形下所签订的室内装饰装修合同有效。但遗憾的是，该案例并未成为指导性案例，对各地法院在类案审判中并无法定的指导意义。笔者通过检索的案例发现，在承包人未取得建筑业企业资质证书的情形下，司法实务中对装饰装修合同的效力存在如下三类认定情形：第一类是在判决书中认定装饰装修不属于建筑工程范畴，合同有效；第二类是在判决书中认定装饰装修属于

---

① 参见北京品象装饰有限公司、四川省晟茂建设有限公司装饰装修合同纠纷再审案，四川省高级人民法院民事判决书，（2018）川民再382号。

建筑工程范畴,合同无效;第三类是在判决书中对合同效力不予评判,以装饰装修工程已经完工为由,要求发包人按照合同约定支付价款。

**三、笔者观点——结合某室内设计工作室与某酒店装饰装修合同纠纷二审案**

笔者曾承办过一起装饰装修合同纠纷,在案件中代理原告某室内设计工作室(以下简称工作室)。笔者认为该案二审判决书中关于合同效力的说理部分,给前述争议提供了极具参考价值的认定标准。

2016 年 8 月 4 日,工作室与谭某签订《主题酒店装饰合同》,约定酒店室内装饰工程由工作室承包,案涉装修工程的总面积超过 300 平方米。工作室系个体工商户,经营范围为室内外装修设计服务,但不具有室内装饰装修施工资质。2016 年 7 月至 2018 年 4 月,酒店陆续向工作室转款 1 040 000 元。后因装饰工程款纠纷,工作室以谭某、酒店为被告,向成都市武侯区人民法院提起诉讼。

该案中,对装饰合同的效力认定是该案一审、二审的争议焦点之一。

一审武侯区人民法院认为,工作室签订合同承建的主题酒店的装修工程系小型建筑工程,且主要涉及室内装修,故该类工程对承包人的施工资质要求与一般意义上的建筑施工企业资质应有所区别,故一审法院对酒店提出的因工作室不具备施工资质,导致双方签订的装饰工程合同无效的抗辩意见不予采纳。

二审成都市中级人民法院认为,国务院《关于取消第一批行政审批项目的决定》(国发〔2002〕24 号)取消了室内装饰行业企业资质审查,改为行业管理。结合《四川省建筑装饰装修管理办法》第四章“住宅室内装饰装修”第 24 条第 2 款的规定,说明行政主管部门对于从事住宅内装饰装修的施工单位没有资质的强制要求,而是作出倡导性规定,即对于没有资质的施工单位或个人从事住宅室内装饰装修的不能以没有资质为由认定施工合同无效。案涉装饰装修工程的对象是酒店的大厅、门头及 28 间房屋,合同价款是 113 万元,用途是开办经营性酒店,故该工程是否属于住宅室内装修是确定合同效力的关键。参照住房和城乡建设部《住宅室内装饰装修管理办法》(2002 年)第 2 条关于“在城市从事住宅室内装饰装修活动,实施对住宅室内装饰装修活动的监督管理,应当遵守本办法。本办法所称住宅室内装饰装修,是指住宅竣工验收合格后,业主或者住宅使用人(以下简称装修人)对住宅室内进行装饰装修的建筑活动”和第 44 条关于“工程投资额在 30 万元以下或者建筑面积在 300 平方米以下,可以不申请办理施工许可证的非住宅装饰装修活动参照本办法执行”的规定，因案涉房屋并非住宅，且预算总价大于30万元，施工面积超过300平方米，故案涉装饰装修仍属建设工程的范畴，其施工单位应当具备相应的施工资质。因工作室没有资质承揽工程，故其签订的《主题酒店装饰合同》无效。

笔者认同成都市中级人民法院的观点，就成都涉及的装饰装修合同纠纷，笔者认为关于其合同效力的认定应当把握如下几点。

（1）应当厘清建筑装饰装修工程、住宅室内装饰装修和室内装饰装修工程的区别。

《建设工程质量管理条例》第2条第2款规定：“本条例所称建设工程，是指土木工程、建筑工程、线路管道和设备安装工程及装修工程。”

《建筑装饰装修工程质量验收标准》中术语部分规定：建筑装饰装修是指为保护建筑物的主体结构，完善建筑物的使用功能和美化建筑物，采用装饰装修材料或饰物，对建筑物的内外表面及空间进行的各种处理过程。

《四川省建筑装饰装修管理办法》第3条规定：“本办法所称建筑装饰装修，是指为使建筑物、构筑物达到一定的环境质量和使用要求，使用装饰装修材料，对外表和内部进行修饰处理的建筑活动，包括建筑工程装饰装修和城镇住宅室内装饰装修。”

《住宅室内装饰装修管理办法》第2条第2款规定：“本办法所称住宅室内装饰装修，是指住宅竣工验收合格后，业主或者住宅使用人（以下简称装修人）对住宅室内进行装饰装修的建筑活动。”

由此可见，装饰装修工程应属于建筑工程，按照装修物的结构、外表以及内部区分可以分为外墙及结构装修和室内装修；室内装修根据房屋用途的不同可以分为住宅室内装修（通常称为家装）和非住宅室内装修（包括商场、写字楼等的装修，通常称为公装）。

（2）承接室内装饰装修活动是否需要相应资质，应当区别看待。依据四川省高级人民法院《关于审理建设工程施工合同纠纷案件若干疑难问题的解答》的规定，承接家庭住宅室内装修不需要相应资质，家庭住宅的性质按照国家有权机关颁布的相关文件、证照记载的信息予以确定，如房屋预售许可证、不动产权证等。

（3）承接非住宅室内装饰装修活动且装饰装修工程的投资额在30万元以上

或者建筑面积在300平方米以上的,承包人应当具有相应的建筑资质,否则装饰装修合同会被认定为无效。

(4)承包人明知房屋性质为住宅,但是其实际用途为办公、商业、民宿等非用于家庭生活居住的房屋,且装修工程的投资标的在30万元以上或建筑面积为300平方米以上的,承接上述房屋的室内装修仍然应当具备相应建筑资质。虽然此类房屋登记的用途为住宅,但是其实际用途与登记用途不一致,且承包人明知装修人装修的目的并非用于家庭居住生活,基于对不特定人群的财产和人身安全的考虑,承包人也应当具备相应的建筑资质。

法院对于室内装饰装修合同效力的认定对合同当事人双方的权利义务将产生重大实质性影响,在相关法律法规、司法解释、审判指导意见没有进行明确统一的规定,各地法院裁量标准又不一致的情况下,笔者认为成都市中级人民法院的前述判决说理提供了一个清晰的分析思路,具有积极的参考价值。

# 电梯损坏引纠纷　法律指导化矛盾

## ——物业纠纷调解案例分享

王　密*

**【摘要】**本文通过一则物业纠纷调解案例，分享电梯损坏引起纠纷后，如何通过调解结案。

**【关键词】**物业纠纷；调解

### 一、基本案情

2018年7月，成都市高新区某小区4栋4部电梯有3部因故障停运，因维修经费来源无法达成一致，导致电梯长达1年无人修理，两百余户业主仅靠一部电梯出行，严重影响了4栋居民的正常生活。以此为导火索，引发小区各种矛盾纠纷。4栋居民以小区物业不作为、业委会不作为、百姓疾苦无人理等理由进行投诉，采用围堵物业客服中心，到社区和街道办办公室喧闹、网络舆情报复等不合理的极端方式表达诉求。

### 二、调解过程

接到街道办通知后，四川君合律所廖衍玲律师介入调解。首先，与相关工作人员进行沟通，查看分析居民的信访诉求，全面了解案件情况。其次，律师会同相关部门搭建调解平台，组织业委会和业主代表进行沟通。调解现场部分业主情绪激动，出言不逊，一度导致调解难以进行。这种情况下，律师首先安抚居民情绪，

* 王密，四川君合律师事务所律师，合伙人。

让业主代表陈述自己的诉求,然后让业委会针对居民的发言进行回复,消除了业主的部分疑虑。同时律师根据双方陈述,抓住矛盾焦点——4栋电梯的维修问题,4栋业主不愿意申请使用住宅专项维修资金,只愿意业委会决定使用公共收益进行维修,而业委会又认为召开业主大会使用公共收益程序烦琐,不愿意去推动。

针对这个矛盾点,廖衍玲律师给业主普及了相关法律知识,耐心地告知业主,使用公共收益应按照小区《业主大会议事规则》召开临时业主大会来决定,业委会不能直接决定,同时也讲解了维修资金的作用。取得了部分业主的理解。

另外,廖衍玲律师又单独与业委会委员进行沟通,告知业委会应当履行职责,如果矛盾一再拖延可能会继续升级,对业委会声誉和相关工作都不利。同时律师针对业委会提出的召开业主大会难题进行了专业的解答并提出了解决措施,打消了业委会推进工作的顾虑。

**三、调解结果**

经过长达3个小时的调解,终于消除了双方的矛盾和隔阂,业委会同意启动临时业主大会程序,由业主来决定是否动用公共收益维修电梯,4栋业主也表示积极配合业委会的工作。

最终,小区电梯以最快的速度恢复了使用。

**四、案例分析**

当前,小区这种居住形式在城镇生活中较为普遍,随之而来的是业主、业委会、物业管理公司之间的纠纷越来越多,如业委会的改选纠纷、物业服务合同纠纷、物业管理公司更换纠纷、物业维修基金使用纠纷。

此类纠纷呈现出以下共同的特征:(1)涉及人数众多。无论是业主和业委会还是和物业管理公司的纠纷,往往业主一方人数众多,若不能妥善解决,极易发生群体事件,影响社会秩序。(2)涉及的法律法规相较专业。无论是动用维修基金还是业委会改选、物业管理公司的更换,往往程序较为烦琐,都涉及业主的投票,并不是哪一方能够单独决定或解决的。如大家都不配合,则处理时间会很长,业主易发生不理解情绪。(3)此类纠纷可能涉及业主、业委会、物业管理公司各方利益。大家众口难调,各方利益难以兼顾。(4)参与解决问题的第三方若没有大局观和专业知识、丰富的调解经验,反而容易激化矛盾,导致各方都不满意,甚至通过求助媒体、信访等方式寻求解决。

该案就是典型的因电梯维修引发的业主与业委会之间的矛盾纠纷。由于双方法律意识淡薄，业主不愿意动用住宅专项维修资金，认为业委会可以直接决定使用公共收益维修电梯；而业委会又认为召开业主大会来决定是否使用公共收益存在诸多困难，怠于履行职责。此种情况下，业主又不懂得如何正确表达诉求，以至于采用一些不当的过激行为，影响社会秩序稳定。因此，以法治观念引导业主，找到问题的关键，搭建业委会和业主的沟通平台，积极解决小区存在的现实问题，对业主的“一知半解”或“顽固错误观点”及时纠正，将正确的法律观念输送给业主，双方才能互相理解，矛盾纠纷才能及时化解，达到“四两拨千斤”的效果。

针对此类纠纷，实践中，协调各方采用调解化解矛盾是解决问题较好的方式。该案中，电梯故障问题不大，但对小区业主的生活影响是巨大的。该案由专业律师协同相关部门通过调解的方式，既给业主普及了法律知识，缓解了各方情绪对立，又通过实在的方案推动了问题的实质性解决，妥善、高效地解决了困扰群众的问题。该案具有很强的同类案件示范处理效果及正面引导效果，体现了律师的专业性和公益性。其采用的调解方式是值得推广的纠纷处理方式。

# 重建顺位与权利保护

## ——解读最高人民法院《关于商品房消费者权利保护问题的批复》

唐兵兵　申雪静*

**【摘要】**2023 年 2 月 14 日最高人民法院审判委员会第 1879 次会议通过最高人民法院《关于商品房消费者权利保护问题的批复》(法释〔2023〕1 号),并自 2023 年 4 月 20 日起施行。本文共分为三个部分,包括《关于商品房消费者权利保护问题的批复》出台背景及意义、内容解读和对银行的风险提示及对策。

**【关键词】**民法典;权利保护;风险提示

### 一、《关于商品房消费者权利保护问题的批复》的出台背景及意义

2002 年出台的最高人民法院《关于建设工程价款优先受偿权问题的批复》(已失效,以下简称《优先受偿权批复》)第 2 条规定,承包人的工程价款优先受偿权不得对抗已经交付全部或者大部分购房款的消费购房人;但《优先受偿权批复》已经被最高人民法院《关于废止部分司法解释及相关规范性文件的决定》(法释〔2020〕16 号)废止。

2014 年最高人民法院出台《针对山东省高级人民法院就处置济南彩石山庄房屋买卖合同纠纷案请示的答复》,其中也规定:消费者交付购买商品房的全部

---

* 唐兵兵,四川君合律师事务所律师,合伙人,任行政事务部副部长。申雪静,四川君合律师事务所专职律师。

或大部分款项后，承包人就该商品房享有的工程价款优先受偿权不得对抗买受人。但该文件只属于个案答复，适用范围受限。

《民法典》以及2021年1月1日起施行的最高人民法院《关于审理建设工程施工合同纠纷案件适用法律问题的解释（一）》在继承《优先受偿权批复》的基础上完善了建设工程价款优先受偿权的制度，但并未保留购房人的超级优先受偿权规则。

2023年4月20日出台的《关于商品房消费者权利保护问题的批复》针对的房地产市场商品房已售逾期难交付的现状，从客观上提供了司法保障，以便维护社会稳定。这同时也体现了当前将“保交楼、保民生、保稳定”作为政府、金融监管以及司法公正的首要目标。在“保民生、保交房”的大背景下，重建购房人权益的受偿顺位规则。明确了在开发商售房违约后，如何保护购房消费者的合法权益的司法价值取向。

## 二、针对《关于商品房消费者权利保护问题的批复》的内容解读

### （一）《关于商品房消费者权利保护问题的批复》第1条：准用性规范

法律依据：最高人民法院《关于审理建设工程施工合同纠纷案件适用法律问题的解释（一）》第36条规定，承包人根据《民法典》第807条规定享有的建设工程价款优先受偿权优于抵押权和其他债权。《民法典》第807条规定，发包人未按照约定支付价款的，承包人可以催告发包人在合理期限内支付价款。发包人逾期不支付的，除根据建设工程的性质不宜折价、拍卖外，承包人可以与发包人协议将该工程折价，也可以请求人民法院将该工程依法拍卖。建设工程的价款就该工程折价或者拍卖的价款优先受偿。

解读：此条为准用性规范，强调了建设工程价款优先受偿权优于抵押权和其他债权。

### （二）《关于商品房消费者权利保护问题的批复》第2条：房屋交付请求权优先的适用

1. 商品房消费者：此处指“以居住为目的的购房者”，故投资者、商铺的购房人或是以抵债方式取得商品房的购房者不能适用该批复。《全国法院民商事审判工作会议纪要》（法〔2019〕254号，以下简称《九民纪要》）第125条对商品房消费者的界定是：“买受人名下无其他用于居住的房屋”，可以理解为在案涉房屋同一设

区的市或者县级市范围内商品房消费者名下没有用于居住的房屋。商品房消费者名下虽然已有1套房屋,但购买的房屋在面积上仍然属于满足基本居住需要的,也可以作出相同的认定。

从体系解释和文义解释的角度来看,《关于商品房消费者权利保护问题的批复》中"商品房消费者以居住为目的购买房屋"也应作同样理解,此"居住目的"应当是名下无房或已有一房但为改善生活需要而另购房,同时该房屋的土地用途应为住宅用地。这也符合当前我国部分城市的限购政策,与2022年年底中央经济工作会议提出的"支持住房改善消费""2023年将大力支持刚性和改善性住房需求,对购买第二套住房的,要合理支持"的释放改善性住房需求政策相契合。对承包人来说,因为开发商无钱支付工程款,用房子来抵债,"工抵房"一抵就是几十套的操作惯例将会受到该批复的严重影响。

2. 前提:消费者主张房屋交付请求权的必须已经支付全部价款(含一审法庭辩论结束之前支付全部价款)。这一点也是商品房交付的逻辑所在,商品房预售可以仅支付定金或部分价款,但在交付节点,对于房地产开发企业而言则需要付清全部价款。房地产开发企业并非金融机构,在当前房地产企业本就面临流动性困境的背景下,没有承受分期付款或贷款风险的能力。同时,未足额支付全部价款即可请求交付房屋、受让物权,将使原可执行财产(房屋)未获得等额财产替代,减少可供执行财产,对于其他债权人明显不公平。

3. 填补:本条规定系源于执行程序或破产程序的创新探索。《优先受偿权批复》《九民纪要》等都仅涉及排除执行和"承包人工程价款优先受偿权不得对抗买受人",并未明确如何行使权利以及房屋如何处置的问题。而本条在承继前述司法解释精神的前提下,吸收执破实务中的有益探索,明确了商品房消费者的交付请求权,为化解执行问题、提高执行效率提供了明确指引。

(三)《关于商品房消费者权利保护问题的批复》第3条:价款返还请求权优先的适用

1. "房屋不能交付且无实际交付可能",主要存在两种思路。第一种是房屋在客观上不能交付且无实际交付可能,即由于房屋本身未竣工,无交付条件或可能,此时商品房消费者可以主张价款返还;第二种是承接上一条的"只支付了部分价款"的情形,在商品房消费者未在一审法庭辩论终结前支付剩余价款,或者已支付全部价款但由于房屋客观上不能交付且无实际交付可能，导致无法适用《关于商品房消费者权利保护问题的批复》第2条的交付请求权或请求权不能实现时，可以适用《关于商品房消费者权利保护问题的批复》第3条的价款返还请求权。

从保障商品房消费者权益、维护公共利益和社会稳定的价值与法益来看，应当赞同第二种的理解，即商品房消费者除得以适用《关于商品房消费者权利保护问题的批复》第2条并实现交付的情况外，商品房消费者皆有权要求返还价款，并且该权利优先。

2.(2019)最高法民再245号案[①]关于“商品房按揭贷款商业模式下各方当事人权利义务关系问题”作出了深入的分析。从合同内容来看，在商品房买卖合同中，购房者支付房款，开发商交付房屋；在商品房担保贷款合同中，银行将购房者所贷款项直接支付给开发商，开发商实际用款。购房者并不支配购房贷款，但需偿付贷款本息。如果合同正常履行，购房者取得房屋，各方权利义务亦可保持平衡。但因开发商不能交付房屋而致使合同解除，导致合同约定的各方权利义务严重失衡，开发商违约不能交房导致各方合同解除，却实际占有使用购房者支付的首付款及银行贷款；银行依据合同约定既享有抵押权，又同时享有对开发商和购房者的债权；购房者未取得房屋，却既支付了首付款，又需偿还按揭贷款。若按合同约定的权利义务关系处理，则在购房者对合同解除无过错的情况下，仍要对剩余贷款承担还款责任，明显不合理地加重了其负担，各方权利义务失衡，有违公平原则。因此，该判决避免去强调单个合同的相对性，而是从三方权利义务平衡的角度作出了开发商将收取的购房贷款本金及利息返还银行和购房者的判决。总之，不能让购房者陷入房子得不到还要继续偿还几十年贷款的悲惨境地。在《关于商品房消费者权利保护问题的批复》中，这种价值取向得到了延续，在楼盘“烂尾”的情况下，消费者可以优先拿回自己的购房款，无论付了多大比例的购房款，都享有优先权。

3.与《优先受偿权批复》《九民纪要》等规定的“支付全部或大部分款项”“已支付的价款超过合同约定总价款的百分之五十”不同的是，《关于商品房消费者

---

① 参见王某诚、王某博金融借款合同纠纷案，最高人民法院民事判决书，(2019)最高法民再245号。

权利保护问题的批复》不再对款项的比例作出限制,能够解决本就无力支付大部分价款的、生存利益及居住权需要得到保障的弱势群体的权益保护问题。换言之,广大商品房消费者为生存居住需要购买房屋所付出的心血都应得到保护,不应存在数额多寡的区分。对于消费者价款返还优先权,该批复也作了严格的限制,消费者应当举证证明"房屋不能交付且无实际交付可能"。实践中,对这种情形的证明需要达到什么样的程度有待法院的判例,也需要各方去认真思考。消费者主张价款返还的优先范围应当限定为购房款,不包括因合同解除所产生的违约金、赔偿金等。

**三、《关于商品房消费者权利保护问题的批复》对银行的风险提示及对策**

(一)存在的风险

从法条文义上看,在发生楼盘"烂尾"的情况下,银行的抵押权将排在商品房消费者价款返还请求权和建设工程价款优先受偿权之后,这意味着一般意义上银行抵押权的实现将更加困难。

在商品房按揭贷款这一情境下,出现楼盘"烂尾"无法交付后,消费者有权解除《商品房买卖合同》,进而要求返还购房款。此前,消费者对开发商的价款返还请求权为普通债权,其顺位劣后于按揭贷款银行的抵押权,即银行可通过行使抵押权优先收回放贷的款项。《关于商品房消费者权利保护问题的批复》实施后,由于商品房消费者有权要求返还的价款包括首付款以及向银行贷款后支付给开发商的按揭款项,这意味着,按揭贷款部分亦将优先返还给消费者后,再由消费者还款给银行。或者,消费者也可以选择将对开发商享有的按揭贷款部分的债权转让给银行,以抵销其对银行的贷款债务,如此一来,银行相当于间接获得消费者的"价款返还最高优先权",银行的债权也在一定程度上受到了保护。

相较之下,银行将来收回按揭贷款将更多地依赖商品房消费者的维权力度、主动还款意愿以及与消费者的协商受让债权的谈判能力。《关于商品房消费者权利保护问题的批复》现已正式施行,银行抵押权的优先级别进一步下滑,银行的商品房信贷项目均会受此影响。

(二)对策

其一,企业向银行融资贷款时,银行要加强对房企综合能力的审核。银行应提前注意房地产开发企业的抵押情形和房企的偿债能力,对抵押品的安全性以及偿还贷款的保障性要进行系统的风险评估。

其二,银行在放贷的时候需要更加审慎地选择房地产开发企业,并且在放贷以后要及时依据借款合同,监督房地产开发企业使用资金。银行在发现房地产开发企业挪用或者出现其他问题以后,应当及时采取措施,避免自身利益受损。

其三,前期,银行需加快完善涉房贷款的审批和监管程序,严格审核相关要件;后期,银行需严格、持续跟进后续资金的监管,第一时间应对风险。

# 关于“信托制物业”的法律研究

王　密*

**【摘要】**2019 年 5 月，成都市率先在武侯区的 12 个居民小区开展“信托制物业服务”模式试点，确实在试运行中取得了不错的社会效果，但是从现行法律规定的角度分析，“信托制物业”存在信托委托主体不具有相应的法律地位，信托财产不甚明确的问题。

**【关键词】**信托；物业管理；信托制物业

## 一、了解“信托制物业”

“信托制物业”先后在成都市武侯区部分小区落地，按照其倡导者的设想“有效破解传统物业服务模式的治理困境，给基层群众提供新的物业服务模式选择”。旨在解决物业治理困境进行的制度创新是值得提倡的，但是制度创新必须尊重法律，适应当下的法治环境。

“信托制物业”，即将信托法上的信义法理引入物业服务关系之中，目前的主要构成为：委托人即业主大会或业主委员会；信托财产即物业管理权或物业服务费；受托人即物业服务企业或者信托公司；受益人即全体业主。

“信托制物业”的实质属于物业管理和信托的结合体，横跨两种制度。物业管理制度的功能是为业主提供建筑物及其附属设施的维修养护、环境卫生和相关秩序的管理维护等；信托制度的功能是对信托财产的经营、追求经济利益，两者存在本质上的区别。“信托制物业”拟融合两种制度，那么就应符合两种制度的内

---

* 王密，四川君合律师事务所律师，合伙人。

在要求。

## 二、"信托制物业"中的物业管理

### (一)现有的物业管理形式

《民法典》第271条规定了建筑物区分所有权的内容,即业主对建筑物内的住宅、经营性用房等专有部分享有所有权,对专有部分以外的共有部分享有共有和共同管理的权利。物业管理权是建筑物区分所有权中共同管理权的部分内容。

《民法典》第284条第1款规定,业主可以自行管理建筑物及其附属设施,也可以委托物业服务企业或者其他管理人管理。由此可知,在现行法律框架之内,对建筑物及其附属设施进行管理主要有两种形式:一是业主委托物业服务企业或者其他管理人管理;二是业主自行管理。无论是自行管理还是委托管理,物业管理权均属于业主,不会发生转移。

### (二)"信托制物业"到底信托的是什么?

如"信托制物业"基于自行管理或委托管理仅将物业服务费信托,那么"信托制物业"实际上是对物业服务费资金的信托管理,是管理物业服务费的一种模式,不能将其与物业管理进行"混同",至于物业服务费能否信托,下文将详细阐述。

如"信托制物业"信托的是物业管理权,则存在法律障碍。按照现行法律制度,物业管理无论是自行管理还是委托管理,物业管理权均属于业主,未脱离业主。信托最本质的特征在于信托财产的独立性,信托财产独立于委托人和受托人,故信托财产应是可以独立转移和让渡的财产或财产权利。物业管理权能否从建筑物区分所有权中脱离出来,能否独立于业主,没有法律予以明确解释。

## 三、"信托制物业"中的信托

根据《信托法》第2条的规定,信托是指委托人基于对受托人的信任,将其财产权委托给受托人,由受托人按委托人的意愿以自己的名义,为受益人的利益或者特定目的,进行管理或者处分的行为。设立信托应当具备的条件:(1)委托人应当是具有完全民事行为能力的自然人、法人或者依法成立的其他组织;(2)必须有确定的信托财产,并且该信托财产必须是委托人合法所有的财产,财产包括合法的财产权利。

### (一)业主大会或者业主委员会作为信托委托人资格,缺乏法律支持

业主大会由物业管理区域内的全体业主组成,代表和维护物业管理区域内全

体业主在物业管理活动中的合法权益,履行相应的义务。在现行民法制度下,业主大会没有独立承担民事责任的能力,不具有完全民事行为能力。

业主委员会是业主大会的执行机构。在现行民法制度下,虽然业主委员会享有一定的民事行为能力,比如签订《物业服务合同》等,但是根据《物业管理条例》第19条第1款的规定,业主委员会不得作出与物业管理无关的决定,不得从事与物业管理无关的活动。业主委员会的权利能力应当限定在物业管理活动的范围之内,其是否能代表业主签订信托协议还有待进一步明确。

(二)物业管理权或物业服务费作为信托财产,存在法律障碍

1. 物业管理权作为信托财产缺乏法律支撑

业主的建筑物区分所有权的内容由三部分构成:专有部分所有权、共有部分共有权以及共有部分共同管理权。其中,专有部分所有权是基础权利,业主在转让专有部分所有权的同时,共有部分共有权以及共有部分共同管理权也应一并转让,三者不可分割。业主的物业管理权是业主共有部分共同管理权的一部分,其依托于业主的专有部分所有权,并非可以独立转移和让渡的权利。根据《信托法》的规定,信托财产应具有独立性,物业管理权并非可以独立转移和让渡的权利,作为信托财产缺乏法律基础。

2. 物业服务费不适宜作为信托财产

物业服务费是物业服务企业或者其他管理人按照物业服务合同的约定,对房屋及配套的设施设备和相关场地进行维修、养护、管理,维护相关区域内的环境卫生和秩序,向业主收取的费用。物业服务费在业主支付给物业服务企业之前,属于业主所有,在支付给物业服务企业之后,属于物业服务企业所有。业主委员会向业主收取物业服务费属于代管性质,并不当然属于业主大会或者业主委员会的财产。根据《信托法》的规定,信托财产应是委托人的合法财产,业主大会或者业主委员会无权将业主的个人财产作为信托财产,除非其取得100%业主的同意。

同时,信托的功能是对信托财产的经营,追求经济利益,受托人取得信托财产后应当通过自己的管理和处分行为使其保值和增值,以有利于受益人;而物业服务费是业主为享受物业服务而支付的对价,终将消耗在物业服务过程中,本不是为了实现保值和增值,物业服务费不适宜作为信托财产。

总之,"信托制物业"作为一种制度创新,还需进一步研究、在理论上不断完善,也有待法律的明确。

# 浅析《民法典》对房产管理领域的影响

王　密　张锡菊*

【摘要】2020 年 5 月 28 日，中华人民共和国第十三届全国人民代表大会第三次会议审议通过了新中国第一部法典——《民法典》。《民法典》对于房产相关的问题作出了很多新的规定，笔者作为市住建行政管理部门的法律顾问，结合自身法律服务经验，从房产管理的角度对物业管理、抵押物交易、居住权设定进行了梳理和分析。

【关键词】民法典；房产管理

## 一、《民法典》给物业管理带来的影响

《民法典》第二编“物权”第二分编“所有权”第六章“业主的建筑物区分所有权”章节第 271 条至第 287 条，对原《物权法》相关内容改动较大。《民法典》第三编“合同”第二分编“典型合同”第二十四章新增“物业服务合同”一章，第 937 条至第 950 条，共涉 14 条内容。对物业管理将带来的影响，主要有以下几个方面。

### （一）对业主大会表决事项有修改

1. “业主表决程序”修改内容

（1）参与业主共同事项表决的票权比例超过两个“三分之二”，会议才有效，且面积比例只算专有部分，不算总建筑物面积。

（2）一般议题的支持率“双过半”即获得通过，重大议题超过两个“四分之三”获得通过，支持率的票权比例计算均以已参与表决的票权而非总票权为基数。

---

* 王密，四川君合律师事务所律师，合伙人。张锡菊，四川君合律师事务所律师。

(3)原“筹集和使用建筑物及其附属设施的维修资金”需要“双三分之二”支持,《民法典》将使用和筹集分开,筹集需要两个“四分之三”,而使用仅需要“双过半”。

(4)业主共同决定事项新增“改变共有部分的用途或者利用共有部分从事经营活动”,原《物权法》没有规定,新规明确规定表决的票权比例为两个“四分之三”。

2. 修改“业主表决程序”的影响

(1)为了解决业主大会召开难,业主参与表决难的问题,住房和城乡建设部曾发布指导规则,其中明确:管理规约或者业主大会议事规则可以约定未参与表决的业主投票权数是否可以计入已表决的多数票,这给业主大会召开带来了很多方便。原成都市房管局推荐使用的《业主大会议事规则(示范文本)》,约定了“已送达的表决票,业主在规定的时间内不反馈意见的,其投票权数可以计入已表决的多数票”,在实操中该约定也得到广泛适用。

《民法典》规定“参与表决”必须达到两个“三分之二”。“参与表决”指参加并完成表决(赞成、反对或弃权),送达但未表态的票不能算作“参与表决”,因此“已送达但未反馈的票计入已表决的多数票”已不具备可行的土壤。同时相关规定基本上否决了实操中衍生的“异议表决”。

(2)降低了业主共同决定事项表决比例。从理论上讲,只要超过两个“三分之二”的业主参与表决,一般议题只需要获总票权的1/3 支持即可通过,重大议题获总票权的1/2 支持即可通过。按两个“三分之二”参与表决的程序,业主的参会表决权能够得到保障,但结合现状,让两个“三分之二”的业主参与表决难度较大,可能反而增加了业主大会的工作难度。

(3)降低了使用建筑物及其附属设施维修资金的表决门槛。有一些比较老的商品房小区,很多电梯或者共有设施的维修问题已经很突出了,降低使用维修资金的门槛对解决民生问题、提升服务品质有重要意义。

(二)新增紧急情况下使用维修资金的特别程序

1. 紧急情况下使用维修资金的特别程序的内容

紧急情况下使用维修资金的通道开启者,明确为业主大会或者业主委员会。

2. 紧急情况下使用维修资金的特别程序带来的影响

事实上,《成都市住宅专项维修资金管理办法》已经规定了维修资金应急使用的流程以及情形，但根据该办法第29条及第30条的规定，应急使用的申请人除业主委员会外还包括相关业主、街道办事处、(镇)乡人民政府、物业服务企业或其他管理人等主体，这与《民法典》规定的紧急通道开启者为“业主大会或业主委员会”冲突，其合法性有待进一步研究。

(三)增加“物业服务合同”章节

1.“物业服务合同”章节的主要内容

明确物业服务合同的主要内容；明确物业服务人应将主要物业服务事项向业主公开和向业主大会、业主委员会报告的义务；明确业主不得以未接受或者无须接受相关物业服务为由拒绝支付物业费；明确物业服务人不得采取停止供电、供水、供热、供燃气等方式催缴物业费等问题。

2. 增加“物业服务合同”章节的影响

(1)《民法典》在“合同编”增加“物业服务合同”章节是一个重大突破，结束了关于物业服务合同性质的争论，为解决小区物业矛盾纠纷提供了有力的法律依据支撑。

(2)“物业服务合同”章节有一个新概念——物业服务区域。物业服务区域和物业管理区域是否一致，还需要进一步研究、明确。

**二、《民法典》给抵押物交易带来的影响**

(一)放开抵押物交易限制的内容

抵押人转让抵押财产无须征得抵押权人同意，抵押权的追及力得到确认，在抵押物发生转让后，抵押权将追及至新的所有人，抵押权人能够证明抵押财产转让可能损害抵押权的，可以请求抵押人将转让所得的价款向抵押权人提前清偿债务或者提存。

(二)放开抵押物交易限制带来的影响

《民法典》放开了对抵押物交易的限制，抵押人转让抵押财产无须征得抵押权人同意，只需通知，这有利于促进市场交易，在一定程度上保障了抵押人的利益。住建行政主管部门负责房屋交易行为监管，承担房屋买卖、房地产抵押、房屋租赁网签的审批工作。《民法典》打破了“房屋抵押期间，未经抵押权人同意，不得办理抵押房屋的相关转让业务”的规定，实操中如何实现抵押物交易的监管(比如如何审查是否通知抵押权人)还有待进一步明确。

## 三、《民法典》给住房保障带来的影响

《民法典》第二编“物权”第三分编“用益物权”第十四章新增“居住权”一章，涉及第366条至第371条，共6条内容，对住房保障方面将带来影响。

(一)新增“居住权”的内容

“居住权”这一新型用益物权，是《民法典》物权编的一大亮点。居住权原则上无偿设立，居住权人有权按照合同约定或者遗嘱，经登记占有、使用他人的住宅，以满足居住需要。居住权自登记时设立，自居住期限届满或居住权人死亡时消灭，居住权不得转让、继承；除另有约定外，设立居住权的住宅不得出租。

(二)“居住权”对保障性住房的影响

1. 居住权属于用益物权，具有物权所有的对世性、绝对性、直接支配性，可直接对抗第三人。现有的公租房租赁本质为债权，具有合同相对性，受租赁的期限等要素影响，承租人缺乏稳定感，获得感不强。居住权的长期性以及其物权属性，可以弥补租赁产生的不稳定感。

2. 保障性住房的实践过程中，出现了徇私舞弊、权力寻租或者通过虚构债权等方式转让所有权从中牟利的现象。按照居住权的法律构造，在住房制度改革中，可以对国家投资兴建的房屋，由国家享有所有权，为低收入家庭设置长期居住权，以满足其基本的居住需求。且居住权人不仅局限于申请人等特定的自然人，还包括其家庭成员。

3. 对于处于高收入及低收入群体之间的“夹心层群体”，既不能通过市场购买商品房，也不能像低收入群体一样享受保障性住房，居住权也可以为此类人群提供一种居住新思路。

# 建筑材料价格波动剧烈的市场背景下如何适用“情势变更制度”减损止损

李铃玉　钟丹霞*

【摘要】市场经济瞬息万变，合同签订当时的客观条件，在合同履行过程中随时可能发生天翻地覆的变化，而客观条件的种种变化可能导致双方签订的合同无法继续履行，也可能导致继续履行合同让明显对一方当事人不利的情况发生。在《民法典》实施以前，法院对“情势变更原则”的适用非常严格，需要层报到高级人民法院或最高人民法院予以审核。“情势变更制度”的立法（《民法典》第533条）进一步保障了双方当事人订立合同时根本目的的实现。近年来，受国际国内经济政治大环境影响，有色金属、铁矿石等钢铁原燃辅料价格波动频繁，涨幅较大，施工成本上涨，而施工合同中往往约定了固定总价包干或部分材料不可调价。在成本倒挂的情况下，施工企业如何适用法律规定实现减损、止损，本文将对此予以浅析。

【关键词】情势变更；合同目的；变更或解除合同；建筑材料涨价

## 一、情势变更的立法演进

《民法典》生效前，“情势变更原则”仅出现在最高人民法院《关于适用〈中华人民共和国合同法〉若干问题的解释（二）》（已失效）第26条。2009年4月27日，最高人民法院又针对“情势变更制度”的司法适用发布了最高人民法院《关于

---

* 李铃玉，四川君合律师事务所律师。钟丹霞，四川君合律师事务所律师，合伙人。

正确适用〈中华人民共和国合同法〉若干问题的解释(二)服务党和国家的工作大局的通知》,该通知第2条"严格适用《中华人民共和国合同法》若干问题的解释(二)第二十六条"中,最高人民法院针对情势变更制度做了专门的强调:"对于上述解释条文,各级人民法院务必正确理解、慎重适用。如果根据案件的特殊情况,确需在个案中适用的,应当由高级人民法院审核。必要时应报请最高人民法院审核。"也就是说,若基层法院需在案件中适用情势变更,则需报地方高级人民法院审核,必要时还需报最高人民法院审核。这一要求给情势变更制度的适用增加了难度,也相应降低了地方法院适用情势变更制度的积极性和主动性。

2009年7月7日发布的最高人民法院《关于当前形势下审理民商事合同纠纷案件若干问题的指导意见》第2条规定:"人民法院在适用情势变更原则时,应当充分注意到全球性金融危机和国内宏观经济形势变化并非完全是一个令所有市场主体猝不及防的突变过程,而是一个逐步演变的过程。在演变过程中,市场主体应当对于市场风险存在一定程度的预见和判断。人民法院应当依法把握情势变更原则的适用条件,严格审查当事人提出的'无法预见'的主张,对于涉及石油、焦炭、有色金属等市场属性活泼、长期以来价格波动较大的大宗商品标的物以及股票、期货等风险投资型金融产品标的物的合同,更要慎重适用情势变更原则。"

2021年1月1日正式施行的《民法典》第533条规定:"合同成立后,合同的基础条件发生了当事人在订立合同时无法预见的、不属于商业风险的重大变化,继续履行合同对于当事人一方明显不公平的,受不利影响的当事人可以与对方重新协商;在合理期限内协商不成的,当事人可以请求人民法院或者仲裁机构变更或者解除合同。人民法院或者仲裁机构应当结合案件的实际情况,根据公平原则变更或者解除合同。"这意味着我国首次在法律中明确规定情势变更制度。自此之后,地方法院在《民法典》施行之后的案件中适用情势变更制度时再无须层报至高级人民法院或者最高人民法院,这无疑为司法适用情势变更制度提供了便利。

## 二、情势变更原则的适用条件

"诚实信用原则"是民法基本原则之一,合同一旦订立,双方当事人都应当严格遵守,情势变更原则是突破合同意思自治原则的例外情形。援引"情势变更制度”要求变更或解除合同，必须满足特定的条件，以体现法律插手私权领域持谦抑态度。结合《民法典》第533条适用情势变更必须得符合以下几个条件。

1. 合同依法成立且有效。

2. 客观上，必须要有情势变更的基础。情势，是指合同成立时所依赖的客观情况；变更，是指合同赖以成立的环境或基础发生异常变动，且这种变化不属于“商业风险”。

3. 主观上，情势变更是当事人在订立合同时所不可预见并不可避免的，双方当事人在心态上都不存在过错。不可预见，是指双方当事人没有预见且不可能预见，以合同成立之时具有该类合同所需要的专业知识及正常思维在当时情况下不可能预见为准；应当预见而没有预见的不适用。不可避免，是指事前无法预防，事后尽一切措施也无法消除其影响。

4. 时间上，情势变更事由必须是发生在合同有效成立后至合同终止履行前。

5. 结果上，因情势变更会导致合同的履行显失公平。如果当事人能从其他途径获得应有的救济，从而减少或消除情势变更的影响，则不适用该原则。

**三、结合建筑行业材料涨价情况，谈“商业风险”与“情势变更”的区别**

商业风险，是指在商业活动中，由于各种不确定因素引起的，给商业主体带来获利或损失的机会或可能性的一切客观经济现象。作为商业交易的主体，市场规则和法律价值取向都认为参与商业交易的各方对自身将面临的风险和期待的收益有正确的认识，并有责任和义务承担正常范围内的风险。如在工程造价中，2013年的《建设工程工程量清单计价规范》对综合单价的组成规定为人工费、材料和工程设备费、施工机具使用费和企业管理费、利润，以及一定范围内的风险费用。也就是说，该规范默认，投标人在报价时已经就综合单价考虑了一定范围的风险，在不超出该范围内的风险事件发生时，不利后果要由投标人自己承担。但在工程建设中，相比发包人，承包人往往只能通过其管理和调配资源的能力挣得微薄的利润，其风险承受能力低，若未在发生承包人不能承受的风险（如2008年汶川大地震、北京奥运会抢工期、2020年新冠疫情等）的客观情况下主动适用情势变更原则减轻承包人的损失，还容易引起建筑材料供应商贷款、农民工工资得不到支付等重大影响社会稳定情况的发生。因此正确识别什么是建设工程合同履行双方各自应当承担的商业风险，什么情况需要适用情势变更原则调整和干预以保护社会稳定和实现法律公正,对于各方都是很大的考验。

最高人民法院《关于当前形势下审理民商事合同纠纷案件若干问题的指导意见》(法发〔2009〕40 号)第 3 条规定,“情势变更是当事人在缔约时无法预见的非市场系统固有的风险。人民法院在判断某种重大客观变化是否属于情势变更时,应当注意衡量风险类型是否属于社会一般观念上的事先无法预见、风险程度是否远远超出正常人的合理预期、风险是否可以防范和控制、交易性质是否属于通常的‘高风险高收益’范围等因素,并结合市场的具体情况,在个案中识别情势变更和商业风险”。由此可见,情势变更应区别于商业风险,情势变更涉及的重大变化应超出一般商业风险的范畴。那么,价格涨幅达到多少比例,损失达到哪种程度才能构成“情势变更”呢?

有观点认为,在建设工程施工合同法律关系中,如果价格调差价值超过工程总造价的 30%,一般宜认定为显失公平,可援引“情势变更原则”进行调价,如(2019)粤 0306 民初 5241 号案法院就持此观点。

确认一个客观事实的巨变是否属于情势变更,关键在于认定此项变更是否引起了质的履行艰难,并且产生显失公平的后果,使一方当事人继续履行合同会遭受“经济废墟”或“生存毁灭”。司法实践中,通常比照最高人民法院《关于适用〈中华人民共和国合同法〉若干问题的解释(二)》第 29 条第 2 款关于对过高损失的认定标准,来衡量当事人之间权利义务是否显失公平,该款规定“当事人约定的违约金超过造成损失的百分之三十的,一般可以认定为合同法第一百一十四条第二款规定的‘过分高于造成的损失’”。在建设工程施工合同法律关系中,如果价格调差价值超过工程总造价 30%,一般宜认定为显失公平。

具体到该案,天成公司主张由于主要材料价格上涨超出其正常承受能力,导致现场资金缺口大,给工程建设带来不利影响。然而,建设工程总造价系综合涵盖了人工成本、材料成本、机械设备成本、管理成本、建筑利润、风险费用等各方面的内容,是一个复杂的计算过程,主要材料的价格成本仅系其中一个构成要素。天成公司主张案涉主要材料价格上涨造成其经营困难,但未能举证证明主要材料的总成本,特别是主要材料调差价值与工程总造价之间的占比情况,不能证实案涉材料价格上涨导致的差价损失幅度已经达到情势变更原则所要消除的当事人之间利益显失公平的严重程度。根据民事诉讼“谁主张,谁举证”的证据规则,天成公司应对此承担不利后果,天成公司此项主张理据不足,法院不予采纳。因此驳回了天成公司调价的诉讼请求。

**四、建工司法实践中,施工合同中约定的合同价款为“固定包干”,法院对此种情况能否援引情势变更制度进行调价有不同观点**

第一种观点是:承包人作为具有专业资质的施工单位,对原材料价格波动应当有充分的预见性。

某案中,中山一建、东区经联社双方在平等自愿的基础上签订案涉合同,双方理应按照合同约定履行各自的义务。根据双方合同的约定,案涉合同为固定总价合同,实行总价包干,对此,招标公告、投标人须知、招标答疑文件以及《广东省建设工程标准施工合同》的相关条款对合同价款的调整等事项均作出了清晰明确的约定。其明确约定合同价款不因物价涨落调整,对建筑材料价格变动、安全文明施工、绿色施工等事项也进行了约定,说明双方在签订案涉合同时已经考虑到合同履行过程中可能存在的风险,并不属于双方在订立合同时无法预见的,也非不可抗力造成的,而是属于正常的商业风险,故中山一建以该案应适用情势变更原则诉请东区经联社在案涉合同价款之外支付相关费用于法无据,也与双方合同约定不符,一审不予支持符合法律规定,二审法院予以维持。①

第二种观点是:双方当事人在订立合同时,没有预见也无法预见在合同履行期间原材料价格会大幅上涨,该事实应属于非不可抗力以外的其他意外情形,应当援引情势变更原则。

某案中,原告凯荣公司与被告博赢公司于2011年4月21日签订《给水工程施工合同》,约定被告博赢公司为原告凯荣公司沈阳市铁西区重工街北三路凯荣国际花园二期给水工程施工,合同约定承包方式为包工包料、包检测、包验收、包移交、交钥匙工程。合同价款为总价包死=固定单价(29元/平方米含税)×销售许可证面积,即总造价4 960 783元。固定单价费用包括人工费、材料费、检测费、验收费、移交费。工程全部竣工验收通过(指生活给水系统以沈阳市自来水公司接收时间为准,消防给水系统以沈阳市消防部门、沈阳市工程建设质量监督站验收合格为准,被告提供与自来水公司的竣工验收移交单给原告,原告验收确认)。

---

① 参见广东省中山市中级人民法院民事判决书,(2021)粤20民终5583号。

如工程未通过相关部门的验收，则被告必须负责整改直至达到验收合格，整改所发生费用由被告负责，并承担因此给原告造成的直接和间接损失。双方均称，涉案给水工程移交水务集团后，水泵房发生的电费应该由水务集团承担，但被告未履行移交义务，原告为保障园区居民正常用水而运行给水系统并支付了由此产生的电费，自 2014 年 8 月至 2016 年 6 月已支付电费 212 163.65 元。因此原告起诉要求被告支付电费损失。一审、二审法院查明事实后，认为双方合同约定为总价包死，固定单价中包括了移交费在内的其他费用，且未单独写明每平方米移交费的价格，该种工程款固定单价的约定方式意味双方已充分考虑到分项费用上涨的风险，虽然原被告签订合同当年水务集团的移交费在 3 元至 5 元，而 2013 年涉案工程需要移交时移交费已涨至 20 元，移交费的价格事实上发生了重大变化，但原被告双方均是平等的市场主体，且被告系专业给水工程施工单位，移交费用涨跌应属其作为市场主体可预见的商业风险，其所签订合同的包死价格也已承载了该种风险，故博赢公司不能以事实上移交费价格上涨为由得出情势变更的事实。

该案被告博赢公司提起再审，其认为该案中双方当事人在订立合同时，没有预见也无法预见移交费用的大幅度上涨，该事实应属于非不可抗力以外的其他意外情形，该移交费用的上涨是在该合同签订之后，履行完毕之前出现。案件审理期间，双方及第三方因移交费用的上涨变化进行了磋商，但没有结果。上述事实，符合最高人民法院《关于适用〈中华人民共和国合同法〉若干问题的解释（二）》（已失效）第 26 条的规定。如继续维持该合同中有关移交费用约定的效力将对博赢公司显失公平，利益失衡。该案移交费价格上涨的事实符合情势变更的情形。根据该案事实，移交费用上涨部分应当由凯荣公司承担，双方当事人因情势变更未能达成新的协议所产生的电费，原一审、二审判令由博赢公司承担，缺乏事实和法律依据。该案中博赢公司申请再审的理由部分成立。因此判决撤销一审、二审判决，驳回一审原告的诉讼请求。①

**五、受疫情影响，建筑材料大幅上涨时，可否以情势变更原则向发包人主张调价**

1. 建设工程施工合同是一个长期履行的合同，在合同履行过程中，承包人需

① 参见辽宁省沈阳市中级人民法院民事判决书，（2020）辽 01 民再 61 号。

要根据施工进度分批次进行采购，而非一次性在开工时就完成全部采购。也就是说，在承包人对外采购所需材料时，其与发包人所签订的施工合同价格早已固定，但是其与第三方供应商的采购合同尚未签订，价格处于不确定状态。假设承包人与第三方签订采购合同时，价格恰好处于峰值，而承包人基于合同工期要求，又不得不以高价进行采购。此时严格适用施工合同关于"合同价格不予调整"的约定，不对价格进行调整，那么对承包人是明显不公平的。《建设工程工程量清单计价规范》(GB 50500－2013)第3.4.1条强制性规定，"建设工程发承包，必须在招标文件、合同中明确计价中的风险内容及其范围，不得采用无限风险、所有风险或类似语句规定计价中的风险内容及范围"，由此可知，发包人在编制招标文件和拟订合同条款时，应按规定合理分担价格风险。

2. 承包人经过招投标程序中标该工程的，合同报价本身对于工程中标具有根本性决定作用，投标人报价的依据是当时原材料的市场价格，作为施工单位尽管考虑到了原材料价格波动的风险，但无法预料合同履行过程中，原材料的价格涨幅会以倍数上涨。如果施工单位能将该风险预料到再以综合所有风险之后的价格投标，那么施工单位可能根本无法中标。

3. 在施工合同签订后，新冠疫情暴发，市场经济受疫情影响较大，建筑行业原材料价格大幅上涨，部分原材料价格甚至呈倍数上涨，因疫情影响的价格波动也是承包人在投标报价时无法预料的。疫情期间，四川省高级人民法院民事审判第一庭也出具了相关会议纪要，其认为疫情是当事人无法预料的，不属于商业风险的因素。

4. 四川省住建厅于2021年12月3日发布的《关于建设工程合同中价格风险约定和价格调整的指导意见》中规定："合同成立后，合同的基础条件发生了当事人在订立合同时无法预见的、不属于商业风险的重大变化，继续履行合同对于当事人一方明显不公平的，发承包双方可根据实际情况和本指导意见，本着诚信、公平的原则进行协商，协商一致后签订补充协议。"

综上，对于涨幅过大的建筑材料，司法实务中，法院根据公平原则，有可能会根据情势变更原则支持施工单位变更合同的诉求。施工单位应结合材料价格涨幅的客观情况，提供数据分析及支撑材料，结合法律规定向发包人或建设单位提出合理诉求，以实现减损。

# 从一则案例浅析工程款的支付与质保金的退还应当分别计算诉讼时效

郑筱珺*

【摘要】对于承包人向发包人主张支付工程款和退还质保金的情形，承包人是否能以工程款和质保金属于同一债务的分期履行为由请求法院以最后一期质保金退还的时间为诉讼时效起算点判决发包人支付工程款和质保金，在司法实践中争议较大。虽然本文案例形成于《民法典》出台之前，但核心问题的争议不受法律修改的影响。就该问题，本文选取的案件经过一审和二审两级人民法院审理，两级法院作出了完全相反的判决，即一审法院不支持承包人的诉讼请求，二审法院却判决支持；而二审法院在同类案件的审判中，曾作出过不支持承包人主张的判决。法院适用法律的后果截然相反也给当事人和律师带来了很大的困惑。本文作者就以该案例经历的一审、二审、再审过程，结合目前的法律规定，论述工程款与质保金不属于同一债务的分期履行，不应当成为法院捆绑认定诉讼时效未过的理由。

【关键词】工程款；质量保证金；保修期；同一债务的分期履行；诉讼时效

* 郑筱珺，四川君合律师事务所律师，合伙人，房地产与建设工程法律事务部副部长。

## 一、案情介绍[①]

承包人因自身集团公司分立合并过程中管理不善的原因,就同一工程中的几份电力施工合同履行完毕、工程竣工验收4年至5年后才向发包人主张支付工程款和退还质保金向法院提起诉讼。双方的争议焦点为工程款与质保金是否属于同一债务的分期履行。若工程款与质保金属于同一债务的分期履行,适用以最后一期债务到期计算诉讼时效的法律规定,则在该案中,承包人的诉讼请求金额的绝大部分(约800万元工程款及发包人应当退还的质保金)能得到支持;若工程款与质保金不属于同一债务的分期履行,需要分开计算诉讼时效,则承包人的诉讼请求中仅有一份合同的质保金(退还20余万元)尚在诉讼时效期间内,依法可以得到支持。一审法院支持第二种观点,即工程款与质保金不属于同一债务的分期履行,需要分开计算诉讼时效,承包人的诉讼请求中仅有一份合同的质保金退还尚在诉讼时效期间内,判决驳回承包人的其他诉讼请求;二审法院支持第一种观点,即工程款与质保金属于同一债务的分期履行,适用以最后一期债务到期计算诉讼时效的法律规定,判决支持除第一份合同质保金退还已经超过诉讼时效以外的所有承包人的诉讼请求。

发包人在收到二审判决后向省高级人民法院提起了再审,其认为一审判决正确,二审法院在同类案件中认定工程款与质保金的支付条件不同,应当分别适用诉讼时效起算时间,在该案中出现同案不同判的情形,应予纠正。后再审法院驳回了发包人的再审申请。

因该案争议焦点的法律问题典型,对建设工程施工合同中发承包双方的权利义务影响较大,笔者将就其中的案件事实与两级法院的审理过程进行详细介绍并阐述自己的观点,希望对该问题所涉法律规定的理解与适用作出有益的讨论。

## 二、二审及再审法院对工程三期正式用电恢复工程(案涉第一份合同)质保金73 800元是否超过诉讼时效的问题的论述适用法律错误,但不影响判决结果

即使适用法律错误最终不影响该部分诉讼时效的判断(该部分诉讼时效已过),二审法院对承包人对于质保金的退还与承包人承担保修期义务的概念混同亦应被纠正。二审法院混同了《建设工程质量管理条例》规定的最低保修期限与

---

① 案号:(2017)川0191民初15208号,(2019)川民终13594号,(2020)川民申2187号。

《建设工程质量保证金管理办法》规定的质保期以及质保金的退还两个不同的法律概念。

(一)该案涉合同的主要内容

2011 年 10 月 20 日,发包人与承包人签订《工程三期正式用电工程恢复施工合同》,该合同约定:工程名称为工程三期正式用电恢复工程;工程包干总价为 1 470 000.00 元……合同签订后,7 日内发包人向承包人预付工程合同包干价的 25% 作为承包人首期工程准备费用;施工阶段按月完成产值支付至 70%(预付款分两个月从中扣除);工程施工并取得相关部门验收合格通电 7 日内付至工程合同包干价 95%;工程合同包干价 5% 作为该工程质保金,质保期(1 年)期满后经该工程物管公司确认后一次性无息支付;双方同意该合同项下的工程由发包人委托承包人办理工程竣工验收手续,工程通过 × × 市电业局竣工验收并通电后,发包人视为该工程竣工验收合格。

2012 年 5 月 15 日,该工程取得《 × × 市电业局客户新、扩(改)建设备竣工报验及加入运行申请书》。

(二)二审法院判决及再审裁定的说理

二审判决:建设工程实行质量保修制度,建设工程施工合同中约定正常使用条件下工程的保修期限短于法律行政法规规定的最低期限的,该约定无效。根据《建设工程质量管理条例》第 40 条第 1 款第 4 项的规定,电气管线、给排水管道,设备安装和装修工程在正常使用条件下的最低保修期限为 2 年。该案中,承包方和发包方签订的《工程三期正式用电恢复工程施工合同》中约定的保修期短于上述行政法规规定的最低期限,依据原《合同法》第 52 条第 5 项的规定,双方关于缩短工程保修年限的约定因违反法律、行政法规的强制性规定而无效。应按照 2 年的质保期予以确定。

再审裁定:法院经审查认为,《建设工程质量管理条例》第 40 条第 1 款规定:"在正常使用条件下,建设工程的最低保修期限为:(一)基础设施工程、房屋建筑的地基基础工程和主体结构工程,为设计文件规定的该工程的合理使用年限;(二)屋面防水工程、有防水要求的卫生间、房间和外墙面的防渗漏,为 5 年;(三)供热与供冷系统,为 2 个采暖期、供冷期;(四)电气管线、给排水管道、设备安装和装修工程,为 2 年。"第 2 款规定:"其他项目的保修期限由发包方与承包方约定。”据此可知，电气管线工程的质量保修的法定期限最低为2年，该案双方当事人对此约定为1年，违反法律规定，二审判决认定该约定无效正确。相应的质保金亦属于工程款的组成部分，根据案涉合同的约定，工程尾款、质保金均为工程款，且按双方约定属于分期履行，对此二审法院依据2008年施行的最高人民法院《关于审理民事案件适用诉讼时效制度若干问题的规定》（已被修改）第5条认定其诉讼时效的起算点亦无不当。综上，承包人的再审申请不符合《民事诉讼法》（2017年）第200条第6项规定的情形。

（三）笔者观点：法院混淆了保修期和缺陷责任期的概念

该《工程三期正式用电恢复工程施工合同》对工程质保期的约定是双方真实意思表示，且在实践中发承包人对于质保期的约定短于法定保修期的，承包人在保修期内仍然负有保修的义务。发承包人双方约定早于法定保修期返还承包人质保金的约定应当认为有效。

《建设工程质量保证金管理办法》第2条规定：“本办法所称建设工程质量保证金（以下简称保证金）是指发包人与承包人在建设工程承包合同中约定，从应付的工程款中预留，用以保证承包人在缺陷责任期内对建设工程出现的缺陷进行维修的资金。缺陷是指建设工程质量不符合工程建设强制性标准、设计文件，以及承包合同的约定。缺陷责任期一般为1年，最长不超过2年，由发承包双方在合同中约定。”

二审法院认为《建设工程质量管理条例》对保修期的规定属于法律的强制性规定，违反即无效的认识错误，系法院混淆了保修期和质量缺陷责任期的概念。

首先，最高人民法院《关于适用〈中华人民共和国合同法〉若干问题的解释（二）》（已失效）第14条规定：“合同法第五十二条第（五）项规定的‘强制性规定’，是指效力性强制性规定。”最高人民法院《关于当前形势下审理民商事合同纠纷案件若干问题的指导意见》第15条中指出：“人民法院应当注意根据《合同法解释（二）》第十四条之规定，注意区分效力性强制规定和管理性强制规定。违反效力性强制规定的，人民法院应当认定合同无效；违反管理性强制规定的，人民法院应当根据具体情形认定其效力。”《建设工程质量管理条例》第40条对电气管线、给排水管道、设备安装和装修工程最低保修期限的规定属于管理性强制性规定，不涉及金融安全、市场秩序、国家宏观政策等公序良俗；交易标的禁止买卖，一般应当认定为行政"管理性强制性规定"。

其次,《建设工程质量管理条例》第40条是对"保修期"的规定,而"保修期"与"质保期"(缺陷责任期)是不同的概念。工程保修,是指根据法律规定及当事人的约定,承包人在工程竣工验收之后一段时间内(保修期内)依然负有保修义务,负责对工程质量缺陷予以维修的义务。质保期又称缺陷责任期,是指承包人按照合同约定承担缺陷修复义务,且发包人预留质量保证金(已缴纳履约保证金的除外)的期限,自工程实际竣工日期起计算,法条规定如前引用。

最后,国务院办公厅《关于清理规范工程建设领域保证金的通知》(国办发〔2016〕49号)明确规定,"一、全面清理各类保证金。对建筑业企业在工程建设中需缴纳的保证金,除依法依规设立的投标保证金、履约保证金、工程质量保证金、农民工工资保证金外,其他保证金一律取消。对取消的保证金,自本通知印发之日起,一律停止收取"。该通知自公布之日起实施,在该案审理过程中适用,在案涉合同中双方约定的"保修期"即为缺陷责任期,基于发承包双方的约定产生,当事人约定可以为1年,最长不超过2年。而根据《建设工程质量管理条例》的规定,承包人应当承担的保修义务则基于行政法规的直接规定,无论发承包双方是否约定,承包人都负有在《建设工程质量管理条例》规定的期间内承担保修的义务。

因该合同的施工内容承包人早已完成,该工程也于2012年5月15日取得了《××市电业局客户新、扩(改)建设备竣工报验及加入运行申请书》,承包人应在1年后即2013年5月15日之前向发包人提出退还质保金的申请(二审法院认为质保期应该为2年,则质保金到期日为2014年5月14日),若发包人拒绝退还或不予理会,则应及时向法院起诉。承包人于2017年才起诉,确实会被法院认为未及时主张自身的权利的时间过长,而法律不保护"沉睡"的权利,从而判决驳回承包人的诉讼请求。

### 三、二审法院对《工程四期高低压配电系统及户表工程施工合同》(案涉第二份合同)中工程款和质量保证金诉讼时效的起算以及适用认定错误

#### (一)该案涉合同的主要内容

2012年6月8日,发包人与承包人签订《工程四期高低压配电系统及户表工程施工合同》,该合同约定:工程名称为工程四期高低压配电系统及户表工程;工程暂定总价为380万元;合同签订后之日起7日内发包人向承包人预付工程总价

的25%作为承包人前期工程准备费用;施工阶段进度款按每月完成产值的70%支付(预付款分两个月从中扣除);工程施工并取得相关部门验收合格通电并办理结算后付至工程结算总价的95%;工程总价的5%作为工程质保金,质保期(质保期为2年,自本工程取得相关部门验收合格的文件之日起计算)届满后经工程物管公司确认并扣除相应的质保费用后向承包人一次性支付;双方同意合同项下的工程由发包人委托承包人办理工程竣工验收手续,工程通过××市电业局竣工验收并通电,发包人视为本工程竣工验收合格。

2013年7月19日该工程四期22#、23#、24#、27#取得《竣工验收备案表》;2013年10月11日××市电业局在《××市电业局客户新、扩(改)建设备竣工报验及加入运行申请书》上就该工程四期高低压配电系统及户表工程签字同意投运;2014年10月11日发承包双方签订《工程结算总表》。

(二)二审法院判决主要内容

二审判决:质保期满后,应当返还的质保金实质上仍属于工程款的一部分。该案中,承包方与发包方签订的《工程四期高低压配电系统及户表工程施工合同》关于工程款支付的主要约定为:工程竣工并取得相关部门验收合格通电并办理结算后付至工程结算总价的95%;工程总价的5%作为本工程质保金,质保期(质保期为2年,自工程取得相关部门验收合格的文件之日起计算)届满后经工程物管公司确认并扣除相应的质保金费用后向承包人一次性支付。上述约定表明工程款的支付方式为分期支付,根据2018年施行的最高人民法院《关于审理民事案件适用诉讼时效制度若干问题的规定》①第5条,当事人约定同一债务分期履行的,诉讼时效期间从最后一期履行期限届满之日起计算的规定,案涉工程四期高低压配电系统及户表工程的工程款及质保金诉讼时效应从质保金的履行期限届满之日起计算。

(三)笔者观点:工程款与质保金在法律上均为工程款的组成部分,但不属于"同一债务分期履行"的情形

1. 关于该工程尚未支付工程款3 034 500元是否超过诉讼时效的问题

根据双方签订的《工程四期高低压配电系统及户表工程施工合同》的约定,

---

① 2020年修订,现行有效;但2008年修订版本中的第5条已被删除,其内容整合入《民法典》第189条之规定:当事人约定同一债务分期履行的,诉讼时效期间自最后一期履行期限届满之日起计算。

结合双方于2014年10月11日签订的《工程结算总表》,剩余工程款3 034 500元的支付时间应该从2014年10月11日起计算诉讼时效,至2016年10月11日届满。承包人主张,案涉工程款与质保金均是工程款,应视为工程款分期支付,从最后一期即质保金符合支付条件之日开始计算诉讼时效。工程四期高低压配电系统及户表工程对质保金支付条件的约定是"质保期(质保期为2年,自工程取得相关部门验收合格的文件之日起计算)届满后经工程物管公司确认并扣除相应的质保费用后向承包人一次性支付",因承包人一直未向物管公司申请并获得物管公司的确认,质保金的诉讼时效应从承包人2017年5月25日、2017年9月22日委托律师向发包人发出律师函主张债权时开始计算,未过诉讼时效期间。

对此一审法院认为:工程款尾款和质保金虽然都源于工程款,但关于二者的支付条件和支付时间的约定均不同,而影响诉讼时效起算点的是双方对付款时间和付款条件的约定,而非款项的性质或者来源。法庭当庭询问承包方为什么未及时主张工程款的支付,承包人回复因为发包人公司处于动荡期,所以答应给予发包人一定宽限期。由于在原《民法总则》施行前,《民法通则》(已失效)规定的2年或者1年诉讼时效期间已经届满,当事人主张适用《民法总则》关于3年诉讼时效期间规定的,人民法院不予支持,且无诉讼时效中断情形,则该工程款的诉讼时效于2016年10月11日届满。承包人虽于2017年5月25日、2017年9月22日向发包人发出律师函,催收案涉工程款,要求发包人向承包人支付拖欠的工程款,但根据原《民法总则》第195条第1项"有下列情形之一的,诉讼时效中断,从中断、有关程序终结时起,诉讼时效期间重新计算:(一)权利人向义务人提出履行请求"之规定,该两封律师函于案涉工程工程款诉讼时效期间届满后才发出,故不能产生诉讼时效中断的效果。因此,对承包人请求发包人支付工程四期高低压配电系统及户表工程的剩余未支付的应支付净额3 034 500元,以及自逾期之日起至拖欠款项支付完毕之日止按中国人民银行同期同档基准利率计算支付工程款利息的诉讼请求不应予以支持。

笔者认为一审法院对此认定准确,符合法律的规定和常理的逻辑。

2. 关于该工程款尚未支付的质保金209 700元是否超过诉讼时效的问题

根据《工程四期高低压配电系统及户表工程施工合同》的约定,并结合该工程于2013年10月11日取得的《××市电业局客户新、扩(改)建设备竣工报验及加入运行申请书》和批准签字，证实该工程项目在2013年10月11日竣工验收并通电，根据《建设工程质量保证金管理办法》第8条的规定："缺陷责任期从工程通过竣工验收之日起计。"案涉工程质保期的起算时间为2013年10月11日。根据《建设工程质量保证金管理办法》第10条的规定："缺陷责任期内，承包人认真履行合同约定的责任，到期后，承包人向发包人申请返还保证金"，案涉工程质保期于2015年10月10日期满，案涉质保金的诉讼时效于2017年10月11日届满，承包人委托律师于2017年5月22日向发包人发出律师函主张债权，构成诉讼时效中断。该工程款尚未支付的质保金209 700元诉讼时效未超过法律规定的期限，承包人的主张应当得到支持。

3. 关于该工程款尚未支付的质保金与工程尾款是否属于同一债务分期履行的情形的问题

笔者认为工程款与质保金在法律上均为工程款的组成部分，但不属于"同一债务分期履行"的情形。二者对支付条件和支付时间的约定均不同，而影响诉讼时效起算点的是双方对付款时间和付款条件的约定，而非款项的性质或者来源。在建设工程质量合格的情况下，发包人应当向承包人支付全部建设工程价款，从建设工程价款中预扣留的质保金，属于建设工程价款的一部分，但发包人返还承包人预扣的质保金的时间节点是确定的，即案涉工程取得相关部门验收合格的文件之日满2年(2015年10月10日)，该时间节点一旦届至，承包人向发包人请求返还质保金的债权请求权即产生，该债权的诉讼时效也应当开始计算。双方在《施工合同》中对于工程款的支付约定明确，即取得相关部门验收合格通电并办理结算后付至工程结算总价的95%。2014年10月11日双方签订《工程结算总表》即自2014年10月11日起，承包人对工程款的请求权即应当开始计算诉讼时效，至2016年10月10日诉讼时效届满。承包人2017年5月25日、2017年9月22日向发包人公司发出律师函主张债权，不构成该份合同中工程款部分诉讼时效中断的情况。

结合该案承包人对发包人欠付其工程款及质保金均怠于主张自身权利长达数年的情况，二审法院改变一审法院的判决，支持承包人主张其债权违背了建设工程施工合同中工程款和质保金分立计算诉讼时效的惯例，违反了法律关于诉讼时效的规定。

## 四、二审法院对《工程五期高低压配电系统及户表工程施工合同》(案涉第三份合同)工程款和质保金诉讼时效的起算以及适用认定错误

### (一)该案涉合同的主要内容

2011年4月2日,发包方与承包方签订《工程五期高低压配电系统及户表工程施工合同》,该合同约定:工程名称为工程五期高低压配电系统及户表工程;工程包干总价为680万元;合同签订后,7日内发包方向承包方预付工程安装费包干价的25%作为承包方前期工程准备费用,维护协议签订后7日内,发包方向承包方一次性支付维护费包干总价41.48万元;工程阶段进度款按每月完成产值的70%支付(预付款分两个月从中扣除);工程验收并取得相关部门验收合格通电7日内付至工程安装费包干价95%;工程安装费包干价5%作为工程质保金,质保期(质保期为1年)满后经工程物管公司确认后一次性支付;双方同意合同项下的工程由发包方委托承包方办理工程开工验收手续,工程通过××市电业局竣工验收并通电后,发包方视为该工程竣工验收合格。2011年4月26日,发包方与承包方签订《工程五期高低压配电系统及户表工程项目户表、变压器专业服务协议书》,第4条约定:"该项目专业服务费用为包干总价:¥414 800.00元(大写:人民币肆拾壹万肆仟捌佰元整)。该专业服务费用已包含在工程五期高低压配电系统及户表工程施工合同中,发包方不再另行支付。"

2011年11月24日,该工程商住楼B栋、A栋取得《竣工验收备案表》;2013年10月11日,××市电业局在《××市电业局客户新、扩(改)建设备竣工报验及加入运行申请书》上就关于工程五期高低压配电系统及户表工程签字同意投运;2014年8月11日双方签订《工程结算总表》;发包人最后一次付款时间为2015年2月15日,支付款项40万元。

### (二)二审法院判决主要内容

如前文所述,质保期满后,质保金仍属于工程款额度的一部分,即该部分工程涉及质保金的诉讼时效应从质保金履行期限届满之日起。同时,双方于合同中关于质保期一年的约定因低于行政法规的强制性规定而属无效,按照《建设工程质量管理条例》第40条的规定,最低保修期限为2年。结合该案中,双方一致认可工程五期高低压配电系统及户表工程于2013年10月11日取得《××市电业局客户新、扩(改)建设备竣工报验及加入运行申请书》,可以认定该工程于2013年

10月11日即满足合同约定的“自本工程取得相关部门验收合格的文件之日起计算”的条件，故工程五期高低压配电系统及户表工程的质保期应从该日起计算，并于2015年10月10日届满。根据最高人民法院《关于适用〈中华人民共和国民法总则〉诉讼时效制度若干问题的解释》(已失效)第3条之规定，承包方于2017年11月27日提起诉讼，此时诉讼时效期间尚未届满，故对承包人请求发包人支付前述工程款和质保金的上诉请求，法院予以支持。

(三)笔者观点

1. 关于该工程尚未支付的剩余工程款4 394 600元是否已经超过诉讼时效的问题

如前所述，工程款尾款和质保金虽然都源自工程款，但二者对支付条件和支付时间的约定均不同，而影响诉讼时效起算点的是双方对付款时间和付款条件的约定，而非款项的性质或者来源。2015年2月15日发包人最后一次支付工程款，此时承包人的诉讼时效开始计算。承包人怠于行使权利、主张债权，根据原《民法通则》第135条“向人民法院请求保护民事权利的诉讼时效期间为二年，法律另有规定的除外”的规定，及无诉讼时效中断的情形，则该工程款的诉讼时效于2017年2月14日届满。承包人虽分别于2017年5月25日、2017年9月22日向发包人公司发出律师函，催收案涉工程款，要求发包人公司向承包人支付拖欠的工程款，但根据原《民法总则》第195条第1项“有下列情形之一的，诉讼时效中断，从中断、有关程序终结时起，诉讼时效期间重新计算：(一)权利人向义务人提出履行请求”之规定，该两封律师函于案涉工程款诉讼时效期间届满后才发出，不能产生诉讼时效中断的效果。因此，对承包人请求发包人支付工程五期高低压配电系统及户表工程的剩余未支付应支付净额4 394 600元，以及自逾期之日起至拖欠款项支付完毕之日止按中国人民银行同期同档基准利率计算支付工程款利息的诉讼请求，不应予以支持。

2. 关于该工程尚未支付的剩余质保金341 800元是否超过诉讼时效的问题

如前所述，二审法院混同了基于《建设工程质量管理条例》规定的最低保修期限与《建设工程质量保证金管理办法》规定的质保期(缺陷责任期)以及质保金(工程质量保证金)的退还两个不同的概念。《工程五期高低压配电系统及户表工程施工合同》对工程质保期的约定是双方真实意思表示，不违反法律法规的强制性规定，若发承包人对于质保期的约定低于法定保修期，承包人在保修期内仍然负有保修的义务。发承包人双方约定早于法定保修期返还承包人质保金的约定应当认为有效。

综上，五期合同的工程款支付诉讼时效应从 2015 年 2 月 15 日起计算，质保金退还的诉讼时效应从 2014 年 10 月 11 日起计算，五期合同的工程款支付及质保金返还的请求权诉讼时效分别于 2017 年 2 月 15 日、2016 年 10 月 11 日到期，承包人向发包人发出律师函及向法院提起诉讼时均已超过诉讼时效规定的最长期限，依法不应支持。

**五、诉讼时效制度的设立与正确适用的意义**

诉讼时效制度的设立与司法审判活动对该制度的适用有着重大意义①。

1. 督促权利人及时行使权利，惩罚在权利上的“睡眠者”，以促进社会财富的增长。如果权利人“睡眠”于权利之上，不及时主张自己的权利，这样的行为不仅不能使财产发挥应有的效用，还会导致自己和他人的权利都处于模糊状态。诉讼时效制度正是通过惩罚怠于行使权利者的方式有效地督促权利人及时地行使权利。

2. 避免证据收集困难，提高司法效率。权利的模糊状态如果长久持续，很容易使得证据灭失，造成难以查明真正权利人的后果。而诉讼时效制度，避免了举证困难，使得当事人不用再花费大量的时间与精力去寻求时过多年的证据，这不仅方便了当事人进行诉讼行为，而且有利于法院提高司法效率。

3. 维护社会秩序的稳定。长期存在的事实状态往往已取得了社会的正当信赖，公众因信赖其正当性从而在此事实基础上设立多种法律关系，如果这时允许原权利人主张权利、推翻以往已成立的诸多权利，显然会造成社会经济秩序的混乱。因此，诉讼时效制度否定原有民事权利，承认现实的事实秩序，致力于维护社会经济稳定。

**六、法院出现对同类案件同案不同判的情形**

同样在二审法院审理的某工程总承包有限公司与某投资集团有限公司、某房地产开发有限公司建设工程施工合同纠纷申诉案[（2014）成民申字第 77 号]中，

---

① 参见最高人民法院民事审判第二庭编著：《最高人民法院关于公司法解释（三）、清算纪要理解与适用（注释版）》，人民法院出版社 2016 年版，第 315、316 页。

再审申请人(一审原告)与再审被申请人(一审被告)对于案件诉讼时效产生争议。再审申请人(承包人)主张被申请人(发包人)支付未付工程款为包含质保金在内的款项。该案法院说理为:根据最高人民法院2008年施行的《关于审理民事案件适用诉讼时效制度若干问题的规定》第5条的规定,“当事人约定同一债务分期履行的,诉讼时效期间从最后一期履行期限届满之日起计算”,该案的诉讼时效应从竣工结算审计完成后的5年质保期届满之日起算。而法院认为,根据原建设部、财政部制定的《建设工程质量保证金管理暂行办法》(已失效)第2条的规定,建设工程质量保证金,是指发包人与承包人在建设工程承包合同中约定,从应付的工程款中预留,用以保证承包人在缺陷责任期内对建设工程出现的缺陷进行维修的资金。因此,保证金虽从工程款中预留,但是其与工程款的性质并不相同,则诉讼时效的起算时间也不相同。至于质保金诉讼时效的计算问题,应按约履行,再审申请人的理由不成立。法院最终驳回了再审申请人的再审申请。

时隔5年,二审法院就工程款与质保金是否属于同一债务分期履行、如何适用诉讼时效,又作出了完全相反的认定和判决。这样的判决是对法律稳定性和司法公信力的冲击,增加了人民群众对司法公正理解的困难;再审法院也未能够予以纠正并就该问题做出充分的解释和说明。希望《民法典》实施后,法院能在类案审理中纠正过往的错误,维护当事人的合法权益及市场秩序。

# 从建设工程施工合同纠纷案件看《民法典》相关法条的变化

郑筱珺*

【摘要】《民法典》于2021年1月1日施行,原《合同法》被收入了《民法典》中成为合同编,原《合同法》部分常用的法律条文、相关司法解释、关联部门法法条等由《民法典》进行了整合,成为新的法律条文,可谓有所不变、又有所变。对于律师在代理案件中如何理解与适应《民法典》中新法律条文的内在逻辑和关系,本文选取了在法院审理期间《民法典》将生效的案件作为案例,以旧案说新法。

【关键词】《民法典》;建设工程合同分包;合同无效;折价补偿;违法行为司法移送

## 一、案例一案情介绍

案由:某安装公司诉某建筑公司建设工程施工合同纠纷案。

各方当事人情况:

发包人:某区城投公司(案外人)。

总承包人:某市建筑第四公司(案外人)。

分包人:某建筑公司(被告)。

项目管理人员:李某(被告2)。

项目管理人员:刘某(被告3)。

* 郑筱珺,四川君合律师事务所律师,合伙人,房地产与建设工程法律事务部副部长。

再次分包人:某安装公司(原告)。

某市政综合整治项目,由发包人某区城投公司发包给某市建筑第四公司(总承包人),总承包人将该项目中的绿化工程分包给该案的被告,被告又将分包施工合同中的成品坐凳钢结构架、垃圾桶、成品指示牌、箱变包裹、铝单板、钢构件采购安装内容分包给原告。

原告、被告双方签订了书面合同,在原告完成施工内容、整体工程竣工验收后,被告负责人查某、被告2李某、被告3刘某(李、刘二人为原被告双方履行施工合同中的管理人员,其中二人注册的公司受被告委托,曾就案涉项目向原告转账5万元工程款)均在结算申请书上签字,确认合同结算总价为184万元。截至原告起诉,被告还有73万元未支付。该结算单由被告2李某用微信发送至原告公司法定代表人,原件一直未给原告。

原告在起诉时,证据仅有与被告签订的《成品坐凳钢结构架、垃圾桶、成品指示牌、箱变包裹、铝单板、钢构件采购安装合同》(原件)、三被告对原告部分支付工程款的凭证(银行流水记录)以及由被告李某用微信发送至原告公司法定代表人的结算单(复印件)。

因主要证据结算单原件不在其掌控下,起诉时原告将李某、刘某列为共同被告,试图以李某、刘某加入诉讼的方法查明案情。立案后,原告代理人向法院申请了调查令,前往了发包人及总承包人处调取了案涉工程发包、总承包、分包各个环节的施工合同,分包人(被告)向总承包人请款的月进度审批表以及案涉工程竣工验收合格的资料。总承包人与被告签订的分包合同以及月进度审批表显示,查某作为被告公司的负责人签字。至此,原告基本完成了支持其请求权基础的调查取证工作:证明原告按照书面合同施工、施工内容经竣工验收合格、结算单因为由能够代表被告公司的查某签字而能被视为被告公司确认了具体的结算金额。

相比于原告刚起诉时面临的重大证据缺失,经过调查取证,原告较好地完成了举证责任,被告在开庭时仅就结算金额进行了抗辩。该案经法院审理后一审判决支持了原告诉请73万元工程款中的59万余元,由被告承担给付责任(未支持的部分为法官采纳了被告公司的抗辩理由,即该部分工程款已经支付给了原告公司以前的股东之一)。一审判决下达后,因原告不服其诉讼金额未被支持的部分,提起了上诉。二审判决纠正了一审判决的某些错误,但不影响结果,维持原判。

## 二、案例一的法律适用问题

该案由法院受理后确定案由为建设工程施工合同纠纷，对于被告作为专业分包人再次将分包合同的施工内容分包给原告的行为是否因违反原《合同法》第272条禁止分包单位将其承包的工程再次分包的规定、《建筑法》第29条禁止分包单位将其承包的工程再次分包的规定、《建设工程质量管理条例》第78条分包单位将其承包的工程再次分包属于违法分包的规定而可能无效的问题，一审法院并未主动查明。虽然在该案中，按照当时的法律规定，合同的效力问题不会影响原被告双方就工程款结算达成一致的条款，但该问题应当属于在分析案件中必须予以考虑的问题。

根据最高人民法院《关于印发〈全国法院民商事审判工作会议纪要〉的通知》（法〔2019〕254号）理解与适用的解释，如何判断一个规范是否属于强制性规定，需要先参考原《民法总则》第153条规定的“强制性规定”，该强制性规定是不允许人们依自己的意思加以变更或排除适用的规定。带有“禁止”字样的规范，均属于强制性规范。人民法院审理过程中，要求法院主动查明和释明，但一审法院未予释明，二审法院认为应当对于合同不成立、无效或者被撤销的法律后果作出判决的，二审法院可以直接释明并改判。当然，如果返还财产或者赔偿损失的范围确实难以确定或者双方争议较大，也可以告知当事人通过另行起诉等方式解决，并在裁判文书中予以明确。①

该案属于《民法典》生效之前尚未审结的案件，依据最高人民法院《关于适用〈中华人民共和国民法典〉时间效力的若干规定》（法释〔2020〕15号）的规定，二审审理仍应适用以前的法律和司法解释。但笔者认为，现新法已经实施，对于大量仍然存在、将进入诉讼程序的建设工程合同纠纷案件，若涉及合同效力问题，代理人必须严格依据法律作出预判，充分与当事人讨论新法律对于无效合同的折价补偿规则对具体案件的影响，及时纠正当事人可能以惯性仍然默认“无效合同按有效合同结算”的固有思维。从2005年至2020年年底，最高人民法院《关于审理建设工程施工合同纠纷案件适用法律问题的解释》（已失效）实施了近16年，在这个过程中，建设工程合同纠纷的当事人，尤其是建设工程施工合同的当事人

---

① 参见最高人民法院民事审判第二庭编著：《〈全国法院民商事审判工作会议纪要〉理解与适用》，人民法院出版社2019年版，第19页。

(其中又以各种不具备资质的公司、自然人作为承包人为多数)对于该解释的第2条:“建设工程施工合同无效,但建设工程经竣工验收合格,承包人请求参照合同约定支付工程价款的,应予支持”有着根深蒂固、难以改变的认识,甚至该条规定成为他们对于一定时期内承揽工程、计算盈亏的重要依据,但《民法典》及现有司法解释已经改变了无效合同的结算规则。

《民法典》合同编第793条第1款规定:建设工程施工合同无效,但是建设工程经验收合格的,可以参照合同关于工程价款的约定折价补偿承包人。

最高人民法院《关于审理建设工程施工合同纠纷案件适用法律问题的解释(一)》(法释〔2020〕25号)第6条规定,建设工程施工合同无效,一方当事人请求对方赔偿损失的,应当就对方过错、损失大小、过错与损失之间的因果关系承担举证责任。损失大小无法确定,一方当事人请求参照合同约定的质量标准、建设工期、工程价款支付时间等内容确定损失大小的,人民法院可以结合双方过错程度、过错与损失之间的因果关系等因素作出裁判。

在以上法律规定中,要特别注意《民法典》第793条第1款关于建设工程合同无效后,承包人可以参照合同关于工程价款的约定折价补偿承包人的规定。

而相应的司法解释,即最高人民法院《关于审理建设工程施工合同纠纷案件适用法律问题的解释(一)》(法释〔2020〕25号),则在内容上合并、吸收和修改了2004年公布的最高人民法院《关于审理建设工程施工合同纠纷案件适用法律问题的解释》、2018年公布的最高人民法院《关于审理建设工程施工合同纠纷案件适用法律问题的解释(二)》(已失效)的内容。就本文所涉及的问题而言,最重要的一点为如果施工合同被认定为无效合同,承包人请求支付工程价款的规则将从以前的“参照合同约定支付工程价款”变为“可以参照合同关于工程价款的约定折价补偿承包人”。

在此需要注意提醒的是,法院在审理案件过程中,还将秉持“当事人不得因违法行为、合同无效受益”的法律价值追求,在确定折价补偿承包人的工程款金额时应对此予以充分考量。

**三、案例二案件基本信息**

案由:某科技公司诉某建设公司建设工程分包合同纠纷案(二审)。

各方当事人情况:

发包人:某大学(一审法院依职权追加的第三人)。

总承包人:某建设公司(一审被告、被上诉人)。

弱电工程分包人:某科技公司(一审原告、上诉人)。

发包人某大学将计算机实验中心建设工程发包给被上诉人某建设公司承建,被上诉人作为总承包人与案外人刘某签订了《项目责任管理书》,约定将案涉工程整体转包给刘某(已故)。

刘某持加盖被上诉人印章的《收款委托书》、与被上诉人签订的《项目责任管理书》,对外就各分包项目与各分包人洽谈分包工程事宜并要求分包人将履约保证金支付至其账户,被上诉人向分包人出具加盖项目部印章的收据。进入诉讼后,除《项目责任管理书》外,对于案涉所有项目部印章和公司公章,被上诉人均不予认可,其认为系刘某伪造。后经鉴定,《收款委托书》上的印章并非被上诉人公司的备案印章。

在施工过程中,各分包人的工程款由刘某支付,各分包人的施工进度由案外人任某某代表被告在过程性材料上签字。竣工后的竣工结算金额由刘某签字确认。各分包人与被上诉人签订的分包施工合同均由案外人谢某、刘某某代表被上诉人签订,各分包合同上均加盖起诉后被上诉人不认可的项目部印章。案涉工程竣工验收后,因刘某的死亡,各分包人的工程款得不到完全支付,而被上诉人认为其已经将工程款全部支付给了刘某,从而拒绝向各分包人支付工程尾款。各分包人起诉至当地法院,而一审法院对于各分包人的起诉,均以各分包人不能证明其合同相对人为总承包人为由判决驳回各分包人的诉讼请求。各分包人纷纷向中级人民法院提起了上诉。围绕本工程形成了一系列案件。笔者虽然一审没有代理该案,但通过分析材料认为上诉人(一审原告)的诉讼设计(一审代理人选择用建设工程分包合同关系而非建设工程施工合同关系设计该案诉讼)、举示的证据证明力以及一审法官对关键问题的认定都存在问题。考虑到该案二审可以纠正错误,笔者便接下了这个诉讼标的仅 60 余万元、证据收集难度还颇大的案件。

二审过程中,上诉人弱电工程分包人的主要任务为重新收集证据,证明谢某、刘某某在与其签订合同时、在施工过程中,均能代表被上诉人,具有权利外观;在施工过程中,管理人员任某某也能代表被上诉人持续就施工质量、进度、工程款申报与结算进行沟通,从而证明其合同相对方为总承包人某建设公司即被上诉人。

上诉人向法院申请调查令后，分别前往了发包人某大学及监理公司，调取了案涉工程的总承包合同、《工程款月进度审批表》、《图纸会审纪要》、《工程款结算审计会议纪要》以及《监理例会纪要》。代理人在其中发现的较为关键的证据有：(1)《工程款月进度审批表》上代表被上诉人向发包人请款的任某某，同样也为全程协调签订施工合同内容、工程施工进度、工程结算申请的管理人员，任某某还在弱电工程部分竣工移交单上代表被上诉人签字，在发承包双方的审计会议上代表被上诉人公司出席并签字；但任某某的微信聊天记录又指向其同时受刘某管理。(2)《监理例会纪要》则从覆盖上诉人签订施工合同、施工期间到竣工结算期间的全过程，均稳定出现谢某、刘某某两位案外人持续代表被上诉人列席每周监理例会，有几次还在被上诉人负责人处签字。

在二审庭审过程中，被上诉人抗辩称，上诉人历时一年多的一审过程都未举证谢某、刘某某二人有权代表被上诉人与各分包人签订合同，在二审中为了举证才前往监理公司调取证据，足以证明上诉人在签订分包施工合同时不具有善意；上诉人则认为，谢某、刘某某二人一直在案涉工程项目部项目经理办公室办公，常驻现场，作为分包人，其无法不在一开始就不相信谢某、刘某某是被上诉人的项目负责人，且《监理例会纪要》上的签字正好从时间上印证了从合同签订时到整个施工过程中，被上诉人一直认可谢某、刘某某代表其以负责人身份参加监理例会，施工合同的履行为一个时间段，不是签订合同的一个时间点，判断分包人的善意，要从签订合同时以及履行合同过程全面判断。

二审经过一次开庭审理，法官已经梳理出该案的真实案情，但面临两难的处理：如果依据一审法院的判决驳回各分包人的诉讼请求，将造成总承包人从非法转包中获利（其在一审中出示的项目责任管理书显示，其向刘某收取了总工程款7.2%的管理费，该管理费的比例远远超过行业的平均利润率），而真正付出施工成本的分包人反而得不到工程款清偿的后果，尤其是在一审判决已经引发了一定程度的社会矛盾的情况下，二审法院首先要考虑的应是保护实际进行施工的分包人的利益；如果全部判决总承包人必须按照分包人的诉讼请求给付所有工程尾款，则客观上可能造成总承包人就同一工程重复支付工程款。因此，二审法官主持了调解，上诉人在诉讼金额上作出25%的让步；在和解协议履行过程中，上诉人以撤诉的方式结案，该案得以圆满解决。

该案虽然标的小，但从上诉人的角度来说，组织证据并不容易。上诉人（原告）必须证明其与被告存在合同关系、自己施工的内容范围、施工成果经过竣工验收合格以及具体的结算金额，否则诉讼请求就无法得到支持。从被上诉人的角度来说，其代理人在一审、二审过程中均向法院主动披露了其与刘某之间的违法转包关系，并以此来抗辩支付上诉人的工程款的给付请求，法官警告该代理人的行为使得被上诉人有可能面临被法院认定为属于在审理过程中发现违法行为，需要向行政机关发送司法移送函进行处理的风险。

**四、案例二的事实认定与法律适用问题**

（一）从法院审理的视角看建设工程合同关系的建立

在该案的一审判决中，法院查明了总承包人（被上诉人）将案涉工程整体转包给刘某和弱电分包人（上诉人）并不具备弱电施工资质的案件事实，但在判决中未见对合同效力的评述。笔者未经历一审过程，但无论是总承包人将案涉工程转包给案外人还是总承包人和案外人刘某又将工程支解后分包给不具备资质的各分包人，该案诉争的分包合同都因为违反法律强制性规定（原《合同法》第 272 条、《民法典》第 791 条、《建筑法》第 29 条、《建设工程质量管理条例》第 78 条）而无效。合同效力属于法院审理应该主动查明的问题。

除了合同效力的问题，对于是否存在合同关系的判断，笔者认为周利明在其著作《解构与重塑——建设工程合同纠纷审判思维与方法》[①]一书中阐述得比较详细，该理念也是司法实践中普遍认同的观点：建设工程施工合同纠纷中，当被告明确提出双方不存在合同关系，并对合同履行行为全部否认时，有必要完整审查双方是否确切存在合同关系。据此，首先应由原告进行相应的举证，证明双方之间存在合同关系。实践中的常见情况如下。

1. 若原告举证双方之间存在书面的合同以及履行合同的证据，则基本可以认定双方存在合同关系。其中书面的合同，既可以是正式的双方签字盖章的合同，也可以是补充协议、纪要，书面合同还包括以电子形式作为载体的邮件等。合同履行的证据包括技术联系单、签证单、验收材料、结算文件、进度款支付等证据。作为被告，其抗辩的角度往往是合同虚假、非有权人签订，以及履行证据仅代表原

---

① 参见周利明：《解构与重塑——建设工程合同纠纷审判思维与方法》，法律出版社 2019 年版，第 73 ~ 82 页。

告实际施工了一部分而并不能证明系被告指示，要求原告施工。除此之外，被告还应当对双方之间的证据进行合理地解释说明。如为什么会产生已付款项，该款项是受何人指示支付，双方为何会达成部分签证等。在此基础上，进一步提供反驳主张所对应的证据。对于这些证据，法官应当进一步核实、调查。当被告提供的证据不能被认定、其解释说明不合理时，应当认定双方存在合同关系。

2. 原告未能举证双方之间存在书面的合同，虽然原告提供了相关履行施工的证据，双方也不一定存在合同关系。如原告在施工过程中，施工总承包方的其他分包人或者发包人要求原告施工的其他部分（甚至可能不在施工总承包人的承包范围内），则很难让施工总承包方承担责任。

（二）从原告/上诉人角度看己方如何完成举证责任

首先，上诉人（一审原告）在一审败诉的主要原因为一审法院认定其举证不足以证明其与被上诉人之间存在分包合同关系，在被上诉人否认分包合同上加盖的项目部印章真实的情况下，上诉人（一审原告）未举证证明在分包合同上签字的谢某、刘某某能够代表被上诉人。在二审过程中，上诉人的主要举证任务为证明谢某、刘某某二人能够代表被上诉人与其签订分包合同，以及上诉人善意且无过失地相信谢、刘二人具有代理权，即围绕表见代理制度举证。

上诉人的代理律师通过调查令调取证据的方式发现：《监理例会纪要》上从覆盖上诉人签订施工合同、施工期间到竣工结算期间的时间里，稳定出现谢某、刘某某两位案外人持续代表被上诉人列席每周监理例会，有几次还在被上诉人负责人处签字。对于该点，被上诉人很难以谢某、刘某某不是其公司员工或者由其公司授权对外签订合同而否认，同时，被上诉人也无法举证证明谢某、刘某某系已故的刘某所雇佣和安排。监理例会每周召开，由建设方、施工方、监理方、各分包人持续、稳定地参会，就案涉工程的施工过程和问题进行了详细、客观的记录，证明力较强。

其次，上诉人还应举证证明其向被上诉人某建设公司（总承包人）履行施工合同的义务，而非向刘某履行施工合同的义务。建设工程施工中的建筑材料买卖关系与施工过程中的总包人与分包人关系、实际施工人与承包人和发包人的关系都是前段论述的表见代理关系争议比较突出的领域。但两者之间不同的是，在建筑材料买卖关系中，法院更注重审查合同相对人主张构成表见代理的应当证明其善意且无过失地相信行为人具有代理权；在建设工程合同纠纷中，一般不要求相对人自证善意（该观点在本文接下来的段落有论述），证据最终都会指向争议双方就施工过程是明知和全程参与的。其原因在于，在建设材料买卖关系中，卖方很容易举证证明其建材供货的具体内容、数量、单价和运至案涉工程工地，这些因素往往就是一张送货单上体现的内容，但一个工地上往往存在总包人、众多分包人、实际施工人，其中总包人、分包人、实际施工人的负责人和管理人员同时还具有多家建设单位管理人员的身份，同时经营其他工程。在这样的行业交易特点下，法院必须要求相对人主张构成表见代理的应当证明其善意且无过失地相信行为人具有代理权。在建设施工合同关系中，施工内容即建设工程的建设过程，每一步都需要承包人（实际施工人、分包人）向发包人提交检查，经过发包人及其代表确认后方能进入下一步施工，直至通过竣工验收并最终向发包人交付合格工程；由于发包人对工地、建设工程的管理既是权利又是义务，发包人不可能处于"不知"的状态；法院查明案件事实、认定法律关系时并不需要相对人自证"善意"。

就分包合同的签订与实施过程，上诉人同样通过法院签发的调查令，调取到《工程款月进度审批表》，该表上代表被上诉人向发包人请款的任某某，同样为全程协调签订施工合同内容、工程施工进度、协调工程结算申请的管理人员，任某某还在弱电工程部分竣工移交单上代表被上诉人签字，在发承包双方的审计会议上代表被上诉人公司出席并签字；但任某某的微信聊天记录又指向其同时受刘某管理。

至此，上诉人通过收集证据最大限度还原客观事实，并以事件发生的时间线为逻辑组织证据，使之成为有依据的法律事实，基本完成了己方举证责任。

二审审理的争议焦点为：（1）被上诉人将案涉工程全部转包给案外人刘某，属于违法转包，被上诉人与案外人刘某签订的《项目责任管理书》为无效合同；（2）上诉人作为弱电工程分包人因不具备资质，无论最终法院认定弱电分包人的合同相对方为刘某还是被上诉人，弱电分包合同都属于违法分包，应作为无效合同处理；（3）案涉工程经过竣工验收合格，上诉人能够证明其完成弱电分包部分的工作，有权请求合同相对方给付工程款；（4）法院经过审理判断被上诉人是否为上诉人的合同相对方，是否应当向上诉人支付工程款。

### (三)从违法分包、转包、挂靠(借用资质)导致合同无效方面解读违法行为司法移送制度

1. 法律对建设工程合同履行禁止违法分包、转包的规定

《民法典》第788条规定:建设工程合同是承包人进行工程建设,发包人支付价款的合同。建设工程合同包括工程勘察、设计、施工合同。

对于该条的释义,在《中华人民共和国民法典合同编理解与适用(三)》[①]中有一段值得琢磨:"审判实务中,需要注意区分承揽合同与建设工程合同。这关系到《民法典》建设工程合同部分的调整范围问题,也是正确认定和处理建设工程合同纠纷的前提。法律对于承揽合同的主体没有资质要求和特殊规定,但是对于建设工程合同的承包人则要求必须是具有一定资质的法人,自然人和非法人组织都不能作为承包人与发包人订立建设工程合同,其违反法律规定与发包人订立建设工程合同的,不仅合同应当被认定为无效合同,而且要依法承担相应的法律责任。"

虽然《民法典》该条的规定是沿袭的原《合同法》第269条的规定,但最高人民法院对原《合同法》第269条的释义没有上述著作中对该条释义的部分。应该说,最高人民法院在《民法典》的该条规定释义中的阐述,肯定了大多数法官在建设工程合同纠纷中涉及表见代理的认定时,认为相对人无须自证善意的观点。因为法律明确规定自然人和非法人组织不能成为发包人或者承包人,施工内容又必须经过竣工验收,因此施工过程的各方都是明知并接受对方向自身履行合同义务的,建设工程参与的各方用行为表示自身对合同相对方履行合同的认可,此时再要求表见代理中的相对人自证善意,有悖法理逻辑。

《民法典》第791条规定:发包人可以与总承包人订立建设工程合同,也可以分别与勘察人、设计人、施工人订立勘察、设计、施工承包合同。发包人不得将应当由一个承包人完成的建设工程支解成若干部分发包给数个承包人。总承包人或者勘察、设计、施工承包人经发包人同意,可以将自己承包的部分工作交由第三人完成。第三人就其完成的工作成果与总承包人或者勘察、设计、施工承包人向发包人承担连带责任。承包人不得将其承包的全部建设工程转包给第三人或者

---

① 参见最高人民法院民法典贯彻实施工作领导小组主编:《中华人民共和国民法典合同编理解与适用(三)》,人民法院出版社2020年版,第1904、1905页。

将其承包的全部建设工程支解以后以分包的名义分别转包给第三人。禁止承包人将工程分包给不具备相应资质条件的单位。禁止分包单位将其承包的工程再分包。建设工程主体结构的施工必须由承包人自行完成。

《民法典》第 791 条基本沿袭了原《合同法》第 272 条的规定，将“肢解”修改为了“支解”，对发包、承包、分包过程中的资质要求和禁止性要求与原《合同法》规定一致。

最高人民法院《关于审理建设工程施工合同纠纷案件适用法律问题的解释(一)》(法释〔2020〕25 号)第 1 条规定，“建设工程施工合同具有下列情形之一的，应当依据民法典第一百五十三条第一款的规定，认定无效：(一)承包人未取得建筑业企业资质或者超越资质等级的；(二)没有资质的实际施工人借用有资质的建筑施工企业名义的；(三)建设工程必须进行招标而未招标或者中标无效的。承包人因转包、违法分包建设工程与他人签订的建设工程施工合同，应当依据民法典第一百五十三条第一款及第七百九十一条第二款、第三款的规定，认定无效”。

该条司法解释的规定与《建筑法》第 26 条、《建筑工程施工发包与承包违法行为认定查处管理办法》(建市规〔2019〕1 号)第 3 条、第 9 条、第 10 条规定的内容基本一致。

2. 从违法行为司法移送制度审视律师代理类案的思路调整

2020 年 4 月，四川省高级人民法院发布《关于建立工程建设领域民事司法与行政执法衔接联动工作机制的意见》，该意见的核心条文为第 4 条“违法行为的司法移送”：“人民法院在审判执行过程中发现当事人存在违法行为情形的，应当及时移送相关行政机关。人民法院对当事人违法行为的移送包括违法行为线索的移送和违法行为的移送。违法行为线索的移送是指人民法院在立案、审判、执行过程中发现当事人存在违法发包、转包，违法分包、挂靠等违法情形的，应当及时将违法线索及材料移送相关行政机关。违法行为移送是指人民法院在生效裁判文书中认定当事人存在违法发包、转包，违法分包、挂靠等违法情形的，应当及时将生效裁判文书及证据移送相关行政机关。人民法院在进行违法行为线索移送或者违法行为移送时，应当分别制作《违法行为线索移送处理函》《违法行为移送处理函》，并将相关材料一并送交相关行政机关。”

在该意见实施后,四川省各法院2020年在审判过程发现当事人存在违法发包、转包,违法分包、挂靠等情形的,已经开始了以《违法行为线索移送处理函》的形式向对应行政机关发函建议处理。在实践过程中,法官总结该类案件中当事人乃至代理人的共同点为:认为建设工程领域的违法分包、转包、挂靠是特别常见的现象,甚至为了达到推迟支付工程款的目的,代理人当庭陈述己方当事人的行为就是违法分包、转包、挂靠。如在本文的案例二中,被上诉人在诉讼中也是为了达到拒绝支付分包人工程款的目的,主动向法院提交其与案外人刘某签订的《内部项目责任管理书》,主动披露其将案涉工程整体转包给自然人的行为。但为了达到推迟、拒绝支付工程款的目的而主动披露或因此被起诉至法院,法院若在审理过程中发现违法分包、转包、挂靠的行为可能视情节移送行政机关处理,对应的后果将是被查处一方当事人可能会被依据该意见第7条规定的违法行为纳入征信系统,对其今后的招投标、承接工程均产生限制和其他重大不利影响。尤其是法院在一定时期内,发现受理类案中某一当事人集中出现违法分包、转包、挂靠等行为的,无论其在诉讼中是否主动披露,也无论其行为是否已经超过行政处罚的追诉期,法院都有权按照该意见移送行政机关处理。如果当事人、代理人仍以以前的错误认识处理案件,很可能的后果就是为了在诉讼中达到拒付、拖延支付某笔工程款的目的实施的违法行为,导致自己的征信记录上记载了负面信息,从而对自身的生产经营造成重大损失乃至断送自己的前途。

# 浅析建设工程承包人对竣工验收环节的举证责任

郑筱珺*

**【摘要】**在工程合同的履行过程中,存在诸多建设工程未严格按照法律规定和施工合同约定的程序通过竣工验收而发包人将工程投入使用的情况:有的是发包人因生产经营所需,急于投入使用;有的是承包人拖延提交竣工验收资料;有的是发包人故意拖延竣工验收程序以达到拖延支付工程款的义务等。而承包人要获得工程款的前提为工程质量合格,工程是否能视为经过竣工验收合格的关键,在于承包人对于竣工验收环节的举证责任是否有准确的理解。笔者代理的具有上述情况的三个案件,通过准确合理的组织举证,说服了发包人及法官,协助双方当事人进行了庭外和解,最终发包人支付了相应工程款,承包人向法院撤回了诉讼,圆满解决了纠纷争议。

**【关键词】**竣工验收;发包人擅自使用;视为工程质量合格

## 一、承包人请求发包人给付工程款的前提为建设工程质量合格,建设工程未经验收或者验收不合格的,不得交付发包人使用

### (一)法律法规规定

1.《民法典》第799条规定:建设工程竣工后,发包人应当根据施工图纸及说明书、国家颁发的施工验收规范和质量检验标准及时进行验收。验收合格的,发包人应当按照约定支付价款,并接收该建设工程。建设工程竣工经验收合格后,

---

* 郑筱珺,四川君合律师事务所律师,合伙人,房地产与建设工程法律事务部副部长。

方可交付使用;未经验收或者验收不合格的,不得交付使用。

2.《城市房地产管理法》第27条规定,房地产开发项目的设计、施工,必须符合国家的有关标准和规范。房地产开发项目竣工,经验收合格后,方可交付使用。

3.《建筑法》第61条规定,交付竣工验收的建筑工程,必须符合规定的建筑工程质量标准,有完整的工程技术经济资料和经签署的工程保修书,并具备国家规定的其他竣工条件。建筑工程竣工经验收合格后,方可交付使用;未经验收或者验收不合格的,不得交付使用。

4.《建设工程质量管理条例》第16条规定,建设单位收到建设工程竣工报告后,应当组织设计、施工、工程监理等有关单位进行竣工验收。建设工程竣工验收应当具备下列条件:(1)完成建设工程设计和合同约定的各项内容;(2)有完整的技术档案和施工管理资料;(3)有工程使用的主要建筑材料、建筑构配件和设备的进场试验报告;(4)有勘察、设计、施工、工程监理等单位分别签署的质量合格文件;(5)有施工单位签署的工程保修书。建设工程经验收合格的,方可交付使用。

5.《城市房地产开发经营管理条例》第17条规定,房地产开发项目竣工,依照《建设工程质量管理条例》的规定验收合格后,方可交付使用。

(二)案例实战

建设工程施工合同纠纷进入诉讼程序后,有的建设工程还没有经过法律规定和合同约定的完整竣工验收程序。在这样的情况下,因哪方当事人的原因导致工程未进行竣工验收,通常是发承包双方争议的焦点。

笔者代理了来自同一个建设工程项目中的三个建设工程施工合同案件,案情的共同点为承包人施工完毕后向发包人提交了竣工验收资料,发包人对其中部分竣工验收资料进行确认并办理了竣工验收手续;对部分竣工验收资料接收后不置可否,未办理竣工验收手续,在该部分未办理验收手续的资料中,又有部分发包人在项目上的管理人员、发包人公司成本部人员、项目经理、监理工程师在《竣工验收单》上进行签字确认,但缺乏发包人公司、监理公司等的盖章确认。上述所有工程均在承包人施工完毕后交付发包人并投入使用,发包人在接收工程后,时不时向承包人提出整改和维修的要求。

在证据上,承包人能够出示的有关竣工验收环节的材料在形式上不完备、在内容上有所欠缺;在工作交付发包人使用的问题上,有形式上完备的《移交单》及发包人向承包人发送的要求整改和维修的数份《工作联系函》。承包人起诉至法院后，发包人以部分工程未通过竣工验收为由抗辩承包人起诉其支付工程款的责任。

笔者将三个案件中的竣工验收资料的相关证据进行列表比较，方便法官及发包人查看：(1)施工过程中文件（如《工作联系函》《整改指令单》等）上各方签字人员持续稳定、岗位职责明确，如现场技术负责人签字确认施工完毕后检验合格、景观工程师签字确认景观施工及设计变更完工、监理工程师签字确认内部验收完毕等。(2)结合案涉工程施工完毕后移交发包人的《场地移交单》以及发包人在接受工程后向承包人发出的《整改指令单》等资料，基本可以确认上述签字人员能够代表发包人认同案涉工程进行过竣工验收的程序。在举示证据的技巧上，为了方便展示签字人员的签名重复出现在不同的文件上，代理律师用不同颜色标出了各签字人员，再用对应的颜色块在一旁列举统计的每个签字人员签名出现的次数以及对应签认的文件。(3)从承包人施工完毕交付工程给发包人到承包人向法院起诉发包人支付工程款时已经过去了2～3年时间，承包人的施工内容为酒店的景观绿化和管网工程，发包人在接收工程后立即将酒店投入使用至今，发包人除就工程某些局部提出维修维护和整改要求以外，未向承包人提出过工程存在根本上的质量问题。综上，承包人若主张视同工程质量合格，得到支持的可能性较大；相反发包人若以案涉工程未经过法律规定和合同约定的完整竣工验收程序，处于未竣工状态，并以此来抗辩支付承包人工程款，是得不到法律支持的。理由如下。

1.《关于审理建设工程施工合同纠纷案件适用法律问题的解释(一)》第9条规定：当事人对建设工程实际竣工日期有争议的，人民法院应当分别按照以下情形予以认定：(1)建设工程经竣工验收合格的，以竣工验收合格之日为竣工日期；(2)承包人已经提交竣工验收报告，发包人拖延验收的，以承包人提交验收报告之日为竣工日期；(3)建设工程未经竣工验收，发包人擅自使用的，以转移占有建设工程之日为竣工日期。

在适用该条规定的时候，要特别注意第2项，即“承包人已经提交竣工验收报告，发包人拖延验收的，以承包人提交验收报告之日为竣工之日”的规定，该条的举证责任在承包人一方，承包人需要举证证明自己已经按照法律规定和合同约定履行过向发包人提交竣工验收报告的义务，且是向有权代表发包人的人员提交的竣工验收报告,根据合同约定、双方往来沟通的情况,就竣工验收报告等资料进行过有效送达。

适用该条第3项时则要注意,“建设工程未经竣工验收,发包人擅自使用的,以转移占有建设工程之日为竣工日期”的规定,也暗含了承包人需要举证转移建设工程给发包人擅自使用的时间,一般而言,直接证据为工程移交单,但要审查工程移交单上记载的内容和双方签字人员的身份是否符合证据三性的要求,尤其是在没有发包人、监理人、发包人指定的物业管理公司加盖公章的情况下,对签字人员的身份和代表权审查就要成为重点。间接证据一般为发包人在接收工程后就工程使用中的问题联系承包人履行维修、整改义务的指令单或工作联系函。若上述资料在证据三性上没有问题,承包人可据此主张证明发包人擅自使用工程的时间;若上述资料在证据三性上有缺失,则需要继续寻找双方往来沟通的函件、有权代表工作人员之间的通话、电子数据记录等予以佐证,以最终达到证明目的。

2.《关于审理建设工程施工合同纠纷案件适用法律问题的解释(一)》第14条规定:“建设工程未经竣工验收,发包人擅自使用后,又以使用部分质量不符合约定为由主张权利的,人民法院不予支持;但是承包人应当在建设工程的合理使用寿命内对地基基础工程和主体结构质量承担民事责任。”

适用该条规定应满足以下条件:首先,建设工程未经竣工验收,发包人擅自使用了建设工程的,才不能以使用部分质量不符合约定为由主张权利。如果不存在建设工程未经竣工验收,发包人擅自使用的事实,就不能适用该条规定。其次,建设工程未经竣工验收,发包人擅自使用了建设工程后,只是对其所使用部分,不能以工程质量不符合约定为由主张权利,对于发包人未使用部分,不适用该条规定。最后,发包人擅自使用建设工程之前,并无证据证明建设工程存在质量问题。①

就上述竣工验收的问题,代理人与发包人沟通后,发包人最终也认同了该观点,其认为若以案涉工程未经竣工验收抗辩支付承包人工程款不会得到支持。双方就承包人施工完毕、工程交付发包人使用后的问题进行了协商,发包人在与承包人结算时以扣除一小部分费用的方式解决了双方的争议,对于未办理完整竣工验收手续的工程,从发包人接收工程之日起计算质保期。最终在法院确定正式开

① 参见周利明:《解构与重塑——建设工程合同纠纷审判思维与方法》,法律出版社2019年版,第217~219页。

庭以前,双方办理完成了案涉工程所有的竣工验收手续和大部分结算确认手续,对于已经确认的部分,发包人将工程款支付给了承包人,承包人基于对发包人能够在后期继续支付工程款的信任,向法院撤回了三个案件的起诉。

**二、在案件诉讼准备过程中,承包人代理人应重视的几个问题**

(一)在倾听当事人陈述时引导当事人按照法律规定收集证据

案涉工程是否能被视为已经竣工验收,从而达到承包人能够主张工程款支付和开始计算质保期的法律效果,承包人的概念有时会比较模糊。较为常见的是,承包人可能认为,自己提交过竣工验收资料而发包人未及时回应就能直接视为"承包人已经提交竣工验收报告,发包人拖延验收的,以承包人提交验收报告之日为竣工日期"的情形,继而向代理人陈述能够证明案涉工程已经通过竣工验收,同时在内心期望实现工程通过竣工验收后作为承包人可以主张发包人支付工程款、质保期开始计算的法律后果。作为代理人,应当在充分倾听当事人陈述时把握上述法律规定及分析的几个关键点:引导当事人收集证据证明己方提交竣工资料符合法律规定和合同约定、提交过程为有效送达;发包人在接收承包人提交的材料后有无回应、如何回应;案涉工程施工完成后是否将工程交付发包人、交付的证据有哪些等。

(二)在当事人不能完全收集证据时客观分析现有证据能否支持其诉请并告知风险

通过上一步代理人与当事人的沟通和证据收集、对法律规定的梳理,当事人已经能够具有知晓现有证据是否能支持其诉讼请求的认知。但作为代理人仍应当以正式的形式,如邮件、工作会议等方式,充分告知当事人诉讼的风险以及继续补强证据的方式方法,避免匆忙推动诉讼,在诉讼中因证据不足而面临不利后果。

(三)一般情况下,司法实践不支持总承包人在工程经过业主(发包人)竣工验收后,以未与分包人进行竣工验收、工程质量存在问题为由进行抗辩

该种情况也较为常见,即施工总承包人在工程整体通过竣工验收后,在面对分包人主张结算工程款时以分包人未提交结算资料、所实施施工内容存在质量问题等抗辩应当少付或者不付工程款。但从工程整体竣工验收的倒推,只有当各分部分项工程、专业分包工程都提供了符合法律法规、行业规范标准的竣工资料时,工程才能通过竣工验收。若工程已经经过竣工验收,甚至业主(发包人)已经与

总承包人进行了竣工结算,则裁判者会倾向于认为总承包人不诚信,或总承包人与分包人串通向业主(发包人)提交了不合格的竣工资料、交付了不合格的施工成果,对总承包人抗辩的诉讼请求部分不予支持。

# 房地产及建设工程项目开发与收购尽职调查的工作技巧

郑筱珺*

【摘要】在律师的非诉业务中，尽职调查是比较常见的一个板块。真正考验律师团队在尽职调查中的分工协作、专业技术的尽职调查类型为非指引类型的普通尽职调查（相对于有指引类型的尽职调查如公司债券承销业务尽职调查）。在普通尽职调查中，需要律师团队准确判断委托人的需求、确定尽职调查的内容、快速在约定的时间内完成尽职调查工作并出具尽职调查报告。若律师团队未尽到尽职勤勉义务导致所出具的尽职调查报告出现重大错漏给委托人造成损失，律所还有可能面临委托人的巨额索赔。因此，谨慎对待尽职调查工作、高效完成尽职调查内容、准确出具尽职调查报告，成为律师执业的必备技能。

【关键词】尽职调查；法律专业技术；内部工作制度；沟通和告知方式

## 一、律师团队外部的工作

### （一）明确尽职调查工作目标、工作目的

律师团队首先要根据委托人的目标，围绕工作目的展开工作，才能保证将来的工作成果，即尽职调查报告查明的事实和法律分析结论，能真正为委托人所用。

---

* 郑筱珺，四川君合律师事务所律师，合伙人，房地产与建设工程法律事务部副部长。

（二）先行背景调查准备、了解项目所涉的管理规则

从律所与委托人建立委托关系开始，承接尽职调查律师团队的工作通常从审查委托人提供的尽职调查清单开始。在实践中，不少委托人为公司企业，内部设有自身的法务部门，对于委托调查事项的清单，往往已经归集得较为全面；但公司法务部门的工作人员与律师相比，缺乏诉讼经验、缺乏为不同类型的企业进行不同种类尽职调查的横向对比经验，其提供给律师的尽职调查清单往往容易漏掉属于调查事项前端的法律事实和证据资料。以收购某房地产公司（目标公司）为例，该目标公司的主要财产为某在建工程。在委托人提供的清单中，较为常见的是要求律师调取该在建工程的国有土地使用权证、规划许可证、施工许可证，但会忽略目标公司在申请上述证书过程中的详细资料。该部分资料可能会影响委托人收购目标公司后另行发包在建工程时是否能够实现顺利施工的目的。

在这个时候，律师应该及时补充委托人的尽职调查清单并告知委托人，一同与目标公司做好协商工作，要求目标公司提供上述资料或前往城建档案馆申请公开上述资料，将上述资料调取，加入尽职调查的工作资料。

**二、律师团队内部的工作制度**

（一）编制尽职调查清单

尽职调查清单在尽职调查工作中有着提纲挈领的作用。一般而言，尽职调查清单仅有一次编制、一次补充的机会。若律师凭专业能力和经验无法迅速、准确、全面地编制出调查清单，整个尽职调查工作将陷入无序，结果必然是内容重复或者缺失；若律师编制的调查清单一直处于不断通知当事人补充的状态，当事人的应对将一次比一次不耐烦甚至无回应，为尽职调查工作带来致命的打击。

（二）进场调查及工作底稿

律师带着尽职调查清单入场后，应以工作底稿为主要工作记录迅速展开对当事人的询问、资料收集工作。工作底稿包括现场工作照片、现场工作记录和尽职调查报告底稿。现场工作照片需要及时命名，否则非常容易遗忘；现场工作记录可以采取在路途中进行简短记录、外勤工作结束后进行补充的方式；在前两者的基础上，当天对收集的资料能够填入尽职调查报告相应板块的内容，应立即填写入相应的尽职调查报告板块。工作底稿以天为单位保存，同样内容的工作底稿不进行覆盖，以便于回过头查看完整、完全的工作记录。进行同一内容文稿的覆盖，

有可能出现因为当时无法判断信息的需求而覆盖掉重要信息的情况。

（三）内部协作

在进行尽职调查工作的过程中，从前期收集资料到后期出具尽职调查报告，都离不开律师团队内部的紧密分工协作。在前期收集资料阶段，若委托人和目标公司均授权律师前往各部门、政府网站调查信息，则律师一起出外勤的人数每次应不少于两人，该两人需协调好彼此的工作时间；若目标公司坚持授权自己员工、律师陪同调查信息的工作形式，则律师团队更应该在收集资料工作开始以前，将律师团队近一个月的工作时间（尤其是已经被安排开庭不能调整的时间）列表发送给目标公司工作人员，请目标公司工作人员也先列出自身不能调整工作的时间，确定双方能够一起工作的时间后，再根据需要前往的部门在职能上的区分、在地理上坐落的远近，合理安排前往的顺序，力求做到效率的最大化。

**三、编制尽职调查报告**

尽职调查报告结构通常为导言、正文、结语三部分。导言部分主要介绍尽职调查范围与宗旨、方法与限制、报告的结构、主要问题摘要。正文部分则根据项目类型的不同，体例结构的不同而具体选择。以房地产企业项目调查为例通常会有如下内容：项目投资运作模式，项目建设过程（包括拿地、规划、设计、施工等），项目所涉查封信息，权利负担情况，项目所涉的诉讼和仲裁信息，项目销售情况（包括是否取得预售许可、是否签署预售合同、是否办理网签备案、款项是否支付等）。在结语部分应该主要说明对报告使用的限制。

# 从一则案例看总承包人证明分包人是否完成合同义务的举证责任与举证技术

郑筱珺*

**【摘要】**在建设工程合同履行过程中，施工总承包人和专业分包人往往会因双方对过程管理不严谨而在专业工程竣工验收、交付业主使用后就办理结算及支付工程尾款产生争议。在本文讨论的案例中，在案涉工程已经竣工验收并交付业主单位使用、业主单位与工程总承包人完成了结算的情况下，因总承包人发现其在对专业分包人的支付中包含了分包人并未完成的合同义务部分对应的工程款，遂扣留了该分包合同金额尾款的10%并起诉要求分包单位返还多支付的工程款。总承包人向法院提起诉讼要求专业分包人返还超付的工程款，专业分包人则反诉要求总承包人支付合同尾款并承担违约责任。该案的争议焦点为分包人是否完成了总承包人起诉返还工程款部分对应的合同义务。因案涉工程为人防工程，具备一定的特殊性，双方当事人围绕分包人是否完成了合同义务的举证方法、途径、责任分配等方面，与一般建设工程分包合同纠纷中的土建、安装、园林绿化等工程内容有所区别。该案的一审法院和二审法院作出了完全相反的判决，本文将详细分析作为总承包人的代理人，在一审败诉后如何通过举证在二审得以转败为胜，希望通过对该案案情的介绍和对两级人民法院审理过程的分析，总结经验，为以后办理类似案件提供一定的启发。

---

* 郑筱珺，四川君合律师事务所律师，合伙人，房地产与建设工程法律事务部副部长。

**【关键词】**建设工程分包合同纠纷；专业工程分包；合同义务；调查令

## 一、案件基本事实①

2015年10月15日，总承包人（甲方）与分包人（乙方）签订《人防工程设备买卖安装合同》，约定总承包人将某科创中心人防工程交由分包人完成。合同中，双方对工程范围、合同价款、付款方式和结算方式等进行了约定。其中，合同约定的工程范围为：地下室甲方施工范围内的人防设备和防护用品生产、制作、包装、运输、安装、调试及验收交付等。合同价款为：暂定总价3 520 000元，该价格包括人防设备和防护用品生产、制作、包装、运输、装卸车、二次搬运等。付款方式为：甲方于合同生效后5个工作日内支付合同暂定总价的40%（1 408 000元）给乙方；隐蔽安装完成并经相关部门验收合格后，甲方5个工作日内支付合同暂定总价40%（1 408 000元）给乙方；门扇进场前三天，甲方支付合同暂定总价10%（352 000元）给乙方；门扇安装完毕，甲方支付全款给乙方，如有工程量增减，确认金额之后一同结算全款。此外，合同附有《人防工程量报价清单》，分包人就案涉工程分三部分即人防部分、封堵板部分（含封堵板）、平时主要安装设备进行了报价。报价单载明总价为3 520 000元。

签订上述合同后，分包人组织生产、施工。其间，总承包人支付分包人工程款3 168 000元。

2016年8月8日，案涉工程通过竣工验收；2017年7月14日，案涉工程通过人防验收。

2017年3月17日，总承包人向分包人发出《关于〈某创新中心项目创客中心人防工程〉剩余封堵板进场及人防竣工验收备案事宜的工作联系函》，要求分包人将人防封堵板运至现场并提交人防专项工程的竣工验收资料。2017年7月24日，分包人向总承包人回复公函，告知其根据人防工程具体情况，因未达到平战转换条件，无须将封堵板运至现场。分包人将在接到临战通知或人防办要求平战转换时，根据政策需要在规定的时间内将封堵板送至现场并安装。一审另查明，案

① 参见四川省成都市中级人民法院民事判决书，（2020）川01民终12479号。

涉人防工程除封堵板未运至现场外，其余部分已经通过竣工验收并交付业主。

## 二、一审判决法院观点

一审法院对该案的三个争议焦点作出如下评述。

第一，关于案涉《人防工程防护设备买卖安装合同》是否应予解除的问题。该案中，双方签订的《人防工程防护设备买卖安装合同》不违反法律、行政法规的禁止性规定，属合法有效，双方均应按照合同约定履行各自义务。总承包人主张解除案涉《人防工程防护设备买卖安装合同》的理由为分包人拒绝将人防封堵板运输至现场，拒绝履行合同义务，故根据法律的相关规定应予以解除。但是，分包人亦提出了抗辩。首先，分包人未将封堵板运输至现场虽系事实，但从分包人向总承包人发出的回函来看，未将封堵板运输至现场系分包人认为根据相关规定，封堵板应根据平战转换要求运输并明确表示可根据人防办要求在规定时间内运输、安装。也就是说，分包人并非拒绝履行合同约定的义务，而仅是对运输封堵板的时间节点提出异议。其次，从法律规定看，原《合同法》第94条明确规定了一方当事人有解除合同的权利，其中包括"在履行期限届满之前，当事人一方明确表示或者以自己的行为表明不履行主要债务"。但根据上述规定，当事人行使合同解除权以另一方当事人不履行合同主要义务为前提。结合该案，即便分包人未将封堵板运输至现场的行为属于拒绝履行合同义务，但案涉人防工程除封堵板未运输至现场外，已经竣工验收并交付使用，也就是说，分包人已履行完毕合同约定的主要义务。故总承包人仅以分包人未将封堵板运输至现场为由要求解除案涉合同与法律相关规定不符。最后，根据分包人一审庭审陈述，其未将封堵板运输至现场，除有其认为未达到平战转换条件的原因外，还有总承包人未按照约定支付相应款项的原因。而根据双方合同关于付款方式的约定，系将相关时间节点、条件作为付款进度条件，即合同经双方签字盖章、隐蔽工程完成、门扇进场前三天和门扇安装完毕，并未约定将全部工程完成并经验收、交付作为付款条件。故一审法院对分包人的上述抗辩主张予以采纳。综上，总承包人要求解除案涉《人防工程防护设备买卖安装合同》的诉讼请求缺乏事实、法律依据，一审法院不予支持。

第二，分包人是否应当返还总承包人工程款并支付利息的问题。该案中，分包人未将封堵板运输至现场系事实。但如前所述，总承包人要求解除案涉合同的诉讼请求缺乏事实、法律依据。因此，总承包人基于解除案涉合同要求分包人返还相应工程款的诉讼请求也因前提不成立而不应予以支持。同时,根据总承包人要求分包人返还工程款的诉讼请求,结合双方争议事实、理由,该案还应认定分包人是否应当将封堵板运输至现场,即分包人是否存在违约行为。就封堵板是否应当运输至现场的问题,分包人主张合同无约定,且相关规定无平战转换前须将封堵板运输至现场的要求。但一审法院认为,如前所述,案涉合同属合法有效,一方面对双方具有约束力;另一方面,案涉合同也是确定双方权利义务的依据。从交易习惯上看,大型人防工程涉及设备、部件、施工环节多,不可能就每一设备、部件、施工环节进行全面、专门的约定;从案涉合同看,合同虽未专门就封堵板是否运输至现场进行约定,但工程范围明确约定包括人防设备和防护产品的运输。相关报价单封堵板部分括号注明含封堵板,报价部分也专门对装车费、运输费、二次运输费进行了报价,也就是说,根据双方合同约定,足以认定将封堵板运输至现场系合同约定义务,也就是说,无论相关人防规范是否对封堵板安装存在要求,双方签订合同时都对封堵板等部件运输进行了约定。现分包人未将封堵板运输至现场,不符合合同约定。且双方虽对付款节点有明确约定,但未约定付款作为分包人履行合同义务的条件,也不存在分包人所主张的先履行抗辩问题。综上,分包人未将封堵板运输至现场的行为属违约行为,但原《合同法》第 107 条规定:"当事人一方不履行合同义务或者履行合同义务不符合约定的,应当承担继续履行、采取补救措施或者赔偿损失等违约责任。"根据上述法律规定,结合案涉人防工程除封堵板未运输至现场外,工程已经竣工交付的情况,总承包人要求分包人退还工程款项及支付利息的主张因不属法定违约责任承担方式,一审法院不予采纳。总承包人可根据法律的相关规定另行向分包人主张权利。

第三,总承包人是否应向分包人支付工程余款 352 000 元及资金占用利息的问题。如上所述,案涉合同属合法有效,其不仅对双方具有约束力,也是确定双方权利义务的依据。该案中,双方在合同中明确约定了付款节点和条件,现分包人虽未将封堵板运输至现场,但双方约定的支付 10% 尾款的条件已成就。总承包人应当按照合同约定支付分包人工程尾款 352 000 元。就总承包人是否应当支付分包人资金占用利息而言。分包人未按照合同约定将封堵板运输至现场存在违约行为,分包人未按合同约定支付工程尾款也存在违约行为。根据原《合同法》第 120 条"当事人双方都违反合同的,应当各自承担相应的责任"的规定,总承包人应承担相应的违约责任。分包人资金占用利息损失具有客观性,一审法院认定总承包人以应付工程尾款352 000元为基数,从2017年8月20日起按全国银行间同业拆借中心公布的贷款市场报价利率支付分包人资金占用利息。

**三、案件一审审理结果**

总承包人向一审法院提出诉讼请求:(1)判令分包人返还工程款751 973.01元;(2)判令分包人向总承包人返还工程款的利息100 889.72元(利息暂计至2019年4月11日,最终利息计算时间以实际清偿日为准);(3)案件诉讼费由分包人承担。后总承包人新增诉讼请求,要求判令解除其与分包人于2015年10月15日签订的《人防工程防护设备买卖安装合同》。

分包人向一审法院提出反诉请求:(1)判令总承包人向分包人支付工程余款352 000元;(2)判令总承包人按照全国银行间同业拆借中心公布的贷款市场报价利率承担上述欠款的资金利息,从2017年8月20日开始计算至欠款付清为止;(3)案件诉讼费由总承包人承担。

一审判决结果为总承包人于判决生效之日起10日内向分包人支付工程款352 000元及资金占用利息(以352 000元为基数,从2017年8月20日起按全国银行间同业拆借中心公布的贷款市场报价利率计算至支付完毕之日止),驳回了总承包人的全部诉讼请求。

**四、对总承包人一审败诉原因的分析**

(一)一审法院归纳争议焦点错误,分配举证责任错误

一审判决送达后,总承包人认为一审判决存在诸多事实认定和法律适用的错误,尤其是在咨询过人防工程专家后,总承包人了解到,一审法院及分包人对人防工程验收规范要求理解错误,将争议焦点归结到了分包人是否需要将“封堵板运输至现场”,总承包人亦未提出该处严重错误。

分包合同中约定的“地下室甲方施工范围内的人防设备和防护用品生产、制作、包装、运输、安装、调试及验收交付等(详见人防施工图)。合同价款为:暂定总价3 520 000元,该价格包括人防设备和防护用品生产、制作、包装、运输、装卸车、二次搬运等”中“运输”是指封堵板在生产、出厂后需要三方检测、运输至指定地点存放等所有运输费用,均包含在合同总价中。

在人防工程验收中,判断分包人是否履行了封堵板制作、运输、安装的义务,

要有封堵板生产出厂证明、三方检测合格证明(总承包人在合同价款外另行支付了三方检测费用),经三方检测合格后应有运输至指定地点存放证明等证据,才能认定分包人完成了合同义务。在一审中,总承包人代理人及律师团队的确未深入分析总承包人在分包人未完成合同义务的情况下就先行支付工程款,后又以分包人未完成合同义务为由起诉解除合同和退还对应的工程款时,总承包人如何解释自身行为的合理性以及如何完成对应的举证义务和举证力度;加之人防工程验收的特殊性,总承包人仅以电子邮件咨询人防主管部门的方式不足以完成解释合同条款对验收标准的约定及行业规范的要求从而达到证明分包人未完成合同义务、存在严重违约行为的事实。

(二)总承包人在一审立案时的举证情况及存在的问题

1. 在组织立案证据时未抓住重点

《人防工程防护设备买卖安装合同》:在证据内容一项中未准确、详细地引用关键条款,即分包人的合同义务,包括人防设备买卖安装的内容、检验标准及付款条件。

《公证书》:在证据内容一项中未准确引用《公证书》的内容,在证明目的一项中总结欠精准。《公证书》中总承包人陈述为:"……现工程业主方多次跟催我司组织工程竣工验收、同步提交工程竣工验收资料,但贵司合同约定的封堵板部分材料还未运至现场摆放,人防竣工验收资料也未提交,造成我司不能按工程业主方指令要求组织验收,故我司要求贵司在2017年3月23日前按合约条款约定的内容将人防封堵板运至现场,同时提交人防专项工程的竣工验收资料。若因贵司逾期未将人防封堵板运至现场、人防专项工程的竣工验收资料未提交,导致业主方对我司进行处罚及限制后续的投标行为等一切负面行为,均由贵司负责。"关于《公证书》中提及的封堵板部分缺失竣工验收资料、造成不能按业主方指令要求组织验收的重要信息,举证中有遗漏。

公函:证据内容一项中并未完整引用,总承包人代理人所截取的部分不能客观反映被告回函中的意思表示。分包人回函的完整内容为:"关于贵公司寄送的关于《某项目创客中心人防工程》剩余封堵板进场及人防竣工验收备案事宜的工作联系函及违约索赔函件,我公司已收悉,贵公司在函件中要求我公司于2017年3月23日前按合约条款约定的内容将人防封堵板运至现场,并提交人防专项工程的验收资料,若我公司不履行上述义务,导致该项目无法竣工验收和备案,贵公司将根据合同第10条7项的约定,要求我公司按合同总价0.5%支付其违约金为200.64万元,对此,我公司郑重提出以下回复:一、依照双方签订的《人防工程防护设备买卖安装合同》相应条款,人防封堵板未约定运至现场,我公司已按合同要求安装到位,根据四川省人防工程实际情况并未达到平战转换条件,故封堵板不需运送至现场,当接到国家临战通知或人防办要求平战转换时,我公司将根据政策要求在规定时间内将封堵板送至现场进行安装,并且08图集平战转换技术要求说明:防护密闭封堵板,临战时运送到现场。为此,我公司已多次口头、书面告知贵公司,该情况贵公司理当是明知的。二、该工程已于2017年3月24日上午进行了初检,5月15日,我公司已提供该工程竣工验收资料,5月18日,该工程已通过竣工验收,我公司已全面履行作为出卖人的相关权利义务,不存在逾期竣工情形,不应依合同约定承担任何违约责任,贵公司提出的相关索赔请求不能成立。三、我公司已完成人防工程并交付使用,依照合同约定,门扇进场前三天,贵公司支付合同暂定总价10%即352 000元给我公司,但贵公司至今未支付上述款项,已严重违约,依照合同第10条第2项的约定,贵公司应承担逾期支付工程款的违约责任。综上所述,贵公司所寄送函件中多次要求我公司完成的相关事项和内容与合同约定不符,更与客观事实真相不符,希望贵公司本着诚实信用的原则,在收到本函时五个工作日内支付我公司工程款余款352 000元,否则,我公司将依照法律程序办理,并保留追究贵公司相应违约责任的权利。2017年7月24日”在公函中,分包人还提及总承包人曾经发送过《违约索赔函》,该函件在总承包人一审提交的立案证据中未见。

《付款凭证》:在证据内容一项中为空缺,该金额系双方无争议的金额,但总承包人本诉原告(总承包人)忽略了该项证据的举证目的,未详细列出付款时间,更未结合《人防工程防护设备买卖安装合同》的合同条款梳理出总承包人的应付款条件、时间节点等证明总承包人认为己方没有支付违约的情况存在。

《结算报告》:未详细列出业主单位和总承包人结算时扣除分包人未完成合同义务部分所对应金额的计算方法和依据,仅在一审庭审过程中,陈述了计算方法,但没有陈述计算依据。该点在二审过程中被二审法官要求总承包人对该部分主张的金额提供详细的计算方法和依据。

总承包人的代理人还于2019年7月31日向省人防办发送邮件，询问“战时安装的封堵板平时要求放在哪?”人防办回复邮件为:“你好，根据《人民防空地下室设计规范》(GB 50038－2005)第3.7.1条规定，应当在防空地下室内设置封堵板的存放位置，并将封堵板在工程竣工验收前制作完成，具体位置可在设计图纸中查询。”该邮件回复并未单列在总承包人的举证中。根据一审庭审笔录记载，其代理人仅在举证环节举示公函时陈述提及了上述邮件回复、在法庭调查时法官询问“封堵板除运输部分外，其他部分被告是否完工?”时，代理人的回答提及上述邮件的回复。

2. 总承包人在立案后和一审庭审过程中存在的问题

一审法院于2020年6月6日开庭审理了该案。在开庭以前，总承包人的代理人并未就上述立案证据的不足予以梳理并且补充齐全；根据一审庭审笔录记载，总承包人的代理人在开庭时才看到被告代理人提交的证据，并向法庭表示“截止到开庭我方多次向法院进行核实，我方并未收到被告方提交的任何证据”，但法官未回应并且继续要求被告举证。总承包人的代理人要求新的举证期限，但未在庭审结束后及时与当事人进行核对并向法院提交补充质证意见。

一审中，分包人举证如下:(1)付款证明、微信聊天截图，证明案涉工程人防验收时间是2017年7月14日。(2)2016年12月9日的《检测报告》，证明案涉工程进行了检测。

总承包人的代理人并未对被告提交的证据当庭发表质证意见。

一审法院总结的争议焦点为:(1)案涉《人防工程防护设备买卖安装合同》是否应予解除。(2)分包人是否应当返还总承包人工程款并支付利息。如应返还、支付，具体金额为多少。(3)总承包人是否应向分包人支付工程余款352 000元及资金占用利息。

围绕争议焦点1，双方以案涉《人防工程防护设备买卖安装合同》中约定各自义务的履行先后顺序，对分包人回函明确表示拒绝运输封堵板到现场以及其对自身合同义务的理解发表了意见；围绕争议焦点2，本诉原告代理人陈述了本诉被告应当返还工程款的构成和计算方法；围绕争议焦点3，本诉原告代理人同样以合同约定的履行顺序为由发表了辩论意见。

总承包人的代理人认为，在总承包人的举证中，《公证书》函件内容能够反映其作为总承包人,认为分包人未完成封堵板制作、运输、安装的义务主要体现如下:(1)封堵板未运输至现场存放。(2)在人防竣工验收资料中未见封堵板部分的资料。结合业主单位对封堵板部分进行了甩项验收并且根据《人防工程防护设备买卖安装合同》附件中清单价格金额,扣除了封堵板部分的金额。(3)业主单位与总承包人的结算金额能够直接反映仅有封堵框,没有封堵板部分的金额。但在一审过程中,无论法庭审理的范围还是代理人的意见,均未将竣工验收材料中未见分包人制作、运输、安装封堵板部分的资料,分包人没有完成其合同义务的问题提出并将该问题作为焦点问题审理,总承包人也未对业主单位的甩项验收进行进一步的举证。

**五、本案二审审理过程**

(一)二审基本情况介绍

总承包人上诉请求:(1)撤销一审民事判决;(2)判令支持总承包人全部诉讼请求;(3)驳回分包人全部诉讼请求。

事实与理由:案涉双方于2015年10月15日签订《人防工程防护设备买卖安装合同》,合同第1条约定:总承包人将位于某新区创新科技城的某创新中心项目创客中心人防工程分包给分包人进行施工,具体的施工范围为:地下室买受人施工范围内的人防设备和防护产品生产、制作、包装、运输、安装、调试及验收交付使用等。一审法院已查明案涉合同约定的封堵板的生产、施工属于案涉《人防工程防护设备买卖安装合同》的一部分,分包人并未履行该部分合同义务,同时分包人也已在案涉工程竣工验收前发函表明不会将封堵板运至现场,但一审法院仍然判决分包人有权收取合同尾款并不向总承包人返还其未完成部分工程对应的工程款。

第一,一审法院认定由于案涉工程已经竣工验收并交付使用从而分包人的主要合同义务已经履行完毕属于认定事实错误。分包人并未完成合同主要义务,未完成部分超过合同总金额的1/5,且在总承包人合理催告后分包人回函表示拒不履行,分包人的该重大违约行为导致总承包人在与发包人的结算中被去除了对应部分施工的造价款项,该部分合同义务在客观上已经无法继续履行,应予解除,分包人应当退还总承包人已经给付的工程款751 973.01元。依据案涉合同第6条1.1.1的约定,总承包人应于合同生效后5日(2015年10月20日)内支付合同暂定总价的40%、合同第三方检测总价款17.6万元给分包人，总承包人于2015年10月20日支付给分包人共计158.4万元；案涉合同第6条1.1.2约定总承包人应于隐蔽安装完成，并经相关部门验收合格后5个工作日内支付分包人合同暂定总价的40%，即140.8万元，总承包人于2016年7月6日支付了176万元(50%)给分包人，至此，总承包人已经支付至案涉合同总金额的90%，总承包人已经支付的工程款中已经包含了分包人未完成的购买、生产、运输和安装封堵板的部分。双方在案涉合同第6条14约定，最终价款应在门扇安装完毕后对工程量增减确认金额后一同结算全款，而分包人在收取了工程进度款后并未履行对应的合同义务，总承包人有权在最终结算时扣减相应未完成部分，但分包人在已收取总承包人超额支付的合同价款的情况下，拒不完成合同义务，对于收取的超额部分的工程款也拒不退还。另外，分包人系专业的人防施工单位，应对人防设计规范有清楚的了解，依据人防规范，封堵板应在竣工验收前完成生产验收，并存放于人防地下室专门用于存放封堵构件的储藏间，所以分包人作为专业人防施工单位提出的所谓对运输封堵板时间节点的异议没有依据，是明确拒绝履行合同的意思表示。此外，因分包人明确拒绝履行分包合同，总承包人不得已只能以现状与发包人完成竣工验收结算并交付，无法将未运输至现场的封堵板纳入最终与发包人的验收及结算范围，故案涉分包合同已无继续履行的客观条件。一审法院在认定分包人存在违约的情况下，将案涉已不可能继续履行的合同认定为能够继续履行，属于法律适用错误。

第二，分包人在未完成案涉合同义务的情况下，无权收取全部的合同金额。总承包人按照合同约定两次支付工程款后(部分超付)，仅剩下10%的工程款未支付，而分包人未完成工程量占合同总金额的23%，在此情况下，总承包人向分包人发函要求其履行未完成的合同义务，分包人回函明确拒绝履行。总承包人认为，分包人应当返还其未完成部分对应的工程款，在分包人未按照合同约定完成全部义务的情况下，总承包人有权不支付剩余10%的工程款。

分包人辩称，按照双方签订的合同，分包人已履行了合同主要义务，已经将门扇安装完毕。关于封堵板的问题，虽然有封堵板材料报价的事实，但是在合同中没有明确约定封堵板在何时必须运输至现场，分包人已经制作完毕，分包人不存在工程量没有做完的问题。分包人进行反诉，要求总承包人支付尾款10%，因为付款方式在合同第6条已经明确约定，本身不存在增量的问题，是一个包干价，总价是3 520 000元，总承包人应当支付尾款。关于封堵板，其不属于工程量范围内，分包人按照合同约定已经完成了相应的工程量，工程已经经过验收，总承包人也提供了证据，业主牵头几方验收，人防工程已经完毕，分包人不应该承担总承包人所说的关于没有履行到位的责任、应当扣减工程款的内容。一审认定事实清楚，适用法律正确，请求维持原判，驳回上诉。

（二）双方在二审时举证、质证的情况

二审中，总承包人提交新证据。

证据1：《人民防空工程防护设备产品质量检验与施工验收标准》。拟证明该证据是涉案双方合同约定应适用的规范性文件，该规范性文件第3.3.9条以及第7.2.1条，均规定了封堵板的质量检验项目及质量检验要求。该规范性文件明确说明了封堵板履行要求，包含了制作、运输、安装、堆放、检验，能够证明封堵板是双方约定的合同范围，且分包人没有按照相应的约定和规范进行履行。该规范性文件提到了防护设备的包装运输堆放要求，而封堵板在规范性文件中被列为防护设备。其应当在相应的堆放场地进行放置，并且满足相应的条件，而堆放场地在一审已经出示的人防办回函中明确说明，是在案涉工程的人防地下室中。结合多份规范性文件，能够发现分包人对合同中约定的封堵板制作、运输、检验等义务及合同履行程序应如下：第一，在竣工验收前制作完成并向总承包人提供出厂合格证明。第二，分包人完成制作、运输环节的合同义务，并且在竣工验收前运至现场。第三，经检验、校对不存在质量问题后堆放在相应的人防地下室堆放场地上。至此分包人才完成了全部的有关封堵板的合同义务。该规范性文件是在合同第5条产品和质量要求中列明的，也是履行合同的依据。证据1拟证明分包人至今未向总承包人提供封堵板制作出厂的合格证明、运输至现场并检验的证明、堆放储存的证明，分包人未完成其合同义务。

证据2：《人民防空工程防护设备选用图集》。拟证明四川省城市间建筑设计研究院作为案涉工程的设计单位，依据该图集作出案涉人防工程的设计图纸，案涉工程封堵板依据设计图纸及图集的要求均为标准件，是通用的型号，可适用于同样标准规格的任意人防工程中。

分包人质证认为，对于证据1的真实性、合法性予以认可，但该证据与该案无关联性。分包人一审去了人防办,确认地下室平时开放不会封闭;分包人随时可以将封堵板拉过去;封堵板对验收没有关系。对于证据2,分包人认为如果型号相同则认可。分包人提交新证据:2021年1月某人防设备检测有限公司出具的检测报告,该检测机构也是双方合同约定的检测机构。拟证明封堵板合格。总承包人质证认为,该检测报告检测时间为2021年1月9日,晚于分包人履行合同期间,甚至晚于分包人主张的案涉人防工程竣工验收时间,已经能够说明分包人在案涉人防工程的合同履行期间内并没有取得相应的封堵板的检测报告,也就没有履行完成合同义务。该检测时间也与分包人在该案一审、二审历经两年的诉讼过程中已经完成了全部的人防工程施工和检测的陈述相矛盾,总承包人认为从检测时间看,分包人没有按照合同约定履行相应的生产、制作甚至检测的义务。其在案涉工程竣工后出具的检测报告,从形式上看也与该案不具有关联性。至于案涉争议封堵板是否在2021年进行检测,并没有达到分包人希望证明的在合同履行期间已经制作并履行完成了全部合同义务的证明责任。综上所述,总承包人认为该证据仅从证据内容上看,属于分包人事后单方委托形成的手续,与委托单位、总包单位、案涉工程均没有直接联系,不能达到其证明目的。

(三)二审法院总结争议焦点和签发调查令协助双方当事人完成举证的过程

二审中,法院为查明案涉人防工程相关事实,依双方当事人申请出具调查令,要求人民防空办公室、业主公司、某区城市建设局对调查令中的问题进行回复。

人民防空办公室复函答复:

1. 关于“人防工程中封堵板是否应当在人防工程竣工验收前制作完成”的问题。回复:依据《人民防空地下室设计规范》(GB 50038 - 2005)第3.7.1.3、4.12.2条之规定,人防工程中封堵板应当在人防工程竣工验收前制作完成。

2. 关于“人防工程中封堵板是否应当进行交付并验收,验收相关规范文件是什么”的问题。回复:依据《人民防空地下室设计规范》(GB 50038 - 2005)第3.7.1.3、4.12.2条之规定,人防工程中封堵板应当交付并验收。

3. 关于“人防工程中封堵板制作完成后应于何时运输、安装,应当存放在何处,有无相关规范文件要求”的问题。回复:依据《人民防空地下室设计规范》(GB 50038 - 2005)第3.7.1.3、4.12.2条,《人民防空工程防护设备选用图集》

(RFJ01－2008)选用说明“六、防护设备的特点与编号”第16项和《人民防空专用设备生产安装管理暂行办法》(国人防〔2014〕438号)第18条、第19条之规定,平时可以不安装封堵板(但要加工好放在指定位置),战时根据事先设定的转换时限将封堵板进行快速安装,以满足防护、密闭要求。

业主公司复函答复:

1. 业主公司是否已完成“某创新中心项目”某创客产业孵化器园区工程的竣工价款结算和政府审计?回复:某创客产业孵化器园区工程属于“某创新中心项目”的子项工程,某创客产业孵化器园区工程现已完成竣工价款结算和政府审计。

2. 业主公司是否在“某创新中心项目”某创客产业孵化器园区工程的竣工价款结算和政府审计中对人防工程的封堵板做了甩项处理,未将封堵板部分纳入竣工结算总价?回复:某创客产业孵化器园区工程的竣工价款结算和政府审计依据合同、施工图纸及相关资料进行办理,若现场未实施则未纳入竣工结算总价。

3. 若人防工程分包人愿意按与总承包人签订的《人防工程防护设备买卖安装合同》立即履行人防封堵板供货及安装义务,业主公司是否同意总承包人继续完成工程总承包合同中的人防封堵板的供货和安装施工,并按工程总承包合同约定支付总承包人封堵板部分的价款?回复:某创客产业孵化器园区现已竣工验收合格(包含人防工程),且已移交业主投入使用,业主公司已不再要求继续履行人防封堵板的合同义务。

某区城市建设局复函答复:

1. 某区创新科技城的某创新中心项目创客中心人防工程竣工验收规程、验收项目范围、验收标准。回复:某区创新科技城的某创新中心项目创客中心人防工程竣工验收规程、验收项目范围、验收标准见附件。附件内容为某新区规划建设局审批和服务事项表。

2. 某区创新科技城的某创新中心项目创客中心人防工程竣工验收是否包括封堵板现场安装部分的验收,封堵板未运送到现场是否符合人防工程验收规程。回复:经查阅某区创新科技城的某创新中心项目的相关历史资料,未发现封堵板部分相关验收资料;“封堵板是否运送到现场”主要依据为“通过技术审查合格的施工图设计文件”相关章节的设计要求。

3. 分包人是否在某新区(当地)有其他的人防工程? 若有,是不是按创客中心人防工程验收操作规程进行的。回复:经查阅某区某直管区人防工程验收台账,暂未发现分包人在某区某直管区有其他的人防工程。分包人是否在某区有其他的人防工程可由该公司根据施工合同自行提供。

二审法院经审理查明的其他案件事实及采信的证据与一审一致并予以确认。

二审中,双方确认案涉项目封堵板清单总价 1 314 111.37 元,二次搬运费 13 141.11 元,检测费 66 362.62 元。分包人主张检测费已经支付给案外人某人防设备检测有限公司。另外,总承包人认为根据其与业主公司的结算,已完成封堵框施工费为 289 642.02 元。分包人主张根据其单方计算,已完成封堵框施工费为 320 643.18 元。二审法院认为,根据该案二审查明事实,双方均认可案涉项目除封堵板部分外,其余部分已经施工完毕,且完成竣工验收备案。故该案二审争议焦点为:总承包人要求解除《人防工程防护设备买卖安装合同》未履行部分并判令分包人返还封堵板已付款项的主张是否成立。

**六、二审法院观点及判决结果**

根据该案查明事实,结合一审中总承包人提供的结算证据,以及二审中业主公司的调查令回函,案涉项目人防部分已经完成甩项竣工验收,且业主公司也明确表态项目已经移交业主使用,不再要求实施封堵板的供货与安装,故案涉项目的封堵板部分已经不再具备进场条件。故该案核心争议在于分包人是否已经履行完毕《人防工程防护设备买卖安装合同》中关于封堵板的合同义务。

该案中,分包人在总承包人催告要求封堵板进场并提供竣工验收资料后,回函表示根据人防工程具体情况,因未达到平战转换条件,故无须将封堵板运至现场。分包人将在接到临战通知或人防办要求平战转换时,根据政策需要在规定的时间内将封堵板送至现场并安装。对此法院认为,根据二审中人防办的复函答复,依据《人民防空地下室设计规范》(GB 50038 - 2005)之规定,分包人提供的人防工程封堵板应当在人防工程竣工验收前制作完成,交付并验收。对于分包人无须运至现场的说法,依据《人民防空地下室设计规范》(GB 50038 - 2005)第 3.7.1.3、4.12.2 条,《人民防空工程防护设备选用图集》(RFJ01 - 2008)选用说明“六、防护设备的特点与编号”第 16 项和《人民防空专用设备生产安装管理暂行办法》(国人防〔2014〕438 号)第 18 条、第 19 条之规定,平时可以不安装封堵板,但要加工好放在指定位置。综上可知,分包人认为封堵板无须运至现场的说法,明显不符合国家相关人防政策的规定,法院依法不予支持。同时结合某区城市建设局的调查令回函可知,案涉项目资料中未发现封堵板部分的相关验收资料。因此综合该案合同履行事实,虽然双方合同中并未明确就封堵板进场进行约定,但根据国家相关人防政策规定,分包人在该案中既未将封堵板运送至现场,也未向总承包人提供相应的生产出厂、检验及验收资料,导致案涉项目封堵板部分甩项验收,现经二审法院询问,业主公司明确表示不再要求实施人防封堵板供货与安装。因案涉合同封堵板部分已经不再具备履行条件,故对于总承包人要求解除《人防工程防护设备买卖安装合同》的主张,法院对于解除其中的封堵板买卖部分予以支持,分包人同时应承担封堵板已付款的返还责任。

对于分包人在二审中认为因总承包人未足额付款存在违约,故分包人未将封堵板运至现场的抗辩理由,与其在2017年7月24日向总承包人回复公函载明内容不符,双方在合同中也并未就封堵板进场、安装约定付款节点,结合双方确认的封堵板造价及已付款金额,对于分包人的前述抗辩理由,法院不予支持。对于分包人应返还款项的具体金额,双方一致确认案涉项目封堵板清单总价1 314 111.37元,二次搬运费13 141.11元,法院依法予以确认。

对于检测费66 362.62元。分包人认可总承包人已经支付,但检测费已经支付给案外人某人防设备检测有限公司。对此法院认为该案一审立案时间为2019年5月22日,总承包人在诉讼中已经明确表示案涉工程已经于2016年8月18日竣工验收完毕,封堵板部分无法继续履行,且在一审中亦提供了与业主公司结算的证据。分包人在二审中提供的某人防设备检测有限公司检测报告形成时间则为2021年1月。分包人在案涉项目已经竣工长达5年后,且明知封堵板部分已经不再具备履行条件,双方就封堵板部分的合同是否解除仍在诉讼中的情况下,仍进行项目检测所发生的费用,显然不属于为合同履行所发生的必然费用,该部分扩大损失应由分包人自行负担。

对于双方争议的已完成封堵框的施工费,总承包人提供了其与业主公司之间的结算证据,分包人既无证据证明前述结算证据存在计算错误,也未提供相应的单方计算依据,法院确认已完成封堵框施工费为289 642.02元。综上分析,分包人还应退还的封堵板工程款金额应为1314111.37元+13141.11元+66362.62

元－289642.02 元＝1103973.08 元，扣除总合同未付款 352 000 元后，分包人就案涉合同还应返还总承包人 751 973.08 元。因总承包人诉请金额为 751 973.01 元，系对自身权利的处分，故法院对 751 973.01 元予以确认。对于总承包人所主张的工程款利息，因双方就合同解除存在争议，且总承包人在该案诉讼前，也未向分包人明确表示解除案涉合同，故法院综合案涉合同实际履行情况，不再予以支持。

综上，总承包人的上诉请求部分成立，依法应予支持。依照 2017 年修正的《民事诉讼法》第 170 条第 1 款第 2 项之规定，判决如下：

（1）撤销一审民事判决；

（2）解除总承包人与分包人签订的《人防工程防护设备买卖安装合同》中封堵板制作部分的内容；

（3）分包人于判决生效之日起 15 日内返还总承包人已付款 751 973.01 元；

（4）驳回总承包人其他诉讼请求；

（5）驳回分包人全部反诉请求。

如果未按判决指定的期间履行给付金钱义务，应当依照 2017 年修正的《民事诉讼法》第 253 条规定，加倍支付迟延履行期间的债务利息。一审案件本诉受理费 6164 元，反诉受理费 3532 元，二审案件受理费 19 392 元，由分包人负担。

**七、经验总结**

在二审过程中，总承包人组织举证的重点在于证明分包人未完成封堵板制作、运输、安装的合同义务，依法应退还已经支付的相应部分费用，总承包人有权不支付合同剩余 10% 的尾款。

对此总承包人补充了《人民防空工程防护设备产品质量检验与施工验收标准》。

而在法院评判上述较为专业的问题时，向双方当事人释明，各自可以根据自身举证责任向法院申请调查令，由相关主管部门进行解释。接下来是总承包人向法院申请调查令，向人防主管部门调查封堵板的制作、运输、安装等对应的人防专业规范要求。待人防部门作出回答后，法院将证明分包人主张的已经完成合同义务的举证责任分配给了分包人，于是分包人又申请调查令向工程所在地的住建部门调查相关问题。在此期间，为了查明分包人若确实未完成合同义务，该部分合同是否还有继续履行的基础时,法院同样采取让总承包人用调查令的方式向业主公司进行调查。

该案至此,总承包人终于还原了案件事实并获得公正判决、取得了避免国有资产遭受损失的结果。但在此类案件中,因为涉及较为专业、晦涩的特定行业规范,要判断双方当事人对于合同条款理解是否有法律依据、是否理解正确,从当事人起诉、应诉的角度而言,应当首先咨询主管部门(若有)及行业内的专家、工程师,在诉讼过程中,主动与法官沟通,若法官认为当事人的举证及对合同条款对应的行业规范解释说服力不足,则应尽早向法院申请调查令,由对应的专业部门就专业性问题作出解释。代理人切勿首先以自己的经验对当事人作出最理想的法律解释但在客观上缺乏达到这个理想结果的层层证据及环环相扣的逻辑。正如钟表里的齿轮转动,只有每个小齿轮转动正确,大齿轮才能转动正确,最终所有齿轮组带动各个指针走正确,才能显示正确的时间。律师的举证技术也应该以如此严谨的逻辑为指导和检验,才经得起诉讼过程的考验。

# 从一则案例看发承包双方对未履行完毕的施工合同之合同解除权及工程价款的证明责任

郑筱珺*

**【摘要】**本文讨论的案例为在非能归于发承包人原因而案涉施工合同无法如期履行完毕的情况下，承包人向法院提起诉讼要求解除合同、由发包人赔付其损失，法院要判断合同是否能解除、合同解除权的归属以及双方在诉讼中各自负有怎样的举证责任的典型案例。该案最终以原告撤诉、双方继续协商施工的方式结案。经历了该案，发承包双方都对相关法律规定有了更深刻的理解，对今后的工程施工管理过程会更加重视。

**【关键词】**合同解除权；总价合同；工程款造价鉴定

## 一、案情简介

原告：某科技公司，机房及 IT 专业工程分包合同施工承包人。

被告：某工业设备安装公司，机房及 IT 专业工程分包施工合同发包人。

笔者为被告的代理人。

案涉诉争建设工程施工合同系某集成电路制造项目中机电包项下的机房及 IT 专业工程分包施工合同。某集成电路制造项目系根据某工程项目管理有限公司（本文以下简称 SPV 公司）与某集成电路制造有限公司（本文以下简称某合资公司）签订的租赁协议建设，由 SPV 公司投资建设，租赁给某合资公司使用，项目

* 郑筱珺，四川君合律师事务所律师，合伙人，房地产与建设工程法律事务部副部长。

由某建工集团有限公司（本文以下简称总包人）进行项目总承包施工。该案所涉机电施工包是总包的分包供应商。因项目出现重大调整，SPV公司与某合资公司解除了租赁协议，项目于2019年进入休眠期。

总包人将上述机电包发包给该案被告某工业设备安装公司。2018年，作为机电包的分包人，某工业设备安装公司将机电包项下的20余项施工发包给各机电包专业分包人。案涉项目进入休眠期后，机电包项下的部分分包人未完成合同义务，如该案原告作为机房及IT专业分包人，在其离场后经业主公司委托三方机构审计核实其仅完成合同约定施工义务中约60%的工程量。

2021年1月，原告向法院提起诉讼，要求判令解除案涉机房及IT专业工程分包施工合同、判令被告支付工程款至1853万余元（合同总价为2550万元）、判令被告承担逾期支付工程款的利息、判令被告支付其库存损失100万余元。

经被告公司核实，双方在机房及IT专业工程分包施工合同中约定合同总价为2550万元，其中机房部分为总价包干1250万元，综合布线为暂定总价1300万元。被告已经支付的工程款为1615万元，与原告已完成施工程度（60%）对应的应付工程款相当。另外，原告代理人向法庭陈述，因案涉合同施工不仅涉及硬件，还涉及后期施工要植入的软件以及硬件、软件部分后期的质保和升级，若法院判决解除案涉合同，则被告重新发包本工程后新的施工人可能不会认可目前原告已经施工的成果，被告已经支付的1615万元工程款可能将无法实现对应的合同价值。

**二、该案的争议焦点问题分析**

（一）原告是否具有合同解除权？案涉工程的现状是否导致案涉合同没有继续履行的基础？

1. 在一审法院的调解下，被告于2021年5月完成了复工准备，并向原告发函要求其继续进场施工，但原告拒绝接受该函，坚持要求解除合同。

与此同时，被告与机电包20余家分包人公司就休眠期导致的暂停施工开始陆续采取通过协商签订补充协议的形式，帮助分包人达到固定其阶段性施工成果和阶段性应收款金额的目的。因机电包的施工不同于土建施工，尤其是在分包合同约定总价的计价方式的情况下，未经竣工验收，分包人无权请求发包人给予全部的合同价款。被告组织机电包各分包人核实施工进度、落实硬件和软件供应商的维修和后期升级服务等后，采取根据分包人施工进度，最高可支付至合同金额

90%、不扣留质保金(分包人提供银行保函)、剩下10%等机电包各项目全部重启时再行支付的方式,较为妥善地解决了休眠期遗留问题。

其中冻库专业工程分包人已经依照上述条件进行协商变更原合同约定的付款方式并达成一致,签订了补充协议(2021年9月);空调供应商也签订了补充协议(2020年12月);机电包其余分包人也正在与被告协商签订补充协议的事宜。

而该案原告一边主张被告应支付其高额的库存材料费用,一边在具备继续施工和通过签订补充协议固定其施工成果和应收工程款的条件下执意要求解除合同,被告向法院表明其坚决不同意解除合同并认为法院应当审查合同解除权的归属,认定原告不具有合同解除权。

2.鉴于该案双方均认为对方存在违约的情况,被告认为,法院应当通过审理后认定哪一方存在违约或双方均存在违约。当事人一方或者双方违约,在不解除合同的情况下,也不影响法院认定一方或者双方违约责任的承担。根据《最高人民法院第五巡回法庭法官会议纪要》[①]中《合同预期违约解除权及损失赔偿范围的认定》一文的观点,法院应根据合同义务分配情况、合同履行程度以及各方违约程度大小等综合因素,判断合同当事人是否享有解除权。如果一方当事人解除合同将导致合同双方利益的显著失衡,且合同继续履行并不影响各方要求对方承担违约责任的权利,则不宜认定其享有合同解除权。

(二)原告坚持要求解除合同并向法院申请造价鉴定,以确定其已经施工完成部分工程的工程价款,被告如何答辩?

被告同意通过工程造价司法鉴定程序,以鉴定人出具的鉴定意见作为人民法院的裁判参考,同时不再接受先前双方和解、原告继续施工、合同继续履行且被告接受已完工工程量价款为1694万元的调解意见。

被告要求对原告已施工的全部内容造价作全面鉴定,原告应提供整套完善的经济资料及过程资料(包含质保资料),包括但不限于:已施工承包内容的点位布置详图、已施工完成内容对应的齐全的工程过程资料及质保资料等成套资料。

因IT施工合同的价格分别约定,机房为包干总价,综合布线为综合单价包干。因此,对原告已完成的硬件安装工程及不再后续施工的工程内容,需要鉴定

① 参见李少平主编:《最高人民法院第五巡回法庭法官会议纪要》,人民法院出版社2021年版,第41页。

人将未实施的单项施工价格予以扣除。比如,未实施的软件控制系统、未实施的设备调试任务以及调试费用等。

若人民法院判决合同解除,则被告主要存在的风险就是大幅增加成本投入,主要体现在:(1)找其他专业分包单位对原告已施工的部分重新梳理已完成的工作内容,这将增加成本投入,若新的施工人完全不认可原告的已施工情况,案涉工程需要完全重新施工,则最不利的情况可能为就原告已经施工而支付的1615万元工程款完全不能实现合同的价值;(2)本属于原告合同范围内自动优化的内容后期不能使用,将导致成本增加;(3)调试成本增大,若法院判决解除合同,则必然导致第三方主导调试,会涉及原集成商的质保(主要指该已施工部分的质保,该专业与其他专业联动调试方面的联动以及调试不合格的整改、维保问题等),此项费用与原告购买各品牌厂商设备等综合报价的调试费用不一致,若原告不再进行后续施工,那么IT综合布线及机房系统调试由被告单独就系统调试部分与各品牌厂商合作及与其他检测主体单位检测会大幅增加成本投入。因此造价鉴定时若仅扣减现有的调试费用将造成被告价格损失,相应地,原告将因解除合同而获取不当利益。

若法院判决解除合同造成被告重大损失,被告将另案起诉原告要求赔偿全部损失。

## 三、案件结果

经过法院将近一年的努力及被告表示出极大的诚意表示愿意与原告通过签订补充协议的形式确认原告的已完成产值,并为等待后续项目重启继续施工奠定基础,原告于2021年12月向法院递交撤诉申请,法院通知被告等待法院下达该案的撤诉裁定。

## 四、经验与总结

### (一)关于总价包干的合同条款

在总价包干的计价条款情形下,若非能归结于发包人原因导致施工合同在一方起诉时未能履行完毕合同义务,对于施工一方较为不利。主要原因为总价合同的计价条件为承包人完成所有的合同义务,达到合同约定的竣工验收和完全支付的条件;在鉴定过程中,未完工工程款结算可以参照实际已经完工且检验合格工程量占固定总价范围内的全部工程的比例折算工程款,但若已完工部分工程质量合格不一定达到整体工程通过竣工验收的合同约定标准的情况下(如该案)则鉴定结果很难预测。据此,被告认为原告请求完全按照合同约定价款、按照合同已经完全履行完毕支付工程款没有依据,理由如下。

1. 未完工工程款结算应当按照实际已经完工且检验合格的工程量占固定总价范围内的全部工程的比例折算工程款,可参见《建设工程造价鉴定规范》(GB/T 51262－2017)。

2. 工程未竣工的原因与责任归属影响工程结算,如该案中原告无证据表明被告在2018年9月时就因停工告知其离场,案涉工程实际于2019年4月才进入休眠期停工,原告对于其主张的工期延误属于被告发包人的责任亦无依据,因此原告应就其中途擅自退场造成的工程未完工结算中的不利因素承担责任。

3. 已完成工程价款的结算需要考虑停工界面对工程续建可能增加的费用分摊。

4. 由于未完工工程的整体工程竣工验收后的保修,通常由案涉工程的后续或最后承包人完成,因此,未完工工程的提前结算价款中,宜合理扣除相应部分的工程质量保修金。

5. 部分完工的施工内容即便验收合格也未必产生全部案涉工程验收合格的结果,特别是对于需要联调联试的工程,如该案所涉及的机电工程,还需要考虑未完工工程部分对全部工程验收结果的影响。

6. 工程结算条件除已完成工程满足约定或法定质量标准之外,还包括在合同有效的前提下,合同约定的构成结算条件的其他情形是否已经成就,比如,承包人是否提交了工程结算报告、约定的结算期限是否已经届满等。

在该案中,合同竣工验收条件涉及多项验收调试,以原告仅完成约60%的合同产值、多项图纸资料缺失的情况,若其一意孤行申请对已完工工程进行造价鉴定,依据造价鉴定的规范和法律规定,有可能出现的结果为鉴定造价的金额低于目前被告已经支付的金额。

### (二)发承包双方都应当加强施工过程中的管理

在该案中,让原告一直认为其已完成产值对应的工程款金额为1853万余元且能够得到法院支持的依据为原告在诉讼中不能证明身份的案外人对上述产值金额进行了签认。但SPV公司委托第三方机构对机电包分包人完成合同义务进行审计时发现原告完成合同义务的产值进度（60%）与被告已经支付的工程款1615万元相当，而非原告主张的案外人签认的1853万余元。法院认为，该第三方审计报告的证明力更大。所以在原告坚持解除合同的情况下，法院向其释明其有证明已完工工程量和工程价款金额的义务，原告遂向法院提起了造价鉴定申请。

在合同履行过程中，双方对于SPV公司与某合资公司解除合同、项目被迫进入休眠期，对已经投产的项目维持最低负荷运转、未完工工程暂停施工的客观情况是明知的，作为承包人应当主动向发包人要求确认其已完工工程量、应付产值金额以及将施工现场和对应图纸资料与发包人进行交接。但在该案中，双方均未主动履行管理义务，导致了该案原告提起诉讼、要求解除合同。而在诉讼过程中，原告才逐渐发现其难以完成自己的证明义务，在僵持接近一年的情况下，以向法院申请撤诉、重新与被告协商继续施工的方式解决了此案。

### （三）在非归于发承包人双方原因且承包人未完成合同义务的情况下，需要谨慎判断合同解除权的归属及后果

如前所述，若合同还具备继续履行的条件且法院判决解除合同会导致合同双方利益的显著失衡，并且合同继续履行并不影响各方要求对方承担违约责任的权利，则不宜认定其享有合同解除权。其次要判断合同解除的后果。原《合同法》第97条规定："合同解除后，尚未履行的，终止履行；已经履行的，根据履行情况和合同性质，当事人可以要求恢复原状、采取其他补救措施、并有权要求赔偿损失。"该条是有关合同解除效力的规定，确立了合同解除的三种效力：一是终止履行的效力，即尚未履行的合同权利义务终止履行，解除向将来发生效力；二是恢复原状的效力，是指对已经履行的合同内容当事人有恢复原状的请求权，解除对过去产生溯及既往的效力；三是赔偿损失的效力，即合同被解除后，一方所受到的损失可以请求对方予以赔偿，所赔偿的损失主要包括积极损失以及可得利益损失。

最后，该案以原告撤诉、原被告双方都回到协商继续施工的状态而结束。希望当事人双方在该案中各自吸取教训、总结经验、提高对如何正确履行合同的认知，代理人在承办案件的过程中对法律规定的理解也更加深刻。

# 从一则案例看在建设工程合同履行过程中如何避免因合同无效而被架空期待利益

郑筱珺*

**【摘要】**建设工程合同纠纷案件在进入司法程序后，被法院或仲裁机构认定合同无效的比例非常高。合同被认定无效后，最大的争议即如何确定工程价款的结算依据。本文中的案例系较为典型的在双方当事人签订的数份建设工程合同（包括建设工程项目总承包合同和建设工程施工总承包合同）都无效的情形下，法院如何认定双方实际履行的为哪份合同、应参照哪份合同确定工程价款金额的案例。因当事人双方就同一工程签订数份合同时，必然在签订合同时及履行合同过程中的期待利益不一样，依法管理工程项目是避免因合同无效导致自身期待利益被架空的重要保障，既是律师在为当事人提供非诉法律服务时的重要工作，也是双方争议在涉诉后代理人组织举证的有力支持。

**【关键词】**建设工程合同纠纷；过程管理；合同无效；造价鉴定

## 一、案件事实①

原告：承包人，某工程建筑公司。

被告：发包人，某旅游文化发展投资公司。

笔者为原告代理人。

---

* 郑筱珺，四川君合律师事务所律师，合伙人，房地产与建设工程法律事务部副部长。

① 参见湖南省高级人民法院民事判决书，(2021)湘民终957号。

2017年2月21日，某市发展和改革委员会出具《某项目备案证明》，备案项目企业为被告，载明了项目名称，建设地点等信息。2017年2月23日，被告作为发包人，原告作为承包人签订了《建设项目工程总承包合同》（以下简称EPC合同）。

EPC合同的主要约定如下：第一部分协议书第1条，某工程建设项目的设计、采购、施工总承包、实现交钥匙工程，具体工作范围见附件1《工程范围》。第3条设计开工日期为2017年3月1日，施工开工日期为2017年3月1日，工程竣工日期为2017年11月30日，工期暂定为270个日历日。第4条，工程质量标准为合格，工程设计质量标准符合国家及湖南省设计规范标准，工程施工质量标准符合国家及湖南省验收规范标准。第5条，合同暂定总价为人民币肆仟万元整，项目竣工结算依据竣工图及现场签证所发生的实际工程量进行计量，双方按湖南省定额及配套文件、规定执行（详见附件2《工程造价编制依据及主要分项》），但安装工程材料按照双方协商制定品牌共同询价（同期市场价）进行认定，签字作为计价依据。专用条款第17条合同总价和付款第17.4.1条工程进度款规定，(1)承包人按每月实际完成的工程量向发包人报送《付款申请表》，经监理工程师、发包人审核后，由发包人按审核价款的80%支付；(2)项目全部完工及竣工验收合格后一个月内，发包人向承包人支付至审核价款的90%；(3)项目完工后一个月内，双方共同结算，确定最终工程结算款并签订《结算协议》，发包人保证按照《结算协议》向承包人支付全部费用；同时承包人向发包人提供《结算协议》中确定的全部费用5%的《工程质量保函》。第17.4.2条规定，其他费用如果发包人未按第17.4.1条支付工程进度款，发包人未支付的工程款视为承包人为该项目的垫资款，发包人应当偿还承包人的垫资款，并应向承包人额外支付垫资款的25%作为补偿（补偿款）。

EPC合同的附件1《工程范围》约定，承包人负责项目建设的内容包含：(1)除前期项目开发需要方案以外的设计全部内容（含二次装修设计，深化设计，电梯采购、消防设计、亮化工程、施工图、竣工图等）；(2)施工全过程（桩基工程、土建工程、安装工程、二次装饰装修设计及施工、消防工程、亮化工程、电梯工程、门窗、市政工程供水、排污、高压供电工程及通信监控等）；(3)竣工验收。EPC合同的附件2《工程造价编制依据及主要分项》第一部分为土建、安装（水电部分）

约定了编制范围、计价原则和依据及其他需要说明的内容;第二部分为装饰装修、消防、电梯、亮化,约定了采用市场合同磋商的方式处理,以上合同价格直接计入承包总价;第三部分约定,工程造价预算书待施工图纸确定下发给承包单位后一个月内双方共同确认。

2017 年 3 月 9 日,市规划局出具《建设用地规划许可证》,载明用地项目名称,用地性质为商业用地。

2017 年 5 月,被告委托招标代理机构就案涉项目的施工总承包进行招标。

2017 年 6 月 8 日,案涉项目监理例会会议纪要第 4 点注明:“招标代理公司乙方(原告)已确定,合同以甲方(被告)名义签署,6 月底能完成招投标工作。”2017 年 6 月 23 日原告出具申请,请求以被告的名义与招标代理机构签订《招标代理合同》,并承诺“该合同相关付款责任由我司承担”。2017 年 6 月 30 日原告出具《招投标说明》,明确招投标清单内容仅用于招投标程序和流程使用,不作为最终结算依据。

2017 年 7 月 11 日,被告与招标代理机构向投标人(原告)送达案涉项目工程的《中标通知书》,中标工程概况:总建筑面积约 5880 平方米,廊桥主体长度 54.3 米,廊桥主体宽度 80.8 米,负一层为设备用房(消防水池及泵房),1 层至 3 层为商业用房,3 层含功能设备和管理用房;中标范围:详见设工图纸和工程量清单;中标金额:25 201 489.75 元;中标工期:166 天;中标质量标准:合格。

2017 年 7 月 15 日,被告作为发包人,原告作为承包人,双方签订《建设工程施工合同》。

2017 年 9 月 8 日,原被告双方共同将《建设工程施工合同》提交市住房和城乡建设局进行审核备案。2017 年 9 月 13 日,市住房和城乡建设局出具《建设工程施工许可证》,载明工程名称、建设单位、施工单位。案涉工程于 2018 年 7 月 20 日竣工验收合格并完成交付使用。

2018 年 12 月 14 日,原被告双方作为委托人与咨询人某工程项目管理有限公司签订《工程建设项目结算咨询合同》,共同委托该工程项目管理有限公司就案涉项目进行造价咨询。某工程项目管理有限公司于 2019 年 5 月 8 日出具《报告书》,审定工程造价金额为 25 819 558.83 元。2018 年 12 月 29 日,原被告双方作为委托人与咨询人某国际工程项目管理有限公司签订《工程建设项目结算咨询合同》,共同委托某国际工程项目管理有限公司就案涉工程建设项目工程造价审核、鉴定出具咨询报告。某国际工程项目管理有限公司于2019年8月16日出具《建设工程造价咨询报告》,审定工程造价金额为25 636 638.44元。

2018年1月29日,原告向被告报送《工程款支付报审表》,申请支付金额为25 201 489.75元。监理单位签字通过验收,被告签字按合同相关规定执行。2020年5月21日,一审法院根据原告的书面申请,依照法定程序,对外委托鉴定机构,就原告案涉工程所完成的工程量,予以司法鉴定。鉴定机构受托后作出《工程造价鉴定意见书》,鉴定意见如下。

(1)EPC合同鉴定金额可确认部分造价为24 226 595.08元,单列部分造价具体如下:①挖河道淤泥为409 811元;②水泥砂浆楼地面——商业、墙面挂钢丝网、天棚抹灰为338 986.82元;③抽水台班为564 017.22元;④贝雷梁工程方案一为2 187 926.9元,方案二为1 939 379.27元。

(2)《建设工程施工合同》鉴定金额可确认部分造价为31 356 255.93元,单列部分造价具体如下:①挖河道淤泥为409 811元;②水泥砂浆楼地面——商业、墙面挂钢丝网、天棚抹灰为338 986.82元;③抽水台班为564 017.22元;④贝雷梁工程方案一为2 187 926.9元,方案二为1 939 379.27元。

## 二、法律评析

### (一)关于前后两份合同的效力问题

原告认为,EPC合同签订后,被告将该合同中设计和采购部分发包给了案外人,比较双方签订EPC合同和备案的《建设工程施工合同》,两份合同对应的承包范围、工程价款、工程质量标准、工程工期等合同实质性内容均为不同,被告在工程施工总承包招标时双方合同权利义务已产生根本性变化。所以不应认定招标前已签订EPC合同的行为为双方在招投标过程进行了实质性磋商并对招标结果产生了影响的情形,不应当认定为合同无效。

被告认为,备案合同违反《招标投标法》第43条和第55条规定,应当认定为合同无效。

法院认为:

首先,根据《招标投标法》第43条的规定:“在确定中标人前,招标人不得与投标人就投标价格、投标方案等实质性内容进行谈判。”第55条规定:“依法必须进行招标的项目,招标人违反本法规定,与投标人就投标价格、投标方案等实质性内容进行谈判的,给予警告,对单位直接负责的主管人员和其他直接责任人员依法给予处分。前款所列行为影响中标结果的,中标无效。”最高人民法院《关于审理建设工程施工合同纠纷案件适用法律问题的解释》(已失效)第1条第3项亦规定:“建设工程施工合同具有下列情形之一的,应当根据合同法第五十二条第(五)项的规定,认定无效:……(三)建设工程必须进行招标而未招标或者中标无效的”。原告对案涉工程于2017年7月11日中标,原告、被告签订《建设工程施工合同》的时间为2017年7月15日,但双方在2017年2月23日就已签订了EPC合同,原告在2017年6月26日前,已完成了部分工程的施工,即该案《建设工程施工合同》签订前,原告已在履行EPC合同并进行了4个月余的施工。

其次,2017年6月8日监理例会会议纪要第4点证明:“招标代理公司乙方(原告)已确定,合同以甲方(被告)名义签署,6月底能完成招投标工作。”2017年6月23日原告出具申请,原告请求以被告的名义与招标代理机构签订《招标代理合同》,并承诺“该合同相关付款责任由我司承担”。2017年6月30日,原告出具《招投标说明》,明确招投标清单内容仅用于招投标程序和流程使用,不作为最终结算依据。该案案涉工程项目启动招投标程序前,双方已就以后应当通过招投标程序确定的施工范围、工期、结算方式等实质性内容进行谈判、签订具体的合同并进行了施工,违反了《招标投标法》第43条、第55条,以及最高人民法院《关于审理建设工程施工合同纠纷案件适用法律问题的解释》第1条的规定,因此,原告对案涉工程中标,应为无效。为此,双方当事人签订的《建设工程施工合同》无效,同时,EPC合同因未通过招投标程序亦为无效合同。

(二)为何法院会认定EPC合同为双方实际履行的合同

案涉两份合同均被法院认定为无效合同,在该案两级人民法院的审理过程中,判决书已经进行了较为详尽的说理,在此不再赘述。争议较大的为双方实际履行的是哪一份合同,因该问题在实务中较为典型,本文专门对此进行讨论。

原告认为,EPC合同签订后,被告将该合同中设计和采购部分发包给了案外人,原告能实施的工作内容仅剩下施工;在EPC合同中,承包人获得利润较为集中在设计和采购部分,施工部分价格则很低,原告若仅对案涉工程进行施工总承包,则不会同意以EPC合同中施工部分的价格结算,否则后果必然为承包人会因此遭受亏损，发包人反而因合同无效而获利。后经鉴定机构对两份合同进行鉴定，仅可确定造价部分金额，EPC 合同比《建设工程施工合同》少 700 余万元。

被告在后对案涉工程进行招标、原告中标成为施工总承包人后自然履行的为《建设工程施工合同》。虽然招投标过程的确存在不规范和瑕疵，被法院认定为合同无效，但案涉工程经过竣工验收合格，应当参照无效合同中约定的价款和结算方式确定案涉工程的造价。

一审法院则从原告在《建设工程施工合同》签订前 4 个月就开始施工、唯一一次向被告请款时的依据为 EPC 合同、诉前原被告双方两次委托三方咨询机构对案涉工程进行造价咨询的依据仍为 EPC 合同几个方面，以及原告作为承包人在合同履行过程的行为，认定原告的真实意思表示为双方实际履行的为 EPC 合同。

一审判决下达后，原被告均不服一审判决向二审法院提起了上诉。原告的上诉请求之一即为其认为一审判决认定双方实际履行的为 EPC 合同错误。其认为在《建设工程施工合同》签订前 4 个月就开始施工的原因为签订 EPC 合同时被告并未取得工程的国有土地许可证、建设规划许可证，项目没有施工设计图纸；后被告又将设计和采购的合同内容另行发包给了案外人，导致原告实际上无法履行 EPC 合同。又因被告未按 EPC 合同按时支付工程款，若法院认定双方履行的为 EPC 合同，则应该按照该合同约定，判决被告承担 25% 的补偿款。

对于该焦点问题，二审法院审理后认为：虽原告所称签订 EPC 合同时被告并未取得工程的国有土地许可证、建设规划许可证，项目没有施工设计图纸，后被告又将设计和采购的合同内容另行发包给了案外人的情况属实，但案涉项目建设规划许可证在 EPC 合同签订后一个月即取得；原告在施工过程中，仅有一次向被告请款的行为，承包人向发包人申请支付工程进度款为其主要权利之一，原告作为承包人亦未按合同约定行使自己的权利，加之 EPC 合同被认定为无效合同，原告无权据此要求被告给予未及时支付工程进度款的垫资补偿，在该问题上二审法院与一审法院认识一致。

另外，从原告在《建设工程施工合同》签订前 4 个月即开始施工，唯一一次请款时的依据为 EPC 合同，在双方就结算发生争议后，两次共同委托第三方造价咨询机构进行造价咨询时提交的也是 EPC 合同，足以认定原告自始至终都在履行

EPC 合同。

在该案件二审判决送达、案件结案后,通过对比一审和二审的判决书,我们可以发现:两级人民法院对原告提出的 EPC 合同与《建设工程施工合同》内容不同,认定双方履行的为 EPC 合同会导致原告巨大损失的问题,虽然法院未在判决书中明文记载,但法院通过强调原告在履行合同过程中的请款行为及诉前双方共同委托造价咨询时均依据的 EPC 合同,认为原告提及的认定履行 EPC 合同会导致己方损失为原告自愿选择的行为,原告应当就此自行承担责任。

**三、经验与总结**

当我们将视角转向该案诉讼之前,能总结出以下几点经验教训。

1. 首先,原告和被告签订了 EPC 合同,原告此时对合同利益的期待为其作为工程项目的总承包人,对案涉工程项目的设计、采购、施工获取利益;但案涉工程为必须经过招投标的工程,EPC 合同签订时并未经过招投标程序,合同必然在诉讼中会被认定为无效,在这样的情况下,原告需要考虑合同无效的后果,尤其是合同无效后将对双方的权利义务(最核心的即结算问题)产生怎样的影响。如在 EPC 合同中,双方约定"如果发包人未按第 17.4.1 条支付工程进度款,发包人未支付的工程款视为承包人为本项目的垫资款,发包人应当偿还承包人的垫资款,并应向承包人额外支付垫资款的 25% 作为补偿(补偿款)",该条约定系违约金性质的条款,在合同无效的情况下无法得到支持。其次,原告作为承包人,也并未在合同履行过程中严格按照约定向被告(发包人)申请支付进度款,未积极行使自身的权利,即便合同效力没有问题,也难以适用上述约定来主张被告(发包人)要对欠付工程进度款给予 25% 的补偿。

2. 因被告无法办理施工许可证,遂就案涉工程进行招投标。但被告通过举证向法院证明了双方在招投标过程中存在重大的瑕疵,后签订的《建设工程施工合同》也被认定为无效合同。原告若在该阶段认为,既然在前的 EPC 合同中设计、采购部分的利益已经因被告另行发包而落空,自身的利益期待为《建设工程施工合同》中约定的工程价款(如前所述,该金额比 EPC 合同中高约 700 万元),就应该保证《建设工程施工合同》的有效性,应当避免出现如招投标过程中的瑕疵。

3. 在合同履行过程中,原告作为承包人,依据哪份合同的约定申请被告(发包人)支付工程进度款、依据哪份合同的约定进行工程结算款进行造价咨询,为进入诉讼程序后法院认定原告真实意思表示的关键证据。原告在合同履行过程中,依据EPC合同向被告(发包人)申请支付工程进度款和与被告(发包人)共同委托第三方就工程结算款争议进行造价咨询,导致在诉讼过程中法院认定双方的合意为双方实际履行的是EPC合同,应当参照EPC合同的约定来确定案涉工程的工程价款。

因上述原因,该案的审理结果在客观上为原告的期待利益分别在EPC合同及《建设工程施工合同》上都落空,而被告(发包人)反而因为合同无效而获益。代理人接受该案代理时,该案的客观证据基础已经无法改变,但梳理该案的过程,仍能给予我们在今后的项目管理及法律顾问服务中一定的启发和警示。

# 从一则案例看法院对建设工程造价鉴定意见中单列金额认定的采纳规则分析

郑筱珺*

**【摘要】**在建设工程合同纠纷案件中，因专业性较强，仅以法官的专业知识难以正确认定和辨别案涉双方的工程价款争议，建设工程合同纠纷案件涉及造价鉴定的比例较高。通常情况下，鉴定机构的鉴定意见书（正式稿）一经出具即成为法院裁判案件的主要依据，代理人要高度重视该特点，在推动或者被动进入造价鉴定程序前，对全案证据材料要进行整体分析、逐项论证，正确预判鉴定意见，才能从容应诉。因鉴定机构不是审判机构，在无法给出确定性意见的情况下，会根据鉴定规范出具推断性或选择性意见供法院认定，通常以单列金额的形式出现，对单列金额部分的争取，通常是双方争议最激烈的焦点，也是案涉双方诉讼水平专业性的集中体现。本文从一则案例分析上述法律问题。

**【关键词】**建设工程纠纷造价鉴定；造价鉴定规范；单列金额；专项施工方案

## 一、案情简介①

该案经原告申请，法院委托对双方诉争的工程价款进行造价鉴定，鉴定机构根据《建设工程造价鉴定规范》（GB/T 51262－2017）第5.36条：在鉴定项目当事

* 郑筱珺，四川君合律师事务所律师，合伙人，房地产与建设工程法律事务部副部长。

① 参见湖南省高级人民法院民事判决书，(2021)湘民终957号。

人分别提出不同的工程合同签约文本的情况下，鉴定人应提请委托人决定适用合同的文本，委托人不明确的，鉴定人可按不同的合同分别进行鉴定的规定，分别就两份合同出具造价鉴定意见。

因双方签订的两份合同均被法院认定为无效，而双方实际履行的是EPC合同，故法院以鉴定机构对EPC合同出具的鉴定意见书——可确认部分造价24 226 595.08元及单列部分造价为结算依据来审理该案工程款部分的争议。

（一）EPC合同对合同价格的约定

EPC合同中协议书对合同价格的约定为：合同暂定总价为人民币4000万元整。项目竣工结算依据竣工图及配套文件规定执行（详见合同附件2《工程造价编制依据及主要分项》）。安装工程材料按照双方协商指定品牌共同询价（同期市场价）进行确认，签字作为计价依据。合同附件2主要包括以下内容。

编制范围（设计图纸、施工图纸全部内容）：（1）桩基（含凿桩头）、承台、桥墩。（2）桥面及以上建筑，具体包含桥面及以上土建、水电安装、屋面工程（屋面找平、防水、保护层、保温）、砌体、粉刷工程、天棚工程、外墙氟碳漆及楼梯栏杆扶手等所有工程。

计价原则及依据：（1）工程量按双方核定的工程量。前期依据审核后的施工图进行计量，竣工结算依据竣工图及现场签证所发生的实际工程量进行计量。（2）定额人工费按"湘建价〔2014〕112号文件"中的第2条所规定的"综合工资单价"计取执行……按以上约定，依据湖南省《建设工程工程量清单计价规范》及2014年版《湖南省建设工程计价办法》（已失效），套用2014年《湖南省建设工程消耗量标准》（已失效）记取综合单价，不做上下浮调整。依据竣工图及现场签证单记载的实际工程量据实结算。

其他需要说明的内容：（1）桩长按地勘报告资料确定，结算工程量以现场签证确定。（2）钢护筒按全桩长计算，结算工程量以现场签证确定。（3）土石方工程量暂按正常计算。结算时按现场签证。

（二）鉴定意见书的主要内容

工程量及价款计算：工程量按《太平廊桥建筑工程结算（土建+钢筋）工程量对审确认表》计算，确认表以外的工程量按现场勘查结合法院移交的竣工图纸（纸质版蓝图）计算。

工程价款计算依据:(1)《太平廊桥项目——对审已审定的清单与定额确认表》,(2)《湖南省建设工程计价办法》(湘建价〔2014〕113 号,已失效),《湖南省建设工程消耗量标准》(已失效)及相关配套解释文件,(3)《关于调整补充增值税条件下建设工程计价依据的通知》(湘建价〔2016〕160 号),(4)湖南省住房和城乡建设厅《关于发布 2014 年湖南省建设工程人工工资单价的通知》(湘建价〔2014〕112 号),即建安工程人工 76 元/工日,装饰工程人工 90 元/工日。

工程价款构成:桩基础工程可确认造价为 5 573 272.52 元;廊桥基础工程可确认造价为 5 567 287.74 元;廊桥主体建筑工程造价为 9 340 096.88 元(此部分单列项为挖河道淤泥 409 811.00 元,鉴定机构根据《太平廊桥 ±0.000 梁板支撑系统施工专项方案》计算,被告主张此部分工作原告未施工,是否计取由法院进一步认定);廊桥主体装饰工程造价为 712 905.06 元(此部分单列项为(1)水泥砂浆楼地面——商业;(2)墙面挂钢丝网;(3)天棚抹灰共计 338 986.82 元,鉴定机构根据图纸内容计算,被告主张此部分工作原告未施工,是否计取由法院进一步认定);草签单部分对应造价为 1 218 517.19 元[此部分单列项为草签单抽水台班——001(2017.10.1),564 017.22 元,建设单位签有"无法进行有效认定"字样,原告方主张此项内容应计取,故单列,是否计取由法院进一步认定];消防工程可确认造价为 828 000.00 元;给排水安装工程可确认造价为 142 336.23 元;电气安装工程可确认造价为 844 179.46 元。

贝雷梁工程单列造价,按照方案一造价为 2 187 926.90 元,该方法依据贝雷梁支撑体系按措施性钢支撑套定额计取,并考虑残值回收;贝雷梁部分按租赁计取,租赁费用包含零部件费用、安装费及运输费。方案二造价为 1 939 379.27 元,依据为贝雷梁支撑体系和贝雷梁部分均按租赁计取。

综上,单列部分造价合计为(1)采取贝雷梁工程方案一为 3 500 741.94 元;(2)采取贝雷梁工程方案二为 3 252 194.31 元。

**二、原被告双方的主要上诉请求与理由**

一审判决送达后,原被告双方均提起上诉,因本文主要探讨的内容为该案中造价鉴定部分,尤其是双方围绕造价意见书的单列金额部分的争议,在此仅就该部分双方的主要上诉请求与理由及二审法院的认定、评述作如下介绍。

(一)原告(承包人)的上诉请求与理由

贝雷梁支撑系统少计取 1 218 368.66 元。

首先,贝雷梁计量方案错误:上诉人已依据双方审核通过的《太平廊桥±0.000梁板支撑系统施工专项方案》完成了贝雷梁部分的施工,具体工程量应严格依据该方案附页的设计图纸进行计算,但鉴定机构在计算该图纸时,漏记了其中部分工字钢、钢管支架、钢板、贝雷梁。

其次,在贝雷梁施工方案一中,鉴定机构虽考虑了贝雷梁支撑系统残值回收,但鉴定机构计算回收比例为100%,并未考虑在施工安装、拆除中必然存在的材料损耗问题,应当按照80%计取回收,同时,鉴定机构认定的残值回收价格明显高于上诉人在本地进行回收的价格,上诉人认为按照1200元每吨计算符合当地市场价格,鉴定机构并未在当地回收市场询价,故其给出的意见不能作为判断钢材残值回收价格的鉴定依据。

(二)被告(发包人)的上诉请求与理由

《工程造价鉴定意见书》单列部分不应计入工程价款。

1. 河道清淤部分计取并无依据。因为鉴定人员承认该部分计算均是按照图纸推算得出的并非根据工程相应签证或双方签字对审资料作出,被上诉人亦无法提供相应证据证明河道清淤进行了施工且经上诉人及监理方认可,该部分工程由其他施工队伍完成,故河道清淤费用409 811元不应计取。

2. 水泥砂浆楼地面——商业、墙面挂钢丝网及天棚抹灰部分工程系鉴定机构依据图纸计算,但实际上并非被上诉人实施,故不应计取该部分费用。

3. 签证抽水台班部分564 017.22元不应计取。一则无现场签证,从抽水台班草签单所有记录来看,每天记录的用笔、人员及字迹均是后补,并非当天完成,同时也无监理及甲方对数据进行有效及时的确认;二则抽水台班计算的前提条件是有地下水,但河道施工是做了土围堰处理的,因被上诉人围堰没有做得非常到位,故有水进入才需要抽水。基于围堰已经计取了费用,故因被上诉人的原因导致工作量增加的费用应由其自行承担。

4. 鉴定机构按照《太平廊桥±0.000梁板支撑系统施工专项方案》计算贝雷梁依据错误。《太平廊桥±0.000梁板支撑系统施工专项方案》仅为办理专项评审时的报审方案,被上诉人是否按报审的专项方案实际操作,无法确认。基于专项方案在实际操作中的不确定性,必须以办理现场签证或者进行认质认价等确定的资料为计算依据,鉴定机构仅凭方案而非相关签证进行计算是错误的。被上诉人明明持有贝雷梁租赁合同以及租用归还的清单明细、过磅单、付款凭证等相关资料却恶意拒不提供，故应依法采信上诉人就此项提供的相关证据，认定贝雷梁有效的租赁期限应该为4.0个至4.5个月，租赁期限应减少费用为16万元。所有的租赁费用均已包含运输费用，除工地不具备运输条件的情况外，故不应计取运输费用。

以上应减少费用合计为：3 049 939.38元。

**三、二审法院对争议焦点的认定**

《建设工程造价鉴定规范》（GB/T 51262－2017）第5.11条"鉴定意见"中规定："5.11.1 鉴定意见可同时包括确定性意见、推断性意见或供选择性意见。5.11.2 当鉴定项目或鉴定事项内容事实清楚，证据充分，应作出确定性意见。5.11.3 当鉴定项目或鉴定事项内容客观，事实较清楚，但证据不够充分，应作出推断性意见。5.11.4 当鉴定项目合同约定矛盾或鉴定事项中部分内容证据矛盾，委托人暂不明确要求鉴定人分别鉴定的，可分别按照不同的合同约定或证据，作出选择性意见，由委托人判断使用。"该案鉴定机构将确定性意见以外的争议项列为单列金额项（推断性意见或选择性意见），由法院审理认定。

就上述争议，二审法院审理后认定如下。

（一）对挖河道淤泥费用的认定

鉴定意见书记载：其他事项说明（1）根据草签单信息，桩基础工程施工工期为2017年3月至9月，廊桥主体工程施工工期为2017年9月至2018年6月。（2）河道清淤工程量按《太平廊桥±0.000梁板支撑系统施工专项方案》中"河床表层杂填土（属淤泥），层厚在1.4m至6.7m"计取1.4m厚淤泥。此项工作内容计入单列项，由法院进一步认定。

该部分费用二审法院经过审理后予以认定，说理为"虽无签证单，但符合工程实际"。对于法院的评述，代理人的理解为因《太平廊桥±0.000梁板支撑系统施工专项方案》为双方认可的施工方案，施工顺序及工艺决定了清除河道淤泥为施工的必然程序，被告认为原告并未实施该部分内容，但被告并未举证予以证明。因此，该部分费用为原告必然实施的施工内容，鉴定机构按照最低值计取河道清淤费用并无不妥，应当计取。

（二）对水泥砂浆楼地面——商业、墙面挂钢丝网及天棚抹灰部分费用的认定

该部分费用二审法院经过审理后予以认定，说理为“系鉴定机构依据图纸计算，该部分工程被告虽主张原告未施工，但未提交确切证据予以证明，故应予确认”。因该部分施工内容为竣工图记载与鉴定机构现场踏勘一致，且被告的确未能举证证明该部分施工内容系原告以外的案外人实施完成，故应认定为承包人原告实施。代理人认为，因该三项施工内容为双方确认并记载于竣工图的施工内容，仅发包人抗辩非承包人施工、无相反证据予以证明的情形，应为确定性造价。虽鉴定机构将其单列，但最终法院认可该三项施工费用应当计取。

（三）对抽水台班费不予认定

抽水台班费为措施项目费，措施项目费是指完成建设工程施工，发生于该工程施工前和施工过程中的技术、生活、安全、环境保护等方面的费用。

措施项目及其包含的内容详见各类专业工程的现行国家或行业计量规范。由于措施项目不能体现在已完工工程的实体部分中，但又是实体工程建设过程中必不可少的项目，其与分部分项工程费、其他项目费、规费和税金共同组成完整的工程量清单。

因措施项目仅存在于施工过程中，无法体现在已完工工程的实体上，在双方产生争议后，作为承包人需举证证明其曾经依据施工方案实施过该措施项目以及其他证据证明实施的工程量（施工排水、降水为可计量的单价措施项目），如用于抽水台班的抽水电泵型号、功率等。在该案中，因承包人（原告）对该项费用的举证为其单方面制作的草签单，草签单上记载的信息并未被发包人（被告）所认可，就该部分费用，二审法院以承包人（原告）未举证证明发生而判决不予支持。

（四）贝雷梁支撑系统部分费用的争议

关于《太平廊桥 ±0.000 梁板支撑系统施工专项方案》的内容。

《太平廊桥 ±0.000 梁板支撑系统施工专项方案》之“工程概况”中记载：“本工程位于河流之上，河水在枯水季深约1.5m，雨季深约5m。河床表层杂填土（属淤泥），层厚在1.40m至6.7m……”

“施工方案”部分记载：“本工程位于太平溪上，±0.000梁板结构施工时间在6月中旬到7月中下旬，正值当地雨季。采用落地式满堂支架现浇，存在如下不

稳定因素:(1)地基承载力不稳定因素。河床表面为第四系杂填土层和砾砂层,属软弱层。直接在上面填筑2米厚(考虑涵管直径和泄洪)围堰后,填筑层表面的承载力无法保证。即或在处理时,其承载力能达到落地式满堂支架的承载力要求,在河水的浸泡、冲刷和持续荷载作用下,难免出现局部软化,或沉降过大,使支架稳固存在较大隐患,甚至威胁到已经浇筑好但没来得及张拉的梁板结构的安全。(2)支架不稳定因素。在河中填筑围堰后,减少了泄洪面积,河水较容易漫过围堰。一旦漫过围堰后,落地式满堂支架也会阻碍河水的流动;纯河水的冲力,一般不会冲毁支架,但洪水期河水中通常会携带着大量植物、藤蔓、垃圾等漂浮物,漂浮物流经支架时,往往会被阻截住,从而增加了支架的迎水面积,使支架受到的水流冲力数百倍增长,甚至被冲毁。采用跨越式支架,为河道留出更多的泄洪断面。跨越式支架,支点的钢管柱,落脚于承台和基础梁上,避免了地基承载力不稳定因素;能高出河床3m,增大了泄洪断面,大大减少了洪水冲毁的可能……施工工艺流程如下:

搭设:钢管柱制作安装(预留预埋、横联、斜撑)→主横梁制作安装→贝雷梁拼接吊装→横向分配梁安装→预压→碗扣架或轮扣架搭设→模板安装。

拆除:模板拆除→碗扣架或轮扣架拆除→横向分配梁拆除→贝雷梁拆除→主横梁拆除→钢管柱拆除(横联、斜撑)”。

根据上述施工方案,案涉工程采用支架现浇法,即在桥跨间设置支架,在支架上安装模板、绑扎钢筋、现场浇筑桥体混凝土,达到强度后拆除模板。该种施工方法对施工中用的支架、模板耗用量大,施工费用高。

**四、笔者评析**

(一)对鉴定意见的理解

鉴定意见书记载:“贝雷梁工程单列造价,按照方案一造价为2 187 926.90元,该方法依据贝雷梁支撑体系按措施性钢支撑套定额计取,并考虑残值回收;贝雷梁部分按租赁计取,租赁费用包含零部件费用、安装费及运输费。方案二造价为1 939 379.27元,依据为贝雷梁支撑体系和贝雷梁部分均按租赁计取。”

因EPC合同约定以定额计价,但定额体系为正常施工情况下社会平均施工水平消耗量的体现,而从上述专项施工方案中可见案涉工程在贝雷梁及支撑体系的施工工艺和需应对现场情况远比正常施工情况下的消耗量大,在定额套取不够的情况下,双方未在施工过程中就超出合同约定的定额计价条件时如何定价达成一致,鉴定机构遂采取以承包人(原告)租赁贝雷梁及其支撑体系的周转性材料弥补定额套取不足部分的费用。

(二)对法院判决说理部分的分析

二审法院就该部分的说理为:“因原告不提交相应的租赁合同,故原审法院认定贝雷梁支撑体系按方案二即全部按租赁计算并无不妥,原告主张应当按方案一计算且鉴定意见少计工程造价、多计钢材回收价款的上诉理由不能成立。对租赁时间,鉴定机构根据草签单竣工图纸结构设计说明中关于混凝土强度达到设计强度要求相关说明推算租赁时间为6个月有合理依据,应予采信。被告关于租赁时间过长的上诉理由不能成立。”

笔者作为代理人认为,二审法院的本意应为承包人(一审原告)应当持有贝雷梁及其支撑体系的租赁合同而拒绝提供,对于该举证不能的责任及不利后果应当由其承担,所以应当按照造价鉴定意见中金额更低的方案意见确定该部分的工程造价金额。

综上,案涉双方在鉴定意见单列金额中的4项争议经过二审法院的审理进行了认定,该案也因二审判决的送达而结案。从案件审理结果返回来看造价鉴定中的争议,仍然能够给建设工程施工过程中的法律管理诸多的启示。如竣工图中记载的施工内容若与现场勘查一致,发包人未能举证证明非承包人施工,则发包人的抗辩不能成立,此时主要的举证责任在发包人;再如,抽水台班等措施项目由于无法体现到工程实体中,在缺乏签证等发包人确认的过程性资料的情况下,举证责任在承包人;又如,贝雷梁及支持体系的费用,因为承包人的弱势地位,经常被发包人要求“做完了再谈”而未能留下双方就定额套取不足部分的定价依据,再加上租赁合同因为管理不规范未能以自身名义签订,导致了在诉讼中的举证不能;等等。

对律师来说,案件代理的结束仅是完成了一半的工作,其还需要继续分析、及时复盘,这样才能收获案件给予的另一半价值,用于今后的工作中。

# 成功抗辩发包人以“政府审计”为由拖延工程款结算的办案手记

郑筱珺*

**【摘要】**因政府发包人的强势地位,发承包双方在建设工程施工合同条款中往往会约定工程项目的竣工结算要以政府的审计结论作为结算依据。但由于政府审计程序的不可控性,导致发包人会以此为由而长期拖延办理工程款结算,进而在客观上达到发包人长期拖欠支付承包人工程款的目的。在作者近期承办的一个案件中,代理人从厘清“政府审计”的概念出发,围绕发承包双方作为平等民事主体,就工程款结算不必由政府部门作为主体加入才能进行,该案进入诉讼前已经有发包人委托的造价咨询机构出具的竣工结算文件,可以此作为双方结算的依据成功抗辩。关于发包人是否能以“政府审计”为由迟迟不进行工程款结算的问题,不能一概而论,而是要根据案涉项目的发包是否依据《政府采购条例》进行、政府部门是否必须作为主体加入工程款结算才符合法律法规的强制性要求等方面予以判断。需要注意的是,在该案中,无论是双方当事人,还是两级人民法院,在发包人对承包人报送的竣工结算文件进行审核以确定结算金额的表述上,多次用不同的词语如“一审(第一次审计)”“二审(第二次审计)”“复审(复核审计)”“造价鉴定”等,容易引起歧义和误解,应当引起重视并予以纠正。另外,该案中两级人民法院均支持了因发包人原因造成合同未履行完毕,承包人主张依据未

---

* 郑筱珺,四川君合律师事务所律师,合伙人,房地产与建设工程法律事务部副部长。

履行完毕部分的合同产值金额，结合施工合同中的计价方式、取费标准计算出的可得利益。

**【关键词】**建设工程施工合同结算；政府审计；造价咨询；可得利益损失

## 一、案情简介①

（一）一审概况

原告（二审被上诉人）：某园林公司，承包人。

被告（二审上诉人）：某建设公司，发包人。

笔者为该案原告的代理人。

被告与当地政府以PPP形式合作，开发当地某产业新城，原被告双方签订施工合同，约定由原告承包施工某产业新城中央公园景观绿化工程。2019年12月15日，因被告无力继续支付工程款，双方协商就原告已经完成部分的施工进行现状验收，此时未完成的施工部分约对应合同产值300万元。2021年1月，被告委托第三方造价咨询公司——某造价咨询公司对案涉工程进行第一次造价咨询，某造价咨询公司出具工程结算款金额为19 168 150.49元的咨询成果文件，被告送达原告。2021年9月，因被告未支付剩余工程结算款，原告起诉至法院，要求被告按照19 168 150.49元支付工程结算款、未完成部分合同产值300万元对应的可得利益损失以及律师费和保全担保费。被告抗辩双方在合同中约定结算须经过其集团内部复审、支付须经过政府审计，至该案一审辩论终结时，结算和支付的条件均未成就。

一审法院经过审理，判决如下。

1. 关于工程价款支付条件的认定。据在案证据证明，案涉工程由于被告不及时提供施工场地、未按约定支付工程进度款，致使原告未能按照施工合同的约定全面完成施工项目，施工场地和工程进度款都是实现施工合同目的的根本保证，被告的行为属于违约。2019年12月15日原被告以现状竣工验收方式对案涉工程进行了交付，质量评定为合格。后由被告委托，2021年1月12日某建设咨询

---

① 参见四川省彭山县人民法院民事判决书，(2021)川1403民初2134号；四川省峨眉山市中级人民法院民事判决书，(2022)川14民终455号。

有限公司出具了《某产业新城——中央公园建设项目一标段竣工结算审核报告书》，审定工程款为 19 168 150.49 元。原告致函催促被告，要求其尽快完成二审工作，并给予被告一定期限，否则，视为被告认可一审审计金额作为二审审计金额，并为最终结算金额，原告将以一审审计金额收取剩余所有尾款及相应利息。对案涉工程进行二审是被告的义务，自 2021 年 1 月 12 日某建设咨询有限公司出具《某产业新城——中央公园建设项目一标段竣工结算审核报告书》后，被告一直未完成工程的二审，以致无法进入合同约定的政府审计。被告故意拖延完成已竣工验收工程的二审，有违诚信原则，该行为导致原告迟迟不能依约获得相应的工程价款，被告因此而获得占有原告资金的相应利益。根据《民法典》第 159 条"附条件的民事法律行为，当事人为自己的利益不正当地阻止条件成就的，视为条件已经成就；不正当地促成条件成就的，视为条件不成就"的规定，法院确认被告支付案涉工程价款的条件已成就。

2. 关于可得利益损失 73 219.17 元的认定。原告主张可得利益计算方式为未履行部分的产值按照 300 万元（23500407.35 − 19168150.49 = 4332256.86 元）系根据《四川省建设工程工程量清单计价定额》，运用计价软件按政府定额组价自动计取。由于被告的违约行为，导致原告未能按照施工合同的约定全面完成施工项目，丧失预期利益，根据《民法典》第 584 条"当事人一方不履行合同义务或履行合同义务不符合约定，造成对方损失的，损失赔偿额应当相当于因违约所造成的损失，包括合同履行后可以获得的利益；但是，不得超过违约一方订立合同时预见到或者应当预见到的因违约可能造成的损失"的规定，被告应当向原告支付其未完工程的可得利益。该案双方签订的"补充协议（二）"，已将工程总价款调整为含税金额 23 260 567.81 元，故未完工工程产值应估值为 23260567.81 元 − 19168150.49 元 = 4092417.32 元，原告自认按 300 万元计算，根据《四川省建设工程工程量清单计价定额》，运用计价软件按政府定额组价自动计取，得出可得利益损失 73 219.17 元。

（二）二审法院观点

一审判决后，被告（发包人）提出上诉，提交了某建设管理集团有限公司出具的《建设工程造价咨询报告书（初稿）》作为新证据，该咨询报告书就案涉工程的结算咨询金额为 16 363 120.98 元，发包人主张以此为案涉工程的结算金额，并称在第二次委托咨询中,被上诉人(承包人)拒不配合、不提供造价咨询所必需的相关资料,导致了结算的延迟。

二审法院的对此评述如下。

1. 双方约定以政府的行政审计为结算依据不必然意味着工程结算必须依赖政府审计的结果

法院认为,该案讼争工程系政府 PPP 项目工程,上诉人根据与被上诉人之间合同的约定,主张该案双方之间的工程价款结算应当以政府审计为准,并无不妥。但地方政府并非该案讼争合同的当事人,政府的行政审计行为本身不受该案当事人之间民事合同约定的影响。由于行政审计独立于当事人之间的民事合同,故在尊重当事人之间关于以政府审计结果作为工程价款结算的最终依据约定的同时,也要明确民事案件中工程价款的确定并非必须依赖政府审计结果。例如,当工程项目不符合政府审计要求时,法院在民事案件中仍然也必然需要作出裁判。具体到该案中,上诉人在二审中提交的某建设管理集团有限公司出具的《建设工程造价咨询报告书(初稿)》,主张此为符合合同约定且被政府认可的造价审定报告,该案双方应当据此作为结算依据。首先,该份报告本身就载明系"初稿",甚至没有正式编号,可见鉴定机构并未认可其为正式报告。其次,该份报告载明的完成时间是 2021 年 9 月,当时一审尚未第一次开庭,但上诉人并未向一审法院提交该报告,对此上诉人解释报告实际出具时间为 2022 年 1 月,即便该解释属实,也说明鉴定机构工作不严谨、不诚实。最后,该份报告本身虽然载明的委托人包括当地政府园区,但未经核实,且最为关键的是,该份报告是否被政府作为审计结论予以采信,目前并无任何证据证实。至于某建设管理集团有限公司出具情况说明称,被上诉人不提交相关审计资料,导致审计迟迟不能完成,在该案诉讼之前,上诉人曾经委托第三方进行过造价审计,在此基础上,某建设管理集团有限公司的第二次造价审计究竟欠缺什么需要施工方提交的资料?在缺乏这些资料的情况下,某建设管理集团有限公司又是如何解决该问题的,其合理性何在?该案证据中没有体现。基于上述事实和分析,法院认为,该案中截至目前并不存在适格的政府行政审计报告,且迟迟未能完成第二次审计的责任不在于被上诉人。又基于:(1)讼争工程在 2019 年 12 月完成了竣工验收、已经交付上诉人;(2)2020 年 1 月上诉人委托第三方进行造价鉴定,且该鉴定结论得到被上诉人认可。一审法院认定该案双方应当按照双方一致认可的2020年1月的造价鉴定金额19 168 150.49元进行结算,并无不当,应予以维持。

2. 因发包人违约造成合同未履行完毕,承包人可以主张可得利益损失

该案证据表明在合同履行过程中上诉方存在迟延支付工程款等违约行为,虽然在一审诉讼中双方一致同意解除合同,但当事人合意解除合同与合同履行过程中是否违约并无对应关系,一审判决上诉人根据讼争工程未完部分的产值、被上诉人的自认,按照定额计算被上诉人可得利益损失,并要求上诉人支付工程款迟延支付利息,并无不当。

## 二、案例分析

### (一)对该案审理过程中一些可能造成歧义的用语澄清

案涉双方在合同中就确定工程造价金额条款所用的“一审”“二审”,指的是被告发包人委托第三方咨询机构对案涉工程造价进行咨询并出具咨询结果,其用“第一次审计”“第二次审计”“复审”等来进行描述,系其对造价咨询和政府机关审计概念的混淆和误解。

二审法院在描述被告发包人委托第三方咨询机构对案涉工程进行造价咨询时将咨询机构描述为“鉴定机构”也是不妥当的。鉴定机构指根据全国人民代表大会常务委员会《关于司法鉴定管理问题的决定》、《司法鉴定程序通则》、《司法鉴定机构登记管理办法》、《司法鉴定人登记管理办法》、《民事诉讼法》等法律法规的规定所设立的,在民事诉讼程序中进行司法鉴定的机构。在该案诉前由被告(发包人)委托的某建设咨询公司出具的造价金额咨询成果在法律性质上只能是咨询,而非司法鉴定。

工程发包人或受其委托的工程造价机构对承包人提交的竣工结算文件进行的审查核对行为在不同的规范中,名称有所不同,在《建筑工程施工发包与承包计价管理办法》、《建设工程工程量清单计价规范》(GB 50500-2013)中分别使用“结算审核”“结算复核”。

### (二)承包人就发包人主张的案涉合同中约定竣工结算已经过“政府审计”为支付条件不成立的抗辩

该案一审判决后被告与当地石化园区管理委员会共同委托的造价咨询机构再次对案涉工程进行造价咨询的行为不属于“政府审计”,不受《审计法》及《政府

采购法》的调整,其本质仍然为被告作为发包人,委托造价咨询机构对案涉工程的造价出具咨询成果意见,在法律属性上仍为平等主体之间的民事法律行为。被告以“不可控政府审计时间”为由抗辩和拖延工程款的支付,不仅有违诚实信用的原则,还有损当地的政府形象和营商环境。

严格意义上的政府审计,是指财政部门对工程款的审核,是监控财政拨款与使用的行政措施,对民事合同当事人不具有法律的约束力。审计机关是代表国家对各级政府、国有金融机构和企业事业组织的财务收支或者财务收支的真实、合法和效益依法进行审计监督的政府部门。审计监督在性质上是一种行政监督,对民事合同当事人不具有法律的约束力。

四川省高级人民法院在《关于审理建设工程施工合同纠纷案件若干疑难问题的解答》第17条中对该类情况作出过如下解释:政府审计部门审计结果能否作为合同结算依据?答:政府投资的建设工程施工合同结算纠纷,发包人主张以政府审计部门审计结果作为工程造价结算依据的原则上不予支持,但当事人在合同中有明确约定的除外。

而在该案施工合同中,双方并未约定政府审计的具体国家机关部门、时间、程序等,被告在上诉状中所称的其与当地政府在该案一审判决后再次委托的三方造价咨询机构对案涉工程进行造价咨询的行为也不属于国家机关的审计行为。

在二审庭审过程中,法庭询问了双方代理人,对于案涉施工合同专用条款第6.3.4条的约定,结算确定(1)甲方公司总部成本合约中心和甲方公司审计监察中心有权对甲方公司所有类别、金额等全公司范畴内的合同进行结算复审、抽审、审计工作。(2)凡属于甲方公司成本合约中心和甲方公司审计监察中心复审、抽审、审计范围内的结算,结算结果以甲方公司成本合约中心和甲方公司审计监察中心复审、抽审、审计最终结果为准。(3)乙方应完全理解并服从甲方公司对结算的复审、抽审、审计安排,不得以此为由向甲方提出任何索偿。所有结算最终审核完成后,均须签订《结算协议书》(格式详见合同附件2)。双方如何理解该结算条款的约定?

上诉人(一审被告、发包人)代理人回答,其在本次庭审中提交的由某建设集团有限公司出具的《建设工程造价咨询报告书(初稿)》即为案涉施工合同专用条款第6.3.4条约定的复审,合并了政府审计。被上诉人(一审原告、承包人)代理人回答，该条款为发包人公司内部的审核程序，承包人无法干预和约束，一审法院根据查明的事实认定某园林公司未及时推动结算的程序，故以某建设公司就案涉工程出具的《某产业新城——中央公园建设项目一标段竣工结算审核报告书》，审定案涉工程金额为 19 168 150.49 元作为该案的结算依据并无不妥。

最后，在该案中，2017 年 10 月 10 日承包人进场施工，因发包人存在未能提供工作面及逾期支付工程进度款等违约情形，2019 年 12 月 15 日双方完成现状验收，承包人移交已完工工程。对该部分事实，一审法院已经查明。故，合同解除、不能完全履行的原因在于发包人，发包人应当承担违约责任、赔偿承包人损失，承包人对于案涉合同全部履行下的利益具有可期待性。根据施工合同约定的清单计价规范，套取 2015 年施行的《四川省建设工程工程量清单计价定额》，以未完工工程为基础，计算综合费的数额即可计算出该部分的利益。该案中两级人民法院均判决支持了承包人的可得利益。

（三）关于承包人主张未完成合同产值金额部分对应可得利益的条件

《民法典》第 584 条规定：当事人一方不履行合同义务或者履行合同义务不符合约定，造成对方损失的，损失赔偿额应当相当于因违约所造成的损失，包括合同履行后可以获得的利益；但是，不得超过违约一方订立合同时预见到或者应当预见到的因违约可能造成的损失。由此可见，一般情形下，承担违约赔偿损失责任的构成要件包括：一是有违约行为，即当事人一方不履行合同或者履行合同义务不符合约定。二是违约行为造成了对方损失。三是违约行为与对方损失之间有因果关系，对方的损失是违约行为所导致。四是无免责事由。①

在该案中，法院查明了案涉施工合同未能履行完毕系发包人的原因，继而认定了发包人是违约方，所以明确了在该案中，承包人可以主张未完成合同产值金额部分对应的可得利益。

关于可得利益如何计算，同样可以参照《中国民法典适用大全 · 合同卷（二）》中的论述："可得利益具有如下特点：第一，可得利益是一种未来利益。它在违约行为发生时并没有为合同当事人所实际享有，而必须通过合同的实际履行才能得以实现。第二，可得利益必须具有一定的确定性。可得利益必须是将来按

---

① 最高人民法院民法典贯彻实施工作领导小组编著：《中国民法典适用大全 · 合同卷（二）》，人民法院出版社 2023 年版，第 768 ~ 771 页。

照通常情形能够得到的利益，这要求在一些情形中，对可得利益的赔偿应当考量发生的概率、程度。实践中，确定可得利益损失数额主要包括以下五种方法：差额法、约定法、类比法、估算法、综合衡量法……”①

该案的承包人即以施工合同约定的2015年施行的《四川省建设工程工程量清单计价定额》规定的企业管理费和利润的计算方法计算出未完成合同产值部分对应的利润作为主张可得利益的金额，最终得到了法院的判决支持。

需要注意的是，在满足上述条件的情形下，在建设工程合同纠纷中，因发包人违约造成合同未履行、未完全履行的，法院还会重点考量案涉工程承包人的施工程度。若根据承包人的施工程度，如该案中承包人完成程度较高，剩余的施工内容与已完成的合同内容具有一致性，基本可以判断若合同继续履行至完毕，承包人能够完成合同义务，其履约能力、管理水平都可以使其获得合同完全履行完毕后的可得利益。若案涉合同未实际履行，或履行程度很低，如在土建施工中，承包人还未进入建筑物主体施工，在这种情形下，即便完全因为发包人原因造成合同不能继续履行，法院认定发包人违约，但因缺乏对承包人履约能力尤其是管理能力的信任，法院也很难判决支持承包人主张未履行合同产值金额对应的可得利益。承包人应在合同签订前对该风险就有充分的预判，可能的话还应当在违约责任条款中作出专门的约定。

---

① 最高人民法院民法典贯彻实施工作领导小组编著：《中国民法典适用大全 · 合同卷（二）》，人民法院出版社2023年版，第768～771页。

# 浅析建设工程“中介费”的效力认定问题

郑筱珺*

【摘要】近期作者在承办的案件以及在为各施工企业提供法律咨询服务的过程中,较为集中地遇到了几起建设工程项目中的“中介费”争议:中间人在建设工程项目中介绍、撮合发承包双方签订合同(部分情形包括中间人参与施工管理)等事宜,后与其中一方或者双方就“中介费”发生争议。因该问题在建设工程行业中较为普遍、高发且具有重复性规律,只有不断将已经发生的问题进行总结分析,才能对将来的工作起到指导的作用。

【关键词】建设工程项目居间;合同无效;违法成本

## 一、关于建设工程项目中的“中介费”问题

建设工程项目中,因中间人的各种“介绍”而撮合发承包双方签订建设工程施工合同的情况较为常见,中间人通常也以“合作”形式与发承包双方中的一方或者双方签订“合作协议”,但事后各方就“合作协议”中约定中间人的“劳务费”“居间费”等产生争议和纠纷的比例较高。就该类争议,在以往的司法实践中,有观点认为法律没有直接禁止,但也不被法律所倡导;有判决认为,中介人不但介绍了发承包双方签订合同,还加入了双方或一方履行合同,应当酌情考虑给付中间人居间费用。

应当特别注意的是,如果因中间人的各种“介绍”而撮合发承包双方签订建

* 郑筱珺,四川君合律师事务所律师,合伙人,房地产与建设工程法律事务部副部长。

设工程施工合同违反了《建筑法》《招标投标法》《招投标法实施条例》等法律、行政法规强制性规定,在司法审判中被认定为合同无效、相关各方都不得因合同无效而获取额外利益的可能性较大,中间人的"居间费""劳务费"可能得不到支持。近年来,在司法实践中,合同各方当事人不得因合同无效而获益的观点有强化的趋势,这与国家调控、法律价值取向的变化、对行业规范和市场秩序的监管、维护社会稳定的力度等各方面因素的影响都有关。

**二、法律规定**

1.《民法典》的规定

第一百五十三条　违反法律、行政法规的强制性规定的民事法律行为无效。但是,该强制性规定不导致该民事法律行为无效的除外。违背公序良俗的民事法律行为无效。

2.《必须招标的工程项目规定》

第二条　全部或者部分使用国有资金投资或者国家融资的项目包括:

(一)使用预算资金200万元人民币以上,并且该资金占投资额10%以上的项目;

(二)使用国有企业事业单位资金,并且该资金占控股或者主导地位的项目。

第三条　使用国际组织或者外国政府贷款、援助资金的项目包括:

(一)使用世界银行、亚洲开发银行等国际组织贷款、援助资金的项目;

(二)使用外国政府及其机构贷款、援助资金的项目。

第四条　不属于本规定第二条、第三条规定情形的大型基础设施、公用事业等关系社会公共利益、公众安全的项目,必须招标的具体范围由国务院发展改革部门会同国务院有关部门按照确有必要、严格限定的原则制订,报国务院批准。

第五条　本规定第二条至第四条规定范围内的项目,其勘察、设计、施工、监理以及与工程建设有关的重要设备、材料等的采购达到下列标准之一的,必须招标:

(一)施工单项合同估算价在400万元人民币以上;

(二)重要设备、材料等货物的采购,单项合同估算价在200万元人民币以上;

(三)勘察、设计、监理等服务的采购,单项合同估算价在100万元人民币以上。

同一项目中可以合并进行的勘察、设计、施工、监理以及与工程建设有关的重要设备、材料等的采购，合同估算价合计达到前款规定标准的，必须招标。

3.《招标投标法》的相关规定

第三十二条　投标人不得相互串通投标报价，不得排挤其他投标人的公平竞争，损害招标人或者其他投标人的合法权益。

投标人不得与招标人串通投标，损害国家利益、社会公共利益或者他人的合法权益。

禁止投标人以向招标人或者评标委员会成员行贿的手段谋取中标。

第四十三条　在确定中标人前，招标人不得与投标人就投标价格、投标方案等实质性内容进行谈判。

第四十八条　中标人应当按照合同约定履行义务，完成中标项目。中标人不得向他人转让中标项目，也不得将中标项目肢解后分别向他人转让。

中标人按照合同约定或者经招标人同意，可以将中标项目的部分非主体、非关键性工作分包给他人完成。接受分包的人应当具备相应的资格条件，并不得再次分包。

中标人应当就分包项目向招标人负责，接受分包的人就分包项目承担连带责任。

**三、从相关案例看司法实践观点**

1. 中间人收取高额的居间费用导致大量的工程款项被用于工程建设之外、将具备承建资质的建设单位排斥在外，扰乱了国家的正常招投标秩序，居间费不应被支持。

该类型案例主要为当事人收取了高额的居间费用，在客观上导致了大量的工程款项被用于了建设工程之外，建设工程的质量难以保证，违反了公共利益，法院应当作出否定性裁判。类似内容可详见(2014)津高民二终字第0017号民事判决书。

2. 中间人介绍发承包人签订合同违反招投标法的规定，损害公共利益，应为无效合同，居间人诉请支付居间费不应被支持。

四川省高级人民法院提审的(2023)川民再200号案中，该院撤销了二审判决,维持了一审判决:一审法院认为,案涉协议书成立于《民法典》施行前,其约定权利义务和效力问题适用当时的法律和司法解释的规定。根据《招标投标法》(2000年)第3条和原国家发展计划委员会《工程建设项目招标范围和规模标准规定》(2000年)第7条的规定,案涉"宋庆龄华西妇女儿童医院"项目建设工程属于必须招标投标的工程项目范围。《招标投标法》(2000年)第5条规定:"招标投标活动应当遵循公开、公平、公正和诚实信用的原则。"案涉工程属于必须招标投标的项目,且实际进行了招标投标活动,就必须坚持公开、公平、公正原则开展招标投标活动。《招标投标法》(2000年)第43条规定:"在确定中标人前,招标人不得与投标人就投标价格、投标方案等实质性内容进行谈判。"从林某所述的事实看,林某撮合中建六局三公司西南分公司人员和维康医疗公司对施工价格、施工方案等进行了长期接触,进行了长期实质性谈判。无论是该实质性谈判行为,还是撮合谈判的行为,属于违反法律禁止性规定的行为。

3. 中间人介绍发承包人签订合同违反招标投标法的规定,但被介绍方(承包人)通过履行合同实际获益,法院酌情判决支持中间人部分居间费。

在(2021)粤0115民初8897号杜某俭、广东振晟建设工程有限公司等建设工程合同纠纷案中,法院对建设工程项目中的中介服务费认定和评述如下:案涉工程为政府招标的公共工程,振晟公司中标后却在蔡某雄的介绍下,将案涉工程转包给没有施工资质的原告施工,故蔡某雄提供的中介服务并不为法律所倡导。案涉工程本身属于微利行业,而蔡某雄收取了高达工程总价款8.17%的中介服务费用,存在利益失衡的情况,有违公平。故法院对中介服务费用酌减为合同总金额的5%计算即46 168(923366.02×5%)元,超出的部分29 232(75400-46168)元应当予以返还。

4. 中间人促成的施工总承包人与分包人之间签订的分包合同有效,居间协议有效。

笔者作为某案绿化分包人的代理人承办了一个案件。[①] 案涉绿化工程源于当地某市政道路工程,系政府采购项目,采购人为当地住建部门。住建部门通过公开招投标确定了施工总承包人,中间人通过联络施工总承包人,撮合其与绿化

---

① 参见四川省凉山彝族自治州中级人民法院民事判决书,(2023)川34民终1191号。

分包人签订了《绿化分包合同》,中间人与绿化分包人签订了《合作协议》,约定中介费随绿化分包人从施工总承包人处获取工程进度款时按比例同步支付,总额约占绿化分包合同金额的19%。对“中介费”的金额,绿化分包人认为,如此高额的“中介费”是不可能存在的,该金额系中间人与其协商由中间人承揽绿化分包合同中的劳务部分,并且《合作协议》还约定了中间人需要协助办理结算;主张现《绿化分包合同》已经解除,绿化分包人向法院起诉要求中间人返还其已经支付的中介费。而中间人在诉讼中仅以与绿化分包人之间签订的《合作协议》举证,拟证明自身的中介行为和应当获取“中介费”,并强调其进行了介绍,并无其他参与工程管理、施工、协调双方办理签证、结算等劳务付出,向法院提起反诉,要求绿化分包人支付剩余中介费。

该案经过二审,最终法院认定中间人促成的施工总承包人与绿化分包人之间签订的《绿化分包合同》有效,居间协议有效,但因施工总承包人与绿化分包人之间的《绿化分包合同》已经被法院判决解除,绿化分包人与中间人无再继续履行《合作协议》的基础,中间人无继续收取居间费用的前提,绿化分包人已经支付给中间人的居间费不再返还,未支付的不再支付。

对于该案,笔者认为,法院需要逐层审查中间人撮合发承包人双方签订的施工合同是否存在违反法律、行政法规强制性规定甚至是涉嫌犯罪的情形;中间人介绍的发承包双方履行合同的情况以及获益情况;中间人应获得的费用金额的比例;等等。由此综合进行判断,无法一概而论。因建设工程涉及公共利益,国家以法律强制力对行业的监管和约束较强,建设工程中的中介行为无法完全以平等民事主体间的权利义务来调整,而必须将其规范在法律、行政法规的强制性规定及政策文件的调节范围中。

虽然中间人居间介绍的《绿化分包合同》并未经过招投标程序,但该绿化工程属于政府采购工程的一部分,由施工总承包人通过公开招投标取得,在施工总承包人进行专业分包时需经过发包人同意。在该案中,法院查明的事实为中间人通过送礼的方式找到施工总承包人的项目经理,帮助绿化分包人获取了签订《绿化分包合同》的机会。该行为应为政府采购工程所不容,有违基本廉洁要求。在此前提下,法院认定中间人居间行为有效,将政府采购工程作为被居间的对象,将造成在《绿化分包合同》履行完毕的情况下,有19%的工程款并未用于绿化工程本身,而用于支付中间人的居间费,可能变相支持工程掮客违法获取暴利的行为。

## 四、实务建议:谨慎对待建设工程居间行为

2022年7月18日,国家发展和改革委员会等部门联合发布《关于严格执行招标投标法规制度进一步规范招标投标主体行为的若干意见》(发改法规〔2022〕1117号),明确提出:“当前招标投标市场还存在不少突出问题,招标人主体责任落实不到位,各类不合理限制和隐性壁垒尚未完全消除,规避招标、虚假招标、围标串标、有关部门及领导干部插手干预等违法行为仍然易发高发,招标代理服务水平参差不齐,一些评标专家不公正、不专业,导致部分项目中标结果不符合实际需求或者实施效果不佳,制约了招标投标制度竞争择优功能的发挥。为全面贯彻党的十九大和十九届历次全会精神,按照第十九届中央纪委第六次全会、国务院第五次廉政工作会议部署,现就严格执行招标投标法规制度、进一步规范招标投标各方主体行为提出以下意见:……二、坚决打击遏制违法投标和不诚信履约行为(十)严格规范投标和履约行为。投标人应当严格遵守有关法律法规和行业标准规范,依法诚信参加投标,自觉维护公平竞争秩序……中标人不得无正当理由不与招标人订立合同,在签订合同时向招标人提出附加条件,不按照招标文件要求提交履约保证金或履约保函,或者将中标项目转包、违法分包。”

上述意见于2022年9月1日生效,其中对于中标人不得将中标项目转包、违法分包再次进行了强调,而大多数中间人“介绍”建设工程项目的行为会导致转包和违法分包;就算在具体个案中被认定不存在违法分包,司法机关也必须考量中间人收取“中介费”是否客观上造成了发包人支付的工程款中大量用于工程建设之外、判决支持中间人收取“中介费”是否违反了廉政要求等,最终结果是否能达到中间人对收取“中介费”的期待,不能简单做“是”或“否”的回答。

作为律师在对客户进行咨询、法律分析及指导时,还应注意该特别提醒:若中间人撮合发承包人双方签订的施工合同存在违反法律、行政法规强制性规定甚至涉嫌犯罪的情形,法院在审理中可依职权将相关各方移送对应的机关进行处理,如违法转包分包被法院移送行政机关处罚,涉嫌行贿受贿、串标被移送公安机关侦查,等等。另外,政府采购、国资建设的项目在进行审计时若被审计机关发现中标后合同经中间人介绍进行了转包或者违法分包、相关人员违反廉政要求等情形并被记入审计报告,相关人员还可能面临被追责的风险。

# 从一则案例看禁反言原则在工程造价鉴定案件中的运用

郑筱珺*

**【摘要】**建设工程合同纠纷案件在进入司法程序后，最大的争议集中在如何确定案涉工程的工程价款问题上。因造价鉴定的专业性较强，对于案涉工程的造价争议，法院往往采取由当事人申请、法院委托专业造价鉴定机构出具司法造价鉴定意见供审判参考的方式。本文讨论的案例中双方主要争议的项目为景观施工合同中植物养护费的认定，在合同约定的植物养护费执行2015年四川省定额标准价格明显偏高、发包人主张调低时，鉴定机构如何出具鉴定意见、法院如何根据案件证据采信。本案经过发包人提反诉、第三人加入诉讼、养护费造价鉴定、一审判决生效后发包人申请再审等程序，历时1年10个月，终于尘埃落定。本文选择本案中发承包双方就植物养护费的造价鉴定争议，探讨禁反言原则在工程造价鉴定案件中的运用。

**【关键词】**建设工程合同纠纷；禁反言；意思表示；造价鉴定；植物养护费

## 一、关于"禁反言"规定在本案诉讼过程中的运用

"禁反言"指当事人对认可的证据反悔，即当事人在庭审中对其在审理前的准备阶段认可的证据提出不同意见。最高人民法院《关于适用〈中华人民共和国

---

* 郑筱珺，四川君合律师事务所律师，合伙人，房地产与建设工程法律事务部副部长。

民事诉讼法〉的解释》第229条规定:“当事人在庭审中对其在审理前的准备阶段认可的事实和证据提出不同意见的,人民法院应当责令其说明理由。必要时,可以责令其提供相应证据。人民法院应当结合当事人的诉讼能力、证据和案件的具体情况进行审查。理由成立的,可以列入争议焦点进行审理。”

在本文讨论的案例中,出于发包人原因,同一施工合同的施工内容划分成为大田区和酒店区两部分进行,在大田区先通过竣工验收、交付发包人使用的情况下,发包人委托了第三方造价咨询机构对大田区的工程造价作出竣工结算造价咨询成果并将该份造价咨询成果送达了承包人。在承包人就酒店区施工完毕、通过竣工验收交付发包人使用后,双方在进行竣工结算时,因发包人认为按合同约定计算室外植物养护费过高,双方对酒店区室外部分的植物养护费用发生了争议,承包人向法院提起了诉讼。在法院的主持下,发承包双方就酒店区结算无争议的部分进行了确认,将有争议的植物养护费用部分由承包人申请、法院委托进行工程造价鉴定。而发包人因在就大田区工程进行委托造价咨询和本案诉讼过程中对酒店区工程(室内部分)中植物养护费都认可执行《施工合同》约定的2015年四川省定额规定,唯独就酒店区工程室外部分的植物养护费主张执行2015年四川省定额过高,被法院认定为其就已经认可的证据反悔。发包人已经通过前两次的确认行为表达了按约履行合同的意思,在同一合同中的酒店区工程室外植物养护费确认依据上,依然应受合同约定的约束,最终法院判决支持承包人的主张。

**二、本案植物养护费争议焦点和案件事实**①

原告:某园林公司,承包人。

被告:某农业发展有限公司,发包人。

笔者为原告(承包人)的代理人。

发承包双方签订了《某工程1#地块园林景观施工协议》,在合同履行过程中,出于发包人及消防验收等原因,该合同分为大田区、酒店区进行施工。其中大田区在竣工验收后,竣工结算金额于2019年5月由发包人委托三方机构出具咨询意见并送达承包人;后酒店区经过竣工验收,整个工程交付发包人使用,但发包人迟迟未与承包人进行酒店区的竣工结算,承包人起诉至法院。经过法院审理,法

---

① 参见四川省郫都区人民法院民事判决书,(2021)川0117民初1737号。

庭要求双方进行结算并将有争议、不能达成一致的部分委托造价司法鉴定机构出具造价鉴定意见。双方在2021年9月涉诉过程中就除酒店外围植物景观养护费用以外的金额进行了确认，对酒店外围植物养护部分的3 553 074元有争议：承包人对酒店外围报送植物养护费为407.53万元，其中包含43 118.4株竹子养护费用349万元；发包人审核养护费52.22万元，其中包含竹子养护费39万元；双方对竹子养护费争议为310万元。

承包人认为，双方争议的养护费金额主要为竹子部分的养护费。承包人报送给发包人的竹子养护费用，是依据2015年四川省定额套取，符合双方签订合同要求，且行业内默认竹类养护困难是事实，原因如下：

1. 竹子根系不发达，养护需水量大，栽植后需要每天浇水，且需多次浇，每次要少浇，增加养护人员及养护成本。

2. 竹子栽植密度大，竹子高度高，养护需要全部搭接十字撑杆架，难度大，耗费时间长，并且天气状况对竹子的养护影响较大，每次大风及大雨天气后，需把竹子全部扶正及重新绑扎支撑。

3. 竹子病虫害多，栽植密集，病虫害集中暴发，需要的根系治疗药品多，成本高。

4. 竹子死亡特点是成片死亡。《施工协议》约定为保成活养护，置换率高，更换成本大，更换时需要支撑拆除，栽植后又需要全部重新打支撑。

发包人则认为，承包人按照《施工协议》约定的2015年四川省定额计算的养护费并非实际支出的养护费，该金额严重偏离了承包人实际发生的养护费，依法应予调低。

经过诉讼前评估，承包人代理人向承包人出具诉讼方案，认为案涉工程施工协议需要作为一个整体去履行和进行法律评价，在发包人已经就同一份合同在大田区、酒店内景观的结算审核中先后确认了对植物养护费应执行合同约定的2015年四川省定额，唯独在酒店外围景观中因为毛竹养护费标准过高而反悔，没有法律和合同依据、违背禁反言原则，依法不应被支持。承包人认同代理人的诉讼方案，并对代理人表示公司坚持提起诉讼，并愿意承担造价鉴定可能出现的不确定性后果。

## 三、代理人如何引导法院关注植物养护费应当按照合同约定执行的争议焦点

### (一)提出观点:第一次鉴定意见对植物养护费的认定对承包人不利

《工程造价鉴定意见书》根据人民法院转交的送鉴资料、原被告双方签订的工程施工协议、2015 年四川省建设工程工程量清单计价定额及其解释,结合现场勘验情况、双方签认的《询问笔录》及送鉴材料进行鉴定,得出的鉴定金额为 586 872.68 元。

### (二)法庭辩论:开庭时代理人通过对鉴定人发问一步步引导法庭注意争议焦点

承包人(原告)代理人对鉴定人发问之问题一:"请问鉴定人作出造价鉴定的依据是什么?"

鉴定人回答:"《工程造价鉴定意见书》记载:根据工程鉴定计价'有约从约定,无约从规'的原则,本次鉴定依据如下:

"1.《某工程一期 1#地块园林景观施工协议》中相关描述如下,第 2 页第 6 行,本工程两年绿化养护期,第 3 页"2. 综合单价计取原则":(1)承包方施工的某工程一期 3#、4#地块景观工程中有相同项目的,按其综合单价执行。

"2. 承包方施工的某工程一期 3#、4#地块景观工程中有相似项目的,参照其综合单价执行;(3)承包方施工的某工程二期 3#、4#地块景观工程中没有相同也没有相似项目的,首先参照某工程一期 2#地块或园区的景观工程综合单价;某工程一期 2#地块或园区的景观工程没有相同或相似项目,按以下第 6 条'新增项目单价确定原则'计算其综合单价。第 4 页"6. 新增项目单价确定原则":绿化部分新增项目套《四川省建设工程工程量清单计价定额(园林绿化)(2015)》及配套文件作相应调整;苗木价格按施工当期《四川省工程造价信息》的信息价执行,信息价没有的材料,则按当时市场价格询价并经发包方签证为准。

"3.《某工程一期 3#、4#地块景观工程施工承包协议书》,第 2 页"三、质量标准"中约定'本工程两年绿化养护期',经查该项目合同中的投标报价清单中两年养护费,有明显的规律性,乔灌木和点植灌木两年养护价除以植物到场价,均为 8%。片植灌木投标单价均为每平方米 22.58 元。

"4. 投标价为市场价格的一种类型,经过对质证送鉴材料的分析,在同时间段,某园林环境工程有限公司施工的某工程一期 3#、4#地块景观工程,该投标报

价清单说明中'本项目所有植物养护期:二年(缠草绳、支撑、浇水、施肥、防治虫害、整形修剪等相关养护)'与1#地块酒店外围景观工程绿化养护时间、内容一致,同时绿化内容满足合同条款中的相同项目及相似项目,据此可参照某工程一期3#、4#地块景观工程投标报价清单中的相关费用做出计算。"

而承包人代理人认为:"上述材料对双方诉争的养护费造价争议不具有关联性:1#地块合同的约定为'2.四、工程造价、结算调整方式6.新增项目单价确定原则硬质景观部分新增的项目:套《四川省建设工程工程量清单计价定额(园林绿化)(2015)》及配套文件作相应调整;安装部分新增的项目:2015年四川省建设工程工程量清单计价定额(安装工程)及配套文件作相应调整;市政部分新增的项目:套2015年四川省建设工程工程量清单计价定额(市政工程)及配套文件作相应调整;除此之外不再另行计算任何其他费用。材料价按3#、4#地块投标书中材料单价,投标书中无相同材料的,主料价格按当期施工期的信息价,无信息价的按发包方的签证价……'

"在上述合同条款中,只有参照3#、4#地块施工合同执行综合单价(材料费+种植费+养护费+其他费用)的约定,并无1#地块养护费参照3#、4#地块施工合同组价模式(养护费按比例8%计取)的约定执行的记载。鉴定机构直接用8%的比例计取养护费,忽略了在这样的条件下,综合单价中的材料费和种植费就应该对应增加的基本行业规则,否则整个合同价款将偏低,造成承包人的亏损。"

基于此,承包人代理人继续对鉴定人员的发问:"鉴定机构引用参照3#、4#地块施工合同的执行综合单价,但在鉴定时却用的比例计算养护费,请问鉴定人,综合单价的构成和养护费的比例是同一概念吗?"

鉴定机构回答:"双方没有约定保存养护的具体标准,根据15定额的解释就按照市场进行计价。1#地块没有相关的投标价格依据,这样就需要找相应的依据。参照3#、4#地块施工合同的投标有规律性……同鉴定意见书。"

承包人代理人对鉴定人发问之问题二:"《工程造价鉴定意见书》记载:'2015年《四川省建设工程工程量清单计价定额》(以下简称15定额)规定"养护的定额项目,成活养护为一个月",15定额解释"15定额中无植物的保存养护项目,保存养护应按市场价格计算"。同时定额解释又规定招标人未明确养护期中成活养护和保存养护的具体周期,只规定植物养护期的,投标人应根据招标文件的要求,

结合工程的具体情况(包括植物种类、栽植季节、土质条件等)对植物养护自主报价。'

“请问鉴定人,鉴定机构对15定额的解释也指向双方当事人的合意,既然双方当事人在《某工程一期1#地块酒店外围(大田区)结算审定报告》《某工程一期1#地块酒店外围景观工程酒店区汇总》中都认可了养护费按照综合单价×24个月计取,为何在酒店区外景观这部分的植物养护费要按照其他方式和依据进行鉴定?”

鉴定人回答:“我们已经在《工程造价鉴定意见书》中说明该问题。

“1.承包人依据《某工程一期1#地块酒店外围(大田区)结算审定报告》及《变更(新增)项目核价审批表》主张养护期全部为‘成活养护,综合单价×24个月’,据此主张植物养护部分争议金额3 553 074元。

“因《某工程一期1#地块酒店外围(大田区)结算审定报告》由成都某建设项目管理有限公司出具,该份结算报告发包人‘签章、字’栏为空白,且送鉴资料中未见成都某建设项目管理有限公司关于该项目的造价咨询委托单或造价咨询合同。其次,大田区和酒店区酒店外是并列关系,而非包含关系。故,争议金额3 553 074元未纳入鉴定意见中。

“2.本次鉴定意见书根据当事人双方共同确认的《某工程1#地块酒店外围景观工程施工协议》《某工程一期3#、4#地块景观工程投标总价》等送鉴材料作出,据此计算出鉴定金额。最终绿化养护费用金额由人民法院根据各方当事人提供证据的真实性、关联性、合法性,予以公平公正的确定。”

在该关键问题上,法庭向鉴定人提问:“根据原告的提问及鉴定人的答复,本案认定造价产生差异的关键在于2019年5月11日大田区的工程结算审查书能否作为鉴定参考依据,变更(新增)项目核价审批表(酒店区)是否能够作为鉴定依据采用。因为证据瑕疵,法庭需要对上述证据是否作为案件事实的证据进行认定,如果法庭采信了上述证据,是否会导致鉴定意见的鉴定结果产生变化?”

鉴定人:“会发生变化。”

法庭:“鉴于本案的证据认定存在争议,为妥善解决双方争议的价款,要求鉴定机构依据上述待证的证据出示补充鉴定意见。”

发包人(被告代理人)向鉴定人员提问:“目前双方争议在于鉴定把大田区第

一次的造价咨询报告作为鉴定依据，因为双方争议的焦点是酒店区域的养护费用，正是因为在前期的清单里面没有对争议养护项进行明确，所以才提出了鉴定的申请。另外，即使要参考其他资料里提到的养护标准，我方也想问，其他部分的植物是室内植物，与争议的室外养护要求是不一样的，如果来参考其他养护项的养护标准不合理。”

鉴定人：“刚才陈述了植物到场价和养护的关系，对这种计算方式，多利公司电子邮件进行回复表述对这种计算方式认可，是双方真实意思表示。此外，关于大田区认可是法院提出的要求。根据原告和法院刚才的意见，如果认可大田区的造价咨询意见，双方的真实意思表示应该遵守。”

发包人（被告代理人）：“即使法院最终认可了万安公司出具的大田区一审结算报告，根据合同的约定，酒店区不能直接参考。虽然大田区和酒店区同属于案涉1#地块施工合同，但施工范围不一样、施工内容不同，我们认为鉴定人没说清楚能够参照大田区的依据。”

法庭：“鉴于本案还有待查事实，本案还需要复庭。”

鉴定人：“大田区的结算审核报告被认可，提供的依据为综合单价×24个月，具体的项目仍按争议明细表进行鉴定。两个分部工程在大田区结算报告被采信的情况下将对鉴定意见进行调整。”

（三）补充鉴定意见的出具为本案迎来转机

根据法院要求，鉴定机构出具补充鉴定意见如下。

1. 选择性鉴定意见一，根据人民法院转交的送鉴资料、原被告双方签订的工程施工协议、2015年四川省建设工程工程量清单计价定额及其解释，结合现场勘验情况、双方签认的《询问笔录》及送鉴材料进行鉴定，得出的鉴定金额为586 872.68元。

2. 选择性鉴定意见二，根据2022年5月18日人民法院庭前会议，承包人依据《某工程一期1#地块酒店外围（大田区）结算审定报告》及《变更（新增）项目核价审批表》主张养护期全部为“成活养护，综合单价×24个月”，得出的鉴定金额为3 473 108.80元。

在补充鉴定意见出具后，承包人代理人发表了质证意见，认为上述选择性鉴定意见二体现了按照当事人意思自治的原则，发包人先后两次自认了案涉合同植物养护费的执行标准,系其真实意思的表示,不违反法律法规的强制性规定,合法有效,对其产生约束力,按照禁反言原则,发包人的主张不应被支持。

**四、法院判决**

1. 法院采纳补充鉴定意见中选择性意见二,原告的养护费主张基本得到支持。一审判决后,发包人(被告)未上诉,一审判决生效。

一审判决书焦点评议部分:案涉工程是否完成竣工结算?是否按约达到付款条件?

针对“酒店区工程”是否完成结算的问题,法院结合“大田区工程”结算报告中认定核价原则,认定案涉酒店区工程的养护与大田区工程的养护属于同一项目的不同施工区域,在酒店区未明确约定的情况下,适用同一认价原则更符合案件实际和公平原则,故认定双方争议的养护期全部适用“成活养护,综合单位×24个月”。根据上述原则,法院采信选择性鉴定意见二,即酒店区争议部分的结算价款为3 473 108.8元,综上,酒店区的总结算价款为13 609 032.62元。该部分结算价款确认后,付款条件成就。

上述法院判决书说理非常详细、具体地阐述了当事人对其已经认可过的事项不得因其认为对自身不利而进行否认。本案系禁反言原则在诉讼实务中的经典案例。

2. 再审法院驳回被告的再审申请,本案尘埃落定。

一审判决生效后被告向成都市中级人民法院提起再审,经过听证程序,法院驳回了被告的再审申请。

**五、本案经验与总结**

(一)代理人要熟悉造价鉴定规范

1. 申请补充鉴定的法律依据

(1)最高人民法院《关于人民法院民事诉讼中委托鉴定审查工作若干问题的规定》(法〔2020〕202号)

11. 鉴定意见书有下列情形之一的,视为未完成委托鉴定事项,人民法院应当要求鉴定人补充鉴定或重新鉴定:

(1)鉴定意见和鉴定意见书的其他部分相互矛盾的;

(2)同一认定意见使用不确定性表述的;

(3)鉴定意见书有其他明显瑕疵的。

补充鉴定或重新鉴定仍不能完成委托鉴定事项的,人民法院应当责令鉴定人退回已经收取的鉴定费用。

(2)《司法鉴定程序通则》

第三十条 有下列情形之一的,司法鉴定机构可以根据委托人的要求进行补充鉴定:

(一)原委托鉴定事项有遗漏的;

(二)委托人就原委托鉴定事项提供新的鉴定材料的;

(三)其他需要补充鉴定的情形。

补充鉴定是原委托鉴定的组成部分,应当由原司法鉴定人进行。

2.《建设工程造价鉴定规范》(GB/T 51262－2017)的相关规定

5.11.4 当鉴定项目合同约定矛盾或鉴定事项中部分内容证据矛盾,委托人暂不明确要求鉴定人分别鉴定的,可分别按照不同的合同约定或证据,作出选择性意见,由委托人判断使用。

[笔者提示:选择性意见是合同约定矛盾或当事人对证据存在争议,委托人一时又无法在鉴定工作开展前对证据效力进行认定时,为使鉴定工作不至于因此停顿,鉴定人只好分别按照不同的合同约定条款、证据或当事人对证据的不同理解分别列项,作出不同的鉴定意见,供委托人分析、判断后选择使用。选择性意见包括确定性意见和推断性意见。]

5.12 补充鉴定

5.12.1 有下列情形之一的,鉴定机构应进行补充鉴定:

1 委托人增加新的鉴定要求的;

2 委托人发现委托的鉴定事项有遗漏的;

3 委托人就同一委托鉴定事项又提供或者补充了新的证据材料的;

4 鉴定人通过出庭作证,或自行发现有缺陷的;

5 其他需要补充鉴定的情形。

5.12.2 补充鉴定是原委托鉴定的组成部分。补充鉴定意见书中应注明与原委托鉴定事项相关联的鉴定事项;补充鉴定意见与原鉴定意见明显不一致的,应说明理由,并注明应采用的鉴定意见。

[笔者提示:补充鉴定是原鉴定的继续,是对原鉴定进行补充、修正、完善的再鉴定活动。重新鉴定程序中也可能产生补充鉴定活动。补充鉴定一般由原委托人委托,仍由原鉴定机构和原鉴定人或其他鉴定人实施鉴定,是原委托鉴定的组成部分。严禁鉴定机构和鉴定人在原鉴定意见书上批字、盖章作为补充鉴定,应当采用出具补充鉴定书的方式,以反映补充鉴定过程与结果。

在实践中,需要对鉴定书进行补充的情况时有发生,在鉴定情形发生变化时,进行补充鉴定也是保证鉴定意见的完整性、准确性的客观需要。]

(二)专业律师为当事人的发展保驾护航

当事人在履行合同的过程中,其自身行为是将来产生争议时法院或者仲裁机构认定其真实意思表示的依据,要实现规范合同管理过程、熟悉行业法律规定、诉讼准备充分,选择与专业度高的律师合作是当事人利益保障的最佳途径。

# 浅论在建设工程合同无效情形下对约定“管理费”的处理依据和原则

郑筱珺[*]

**【摘要】**2022年12月28日，重庆市高级人民法院、四川省高级人民法院发布《关于审理建设工程施工合同纠纷案件若干问题的解答》，其中第6问对无效建设工程施工合同约定管理费的处理作出了明确的规定。要正确理解和适用该意见，还需结合最高人民法院的法官会议纪要意见并从大小前提的逻辑线路上梳理，才不会发生在法律适用过程中的偏差。本文拟以笔者多年为建筑施工企业提供诉讼和非诉法律服务的实践经验，结合最高人民法院法官会议纪要、地方法院司法观点，总结在建设工程合同无效情形下，对当事人双方约定管理费的处理依据和原则。

**【关键词】**违法转包、分包；出借资质；挂靠；合同无效；管理费

因建设工程具有保障公众安全的基本社会功能，国家必须对承接建设工程的建筑企业进行管理。我国《建筑法》第26条规定：“承包建筑工程的单位应当持有依法取得的资质证书，并在其资质等级许可的业务范围内承揽工程。禁止建筑施工企业超越本企业资质等级许可的业务范围或者以任何形式用其他建筑施工企业的名义承揽工程。禁止建筑施工企业以任何形式允许其他单位或者个人使用本企业的资质证书、营业执照，以本企业的名义承揽工程。”《建筑工程施工发

---

* 郑筱珺，四川君合律师事务所律师，合伙人，房地产与建设工程法律事务部副部长。

包与承包违法行为认定查处管理办法》第4条规定:建设单位与承包单位应严格依法签订合同,明确双方权利、义务、责任,严禁违法发包、转包,违法分包和挂靠,确保工程质量和施工安全。

在建筑市场中,因各主体逐利的动机,早已形成并长期存在违法发包、分包、转包、挂靠的利益链条,在如工程设备采购安装、园林绿化等施工合同履行过程中尤为常见;建筑施工企业仅作为从建设方(发包人)处承接工程的合同主体,施工合同的实际履行均交由其他劳务公司甚至自然人组成的班组实施,即所谓的“平台公司”。“平台公司”通过与实际履行施工合同的其他公司或者自然人签订如“内部管理合同”“项目责任管理责任书”等将工程整体或部分转包、违法分包或者出借公司资质给他人挂靠承接工程项目,并约定收取一定比例的“管理费”,“管理费”的构成则各有不同。在这种关系中,双方发生争议并诉至法院的比例相当高,因违反法律强制性规定,合同被认定无效的情形居多,在合同被认定无效后,法院会如何评判双方的权利义务,尤其是否会支持建筑施工企业收取“管理费”,是从事建设工程法律服务的律师在日常工作中必然面对的问题之一。本文借由近期重庆市高级人民法院、四川省高级人民法院《关于审理建设工程施工合同纠纷案件若干问题的解答》的公布与实施,对合同无效情形下建筑施工企业是否能收取“管理费”进行分析。

## 一、川渝高院对无效建设工程施工合同中约定的管理费如何处理的相关意见及分析

重庆市高级人民法院、四川省高级人民法院《关于审理建设工程施工合同纠纷案件若干问题的解答》第6问是无效建设工程施工合同中约定的管理费如何处理。回答是转包人、违法分包人、出借资质的建筑施工企业已经收取了管理费,实际施工人以建设工程施工合同无效为由请求返还的,人民法院不予支持。

未实际参与施工、组织管理协调的转包人、违法分包人、出借资质的建筑施工企业请求实际施工人按照无效建设工程施工合同约定支付管理费,人民法院不予支持。实际施工人请求转包人、违法分包人、出借资质的建筑施工企业支付的工程款中包含管理费的,对于管理费部分不予支持。

从字面意思理解,该条答复意见有以下三层含义:第一,支持无效建设工程施工中,转包人、违法分包人、出借资质的建筑施工企业已经收取了管理费的行为;

第二,不支持未实际参与施工、组织管理协调的转包人、违法分包人、出借资质的建筑施工企业请求实际施工人按照无效建设工程施工合同约定支付管理费;第三,不支持实际施工人请求转包人、违法分包人、出借资质的建筑施工企业支付的工程款中包含管理费的部分。

笔者认为,对该条意见,应当按照无效建设工程施工合同中约定的管理费条款效力判断在具体情形下的适用和限制,以此进行梳理和理解。

## 二、转包人、违法分包人、出借资质的建筑施工企业收取管理费的前提为实际对工程进行了管理协调

《最高人民法院第二巡回法庭法官会议纪要》第二辑中收录的法官会议意见为:建设工程施工合同因非法转包、违法分包或挂靠行为无效时,对于该合同中约定的由转包方收取管理费的处理,应结合个案情形根据合同目的等具体判断。如该管理费属于工程价款的组成部分,而转包方也实际参与了施工组织管理协调,可参照合同约定处理;对于转包方纯粹通过转包牟利,未实际参与施工组织管理协调,合同无效后主张管理费的,应不予支持。合同当事人以作为合同价款的管理费应予收缴为由主张调整工程价款的,不予支持。基于合同的相对性,非合同当事人不能以转包方与转承包方之间有关管理费的约定主张调整应支付的工程款。[①]

除了证明自身实际对工程项目进行了管理协调,如派驻了管理团队、协助项目实际管理人应对诉讼、解决各种突发事件等,在司法实践中,对于收取管理费的施工企业,法院往往还要求其举证证明自己的管理费支出构成,在判决时会剔除管理费中利息的部分。这也是争议较大、矛盾突出的焦点,从施工企业层面来看,施工企业认为任何的资金使用都有成本,不可能无息借钱给项目使用,否则将造成施工企业自身的资金使用亏损;从法院的价值判断来看,若支持施工企业既收取管理费又收取对项目借款的利息,在客观上变相支持了施工企业因违法行为、合同无效而获益,与法律规定和立法价值相悖。在该种情况下,法院可能还会参照管理费和资金利息约定的高低,经过综合评判,做出适当调整,尽量达到不使任何一方因违法行为获益的平衡效果。

---

① 参见贺小荣主编:《最高人民法院第二巡回法庭法官会议纪要》第二辑,人民法院出版社 2021 年版,第 235 页。

**三、承包人、出借资质的企业只收取一定比例的管理费而未对工程进行管理协调的，此类管理费属于违法收益，依法不应支持**

《民事审判指导与参考》总第87辑的观点为合同无效，承包人请求实际施工人按照合同约定支付管理费的，不予支持。

最高人民法院民事审判第一庭2021年第21次专业法官会议纪要的认识为：转包合同、违法分包合同及借用资质合同均违反法律的强制性规定，属于无效合同。前述合同关于实际施工人向承包人或者出借资质的企业支付管理费的约定，应为无效。实践中，有的承包人、出借资质的企业会派出财务人员等个别工作人员从发包人处收取工程款，并向实际施工人支付工程款，但不实际参与工程施工，既不投入资金，也不承担风险。实际施工人自行组织施工，自负盈亏，自担风险。承包人、出借资质的企业只收取一定比例的管理费。该管理费实质上并非承包人、出借资质的企业对建设工程施工进行管理的对价，而是一种通过转包、违法分包和出借资质违法套取利益的行为。此类管理费属于违法收益，不受司法保护。因此，合同无效，承包人或者出借资质的建筑企业请求实际施工人按照合同约定支付管理费的，不予支持。①

综上，转包人、违法分包人、出借资质的建筑施工企业收取管理费的前提在于对工程进行了管理协调，甚至协助实际施工人应对了资金欠缺和人、材、机资源调配等。在双方产生争议时，若转包人、违法分包人、出借资质的建筑施工企业已经在工程进行的过程中收取了管理费，常见的形式如双方定期对账确认，则实际施工人以建设工程施工合同无效为由请求返还，人民法院不予支持。对于自身参与了工程的管理协调，转包人、违法分包人、出借资质的建筑施工企业负有举证责任。若转包人、违法分包人、出借资质的建筑施工企业未在工程进行的过程中收取管理费，而是在双方发生结算争议时主张管理费，则将面临的争议较大，法院可能会回到转包人、违法分包人、出借资质的建筑施工企业在参与了工程管理协调的前提下判决部分支持，也有可能判决不支持。对于该争议，目前各地法院裁判尺度统一度不高，律师在为当事人提供法律咨询及诉讼方案分析中要引起重视，在出具法律分析意见时要谨慎。

---

① 参见最高人民法院民事审判第一庭编：《民事审判指导与参考》总第87辑，人民法院出版社2022年版，第166页。

# 项目负责人对施工企业的表见代理权问题分析与管理建议

郑筱珺*

【摘要】表见代理制度的司法适用容易出现基于相同的案件事实但人民法院作出不同认定且论证说理均具有一定合理性的情况，对指导各法律关系主体的行为、维护交易秩序产生了不稳定的影响。尤其是在建设工程施工法律关系领域，项目负责人是否有权对外代表施工企业签认各供应商主张的结算(包括工程量、价款)等表见代理规则的适用问题尤为突出，引发的矛盾也较为尖锐。本文尝试结合案例阐述法律规定并对施工企业提出管理建议。

【关键词】表见代理；项目负责人；结算权；施工过程管理

## 一、表见代理制度在项目负责人和施工企业之间的典型问题梳理

总体而言，施工企业虽然在合同上约定项目负责人仅具有管理现场的职能、供应商与施工企业之间的结算仍应在双方公司主体间进行，但在司法实践中，施工企业很难仅用合同约定条款对供应商主张按照合同上确定的施工企业项目负责人签认的结算不予认可抗辩成功，原因有如下几点。

第一，法院通常认为，施工企业作为施工承包人对施工现场具有管理义务，且从保障自己利益的角度出发，其供应、调配人机料物等用于施工的过程，可以清晰地体现在施工企业向工程发包人对工程进度款请款、竣工结算等程序中；施工承

* 郑筱珺，四川君合律师事务所律师，合伙人，房地产与建设工程法律事务部副部长。

包人向发包人请款,一定是基于自身确认过的施工质量、工程量、人材机的价格等资料,按照法律规定和合同约定,经发包人确认,最终才能形成工程进度款、结算款,施工承包人才有权要求发包人支付。如果施工承包人向上对发包人请款并且发包人已经支付,向下却以对应的分包人施工质量有问题、各供应商的合同认质认价未确认、工程量不足等为由不及时支付合同款,则施工承包人在利用合同相对性规避及时付款的责任,这是不诚信的行为,不应支持。由此,在诉讼程序的评价中,法官的基本认识为:施工企业应该对自身的对外采购有较为严格的管理制度,尤其对于自身授权到具体采购合同中的项目负责人有监管责任,从项目负责人对外采购、确认收货、安装、调试到上述材料、物料均物化到具体工程上,施工企业不可单纯以自身不知情或项目负责人与他人恶意串通、损害施工企业利益为由抗辩不应按照供应商的主张进行结算。

第二,沿着上述思路,在争议较为集中的建材采购(包括需要安装、调试的设备)纠纷案件中,除非施工企业举证证明,项目负责人以本项目需要为由,以施工企业身份、个人身份甚至其他主体身份与供应商签订采购合同但实际上采购的标的物并非用于施工企业承揽的工程,否则对于供应商举证建材已经送达了施工企业承包的工地、供应商完成了合同义务的情形,法院很多时候会侧重于保护供应商利益,从维护社会稳定的目的出发,判决支持供应商的诉求。在笔者承办的案件中,有两件即为该类情况,施工企业授权的现场负责人具有多重身份,其在向某建材经营部采购钢材、向某混凝土公司采购混凝土并要求送至施工企业承包的工地(施工企业承包范围为土建),但将其他建筑公司分公司作为采购主体(其在该分公司担任负责人),同时该现场负责人在工程中施工企业承包范围外还以自己担任法定代表人的另一家公司承揽了风貌工程。上述两起案件经法院审理后,生效判决均认定,基于买卖合同的相对性及项目负责人具有多重身份的考虑,施工企业不具有直接向供应商支付货款的义务。①

第三,在整体工程通过竣工验收交付发包人后,施工企业被供应商起诉主张结算款,施工企业拟以现场负责人签认的结算价格过高(尤其是合同约定外增加的工程量、单价)为由,同时找出供应商履行合同的瑕疵(如构件尺寸不够、设备

---

① 案号:(2014)高新民初字第5575号、(2016)川01民申96号、(2017)川01民终5759号。

缺少、景观工程感官差）等主张应减少结算价款金额的抗辩难以被法院支持。同样在作者承办的三件类案中，有两件法院经审理后认为，施工企业作为施工承包人（包括施工总承包人及专业分包人），在向发包人报送竣工验收时，已经视为对供应商、专业分包人等的合同义务完成情况合格进行了确认，在其与供应商、专业分包人的诉讼中反过来以供应商、专业分包人未按约定完成合同义务、履行有瑕疵从而应当扣减结算款的抗辩不予支持。在第三件案件中，法院认为对于施工企业与材料供应商之间签订的合同外增加的工程量对应的价款，项目负责人不具有认价的权利，最终法院酌情将该部分价款做了对半减少的调整。上述三件案件均为 2022 年到 2023 年成都及其周边不同法院的判决。[①]

**二、对施工企业的管理建议**

2022 年 7 月，最高人民法院《对十三届全国人大五次会议第 4254 号建议的答复》关于表见代理问题的理解为："……同时符合下列条件的，人民法院可以认定为《民法典》第一百七十二条规定的相对人有理由相信行为人有代理权：（一）存在代理权的外观；（二）相对人不知道行为人行为时没有代理权，且无过失。因是否构成表见代理发生争议的，相对人应当就无权代理符合前款第一项规定的条件承担举证责任；被代理人应当就相对人不符合前款第二项规定的条件承担举证责任。"

根据上述最高人民法院的答复，施工企业在对项目负责人进行授权时，仅以书面形式结合合同条款强调项目负责人不具有结算权，不足以防范自身的风险，可从以下两个方面进行改进。

1. 合同上的项目负责人应和现场的实际管理人员分开设置。

若按照过往行业惯例做法，施工企业将实际管理工地现场的负责人写入了合同，并在合同中明确其为本合同的负责人，将在今后发生纠纷举证反驳权利外观时遇到极大的困难，因为施工过程决定了建材供应并非简单的"钱货两清"，可能还涉及施工（如混凝土浇筑）、安装调试（设备类）。若施工企业同样赋予该项目负责人对于供应商供货的检验、检查等管理的权利，该部分材料、设备又物化到了具体工程上并且发包人已经将该部分工程款结算给了施工企业，就财务而言，施

---

① 案号：（2023）川 14 民终 24 号。

工企业已经认可了采购进项的价格，施工企业将很难抗辩项目负责人对外不具有结算的权利。

2. 加强过程管理，以明确的意思表示向供应商定期发送结算必须按照合同约定的通知，在施工企业层面进行确认。

在上述案件中，作为代理律师，笔者看到施工企业在合同签订初期曾向供应商发函明确项目负责人不具有签认结算的权利，最终结算必须由施工企业层面进行确认，但该类发函并未起到应有的作用。究其原因，施工企业在过程管理中失控，思想仍停留在结算为最终结算的认识层面，忽略了在过程中自身的一些行为可能会在将来被认定为真实意思的表示，从而使得法院否认施工企业作出的项目负责人不具有签认结算权利的发函对供应商具有约束力。在过程中施工企业的确对项目负责人单方面以施工企业名义与供应商签订了不合理高价的协议不知情，但也未以施工企业自身的名义阶段性地与供应商进行对账和协商争议处理，如在每次送货、安装、调试后与供应商进行确认，并且在格式化的确认单上明确告知过程性结算及最终结算均需按照合同的约定，经过施工企业进行结算。另对于合同约定外增加的工程量，施工企业作为采购方，须及时与供应商确认采取怎样的计价方式，若不同意供应商的报价，应及时发函明示并暂停合同继续履行，保留双方协商过程的证据。

# 承重墙之不能承受之重

## ——论各方主体对房屋安全使用的义务

郑筱珺[*]

**【摘要】**2023年4月，某市一栋居民楼因第三层拟经营健身房进行装修改造将承重墙砸毁，导致当天晚上楼体开裂到15层，第二天裂缝最高出现到21层(该楼共31层)。该事件引起了极大的轰动，当地政府紧急疏散了240余户住户并责令违法者停止违法活动，会同相关部门对拆改的墙体进行安全支护、组织专业机构进行安全鉴定，制定拆改墙体恢复方案。此次装修改造砸毁承重墙导致的直接经济损失超过1.6亿元，而相比之下砸毁承重墙的当事人个人赔偿能力有限，该居民楼所有住户可能面临重大损失。本文试图从建筑结构安全及物业公司的职责、居民住户在自身房屋使用时的义务三个方面进行论述，希望类似事件今后不再发生。

**【关键词】**建筑结构安全；墙体受力；房屋的安全使用

### 一、民用建筑的基本结构

建筑物一般都由基础、墙、柱、楼板与地面、楼梯、屋顶和门窗等部分构成。其中基础是将结构所承受的各种作用传递到地基上的结构组成部分，承受建筑物的全部荷载，并将其传递给地基（地基是支承基础的土体或者岩体，不是建筑物的

* 郑筱珺，四川君合律师事务所律师，合伙人，房地产与建设工程法律事务部副部长。

组成部分)。

墙在建筑物中主要起承重、围护及分隔作用,按墙在建筑物中的位置、受力情况、所用材料和构造方式不同可分为不同类型。按受力不同,墙可分为承重和非承重墙。建筑物内部只起分隔作用的非承重墙称为隔墙。对此,我们常见的房屋户型图中,用其他颜色区分标注出来的墙体即为剪力墙,剪力墙不能拆除砸毁为装修常识,而房屋内部的空间区分也由这类不能拆除砸毁的墙体决定。

楼板是多层建筑中沿水平方向分隔上下空间的结构构件。它除了承受并传递竖向荷载和水平荷载以外,还应具有一定程度的隔音、防火、防水等作用。同时,建筑物中的各种水平设备管线,也将在楼板内安装,主要由楼板结构层、楼板面层、板底天棚三个部分组成。

另外还有阳台与雨篷、楼梯、门窗、屋顶及装饰构造。其中屋顶是房屋最上层起承重和覆盖作用的构件,其作用主要有三个:一是防御自然界的风、雨、雪、太阳辐射热和冬季低温等的影响;二是承受自重及风、沙、雪等荷载及施工或屋顶检修人员的活荷载;三是屋顶是建筑物的重要组成部分,对建筑形象的美观起着重要的作用。①

综上可见,虽然对于居民住户个人而言,自身所有的房屋空间为个人所有,但整个建筑物的结构却是一体化的,尤其基础、墙体、梁板柱等承受建筑物荷载的结构,不能轻易被改变。在重力荷载作用下,荷载由板传到梁和墙,同时梁也要传递到剪力墙,剪力墙再传递到基础。本次事件的居民楼高达31层,房屋本身荷载大,因装修改造在第3层砸毁承重墙必然对整个建筑产生巨大的安全危害。

**二、房屋使用、维护各方主体的权利义务**

*(一)房屋所有者和使用者的权利义务*

根据《民法典》第271条、第272条关于业主对房屋专有部分行使所有权的明确规定,业主对其建筑物内的住宅、经营性用房等专有部分享有占有、使用、收益和处分的权利;业主行使权利不得危及建筑物的安全,不得损害其他业主的合法权益。《物业管理条例》第52条规定:业主需要装饰装修房屋的,应当事先告知物业服务企业;物业服务企业应当将房屋装饰装修中的禁止行为和注意事项告知业主。

非房屋所有者的使用者如承租人也应该遵守上述法律、法规的规定,在对住

---

① 参见全国造价工程师职业资格考试培训教材编审委员会编:《建设工程技术与计量(土木建筑工程)》,中国计划出版社2021年版,第47、59页。

宅内房屋进行装饰装修时，必须严格按照《住宅室内装饰装修管理办法》等将上述法律法规细化后的部门规章、规范的规定进行。

（二）物业公司对住户（房屋所有者和租住户）装修负有监管责任

本次事件发生后，公众的疑问汇集在了违法者在三层楼砸毁、拆除剪力墙，如此大的动作，小区物业是否进行了监管。

《物业管理条例》第 2 条规定："本条例所称物业管理，是指业主通过选聘物业服务企业，由业主和物业服务企业按照物业服务合同约定，对房屋及配套的设施设备和相关场地进行维修、养护、管理，维护物业管理区域内的环境卫生和相关秩序的活动。"该条例第 29 条规定："在办理物业承接验收手续时，建设单位应当向物业服务企业移交下列资料：（一）竣工总平面图，单体建筑、结构、设备竣工图，配套设施、地下管网工程竣工图等竣工验收资料；（二）设施设备的安装、使用和维护保养等技术资料；（三）物业质量保修文件和物业使用说明文件；（四）物业管理所必需的其他资料。物业服务企业应当在前期物业服务合同终止时将上述资料移交给业主委员会。"

《住宅室内装饰装修管理办法》第 6 条规定："装修人从事住宅室内装饰装修活动，未经批准，不得有下列行为：（一）搭建建筑物、构筑物；（二）改变住宅外立面，在非承重外墙上开门、窗；（三）拆改供暖管道和设施；（四）拆改燃气管道和设施。本条所列第（一）项、第（二）项行为，应当经城市规划行政主管部门批准；第（三）项行为，应当经供暖管理单位批准；第（四）项行为应当经燃气管理单位批准。"

上述禁止性规定属于强制性规范，任何装修人员都不得违反上述规定。物业公司发现装修人员有上述行为必须马上制止、通知整改，如果装修人员拒不更改，物业公司应立即报告给房屋所在地住房和城乡建设主管部门，由住房和城乡建设主管部门责令改正、处以罚款。给其他业主造成损失的，其他业主/住户可以主张损害赔偿，由违法者承担对应的民事责任。

住房和城乡建设部《关于进一步加强住宅装饰装修管理的通知》（建质〔2008〕133 号）第 2 条规定严格管理制度，落实相关责任："各级建设主管部门要根据国务院《建设工程质量管理条例》和《住宅室内装饰装修管理办法》（建设部令第 110 号）等有关规定，进一步完善本地区住宅装饰装修管理制度，落实装修人、装修企业和物业服务企业等住宅管理单位的责任。要加快建立装修企业信用管理制度,严格对装修工人和装修企业违法违规行为的处罚。要坚持完善装修开工申报制度,装饰装修企业要严格执行《住宅装饰装修工程施工规范》(GB 50327 - 2001),确保装修质量。要采取切实有效措施,充分调动物业服务企业等住宅管理单位、居委会和住宅使用者参与监督的积极性,逐步形成各方力量共同参与、相互配合的联合监督机制。"

虽然目前对涉事小区的物业服务合同如何约定不得而知,但租户砸毁和拆除剪力墙租赁的大型机械作业所产生的噪声以及持续进行施工的施工现场,都应该是物业公司明知的。物业公司持有上述有关房屋的建筑资料,应当明知租户砸毁和拆除剪力墙对整体建筑的危害,但直至事发,仍处于对其放纵的状态,有可能被主张承担相应的责任。

(三)随意拆改承重墙的法律后果

破坏房屋的结构造成房屋损害必然承担民事责任,在装修过程中擅自变动房屋建筑主体和承重结构的,还将面临相关部门责令改正、罚款的行政处罚;随意拆改承重墙还会危害不特定多数公众的安全,可能触犯《刑法》第114条的以危险方法危害公共安全罪。

**三、建立全民对房屋安全合理使用的认知,共同打造幸福和谐的命运共同体**

《三联生活周刊》对中国建筑设计研究院原总工程师朱炳寅的采访中有这样一段话:"虽然这只是个单一事件,不是个案,但我觉得,它其实是能够反映出相当一部分人不重视结构安全,默许这种破坏行为。我感觉到,它可能说明有些人对房屋的结构安全已经漠视到了一个非常可怕的程度。退休前,我曾跟我们院的崔恺院士做过一个课题,关于房屋的使用说明书。你看你买一个空调,都有一个说明书告诉你怎么用,但我们的房屋,给你一个产权证,没别的了。当然房屋安全涉及很多,用电安全,防火安全等等,但我们现在确实很缺乏结构安全知识的普及。比方说,我造这个房子,混凝土多少,配多少钢筋,每平方米用多少建筑材料,如果房屋说明书上能呈现这些数据,那么全行业就会形成一个共识,对开发商,对业主,对装修施工等多方面都是一种促进,将更有利于确保房屋安全。"①

建设工程的施工阶段、竣工验收阶段均有严格的强制性规范予以规制,如

① 驳静:《私砸承重墙整栋开裂:1.6亿的楼还有救吗?》,载微信公众号"三联生活周刊"2023年5月8日,http://mp.weixin.qq.com/s/Kem5Fti191OD0H4K7598Hg。

《建设工程质量管理条例》、《建筑工程施工质量验收统一标准》（GB 50300－2013）等，为的就是保障基本的公众安全；但在建筑物竣工验收、商品房由开发商销售并交付房屋所有者使用后，老百姓缺乏如何继续在这些强制性规范标准的约束内使用和改造房屋以保证自身和他人安全的认知。除了为改变房屋空间布局砸毁承重墙，居民住宅中常见的情况还有部分顶楼住户将屋顶再搭建一层并改装敷设水电，用于出租，完全意识不到房屋建筑的设计荷载有限、只有在设计荷载的安全范围内屋顶的承重结构才不会发生改变，才能保障建筑物的整体安全；这些住户也不顾水电线路的敷设属于对房屋建筑设计的变更，处于房屋建筑的设计、施工和维修的范围之外，随意改装可能存在重大安全隐患。还有的住户将阳台改造成游泳池或者填土进行绿化种植，忽略了阳台的承重结构形式（墙承式、悬挑式等）是否能承载，可能因阳台荷载超过设计荷载而出现危害房屋结构安全的事故。本文所涉的因房屋承重墙被砸毁危害整体楼栋安全事故后不到3个月，某市又发生了某中学体育馆屋顶坍塌导致超过10名学生死亡的事故。事故调查原因的新闻报道中提及施工单位将吸水性较强的建筑材料违规堆放在体育馆屋顶，建筑材料因吸收了较多的雨水而重量增大，超出了体育馆屋顶的设计荷载，导致屋顶的突然坍塌。体育馆等场馆的屋顶一般不具有较强的承重功能，而更多发挥遮挡功能，是不能随便加重其荷载的，更不能随意堆放建材。该事故暴露出的问题是专业的建筑施工单位都可能随意堆放建材，而学校管理部门也未发现该安全隐患，足以反映出大众对建筑物的安全使用意识严重不足。

建筑物的安全涉及不特定多数公众的安全利益，在某市学校体育馆屋顶坍塌事件中，花季少年的突然离去使他们的家庭遭受了无法承受的打击和无法挽回的损失。此外，房产在我国居民所持财产中占比较大，许多家庭购买一套房屋，需要投入两代人甚至三代人辛苦积累的财富，实属不易。在砸毁承重墙危害整体楼栋安全的事故中，有着急卖房治病但房屋受损暂时无法销售的业主，也有哭诉“干了一辈子就换了这一套房，现在什么都要没有了”的中年人，受影响的住户超过200户。但愿上述事件能引起各方主体对房屋安全使用的重视，希望类似悲剧今后不再发生。

# 浅析工程总承包模式在发包条件不足情形下承包人面临的风险承担与防范

郑筱珺*

【摘要】近3年来,从事建设工程总承包法律服务业务的律师频繁遇到如下情况:案涉项目的发承包双方在发承包阶段对工程总承包项目发包条件的认识不一,进而在履约过程中对图纸设计优化、工期责任承担、价格调整(超预算)等问题产生巨大争议,双方均损失重大。尤其在工程总承包项目为政府采购项目、发包人为国家机关的项目中,发包人还往往以投资预算的限制为由,坚持只在预算资金限额范围内与承包人进行结算,由此引发的矛盾尤为激烈。笔者拟结合自身经历,探讨工程总承包合同发包条件不足所必然造成的结算争议,以及作为承包人面临风险的承担与防范。

【关键词】工程总承包;发包条件不足;设计概算;政府投资工程

## 一、工程总承包项目发包条件不足问题的由来

《政府投资条例》及《房屋建筑和市政基础设施项目工程总承包管理办法》(以下简称《总承包管理办法》)均于2019年颁布,对于政府投资工程项目要求原则上应当在完成初步设计后再进行发包,以及采取工程总承包形式发包的工程项目,需要具备"建设内容明确、技术方案成熟"的前提才予以确立。《政府投资条例》第11条规定:"投资主管部门或者其他有关部门应当根据国民经济和社会发

---

* 郑筱珺,四川君合律师事务所合伙人律师,合伙人,房地产与建设工程法律事务部副部长。

展规划、相关领域专项规划、产业政策等,从下列方面对政府投资项目进行审查,作出是否批准的决定:……(三)初步设计及其提出的投资概算是否符合可行性研究报告批复以及国家有关标准和规范的要求……"由于上位法明确规定政府投资项目应当完成初步设计审批,采用工程总承包项目发包的政府投资项目自然也应受上位法规制,应当在完成初步设计审批后发包。[①]《总承包管理办法》第4条规定,"工程总承包活动应当遵循合法、公平、诚实守信的原则,合理分担风险,保证工程质量和安全";第6条规定,"建设单位应当根据项目情况和自身管理能力等,合理选择工程建设组织实施方式。建设内容明确、技术方案成熟的项目,适宜采用工程总承包方式"。

在2019年以前,政府投资项目往往由发包人在申请的预算限额内匆匆组织工程总承包招标,大多数工程项目在发包时仅完成可行性研究,未完成初步设计,其中又有相当比例的可行性研究报告存在专业性、准确性均不足的情形。发包人一方还秉持着工程总承包应当以总价固定、工期固定、发包人要求固定(俗称工程总承包"三固定")为标准进行发包和履约管理的认识,认为预算限额是自己持有的、让承包人无论如何也无法突破合同约定的"尚方宝剑",仅此一项就可以控制合同总价不超过限额。承包人一方则将重点放到了组织具有资质的成员形成联合体进行投标且尽量中标的工作上,但思想认识仍然停留在施工总承包"照图施工"的层面,将整个工程实现营利的目标都寄托在据实结算的主张之上。在这种情况下,承包人在投标时必然对招标文件所反映的工程项目信息是否全面重视程度不够,对联合体各单位共同作为承包人进行履约缺乏认识。最终,发承包双方的矛盾往往在发包人预算资金不足时集中爆发,这个时间节点有可能是工程建设实施过程中,也有可能是竣工结算的时候,此时发包人无力支付进度款,承包人被迫采取停工措施。此外,新冠疫情3年的经济下行导致各方资金缺口变大,现很大一部分工程总承包合同纠纷案件在法院审理中陷入僵局,发承包双方都困于冗长的诉讼过程。有的项目发包人的负责人涉嫌渎职和决策失误被国家机关调查或追究责任,导致项目完成结算遥遥无期。无论哪种情形,大部分对承包人不利,承包人将承受巨大的亏损。

---

① 参见朱树英:《工程总承包实务问答》,法律出版社2020年版,第61、62页。

## 二、工程总承包合同发包条件不足情形下承包人面临风险的承担

1. 将勘察工作纳入工程总承包范围，导致承包人面临的不合理、不确定的风险加大。

《建筑法》第24条第2款规定，"建筑工程的发包单位可以将建筑工程的勘察、设计、施工、设备采购一并发包给一个工程总承包单位"。2019年以前的工程总承包项目呈现较多发包均将勘察纳入工程总承包范围的情形，在中标后，发承包双方签订的合同为《勘察—设计—施工总承包合同》。2019年颁布的《总承包管理办法》第3条将勘察排除在了工程总承包的范围外，该条规定为："本办法所称工程总承包，是指承包单位按照与建设单位签订的合同，对工程设计、采购、施工或者设计、施工等阶段实行总承包，并对工程的质量、安全、工期和造价等全面负责的工程建设组织实施方式。"

首先，勘察工作对于工程项目是否可行具有绝对的前置性地位。只有经过勘察，才能初步明确建设工程的地质、水文等基本情况，才能知晓拟建设方案是否可行。为保证工程的施工质量与公共安全，勘察工作应当遵守法律法规的强制性规定、受国家标准的强制性约束。《建设工程勘察设计管理条例》第2条第2款规定："本条例所称建设工程勘察，是指根据建设工程的要求，查明、分析、评价建设场地的地质地理环境特征和岩土工程条件，编制建设工程勘察文件的活动。"

《建设工程质量管理条例》第5条第1款规定："从事建设工程活动，必须严格执行基本建设程序，坚持先勘察、后设计、再施工的原则。"《建设工程勘察设计管理条例》第4条规定："从事建设工程勘察、设计活动，应当坚持先勘察、后设计、再施工的原则。"《岩土工程勘察规范（GB 50021－2001）》（2009年版）第1.0.3条也规定："各项建设工程在设计和施工之前，必须按基本建设程序进行岩土工程勘察。"

其次，只有完成勘察工作，才能明确工程建设内容、计算合理的合同总价。如果将勘察纳入工程总承包的范围，仅依据发包人提供的可行性研究报告中的地质资料，如何确定工程建设的内容与合同总价？

以笔者近期接触的一个工程总承包合同纠纷为例。发包人为某拘留所，项目建设资金为政府财政预算资金。在申请预算资金和设计最高投标限额时，发包人所依据的地质资料为可行性研究报告中载明的本项目建设场地为二类建设场地。

承包人以施工单位为牵头人，与勘察单位、设计单位一起组成了联合体进行投标。在中标合同签订后，勘察单位进行勘察时，发现本项目建设场地部分为三类建设场地且土质液化严重，相比二类建设场地，需要进行开挖换填、打入水泥粉煤灰碎石桩（CFG 桩）并做复合地基才能满足基础承载力的要求。如此一来，必然造成施工工艺改变、造价增加、工期延长的后果。在双方进行竣工结算时，发包人果然以预算限额为由，只认可了部分增加的费用。

在将勘察纳入工程总承包的范围案例中，还有部分承包人迫于无奈采取了"边勘察、边设计、边施工"的方法，将工程做成"三边工程"，不仅违反法律法规的强制性规定，还存在重大的安全隐患，同时也极容易造成工期和造价完全失控。

因此，勘察工作不应纳入工程总承包的范围。即便发包人在前期委托了勘察单位进行过勘察，但该勘察资料仍然不足以明确建设内容、确定主要的施工方法、能够计算合理的价格，承包人也需要对是否承揽该工程慎重考虑。如在福州地铁一号线的建设过程中，承包人正是因建设工程地下不可见因素过多、风险不可预计，决定不采用工程总承包模式承揽工程，最终避免了重大损失的发生：福州市区属于闽江冲积平原，又属于沿海丘陵，还临近台湾海峡地震带，地质情况十分复杂，各种特殊情况相互交错、互相影响，几乎不可能在施工前作出准确勘查。该项目可行性研究方案预计工程总投资 280 亿元左右，建设期 5 年；但工程通车时，实际花了超过 400 亿元，建设期 8 年有余。该项目虽然是政府投资的，但采用的是传统的 DBB 模式，原因就在于项目特点决定该项目并不适合采用工程总承包。①

2. 虽然发包人仅以超过预算资金限额控制合同总价缺乏法律依据，但合同总价一旦超过预算资金，承包人将面临工程价款债权清偿障碍极大的风险。

市政工程因涉及公共利益，依法依规大多采取工程总承包模式，发包人通过公开招投标确定承包人，工程的资金来源为财政预算资金。发包人依据工程立项、可行性研究前期阶段的资料申请预算资金，并受相关法律法规、政策文件的严格约束，一旦设计概算金额确定，原则上工程后续的投资不得超过设计概算金额。但正因为工程项目在发包时发包条件不足，在不同程度上必然导致施工工艺变化、工期延长、造价增加，几乎在所有工程总承包纠纷案件中，一旦发包人申请调

---

① 参见朱树英：《工程总承包实务问答》，法律出版社 2020 年版，第 53 页。

增设计概算被否决,承包人则将陷入无法突破合同总价结算的困境、承担巨大的亏损。即便通过诉讼,法院支持了承包人突破合同总价结算的请求,在执行阶段,承包人在客观上也无法申请将涉及公共利益的建设工程予以协商或拍卖折价受偿。发包人作为政府机关、政府职能部门,在无预算资金拨付的情况下,也无力支付工程款。

**三、工程总承包合同发包条件不足情形下承包人的风险防范**

1. 若一定要承揽将勘察工作纳入工程总承包范围的工程,应当严谨论证项目周边的地质资料,对可能存在的不利情形进行量化评估,准确预判风险。

以南亚某修造船厂 EPC 项目为例。该项目内容包括水下挖泥、码头、陆域回填、地基处理、厂房、设备等。该项目最大的风险为招标人提供的地质资料对设计和水下挖泥形不成有效的技术支撑。工期方面的考虑:按“勘察 + 设计 + 施工”的总工期考虑,并考虑勘察、设计、施工的有效衔接;争取取消对水下挖泥的阶段性节点。地质条件:收集项目周边类似项目的地质资料,以便对水下挖泥和设计的影响进行量化并作为和发包人谈判的一个条件。挖泥分包:与分包商 C 的谈判条件要与发包人的一致。设计方面:与设计院 B 签订标前设计协议,明确勘察和设计的完成时间和“风险共担、利益共享”的模式。①

2. 在履约过程中固定发包人要求,明确合同权利义务的边界。

(1)对于政府预算资金发包和支付的工程,承包人要严格以设计概算限额为红线进行履约管理。

正因为在工程总承包模式下,许多承包人仍然有着根深蒂固的“据实结算”认知,对于发包人要求在合同外增加的工程内容趋之若鹜,认为有发包人的指令,或通过会议纪要、补充协议等方式确定了合同外施工内容,最后一定能得到该部分工程款的结算和支付。在工程总承包项目因建设资金不足而停工的情形中,较为常见的是发包人大幅度指令承包人新增工程内容,有的是将合同中约定的清水房改为需要进行精装修,甚至还有增加单项工程、单项工程的情形,使得工程价款严重超过了设计概算金额、投标最高限价金额。另外,承包人实施新增工程内容时,也会在一定程度上改变之前的履约计划,如设计、施工环节的资源调配,还可

---

① 参见凡一、祝慧芳主编:《施工企业全过程造价管理及案例》,中国建筑工业出版社2021年版,第55页。

能导致工期延长，违约风险极大。

随着商品房市场时代的落幕，建设工程投资有往市政类、社会公共类基础建设发展的趋势，在承接此类工程时，承包人尤其不能有“据实结算”的思想认识。各地政府为隔离地方政府债务风险，会设立平台公司作为发包人，在建设资金不足时，发包人往往又基于建设的工程如学校、医院、污水处理厂等具有直接与民生、社会公共利益相关的性质，要求承包人垫资施工、保障工程如期交付使用并承诺将申请调增预算资金以足额支付承包人工程款。《政府投资条例》第 12 条规定：“经投资主管部门或者其他有关部门核定的投资概算是控制政府投资项目总投资的依据。初步设计提出的投资概算超过经批准的可行性研究报告提出的投资估算 10% 的，项目单位应当向投资主管部门或者其他有关部门报告，投资主管部门或者其他有关部门可以要求项目单位重新报送可行性研究报告。”根据该条规定，一旦工程结算款超过设计概算（通常也是投标最高限价），平台公司就无超付工程款的依据，发包人承诺的申请调增预算资金难度极大、承包人的风险极大。

（2）承包人要谨慎对待发包人在履约过程中提出的各种变更要求，尤其要防范工期违约的风险。

仍以笔者接触的工程总承包纠纷案为例。发包人为某行政机关，其在履行工程总承包合同过程中，仍然以其上级机关签发的红头文件为附件，以工作联系函等方式向承包人下达各种指令，大到不断改变双方确认过的优化设计方案，小到某处增加几扇门。在该过程中，承包人需要给予高度重视，一旦接受发包人的各种指令，必将对合同中约定的固定工期和合同价格造成不同程度的冲击。在事后向发包人提出工期顺延和费用增加签证申请，发包人一般会以固定工期和固定价格予以拒绝，理由为既然承包人在明知合同工期固定的情形下还接受变更，一定是计算过能在合同约定的工期内能完成才决定的。如果承包人接受变更的设计、施工等内容还不在工期的关键路线上，承包人要向发包人申请工期延长、提出工期索赔就更难以得到支持。在此情况下，诚然发包人的做法有违诚信，但承包人要对工程总承包模式下自身的风险了然于胸。

上文提到的某拘留所工程总承包项目，发承包双方经过一年多谈判，从各自主张向对方索赔 600 多天工期违约，到最终协商就工程实际竣工日期严重晚于合同约定工期达成互不追究工期责任的和解，签订备忘录和会议纪要予以固定。作者律师团队作为承包人的委托律师，进行了全程跟踪和梳理，发现除存在承包人不断在按照发包人要求进行设计变更、施工内容变更、施工量增加等导致工期延长且承包人承担工期违约责任较大的情形外，还存在因发包人未及时申请施工许可证、承包人按照合同约定开工时，只能按照未经图审的白图缓慢进行施工，施工效率仅为施工组织计划1/3的情形，对此承包人无法从举证角度量化被延误的工期，对自身极其不利。经过综合评判，承包人与发包人就工期问题和解是正确的选择。

《总承包管理办法》第15条规定："建设单位和工程总承包单位应当加强风险管理，合理分担风险。建设单位承担的风险主要包括：（一）主要工程材料、设备、人工价格与招标时基期价相比，波动幅度超过合同约定幅度的部分；（二）因国家法律法规政策变化引起的合同价格的变化；（三）不可预见的地质条件造成的工程费用和工期的变化；（四）因建设单位原因产生的工程费用和工期的变化；（五）不可抗力造成的工程费用和工期的变化。具体风险分担内容由双方在合同中约定。鼓励建设单位和工程总承包单位运用保险手段增强防范风险能力。"

根据上述规定，除建设单位承担的风险外，原则上其他风险均由承包人承担，承包人务必尽快转变思想，从"按图施工"到"按约施工"，不能抱有完全可以据实结算的侥幸思想。

# 知己知彼，方能百战不殆

## ——以案例分析方式浅论承包人在不同阶段停工的风险控制

郑筱珺*

【摘要】在建设工程项目实施过程中，承包人如何合法行使停工权、及时有效地对工期和损失进行索赔，一直以来都是承包人关注的重点。但工程项目周期长、变数多也是行业特点，承包人应争取做到对项目全过程管理的每个环节都有掌控，而非仅在履行合同过程中遇到停工事由时才被动行使停工权。准确评估停工的风险，才能在对自身不利的情形下减小损失、全身而退，甚至可能实现停工盈利。本文拟以几例作者承办的案件，通过分析在发包人原因导致停工情形下承包人采取的应对方法及结果，来总结其中的经验与教训。

【关键词】合法停工；工程造价鉴定；主体结构；措施项目

### 一、承包人的停工权

承包人需要合法行使停工权，充分重视举证责任要求。

承包人行使停工权通常分为依法停工和依约停工。在实践中，导致承包人行使停工权的事由主要有以下三项。

#### （一）因发包人原因导致的质量缺陷，承包人依法行使停工权

根据《建筑法》第55条的规定，建筑工程实行总承包的，工程质量由工程总

---

* 郑筱珺，四川君合律师事务所律师，合伙人，房地产与建设工程法律事务部副部长。

承包单位负责。无论因为何种情况，承包人都应该在排除安全隐患问题之前采取暂停施工措施，避免出现不可控的工程安全事故。即便在建设中工程存在的安全隐患系发包人造成，如在施工总承包中由发包人另行分包的工程质量不合格，承包人也应当及时采取停工措施，并按合同约定、法律法规及施工规范的规定逐级汇报，在排除安全隐患后方可继续施工，否则可能会就安全隐患引发的后果与发包人共同承担责任或承担扩大损失的责任。

（二）承包人根据《民法典》第803条规定行使停工权

《民法典》第803条规定：发包人未按照约定的时间和要求提供原材料、设备、场地、资金、技术资料的，承包人可以顺延工程日期，并有权请求赔偿停工、窝工等损失。

最常见的情形为，发包人未按照合同约定足额、及时支付承包人工程款，导致承包人无法继续组织正常施工所必需的人材机物料甚至会导致对各供应商产生逾期支付等违约赔偿损失。发包人未按合同约定及时、足额支付进度款，拖欠工程款数额大、时间久，可以作为承包人行使停工权的理由。

（三）因约定停工事由出现，承包人依约行使停工权

若发承包双方在合同中约定了承包人可以停工的情形，承包人可以在出现停工事由时依约行使停工权。但因承包人市场地位原因，承包人通常在签订合同时无法将约定停工事由、条件写入合同条款，导致自身在履行合同过程中处于被动的情形。

接下来笔者用三个案例来讨论建设工程在不同阶段承包人行使停工权的过程和后果，分析和总结承包人如何通过对工程的全过程管理，在遇到停工事由时才能通过合法行使停工权维护自身合法权益。

## 二、风险控制建议：以案例为视角

### （一）对于地质条件不佳甚至不明确的工程项目，在招投标时就应考虑工程建设可能在进入主体施工前就被迫停工，全面考虑风险因素及索赔条款的设置

案例一[①]：某施工总承包项目，发包人委托第三方完成了基坑开挖施工工作后，通过公开招标程序确定了该项目的施工总承包人。发承包人双方签订施工总

---

① 参见四川省成都市中级人民法院民事判决书，(2023)川01民终3486号。

承包合同后，承包人入场开始对基坑进行捡底、验槽并采取了对开挖的基坑进行支护、降排水等措施，同时按照施工组织设计进行如塔吊等特种机械设备的租赁、钢结构深化设计的对外委托等工作。后因发包人对工地地基处理不过关，勘察报告显示地基承载力不足，无法进入下一道施工工序而停工，停工期间的工地由承包人进行照管并持续采取了降水措施、对工地聘请了安保人员照看。后双方对停工、停工损失赔偿及解除合同未能达成一致，发包人先起诉至法院要求解除合同并要求承包人撤离工地，承包人向法院提出反诉，同意解除合同并要求发包人支付工程款、赔偿停工损失和解除合同的可得利益。经过司法鉴定，造价鉴定机构出具工程造价鉴定意见，明确了承包人已经实施的施工内容对应的工程款金额，但将大多数承包人主张的停工损失和解除合同的可得利益作为选择性鉴定意见供法院审判参考。最终该案经历了发回重审程序、前后 3 年多的时间，重审二审法院送达判决，对于承包人主张的大部分停工损失和可得利益并未支持；承包人仅得到发包人支付的 400 余万元工程款，从经营层面、资金使用成本方面蒙受了亏损。

根据《建筑工程施工质量验收统一标准》（GB 50300 - 2013）附录 B 建筑工程的分部工程、分项工程划分，分部工程中地基与基础包括的子分部工程有地基、基础、基坑支护、地下水控制、土方、边坡、地下防水；分部工程中主体结构的子分部工程有混凝土工程、砌体结构、钢结构、钢管混凝土结构、型钢混凝土结构、铝合金结构、木结构。案例一中的工程项目承包人在主体结构施工前即因发包人原因停工、解除合同，后经历 3 年多的诉讼，才得到了已施工部分工程款及部分损失赔偿，因发包人违约造成的解除合同可得利益损失未能得到法院支持。虽案例一中承包人最终未实现己方诉请实属遗憾，但同时通过该案例，我们可以从以下几个方面进行经验总结。

1. 案涉工地临近当地主要河流，地下水丰富，在投标前承包人应仔细研究招标文件中地质资料的数据，量化风险因素，预估可能出现的无法进行后续建设的情况。在此主要涉及已施工的工程价款及措施费、深化设计费等应据实结算，以及在司法实践中解除合同的可得利益，以上两点较难被支持。

双方在施工总承包合同中约定，该施工总承包合同的暂定价为 1.6 亿元，措施费 2000 万元包干。这就意味着，在完全履行完毕该合同的条件下，承包人采取措施产生的费用在2000万元外的部分,发包人有权不再支付。基于该合同约定,承包人在投标时就要充分计算该工程措施项目在2000万元以内是否能完成。由于该工程为房屋建筑项目,根据《房屋建筑与装饰工程工程量计算规范》(GB 50854 - 2013)附录S措施项目的规定,措施项目包括脚手架工程,钢筋混凝土模板及支架(撑),垂直运输,超高施工增加,大型机械设备进出场及安拆、施工排水、降水,安全文明施工及其他措施项目。承包人的义务为在完成所有合同约定的施工内容情况下,因实体建筑物建设施工的需要,所对应的上述措施费用要控制在2000万元内。对应地,案例一中发包人原因导致承包人在进入主体结构施工前就停工,无法适用合同约定的措施费2000万元包干的条款,就承包人已经采取的措施所产生的费用,鉴定机构的鉴定意见通过逐项列举,纳入了确定性意见,最终也被法院采纳。

措施项目的特点是其价值、作用物化到实体工程中,无法在实体工程的竣工验收或者过程性验收环节中直接体现。因此,作为承包人务必做到对措施项目实施的资料完整、充分,在逻辑上形成闭环以证明该措施采取的必要性和产生的具体费用,否则可能在将来的诉讼中因证明力不足而被否决。

在该案中,重审二审通过改判,撤销了之前法院支持承包人诉请的钢结构深化设计费这一项,理由为合同约定钢结构深化设计费由承包人承担。对此观点,作者不敢苟同。合同的确约定钢结构深化设计费由承包人承担,但该约定的前提是钢结构深化设计完成、钢结构施工完成,钢结构深化设计费已经物化到了实体工程中,发包人应当支付承包人工程款。已经查明合同不能履行系发包人所致,承包人前期投入的钢结构深化设计费用未能物化到实体工程中,客观上形成了承包人的损失,发包人应予赔偿。

2. 若合同在进入主体结构施工前就因发包人原因停工并解除合同,对于承包人为履行该合同的预期可得利益赔偿,要尽量明确约定计算方法,写入合同条款、补充协议或者会议纪要。

在案例一中,对承包人主张的可得利益损失,鉴定机构给出的选择性鉴定意见为承包人在投标文件中提交的本企业上一年度工程利润率为1.5%。用该1.5%乘以合同暂定价1.6亿元,减去鉴定意见中已经确定的承包人完成施工内容的工程价款300余万元,计算出承包人的可得利益为216万元。但承包人对该可得利益的主张完全未被法院采纳,法院的说理为承包人完成施工内容的工程价款300余万元已经包含利润,但该说理很难说服承包人,法律对可得利益的规定面向未履行的合同产值而不是已经完成的合同产值。在其他案例中法院不支持承包人主张因发包人违约解除合同的可得利益的说理为"承包人通过履行工程合同最终得到预期的利润取决于承包人的履约能力和管理水平,对未履行的合同对应的产值,承包人是否能有预期的合理利润(如承包人企业上一年度承揽工程的平均利润),是不确定的"。

因此,若参与实施的工程项目地质情况不佳甚至不明确时,承包人要谨防出现案例一中的情形,即合同签订后建设场地的地质情况导致合同无法履行;若不提前考虑风险并主动积极在合同谈判时设置相应补偿、赔偿条款,在今后诉讼过程中不被支持的可能性更大。

3. 关于地基与基础部分的施工,承包人可以主张建设工程价款优先受偿权。

在近年来的判决中,多地法院以"案涉项目仅开挖了基坑,不属于可以协商折价或拍卖的情形"为由不支持承包人主张建设工程价款优先受偿权。对此,(2021)最高法民再188号判决书在四川中成煤炭建设(集团)有限责任公司与成都泓昌嘉泰房地产有限公司建设工程施工合同纠纷案中明确了承包人就基坑支付、降水、土石方挖运工程具备主张行使建设工程价款优先受偿权条件的观点:"……在整个施工过程中,中成煤建公司投入的建筑材料和劳动力已经物化到案涉海峡友谊大厦项目整个建筑物之中,与建筑物不可分割。中成煤建公司作为与发包方鸿昌嘉泰公司订立建设工程施工合同的承包人,在未受偿工程款15 398 977.71元范围内有权就案涉海峡友谊大厦工程折价或者拍卖的价款优先受偿……判决如下:……三、确认截至2020年11月11日四川中成煤炭建设(集团)有限责任公司对成都泓昌嘉泰房地产有限公司享有153 989 77.71元工程款债权,并且在上述工程款范围内就案涉海峡友谊大厦工程折价或者拍卖的价款享有优先受偿权……"

回到案例一,重审二审法院判决支持了承包人对建设工程价款的诉讼请求,理由如下:首先,对承包人已完成的施工内容质量,发包人直至合同解除、退场都未提出过质量问题,在重审二审中提出质量问题,不应被采纳。其次,根据《建筑工程施工质量验收统一标准》(GB 50300-2013)附录B建筑工程的分部工程、分项工程划分,《建设工程工程量清单计价规范》(GB 50500－2013),《房屋建筑与装饰工程工程量清单计量规范》(GB 50854－2013)等行业规范性标准的规定,承包人已经完成的施工内容均可准确进行计量、计价,承包人退场后发包人可继续在承包人已经完成质量合格的施工内容的基础上将该工程发包给其他承包人施工,无论谁接手该工程,就承包人已经施工的内容,都不存在法律法规规定的不宜折价、拍卖的情形。

建设工程价款优先受偿权对承包人债权的清偿具有保障性的作用,承包人必须给予高度重视。在项目实施过程中,承包人要确保已完成的工程质量合格、要在法律规定的期间内行使权利,避免逾期失权。工程项目若还未进入主体施工阶段便停工甚至解除合同,发包人的问题一定较为严重,在此情况下,承包人的建设工程价款优先受偿权更为重要、作用更加突出。

### (二)承包人要仔细研究合同条款,在投标或签订合同前做好合同条款的讨论与合同条款交底,保证管理认识与合同履约的一致性

承包人对"主体封顶"节点理解不当,会导致承包人在主张发包人逾期支付进度款应当承担违约责任(工程款利息)未能得到法院判决支持,在造价成本管控上失策。

案例二①:某施工总承包项目中,发承包双方在工程进度款支付的条款中约定"施工至主体封顶支付至合同总价款的70%"。承包人对"主体封顶"的理解为建筑物的一次结构即梁、板、柱(含流水施工搭接作业时做的某些二次结构如构造柱、部分砌体等)浇筑完成,并一直按照该理解调配人材机物料等。因建设项目地处高原高寒地区,承包人施工至部分楼栋一次结构封顶、部分墙砌体完成后,进入公历10月即进入当地政府下达停工令的冬歇期。冬歇期后,因发包人无力继续开发该项目,项目继续停工,后承包人起诉至法院,要求解除合同、发包人支付已完工程价款并承担逾期支付进度款的违约责任(工程款利息)。该案同样经过工程价款的司法造价鉴定、发回重审,历时3年。最终,法院判决并未支持承包人主张发包人承担逾期支付进度款的违约责任(工程款利息)的诉讼请求。

---

① 参见四川省阿坝藏羌族自治州中级人民法院民事判决书,(2022)川32民终235号。

根据《建筑工程施工质量验收统一标准》（GB 50300－2013）附录B 建筑工程的分部工程、分项工程划分，分部工程中主体结构的子分部工程有混凝土工程、砌体结构、钢结构、钢管混凝土结构、型钢混凝土结构、铝合金结构、木结构。在案例二中，工程停工时承包人未完成建筑物砌体施工，发承包人双方亦未明确约定主体封顶为“一次结构即梁、板、柱浇筑完成”，法院按照质量验收统一标准认定承包人在停工时未完成主体结构施工，继而判定发包人不存在就进度款的支付逾期违约的情形。但承包人根据自己的理解签订合同并调配机物料等施工资源，设定在一次结构浇筑完成后发包人若未支付到合同价款的70%，即应按照合同约定承担逾期支付工程款的利息，并以此进行该项目的成本管控。但最终法院判决使得承包人对该部分的利益期待落空，在客观上承包人自行承担了该部分对应的因施工需要调配资金的利息损失。

在其他案例中，还出现过以下情形：虽然发承包双方对“主体封顶”的施工节点无争议，但双方未明确约定工程项目中具体楼栋的“主体封顶”节点，导致发包人认为项目中所有楼栋都达到“主体封顶”，进度款支付的节点才成就；而承包人则认为以进度款支付的节点金额计算，“主体封顶”应该针对工程项目中的两栋主楼，否则承包人需要自行垫资施工。若承包人自行垫资施工、合同中又未约定垫资施工的利息，承包人必然会产生对应的损失。

（三）在工程项目接近尾声时因发包人原因停工，承包人应当尽量与发包人协商甩项验收，避免在诉讼过程中需要进行司法鉴定才能确定已完工程的质量、范围、工程价款等，以节约诉讼时间

案例三：某施工总承包工程，承包人在完成约98%的工程量时因发包人拖欠工程进度款数额大、时间久而停工，双方协商将剩余施工内容以逐项列举的方式写入提前竣工结算的结算定案表，并约定该部分施工内容由双方此后以重新签订协议的方式实施。若将来进入诉讼，承包人对已完工部分的工程质量有分部分项验收资料为证，对已完工部分的工程量、价款均已经通过竣工结算固定，承包人已经完成了所有合同义务，在举证责任上大大减轻了自身的负担。

诚然，该案例系发包人较为诚信和配合的情形，对承包人来说并不常见。但在实践中，即便甩项验收无法写入竣工结算资料，承包人也应争取通过会议纪要、双方往来函件等固定双方对所剩未完工施工内容进行甩项验收的意思表示，否则

在进入诉讼后,承包人有义务证明已完工工程量、已完工的施工内容质量合格、已完工的工程价款。在支撑资料并不完善、充分的情形下,上述三项可能均要经过司法鉴定才能确认,诉讼过程冗长、花费多。

古人云:知己知彼,百战不殆。在建设工程项目的承揽过程中,承包人往往更多地把精力放在了调查和研究项目可行性、发包人支付能力、支付条件上,但综观全局,还要更多地“知己”,才能在“知彼”中胜出。

# 从一则案例看建设工程施工合同纠纷中法院对无效合同造价鉴定意见的采纳规则

郑筱珺　廖晓丽*

**【摘要】**在建设工程施工合同纠纷案中，因涉及违法分包、转包的比例较高而在诉讼过程中被法院认定为合同无效的情形较多。但在法院委托对案涉工程进行造价鉴定时，案件还未进入法院实质性审理，合同效力尚未被认定。在此情况下，造价鉴定机构可能会按照合同有效、合同无效的情形，分别作出选择性鉴定意见供法院裁判参考使用。在工程造价鉴定的过程中、与鉴定机构的沟通、对鉴定意见的使用、诉讼策略的选择以及在庭审中的表现等各方面，都对代理律师的专业能力考验较大。本文从一则案例看司法实践中的相关规则。

**【关键词】**无效合同；工程造价鉴定；选择性鉴定意见

## 一、案情简介①

陈某（一审本诉原告、反诉被告）与某园林公司（一审本诉被告、反诉原告）签订《工程内部承包协议》，双方约定由陈某对某园林公司承接的园林景观工程中某部分进行承包施工。陈某施工完成后双方签订《补充协议》，约定双方共同委托一家具有工程造价咨询资质的公司就案涉工程作出“造价鉴定”，双方接受该

---

* 郑筱珺，四川君合律师事务所律师，合伙人，房地产与建设工程法律事务部副部长。廖晓丽，四川君合律师事务所律师，高级合伙人，副主任。

① 参见四川省西昌市人民法院民事判决书，(2019)川3401民初1673号；四川省高级人民法院再审审查与审判监督民事裁定书，(2021)川民申3285号。

份“造价鉴定”的造价金额约束，并以此为双方结算的依据。2018 年 8 月，工程造价咨询公司出具了工程造价咨询成果文件，结论为案涉工程的工程造价为 1700 万元。此时，某园林公司已经支付了陈某 1960 万元工程款。

陈某向法院提起诉讼，诉请确认其与某园林公司签订的《工程内部承包协议》无效，要求将施工期间施工当地的信息价组价（约 2350 万元）作为结算依据，判令某园林公司再行支付其工程款 400 万元。

某园林公司提起反诉如下：即便法院认定《工程内部承包协议》无效，也不影响其中结算条款的效力，双方应按照《工程内部承包协议》的约定进行结算；双方共同委托造价机构并明确表示受该造价机构出具成果文件的约束，依据最高人民法院《关于审理建设工程施工合同纠纷案件适用法律问题的解释（二）》（已失效）第 13 条的规定，双方应以工程造价咨询公司出具的造价咨询成果文件的造价金额 1700 万元为依据。园林公司（反诉原告）请求判令被告返还原告多支付的工程款项。

在一审审理过程中，法院说服双方，由原告陈某申请法院委托造价鉴定机构对本案诉争的造价争议进行鉴定。君合律师系本案一审反诉被告某园林公司的代理人。

**二、法院审理结果**

一审法院经审理，认定案涉合同无效，双方应参照无效合同约定的结算条款进行结算。一审法院对本案诉争的工程造价鉴定意见采纳如下。

1. 因该案在进行造价鉴定时，法院尚未对案件进入实质性审理的阶段，根据法院的要求，鉴定机构依据合同有效、合同无效两种情形，分别作出了鉴定意见，供法院审判参考。法院经过审理后认定合同无效，采纳了造价鉴定机构对无效合同鉴定的造价意见。

根据《建设工程造价鉴定规范》（GB/T 51262－2017）第 5.3.2 条的规定，在鉴定项目工程合同无效的情况下，当事人之间发生争议，鉴定人应根据相关法律的规定或委托人的决定进行鉴定。在本案合同无效的情况下，鉴定机构依据《工程内部承包协议》及《补充协议》的计价依据及计价方法计算原告陈某完成施工的工程造价金额为 1836 万元。因此，在本案中应当以 1836 万元为工程价款的结算依据。

2. 陈某声称园林公司利用其市场优势地位，将陈某承包的土建部分价格压低，存在不平衡报价，显失公平，但经过造价鉴定，并没有显示出案涉工程价格严重低于成本即显失公平的情形。

对于鉴定机构按照建筑市场的行业惯例，在按照市场价鉴定时下浮 14.78% 的问题，经法官当庭询问鉴定人，鉴定人的回答为市场价仅为理论价格，在招投标过程中需要考虑市场竞争因素，若完全按照市场价进行投标，园林公司无法中标；在案涉工程由园林公司中标时，园林公司和发包人签订的中标合同中就确定了该下浮比例，发包人与园林公司的工程款结算经审计部门审计为 1836 万元，鉴定人计取该下浮比例并无不当。

一审判决如下：原告（反诉被告）陈某于判决生效之日起 30 日内返还被告（反诉原告）园林公司工程款 80 万元及利息；驳回原告（反诉被告）的诉讼请求；驳回被告（反诉原告）园林公司的其他反诉请求。

一审判决下达后，双方当事人均不服一审判决，向二审法院提起了上诉。后经过二审开庭审理，法院作出了维持一审判决内容的终审判决书。原告陈某向四川省高级人民法院申请再审，再审裁定驳回了陈某的再审申请。

**三、对审理结果的法律评析**

1. 合同无效的情形下，分包人对不平衡报价的主张与发包人收取管理费的主张是否能得到支持。

一审判决中对于由陈某申请、由法院委托而形成的造价鉴定意见的采纳经过了上述法律法规规定的质证和对其真实性、合法性、关联性的评述和认定，尤其对于造价鉴定机构作出两种推断性意见的采纳过程认定正确。

在本案中，陈某一直强调，因双方签订的施工合同无效，应按施工期间施工地市场信息价格组价，理由为园林公司在将案涉诉争工程发包给其时采取了不平衡报价，专门将利润低的土建部分交出其施工，造成巨额亏损，显失公平。对此，法院主要依据鉴定机构的鉴定意见以及当庭询问鉴定人而否认了陈某的主张。在这里还有一个问题：具体工程的利润率高低、施工成本大小属于市场竞争因素，几乎不能通过造价鉴定的方式作为法院判决案件的调价依据，该内容属于当事人之间的商业风险判断而非法律问题，即陈某当初愿意承接工程时也应当经过谨慎考虑和详细计算决定，民事主体参与商业活动，应对自己的商业判断和风险负责。

另外，当地法院在审理园林公司的反诉请求时，未将园林公司代陈某缴纳的税费以及双方合同约定的园林公司应收取的管理费计入，应当也有同情和照顾陈某的因素。

对于管理费的问题，在本案二审作出判决时，尚无最高人民法院法官会议纪要和川渝地区高级人民法院的相关司法意见指导。《最高人民法院民事审判第一庭2021年第21次专业法官会议纪要》[①]作出的指导意见为施工企业纯粹以出借资质收取“管理费”牟利的，属于违法行为，不予支持；重庆市高级人民法院、四川省高级人民法院《关于审理建设工程施工合同纠纷案件若干问题的解答》第6条规定，转包人、违法分包人、出借资质的建筑施工企业已经收取了管理费，实际施工人以建设工程施工合同无效为由请求返还的，人民法院不予支持。笔者认为，前述对“管理费”的规定适用前提应为转包人、违法分包人、出借资质的建筑施工企业在实质上对项目进行了管理，而非单纯以违法行为牟利。

在本案中，园林公司在案涉工程的实施过程中的确对工程进行了实质性管理，还给予原告陈某垫资等帮助，作者认为双方对于管理费的约定属于园林公司对建设工程施工进行管理的对价，依法应予支持。另外，陈某在承接案涉合同、完成施工过程到最终双方进行结算的过程中，均未提及合同效力问题，而在诉讼阶段才以合同无效为由企图否定合同约定的工程价款、主张按照未考虑竞争因素的市场理论价格对案涉合同进行结算从而获取巨额利润。该行为依法应被认定为恶意抗辩，[②]应不予支持，避免违法行为人利用合同无效制度谋求不正当利益。[③]

2. 再审判决观点：当事人不得利用合同无效额外获益。

园林公司向再审法院提交的再审书面听证答辩如下：陈某应就自身承接工程的盈亏负责，不应以违背诚信原则的方式否认双方在诉前共同委托造价咨询的结果及诉讼中申请进行造价鉴定的意见，现还以申请再审的方式缠讼，扰乱司法秩序、浪费司法资源，依法应被驳回。

再审判决书评判如下：（1）双方当事人签订的《〈工程内部承包协议〉补充协

---

① 参见最高人民法院民事审判第一庭编：《民事审判指导与参考》总第87辑，人民法院出版社2022年版，第166页。

② 参见王利明：《合同法研究》（第1卷）（第3版），中国人民法学出版社2015年版，第635页。

③ 参见四川省高级人民法院民事裁定书，（2017）川民申3285号。

议》是对《工程内部承包协议》的补充而非否定。《〈工程内部承包协议〉补充协议》第1条载明乙方（陈某）建议由某工程项目管理有限公司作为承包协议所涉房屋建筑工程竣工结算的工程造价鉴定机构，依据双方签订的《工程内部承包协议》的约定确定甲方应当向乙方支付的工程总价款。可见《〈工程内部承包协议〉补充协议》对应当支付的工程款也以《工程内部承包协议》为基础，陈某所提《〈工程内部承包协议〉补充协议》对结算方式进行变更的理由不成立。（2）《建设工程造价鉴定规范》规定“委托人认定鉴定项目合同有效的，鉴定人应根据合同约定进行鉴定”，但并不能反推出合同无效时，禁止按照合同约定鉴定。（3）鉴定机构按照建筑市场的行业惯例，在按照市场价鉴定时下浮14.78%，并无不妥。（4）一审法院基于陈某提出园林环境公司采取不平衡报价，故意压低案涉工程报价，要求鉴定机构按照合同约定和市场价进行造价鉴定，以认定陈某所提的理由是否成立。在鉴定机构得出的两种结论并无显著差距的情况下，采信按照双方合同约定得出的工程造价金额，并无不当。（5）陈某主张因案涉合同无效应按照市场价取得更多的工程款，但是陈某对导致合同无效亦有部分过错，如陈某因其过错而获取更多利益，显然有违诚实信用原则。综上，陈某的再审申请不符合2017年《民事诉讼法》第200条第2项、第6项规定的情形，依法予以驳回。

**四、经验和总结**

本案经历本诉、反诉，造价鉴定，一审和二审、再审，现已尘埃落定。由判决结果可见，利用合同无效进行恶意抗辩企图获得不当利益的，法院不予支持。陈某由于自身对法律的认识错误，通过推动诉讼，不仅未达到其调高结算价款的目的，还被判决返还某园林公司对其超付的工程款。建设工程施工合同纠纷虽然常见，但其对代理人的专业素养、对法律的综合掌握、对商业模式的观察和认知要求都是相对较高的，代理人应当做到正确认识法律规定，在申请造价鉴定前能够客观听取专业机构、专业人士的意见，避免给自己的当事人造成不可挽回的损失。谨以此文共勉律师同行，随时检视自己的专业知识和思维能力，才能维护好当事人的合法权益。

# 以案说法：论混凝土买卖合同纠纷中结算条款的理解和证明责任

郑筱珺　杜　川*

**【摘要】**混凝土供应合同属于买卖合同的一种，法院将此类合同案由按买卖合同纠纷进行审理；但因供方的主要义务涉及混凝土的检验试验、制备、运输、浇筑和养护等过程，该部分合同义务又受相关建筑施工、验收规范的严格要求，并非供应方对采购方的一次性交货、验收就能完成。围绕混凝土供应合同产生的纠纷与普通的商品、货物买卖合同纠纷在案涉双方主要权利义务、举证责任等方面均存在较大的差异。在确定混凝土供应方量时，合同双方通常会针对不同的供应范围约定适用不同的计量方式，由此产生按图结算和按票结算的区分以及进度款和结算款支付条件的不同。正确理解混凝土供应合同中对不同计量、计算方式的约定，确定进度款及结算款的计算及支付方式，最终能较好地完成己方举证责任、维护当事人合法权益，是律师在处理混凝土供应合同纠纷时专业性的体现。

**【关键词】**混凝土供应合同；按图结算；按票结算；进度款；结算款

## 一、案情简介

原告：供应人，某混凝土公司。

---

* 郑筱珺，四川君合律师事务所律师，合伙人，房地产与建设工程法律事务部副部长。杜川，四川君合律师事务所律师。

被告:采购人,某建筑工程公司。

笔者为本案被告代理人。

被告作为某建设项目的施工总承包人,在施工过程中与本案原告某混凝土公司签订《预拌混凝土供应合同》,约定由原告向被告建设项目供应预拌混凝土。双方在《预拌混凝土供应合同》中对预拌混凝土供应范围、基本单价、质量标准、计量方式、付款办法、结算方法、各方权责、争议解决和违约索赔均进行了明确约定。其中合同第 4 条为计量结算及付款办法的具体约定,具体内容为:"4.1.1 按供货票单量计量:本工程护壁、护壁桩、挖孔桩、换填、塔机基础、龙门吊基础、施工电梯基础、道路、地坪、垫层、保护层、找平层、刚性层、砖混结构部分、总坪混凝土、主体工程外附属工程(如花台、散水、排水沟、门卫、门排坊、配电房、化粪池、自行车库、围墙基础等)以及回填混凝土、独立承台地梁式基础的 ±0.00 以下全混凝土、有斜屋面结构的工程的斜屋面整层混凝土、屋面花架或构架、二次结构(如构造柱、止水带、圈梁、过梁)、回填后再浇筑的结构层等结施图以外部位使用的砼按实际运输车的发货总量(体积)计算。4.1.2 按结施图计量:除上述第(1)条所列部位以外的结构施工图纸部分,按结构施工图纸计算体积,严格按国家现行有关预(决)算工程量计算规则及图纸结算预拌砼量(若修改设计按修改后的图纸计算),不计损耗,也不扣钢筋体积。乙方可预先派人到甲方施工现场验槽。非乙方原因造成的砼浪费、砼体积超高、超厚、爆模等,甲方应配合乙方办理签证,进入结算。4.1.3 按施工图结算的砼,若存在高低等级、抗渗与非抗渗及其他特殊与非特殊要求砼等级串量,结算时在图算总量不变的情况下,按甲方签收乙方票送量结算高等级、抗渗部分及特殊要求砼量,剩余为低等级、非抗渗及非特殊要求砼量。"

在合同履行完毕后,原告因被告未支付剩余货款将被告诉至法院,案由为买卖合同纠纷。原告提出如下诉讼请求:(1)判令被告向原告支付货款 1277 万余元;(2)判令被告向原告支付资金占用利息 100 万余元;(3)判令被告向原告支付律师费 44 万余元及保函费 1.4 万余元;(4)诉讼费、保全费由被告承担。

在法院审理过程中,原告方提交了《预拌混凝土供应合同》《商品混凝土月进度书》《〈预拌混凝土供应合同〉补充协议》《〈预拌混凝土供应合同〉补充协议二》《班组结算工程量拟确认表》作为基础证据。原告认为,其 13 份《商品混凝土月进度书》系双方在施工过程中对供应混凝土方量和支付进度款金额的确认,原告遂以此为其结算依据,主张被告按照月进度书最终确定的金额支付货款;原告还主张因被告未向其提供施工图纸,因此本案应当全部按票结算。

为抗辩原告方的诉请,被告在上述合同及补充协议之外,提交了案外人代原告供货的确认单、微信聊天记录、电子邮件发送记录、施工图纸、《工程量拟确认表》、《结算工程量确认单》、《送货单》、《银行付款凭证》等证据,证明被告方不存在逾期付款违约行为且应当按照合同第4.1.1、4.1.2、4.1.3条的约定进行最终的结算,即区分图算和票算的方式确认最终的混凝土供应量,从而确定案涉合同的最终结算金额。双方在结算金额上的主要争议为217万元,即原告认为按票计量应当计算该217万元,被告认为按票和按图分别计量后该217万元不应计入结算金额。

对于原告主张的被告未向其提供施工图纸,被告在第一次开庭后立即与项目上管理生产、资料和预算的小组负责人进行对接,当晚即对双方在案涉合同履行过程中预算人员、生产人员、资料人员之间的微信聊天记录和电子邮件发送记录进行梳理,并以书面形式拟定补充举证的情况说明,向法官说明若无双方对施工图纸的信息进行建模、分析、核对并形成每一次原告供货时浇筑混凝土的生产任务计划,则原告无履行合同的依据,在客观上无法完成施工过程中不同部分、不同施工工艺对应的不同混凝土浇筑要求。

本案第一次开庭后第二天,被告代理人将上述补充证据提交至法院。后本案在法院主持调解下原告放弃了全部按票结算的主张(217万元),被告放弃了其他部分争议约20万元,原告还放弃了其他诉讼请求。最终双方达成调解协议,本案顺利结案。

**二、对合同约定的理解与法律适用**

虽本案顺利结案,但类似的双方当事人、同样的混凝土供应合同纠纷在另案中却出现了不同判决,法官认为《商品混凝土月进度书》中的记录即为双方确认的供应量,不接受被告抗辩的严格按照合同约定在结算时区分票算和图算,不采纳《商品混凝土月进度书》每期封面上被告预算人员标注的"本确认仅针对进度款的支付,不作为最终结算依据"。类案不同判给当事人带来了困惑。因此,我们非常有必要对本案及类案进行如下梳理和总结。

针对案涉项目不同施工范围,《商品混凝土供应合同》第 4.1.1、4.1.2 条对混凝土供应量的计算进行了区分。该合同第 4.1.1 条约定计量方式为“票算”,即按照运输车的发货总量进行确定混凝土的供应方量,确定的主要书面材料依据为送货单和双方一致确认的月进度书。该合同第 4.1.2 条约定计量方式为“图算”,即根据施工图纸建模后,通过模型直接计算相应施工范围内在不计损耗和钢筋体积的条件下所需的混凝土方量。

造成前述不同计算方式的原因在于,混凝土供应方量不但需要将混凝土供应至项目,还需要依据混凝土采购方提供的施工图纸完成混凝土的浇筑,而在混凝土浇筑过程中,必然会产生部分浪费及损耗,如不可避免的爆模、超高、超厚等情况。混凝土采购方不会对损耗部分承担责任,双方在合同条款的协商中,设立条款约定按照施工图建模的方式来确定实际的混凝土供应量,该方式不会计算损耗部分。但在项目建设过程中,并非所有施工内容均可通过结施图体现,如某些措施临时部分塔机基础、围墙基础、临时道路等;还有的属于建筑结构部分,如护壁、护壁桩、挖孔桩等,该部分虽有图纸,但在混凝土浇筑过程中对浇筑量不好控,完全以图纸量计算对供应方的施工技术要求非常高,出于行业惯例以及目前生产水平、技术的考虑,大多数混凝土供应合同对该部分双方协商约定仍然以算票量为供货计量依据。

律师在代理类案中,需要对施工技术与计量的专业知识进行学习,做到有基础的知识储备。在本案中,票单及商品混凝土月进度书中对浇筑部位有详细记载,如基础部分有片筏基础、箱型基础、桩基础等;在对混凝土不同供应批次的记载中,有不同的标号、外加剂、泵送方式等。如果律师认为该部分与法律无关不去学习,只认识其中的汉字,则很难在原告代理人提出被告在案涉合同履行过程中未提供施工图纸,所以无法区分票算和图算,原告作为混凝土供应一方完成了浇筑义务即应当全部按票算确定混凝土供应方量时,立即判断出原告代理人的主张出现了基本错误,继而影响接下来的己方的思路和举证。

**三、证明责任的分配**

对于分别按照图算和票算方式计算混凝土供应量的约定,系原被告双方的共同意思表示,应作为最终结算的计量依据。在本案诉讼过程中,原告方实际供应的混凝土方量系案涉的重大争议焦点,而混凝土方量的计算则直接受到案涉合同第4.1.1、4.1.2条的约束。

就案涉合同第4.1.1条即票算部分而言，在施工过程中会相应形成的文书资料为送货单或进度书。送货单系原告方在供货时出具、交由被告有权代表人员进行签字确认的单据，对供应范围、供应日期、供应方量、供应混凝土型号均会明确记载，且将作为票算部分最终结算的依据。在送货单有效且符合合同约定要件的前提下，原被告双方依据送货单确定进度书中的供应方量和金额，由被告以此支付进度款。因此，原告作为送货单的出具主体，在双方并未办理最终结算时，应由其对票算部分混 凝土供应方量如何确定承担举证责任。

就案涉合同第4.1.2条及图算部分而言，虽然在供货过程中也会形成送货单及月进度书等相应票单，但票单仅是作为进度款的支付依据，而非最终的结算依据。案涉合同第4.2.1.2条便明确约定“按结施图计量：进度款支付结算暂按供货票单量办理。每月截至20日并在10日办理完毕，作为进度款支付，不作为结算依据”。针对图算部分，最终的混凝土供应方量需按照施工图纸建立相应的模型计算确定。在混凝土买卖关系中，采购人需向供应人提供施工图纸以完成浇筑，若约定区分图算与票算，一般由施工图纸提供方对图算部分混凝土供应方量承担举证责任。因此，被告作为施工图纸提供方，在双方并未办理最终结算时，应对图算部分混凝土供应方量如何确定承担举证责任。

**四、法院裁判思路**

通过“买卖合同纠纷”“混凝土”“票算”“图算”相应关键词的检索，在合同约定需区分图算和票算时，人民法院均将合同约定内容作为混凝土方量的计算依据。例如在四川康锐特商品混凝土有限公司与四川建安建设工程集团有限公司买卖合同纠纷一案[案号为(2019)川0105民初8432号]中，成都市青羊区人民法院将混凝土方量结算的依据问题作为案件的争议焦点进行审理，四川康锐特商品混凝土公司主张混凝土行业的交易习惯系按票结算，同时双方通过签订补充协议的方式对砼价格进行了调整，故应当按照票据进行结算；四川建安建设工程集团有限公司主张应当按照双方签字确认的图纸进行计算。法院认定：“根据双方在《搅拌站合同》中约定，垫层以上部分严格按图纸计算混凝土量，且砼按图算计算部位应扣除钢筋所占体积量，根据此约定双方应当按照图算的方式计算，同时双方在合同中约定康锐特公司不得因任何因素和理由要求建安公司增调价格，以及双方对结算方式以及货款支付方式的约定来看，价格的调整只是用于进度款支付，而不能作为双方最终结算依据，故对于康锐特公司主张价格上调和按票据结算的主张，本院不予采纳。”该案后经二审，法院对该部分涉及票算和图算的区分维持了一审法院的认定。

因此，在合同明确约定需区分图算和票算的计量方式下，人民法院对合同做出有效性评价后，依据混凝土的不同供应范围区分图算和票算确定混凝土供应量，属于对合同双方真实意思表示的认可，遵循了诚实信用原则。

## 五、经验总结

### （一）明确计量计算范围，避免重复约定

普通买卖合同与混凝土买卖合同存在诸多区别。普通买卖合同多为一次性合同，即买受人足额支付货款，供货人提供对应数量且质量合格货物，交付和验收完毕后钱货两清即为合同履行完毕。混凝土买卖合同的履行由混凝土施工的过程决定：混凝土的制备、运输、浇筑和养护，受《混凝土结构工程施工规范》（GB 50666－2011）调整。因此，供货人的供货行为并非一次性完成，需要遵循上述混凝土浇筑施工的技术和工艺要求并达到验收标准。在合同履行过程中，混凝土供货数量处于不断增长的状态，供方完成供货后最终供货量的增减又必然影响合同签订时预估方量所对应的单价，往往双方还会签订数份补充协议调整价格。若需按照图算与票算两种方式分别确定不同施工范围的混凝土供应方量，必须要在合同中明确图算与票算的项目范围。通常而言，从建模角度来讲，项目主体部分易于图算，而项目不可视、非永久性部分通过票算更宜。

### （二）注意款项支付条款的适用

在区分图算与票算的混凝土买卖合同中，如何确定图算部分的进度款支付属于合同的重要条款。

在混凝土买卖合同履行过程中，采购人需根据货物供应进度支付合同约定比例的进度款。进度款既包括图算部分也包括票算部分，确定的依据为送货单或进度书。在最终结算时，按照票算方式进行结算的混凝土方量根据送货单或进度书即可确定，与进度款的支付依据一致，但按照图算方式进行结算的混凝土方量则根据施工图纸模型的计算结果进行确定。因此，在支付进度款时，采购人应向供货人明确进度款的支付依据不得作为最终结算款的支付依据，并在进度款申请

书、月进度书中明确记载“仅作为进度款支付依据”“最终结算金额按照合同约定方式进行”等相应内容，由双方签字确认。

（三）施工过程管理应当更有序和严谨

图算的依据为施工图纸，因不计损耗的缘故，通过图算方式确定的混凝土供应方量通常小于通过票算方式确定的混凝土供应方量，由此导致货款结算金额相应减少，于供货人不利，故在争议发生时，供货人通常主张全部按照票算方式进行结算。为保证可按图算方式进行混凝土方量的计算，采购人一方（通常为施工总承包人）需要在履行合同的过程中，在管理上严格要求预算、生产和资料各个小组的工作人员就双方对图纸的建模、计算、核对并形成生产指令的过程进行详尽记录并且保存备查；对施工过程中图纸的变更导致混凝土供应和浇筑的变更及时办理签证；对出现案外人代为供应混凝土的情形及时形成各方签订的补充协议、会议纪要并共同确认供应量和计量计价的方式、支付的条件等。只有管理好过程，才能避免日后产生纠纷时在举证上出现困难，甚至需要承担举证不力的后果。

# 从一则案例看建设工程施工合同纠纷中土石方工程的计量计价认定规则

郑筱珺　杜　川*

**【摘要】**在工程造价鉴定中,鉴定机构应依据鉴定规范及对应的专业工程计量规范对案件双方诉争的事项出具鉴定意见。在本案中,因发承包双方均未能提供对争议的土石方工程量计量的基础证据,鉴定机构依据承包人举证的土石方收方记录复印件作出推断性意见并被原审法院采纳。本案被发回重审后,发包人通过举证,重审一审法院认定土石方收方记录复印件不能作为依据使用,但未进行重新鉴定或补充鉴定。发包人认为该情形属于无证据证明工程量的事项,鉴定机构不应出具推断性意见;根据"谁主张,谁举证"的原则,应由承包人举证证明其所施工的工程量,若其不能证明,则应当承担相应不利后果。笔者作为本案重审一审中发包人的代理人,将本案争议的土石方工程计量计价认定问题提出,以事实为依据、以法律为准绳进行分析并欢迎大家讨论。

**【关键词】**建设工程施工合同;工程造价鉴定;土石方计量

## 一、案情简介

某工程位于西藏自治区某县,发承包双方签订某水电站建设工程施工合同,但因工程所在地河流流域规划等问题,未能得到相关施工建设批复,水电站建设

* 郑筱珺,四川君合律师事务所律师,合伙人,房地产与建设工程法律事务部副部长。杜川,四川君合律师事务所律师。

工程施工合同无法履行。承包人仅实施了合同约定范围外的部分生活区、办公区的施工。后双方就工程款结算发生争议，承包人诉至法院，经承包人申请、法院委托，鉴定机构出具造价鉴定意见。但因当事人双方均未能提供证明原始地貌的证据资料，鉴定机构对土石方工程部分争议的分析为：经现场踏勘，生活区、办公区总坪挖填已施工，但该部分资料（土石方收方记录）质证有异议，且原被告均未提供原始地貌方格网与施工完成面方格网，证据链未闭合，且现已无法勘测原始地貌标高，因此无法核算总坪挖填方工程的工程量，故将该部分费用列为推断性意见。工程量推断依据为承包人提交的土石方收方记录（复印件），鉴定单价依据双方质证认可的水电站项目清单，根据清单中的主要项目单价表予以核实。

笔者团队律师代理本案，为本案发包人的代理人。本案原审一审法院判决全部采纳鉴定机构在无土石方计量依据资料情况下出具的推断性意见，就土石方工程部分判决发包人应当向承包人支付工程款560万元；发包人上诉至二审法院，二审法院审理后认为主要事实和依据不足，将本案发回重审。发回重审一审法院认为，就土石方工程量的计量和计价争议，完全采纳鉴定机构的推断性意见证据不足，所以法官酌情以自己的计算方法将土石方计量和计价用数学公式推算，判决发包人向承包人支付该部分工程款227.5万元。发包人上诉后未继续委托笔者团队律师代理。

**二、本案争议焦点**

在双方都举证不能的情况下，法院是否应当采纳鉴定机构的推断性意见？

（一）推断性意见的定义及双方的争议焦点

《建设工程造价鉴定规范》（GB/T 51262－2017）第5.11条鉴定意见部分规定："5.11.1 鉴定意见可同时包括确定性意见、推断性意见或供选择性意见。5.11.2 当鉴定项目或鉴定事项内容事实清楚，证据充分，应作出确定性意见。5.11.3 当鉴定项目或鉴定事项内容客观，事实较清楚，但证据不够充分，应作出推断性意见。5.11.4 当鉴定项目合同约定矛盾或鉴定事项中部分内容证据矛盾，委托人暂不明确要求鉴定人分别鉴定的，可分别按照不同的合同约定或证据，作出选择性意见，由委托人判断使用……"

承包人认为，根据造价鉴定规范对推断性意见的定义，结合本案的实际情况，双方确认虽水电站工程项目未能实施，但承包人实施了部分生活区和办公区的施工，该部分施工必然涉及部分土石方工程。在双方都不能提供原始地貌资料、网格图等基础资料的情况下，鉴定机构以承包人提交的土石方收方记录复印件为土石方工程的计量依据，以水电站项目施工合同清单中约定的单价为计价依据作出土石方工程量的造价金额鉴定意见。发包人认为，承包人举示了土石方收方记录复印件拟证明确认土石方计量的两个自然人系代表发包人签字，但数次庭审已证明该证据不真实，故其不能作为土石方计量依据。在土石方工程量计量缺乏基本依据的情况下无从计价，应当根据举证责任分配原则，由承包人承担其举证不力的后果。

（二）土石方工程量的计量、计价依据

按照《房屋建筑与装饰工程工程量计算规范》（GB 50854－2013）附录中清单项目设置和工程量计算规则，土石方工程包括土方工程、石方工程及回填工程；其中每一项的计算规则都有非常具体的要求，土方工程的工程量计算规则如下。

1. 平整场地，按设计图示尺寸以建筑物首层建筑面积（单位：$m^2$）计算。项目特征描述：土壤类别、弃土运距、取土运距。

2. 挖一般土方，按设计图示尺寸以体积（单位：$m^3$）计算。挖土方平均厚度应按自然地面测量标高至设计地坪标高间的平均厚度确定。项目特征描述：土壤类别、挖土深度、弃土运距。

3. 挖沟槽土方、挖基坑土方，按设计图示尺寸以基础垫层底面积乘以挖土深度按体积计算。基础土方开挖深度应按基础垫层底表面标高至交付施工场地标高确定，无交付施工场地标高时，应按自然地面标高确定。项目特征描述：土壤类别、挖土深度、弃土运距。

4. 冻土开挖，按设计图示尺寸开挖面积乘厚度以体积计算。

5. 挖淤泥、流砂，按设计图示位置、界限以体积计算。挖方出现流沙、淤泥时，如设计未明确，在编制工程量清单时，其工程数量可为暂估量，结算时应根据实际情况由发包人与承包人双方现场签证确认工程量。

6. （1）管沟土方以米（m）计量，按设计图示以管道中心线长度计算。（2）以立方米（$m^3$）计量，按设计图示管底垫层面积乘以挖土深度计算；无管底垫层按管外径的水平投影面积乘以挖土深度计算。不扣除各类井的长度，井的土方并入。

管沟土方项目适用于管道(给排水、工业、电力、通信)、光(电)缆沟[包括人(手)孔、接口坑]及连接井(检查井)等。有管沟设计时,平均深度以沟垫层底面标高至交付施工场地标高计算;无管沟设计时,直埋管深度应按管底外表面标高至交付施工场地标高的平均高度计算。

另外,土石方体积应按挖掘前的天然密实体积计算,某些情况下还需要折算。

综上,挖土方平均厚度应按自然地面测量标高至设计地坪标高间的平均厚度确定,在本案缺失地面原始地貌数据的情况下,挖土方的数据就无法确定,从而更无法确定接下来的石方工程及回填工程的工程量。承包人仅举证其为土石方工程所准备的人工和机械设备数量,不符合土石方工程计量的规范规则的基本要求。

(三)土石方工程的计价依据

发包人代理人认为,本案若无法确定土石方工程的计量,便无法确定土石方工程的计价。

本案中,鉴定机构以双方签订的水电站项目施工合同及《补充协议》附件一《水电站项目清单》载明的数据为计价依据。但附件一编制说明第2点记载在清单编制当中,未含部分有:(1)埋石混凝土;(2)混凝土砌体;(3)闸坝整改;(4)开挖回填。以上综合工程现场实际情况确定综合单价,工程量以实际为准(2017年6月10日之前,确定以上各项及其他设计项目未定价项目的金额综合单价)。而水电站工程量表中所涉厂房部分石方开挖及回填的量、价均为空白,备注为"以实际产生的量为准"。主要项目单价表(混凝土)中记录土方开挖价格为80元每立方米、石方开挖为200元每立方米、土石回填为80元每立方米。

鉴定机构在缺乏计量依据的情况下,将上述资料中涉及土方开挖、石方开挖和土石方回填的价格作为本案承包人土石方开挖及回填的价格,属于计价依据适用错误。

**三、经验总结**

本案的争议足以提醒发承包双方务必重视对建设工程项目的管理过程,尤其在能够预判施工合同可能因规划原因无效、无法实际履行的情况下,对承包人来说,对自己已经实施部分施工部分的工程量计量和计价依据要尽早与发包人进行确认,还应当尽量以公证证据保全的形式固定施工场面;对发包人来说,更应当就建设工程项目的施工、投产进行全过程管理,对承包人的施工进行检查和确认,这既是权利也是义务,不积极履行对承包人的施工成果进行检查的义务,将导致本文所介绍的诉累及较大的诉讼损失风险。

# 从一则案例看对“以房抵债”抵销工程款协议的审查及裁判思路

郑筱珺　杜　川*

【摘要】因近年来房地产市场的低迷，许多房地产开发商无力支付承包人工程款，转而采取由房地产开发商的其他债务人或关联方提供可售房源、承包人指定购房人（通常为承包人欠付材料款的各供应商指定的自然人）的方式，通过签订房屋买卖合同、以房抵债，实现房地产开发商对承包人工程款债务的抵销以及承包人对其供应商材料款、劳务款等债务的抵销。因对各方当事人权利义务影响巨大，律师在日常工作中会经常处理审查该类协议的工作，在以房抵债协议当事人出现违约行为时，合同相对方向法院提起诉讼的比例也较高。根据法院受理该类案件的数据统计，该类案件数量较大、案由较杂，法律关系较为复杂，涉及以物抵债、让与担保等规则衔接以及对《民法典》及司法解释新增规定的理解适用，对律师专业能力提出了较高的要求。

【关键词】以房抵债；债的抵销；财产保全

## 一、案情介绍

为方便陈述案情，各方当事人诉讼地位及简称如下。

1.项目施工承包人（以下简称A），某国有建筑施工企业。

---

* 郑筱珺，四川君合律师事务所律师，合伙人，房地产与建设工程法律事务部副部长。杜川，四川君合律师事务所律师。

2. 项目发包人(以下简称 B),某房地产开发商。

3. 债务加入方(以下简称 C),房地产开发商。

4. 王某:A 指定的自然人。

5. D1、D2、D3、D4:因承建案涉工程,A 欠付劳务款、建材款的债权人供应商。

6. 唐某等自然人:因房屋限购政策,D1、D2、D3、D4 指定的购房人。

笔者为 A 的代理人。

(一)建设工程项目发承包人之间的以房抵债协议

A 与 B 签订了《某项目施工总承包合同》及相关补充协议,约定由 A 进行该项目的施工总承包建设。A 已经完全履行了自身的合同义务,工程已于 2020 年 8 月 25 日通过竣工验收。双方于 2022 年共同确认了竣工结算总价,并明确 B 已经支付工程款金额和尚欠付的工程款。

因受新冠疫情影响及房地产市场的低迷,房地产开发商普遍处于偿债能力明显不足的状况,为解决 B 欠付工程款支付问题,C 以提供可售房源的形式加入了债务清偿,C(甲方)、王某(乙方)、B(丙方)、A(丁方)签订《工程款抵房价款四方协议》,各方同意以 A 享有的对 B 的工程款债权 2300 余万元为总抵扣金额,代王某偿还 C 的等额房款。王某应当按 C 的时间要求和销售商品房的流程签订《商品房认购书》、《商品房买卖合同》及其相关补充协议和所有购房文件。

《工程款抵房价款四方协议》"鉴于"部分对本协议的签订背景进行了明确:(1)A 对 B 就《某项目施工总承包合同》及相关补充协议享有已经确认的工程款债权 2300 余万元;(2)王某拟购买 C 开发建设的工程项目中 1-1-202、2-2-202、3-1-201、5-1-302、5-1-402、8-1-302 号共 6 套房,房价款共计人民币 2300 余万元;(3)A 代王某向 C 支付房款,即 A 以应向 B 收取的工程款与王某应向 C 支付的等额房款进行抵扣。抵扣完毕,B 完成了向 A 支付工程款 2300 余万元的义务,王某则完成了向 C 支付等额房款的义务。

《工程款抵房价款四方协议》正文部分约定如下主要内容:(1)A 代王某支付全额房款且王某以一次性付款方式支付全额房款,则在《商品房认购书》《商品房买卖合同》约定的全额房款支付期限内,B 直接将该款从 A 应收工程款中抵扣作为王某应向 C 支付的全额房款;(2)在 C 与王某签订《商品房买卖合同》前,王某可以申请变更一次购房人姓名，但应当经C同意，并应当按照C的要求签署相关协议以及办理相关更名手续。

(二)承包人与供应商之间的以房抵债协议

因A作为该项目的总承包单位分别与D1建立有劳务分包合同关系，与D2建立有材料采购合同关系，与D3、D4建立有材料采购合同关系，A未完成该部分协议确定的付款义务，遂在《工程款抵房价款四方协议》签订后，分别与上述公司及公司指定的自然人签订4份《四方协议》，以抵扣相应的合同款项，具体如下。

1. A、唐某(D1指定的自然人)、王某、D1签订《四方协议》，以本项目1栋1单元202号商品房抵扣D1基于劳务分包合同应收取的劳务款。

2. A，赵某1、叶某、赵某2(D2指定的自然人)，王某、D2签订《四方协议》，以本项目3栋1单元201号商品房、8栋1单元302号房及5栋1单元402号房抵扣D2基于分供合同应收取的货款。

3. A、潘某(D3指定的自然人)、王某、D3签订《四方协议》，以本项目5栋1单元302号商品房抵扣D3基于材料采购合同应收取的货款。

4. A、陈某(D4指定的自然人)、王某、D4签订《四方协议》，以本项目2栋2单元202号商品房抵扣D4基于材料采购合同应收取的货款。

上述抵扣金额正好为2300余万元。

(三)A向法院提起诉讼

C在《工程款抵房价款四方协议》签订后，盖章确认了款项抵扣申请单、房价抵扣确认单、承诺函(已签署原件)、《房源抵扣明细表》，但一直不对购房合同签章、网签备案，不办理商品房预售预告登记等，拒绝履行其合同义务，导致A与唐某等人所签订的4份《四方协议》也无法履行，客观上必然给A造成损失，A面临被上述购房者及供应商起诉未能按约交房、承担违约责任的风险。故A、王某以C、B为被告，以购房者及供应商等为第三人向法院提起诉讼。在立案的同时，为避免C将房屋对外销售等导致《工程款抵房价款四方协议》的履行基础丧失，A就《工程款抵房价款四方协议》中涉及的房屋申请财产保全，通过代理律师3次向法院申请开具调查令的方式进行了房屋信息查询、多次与住建部门沟通，经历3个月，最终完成了对房屋的保全事宜。

在庭审过程中，A始终保持与C的沟通，坚持要求C配合完成房屋的过户事宜以解决双方争议。为配合法院的案件审理，C 陆续配合完成了案涉房屋的买卖合同备案、过户等，完成了《工程款抵房价款四方协议》约定的合同义务，A、王某向法院提交撤诉申请，撤回起诉。至此，A 通过一个诉讼，同时实现了对 B 的工程款债权清收以及对几家供应商债务的清偿，最终案件以撤诉结束，将诉讼成本降至最低，最大限度地节约了司法资源，实现了公司利益最大化。

**二、案件评议**

1. A、B、C、王某签订的《工程款抵房价款四方协议》系四方当事人真实意思的表示，不违反法律法规的规定，合法有效，对各方均具有约束力。

代理律师认为，A 已经完成与 B 签订的就《某工程总承包合同》及相关补充协议的所有合同义务，建设工程经竣工验收合格，双方进行了竣工结算，确认了 A 对 B 的工程款债权具体金额，而 B 未足额支付 A 的工程款。基于 A 对 B 的工程款债权合法有效，当事人之间债权债务可以约定抵销或者法定抵销。约定抵销，是指当事人协商一致，能将标的物种类、品质不相同的债务相抵销；而法定抵销是指当事人互负债务，该债务的标的物的种类、品质相同，并且债务可抵销的，当事人可以依法予以抵销。

《民法典》第 568 条规定：当事人互负债务，该债务的标的物种类、品质相同的，任何一方可以将自己的债务与对方的到期债务抵销；但是，根据债务性质、按照当事人约定或者依照法律规定不得抵销的除外。当事人主张抵销的，应当通知对方。通知自到达对方时生效。抵销不得附条件或者附期限。

根据上述客观情况及《民法典》的相关规定，A 可通过履行《工程款抵房价款四方协议》实现对 B 工程款债权 2300 余万元的清偿。

2.《工程款抵房价款四方协议》本质上系 B 与 A 之间的以房抵债协议，目的为以 A 对 B 确定的工程款债权中的 2300 余万元代王某支付 C 的购房款，从而实现 B 对 A 就金额为 2300 余万元工程款债务的抵销。

各方在《工程款抵房价款四方协议》中约定："A 代王某向 C 支付房款，即 A 以应向 B 收取的业务款与王某应向 C 支付的等额房款进行抵扣。抵扣完毕，B 完成了向 A 支付工程款 2300 余万元的义务，王某则完成了向 C 支付等额房款的义务。"因 C 在合同约定条件成就的情形下不予履行合同签章、网签备案及办理商品房预售预告登记的合同义务，已经违反了合同约定，A 可以起诉要求 C 按

《工程款抵房价款四方协议》的约定,办理签订《商品房认购书》、《商品房买卖合同》及其相关补充协议和所有购房文件等手续。

《工程款抵房价款四方协议》的签订各方还在第15条约定如因协议一方拖延或拒绝履行协议,经协议其他方书面催告后30日仍拖延或拒绝履行的,协议其他方可以单方解除协议;造成协议其他方损失的,违约方应当如数赔偿。依据《民法典》第577条的规定,当事人一方不履行合同义务或者履行合同义务不符合约定的,应当承担继续履行、采取补救措施或者赔偿损失等违约责任。A可以诉请C继续履行合同义务并承担违约责任。

对于以物抵债的法律适用,最高人民法院认为:以物抵债系债务清偿的方式之一,是当事人之间对于如何清偿债务作出的安排,故对以物抵债协议的效力、履行等问题的认定,应以尊重当事人的意思自治为基本原则。一般而言,除当事人明确约定外,当事人于债务清偿期届满后签订的以物抵债协议,并不以债权人现实地受领抵债物或取得抵债物所有权、使用权等财产权利为成立或生效要件。只要双方当事人的意思表示真实,合同内容不违反法律、行政法规的强制性规定,合同即为有效。相关案例详见《最高人民法院公报》2017年第9期刊登的上诉人通州建总集团有限公司与被上诉人内蒙古兴华房地产有限责任公司建设工程施工合同纠纷案,案号为(2016)最高法民终484号。[①]

综上,《工程款抵房价款四方协议》本质上系B与A之间的以房抵债协议,而非王某向C购买商品房。

本案结案几个月后,最高人民法院于2023年12月4日发布《关于适用〈中华人民共和国民法典〉合同编通则若干问题的解释》,该解释第19条、第27条对相关法律法规的理解与适用作出了直接、明晰的规定:

第十九条　以转让或者设定财产权利为目的订立的合同,当事人或者真正权利人仅以让与人在订立合同时对标的物没有所有权或者处分权为由主张合同无效的,人民法院不予支持;因未取得真正权利人事后同意或者让与人事后未取得处分权导致合同不能履行,受让人主张解除合同并请求让与人承担违反合同的赔偿责任的,人民法院依法予以支持。

---

① 参见最高人民法院民事审判第二庭编著:《〈全国法院民商事审判工作会议纪要〉理解与适用》,人民法院出版社2019年版,第306页。

前款规定的合同被认定有效，且让与人已经将财产交付或者移转登记至受让人，真正权利人请求认定财产权利未发生变动或者请求返还财产的，人民法院应予支持。但是，受让人依据民法典第三百一十一条等规定善意取得财产权利的除外。

第二十七条 债务人或者第三人与债权人在债务履行期限届满后达成以物抵债协议，不存在影响合同效力情形的，人民法院应当认定该协议自当事人意思表示一致时生效。

债务人或者第三人履行以物抵债协议后，人民法院应当认定相应的原债务同时消灭；债务人或者第三人未按照约定履行以物抵债协议，经催告后在合理期限内仍不履行，债权人选择请求履行原债务或者以物抵债协议的，人民法院应予支持，但是法律另有规定或者当事人另有约定的除外。

前款规定的以物抵债协议经人民法院确认或者人民法院根据当事人达成的以物抵债协议制作成调解书，债权人主张财产权利自确认书、调解书生效时发生变动或者具有对抗善意第三人效力的，人民法院不予支持。

债务人或者第三人以自己不享有所有权或者处分权的财产权利订立以物抵债协议的，依据本解释第十九条的规定处理。

通过解读最新司法解释的规定，可见当初我们在办理本案时对法律的理解和适用都是正确的。

3. 关于诉讼方案的设计，考虑到判决的可执行性，A 与王某一起作为原告，将 C、B 列为被告，将《四方协议》中的购房者与供应商列为第三人加入诉讼。

4. 可能存在的风险：因 A 在起诉时尚未提供与 C 就《某工程总承包合同》及相关补充协议结算的具体时间及在结算后双方是否对欠付工程款的支付时间形成过新的补充协议、会议纪要等，需要注意 A 就在建设施工合同法律关系中对 B 欠付工程款及时起诉，以保障 A 行使工程价款优先受偿权时在法律规定的期间内。

各方签订的《工程款抵房价款四方协议》中约定："十、在甲方（C）与乙方（王某）签订《商品房买卖合同》前，乙方可以申请变更【壹】次购房人姓名，但应当经甲方同意，并应当按照甲方的要求签署相关协议以及办理相关更名手续。乙方以其指定的其他单位、个人购买上述商品房的，仍视为乙方购买了上述商品房，甲乙丙丁四方有关房价款支付、业务款抵付之事宜仍执行本协议的约定。乙方和丁方同意:在更名后,仍然按照本协议的各项约定以业务合同项下的款项抵扣更名后购房人应当向甲方支付的房价款,不以购房人更名为由拒绝款项抵扣。”根据该条协议约定,变更购房人应由王某申请变更购房人姓名,但应当经C同意,并应当按照C的要求签署相关协议以及办理相关更名手续。若A与各供应商签订的《工程款抵房价款四方协议》中约定的新购房人,未经王某申请变更购房人姓名,且未经C同意,C可拒绝履行协议约定。

**三、经验总结**

1. 在工程款清收过程中,及时锁定可供执行财产,设计正确、合理的诉讼方案。

因房地产市场的低迷,持续周期未知,新冠疫情后大量房企已经深陷债务甚至被申请破产,对建筑施工企业的工程款债权清收形成了极大的威胁。作为国有建筑施工企业,更要将对工程款债权的清收放在重中之重的位置,提前锁定房企可供执行的财产并根据实际情况作出准确、合理的诉讼计划。具体到本案中,因案件完结前成都地区仍然执行较为严格的房屋限购政策,《工程款抵房价款四方协议》中的购房人王某在客观上无法以购房者身份同时购买4套房屋,最终的购房者只能为符合购房条件的自然人。于是A积极与其负有债务的4家供应商协商,由该4家供应商指定购房人,通过以房抵债的方式同时抵销开发商B对A的工程款债务2300余万元及A对4家供应商的债务,真正实现了用最小的成本、最简单的方式回收公司的债权、清偿公司的债务。

2. 在合同相对方违约时,及时提起诉讼,保全案涉财产,保障债权的顺利清收。

本案的财产保全过程相当艰难:自立案后,代理律师3次向法院申请开具调查令,数次前往相关部门进行房屋信息查询,多次与住建部门沟通,经历3个月,最终完成了对房屋的保全。在房屋保全完成后,A才真正对B形成了压力,在其拒绝履行合同义务一年后,C终于开始履行己方在《工程款抵房价款四方协议》中的义务,配合指定的购房者办理房屋备案及过户,A的代理律师同时根据其进度向法院申请对案涉房屋逐套进行解封,保障被解封的房屋立即用于为本案中指定购房者办理房屋备案及过户,避免房屋被其他案外人申请查封,对本案的推进形成阻却。

最后，在未来相当长的一段时间内，部分房企可能因为支付能力显著不足、负债累累而无法以现金形式支付工程款。对建筑施工企业工程款的清收，很大程度上会通过由房企及其关联企业提供其他房产、车位、应收债权等方式进行，其中牵涉的法律关系复杂、各房企债权人之间的权利争夺激烈、申请财产保全阻碍多。作为国有建筑施工企业应当及时推动对各项目工程款债权清收的工作，尽快锁定可供执行的财产，制订合理的清收计划，保障国有资产不受损失。作为律师，在为国企提供法律服务时，从诉前对案件研判并出具法律意见书开始，就要以精湛的专业技能、严谨的态度对案件的启动和代理过程负责，保证所代理的案件既能取得满意的结果，又能经得起时间的考验。

# 第二编
# 金融证券法律实践研究

# 提前还贷潮来袭，其中有哪些法律问题值得注意？

赵雨婷*

【摘要】在房贷利率预期下行、存量房贷利率更新延迟、理财利率持续下滑等背景下，借款人提前还贷意愿加强，提前还贷热潮来袭，借款人应注意其中涉及的法律问题，根据借款合同及自身情况仔细考量，拒绝盲目跟风。

【关键词】提前还贷；情势变更；商业风险；违约金

## 引言

近日，“提前还贷”成为各大社交平台热议话题。“提前还房贷要排到4月”“年轻人报复性还房贷”“提前还贷比借钱难”等话题更是连续冲上热搜，引发广泛讨论。

在房贷利率预期下行、存量房贷利率更新延迟、理财利率持续下滑等背景下，借款人提前还贷的意愿在加强；但现实中一些借款人发现提前还贷要向银行预约、提前还贷需要排队、有些银行还要向还款人收取违约金。笔者现就提前还贷过程中大家普遍关注的法律问题进行探讨。

**问：房贷利率调整是否属于法律上的情势变更？**

**答：**根据《民法典》第533条的规定，合同成立后，合同的基础条件发生了当事人在订立合同时无法预见的、不属于商业风险的重大变化，继续履行合同对于当事人一方明显不公平的，受不利影响的当事人可以与对方重新协商；在合理期

* 赵雨婷，四川君合律师事务所律师。

限内协商不成的，当事人可以请求人民法院或者仲裁机构变更或者解除合同。人民法院或者仲裁机构应当结合案件的实际情况，根据公平原则变更或者解除合同。

那么，银行房贷利率调整是否属于情势变更呢？笔者认为，借款人与贷款银行之间的合同属于借款合同，按揭贷款通常持续时间较长，买房贷款时房贷利率受当时的房地产政策、供求关系、整体经济发展情况等影响，当事人在签订合同时应当预见未来调控贷款利率的可能性。在此基础上，房贷利率调整应属于可预见的商业风险，不属于情势变更。借款人不能以情势变更为由要求变更或解除与银行之间的贷款合同。

**问：银行是否有权拒绝借款人提前还款？**

**答：**提前还贷，即借款人在还款期内提前偿还部分或全部借款余额的行为。根据《民法典》第530条的规定，债权人可以拒绝债务人提前履行债务，但是提前履行不损害债权人利益的除外。债务人提前履行债务给债权人增加的费用，由债务人负担。

由此可见，如果借贷双方在合同中未对提前偿还贷款的情况进行约定，也未能协商一致，那么在不损害银行利益的情况下，银行不能拒绝借款人提前还贷。

**问：提前还款是否需要支付违约金？**

**答：**根据《民法典》第677条的规定，借款人提前返还借款的，除当事人另有约定外，应当按照实际借款的期间计算利息。因此，提前还款是否构成违约需要根据借款合同的具体内容等来进行判断。

就具体借款合同而言，须结合借款合同中是否包含提前还贷的限制条款具体分析。如果合同中没有约定提前还贷的违约责任条款，那么提前还贷则不构成违约，也无须支付违约金。如合同中明确约定了提前还贷的限制条款，根据意思自治原则，合同双方均应从其约定。在此种情况下，借款人提前还款则可能构成违约，需按照合同中的约定支付违约金。

由于提前还贷可能增加银行的人力成本，减少银行预期利息收入，对银行的资金运营产生影响，很多银行在住房按揭贷款合同中将提前还贷约定为违约。一般来说，借款人提前还贷，须事先向贷款人提出申请，经贷款人同意，支付违约金后，方可提前偿还部分或全部本息。

律师认为,购房者应避免盲目跟风,还需分情况仔细考虑。同时,对于当前部分存量房贷与新增房贷之间利差过大问题,相关部门可能会出台相关举措,引导市场平稳发展。

# 《九民纪要》视角下的中国银行“原油宝”的法律责任分析

廖晓丽*

**【摘要】**“原油宝”是中国银行向投资者发售的一款挂钩境内外原油期货合约的交易产品，按照报价参考对象不同，包括美国原油产品和英国原油产品。其中美国原油对应的基准标的为“WTI 原油期货合约”，英国原油对应的基准标的为“布伦特原油期货合约”，并均以美元(USD)和人民币(CNY)计价。芝加哥商品交易所(CME)调整交易规则导致原油期货交易穿仓时，中国银行销售的“原油宝”产品是否该与芝加哥商品交易所(CME)原油期货价格挂钩?《九民纪要》明确卖方机构(如产品管理人、销售机构等)对投资者负有的适当性义务以及“理性人能够理解的客观标准”，该规定是否适用于中国银行“原油宝”产品?

**【关键词】**原油宝；穿仓；适当性义务；告知说明义务

2020年4月20日，WTI原油5月期货暴跌至-37.63美元/桶。部分中国银行“原油宝”的投资者在突破本金全损的“底线”之后，还要继续把压箱底的钱拿出来填补亏空。中国银行“原油宝”爆仓事件让“原油宝”登上热搜。一时间“原油宝”“OTC衍生交易”“CME当日结算价”“TAS指令”“穿仓”成为法律圈、金融圈的热词。

登录中国银行官方网站，除一夜成名的“原油宝”外，还有更多的宝——“双

---

* 廖晓丽，四川君合律师事务所律师，高级合伙人，副主任。

向宝”“期金宝”“外汇宝”“期权宝”。后中国银行《发布关于“原油宝”产品情况的说明》,表态在法律框架下承担应有责任,与客户同舟共济,尽最大努力维护客户合法利益。笔者将尝试从《全国法院民商事审判工作会议纪要》(以下简称《九民纪要》)的视角,分析中国银行“原油宝”存在的法律风险。

**一、中国银行“原油宝”的交易机理**

中国银行官网介绍:“原油宝”是中国银行面向个人客户发行的挂钩境内外原油期货合约的交易产品,按照报价参考对象不同,包括美国原油产品和英国原油产品。其中美国原油对应的基准标的为“WTI 原油期货合约”,英国原油对应的基准标的为“布伦特原油期货合约”,并均以美元(USD)和人民币(CNY)计价。中国银行作为做市商提供报价并进行风险管理。个人客户在中国银行开立相应综合保证金账户,签订协议,并存入足额保证金后,实现做多与做空双向选择的原油交易工具。

“原油宝”产品为不具备杠杆效应的交易类产品,按期次发布合约,合约采取“交易品种 + 交易货币 + 年份两位数字 + 月份两位数字”组合方式命名。

从中国银行官网查询可知,“原油宝”归入个人理财类产品。中国银行“原油宝”交易机理如图 1 所示。

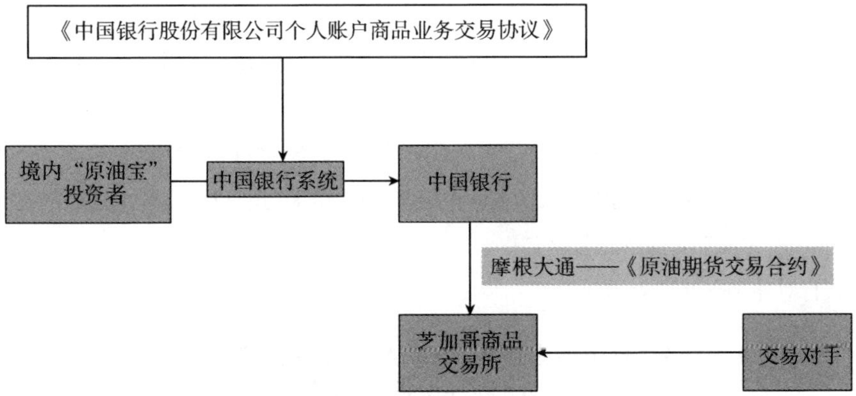


**图 1　中国银行“原油宝”产品交易机理**

注:1.“原油宝”客户需要先行完成“银行账户”申请,开立“原油宝”账户。

“原油宝”产品,以理财产品出售。

客户虽然通过“个人理财”进入中国银行账户,但“原油宝”却属于“大宗商品”下的保证金交易业务,有别于“中银理财”或“资产管理”。

与银行签署《风险提示》《合格投资者测评》《承受能力调查问卷》《中国银行股份有限公司个人账户商品业务交易协议》，阅读“原油宝”产品说明书。

测试客户的风险认知、风险偏好和风险承受能力。

银行以代客理财的名义，为“原油宝”客户交易原油期货。

“原油宝”客户并未真实地在芝加哥商品交易所交易原油期货。

“原油宝”客户登录银行“原油宝”交易系统，银行在其内部开立的原油交易账户中按照客户指令进行交易，但该交易并非芝加哥商品交易所的真实原油期货交易。

“原油宝”客户并无原油期货交易仓位，客户交易明细均为银行在其自有的原油交易账户系统中生成的交易数据，是客户与银行之间的“个人理财产品”的投资交易记录，该数据并非芝加哥商品交易所原油期货交易数据，与中国银行在芝加哥商品交易所原油期货交易数据没有关联也无对应关系，即模拟境外原油期货交易。

根据客户委托每日轧差后取整在芝加哥商品交易所（CME）做相应处理。根据所有客户相加的多单和空单数量轧差在CME做相应数量的开/平仓位。

银行与“原油宝”客户之间处于交易对手方的地位：银行与客户进行了一项OTC衍生品交易，其实质是挂钩域外原油期货合约的全收益互换（Total Return Swap，TRS）。银行参照美国WTI原油合约和英国Brent原油合约的价格波动进行计算，向“原油宝”客户支付的浮动回报，客户则向银行支付某种固定回报。

“原油宝”客户有权提前终止合约。

“原油宝”产品交易实质上是纯粹的境内交易，是投资者与银行之间进行的柜台衍生交易。

2. 银行开立原油交易账户，在芝加哥商品交易所（CME）进行原油期货交易。

银行通过委托场内机构摩根大通或者中国银行国际期货进行操作，解决境外期货交易的资质问题，完成真实的原油期货交易。

银行对冲TRS下的敞口风险。

## 二、从《九民纪要》看中国银行在“原油宝”产品中的法律责任

中国银行向个人投资者提供“原油宝”产品服务，无论该产品是理财产品还是OTC衍生品交易，均应遵守《九民纪要》第五章“关于金融消费者权益保护纠纷案件的审理”相关规定。

### （一）中国银行未履行适当性义务

《九民纪要》第72条明确卖方机构（如产品管理人、销售机构等）对投资者负

有的适当性义务,涵盖了资管产品销售的全部事宜,以及在向金融消费者推介高风险等级金融产品,为金融消费者参与高风险等级投资活动提供服务的过程中,必须履行的了解客户、了解产品、将适当的产品(或者服务)销售(或者提供)给适合的金融消费者等义务。卖方机构承担适当性义务的目的是确保金融消费者能够在充分了解相关金融产品、投资活动的性质及风险的基础上作出自主决定,并承受由此产生的收益和风险。销售阶段对于资管产品的介绍是否准确、是否完整、风险揭示是否充分等,也属于适当性义务。只要有可能产生亏损的风险就是"高风险等级金融产品",与资管产品的风险评级无关。

"原油宝"产品属于典型的"高风险等级金融产品"。中国银行与投资者签署《风险提示》《合格投资者测评》《中国银行股份有限公司个人账户商品业务交易协议》,投资者阅读"原油宝"产品说明书并手写确认:本人已经知道本产品可能遭受全部或部分的本金损失。这是否代表中国银行履行了对投资者适当性审核的义务?显然不是。从"原油宝"穿仓、倒欠银行巨额债务、投资者投诉等情况分析,中国银行并未全面履行适当性义务,存在过错。

(二)中国银行未履行告知说明义务

告知说明义务实质应该是风险(包括一般风险、极端风险)的预判和提示。

1.《九民纪要》第76条将尽到"告知义务"的标准定义为"理性人能够理解的客观标准"。要求销售机构/管理人在销售资管产品时需要结合投资者的年龄、教育背景、投资经验制定更个性化的"告知说明"内容,即必须确保每个投资者都能够真正理解产品的风险和收益,才视为履行了告知说明义务。

2.仅以金融消费者手写了诸如"本人明确知悉可能存在本金损失风险"等内容主张其已经尽了提示说明义务的,人民法院不予支持。卖方机构的告知说明义务不可简单以金融消费者手写相关内容认定其已经履行,而应当站在金融消费者的角度认定卖方机构是否履行义务。

3.最高人民法院在(2018)最高法民申5679号案中明确:"金融机构应当根据产品的风险和投资者的实际状况如既往投资经验、受教育程度等事实,综合一般人能够理解的客观标准和投资者能够理解的主观标准来确定告知说明义务。"

中国银行"原油宝"产品定价挂钩境内外原油期货合约的交易产品,其中美国原油对应的基准标的为"WTI原油期货合约",英国原油对应的基准标的为"布伦特原油期货合约”，并均以美元(USD)和人民币(CNY)计价。诸如汇率波动、原油价格暴跌、芝加哥商品交易所临时修改交易规则等“黑天鹅事件”，导致“原油宝”穿仓风险，虽然属于极端事件，但中国银行也应该在“原油宝”产品销售时履行告知说明义务，因为告知说明义务实质应该是对一般风险和极端风险的预判和提示。

(三)中国银行违反《九民纪要》规定的主客观标准

“原油宝”产品的匹配性管理不到位，即投资者的风险承受能力与“原油宝”的风险不匹配。中国银行按照设置流程测试了客户的风险认知、风险偏好和风险承受能力，即允许投资者参与“原油宝”，投资者是否与“原油宝”风险匹配？据称“原油宝”的风险评级只要属于平衡型(C3)投资者就可以买，而C3的投资者如果买理财产品，最高只能买中风险(R3)的产品。根据《期货经营机构投资者适当性管理实施指引(试行)》附件“产品或服务风险等级名录”，原油期货属于R4产品，即高风险产品。从“原油宝”穿仓事件可知，“原油宝”理应属于高风险产品，中国银行在销售“原油宝”产品时显然未“综合理性人能够理解的客观标准和金融消费者能够理解的主观标准”进行判断。

## 三、结语

通过中国银行“原油宝”事件，投资者应更加严肃地对待风险承受能力调查问卷，仔细阅读产品合同、充分了解产品运作的逻辑后再做理性投资。

# 国家储备贷款存在的风险及思考

## ——以内江山山酒业有限公司、西昌攀星农业开发有限公司案件为视角

廖晓丽*

**【摘要】**储备贷款是银行贷款业务的重要组成部分,近年来各级储备肉贷款、地方储备粮贷款风险频发,严重影响银行贷款质量,风险防控压力不断增大。但就储备贷款属于何种法律关系,以及政府、其他相关法律主体应承担何种法律责任,目前法律法规未明确规定,造成银行债权无法实现完全保障,国家信贷资金不能得到有效保护。因此,对银行储备贷款风险现状认识、分析和化解成为银行面临的重大课题。本文将以案例为切入点,对相关问题进行讨论。

**【关键词】**储备贷款;国家信贷资金安全;政策性贷款属性

### 一、银行政策性储备贷款的典型案例

(一)某银行内江市分行、内江市市中区人民政府与内江山山酒业有限公司、内江山山制药有限公司、四川省资阳市天台化工有限责任公司金融借款合同纠纷一案

1. 基本案情

内江市市中区人民政府(以下简称市中区政府)以市政府名义印发了《关于

* 廖晓丽,四川君合律师事务所律师,高级合伙人,副主任。

推行“政银企”三方合作机制做好区级粮食储备工作的通知》。其主要内容为建立“政府委托、企业运作、部门监管”储备粮合作模式。内江市市中区粮食局、内江市市中区财政局为执行该项政策，与某银行内江市分行营业部（以下简称银行营业部）共同制定了《市中区“政银企”合作储备粮管理暂行办法》，进一步规范和明确了由市中区政府下达计划并委托企业代储和代借款，政府管理、补差的模式及具体操作方式。

之后市中区政府及其职能部门出台相关文件，确认内江山山酒业有限公司（以下简称山山酒业公司）等具备储备粮条件和储备资格，之后又认定内江山山制药有限公司（以下简称山山制药公司）也具备粮食储备资格，并分3次下达了区级储备粮计划27万吨，其中山山酒业公司25万吨，山山制药公司2万吨。内江市市中区财政局、内江市市中区粮食局代表市中区政府与银行营业部、山山酒业公司先后签订3份《内江市市中区区级粮食储备“政银企”三方合作协议书》。银行营业部依据前述协议实际发放贷款共计2.99亿元，其中向山山酒业公司发放贷款2.73亿元，向山山制药公司发放贷款2600万元。

市中区财政局于次年与山山酒业公司、银行营业部签订《硫氰酸红霉素项目贷款财政补贴资金拨补协议》，约定合同签订后10年期间，每年在财政预算中安排3750万元作为专项资金补贴，用于偿还银行3亿元贷款，贷款产生的利息一并纳入上年度的财政预算。基于上述解决方案，银行营业部与山山酒业公司签订3份《固定资产借款合同》，贷款本金总计2.99亿元，期限均为2009年7月至2019年7月；3份合同均约定，山山酒业公司如果未能按合同约定履行，银行营业部即有权提前收回全部利息。同时，银行营业部与山山酒业公司、山山制药公司和四川省资阳市天台化工有限责任公司还分别签订3份《抵押合同》，约定抵押人以其各自的资产为贷款提供抵押担保。

截至2012年4月，上述贷款除偿还部分外，市中区政府未履行财政补贴贷款本息的义务，山山酒业公司也未完全履行约定的还款义务，抵押担保人亦未代偿。某银行内江市分行多次催收无果，提起诉讼。

某银行内江市分行诉讼请求如下：(1)判令山山酒业公司与市中区政府共同向其清偿借款本金298 695 000元及借款利息（利息按借款合同约定计算至实际付清时止）；(2)判令其对山山酒业公司、山山制药公司和天台化工有限责任公司对借款本息提供的抵押物优先受偿;(3)判令各被告承担本案全部诉讼费、保全费及银行实现债权的费用。后内江市中级人民法院2015年6月23日作出(2014)内民初字第5号民事判决,某银行内江市分行和市中区人民政府不服一审判决,向四川省高级人民法院提起上诉。

2. 法院审理情况

法院审理查明,2006年至2007年,市中区政府及其职能部门出台相关文件,确认山山酒业公司等具备储备粮条件和储备资格,并分3次下达了区级储备粮计划27万吨。内江市市中区财政局、内江市市中区粮食局代表市中区政府与某银行内江市分行、山山酒业公司先后签订3份《内江市市中区区级粮食储备"政银企"三方合作协议书》。2006年4月4日至2008年1月4日,某银行内江市分行、山山酒业公司、山山制药公司三方先后签订了34份《流动资金借款合同》,银行营业部依据前述协议实际发放贷款共计2.99亿元,上述资金贷出后均未用于地方储备粮收购和储藏,而是用于硫氰酸红霉素项目建设。贷款到期后,山山酒业未按照合同约定履行还款义务,且经某银行内江市分行多次催告后仍未履行还款义务,该行因此向法院提起诉讼。

3. 判决结果

(1)四川省内江市中级人民法院一审判决结果

判决市中区政府对山山酒业公司不能清偿部分债务的1/5承担连带赔偿责任,市中区政府承担赔偿责任后,可以向山山酒业公司、山山制药公司追偿。

某银行内江市分行与市中区政府不服一审判决,向四川省高级人民法院提起上诉。

(2)四川省高级人民法院二审判决

判决市中区政府对山山酒业公司不能清偿部分债务的1/3承担连带赔偿责任,市中区政府承担赔偿责任后,可以向山山酒业公司追偿。

(二)某银行凉山彝族自治州分行与西昌攀星农业开发有限公司、四川攀星绿色食品集团有限公司、西昌市财政局、龙陵县攀星矿业有限公司等金融借款合同纠纷一案

1. 基本案情

2013年9月17日,西昌攀星农业开发有限公司(以下简称西昌攀星)向某银

行凉山彝族自治州分行(以下简称银行)提交《贷款申请书》,申请粮食收购调控贷款7300万元,以满足粮食收购之需,并保证严格按用途使用资金,接受西昌市财政局及银行的监管,确保资金使用安全,保证按期归还贷款本息。2013年9月23日西昌市人民政府向西昌攀星发文《关于下达粮食调控计划的通知》,确认由西昌攀星负责向银行申请调控粮食收购贷款7300万元,实行购贷销还,由西昌市财政局全程监管,同时按银行相关规定贷款利息、保管费用和销售价差亏损由西昌市财政局据实拨补。后西昌市人民政府向银行出具《关于申请粮食调控贷款计划的函》,承诺由西昌市财政局负责归还粮食收购贷款本息。2013年9月24日,西昌市财政局向银行出具《承诺书》,承诺由该财政局对这笔粮食调控贷款进行封闭运行监管,并将严格按照西昌市人民政府承诺负责调控粮食收购贷款本息的归还。

2013年12月13日,银行和西昌攀星签订了《流动资金借款合同》,合同签订后银行发放贷款共计7300万元。2014年8月21日银行向凉山彝族自治州中级人民法院提起诉讼,诉讼过程中银行于2014年12月18日向西昌市人民政府发函,请求西昌市人民政府按照西昌市人民政府《关于申请粮食调控贷款计划的函》的文件安排和西昌市财政局出具的《承诺书》,由西昌市财政局归还银行贷款。2014年12月26日银行又向西昌市财政局发送《提示归还到期贷款通知书》,请求其履行《承诺书》的还款承诺,但银行仍未收到相关贷款本息。

2. 法院审理情况

法院审理查明,2013年9月,西昌攀星向银行提交了用于粮食收购的《贷款申请书》,同月西昌市人民政府向西昌攀星发文《关于下达粮食调控计划的通知》,指定西昌攀星向银行申请调控粮食收购贷款7300万元,写明贷款利息、报关费用和销售价差亏损由西昌市财政局据实补拨,并向银行发文《关于申请粮食调控贷款计划的函》,同时由西昌市财政局出具了承诺负责调控粮食收购贷款本息归还的《承诺书》。2013年12月13日银行与西昌攀星签订《流动资金借款合同》,法院认定该合同合法有效,银行也已按照合同约定向西昌攀星全额发放了贷款。四川攀星绿色食品集团有限公司在《流动资金借款合同》有效期内向银行出具了自愿与西昌攀星共同承担西昌攀星与银行于2013年12月13日签订的《流动资金借款合同》项下的责任,并以四川攀星绿色食品集团有限公司的资产及股份进行偿还的《承诺书》。因西昌攀星在合同履行期间与案外人发生重大经济纠纷并已进入诉讼程序，法院依法认定西昌攀星的上述行为已违反了其与银行借款合同的约定，且贷款期限已经届满，银行有权要求西昌攀星履行还款义务并支付相应利息。银行一审主张西昌市财政局的《承诺书》应当按照“债务加入”的形式承担债务人责任，一审法院认定西昌市财政局不具备“债务加入”的主体资格，银行主张西昌市财政局承担还款责任的理由不成立；二审法院认定西昌市财政局出具的《承诺书》构成法律意义上的保证担保，但因其为国家机关，不具备提供担保的主体资格，故其提供的保证担保无效。

3. 判决结果

(1) 四川省凉山彝族自治州中级人民法院一审判决

驳回银行要求西昌市财政局对西昌攀星的借款和利息承担连带责任的诉讼请求。

(2) 四川省高级人民法院二审判决

判决西昌市财政局对西昌攀星不能偿还涉案贷款本息部分承担1/6的连带赔偿责任。

## 二、从以上两案判决情况看银行储备贷款面临的法律风险现状

### (一) 宏观层面

1. 地方各级储备粮、储备肉的所有权归属不明确，导致银行本金利息的损失无法补偿的风险。

目前来看，中央储备粮和储备肉的权属比较明确，其所有权为国务院，但地方储备肉和储备粮贷款的权属则比较模糊。如中央储备粮、中央储备肉根据《中央储备肉管理办法》《中央储备肉管理办法实施细则》《粮食流通管理条例》《中央储备粮管理条例》的规定，中央储备粮、中央储备肉的所有权归国务院所有。借款人(收购企业)在银行贷款用于收购中央储备粮、中央储备肉，负有管理储备粮储备肉的义务，并承担贷款的全部偿还义务。在银行地方储备贷款中，部分地方政府如资阳市雁江区政府会明确界定储备肉所有权属于政府，但部分政府则无明确规定，仅提出承担利费价差补贴，对本金利息的损失未明确规定。

2. 规范政策性储备贷款法律关系的文件效力较低，无法明确规制法律风险。

规范储备粮、储备肉的现行依据主要有《中央储备肉管理办法》《中央储备肉

管理办法实施细则》《粮食流通管理条例》《中央储备粮管理条例》。《粮食流通管理条例》《中央储备粮管理条例》属于行政法规。《中央储备肉管理办法》《中央储备肉管理办法实施细则》属于部门规章，不属于狭义的法律范畴，层级较低。

3. 储备贷款中政府往往被法院认定为担保责任，导致担保主体不合法，政府承担责任不完全的风险。

储备粮、储备肉等政策性贷款办理过程中，行政机关以《承诺书》、《关于做好2015年地方政策性猪肉储备有关工作的纪要》、政府发文等形式的还款承诺，属于无效担保，判决确定行政机关承担无效担保导致的赔偿责任。

储备粮、储备肉等政策性贷款办理过程中，依据《中央储备肉管理办法》、《中央储备肉管理办法实施细则》、《粮食流通管理条例》、《中央储备粮管理条例》、《中国农业发展银行地方储备和调控粮贷款办法》(2013年修订)、《关于县级储备粮油贷款核准问题的通知》规定和银行政策性贷款要求，当地政府责成财政局以《承诺书》、《关于做好2015年地方政策性猪肉储备有关工作的纪要》、政府发文等形式，对政策性贷款承诺承担偿还本息的承诺，但是，经过法院审判确定，《承诺书》、《关于做好2015年地方政策性猪肉储备有关工作的纪要》、政府发文等形式的还款承诺，属于担保性质，根据原《担保法》的规定，国家机关违反法律规定提供担保的，担保合同无效。如(2016)川民终654号民事判决书、(2016)川民终207号民事判决书判决行政机关分别承担1/3、1/6连带赔偿责任。

4. 储备肉贷款中《流动资金借款合同》虽然存在违反《中央储备肉管理办法》的瑕疵，但是并无导致合同无效的风险。

经于最高人民法院裁判文书网检索，与“储备肉”有关的裁判文书有22份，在生效判决书中均认定：根据最高人民法院《关于适用〈中华人民共和国合同法〉若干问题的解释(一)》(已失效)第4条“合同法实施以后，人民法院确认合同无效，应当以全国人大及其常委会制定的法律和国务院制定的行政法规为依据，不得以地方性法规、行政规章为依据”的规定，合同是否有效应审查合同是否违反了全国人大及其常委会制定的法律和国务院制定的行政法规，而地方性法规及行政规章并不能作为认定合同无效的依据，即使当事人所签合同有违反地方性法规、行政规章之处，也并不会当然导致合同的无效。本文两案，原告、被告所签《流动资金借款合同》存在违反《中央储备肉管理办法》的地方，而《中央储备肉管理办法》为部门行政规章，所以原、被告所签《流动资金借款合同》存在违反《中央储备肉管理办法》之处，仍然无法达到法律所规定的无效之条件，即《流动资金借款合同》即使违反《中央储备肉管理办法》，仍然有效。

（二）微观层面

1. 储备粮、储备肉等政策性贷款，借款人（收购企业）为实际用款人，承担贷款的全部偿还义务，导致政府责任缺失。

银行针对储备粮、储备肉等政策性贷款，与借款人签订的主合同是《流动资金借款合同》《流动资金借款合同补充协议（适用于粮油收购贷款）》，在总行制式合同中确定借款人（收购企业）为实际用款人，承担贷款的全部偿还义务。但是，如中央储备粮、中央储备肉根据《中央储备肉管理办法》《中央储备粮管理条例》规定所有权归国务院所有，直接导致借款人（收购企业）不是储备贷款形成的财产的所有权人却要承担贷款的全部偿还责任。

2. 储备粮、储备肉等政策性贷款办理过程中，行政机关以《承诺书》、《关于做好2015年地方政策性猪肉储备有关工作的纪要》、政府发文等形式，对政策性贷款承诺承担偿还本息的承诺，实际构成债务加入，但是，法院并未认可债务加入的主张。

（2016）川民终654号民事判决书中记载，西昌市人民政府向银行出具《关于申请粮食调控贷款计划的函》承诺负责归还涉案贷款本息，该意思表示属于“债务加入”，即西昌市人民政府自愿承担债务清偿责任，而不是无效担保法律关系。我国现行法律中虽然无“债务加入”的明确规定，但是，经检索最高人民法院裁判案例可知，关于“债务加入”的事实法律行为，已经最高人民法院裁判确认，属于有效的民事法律行为，属于债务负担性质。但是，（2016）川民终654号民事判决书并未认可债务加入的主张。

## 三、储备粮、储备肉贷款法律关系分析

储备粮、储备肉等政策性贷款关系中主要涉及的主体有银行、政府、收购企业（借款人）、担保人，银行与收购企业（借款人）之间成立借贷合同关系，地方政府通常会在收购企业向银行贷款时出具相应政府保函，但理论上及实践中对于地方政府保函的性质认定主要存在以下三种争议。

1. 保证担保关系:地方政府保函系对收购企业贷款行为提供担保,故政府应当为收购企业向银行的借贷承担连带担保责任。

(2016)川民终654号民事判决书、(2016)川民终207号民事判决书均认定政府保函的性质为担保性质,但因政府作为国家行政机关不具备提供担保的主体资格,认定政府保函为无效担保,判决行政机关对债务人不能偿还涉案贷款本息部分分别承担1/3、1/6的连带赔偿责任。

2. 委托代理关系:地方政府与收购企业实为委托关系,实际贷款主体为地方政府。

(2016)川民终字207号一案判决查明,2006年3月14日,市中区政府以内市区府发〔2006〕22号文件印发了《关于推行“政银企”三方合作机制做好区级粮食储备工作的通知》。其主要内容为建立“政府委托、企业运作、部门监管”储备粮合作模式,即由政府向承储企业下达粮食储备计划,委托企业代政府储备粮食;粮食和政府财政部门代表政府与农业发展银行、粮食储存企业签订协议。此文件明确提到了由政府向承储企业下达粮食储备计划,委托企业代政府储备粮食,但法院在审理过程中认定政府并不是该案借款合同的当事人,也不是实质债务人,故其不应当承担偿还借款的责任。

3. 债务加入:地方政府的保函实际为债务加入的承诺,地方政府应当以债务人身份承担贷款连带偿还责任。

我国现行法律对于债务加入没有明确规定,但在司法实践中“债务加入”通常指第三人加入债的关系中,与原债务人一起向债权人承担责任的现象。在司法实践中,江苏省高级人民法院首先明确使用了“债务加入”的概念,其在《关于适用〈中华人民共和国合同法〉若干问题的讨论纪要(一)》(苏高发审委〔2005〕16号,已失效)第17条规定:“债务加入是指第三人与债权人、债务人达成三方协议或第三人与债权人达成双方协议或第三人向债权人单方承诺由第三人履行债务人的债务,但同时不免除债务人履行义务的债务承担方式。”第19条规定:“债权人请求第三人与债务人承担连带责任的,人民法院应当支持。当事人在合同中对责任形式有约定的除外。”

综上,对于合法有效且具可转移性的债务经当事人真实意思表示,债务加入即成立且生效。检索最高人民法院债务加入相关司法案例,关于债务加入的裁判规则为:债务加入关系中第三人需承担连带清偿责任。债务加入的行为已经最高人民法院判例确认,属于有效的民事法律行为。在储备粮、储备肉贷款合同关系中,政府实际属于债务加入行为,则应对收购企业的债务依据债务加入承担偿还责任。选择债务加入的法律关系对银行储备贷款维权较为有利:首先,选择债务加入政府应承担的责任较为完全,体现了政府机关在特殊民事关系中的民事主体地位和责任;其次,有一定的理论和判例支撑。

**四、国家储备贷款管理的思考**

(一)宏观层面

1. 明确政府在借款人申请政策性贷款中的债务偿还责任。

首先,需要理顺储备肉、储备粮权属,明确储备肉和储备粮是归国家或地方政府所有。其次,政府出具的承诺书、地方政策性贷款储备有关工作的纪要等文件中,必须记载政府及其部门偿还贷款本息的意思表示,以此明确地方政府对政策性贷款承担偿还责任,即确定债务加入的法律后果。

2. 提出政策性贷款立法建议,破解储备贷款适用文件效力低的实际问题。

在现行有效的《中央储备肉管理办法》《中央储备肉管理办法实施细则》《粮食流通管理条例》《中央储备粮管理条例》规范体系基础之上,通过总行、人民银行、银监局等渠道,呼吁加快政策性贷款立法建议,破解储备贷款适用文件效力低的实际问题,在法律中明确储备贷款特殊法律性质,维护国家金融安全。

3. 增加《流动资金借款合同补充协议》,明确政府在贷款中的地位。

在《流动资金借款合同补充协议(适用于棉花收购、粮油收购、储备肉收购贷款)》中将政府纳入《流动资金借款合同补充协议》中,将政府作为合同一方当事人,确保政府按照签订的三方协议履行相应的贷款偿还责任,规避政府以非借款人、使用人或者担保主体为由逃避相应责任。

(二)微观层面

1. 修订并完善相关贷款管理办法。

对专项贷款形成的储备肉、储备粮,严格按照《中央储备肉管理办法》《中央储备粮管理条例》等规定,明确所有权人对借款人因国家或地方储备粮、储备肉发生法律争议的责任承担,防止银行承担高于其能力的监管责任。

2. 签订借款人、政府、银行三方协议。

借鉴银行基金运行模式，签署借款人、政府、银行三方协议，在该协议中再次明确政府对储备肉、储备粮专项贷款的清偿责任。确保政府按照签订的三方协议履行相应的贷款偿还责任，规避政府以非借款人、使用人或者非适格担保主体为由逃避相应清偿责任的情形。

3. 拟定《告知函》，明确告知政府储备粮贷款性质。

通过发送《告知函》的形式，向政府告知储备粮、储备肉的性质，避免其在贷款无法清偿时逃避承担债务。

# 从蚂蚁集团暂停上市浅谈对金融科技企业的建议

廖晓丽*

【摘要】现阶段金融科技公司创新是一个热点和难点问题，金融科技公司一方面通过创新改变着支付、信贷、征信、资产管理等应用场景；另一方面也冲击着金融监管现行政策。本文将探讨如何在保障金融系统安全前提下鼓励科技公司在金融领域的创新，以及从法律角度如何看待金融创新中存在的问题。

【关键词】金融科技公司；金融创新；监管制度

"大到不能倒的金融机构既是危机的源头（尽管不是唯一的源头），也是决策者遏制危机努力的主要障碍之一。"

——美联储前主席本·伯南克

蚂蚁集团暂停上市引发了对金融科技公司创新的深层次讨论。蚂蚁金服（Ant Financial）在计划首次发行股票（initial public offering，IPO）前，将公司名字改为蚂蚁科技（Ant Technology），其意图避开金融监管的围墙。在中国对传统金融长期实施分业监管的背景下，金融科技监管的法规一直在鼓励创新中追赶金融科技公司的步伐，有洞补洞，直到2020年发布《网络小额贷款业务管理暂行办法（征求意见稿）》。与全球百年历史的传统银行相比，支付宝自2004年诞生以来，

---

* 廖晓丽，四川君合律师事务所律师，高级合伙人，副主任。

进化为蚂蚁金服和蚂蚁集团仅花了16年的时间。今天世界上最大的金融服务公司是中国的拥有10亿客户的蚂蚁金服，而10年前，花旗集团(Citigroup)才拥有2亿客户。2020年11月5日，蚂蚁金服发出暂缓发行的公告，蚂蚁集团IPO被按下“暂停键”。

从蚂蚁集团暂停上市事件上可以看到阿里、腾讯、百度、京东等科技公司不断向金融领域渗透发展，利用其长期服务积累的客户数据和新兴的大数据处理技术，一定程度上改变了我国金融服务生态，特别是在支付、信贷、征信、资产管理等行业发生显著变化。在充分肯定科技公司从事金融服务的优势和积极影响的同时，应全面、深入认识可能产生的风险，有针对性地拟定相关政策措施，不断加强和改进监管，确保金融稳定和安全。

**一、金融科技公司进入金融领域存在的问题**

1. 潜在系统性风险。首先，多家科技公司创设产品即吸纳的资本通过放贷把大量底层个人变成债务人。例如花呗授信起点为20元、借呗授信起点为1000元，一旦出现风险暴露，将引发严重的风险传染。其次，大型互联网企业服务群体数量庞大，服务对象常常是传统金融机构覆盖不到的长尾人群，目前有1亿用户在三线以下城市，自身无金融风险意识，从众心理严重，当市场出现大的波动或者市场状况发生逆转时，容易出现群体非理性行为，长尾风险可能迅速扩散，形成系统性金融风险。最后，各科技企业跨行业、跨领域金融产品相互交错，关联性强，顺周期性更显著，其风险隐蔽性与破坏性会更严重。不仅如此，由于金融科技企业网络覆盖面宽，经营模式、算法趋同，金融风险传染将更为快速，可能在极短时间内迅速演变为系统性风险。

2. 产品和业务边界模糊，掩盖融资的实质。金融科技业务和传统银行无本质区别。金融科技公司实质是利用“互联网 + 金融”的创新，然后利用小额贷款进行套利。如果摆脱金融监管，随意创新，由于金融科技公司产品门槛低，甚至无门槛，如果出现挤兑，将对金融体系造成极大冲击。另外，金融科技企业的介入和技术的运用相当程度上改变了一些金融产品和服务的结构、功能和性质，造成这些产品和服务的边界模糊、性质易混淆，为监管套利提供了可能。

3. 利润与风险不成正比，产品错配杠杆率畸高。花呗的年化利率将近18%，而花呗资金来源为联合贷款，科技公司自有资金只占1%；科技公司组合贷款的其他来源资本的利率不过3% ~4%,但是科技公司再放贷利率能达到18%,获取巨额利润但未承担风险。发生风险时,由于联合贷款属性,风险并非由科技公司全部承诺,而是转嫁给底层资产的各商业银行。借助资产证券化(ABS)等通道,杠杆率成倍增加。

4. 数据泄露与侵权风险。金融科技企业从事金融业务意味着消费者各种金融和非金融信息的集中采集和暴露。企业不仅掌握消费者的社交、购物、网页浏览信息,而且还掌握其账户、支付、存取款、金融资产持有和交易信息,甚至还可通过面部识别、健康监测等将这些信息与其生物信息紧密关联。一旦保管不当或遭受网络攻击造成数据泄露,稍加分析便可获得客户精准画像,导致大量客户隐私泄露,进而造成重大财产损失和人身安全隐患。同时,大数据、人工智能等技术易导致"算法歧视",严重损害特殊群体利益。相较于传统歧视行为,算法歧视更难约束。

5. 金融价值观扭曲,诱导过度负债消费。金融的本质是利用信用和杠杆,任何一次金融消费均需要依照合同约定按期偿还本金、利息和相关费用。金融科技公司利用获取的用户大数据信息和精准跟踪,精准画像用户的"消费需求",以"优惠"等噱头包装小额信贷、信用卡分期服务;在支付过程界面故意诱导消费者选择信贷支付方式,从而淡化金融消费直接与消费者综合授信额度、还款能力、还款来源等因素挂钩,过度营销、超前消费,致使消费者过度信贷、负债超出个人承担能力等风险。

6. 海量诉讼造成司法审判压力大。"互联网 + 金融"作为一种新的商业模式,以便捷、门槛低、收益高的特征迅速成为消费支付主要手段之一。传统金融行业与互联网深度融合,快速催生了互联网金融新业态,由此引发的互联网金融案件呈快速增长趋势,一审金融借款合同纠纷、信用卡纠纷案件持续高位运行。2020 年 9 月,广州互联网法院发布的《广州互联网法院互联网金融纠纷司法分析报告》显示,从 2018 年 9 月 28 日至 2020 年 8 月 31 日,广州互联网法院共受理互联网金融纠纷案件 40 522 件,结案 36 590 件。互联网金融案件呈现标的小、被告分布广、执行难等特征,法院审判压力巨大。

**二、针对上述问题的建议**

1. 加强顶层设计,完善监管制度体系。一是明确监督管理原则,立足金融消费者保护、促进市场公平竞争、提高资源配置效率、维护金融市场健康发展、确保金融稳定安全和更好服务实体经济等目标,建立健全有效监管框架。二是完善相关技术和业务标准。发挥相关职能部门作用,制定区块链、大数据等技术标准和风险规则,发挥标准规则、检测认证作用,推动大型互联网企业在技术及其业务运用上有序合规发展。三是加强监管协调,推动监管机构之间的数据和信息共享机制建设,提高监管政策在制定和执行等各个层面的协调。

2. 严格市场准入,全面推行功能监管。采取"穿透式"监管,按照信贷、保险、理财、资管等业务类别实现监管全覆盖,避免监管空白。坚持监管一致性原则,即在现有法律框架下,只要从事相同的金融业务,就要接受同样的监管,以维护公平竞争、防止监管套利。

3. 加强消费者权益保护,在平衡个人信息保护的基础上,加强数据管理,防止数据垄断。在严控数据滥用风险的同时,兼顾数据开放,推动数据共享,包括推动金融机构脱敏数据的共享,以及政府公共数据与私人部门数据间的共享。进一步明确大型互联网企业所持有巨量消费者数据的法律属性和财产权利边界。

4. 明确金融科技企业其金融企业属性,应将其纳入金融控股公司监管框架。一方面,源于金融业务经营的收入超过一定比例的,对其整体按金融控股公司相关规则进行宏观审慎管理,对所有金融业务进行严格穿透式监管。另一方面,建立一套适用于监管大型金融科技企业巨头的微观和宏观审慎监管指标体系,在与当前对系统重要性金融机构的相应审慎监管标准总体一致的前提下,强化对大型互联网企业巨头的技术安全等其他附加监管要求。

5. 超大型金融科技企业依据《反垄断法》予以拆分,按照消费贷款、保险、资产管理等分类经营。

# 土地增减挂钩项目贷款法律实务问题研究

廖晓丽　尹　霞*

【摘要】2015年7月,四川省人民政府办公厅发布了《关于优化城乡建设用地增减挂钩试点改革的意见》(川办发〔2015〕69号),明确在城乡建设用地增减挂钩试点改革的过程中,要发挥市场化配置资源作用,建立市场化配置指标机制,规范跨县使用结余挂钩指标制度,根据原国土资源部的部署安排,探索试行结余挂钩指标交易制度。为加强支持对扶贫开发、生态搬迁、灾后重建等土地增减挂钩项目的工作,在坚持"政府主导、市场运作、规范有序"的原则下和银行金融机构响应政策提供资金支持的基础上,土地增减挂钩项目贷款随之而生。但在四川省的城乡建设用地增减挂钩试点过程中,因土地增减挂钩项目本身涉及人员类型复杂、行政审批流程较多、社会监督压力大等因素,项目贷款也存在交易结构复杂、参与主体多、项目进展不透明、资金使用不规范等突出问题,亟待分析、解决。

【关键词】金融贷款;土地增减挂钩项目;应收账款;在建工程抵押

## 一、城乡建设用地增减挂钩的概念

根据《城乡建设用地增减挂钩试点管理办法》(国土资发〔2008〕138号)第2条规定,该办法所称城乡建设用地增减挂钩是指依据土地利用总体规划,将若干拟整理复垦为耕地的农村建设用地地块(拆旧地块)和拟用于城镇建设的地块

---

* 廖晓丽,四川君合律师事务所律师,高级合伙人,副主任。尹霞,四川君合律师事务所执业律师。

（建新地块）等面积共同组成建新拆旧项目区，通过建新拆旧和土地整理复垦等措施，在保证项目区内各类土地面积平衡的基础上，最终实现增加耕地有效面积，提高耕地质量，节约集约利用建设用地，城乡用地布局更合理的目标。

## 二、土地增减挂钩项目贷款实践情况

### （一）政策支持

2005年10月11日，原国土资源部发布了《关于规范城镇建设用地增加与农村建设用地减少相挂钩试点工作的意见》（已失效），决定在天津、浙江、江苏、安徽、山东、湖北、广东、四川等省（市）开展挂钩试点工作。

2015年，作为试点区域，四川省重点开展了“土地指标标准化”工作，建立了“土地指标”制度，完善土地交易市场，规范引入社会资本。四川省人民政府办公厅《关于优化城乡建设用地增减挂钩试点改革的意见》（川办发〔2015〕69号）规定：“（五）发挥市场化配置资源作用。建立市场化配置指标机制。结合优化挂钩项目区设置试点工作，规范跨县使用结余挂钩指标制度，加大增减挂钩对扶贫开发和生态搬迁的支持力度。根据原国土资源部的部署安排，探索试行结余挂钩指标交易制度。规范引导社会资本依法、有序参与改革。按照‘政府主导、市场运作、规范有序’的原则，积极探索社会资本参与增减挂钩试点的途径、方式和项目管理、资金管理、利益分配机制。规范引导社会资本参与项目工程建设。”

### （二）贷款融资模式

在土地增减挂钩试点工作开展至今过程中，为支持试点工作，多家银行就城乡建设用地增减挂钩项目提供了借款。在城乡建设用地增减挂钩项目贷款中，通常按照“政府主导、公司运作、项目收益覆盖”的融资模式开展项目，即在政府的主导下，引入社会资本，成立项目公司，由项目公司开展项目的建设、融资等活动，项目整理后的增减挂钩项目结余指标由政府委托土储中心进行收购。项目公司在向银行融资时，以能够覆盖贷款金额的项目收益（结余指标的收购价款）为质押物和还款来源。融资模式一般如图1所示。

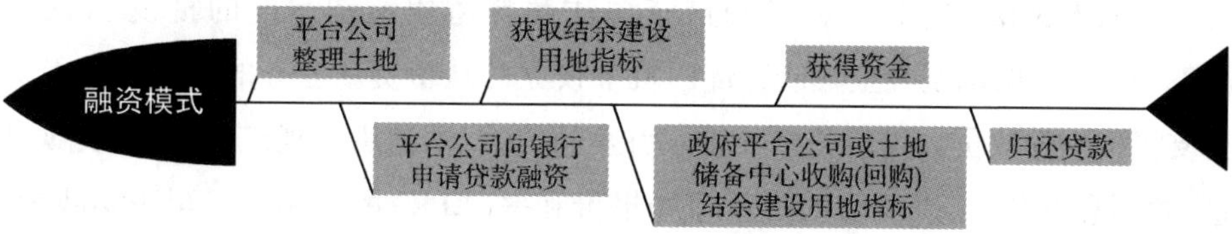


**图1　土地增减挂钩项目融资模式**

（三）实践中的突出问题

随着项目实际建设发展，城乡建设用地增减挂钩项目贷款中的问题也逐渐凸显，如借款人挪用贷款、应收账款质押变现难、贷款形成的固定资产难以处置等问题，且往往还款来源仅有结余建设用地指标款，借款人的偿债能力较弱，对贷款人（银行）的债权实现造成了阻碍。

## 三、土地增减挂钩项目贷款实务重点法律问题分析

（一）借款人挪用贷款问题

1. 借款人挪用贷款的，认定刑事犯罪难度大。

挪用贷款是金融借款中影响金融资产安全较为常见的法律问题之一，土地增减挂钩项目贷款中，部分项目也出现了挪用贷款的情形，较多地体现为挪用贷款用于归还其他借款或供关联公司开展其他业务使用。针对借款人挪用贷款的，因挪用贷款并非法定的犯罪类型，往往根据案件实际情况可能构成挪用资金罪或职务侵占罪，但挪用资金罪的犯罪主体特殊，而职务侵占罪的认定关键是“据为己有”。因此，实践中借款人挪用贷款的，认定刑事犯罪难度大，通常按照《借款合同》的约定，视为违约行为，由贷款人追究其违约责任，难以达到打击危害金融资金安全行为的目的。

2. 若借款人挪用贷款，贷款人有权按照《借款合同》的约定宣布贷款提前到期、要求借款人支付相应罚息和复利。但是，若利息（含罚息复利）总额超过24%，超过部分存在不被支持的可能性。

贷款人（银行）的《借款合同》格式合同中，通常对于借款人未按本合同约定用途使用借款，明确了贷款人有权停止发放贷款、提前收回借款或者解除合同、额外计收罚息复利等条款。若借款人挪用贷款，贷款人（银行）有权按约行使相应权利和追究借款人的违约责任。

最高人民法院《关于新民间借贷司法解释适用范围问题的批复》(法释〔2020〕27号)明确了经金融监管部门批准设立的从事贷款业务的金融机构及其分支机构因发放贷款等相关金融业务引发的纠纷,不适用该规定,即银行贷款利息(含罚息复利)不受4倍的贷款市场报价利率(LPR)的限制。但司法实践中,基于银行金融机构在贷款活动中的优势地位,人民法院考虑到公平性问题,对于银行贷款利息(含罚息复利)超过24%的部分不予支持的可能性较大。

(二)应收账款质押变现难问题

1. 应收账款的诉讼保全存在障碍。

土地增减挂钩项目贷款中,借款人就贷款提供应收账款质押担保的情况比较常见,质押担保的权利凭证主要体现为《指标收购协议书》项下应收账款,而次债务人为地方政府或地方土地储备中心的较多。目前的贷款实务中,部分项目或存"烂尾"的风险,应收账款的质押实现也存在阻碍。

根据《民法典》第427条、最高人民法院《关于人民法院执行工作若干问题的规定(试行)》第45条之规定,如贷款人(银行)拟对应收账款申请诉讼财产保全,需向人民法院提供该两笔应收账款的有关要素,包括金额、期限、支付方式、债务人名称、产生应收账款的基础合同及基础合同的履行程度等内容,且均需明确、具体和固定化。也就是说,在未达到应收账款的付款条件或该应收账款固化前,贷款人(银行)就应收账款申请诉讼保全收回均存在实质性的障碍。

2. 应收账款的强制执行存在难度。

目前,《民法典》中未对权利质押的实现方式作出特别规定,其实现方式适用动产质权的规定,即质权人可以与出质人协议以质押财产折价或就拍卖、变卖质押财产所得价款优先受偿。而对于应收账款质押权如何在强制执行中实现也暂无明文规定。应收账款作为一种请求权,质权人在行使质权时,《民法典》未规定其可径行向应收账款债务人请求付款。司法实践中,人民法院对于应收账款的强制执行,较多采用《暂停支付通知书》的方式,告知债务人停止支付,但并无强制力要求债务人将款项支付至人民法院账户或直接支付至质押权人账户。此外,实现应收账款质押权时同样需要对应收账款进行明确、具体和固定化,即须有次债务人对应收账款的债务确认函。

另外,土地增减挂钩项目贷款中应收账款质押多为土地整理指标款,涉及村民(被拆迁人、被安置人)利益,案件即使进入执行的,应收账款质押权的实现也因影响社会公众利益而困难重重。

(三)土地增减挂钩项目贷款案件执行程序中因贷款形成的固定资产处置问题

1. 因土地增减挂钩项目形成的固定资产主要体现为拆迁安置房屋(包含在建和已建成),既往的司法实践中,普遍认为拆迁人对拆迁安置房屋的优先取得权即为特殊债权,优于抵押债权和普通债权。《民法典》实施后,对于拆迁安置房屋被拆迁人是否享有优先权尚无法确认。

2003 年最高人民法院《关于审理商品房买卖合同纠纷案件适用法律若干问题的解释》第 7 条第 1 款规定:“拆迁人与被拆迁人按照所有权调换形式订立拆迁补偿安置协议,明确约定拆迁人以位置、用途特定的房屋对被拆迁人予以补偿安置,如果拆迁人将该补偿安置房屋另行出卖给第三人,被拆迁人请求优先取得补偿安置房屋的,应予支持。”最高人民法院《关于建设工程价款优先受偿权问题的批复》(已失效)第 2 条规定:“消费者交付购买商品房的全部或者大部分款项后,承包人就该商品房享有的工程价款优先受偿权不得对抗买受人。”再结合既往可查询到的生效裁判文书,可见司法实践中主流审判思路认为被拆迁人对拆迁安置房屋的优先取得权即为特殊债权,优于抵押债权和普通债权。

2. 因贷款形成的固定资产的诉讼保全和强制执行均存在阻碍。

(1)若对因贷款形成的固定资产(主要体现为拆迁安置房屋)采取诉讼保全措施,存在无法保全和保全后案外人执行异议的风险。

最高人民法院《关于人民法院办理财产保全案件若干问题的规定》第 27 条规定:“人民法院对诉讼争议标的以外的财产进行保全,案外人对保全裁定或者保全裁定实施过程中的执行行为不服,基于实体权利对被保全财产提出书面异议的,人民法院应当依照民事诉讼法第二百二十七条规定审查处理并作出裁定。案外人、申请保全人对该裁定不服的,可以自裁定送达之日起十五日内向人民法院提起执行异议之诉。人民法院裁定案外人异议成立后,申请保全人在法律规定的期间内未提起执行异议之诉的,人民法院应当自起诉期限届满之日起七日内对该被保全财产解除保全。”

(2)结合既往司法实践,贷款所涉拆迁安置房屋(包含在建和已建成)难以执行。

首先,既往的司法实践中,主流审判思路均认为被拆迁人对拆迁安置房屋的优先取得权即为特殊债权,优于抵押债权和普通债权。在没有新的法律法规或司法解释进行调整的情况下,沿用既往审判思路的可能性较大,即使类似案件进入强制执行程序,人民法院对贷款所涉拆迁安置房屋进行拍卖的可能性极小。其次,拆迁安置房屋的产权性质大多数为集体所有制,受限于产权制度,即使强制拍卖,拆迁安置房屋的流通性极低,处置难度大。最后,拆迁安置房屋涉及农民的基本生活需求,对当地的社会稳定、人民生活影响巨大,难以开展强制执行工作。

3. 若借款人破产,破产程序中因贷款形成的固定资产存在不被认定为破产企业的破产财产的可能性。

根据最高人民法院《关于审理企业破产案件若干问题的规定》第71条的规定,特定物买卖中,尚未转移占有但相对人已完全支付对价的特定物不属于破产财产。尽管相关项目中的拆迁房屋产权未登记到被拆迁人名下,亦未交付被拆迁人占有,但若被拆迁人采取的是产权调换方式或已经按《拆迁安置协议》支付了该房屋的全部对价,则相关拆迁安置房应属于法律规定的特定物,被认定为不属于破产财产的可能性较大。

(四)实务工作建议

1. 在项目中设置资金监管流程,对贷款资金设置专户进行专管,资金转出时由多方确认,对借款人挪用贷款行为设置前置防控措施。

2. 金融机构贷款管理人员贷后需严格按照管理流程和要素,持续关注借款人的贷款使用和公司经营情况,对借款人挪用贷款做好预警工作。

3. 严格把控应收账款真实关。在办理应收账款质押时,落实该应收账款的真实性的确认工作,确保出质登记时应收账款的真实性,务必将该应收账款质押事宜书面通知应收账款债务人。

4. 针对应收账款质押设置收款特定账户,并通知应收账款债务人,要求还款需支付至特定账户,以便监控资金流向。

5. 若发生贷款逾期等情形,立即书面通知应收账款债务人,要求暂停支付。

# 第三编

# 保险法律实践研究

# 拒绝尸检，死因不明，保险公司能否拒赔？

## ——以某人身意外保险合同纠纷案为例

杨　茜*

【摘要】人身意外险中，当被保险人死因不明且家人拒不配合查明死因时，其家人对死亡原因无法查明存在过错，保险公司可以对此减少赔偿或拒赔。

【关键词】拒绝尸检；其他疾病；死亡原因不明；保险法；拒赔

### 一、案情简介

2021 年 12 月 1 日，李某的父亲李某伟被其姐姐发现死于家中，据医院出具的《院前急救记录》和公安局开具的死亡证明，李某伟死亡原因非他杀，但因其死亡前 20 小时醉酒摔倒导致脑后缝合 10 针，且具有癫痫患病史，在无明显外伤及诱因下，造成其死亡的具体原因无法查明。警方告知赵某（系李某伟妻子）需要做尸检才能查清死亡原因，如果不做尸检，假如死者投保了人身意外险，可能会导致死亡原因不明、保险公司拒绝赔保，赵某表示知情但仍然拒绝做尸检。

2021 年 12 月 22 日，赵某得知李某伟在某保险公司投保了人身意外险，故向保险公司申请理赔。保险公司接到理赔申请后立即核实情况。经核实，保险公司认为，李某伟患有癫痫，生前曾因发病严重分别于 2020 年及 2021 年两次住院治疗，治疗时间均为 15 天以上。2021 年 11 月 29 日，李某伟醉酒摔倒，导致后脑勺

---

* 杨茜，四川君合律师事务所实习律师。

缝针。事故发生后20个小时,其在家中死亡。

根据公安机关出具的死亡证明以及医院急诊的记录,死亡原因处载明"迟发性颅脑损伤?""死亡原因待诊",均为推断性结论,表明警方及医院也无法确定李某伟的具体死亡原因,事故发生后其家属未及时向保险公司报案,导致保险公司无法及时核定死亡原因,无法证明李某伟的死亡原因属于意外事件,保险公司因此拒赔。

赵某与李某不服,随即向法院起诉,要求保险公司承担保险责任、赔付赵某和李某共计17.7万元。

**二、裁判结果**

本案经法院审理后,判决保险公司赔付赵某、李某5.31万元。

**三、裁决理由**

法院认为,本案中,原被告双方对李某伟的死亡原因存在争议。派出所民警询问赵某是否对李某伟的遗体进行解剖检验时,赵某等家属均表示不解剖;民警进一步告知赵某不解剖尸体就无法确定死亡原因,即使死者购买了意外保险,保险公司也不会进行赔付,赵某仍明确表示不解剖,致使李某伟的死亡原因客观上处于无法查明的状态。此外,赵某虽然为普通民众,不了解尸体解剖鉴定的意义及产生的影响,但是本案确因赵某、李某未尽到协助义务使得被保险人李某伟的死亡的性质和原因无法查明,且根据双方提交的证据均无法判断李某伟死亡系癫痫或迟发性颅脑损伤或者其他原因甚至多因共同造成,赵某、李某对李某伟死亡原因无法查明存在过错。

根据最高人民法院《关于适用〈中华人民共和国保险法〉若干问题的解释(三)》第25条"被保险人的损失系由承保事故或非承保事故、免责事由造成难以确定,当事人请求保险人给付保险金的,人民法院可以按照相应的比例予以支持"的规定,作出上述判决。

**四、律师点评**

本案的争议焦点为李某伟的死亡是否属于意外事件。若属于意外事件,则为保险公司应当承担保险责任的范围。在医院和警方均不能直接断定死亡原因加之"癫痫患病史"以及"醉酒摔倒"多重因素介入时,查清其死亡原因可行的唯一合法途径就是尸检。根据《保险法》第22条第1款"保险事故发生后,按照保险合同请求保险人赔偿或者给付保险金时,投保人、被保险人或者受益人应当向保险人提供其所能提供的与确认保险事故的性质、原因、损失程度等有关的证明和资料”之规定,赵某、李某向保险公司申请理赔应当提交能够证明李某伟死亡原因属于保险赔保的范围的材料,但赵某、李某明知会影响赔付结果而依旧拒绝尸检,导致本案的唯一的、直接的关键证据无法获取,保险公司也是在死者下葬后才收到理赔申请,申请尸检的条件已经灭失,赵某和李某对此具有过错,因此赵某、李某应当承担举证不力的后果。

律师建议,在购买了人身意外险的情形下,被保险人突然死亡但死亡原因无法查实时,其家属应当听从公安机关或相关专业机构的建议,解剖尸体,及时查明死亡原因,固定证据,才能在向保险公司申请理赔时有正当依据,避免因证据不充分而承担不利后果。

# 车辆卖出但未办理过户手续，发生交通事故后责任由谁承担？

## ——以某保险人代位求偿权纠纷案为例

杨　茜*

**【摘要】**车辆卖出但并未办理转让登记的手续，10年后发生交通事故，实际驾驶人驱车逃逸，身份不明。保险公司向车主进行追偿，要求车主承担赔偿责任，但车主对实际驾驶人身份并不知情，并且举证证明车辆已经在10年前卖出，保险公司也没有证据证明实际驾驶人为车主，因此法院判决车主对此不承担赔偿责任。

**【关键词】**多次转卖车辆；未办理过户手续；实际驾驶人不明

### 一、案情简介

2022年3月17日，张某驾驶车牌号为一辆小型客车，行驶至某处下穿隧道时，被未知名人士驾驶的小型客车越实线变更车道时擦剐，致两车受损，无人员受伤。事发后，肇事车辆的驾驶员在双方协商去快处中心路上失联，其身份信息无法核实。本次交通事故经成都市公安局交通管理局第六分局调查后认定张某无责，未知名承担全部责任。

被保险人的车辆在人保成都分公司投保了商业险，该交通事故发生在保险期

---

* 杨茜，四川君合律师事务所实习律师。

间内。保险事故发生后,人保成都分公司将保险金额赔付给被保险人,被保险人向人保成都分公司出具《机动车索赔权转让书》,将其向肇事车辆索赔的权利转让给人保成都分公司。

人保成都分公司查询到肇事车辆的车主为丁某,但与丁某联系无果,遂向高新技术产业开发区人民法院提起诉讼。

案件庭审过程中,车主丁某称其在10年前已经将肇事车辆卖出,因为购买人没有提供身份证明,又是自己的朋友,因此没有办理车辆的过户登记手续,并且申请购买其车辆的人作为证人出庭。证人陈述其购买使用车辆一年后又将车辆转手卖出,该车已经在10年间数次转手,现在车辆的实际所有人并不知晓是谁。

**二、裁判要点**

法院审理认为,本案的争议焦点为:车主丁某是否应当向人保成都分公司承担保险赔偿款的责任。

根据《民法典》第1210条"当事人之间已经以买卖或者其他方式转让并交付机动车但未办理登记,发生交通事故造成损害,属于机动车一方责任的,由受让方承担赔偿责任"的规定,丁某已经将车辆卖出,因购买方未提供身份证未办理过户登记手续,后多次转让对实际所有人和使用人均不知晓,人保成都分公司也没有证据证明当时驾驶机动车的驾驶员为丁某,故丁某承担责任的理由不成立。

依照《民法典》第1210条、最高人民法院《关于适用〈中华人民共和国民事诉讼法〉的解释》第90条第1款的规定,判决驳回人保成都分公司的全部诉讼请求。

**三、律师点评**

根据前述分析,丁某不是本案适格的承担责任的主体,应当由其车辆的实际受让人承担相应的责任。丁某车辆的第一手受让人为本案的证人,按照相关法律规定及程序,应当将其追加为本案被告或者另行起诉。但是,证人又当庭陈述其在使用一年后又将车辆转让给了其他人,若追加其为被告,必然会出现下一个车辆的受让人。

该车在10年间数次转手,实际受让人能否找到、实际受让人与实际驾驶人是否为同一人查询难度较大,会极大地增加本案的诉讼成本。

律师建议,车辆转让时,应当及时办理过户手续,并且留存转让证据,如支付凭证、买卖合同。发生交通事故时,应当先固定对方的身份信息以及现场信息,以便发生纠纷时查实实际承担责任的主体。

# 从一则案例看“优者危险负担”原则在道路交通事故赔偿责任中的运用

杨　茜*

**【摘要】**“优者危险负担”原则是基于公平原则产生的对交通事故中弱势一方进行保护的审判原则，多适用于机动车与非机动车、行人发生交通事故时由非机动车或行人承担主要责任、次要责任或全责的情形，倾向性保护非机动车或行人。但对此并未有明确的法律规定。因此，在没有相应的法律规定的情况下，在实践中应该如何运用该类原则？

**【关键词】**机动车与非机动车；交通事故认定书；主、次责

## 一、案例介绍

2022年10月14日，范某驾驶小型机动车与李某搭载其女友骑行的电动自行车发生碰撞，导致双方车辆受损，李某与其女友受伤，后交警出具《交通事故认定书》，认定：范某驾驶的机动车在本事故中负主责，李某负次责。范某及时向保险公司申请索赔，保险公司在理赔之后向李某提起了保险人代位求偿权之诉，但法院驳回了保险公司的全部诉讼请求。

## 二、案例分析

本案中，法院驳回保险公司的全部诉讼请求，认为范某无权向李某索要赔偿，保险公司就失去了权利基础，自然无法向李某申请索赔，而驳回理由中最影响案

---

* 杨茜，四川君合律师事务所实习律师。

件结果的是运用了“优者危险负担”原则。

“优者危险负担”理论源于日本的司法实践,是过失相抵原则在各类交通事故中的具体运用,是指在受害人有过失的情况下,考虑到双方对道路交通的注意义务的轻重,按机动车的危险性大小以及危险回避能力的优劣,分配交通事故的损害后果。

比如,健全的成年人比老幼病残者优越,汽车比行人优越,性能好的车比性能差的车优越。优越者的行为的危险性更大、危害回避能力更强,发生交通事故后,在等同的情况下,危险性大的一方应承担较大赔偿责任。其原因在于,优越者所需注意程度较高,过失较重而原因力亦强。本案中范某驾驶的机动车的危险性显然大于李某驾驶的电动自行车。在认定事故事实发生争议时,从有利于弱势车辆的角度作适度推定符合公平原则。

**三、原则解读**

在没有交通事故责任认定书的情形下,司法实践中多结合交通事故具体情形、生活经验,运用“优者危险负担”原则判定优势机动车一方承担部分责任,但该原则的运用并没有明确的立法依据,实践中该原则也有被滥用的风险。

通过现行司法观点即判例的解读,笔者认为,不是所有的机动车与非机动车发生事故后非机动车非全责就可以适用“优者危险负担”原则,该原则适用的前提应当为:交通事故事实无法查明、责任无法划分、受害人有一定过失。没有交通事故责任认定书是运用该原则的关键,在该种前提下,法官为了责任比例的划分,保护非机动车一方的权利,可以在审理时运用该原则。

在本案中,交警部门已经作出了有效的《交通事故责任认定书》,认定范某承担主要责任,李某承担次要责任。因为道路交通法律法规对机动车的管理更加严格,机动车一方在道路行驶中负有更重的注意义务,所以交警在划分责任时,已考虑“优者危险负担”原则。保险公司的诉请金额已经是按照责任比例进行扣除后的金额,在诉讼中,法官不应再苛责当事人再行证明责任划分是故意还是过失,已经有明确的责任划分不应当再适用该原则。因此,笔者认为,本案的范某有权要求李某支付其责任范围内的赔偿金,保险公司基于此权利有权在支付给范某后另行追偿。

## 四、结语

机动车与非机动车、行人同为道路交通的参与者，道路畅通、通行安全是各方参与者的共同利益追求也是各方的共同义务。因此，大家均应当遵守交通安全法律法规，对自己的和他人的生命及财产安全负责。过度地保护非机动车的权利而损害机动车的权利，会导致权利义务失衡，因此，对“优者危险负担”原则有进一步规制的必要。

# 从一则案例看当事人陈述交通事故原因与实际不符的处理

张锡菊*

【摘要】保险是现代社会生活中分担风险的重要制度之一，众多公民认为购买了保险就应当获赔事故所造成的全部损失。实践中当事人投保了车辆交强险和商业险后发生事故，基于各方面原因自愿揽责或将其他损失纳入该次事故损害范围，向保险公司报案时作出了与实际情况不符的陈述；但伪造、变造证据、编造事故原因或夸大损失程度，都属于《保险法》规定的保险人不承担责任的情形。发生此类事故，对保险人及代理人都提出了更高的证据固定要求。

【关键词】交通事故原因；陈述与事实不符；保险拒赔；证据固定

## 一、基本案情

程某系一辆宝马车的车主，在平安公司投保了交强险和含机动车辆损失保险在内的商业险，保险期限自2019年11月21日起至2020年11月20日止。2020年10月23日下午，程某的丈夫张某报案称其驾驶车辆行驶至天府新区成都直管区鹿溪河村右转时，因未确认安全，与停放在该处的无号牌装载机发生碰撞，造成宝马车受损、无人员受伤的交通事故。事故发生后，成都市公安局交通管理局第七分局出具道路交通事故认定书，认定张某负事故全部责任。

事故发生后，张某向保险公司报案，保险公司安排专人进行现场查勘，对现场

---

* 张锡菊，四川君合律师事务所律师。

装载机和宝马车的位置、受损情况进行了拍照留存。随后,张某将车辆送至定点机构进行维修,保险公司于次日再次安排专人进行现场定损,对车辆的受损位置、部件进行了拍照留存,定损金额 8 万元。在处理理赔的过程中,张某陈述其以 40km/h 的速度撞上了停放的装载机,保险公司综合查勘现场认定张某陈述的事故原因与现场查勘不符,遂依据保险条款以“驾驶人故意或与其他致害人恶意串通”为由出具拒赔通知书。

车主程某对保险公司的拒赔行为不服,遂向人民法院提起诉讼,要求被告保险公司支付维修费 8 万元,同时将张某列为诉讼第三人。

本案的争议焦点在于:(1)本次交通事故发生的原因是什么;(2)保险公司拒赔是否具有事实依据和法律依据。

**二、律师意见**

律师接受保险公司委托后,根据保险公司提供的信息,提交了查勘、定损照片,张某的陈述以及保险条款、投保单等作为证据,并申请了保险公司理赔人员出庭。律师综合本案证据发表了如下意见。

1. 原告及保险公司举示的证据足以证明张某陈述的事故原因与实际情况不符,属于编造虚假事故原因。

首先,根据保险公司现场查勘以及后续调查了解到的情况,标的车辆现场的状态、痕迹与原告及张某陈述的以 40km/h 的速度碰撞无人驾驶的停放状态的装载机应当表现出的状态不符。理赔人员针对每张照片体现的状态与该事故的应有状态不符之处进行了一一说明,包括车牌照的卷曲方向,装载机的轮胎痕迹,车辆机盖打开后骨架、水箱、支架的变形情况等均与张某陈述不符。推测案涉车辆的受损状态不是张某所陈述的与静止装载机发生碰撞所致,而是装载机对案涉车辆进行了碾压形成的。

其次,原告及张某陈述的在右转时碰撞停放的装载机,但是宝马车辆的受损部位为左前部,根据现场照片显示装载机停放在宝马车辆的前部,装载机旁为沙堆,并无道路可以通行。

最后,原告证明事故原因的证据仅有一份交通事故认定书,并无对应的事故照片、监控记录。虽然交通事故认定书载明了事故原因系案涉车辆与停放的装载机发生碰撞,张某承担全部责任,但该认定书是在没有第三方的参与下根据张某的单方陈述作出的，不能真实反映事故发生的原因。

2. 保险公司对免责条款尽到了明确说明义务，且可以直接依据《保险法》主张拒赔。

由于原告系电子投保，律师向法院提交了原告电子投保的投保单及免责事项声明书、保险条款，旨在证明根据保险条款“驾驶人故意或与其他致害人恶意串通”属于保险免责事由，且保险公司已经尽到了明确说明义务。原告认为虽然系电子投保，但保险公司不能举示在投保时的人像采集照片，不能证明投保的实际操作人系投保人本人，因此不能证明保险公司尽到了明确说明义务。此外，原告认为现有证据不能证明事故是驾驶人故意或与他人恶意串通导致。

律师认为无论保险公司是否尽到了明确说明义务，均不影响保险公司拒赔的结果。根据《保险法》第27条的规定：“保险事故发生后，投保人、被保险人或者受益人以伪造、变造的有关证明、资料或者其他证据，编造虚假的事故原因或者夸大损失程度的，保险人对其虚报的部分不承担赔偿或者给付保险金的责任。”保险公司可以依据上述规定主张法定拒赔，因此保险公司予以拒赔具有事实和法律依据。

3. 原告提交的损失证据不足。

原告提交的损失证据仅有一份定损报告，并无对应的发票、维修清单、支付凭证予以证明损失8万元已经实际发生以及实际支付的维修金额。

**三、案件结果**

法院经庭审调查后，要求第三人张某出庭说明情况，但张某拒不出庭。在开庭后原告主动申请了撤诉，人民法院裁定准予撤诉。

**四、律师提示**

1. 发生此类事故时，保险公司最终能否拒赔成功很大程度依赖于前期的查勘情况，如查勘固定证据较为充足，对后期的诉讼将起到关键作用。本案中保险公司前期查勘固定证据比较充分，即便庭审不能直接使审判人员达到内心确信的程度，也可以通过鉴定进行补强。

2. 律师在处理此类事故时，应当及时与调查人员进行详细沟通，申请调取交通事故处理卷宗进行分析对比，清楚地描述案件疑点，申请调查人员出庭，必要时申请交通事故原因鉴定。

3. 如损失较大,在前期查勘时就存在巨大争议,建议将事故原因的鉴定程序提前,便于在车辆状态尚未改变的前提下固定证据。

# 从一则案例看航延险漏洞导致的保险诈骗罪及保险公司对此的防范措施

吴登云[*]

**【摘要】**对于利用航延险的规则漏洞以及理赔审核上的问题，大量虚构投保并骗取保险金达到一定金额的行为，本文通过对法条以及犯罪构成的分析，认为其涉嫌保险诈骗罪。对此，本文从保险公司规则设计、承保风险、审核义务以及反欺诈等方面提出完善建议。

**【关键词】**航延险；虚构保险标的；保险诈骗；保险条款

## 一、案情简介

南京市公安局发布关于李某的航延险骗保案引起了广泛热议，该事件在法律实务界也备受关注，多家媒体纷纷发表了学者文章，再次将航班延误险案件推上了讨论热潮。学者就该事件各说纷纭，有人认为李某购买延误险的行为明显脱离了正常的民事法律关系范畴，已经涉嫌刑事犯罪；也有人认为李某的行为是抓住航延险漏洞而进行的一种投机行为，并不构成保险诈骗罪。大多学者关注的是李某行为是否涉及犯罪，若涉及犯罪属于什么罪名，少有关于航延险险种、航延险保险条款的分析以及对保险公司的建议，本文笔者将结合案件事实发表自己的观点。

据南京市公安局通报以及官方媒体报道，笔者将案件基本内容概括如下。

自 2015 年起，曾有过航空服务类工作经历的李某为获得航空延误险赔付，先

---

* 吴登云，四川君合律师事务所律师。

后以理财名义骗取其20余名亲友的身份证号码及护照号用于购买航延险。之后李某会综合分析几条延误率最高的航线,并结合具体航班信息和当地天气情况以自己和亲友的身份购买该类航班机票,每张机票再购买十几份甚至数十份航空延误险。因为李某一般不会去乘坐相关航班,所以其会在飞机起飞前根据天气情况再次分析航班是否可能延误,若延误可能性低其会立即退买延误险以此减少损失;而一旦航班延误,李某便向保险公司索赔。经公安机关初步统计,李某及其亲友共“遭遇”航班延误近900次,共获取理赔款300余万元。保险赔偿金赔付到具体保险人以后,最终均会转至李某名下账户。

现南京警方以李某涉嫌骗取保险公司保险金,且诈骗金额达到保险诈骗罪的追诉标准为由对其采取刑事强制措施,案件还在进一步办理中。

**二、律师分析**

根据《刑法》第198条的规定,保险诈骗罪主要包括以下几种情形:

1. 投保人故意虚构保险标的,骗取保险金的;

2. 投保人、被保险人或者受益人对发生的保险事故编造虚假的原因或者夸大损失的程度,骗取保险金的;

3. 投保人、被保险人或者受益人编造未曾发生的保险事故,骗取保险金的;

4. 投保人、被保险人故意造成财产损失的保险事故,骗取保险金的;

5. 投保人、受益人故意造成被保险人死亡、伤残或者疾病,骗取保险金的。

(一)从法条分析

本案中,李某购买机票的行为是真实的,而航班发生延误也非李某行为能够造成的,而是基于天气原因。尽管从现有的报道来看,无从得知保险公司的具体名称和具体条款,但通过推理可知,李某得到理赔的原因确是航班发生了延误,符合航延险合同中所规定的理赔情形。因此,本案中李某是否构成保险诈骗罪关键看其行为是否符合《刑法》第198条第1款所规定的情形,既是否属于虚构保险标的。关于虚构保险标的,通说认为是指在与保险人订立保险合同时,故意捏造根本不存在的保险对象,日后编造保险事故,骗取保险金的行为。

具体到航延险中,保险标的是指因航班延误造成被保险人的损失。而本案中李某(包括其冒用亲友身份购买的情形)根本不会去搭乘其所购买航延险的航班,本质上无论航班是否延误均不会对李某造成任何损失,其保险标的是虚构出来的,涉嫌触犯《刑法》第198条第1款,同时该行为也与《保险法》的最大诚信原则和保险利益原则相悖,故笔者认为李某的行为涉嫌保险诈骗罪。

(二)从犯罪构成角度分析

1. 保险诈骗罪的客体是国家保险制度和保险人的财产所有权。本案中李某多次虚构保险交易并购买航延险骗取保险金的行为显然会对我国的保险制度造成重大破坏性影响,同时也会对保险公司的财产造成损失,符合犯罪的客体要件。

2. 保险诈骗罪的客观方面表现为违反保险法规,采取虚构保险标的、保险事故或者制造保险事故等方法,骗取较大数额保险金的行为。本案中,李某的行为属于虚构保险标的的情形,具体原因已在上文分析,故符合犯罪的客观方面。

3. 保险诈骗罪的主体为个人和单位,具体指投保人、被保险人、受益人。本案中李某以自己的身份购买航延险的情形毫无疑问符合该罪的主体要件,但以其亲友身份购买的情形值得商榷,笔者认为,由于本案中李某亲友对其购买航延险并获取保险金的行为完全不知情,实质上也完全由李某一人在操作,利益也归李某一人所有,故应认定为李某为实质投保人,符合该罪的主体要件。

4. 保险诈骗罪的主观方面表现为故意,并具有非法占有保险金之目的。本案中,李某自2015年以来多次购买航延险,获利300余万元都在自己腰包,显然具备非法占有的目的,符合该罪的主观方面。

综上分析,目前根据南京市公安局通报的信息来看李某的行为涉嫌违反《刑法》第198条第1款的规定,符合保险诈骗的构成要件,具体是否可定为保险诈骗罪还要看后续的事实和证据情况。

**三、在此问题上对保险公司的建议**

笔者通过智行火车票App以及美团App找到相应的航空延误险条款,情况分析如下。智行火车票App上的泰康航班延误保险条款第5条第1款规定:被保险人非以乘客身份搭乘航班。第3款规定:被保险人因自身原因未能搭乘本合同载明的航班或被保险人因自身原因未能搭乘航空公司安排的后续航班或替代航班。美团App上的华泰财险航班延误保险条款第5条第7款规定:被保险人非以乘客身份搭乘航班。第8款规定:被保险人因自身原因未能搭乘本合同载明的航班或被保险人因自身原因未能搭乘航空公司安排的后续航班或替代航班。

通过分析两份航延险条款可知,投保人获得赔付的前提一定是实际乘坐了其购票的航班，否则保险公司可以免责，不予赔付。在本案中李某并未实际乘坐其所购买的航班即可获得免赔，可以说明保险公司在赔付审核过程中存在核保不严谨、理赔不规范等问题，同时在设计产品时也存在一些法律漏洞，导致某些职业索赔者有机可乘。因此笔者对保险公司有如下建议：

1. 保险产品一定要经过专业人士进行精确的设计，避免漏洞。

2. 保险公司可先通过大数据分析出延误率高的航线，进而对该类航线谨慎承保，用以防范航延险骗保。

3. 保险公司在航延险赔付过程中应严格审核乘客是否实际登机等相关事宜。

4. 保险公司可多利用人工智能等程序搭建一些反欺诈的系统。

# 从一则案例看肇事逃逸，驾驶员认为自己是不知情离开事故现场，免责条款是否适用

## ——以保险公司为视角

吴登云[*]

【摘要】肇事逃逸行为虽在刑事案件中未被明确认定，但在民事赔偿纠纷案件中，保险合同免责条款合法成立并生效，保险公司尽到提示告知义务，在事故认定书认定被保险人存在肇事逃逸前提下，保险公司在商业第三者责任险中不承担赔偿责任。

【关键词】肇事逃逸；免责条款适用；告知义务

## 一、案件简介

### （一）基本案情

2017 年 10 月 28 日，被告杨某驾驶川 B6××××号众泰牌小型普通客车，出川藏立交方向沿三环路主道往蓝天立交方向行驶。当日 7 时 2 分许，杨某驾车行驶至武侯区环路“成都滑翔机厂”门前匝道处，由主道往右变更车道进入辅道时，遇付某驾驶无号牌的普通两轮摩托车搭乘周某沿三环路同方向行驶至该处，杨某所驾车与付某驾驶摩托车发生碰撞，造成付某、周某受伤，车辆损坏。事故发生后，杨某驾车逃逸。付某经医院抢救无效于 2017 年 11 月 2 日死亡。杨某于 2017

---

* 吴登云，四川君合律师事务所律师。

年11月13日被公安机关查获。交警于2017年11月13日出具了道路交通事故认定书。交通事故认定书记载杨某系驾车逃逸，并依据《道路交通安全法》第70条认定杨某承担事故的主要责任。后被告杨某被成都市武侯区人民法院以交通肇事罪判处有期徒刑7个月。

死者付某继承人刘某、付某某、付某杰向一审法院起诉，请求判令被告杨某及保险公司赔偿各项损失共计903 561.05元。

（二）争议焦点

1. 保险公司是否应当在商业第三者责任险范围内免责。

2. 关于死者的死亡赔偿金、被扶养人生活费以及误工费和护理费等各项损失的赔偿计算标准。

笔者系保险公司一方诉讼代理人，本文仅就第一个争议焦点问题进行分析。

**二、法律分析**

（一）被告杨某主张保险公司不应免责的理由

被告杨某认为自己行为并非驾车逃逸，事故发生时自己并不知道已经发生了交通事故，因为付某驾驶的摩托车是与自己车辆剐擦，自己车身仅有一点剐痕，且当时路段在修路，自己并不知晓已经发生了交通事故。杨某认为如果自己确系逃逸，则检察院不会仅以交通肇事罪而不以交通肇事逃逸罪提起公诉，法院也不会仅判其有期徒刑7个月（依据法律的相关规定肇事逃逸判决的量刑最低为3年），且判决书通篇未出现其驾车逃逸的表述。

同时，杨某主张自己现还在就交通事故认定书中的认定及责任划分向上级机关申请行政复议，在处理结果未作出的情况下，事故认定书不能作为认定案件事实的依据。

（二）保险公司主张应当在商业第三者责任险范围内免责的理由及依据

1. 本案无相反证据推翻事故认定书。

根据交警队2017年11月13日作出的交通事故认定书，杨某于事故发生时有逃逸行为。根据相关保险条款之约定，逃逸属于拒赔情形。虽被告杨某根据刑事判决书以及证人证言描述欲证明其并不存在肇事逃逸情形，但该刑事判决书只能代表检察机关立案起诉的罪名，并未对其是否存在逃逸行为进行定性分析。根据司法实践，除有相反证据证明以外，法院应当认可交通事故认定书的证明效力。

2. 杨某行为符合逃逸的构成要件。

即使杨某不是逃逸，但其的确在事故发生时离开了事故现场，根据《机动车综合商业保险免责事项说明书》第24条第2款第1点“事故发生后，在未依法采取措施的情况下驾驶被保险机动车或者遗弃被保险机动车离开事故现场”的规定，保险公司也可主张拒赔。

3. 保险公司尽到了提示告知及特别说明义务。

被告杨某亲自签署的投保单原件及保险条款，足以证明保险公司已经对免责条款进行了提示告知义务。

**三、法院裁判结果**

一审法院认为，在没有相反证据证明的情况下，应当认可交通事故认定书的证明效力。《保险法》第17条规定：“订立保险合同，采用保险人提供的格式条款的，保险人向投保人提供的投保单应当附格式条款，保险人应当向投保人说明合同的内容。保险合同中免除保险人责任的条款，保险人在订立合同时应当在投保单、保险单或者其他保险凭证上作出足以引起投保人注意的提示，并对该条款的内容以书面或者口头形式向投保人作出明确说明；未作提示或者明确说明的，该条款不产生效力。”同时依据最高人民法院《关于〈中华人民共和国保险法〉若干问题的解释（二）》第10条规定，肇事逃逸属于法律禁止性规定，保险公司虽不需向杨某履行说明义务，但是应当向杨某履行提示义务；保险公司提交的投保单是杨某本人签字，所以保险公司已向杨某进行了提示告知义务，在商业险项下不承担赔偿责任，该部分赔偿应由杨某自行承担。

一审法院判决认定保险公司应在商业第三者责任范围内免责。杨某不服提起上诉，二审法院认为一审法院事实认定清楚、法律适用正确，依法驳回杨某的上诉请求。

二审判决后杨某向四川省高级人民法院申请再审，省高院以原判决认定保险公司在商业第三者责任险范围内免除保险赔偿责任，适用法律正确为由，驳回杨某的再审申请。

**四、本案判决意义**

本案经过三级法院审判，最终认定被保险人杨某存在肇事逃逸行为，并据此认定保险公司在尽到提示告知义务后应在商业第三者责任险范围内免责。同时，本案对于《事故认定书》这一道路交通事故侵权类案件中至关重要的证据的适用问题,也作出了明确的指引。此类认定对于保险公司在承保过程中的告知义务如何履行,此类案件裁判标准、证据如何认定,起到了判例指引作用。

# 第四编

# 企业设立与经营法律实践研究

# 浅析股东未履行出资前转让股权的责任问题

钟丹霞*

【摘要】随着公司注册资本认缴制度的引入，公司发起人及股东通常通过认缴注册资本的方式新设公司或进行增资。有些公司认缴期限长达六七十年，个别建工企业为满足大型项目招标文件对施工方企业资质的要求，甚至盲目认缴注册资本几十亿元。股权作为一项价值商品的市场流转率不断提升，实践中频繁出现股东或发起人在认缴期限届满前就转让股权的情况。笔者经常被顾问单位咨询，股东未完成注册资本实缴即转让股权，股东与公司是否就再无债权债务关系；公司注册资本是不是越大越好；公司负债，股东是否要连带承担责任。本文将从注册资本认缴的意义、股东对公司债务的责任范围、股权转让后股东的实缴责任是否豁免、股东出资加速到期的情形等角度解析上述疑问。

【关键词】股东补充赔偿责任；股权转让；股东出资加速到期

## 一、注册资本是否越大越好，认缴期限是否越久越好

注册资本是股东组建及成立企业需要给企业注入的资本数额。2013 年《公司法》修订后，注册资本由实缴变为认缴制，即发起人可在公司设立登记机关申报注册资本数额及认缴期限。认缴期限是股东将其应缴纳的出资额兑现给公司的时间，认缴期限并无明确的时限要求。换句话说，注册资本实质上是股东对公司的负债，是股东享有股东权利而应负担的义务。

---

* 钟丹霞，四川君合律师事务所律师，合伙人。

注册资本在一定程度上反映了公司的实力和抗风险能力。在商业活动中，一些市场经济主体评估潜在合作伙伴综合实力的一个重要判断标准就是注册资本数额。然而，在注册资本认缴制下，认缴的注册资本只能反映公司未来一段时间内对股东享有的债权，并不能客观有效地反映当前公司具有与注册资本金额相当的偿债能力或资产。

通过上述分析可以看出，对于股东和发起人来说，注册资本并非越大越好。注册资本越大，意味着股东将来应支付给公司的资金（或其他可以用于出资的财产）越多，股东的责任和债务压力也越大。同样，认缴期限也并非越长越好，合作伙伴对于公司资信能力的评估更侧重于短期，部分公司认缴期限长达几十年，甚至上百年，反而容易让人产生“皮包公司”的印象。

**二、股东对公司负债承担补充责任的情形**

最高人民法院《关于适用〈中华人民共和国公司法〉若干问题的规定（三）》第13条规定：“股东未履行或者未全面履行出资义务，公司或者其他股东请求其向公司依法全面履行出资义务的，人民法院应予支持。公司债权人请求未履行或者未全面履行出资义务的股东在未出资本息范围内对公司债务不能清偿的部分承担补充赔偿责任的，人民法院应予支持；未履行或者未全面履行出资义务的股东已经承担上述责任，其他债权人提出相同请求的，人民法院不予支持。股东在公司设立时未履行或者未全面履行出资义务，依照本条第一款或者第二款提起诉讼的原告，请求公司的发起人与被告股东承担连带责任的，人民法院应予支持……”

股东未履行出资义务或未全面履行出资义务时，公司、其他股东，以及公司债权人均有权要求该股东承担责任。两者区别在于：公司或其他股东请求未出资或未全面履行出资义务的股东承担的是出资义务；而公司债权人只有在公司无法清偿债务时，仅能要求未出资股东对公司不能清偿的部分债务承担补充责任，且范围仅限于未出资的本金及利息。在认缴注册资本制下，怎样理解“股东未履行或者未全面履行出资义务”呢？笔者认为，认缴制下，股东应支付给公司的股本属于附期限的债务，履行期限届满前，股东享有履行抗辩权。也就是说，在认缴期限届满前，股东不负有向公司支付注册资本的义务，也就不存在未履约或未全面履约出资的问题。

举例来说,甲公司股东有A、B两人,各持有公司50%的股权,认缴注册资本为1000万元,认缴期限为2030年12月31日前。2021年1月,该公司经营不善、资金链出现缺口,无法偿还乙公司的债务500万元,但该公司有其他土地使用权及房产等固定资产,资产总额超3000万元,此时乙公司是否有权要求A、B两人分别在500万元范围内代甲公司还债?答案是不能,因为此时股东A、B的认缴出资期限尚未届满。

**三、股东出资加速到期的情形**

接着上述例子,如果2021年1月该公司经营不善、资金链断裂,不能清偿到期债务且资不抵债(符合破产条件,但未进入破产程序),也已无其他可执行的资产,那么此时乙公司是否有权要求A、B两人分别在500万元范围内代甲公司还债?

答案是可以。此种情形下,A、B两人的认缴出资加速提前到期,债务到期自然应当履行,即A、B两人应向公司各支付500万元,甲公司欠乙公司500万元,那么依据《民法典》代位权的法律理论基础,乙方公司可以直接在执行程序中申请追加甲公司的债务人A、B两人作为共同被执行人。其法律条文依据如下。

1.《全国法院民商事审判工作会议纪要》第6条规定:"在注册资本认缴制下,股东依法享有期限利益。债权人以公司不能清偿到期债务为由,请求未届出资期限的股东在未出资范围内对公司不能清偿的债务承担补充赔偿责任的,人民法院不予支持。但是,下列情形除外:(1)公司作为被执行人的案件,人民法院穷尽执行措施无财产可供执行,已具备破产原因,但不申请破产的;(2)在公司债务产生后,公司股东(大)会决议或以其他方式延长股东出资期限的。"

2.最高人民法院《关于民事执行中变更、追加当事人若干问题的规定》第17条规定:"作为被执行人的营利法人,财产不足以清偿生效法律文书确定的债务,申请执行人申请变更、追加未缴纳或未足额缴纳出资的股东、出资人或依公司法规定对该出资承担连带责任的发起人为被执行人,在尚未缴纳出资的范围内依法承担责任的,人民法院应予支持。"

根据最高人民法院《关于适用〈中华人民共和国公司法〉若干问题的规定(二)》第22条及《企业破产法》等法律规定,公司清算及破产时,股东出资期限视为提前到期。同时,如果公司已经满足破产条件但没有提出破产申请,未能获得执行的债权人在提供债务人公司无财产可供执行的依据后，可要求出资期限未届满的股东在未出资范围内提前代公司偿还债务。此外，如果在公司债务产生后延长出资期限，且债务人公司没有其他可供执行的财产，债权人也有权要求出资期限未届满的股东在未出资范围内承担补充赔偿责任。在司法实践中，法院往往要求债权人提供债务人公司无财产可供执行的依据，通常情况下，债务人企业作为被执行人的“终本裁定”可作为有力证据。

**四、股东转让股权后是否还应对公司债务承担责任**

根据最高人民法院《关于适用〈中华人民共和国公司法〉若干问题的规定(三)》第18条以及最高人民法院《关于民事执行中变更、追加当事人若干问题的规定》第19条的相关规定，股东在出资期限届满后未完成股本实缴就转让股权的，公司债权人有权要求原股东在未履行出资的范围内对公司不能清偿的债务承担补充赔偿责任。理论上债权人可以在诉讼中一并将原股东作为共同被告，但司法实务中有的法院以案由不同要求分别起诉，个人认为这种要求是缺乏法律依据的。如果法院不通过同案解决，或债权人未就股东责任进行起诉，可在执行阶段提出执行异议来申请追加该原股东为共同被执行人。

如果该股权的受让人在受让股权时知道或应当知道原股东到期没有完成实缴或者有抽逃出资情形，则债权人也有权要求该新股东对老股东的补充赔偿责任承担连带责任。如果该原股东在公司设立时就是股东，债权人还可要求公司的发起人对该股权转让人的补充赔偿责任承担连带责任；股权受让人及发起人承担责任后，可以向股权转让人进行追偿。相关问题如下。

第一个问题，债权人是否有权在执行程序中直接追加股权受让人作为共同被执行人？

笔者观点：不能。最高人民法院《关于民事执行中变更、追加当事人若干问题的规定》将追加、变更的范围控制在原股东、发起人，并不包含新股东。其依据在于，如果新股东不知道或不应当知道原股东未履行到期出资义务或有抽逃出资情形，新股东属于善意第三人且无过错，因此不应当对原股东的责任承担连带责任。关于新股东是否善意以及是否存在过错，则属于实体性问题，应当经过诉讼程序进行实体审理，如果在执行中通过提出执行异议追加当事人，相当于剥夺了新股东的诉权，程序上不正义。因此，股权转让的情况下，增加新股东作为连带责任人，必须通过诉讼程序。

第二个问题，认缴期限未届满且不存在股东出资加速到期时，转让股权后，原股东是否要对转让之后公司的负债承担补充责任？

笔者观点：不会。原股东的认缴出资义务随着股权转让转由新股东承担，除非双方另有约定。

第三个问题，债权人或公司或其他股东要求股东、发起人、股权受让人承担补充责任、连带责任有无诉讼时效限制？

笔者观点：没有。该请求权的基础是公司与股东之间投资与被投资的关系，资本恒定及资本维持原则是《公司法》的核心要求。最高人民法院《关于审理民事案件适用诉讼时效制度若干问题的规定》第 1 条规定基于投资关系产生的缴付出资请求权提出诉讼时效抗辩的，法院不支持。最高人民法院《关于适用〈中华人民共和国公司法〉若干问题的规定（三）》第 19 条也有类似的明确规定。

**五、股权转让过程中应注意的事项**

综上，股权转让中，新股东应作如下风险防控。

第一，接受股权转让前，对目标公司的尽职调查及风险评估中，应包含对原股东出资瑕疵的审查，审核有无出资不实、抽逃出资等情形。

第二，《股权转让协议》中要求原股东对其出资已到位进行承诺及保证，并设置相应的违约惩罚条款。

第三，如果出资期限尚未届满，要充分审查公司资产、负债、涉诉及执行情况，判断是否会有股东出资加速到期的风险。

作为出资期限尚未届满的老股东转让股权时，需注意如下事项。

第一，充分披露出资金额、认缴时间，并让受让人作出按认缴期限的要求按时、足额认缴的承诺。

第二，《股权转让协议》中明确约定股权转让款是双方在注册资本认缴、未完成实缴且认缴义务转让给新股东承接的前提下达成的一致。

# 公司清算注销后出现新债务的处理

## ——以刘××、魏××等人清算责任纠纷案为视角

廖晓丽　牟嫣然*

**【摘要】**公司在清算并办理完毕工商登记注销后，如遇新债务的出现，在债权尚不确定且清算过程中股东不存在主观过错的前提下，基于公司股东有限责任理论，清算组成员不应承担任何赔偿责任。

**【关键词】**公司清算；股权转让；定向减持；继承

### 一、案情简介

1. 2014年6月27日，《股权转让合同》的签订。

唐××与刘××系夫妻关系。

唐××与刘××婚姻存续期间，唐××于2014年6月27日与银×公司签订《股权转让合同》，双方约定：(1)银×公司转让其持有鑫××公司7%的股权（对应出资额2100万元）给唐××，转让对价为2130万元。(2)标的股权所有权在唐××根据《股权转让合同》第3条第2款支付完毕首期股权转让价款时，当日目标公司（鑫××公司）股权即已交付唐××，唐××依法拥有完全的股东权利，华××公司不得有任何干预及不得再提出任何权利主张。(3)协议签订后，银×公司在2014年7月20日前将标的股权通过工商变更登记至唐××或唐××指定的第三方名下。如由于政策和法规的限制，无法在2014年7月20日前完成标

* 廖晓丽，四川君合律师事务所律师，高级合伙人，副主任。牟嫣然，四川君合律师事务所律师。

的股权工商变更的,未付的剩余全部股权转让款人民币 210 万元从 2014 年 7 月 21 日起按月利率 3% 进行计算,利息按季度制度,至法人股东工商变更完毕后,受让方应结清第二笔股权转让款。(4)协议签订后,受让方有权要求转让方办理工商变更登记手续,转让方应当无条件配合受让方办理股权转让登记所涉及登记手续。(5)本合同正本一式三份,各方各持一份,鑫××公司留存一份,各份均具有同等法律效力。

《股权转让合同》签订后,唐××又与案外人王××签订《借款协议》,唐××以其所持有的鑫××公司 18% 的股权作质押向王××借款 3900 万元,唐××于次日向案外人王××出具借据,载明其于 2014 年 7 月 3 日收到王××出借的 3900 万元款项。后唐××便于 2014 年 7 月 4 日向华××公司转账 1800 万元,并备注"借款";同日,又分两笔向银×公司转账 100 万元、2000 万元,合计 2100 万元,并备注用途"借款"。

2. 2014 年 8 月 20 日,股东会决议将案涉股权"暂存于公司"。

2014 年 8 月 20 日,蒲××、杨××、唐××参加鑫××公司第二届股东会第二次会议股东会并形成《股东会决议》,各方均同意将公司第一届部分股东于 2014 年 7 月转让出价值 16 900 万元;以股东蒲××、杨××、唐××名义进行收购的股权,现有股东暂不对其进行收购确认,同时不享有及履行该部分股权的权利和义务(包括不参与该部分股权的收益分红等)。该部分股权暂存于公司(同时现有股东不向公司支付因股权收购产生的借款利息),待时机成熟后经股东会商议该部分股权的归属。同意将杨×皎的 4200 万元、蒲×的 1000 万元的股权收购款转为公司借款,公司自杨×皎、蒲×支付股权收购款之日起,以月利率 2.5% 支付利息。以上内容蒲××、杨××、唐××三人均签字认可。

因鑫××公司(后更名为云×公司)经营状况问题,唐××不愿再继续持有案涉股权,因此唐××未归还用于购买股权的借款 3900 万元,也未要求重新确认股权归属和办理股权的工商变更登记,唐××通过"以股权抵债"的方式,将案涉股权用于抵偿王××代蒲××出借的 3900 万元借款。

3. 2016 年 12 月 26 日,银×公司注销。

1990 年 7 月 6 日,银×公司成立,注册资本 300 万元人民币,法定代表人魏×海,股权结构为:刘×丽出资 153 万元,持有 51.00% 股权;魏××出资 87 万元,持有29.00%股权;魏×鹏出资30万元,持有10.00%股权;魏×海出资30万元,持有10.00%股权。其中魏×鹏已死亡,其妻与子杨×华和魏×明。

2016年1月27日,银×公司股东会作出决议,由于公司经营不善,始终处于亏损状态,决定注销公司,成立清算组。同日,银×公司向公司登记机关备案,并取得《备案通知书》。2016年1月29日,在《×××日报》公告公司债权人申报债权。

2016年12月26日,清算组对公司对外投资、债权债务、税务清理完毕后,在登记机关办理了公司注销登记。

4. 2017年4月4日,唐××去世。

2017年3月20日,成都市某鉴定中心出具《法医精神病鉴定意见书》,出具"被鉴定人唐××精神活动属于正常范围内,具有完全民事行为能力"的鉴定意见。同日,四川省成都市某公证处出具《公证书》,证明:唐××在该处公证员及公证员助理的面前,在《遗嘱》上签名、捺右手拇指印,并表示知悉遗嘱的法律意义和法律后果。唐××的遗嘱行为符合相关法律规定。唐××于2017年3月20日立《遗嘱》载明:"……三、我于二〇一三年四月二十八日与邛崃×公司签订了《委托持股合同》,委托邛崃×公司(现已更名"华××公司")为我代持鑫××公司的股份,我的投资金额是人民币1000万元,占鑫××公司3.333%的股份……在我去世后,上述两份《委托持股合同》项下属于我委托方的权利均由我的妻子刘××享有……"但唐××的遗嘱全文并未提及其2014年6月27日与华××公司签订了《股权转让合同》,也未在遗嘱中分割该部分股权。

5. 2018年11月18日,云×公司减资。

2017年12月6日,鑫××公司将公司名称变更登记为云×公司。

2018年11月18日,云×公司召开股东会决议,会议同意减少云×公司减资24 500万元,即公司注册资本由30 000万元减少至5500万元。其中减少银×公司认缴出资2100万元。

2019年12月12日,云×公司作出的《股东会决议》对云×公司章程进行修改并备案,对公司章程第三章第13条中增加第4款,内容为:若公司存在自然人股东,自然人股东死亡后,其继承人非经其他全部股东同意不得继承股东资格。其继承人可就股权转让事宜与其他公司股东签署股权转让协议,若转让事宜不能达成一致，公司与其继承人也可就退股及减资事宜另行达成协议，自然人股东继承人应当配合办理相关工商变更事宜。

## 二、案件评析

法院在审理案件时将本案案由调整为清算责任纠纷，同时追加唐××的其他第一顺位法定继承人为本案原告，银×公司原股东魏×鹏已死亡，其妻与子杨×华和魏×明列为本案被告。基于此本案的争议焦点有三：一是原告作为唐××的继承人提起诉讼是否超过诉讼时效；二是银×公司是否对唐××负有债务；三是若银×公司对唐××负有债务，银×公司注销后原有股东是否应当承担赔偿责任。

### （一）关于诉讼时效是否经过

唐××的继承人依据清算责任要求银×公司的清算组成员承担赔偿责任，该赔偿请求权在性质上属于债权请求权，债权人行使该项权利应当受诉讼时效制度约束。本案中，唐××去世后，无法当然推定其继承人明知此债权。2018年9月2日蒲××通过微信向刘××向发送了一份《股权转让协议》，该协议虽未签订，但该协议上载明了银×公司已于2016年12月26日注销，则刘××作为唐××的继承人，推断其在此时应当知道银×公司清算组在该公司清算注销时存在未通知唐××的情形，为诉讼时效的起算时间。而刘××在2021年5月24日第一次就本案提起诉讼，法院认为原告方的诉请并未超过3年的诉讼时效期间。

### （二）关于银×公司是否对唐××负有债务

1.《××省小额贷款公司管理暂行办法》属于规范性文件，不具有强制效力，故《股权转让合同》不违反相关法律法规的规定，是各方当事人的真实意思表示，应属合法有效。

2.本案中，《股权转让合同》签订后，银×公司已经按约向唐××交付了案涉股权，而唐××以将案涉股权抵偿了其欠付的王××代蒲××提供的借款，以股抵债的方式放弃了案涉7%的股权，所以唐××再不享有案涉股权的所有权，该股权也不再是唐××的遗产范围，原告要求各被告承担清算赔偿责任的，缺乏请求权事实基础。

3.唐××在《股权转让合同》签订后，已将案涉股权向第三人王××质押，并且在股东之间行使了处置权，通过“以股抵债”的行使抵偿了其欠款，唐××（及其合法继承人）不再拥有本案中主张各被告承担清算赔偿责任的基础法律权利。

4. 本案中，唐××为购买案涉7%股权借款了3900万元，刘××主张曾与唐××共同归还部分借款，也通过第三人云×公司举证证明了蒲××已向唐××连本带息退还，可见“以股抵债”事实的达成。

5. 唐××实施“以股抵债”后，案涉股权不属于唐××，银×公司不再有办理股权变更登记的义务和必要。

6. 假设法院认定“以股抵债”不成立，案涉股权已经完成了交付义务，原告主张以解除的法律后果作为诉讼请求，但《股权转让合同》不具备法定或约定的解除合同的条件。

综合以上在案事实，银×公司在清算注销前便已经对唐××不再负有债务。

（三）银×公司注销后原有股东是否应当承担赔偿责任

依据最高人民法院《关于适用〈中华人民共和国公司法〉若干问题的规定（二）》第11条第1款的规定，“公司清算时，清算组应当按照公司法第一百八十五条的规定，将公司解散清算事宜书面通知全体已知债权人，并根据公司规模和营业地域范围在全国或者公司注册登记地省级有影响的报纸上进行公告”。银×公司在2016年清算时，应当通知已知债权人。依据前文论述，银×公司与唐××之间签订的《股权转让合同》已经履行完毕，银×公司不对唐××负有相关债务，因此唐××也不属于银×公司清算时的已知债权人，故银×公司未通知唐××进行清算的行为并无不当。原告不能据此要求银×公司清算组成员承担清算责任。

假设本案中法院判决《股权转让合同》解除，银×公司在清算并办理完毕工商登记注销后，且公司无剩余资产分配。如遇新债务的出现，在债权尚不确定且清算过程中股东不存在主观过错的前提下，基于公司股东有限责任理论，原有股东不应承担任何赔偿责任。

# 企业国有资产无偿划转审批、评估、与债权人关系及股东权利滥用风险

卢　宇*

**【摘要】**就法律性质而言，经批准的无偿划转本身并不能界定为企业产权发生变更的法律关系原因，行政批准仅为对划入和划出方之间拟进行的交易的一种准许行为，划转的实施依赖于划入和划出方之间根据划转本身来选择具体的交易关系，而经选择的交易方式才是企业产权发生变更的法律关系原因。

**【关键词】**无偿划转；审批；债权人

## 一、无偿划转的审批机构

### （一）一般规定

《企业国有产权无偿划转管理暂行办法》第 12 条规定："企业国有产权在同一国资监管机构所出资企业之间无偿划转的，由所出资企业共同报国资监管机构批准。企业国有产权在不同国资监管机构所出资企业之间无偿划转的，依据划转双方的产权归属关系，由所出资企业分别报同级国资监管机构批准。"第 13 条规定："实施政企分开的企业，其国有产权无偿划转所出资企业或其子企业持有的，由同级国资监管机构和主管部门分别批准。"第 14 条规定："下级政府国资监管机构所出资企业国有产权无偿划转上级政府国资监管机构所出资企业或其子企

---

* 卢宇，四川君合律师事务所律师，高级合伙人，金融资本部副部长。

业持有的，由下级政府和上级政府国资监管机构分别批准。”第15条规定：“企业国有产权在所出资企业内部无偿划转的，由所出资企业批准并抄报同级国资监管机构。”

（二）例外授权（以四川省及成都市为例）

2019年《国务院国资委授权放权清单（2019年版）》对部分无偿划转行为的审批作出授权，此后地方国资监管部门陆续出台相应授权，将部分无偿划转的审批权授权下放至企业。

以四川为例，根据《四川省国资委授权放权清单（2019年版）》，国有股东所持有上市公司股份在集团内部的无偿划转的，由各省属企业审批，同时国有资本投资、运营公司可审批国有资本投资、运营公司之间的非上市企业产权的无偿划转事项。

以成都为例，根据《成都市国资委授权放权清单（2019年版）》，各市属企业审批国有股东所持有上市公司股份在集团内部的无偿划转事项，9家国有资本投资运营公司审批国有资本投资运营公司之间的非上市企业产权无偿划转事项。

**二、债权人利益保护路径**

（一）行政诉讼或民事诉讼

最高人民法院《关于审理与企业改制相关的民事纠纷案件若干问题的规定》（2020年修订）第3条规定，政府主管部门在对企业国有资产进行行政性调整、划转过程中发生的纠纷，当事人向人民法院提起民事诉讼的，人民法院不予受理。结合1996年最高人民法院《关于因政府调整划转企业国有资产引起的纠纷是否受理问题的批复》（现已失效），对上述规定可理解为：(1)政府及其所属主管部门在对企业国有资产调整、划转过程中引起相关国有企业之间的纠纷，应由政府或所属国有资产管理部门处理，划入和划出方之间不可作为民事诉讼起诉，第三人亦不得以政府或其所属国有资产管理部门为被告提起民事诉讼。(2)划入和划出企业之间以及第三人不服政府及其所属主管部门依据有关行政法规作出的划转决定的，可提起行政诉讼。

《民法典》第538条和第539条规定，如债务人无偿转让财产和以明显不合理的低价转让财产而影响债权人的债权实现的，债权人可以请求人民法院撤销债务人的行为。此外，《民法典》还规定了恶意串通和其他损害赔偿的路径。可见，虽然债权人不能就无偿划转以政府或其所属国有资产管理部门为被告提起民事诉讼，但不妨碍其以债权人身份针对划入和划出方提起民事诉讼。

（二）债权人是否必须先行提起行政诉讼

笔者认为，是否提起行政诉讼取决于争议对象和权益维护对象，具体如下。

在债权人权益标的为特定物且标的已发生权属转移的情况下，如不先将政府或国资监管部门作出有效批复做确认违法或撤销处理，则将导致判决返还原物（恢复原状）与有效的行政批准之间的冲突。当然，从某种意义上讲，行政机关的批准应当理解为是国资监管部门对所监管企业将要实施的行为的同意，并不应当作为损害债权人实现其对特定物的权利的合法阻碍，但该理解是否被法院支持存在不确定性，同时假设无偿划转系政府依职权主动做出的，则在划拨决定仍旧有效的情况下获得法院支持的难度可能更大。因此，如债权人目的是实现物权，则有必要先行提起行政诉讼。

如债权人目的仅在于实现金钱债权，则债权人可以划入和划出一方的划转行为违反《民法典》、《企业国有资产法》第 30 条、国务院国有资产监督管理委员会《关于规范国有企业改制工作意见的通知》、《关于进一步规范国有企业改制工作实施意见的通知》、《企业国有产权无偿划转管理暂行办法》、《企业国有产权无偿划转工作指引》等规定损害债权人利益为由，直接起诉划入方要求其在所接收的财产的受益范围内就划出方债务承担赔偿责任[参见最高人民法院民事判决书，（2017）最高法民终 181 号]。

（三）对国有企业的启示

按照《企业国有资产法》第 30 条、国务院国有资产监督管理委员会《关于规范国有企业改制工作意见的通知》、《关于进一步规范国有企业改制工作实施意见的通知》、《企业国有产权无偿划转管理暂行办法》以及《企业国有产权无偿划转工作指引》等规定，在划转实施时与债权人达成有效一致。就划入方而言，应与划出方就可能发生的债权人诉讼作出约定，并就划入资产的价值等做有效的证据保留，以避免在债权人提出主张时被认定的财产价值高于实际价值，而导致自身承担额外债务。

## 三、无偿划转是否需要评估

就法律性质而言，经批准的无偿划转本身并不能界定为企业产权发生变更的法律关系原因，行政批准仅为对划入和划出方之间拟进行的交易的一种准许行为，划转的实施依赖于划入和划出方之间根据划转本身来选择具体的交易关系，可采取赠与、0对价（或1元）进行转让、对划出方减资、对划入方增资等具体交易方式，而经选择的交易方式才是企业产权发生变更的法律关系原因。因此，无偿划转是否进行评估，应从程序性要求、公司注册资本制度以及与债权人关系三个维度分别进行考察。

（一）无偿划转程序对评估的要求

《企业国有产权无偿划转管理暂行办法》第9条规定，划转双方应当组织被划转企业按照有关规定开展审计或清产核资，以中介机构出具的审计报告或经划出方国资监管机构批准的清产核资结果为企业国有产权无偿划转的依据。根据《企业国有资产评估管理暂行办法》第7条的规定，企业有下列行为的，可以不对相关国有资产进行评估：经各级人民政府或其国有资产监督管理机构批准，对企业整体或者部分资产实施无偿划转；国有独资企业与其下属独资企业（事业单位）之间或其下属独资企业（事业单位）之间的合并、资产（产权）置换和无偿划转。

从无偿划转程序性角度出发，在实施无偿划转过程中，并不必须进行评估的规定，但须有中介机构出具的审计报告或经划出方国资监管机构批准的清产核资结果。

（二）公司法之注册资本角度

如无偿划转选择发生增资交易，则应当严格按照《公司法》有关规定进行评估，否则于划入方而言，其发生增资行为，其债权人有权以是否实缴出资、出资是否真实等为由要求股东承担未依法履行实缴出资义务的债务承担责任。

（三）与债权人关系角度

最高人民法院在吉林市中小企业信用担保集团有限公司诉中国长城资产管理股份有限公司吉林省分公司（以下简称长城资产公司吉林分公司）等公司债权人利益责任纠纷案［（2017）最高法民终181号］中判决，吉林市中小企业信用担保集团有限公司在其无偿接收吉林华星电子集团有限公司持有的吉林华微电子股份有限公司1600万股股权受益范围内，对吉林华星电子集团有限公司所欠中国长城资产管理股份有限公司吉林省分公司的20 924万元债务本息承担赔偿责任。根据该案例，于划入方而言，其有必要在接收时对所接收的产权的价值做评估，以便在华出让因划出资产而不能清偿债务的情况下，划出方承担责任的范围不被扩大（主要在划入方接收资产后通过后续运营导致资产增值的情况下）。

## 四、股东滥用权利风险

《公司法》第21条规定，公司股东应当遵守法律、行政法规和公司章程，依法行使股东权利，不得滥用股东权利损害公司或者其他股东的利益。公司股东滥用股东权利给公司或者其他股东造成损失的，应当承担赔偿责任。

实务中，有国资监管机构因批准无偿划转而被债权人以滥用股东权利损害债权人利益为由被诉。笔者检索到两则典型案例：（1）案例一：平安银行股份有限公司昆明分行、贵州峄兴矿业有限公司金融借款合同纠纷案[（2019）最高法民终109号]；（2）案例二：前述吉林市中小企业信用担保集团有限公司诉长城资产公司吉林分公司等公司债权人利益责任纠纷案。

虽然以上两则案例均未支持债权人要求划转批准机构（国资监管部门）承担连带责任的主张，但在案例二中，最高人民法院的理由阐述如下：2018年《公司法》第20条属于衡平性条款，只有债权人利益通过其他途径无法获得救济时方得适用。该案中，长城资产公司吉林分公司的债权因吉林市国资监管部门权利行使行为受到的影响，可以通过中小企业担保公司就接受股权的价值承担赔偿责任获得救济，基于此，长城资产公司吉林分公司并未因吉林市国资监管部门的权力行使行为受到损失，没有适用2018年《公司法》第20条追究吉林市国资委的必要。从该阐述可见，最高人民法院并未排除适用2018年《公司法》第20条规定判决划转行为的批准机构承担连带责任的可能，即在划转行为确实损害债权人利益且划入方已无法在划入资产价值范围内承担责任时，划出方股东仍有须对债权人承担连带责任的风险。因此，在无偿划转实施中，作出划转决策批准的机构有必要对划转的审批行为是否构成滥用股东权利并损害债权人利益进行论证，以避免责任和风险。

# 企业国有资产转让不符合《企业国有资产法》的规定，善意受让人是否能取得标的物所有权

## ——以合同效力分析为视角

鲁良成　曹远军　刘　聪*

**【摘要】**企业在处置国有资产过程中，未依照《国有资产评估管理办法》第3条、《企业国有资产法》第47条的规定进行资产评估以及未依照《企业国有资产法》第54条第2款的规定采用公开竞价的交易方式与买受人签订买卖合同，交易双方签订合同的效力如何？法院认为这是管理性的强制性规定而非效力性的强制性规定，在受让人系善意的前提下应认定交易双方签订的合同有效。

**【关键词】**房屋买卖合同纠纷；国有资产处置；善意受让人；代理权

2018年11月，康定市某小区46户业主代表来到四川君合律师事务所咨询房屋买卖合同及过户问题，经过鲁良成律师团队深入细致的分析和讲解后，业主代表十分满意，当即签订了代理合同。鲁良成律师及团队成员曹远军律师对该案件进行了细致的梳理，形成了完备的代理思路和方案，经过长达3年多的漫长诉讼历程，经历了一审、二审、再审，最终胜诉，维护了委托人的合法权益，实属不易。委托人高度赞扬了四川君合律师事务所的专业能力及价值理念。现将该系列案

* 鲁良成，四川君合律师事务所律师，高级合伙人。曹远军，四川君合律师事务所律师。刘聪，四川君合律师事务所律师。

件中的争议焦点与大家分享如下。

**一、案情简介**

原告:吴某,案涉房屋买受人,康定市某小区46户业主之一。

被告1:建筑公司,案涉房屋所有权人,某国有企业。

被告2:代理公司,案涉房屋销售代理商。

建筑公司作为案涉房屋所有权人,于2015~2016年度、2016~2017年度、2017~2018年度分别与代理公司签订了《销售代理合同》,合作期限自2015年3月10日起至2018年3月9日止。2015年6月2日,根据《销售代理合同》约定,建筑公司向代理公司出具了《委托书》,约定全权委托代理公司对康定市某小区的案涉房屋进行宣传推广、销售、收款、过户、权证办理、税费收缴,对接、办理政务部门及银行、公积金中心等相关事宜,委托期限为2015年6月2日至2016年6月1日。代理公司于2017年7月28日与原告签订《房屋买卖合同》,合同签订后原告按约履行了全部付款义务,后代理公司将案涉房屋交付给了原告装修入住。合同约定二被告应当于2018年10月30日前配合原告办理案涉房屋过户手续,但经原告多次催告,建筑公司作为案涉房屋所有权人拒绝为原告办理过户,原告遂向法院提起诉讼请求判令二被告协助原告将案涉房屋产权变更登记到原告名下。

**二、案件评析**

本案主要争议焦点如下。

1.代理公司的销售行为是否超出建筑公司的授权?

原告签订《房屋买卖合同》的时间超过了建筑公司出具给代理公司的《委托书》的委托期限,建筑公司以此主张销售公司无权代理,请求法院判令《房屋买卖合同》无效。我方结合《销售代理合同》等证据,发现虽然委托书期限只到2016年6月1日,但是建筑公司和代理公司的《销售代理合同》却延续到了2018年,且代理公司直到2018年都还在使用《委托书》为其他购买了康定市某小区房屋的业主办理房屋过户手续,代理公司的行为至少构成了表见代理。一审、二审法院对此争议焦点均支持我方观点。

2.案涉房屋作为国有资产,未依法经过价格评估、公开挂牌销售的方式进行转让是否有效?

建筑公司在诉讼过程中提出,《销售代理合同》第2条约定"甲方(建筑公司)

采取由国资委等相关部门认可的评估价作为该批房产挂牌的底价进行公开挂牌，由买家自行摘牌或买家委托人参与摘牌获得目标房产，乙方（代理公司）负责协助买方完善与甲方合同签订、银行按揭、产权办理、备案登记、验房交房等全套服务内容，甲方对乙方服务的所涉工作提供必要的支持与配合”。建筑公司辩称案涉房屋系国有资产，转让国有资产应当按照《企业国有资产法》第47条、第54条第2款的规定将由国资监管部门等认可的评估价作为该批房产挂牌的底价进行公开挂牌销售，且《销售代理合同》也有相关约定，故以案涉房屋转让未按照法律规定的方式进行转让为由向法院主张《房屋买卖合同》无效。

根据《国有资产评估管理办法》第3条的规定，国有资产占有单位进行资产拍卖、转让的，应当进行资产评估。《企业国有资产法》第47条规定：“国有独资企业、国有独资公司和国有资本控股公司合并、分立、改制，转让重大财产，以非货币财产对外投资，清算或者有法律、行政法规以及企业章程规定应当进行资产评估的其他情形的，应当按照规定对有关资产进行评估。”《企业国有资产法》第54条第2款规定：“除按照国家规定可以直接协议转让的以外，国有资产转让应当在依法设立的交易场所公开进行。转让方应当如实披露有关信息，征集受让方；征集产生的受让方为两个以上的，转让应当采用公开竞价的交易方式。”

有关国有资产转让中未履行法律规定的相关程序的合同效力认定一直在学术界和实务界存有如下争议。

1. 山西省晋中市中级人民法院在（2021）晋07民终2169号案①中作出评述：供电公司签订《转让协议书》违反了《企业国有资产法》关于国有资产转让的程序以及要求，原审认定《转让协议书》无效，于法有据，并无不当，予以支持。也就是说，山西省晋中市中级人民法院认为《企业国有资产法》关于国有资产转让的规定系效力强制性规定，国有资产转让双方未履行相关程序而关于国有资产转让的处置行为无效。

2. 北京市第三中级人民法院在（2020）京03民终10337号案②中作出评述：

---

① 赵某、国网山西省电力公司晋中市太谷区供电公司（原国网山西省电力公司太谷县供电公司）物权保护纠纷案，山西省晋中市中级人民法院民事判决书，（2021）晋07民终2169号。

② 姜某与北京市东开城市建设综合开发公司等确认合同无效纠纷案，北京市第三中级人民法院民事判决书，（2020）京03民终10337号。

《企业国有资产法》第54条第2款的意旨是加强对国有资产转让行为的行政管理,而非否定私法行为的效力,一审法院认定该法律条款属于管理性的强制性规定而非效力性的强制性规定正确。城建公司出售自管公房已经北京市东城区人民政府住房保障和改革办公室批准,故姜某主张其违反上述法律规定出售房屋、合同应属无效的上诉意见,无事实及法律依据,不予采信。也就是说,北京市第三中级人民法院认为《企业国有资产法》关于国有资产转让的规定系管理性的强制性规定而非效力性的强制性规定,国有资产转让未履行相关程序而关于国有资产转让的处置行为不因此而无效。

本案中针对此处争议,一审、二审法院均认为《企业国有资产法》关于国有资产转让的规定系管理性的强制性规定而非效力性的强制性规定,原告系善意受让人,案涉房屋转让价格并没有低于当地同地段同类型房屋的市场价格,也没有损害国家、集体或者第三人利益,最终认定案涉房屋的转让行为有效,判决被告协助原告进行案涉房屋产权过户。

**三、经验总结**

虽然目前主流观点认为《企业国有资产法》关于国有资产转让的规定系管理性的强制性规定,国有资产转让未履行相关程序而关于国有资产转让的处置行为不因此而无效,但是本案对作为国有资产转让的转让方与受让方仍有相当大的借鉴意义。

1. 受让方在受让国有资产之前应当尽到审慎义务,避免因取得国有资产所有权的行为不符合法律规定的形式要求而引发法律纠纷。应当注意到,如果交易双方之间不存在真实有效的买卖合同,且交易价格明显低于市场价格,法院仍然可能会认为受让方非善意受让人而判令买卖合同无效。也就是说,企业国有资产转让不符合《企业国有资产法》的规定,受让人取得标的物所有权的前提是善意受让人。

2. 作为国有资产所有权人的国有企业、国有事业单位等,在转让国有资产之前一定要严格按照《企业国有资产法》关于国有资产转让的规定对拟转让的国有资产进行评估并公开挂牌竞价销售,力求做到处置国有资产程序的合规合法化。

# 单位人员被限制高消费如何救济

朱　林*

**【摘要】**最高人民法院于2019年12月16日发布了《关于在执行工作中进一步强化善意文明执行理念的意见》，该文件强调"强化善意文明执行理念，在依法保障胜诉当事人合法权益同时，最大限度减少对被执行人权益影响"。该文件的发布从理念上对当下的执行环境是有一定影响的，其中就包括规范单位人员被限制高消费的问题。本文根据笔者经办相关案件的经验与对相关规定的理解，就单位人员被限制高消费如何救济的问题进行梳理，作为实务参考。

**【关键词】**限制高消费；执行异议；解除

## 引言

截至2023年10月26日，我国处于失信状态的失信主体有8 488 172个，这是中国执行信息公开网实时公布的数据。

将被执行人纳入失信被执行人名单、限制其高消费，是解决执行难问题的重要手段。作为被执行人，无论是被纳入失信被执行人名单还是被限制高消费，都是绕不开的坎。然而，如果被执行人是单位，则不是执行对象的法定代表人、主要负责人被纳入失信被执行人名单、限制高消费多少可能存在一些问题，比如在单位已经歇业也确实没有财产，利用单位财产消费根本不可能的情况下惩戒法定代表人、主要负责人是不是没有意义？

---

* 朱林，四川君合律师事务所律师，合伙人。

单位是失信被执行人，不能将其法定代表人、主要负责人也一并纳入失信被执行人名单，这是有明确依据的。其一，最高人民法院《关于公布失信被执行人名单信息的若干规定》（以下简称《失信名单规定》）适用对象仅是被执行人；其二，最高人民法院《关于在执行工作中进一步强化善意文明执行理念的意见》（以下简称《善意执行规定》）第16条有针对性地强调“单位是失信被执行人的，人民法院不得将其法定代表人、主要负责人、影响债务履行的直接责任人员、实际控制人等纳入失信名单”。所以，对于单位的法定代表人、主要负责人被纳入失信被执行人名单如何救济无须探讨，相比之下，被限制高消费的救济问题值得研究一下。

**一、单位人员被限制高消费的依据与缺陷**

最高人民法院《关于限制被执行人高消费及有关消费的若干规定》（以下简称《限高规定》）第3条的规定对于单位的法定代表人、主要负责人非常致命，也是人民法院将单位的法定代表人、主要负责人限制高消费的直接依据。该条第2款规定：“被执行人为单位的，被采取限制消费措施后，被执行人及其法定代表人、主要负责人、影响债务履行的直接责任人员、实际控制人不得实施前款规定的行为。”

《限高规定》对于单位的法定代表人、主要负责人限制消费有例外规定，比如因私以个人财产消费以及因生活或经营必需，可以向人民法院申请，经批准后实施。也就是说，限制高消费是甩不掉了，只是出现特殊情况可以单次申请并单次批准，流程复杂，有时事情紧急根本来不及申请，所以，要解决限制高消费问题，彻底解除才有意义，单次申请并非长久之计。

回到文章开头，对单位的法定代表人、主要负责人限制高消费原因之一是有利于解决执行难问题，毕竟单位财产能否被执行到位很大程度依赖于单位的法定代表人、主要负责人，所以，这一制度本身是无可厚非的。但是，如果单位并无财产可供执行且单位的法定代表人、主要负责人也不可能利用单位财产实施个人消费或存在其他特殊情况，“一刀切”地限制单位的法定代表人、主要负责人高消费，首先对执行没有益处，其次对个人也不公平。

**二、单位人员被限制高消费的救济途径与程序**

提到单位的法定代表人、主要负责人被限制高消费如何救济，有人出主意通过工商变更登记将法定代表人、主要负责人更换掉就行了,这是一种方法,属于偏方。目前因为《善意执行规定》的出台,变更登记并不当然解决限高问题,还是要作进一步审查的。笔者主要结合自身办理类似案件经验梳理一下相对规范的救济途径——执行异议(申请解除或纠正)。

(一)异议申请书如何写

1. 标题:《关于解除限制消费措施的申请》《关于纠正限制消费措施的申请》

标题没有用"撤销",原则上也不用"纠正",而是用"解除"。撤销很常见,凡是对一项决定、裁定有异议都可以对应撤销;纠正原本是对失信异议的专用名词,《失信规定》中对失信异议表述的就是"申请纠正",《善意执行规定》提出对被采取限制消费措施申请纠正的可参照《失信规定》第12条规定办理,这意味着如认为被采取限制消费措施不当,可以纠正申请的形式提出。

《限高规定》没有规定限高异议的救济途径,但有"解除限制消费令"的表述。同时,《善意执行规定》作为最新规定,用的也是"解除"。当然,《善意执行规定》第18条也有纠正限制消费措施申请的表述,但鉴于人民法院主要使用的文书是《解除限制消费措施通知书》,对比起来,《关于解除限制消费措施的申请》这个标题是恰当的。此外,"纠正"主要是针对错误,而"解除"字面上不涉及对错,"解除"比"纠正"更中性,有利于解决问题。

2. 申请主体:单位或个人

单位作为被执行人,以单位的名义申请,可以同时申请解除或纠正对单位和个人的限制消费措施,毕竟个人被限制消费也是单位原因造成;也可以个人的名义申请,毕竟个人既是执行行为的利害关系人,也是限制消费措施的实施对象。此外,有时单位并不配合或者无法盖章,这种情况下,个人只能以自己名义申请解除或纠正对其自身的限制消费措施。

3. 申请理由:单位情况与个人情况

对于单位,《限高规定》第2条规定:"人民法院决定采取限制消费措施时,应当考虑被执行人是否有消极履行、规避执行或者抗拒执行的行为以及被执行人的履行能力等因素。"所以,围绕单位是否有消极履行、规避执行或者抗拒执行的行为以及被执行人的履行能力等因素展开事实理由是最稳妥的。笔者在类似案件中向人民法院提出某公司不是消极履行、规避执行甚至抗拒执行,而是客观上已无履行能力,既不符合采取限制消费措施的规定,也无采取限制消费措施的必要。

对于个人,《限高规定》只有单次解除依据,而《善意执行规定》对于直接解除是有规定的,笔者理解直接解除的至少包括如下情形:(1)单位无财产情况下,以个人财产因私消费;(2)工商变更登记且原法定代表人、主要负责人并非实际控制人、影响债务履行的直接责任人员;(3)其他特殊情况,比如不利用单位财产,需长期在外地治疗重大疾病。笔者在类似案件中向人民法院提出鉴于某公司无财产、无经营,某人不可能以某公司的财产进行任何消费,只能以个人财产进行消费,故某人不符合被限制消费的情形。

(二)异议程序如何走

《限高规定》对于解除或纠正限高措施申请程序没有规定,过去都是依据2023年《民事诉讼法》第232条的概括规定,提出异议,15日内审查,不服10日内向上级人民法院申请复议。

2017年《民事诉讼法》第236条规定:"当事人、利害关系人认为执行行为违反法律规定的,可以向负责执行的人民法院提出书面异议。当事人、利害关系人提出书面异议的,人民法院应当自收到书面异议之日起十五日内审查,理由成立的,裁定撤销或者改正;理由不成立的,裁定驳回。当事人、利害关系人对裁定不服的,可以自裁定送达之日起十日内向上一级人民法院申请复议。"《善意执行规定》第18条规定"对被采取限制消费措施申请纠正的,参照失信名单规定第十二条规定办理"。《失信规定》第12条规定:"公民、法人或其他组织对被纳入失信被执行人名单申请纠正的,执行法院应当自收到书面纠正申请之日起十五日内审查,理由成立的,应当在三个工作日内纠正;理由不成立的,决定驳回。公民、法人或其他组织对驳回决定不服的,可以自决定书送达之日起十日内向上一级人民法院申请复议。上一级人民法院应当自收到复议申请之日起十五日内作出决定。"

通过上述规定,申请解除或纠正限制消费措施的程序就清楚了,就是先在执行案件承办的人民法院异议,再到上级人民法院复议;如果还不服,可以继续向再上一级人民法院申诉,再上一级人民法院应当作为执行监督案件立案审查,以裁定方式作出结论。

**三、单位人员被限制高消费的救济障碍**

实践中,申请解除限制消费措施的障碍是很多的,笔者已经遇到过不少。

（一）理念障碍

理念障碍很容易导致申请被推诿、救济时间被拖延等问题。部分承办法官可能会想，目前要基本解决执行难问题，限制消费措施是理所当然的执行手段，不能解除。好在最高人民法院及时发布实施了《善意执行规定》，主张在依法保障胜诉当事人合法权益同时，最大限度减少对被执行人权益影响，实现法律效果与社会效果有机统一，这是对执行理念的一个新导向。

（二）规定障碍

最高人民法院《关于严格规范终结本次执行程序的规定（试行）》第1条规定："人民法院终结本次执行程序，应当同时符合下列条件：……（二）已向被执行人发出限制消费令，并将符合条件的被执行人纳入失信被执行人名单……"

笔者经办的类似案例中，处理异议与复议的人民法院均认为案件终结本次执行必须限制高消费，终结本次执行的系统也是按照这种逻辑设置的，所以，终结本次执行的案件不能解除限制消费措施，不然就没法结案。

笔者认为，这是对规定的错误理解，该规定是最高人民法院对于人民法院终结本次执行的工作要求，应当理解为人民法院终结本次执行前要完成实施限制消费措施的相关工作，但不应当理解为人民法院终结本次执行前对实施限制消费措施不作审查，更不能理解为人民法院终结本次执行后就不能改变限制消费措施。如果凡是终结本次执行案件必须限制高消费，那么《限高规定》就没有存在的意义了。当然，对于终结本次执行系统，这是个实实在在的技术问题，但笔者认为其不应作为一项依据考虑。

（三）系统障碍

除上述终结本次执行系统的障碍外，笔者经办类似案件时在四川某法院了解到，即使人民法院裁定解除限制消费措施，在系统操作时仍然存在障碍。

解除限制消费措施操作系统中要选择解除原因，而原因只有四项，分别是"被执行人提供确实有效的担保""申请执行人申请或同意解除限高""履行完毕""执行依据被撤销"，很明显以上四个选项是不周延的。如果出现以上四个选项以外的情形，操作人员就会卡在这里，可能导致解除限制消费措施的裁定或决定无法有效执行。

**四、结语**

以上是笔者结合自身办案经验梳理出的关于单位人员被限制高消费如何救

济的相关认识。然而,对于这类问题,实务中不同的法院、不同的法官可能会有完全不同的处理方式,建议大家在把握案件事实与法律依据的前提下,注意沟通技巧。

# 第五编

# 合同事务法律实践研究

# 从一则案例看债务人不得以“先开发票后付款”为由对抗主合同义务

赵靖锋　任建钰[*]

【摘要】《民法典》中的附随义务大体包括6类：通知义务、说明义务、协助义务、照顾义务、保密义务和保护义务。附随义务非自始确定，而是在合同履行中基于诚实信用原则产生，旨在更好实现当事人利益的义务。附随义务不能对抗主合同义务，成为履行抗辩权的理由。但法律实务中，情况纷繁复杂，法律适用者理解不一，对于同一或类似情形，常常出现不同的判决。本文笔者以经办案例为切入点，以开具发票的附随义务与支付款项的主合同义务为例，分析附随义务在实践中常出现的问题及处理。

【关键词】附随义务；对抗；主合同义务

## 一、案情简介

2013年4月15日，甲公司与乙公司签订安装合同，约定由甲公司就案涉项目向乙公司供应并安装饰面材料，以实际安装完成后验收合格的工程量进行结算，乙公司按照进度分三次共支付95%的款项，剩余5%作为质量保证金在保修期结束后无息支付。合同中还明确约定乙公司向甲公司支付货款时，甲公司需提供与支付金额相符的发票，否则乙公司有权拒付该笔款项。对于该案先开发票后付款的问题，一审、二审法院审理后作出裁判。

---

* 赵靖锋，四川君合律师事务所律师，合伙人。任建钰，四川君合律师事务所律师助理。

一审法院认为,安装合同并未明确开发票和付款的先后顺序,从该款文义并结合上下文解释,开具发票和付款应同时履行。甲公司的主给付义务在于制作完成装饰装修材料,开具发票为附随义务;乙公司的主给付义务为支付装修工程款。在甲公司已经完成主给付义务的情形下,乙公司以对方未履行附随义务为由长期拖延履行己方主给付义务,属行使抗辩权失当。二审法院认为,甲公司与乙公司系对争议工程装修款存在争议,双方始终未就结算结果达成一致,乙公司未主动向甲公司提示付款,甲公司也无法开具发票,一审法院以实际损失为基础,兼顾合同履行情况、当事人过错程度以及预期利益等综合因素作出裁判,并无不当。

**二、裁判观点总结**

上述案例代表了法律实务中的一种观点,通过查阅裁判文书网,就法律实务中出现的"先开票,后付款"问题,各级法院的意见基本上可以归类为下面两类。

(一)第一类:合同未明确约定先开发票后付款

在(2018)最高法民终342号案中,最高人民法院认为:开具发票虽属A公司的合同附随义务,应予履行,但该案并未约定足额开具发票属B公司履行付款义务的条件。据此,B公司以A公司未开具发票为由不予付款,没有合同和法律根据。

在(2016)川0703民初2868号案中,四川某地法院认为:双方当事人对先开发票后付款的交易习惯均予以认可;C公司向法庭提交的税务机关出具的开票明细(摘要)及发票交接表,以证明C公司在税务机关开票的总金额为21 049 171.06元,发票已交D公司,并自认D公司已付款金额为13 580 000元;D公司辩称应付款金额为发票金额扣减货物损失,但并未提交任何证据予以证明,故D公司辩称应付款金额为发票金额扣减货物损失的理由法院不予采信。

上诉两个判决表明,法院裁判过程中,对于双方未在合同中明确约定是否须先开具发票后付款,付款方以收款方未开具发票为由拒绝付款的,法院不予支持。但是如果在之前的一系列交易中或者根据某一地域、某一行业或某一群体在交易中形成了双方都认可的交易习惯,那么,付款方就可根据交易习惯以收款方未出具发票为由拒绝付款。

（二）第二类：合同明确约定先开发票后付款

1. 有约定的从约定

某案中，成都市双流区人民法院（一审）认为，买卖合同法律关系中一方提供货物，另一方给付货款，是买卖合同的主给付义务，开具票据属于从给付义务，主给付义务与从给付义务之间不具有对价性，因此F公司不能以E公司应优先开具发票为由抗辩支付货款的义务。

成都市中级人民法院（二审）认为，双方在合同中对先开发票后付款的约定，系在平等自愿基础上达成，一审认为交付发票系履行合同的从义务，与双方合同约定及法律规定不符，二审法院予以纠正。

2. 附随义务不能对抗主合同义务

在（2020）川民终174号案中，成都市中级人民法院（一审）认为：合同约定“甲方付款前，乙方应向甲方开具合法有效广告费发票，乙方延迟提供发票的，付款期限相应顺延”，但在广告合同法律关系中，合同双方主要对等义务是一方依约开展广告投放事宜，另一方支付相应的广告发布费用；而支付广告发布费与开具发票是两种不同性质的义务，前者是合同的主要义务，后者仅是履行合同的附随义务，二者不具有对等关系，任何一方不能以对方未履行附随义务为由拒绝履行合同主要义务。四川省高级人民法院（二审）认为，该案中，虽然约定先开票后付费，但支付广告费用与开具发票行为为不同性质的两种义务，前者是合同约定的主要义务，后者是法律规定的从给付义务，两者之间并不具有对等关系。在G公司如实履行了广告投放主要合同义务且时间已长达数年之久的情况下，H公司应当遵循诚信原则及时给付广告费用。

上述判决表明，法院针对同一问题作出了不同的理解、适用及判决，有的法官坚持严格适用当事人意思自治原则，根据合同约定作出判决；有的法官则兼顾市场秩序、公平原则等作出不同的判决。法院裁判的不一件，无疑为理解、解释及解决该问题增加了障碍。

## 三、笔者分析

针对“先开票，后付款”的附随义务在法律实务中的处理，笔者的看法如下。

### (一)“开具发票”属于合同附随义务

1.“开具发票”义务的法定性

合同的性质由主合同义务决定,附随义务仅是基于法律规定或诚实信用原则产生的义务,它的存在只是为了更好地实现当事人的利益,但并不能决定当事人合同目的的实现。根据《发票管理办法》第18条的规定,只要是销售商品、提供服务以及从事其他经营活动,一旦发生收取款项行为,就产生出卖人的开具发票义务,法律规定特定情形的除外。因此,开具发票为法定义务,如无特定除外情形,都有向付款人(买受人)开具发票的义务。

2.“开具发票”义务的附随性

根据《民法典》第598条的规定,出卖人基本义务是交付标的物或者交付提取标的物的单证,发票并非能够提取标的物的单证,仅仅是收取款项的业务凭证,所以给付发票不是该条规定的出卖人主给付义务。可见,给付发票义务是交付除提取标的物的单证外的有关单证义务,虽不属于主合同义务,但恰当地履行发票给付义务,可使相对人因买卖合同产生的给付利益获得最大可能的满足,进而提高交易顺利完成的可能性,即给付发票义务是附随主合同产生的义务。

### (二)“开具发票”义务与“付款”义务不应产生对抗关系

1.约定“先开票,后付款”违背正常交易逻辑

《发票管理办法》第3条第1款规定:“本办法所称发票,是指在购销商品、提供或者接受服务以及从事其他经营活动中,开具、收取的收付款凭证。”可见,发票作为收款凭证,在实践中能够起到证明买方已付款的效果,如果要求卖方先开发票,买方后付款,在双方发生争议后,开具发票的行为无疑会增加卖方的证明障碍,造成潜在的不公平,也有违正常的市场交易逻辑秩序。

2.“先开发票后付款”约定常常基于买卖双方地位不对等而形成

近几年因为发票问题引发的诉讼越来越多,笔者通过查阅司法裁判文书网发现,大部分的纠纷是由发票已开而未收到款项引发的。按照法学理论来说,开具发票作为合同附随义务,本身并不该成为引发纠纷的主要矛头,但正是由于当事人在交易时不按照正常逻辑来履行义务,才造成了履行风险及纠纷。这种“先开票,后付款”的约定往往是基于买卖双方当事人的市场份额、地位不对等,“甲方”利用其优势地位要求“乙方”先开具发票来获得交易机会,从而增加“乙方”履行

合同的风险负担，例如建设工程行业中发包方与承包方的合作地位常常不对等，承包方往往会为了获得合作机会被迫承诺先开具发票，加重了自己的义务。

3. 不得以“先开票”约定为由对抗“付款”义务

《民法典》第525条规定：“当事人互负债务，没有先后履行顺序的，应当同时履行。一方在对方履行之前有权拒绝其履行请求。一方在对方履行债务不符合约定时，有权拒绝其相应的履行请求。”按照法律规定，履行抗辩权需要具备几个条件：其一，债务属于同一合同且双方是对价给付关系；其二，双方互负债务且达到履行期限；其三，对待给付债务具有履行的可能。基于“付款”义务（主合同义务）与“开票”义务（附随义务）无法形成对价给付关系，所以未开发票不能成为不付款的抗辩理由。笔者认为，在司法裁判过程中，法官应按照正常的市场交易顺序思维，即先付款后开票的逻辑顺序梳理案情，不能完全依据合同约定进行裁判。即使当事人双方在合同约定了先履行附随义务，也要综合考虑合同的性质，附随义务的作用力，合同整体的履行进度、履行程度，合同履行风险等因素。

**四、结语**

附随义务虽然对于合同目的的实现并非起决定作用，但实践中常常出现附随义务严重影响合同目的实现的情形，基于此附随义务的处理也格外重要。本文笔者以“开发票”的附随义务及“付款”的主合同义务为例，分析司法实践中出现的各种纠纷类型及裁判观点，附随义务与主合同义务本身不具有对价性，不能以未履行附随义务为由对抗合同的主给付义务。

# 如何认定承揽人向定作人交付的工作成果存在质量问题?

## ——以吉瑞公司诉新华学校承揽合同纠纷案为例

赵靖锋*

【摘要】承揽人向定作人交付工作成果,无双方认可的通过验收合格的证据,在600多樘钢质门安装完毕并使用后,定作人以工作联系函和微信方式报修,并区分列举了安装质量问题的现象,承揽人对此未提出异议且确认钢质门安装未经最终验收,因此,钢质门安装后虽然处于使用状态但并不能推导出已经验收合格的结论。承揽人怠于履行维修整改义务,应视为定作人付款义务未成就。

【关键词】案例研究;承揽合同;承揽人工作成果;质量问题认定

### 一、案件基本信息

1. 诉讼当事人。

原告(承揽人):吉瑞公司。

被告(定作人):新华学校。

2. 案件索引:2021川0116民初11396号民事判决书、2022川01民终4049号民事判决书、2023川0116民初4627号民事判决书。

---

* 赵靖锋,四川君合律师事务所律师,合伙人。

3.案由:承揽合同纠纷。

## 二、简要案情

2021年5月25日,吉瑞公司与新华学校签订合同后,吉瑞公司按照合同约定履行了合同义务;新华学校仅支付了30%预付款,在验收完成并投入使用之后,以存在各种质量问题为由拒不支付项目进度款。后吉瑞公司向人民法院提起诉讼,基层人民法院经审理后作出判决,认定2021年8月2日新华学校完成初步验收,判决新华学校支付413 767元及利息。一审判决后,新华学校提起上诉,中级人民法院开庭审理后,驳回上诉、维持原判。在质保期间,新华学校多次联系吉瑞公司要求对存在质量的房门和门框进行整改,吉瑞公司也多次派遣人员整改后,新华学校仍以质量存在问题为由,拒绝在整改清单上签字,拒不支付质保金。质保期已过,新华学校仍拒不支付质保金,严重侵犯了吉瑞公司合法权益。2023年4月18日吉瑞公司再次向基层人民法院提起诉讼,要求新华学校向吉瑞公司支付质保金和资金占用利息。

新华学校辩称:(1)吉瑞公司要求新华学校支付质保金的条件尚未成就,要求支付资金占用利息的主张缺乏事实和法律依据。(2)吉瑞公司未完全履行合同义务,案涉600多樘钢质门存在质量问题,具有严重安全隐患,经过多次整改后,仍然存在门框与墙体连接不稳固、门缝过大、胶条脱落、有的钢质门和门锁反向安装、未用水泥灌浆密封、有异响等质量问题。(3)办理钢质门质量验收工作的前提,既需要厘清钢质门安装出现质量问题的责任,又需要吉瑞公司从根本上解决现在的安装质量问题;案涉600多樘钢质门安装质量事关众多未成年学生生命财产安全,安装质量必须合格后,新华学校才能在验收交接单上盖章确认。

## 三、案件争议焦点

1.新华学校是否应向吉瑞公司支付质保金。

2.新华学校是否须向吉瑞公司支付资金占用利息。

3.吉瑞公司交付的案涉钢质门是否经过验收、是否存在质量问题。

## 四、裁判结果

法院认为:根据案涉双方签订的合同第10条,质量保证金的付款条件是从产品验收合格后的第一个工作日起算,在12个月内无质量问题,则一次性付清(无息)。但综合庭审查明的事实,经过吉瑞公司的多次整改维修后,法院在2023年

6月8日现勘时仍然发现部分门存在房门与门框有较大缝隙、门框与墙体有较大缝隙、开门异响、未灌浆等问题，门框与墙体缝隙处并未使用发泡胶或腻子抹平且吉瑞公司明确知晓新华学校的墙体是空心砖、明确知悉空心砖的墙体在安装钢质门时若未进行水泥、河沙灌浆加固，可能出现门体摇晃等情况，即有潜在的安全风险，却未按照案涉合作协议第3条的约定进行“灌浆”，故法院认为吉瑞公司提供的钢质门供应及安装服务不符合“无质量问题”的付款前提，对吉瑞公司要求新华学校支付质保金的诉请，法院不予支持。

需要特别说明的是，吉瑞公司在实际安装时即使认为合同未将“灌浆”纳入安装事项，其作为专业人员，在明知不灌浆可能存在的巨大风险后，应当向新华学校说明合同内容并告知不灌浆的风险，由双方协商处理。案涉项目系众多学生与老师居住的公寓钢质门的供应与安装，吉瑞公司应当给予足够的关注、告知潜在的风险、提出专业的建议，其未对新华学校予以合理提醒，未尽到作为商业经营主体的安全提示义务和未成年人权益保护的基本社会责任，有违社会主义核心价值观指引下的诚信守义的商业道德精神。

综上，驳回吉瑞公司全部诉讼请求。

**五、案例分析**

（一）对新华学校前两次诉讼失利情况进行利弊分析

新华学校前两次诉讼并非委托本律所代理。经过对终审判决认真研究分析，新华学校清楚地知道了失利原因。终审判决认定：新华学校主张钢质门的安装存在严重的质量问题，质量合格且通过验收是支付对应合同价款的前提条件。新华学校提出的门板厚度问题没有提供证据予以证明。从双方的聊天记录等证据中可见，新华学校向吉瑞公司提出过门和框的缝隙有点大等情况，吉瑞公司亦根据新华学校的反映安排了工人进行调试，可见吉瑞公司对存在的问题进行了整改且新华学校后来向吉瑞公司发送了宿舍门验收清单，而实际上新华学校亦已经使用了安装的门，一审法院认定新华学校对案涉门初步验收合格并无不当。新华学校的该项上诉主张不能成立，法院不予支持。

在终审判决中，对新华学校有利的方面是：吉瑞公司承认有门框固定不稳、门反安装、瓷砖损坏等问题，吉瑞公司在2021年8月2日进行了整改；并称后续若还需要整改，则新华学校可以不支付质保金。法院认定：“吉瑞公司按照合同约定提供了钢质门并进行了安装,同时完成了原门拆除、门洞修复、墙砖修补等工作内容。"

(二)2022 年 7 月底之后,指导新华学校在诉讼前完成新证据收集与固定工作

1. 诉讼代理人 2 次到新华学校现场勘验,到钢质门安装质量突出的各楼栋各房间逐一查看、测量,指导新华学校拍照留证、分类整理。

2. 修改新华学校向吉瑞公司发出的联系函,突出强调案涉 600 多樘钢质门的定作人是教育培训机构,使用主体是在校师生,绝大部分是未成年人男女学生。如 2021 年 8 月新华学校的发函名称是关于宿舍门及门安装存在质量问题整改催促的通知函,2022 年 8 月 8 日之后发函名称为关于校园学生宿舍楼钢质门安装存在质量问题和限期整改的通知函。

3. 指导新华学校收集 600 多樘钢质门使用人的意见,特别是收集入住在宿舍房门明显存在质量问题的男、女师生和未成年人学生家长的意见。

4. 在吉瑞公司整改无果的情况下,指导新华学校另行联系有专业资质装修公司询价、议价,使报损金额具有可信度和可行性。

5. 在举证期内,申请法院现场调查取证,证明吉瑞公司起诉状所述与事实不符。庭审中,诉讼代理人再次申请审判长现场勘查,强调眼见为实。审判长当庭同意了到现场勘查的申请。裁判文书记载:"2023 年 6 月 8 日,本院组织双方进行现场勘验:悦馨阁 4 栋六单元 1 楼 F101 号门的门体与墙体有缝隙,不严贴,敲门框有空响;F203 号门开门有异响;F311 号门与门框之间有较大缝隙;3 栋 3 单元 E104 号门开门有异响;3 栋 1 单元 A203 号门的门与门框之间有较大缝隙;A601 号室内门框与墙体有较大缝隙;查看的大部分门均有异响且门框均有空响,缝隙也是较多。"足以说明这次现场勘查对判决结论的重要性。

(三)庭审答辩中,诉讼代理人提出案涉 600 多樘钢质门安装质量事关成百上千名未成年人学生生命财产安全

诉讼代理人在庭审答辩中着重指出:学校校舍安全是各级党委政府和全社会关注的热点问题,而案涉钢质门质量问题是校舍整体工程质量的组成部分。从新华学校提交法庭的证据证实,吉瑞公司安装的 600 多樘钢质门,历经近 2 年多次整改,仍然有几十樘钢质门安装存在严重质量问题,即使按照普通人的正常认知,也是不合格的,安装质量未达到"结实、美观"的标准。根据双方的微信聊天记

录,吉瑞公司也承认了这一点。新华学校在明知安装质量不合格的情况下,必然不能草率地在验收交接单上盖章确认,一旦案涉钢质门发生了安全事故,谁来承担法律责任?对于吉瑞公司交付的不合格工作成果,新华学校有权要求其修改、重做或赔偿损失。

(四)法庭审理中,及时捕捉有利我方的关键证据信息,提请审判长深入查明案涉600多樘钢质门安装出现质量问题的根本原因

庭审笔录记述如下:吉瑞公司在质证时陈述新华学校所述的部分问题是学校墙体空心所致;答法庭提问时陈述对于门安装之后存在的门框与墙体之间的缝隙,通常使用发泡剂填充,表面使用腻子抹平;门与门框之间不契合的原因是门与门框之间存在胶条,通常缝隙范围在一厘米以内,胶条脱落之后造成了缝隙过大;如果墙体是空心砖,不使用水泥、河沙等进行灌浆加固,可能在使用时出现门体摇晃的情况,但吉瑞公司在发现新华学校墙体是空心砖后,并未告知新华学校应当灌浆加固,亦没有进行灌浆工序,因为其认为合同第2条产品明细中不包含“灌浆”。

至此,案涉600多樘钢质门安装后,经多次维修后问题依旧的原因终于水落石出。结合案涉合同中双方的约定和承揽人的作用,吉瑞公司应当承担违约责任。

**六、承揽合同中定作物质量问题的审查要点和认定规则①**

(一)承揽合同的案由分类

承揽合同纠纷项下分为7个案由:(1)加工合同纠纷。加工合同是指承揽人以自己的技能、设备和劳力,按照定作人的要求,将定作人提供的原材料加工为成品,定作人接受该成品并支付报酬的合同。(2)定作合同纠纷。定作合同是指承揽人根据定作人的要求,以自己的技能、设备和劳力,用自己的材料为定作人制作成品,定作人接受该成品并给付报酬的合同。定作合同(又称包工包料)纠纷与加工合同(又称来料加工)纠纷的区别在于定作中承揽人需自备材料,而不是由定作人提供。(3)修理合同纠纷。修理合同是指承揽人为定作人修理已损坏的物品,使其恢复原状,定作人向承揽人支付报酬的合同,既包括对动产的修理,也

① 参见茆荣华主编:《上海法院类案办案要件指南》(第4册),人民法院出版社2022年版,第138、166页。

包括对不动产的修缮。(4)复制合同纠纷。复制合同是指承揽人按照定作人的要求,根据定作人提供的样品,重新制作类似的成品,定作人接受复制品,并支付报酬的合同。(5)测试合同纠纷。测试合同是指承揽人根据定作人的要求,利用自己的技术和设备为定作人完成某一项目的性能检测试验,定作人接受测试成果并支付报酬的合同。(6)检验合同纠纷。检验合同是指承揽人以自己的技术和仪器、设备等对定作人提供的特定事物的性能、问题、质量等进行检查化验,定作人接受检验成果并支付报酬的合同。(7)铁路机车、车辆制造合同纠纷。铁路机车、车辆制造合同是指铁路机车、车辆制造企业与铁路运输企业签订的,根据铁路运输企业的要求,由铁路机车、车辆制造企业为其建造铁路机车、车辆的承揽合同。

(二)对定作物质量标准约定的审查要点

1. 承揽合同对定作物的数量、质量、型号、产地等要素的约定。

2. 承揽合同对定作物质量标准的约定。

3. 承揽合同对样品的约定。

4. 承揽合同对定作物质量标准约定不明的,有无就质量标准达成补充协议,或形成交易惯例。

(三)违约责任的认定规则

1. 承揽人加工制作的定作物的数量、质量、型号等应当与合同约定相符,合同约定质量标准以样品为准的,定作人应当提供合格样品,如定作人提供样品存在瑕疵,定作物存在的瑕疵与之相符,承揽人不承担责任。

2. 如果工作成果不符合质量要求系定作人的指示或其提供的材料所致,则承揽人无须承担瑕疵责任;如果承揽人明知上述情形而不告知定作人,则仍应承担瑕疵责任。

3. 对定作物质量标准约定不明且未形成交易惯例的,应当参照国家标准;无国家标准的,应当参照行业标准。

4. 承揽人承担瑕疵担保责任的起始时间为工作成果交付时。如果在承揽工作进行中即已发生瑕疵的情形下,若还满足该瑕疵确定不能除去、承揽人明确拒绝除去等要件,则定作人在承揽工作完成前或工作成果交付前即可向承揽人主张瑕疵责任。

（四）法律后果

1. 承揽人就工作瑕疵负有修补义务且为在先义务。合同未约定排除的，定作人应当先请求修理或重作，减少报酬请求权、解除合同请求权则是在修理或重作请求权未能实现时的备位请求权。

2. 当工作成果质量不符合要求时，原则上定作人给予一定期限请求承揽人修理，在承揽人拒绝修理前或迟延修理前，定作人不能寻求其他救济手段。

3. 在定作人请求前，承揽人主动要求修理的，定作人不能拒绝修理。承揽人应当承担运输费、道路费、劳动费用、材料费等为修理必须支出的费用。

4. 修理是对原工作成果进行改造，重作则是另行完成新工作成果。两者是后续履行的两种不同形式。当承揽人重作时，其可以要求定作人返还不符合质量要求的工作成果。定作人自行修补或重作的，定作人享有要求承揽人偿还修理费用、重作费用的请求权。

5. 定作人可以就因质量瑕疵本身的损失，承揽人因承担修理、重作的违约责任而延迟给付造成的损失以及质量瑕疵造成定作人的固有利益的损失请求承揽人赔偿。

6. 承揽人以定作物的性质等不宜修理、重作，或者修理、重作费用过高提出抗辩的，法院应当在查明事实后向定作人释明变更诉讼请求为减少报酬或赔偿损失等，定作人不予变更的，应当驳回其要求承揽人修理、重作的诉讼请求。

# 从多起案例看持票人未在提示付款期间发出提示付款申请对票据追索权的影响

郑筱珺　杜　川*

**【摘要】**电子商业承兑汇票作为开发商(工程发包人)支付工程款的主要方式之一,到期无法承兑的比例越来越高,导致票据付款请求权纠纷、票据追索权纠纷这两类司法案件在短期内大量集中发生,客观上造成了多地法院在审理该类案件时应对不足的情况,如在确定应付款利息起算日、上诉费的缴纳标准等方面无统一理解和适用的标准,让法律关系中各方的权利义务处于不确定状态。受该大背景的影响,在应对突发、大量的票据付款请求权纠纷、票据追索权纠纷案件的过程中,我们进行了及时的梳理、归纳和复盘,形成本篇案例文章,供读者在今后的经营、管理中参考。

**【关键词】**提示付款期;票据追索权;基础法律关系

## 一、讨论背景

集团某公司(国有企业)作为施工单位,与多个房地产开发企业签订了建设工程施工合同并通过接受房地产开发企业出具电子商业承兑汇票的方式收取工程款。集团某公司在收到房地产开发企业出具的电子商业承兑汇票后,将电子商业承兑汇票对外进行背书转让,向其他下游供应商支付货款。自 2021 年 10 月

---

* 郑筱珺,四川君合律师事务所律师,合伙人,房地产与建设工程法律事务部副部长。杜川,四川君合律师事务所律师。

起，短期内连续出现因多起电子商业承兑汇票到期未能兑付引发的诉讼案件。作为承兑人的房地产开发企业支付能力不足，电子商业承兑汇票未能成功承兑，下游供应商作为持票人向人民法院提起诉讼，要求作为承兑人的房地产开发企业、作为背书人的集团某公司支付票据金额及利息。又因房企已经处于支付能力不足的状态，作为建设工程施工总承包人的一方就陷入了腹背受敌的情况：一方面持票人可以通过追索前手要求其与出票人承担连带支付责任，另一方面在就票据法律关系承担连带支付责任后，还要通过漫长的建设工程施工合同纠纷诉讼向经营情况每况愈下的房企追索工程款。

自2021年10月起至本文定稿时止，仅本律所承接的该集团某公司涉及电子商业承兑汇票案件已达到41件，其中一审程序未判决集团某公司承担付款责任的诉讼案件16件，经二审程序判决集团某公司承担付款责任的诉讼案件16件，累计诉讼本金金额已达2055万余元。该系列电子商业承兑汇票案件中，下游供应商系电子商业承兑汇票持票人，为案件原告；开发商（工程发包人）系电子商业承兑汇票出票人、承兑人，为案件被告；而集团某公司（工程承包人）系电子商业承兑汇票背书人、收款人，因原告诉讼方案的不同，在少部分案件中为案件第三人，在大部分案件中为案件共同被告。

## 二、3例判决已生效案件评析

在集团某公司被列为共同被告的案件中，虽已有裁判文书的大部分案件均判决集团某公司应当就支付票据金额及利息承担连带责任，但也有因持票人未按照《票据法》、《电子商业汇票业务管理办法》及最高人民法院《关于审理票据纠纷案件若干问题的规定》等法律规定行使票据权利，而法院未判决集团某公司承担付款义务的案件。

### （一）某混凝土公司诉某置业公司（工程发包人）及集团某公司（工程承包人）的票据追索权纠纷

2021年2月4日，某置业公司作为出票人，向集团某公司开具一张可转让的电子商业承兑汇票，票据金额为22万元，电子商业承兑汇票到期日为2021年8月3日，承兑人为某置业公司，并承诺“本汇票已经承兑，到期无条件付款”。2021年5月11日，集团某公司将前述电子商业承兑汇票背书转让给某混凝土公司。2021年7月27日，某混凝土公司发出提示付款申请，但某置业公司未予付款。2021年8月3日，电子商业承兑汇票到期，某混凝土公司又于2021年8月26日发出追索申请，现电子商业承兑汇票票据状态为：拒付追索待清偿。

法院认为，某混凝土公司应在票据到期10日内提示付款。但某混凝土公司仅在票据到期日前进行了提示付款行为，且无证据证明其在票据到期后10日内进行了提示付款，人民法院遂依据《电子商业汇票业务管理办法》第66条“持票人在票据到期日前被拒付的，不得拒付追索。持票人在提示付款期内被拒付的，可向所有前手拒付追索。持票人超过提示付款期提示付款被拒付的，若持票人在提示付款期内曾发出过提示付款，则可向所有前手拒付追索；若未在提示付款期内发出过提示付款，则只可向出票人、承兑人拒付追索”的规定，认定某混凝土公司无法再向作为电子商业承兑汇票背书人的集团某公司行使票据追索权，进而判决集团某公司在该案中不承担任何责任。

（二）成都市某贸易公司诉集团某公司、某混凝土公司、某置业公司票据追索权纠纷

2021年2月4日，某置业公司作为出票人和承兑人开出了一张电子商业承兑汇票，出票人及承兑人的开户银行为中国建设银行成都新华支行，收票人为集团某公司，票据金额为人民币50万元，汇票到期日为2021年8月3日，该汇票注明“可转让”。承兑信息栏“出票人承诺”载明：本汇票请予以承兑，到期无条件付款；承兑信息栏“承兑人承兑”载明：本汇票已经承兑，到期无条件付款，承兑日期2021年2月4日。该票据状态显示：提示付款已拒付。该汇票背书信息为：2021年2月10日，集团某公司将其背书转让给某混凝土公司；同日，某混凝土公司将其背书转让给双流区某建材经营部；同日，双流区某建材经营部将其背书转让给四川某建材销售有限公司；2021年4月29日，四川某建材销售有限公司将其背书转让给原告某成都市贸易公司；2021年7月23日，成都市某贸易公司提示付款。2021年8月2日显示拒绝签收。成都市某贸易公司分别于2021年9月3日、2021年9月13日向某置业公司及其前手行使了追索。一审庭审中，成都市某贸易公司自愿撤回向某地产公司、集团某公司、某混凝土公司主张律师费及财产保全保险费的诉请。成都市某贸易公司陈述其在案涉票据提示付款期内未提示付款。

该案审理结果为：一审判决成都市某贸易公司取得汇票后，因在提示付款前

提示付款及在提示付款期后又逾期提示付款,且其未能举证证明某置业公司在提示付款期内拒绝付款,其仅能向出票人某置业公司主张给付票据金额,不能向集团某公司主张。二审维持该判决。

二审法院评述及判决如下。

1. 关于成都市某贸易公司是否就案涉票据享有追索权。某置业公司主张,成都市某贸易公司未曾向前手发出拒付通知,且未在法定的提示付款期内提示付款,不满足行使追索权的条件。《票据法》第66条第2款规定:"未按照前款规定期限通知的,持票人仍可以行使追索权。因延期通知给其前手或者出票人造成损失的,由没有按照规定期限通知的汇票当事人,承担对该损失的赔偿责任,但是所赔偿的金额以汇票金额为限。"第53条规定,"持票人应当按照下列期限提示付款:(一)见票即付的汇票,自出票日起一个月内向付款人提示付款;(二)定日付款、出票后定期付款或者见票后定期付款的汇票,自到期日起十日内向承兑人提示付款。持票人未按照前款规定期限提示付款的,在作出说明后,承兑人或者付款人仍应当继续对持票人承担付款责任。通过委托收款银行或者通过票据交换系统向付款人提示付款的,视同持票人提示付款"。本案中,虽然成都市某贸易公司未在收到拒绝付款的有关证明之日起3日内将被拒绝事由通知其前手,也未在提示付款期内向承兑人提示付款,但成都市某贸易公司仍可以行使追索权,某置业公司仍应当继续对成都市某贸易公司承担付款责任。故某置业公司的该项上诉理由不成立,二审法院不予认可。

2. 关于利息起算时间如何确定。某地产公司主张,即使成都市某贸易公司满足行使追索权的条件,利息的起算时间应从票据到期之日起的第11日起算。二审法院认为,首先,《票据法》第70条第1款规定:"持票人行使追索权,可以请求被追索人支付下列金额和费用:(一)被拒绝付款的汇票金额;(二)汇票金额自到期日或者提示付款日起至清偿日止,按照中国人民银行规定的利率计算的利息;(三)取得有关拒绝证明和发出通知书的费用。"第54条规定:"持票人依照前条规定提示付款的,付款人必须在当日足额付款。"《电子商业汇票业务管理办法》第59条规定:"持票人在票据到期日前提示付款的,承兑人可付款或拒绝付款,或于到期日付款。承兑人拒绝付款或未予应答的,持票人可待票据到期后再次提示付款。"本案中,案涉票据的到期日为2021年8月3日,成都市某贸易公司首次提示付款日为2021年7月23日,某置业公司拒绝付款,则某置业公司应于到期日付款,其未履行付款义务,应自票据到期日起至清偿日止,按照中国人民银行规定的利率支付利息。其次,根据《民事诉讼法》第175条规定,二审法院应当对上诉请求的有关事实和适用法律进行审查。本案中,成都市某贸易公司未针对一审法院认定的自2021年8月4日起作为利息起算时间提起上诉,系其对一审法院认定的认可及自身权利的处分。故某置业公司的该项上诉理由不成立,二审法院不予认可。

(三)某材料厂诉某置业公司(工程发包人)及集团某公司(工程承包人)票据追索权纠纷

2021年2月4日,某置业公司作为出票人(工程发包人),向集团某公司(工程承包人)开具两张可转让的电子商业承兑汇票,票据金额分别为50万元、10万元,共计60万元,电子商业承兑汇票到期日为2021年8月3日,承兑信息栏记载:承兑人:某置业公司,承兑人承诺本汇票已经承兑,到期无条件付款。2021年2月10日,集团某公司将上述两张电子商业承兑汇票背书转让给某材料厂。2021年8月3日,电子商业承兑汇票到期,某材料厂于2021年8月8日就前述两张汇票发出提示付款申请,票据状态均为:提示付款已拒付。

经过上诉,二审法院改判集团某公司以持票人提示付款之日为利息起算日。在某材料厂诉某置业公司、集团某公司票据追索权纠纷案件中,一审法院查明某材料厂于2021年8月8日进行提示付款,系在提示付款期内进行的提示付款行为,某材料厂作为电子商业承兑汇票的合法持票人,有权向付款人主张票据付款请求权,并有权在承兑人拒绝付款后,对背书人、出票人及电子商业承兑汇票的其他债务人行使追索权,遂判决某置业公司与集团某公司于判决生效之日起十日内连带支付其电子商业承兑汇票款60万元及利息(利息以60万元为基数,自2021年8月3日计算至实际付清之日止,按全国银行业间同业拆借中心公布的贷款市场报价利率计算)。一审判决送达集团某公司后,经代理律师分析,依据《票据法》第70条:"持票人行使追索权,可以请求被追索人支付下列金额和费用:(一)被拒绝付款的汇票金额;(二)汇票金额自到期日或者提示付款日起至清偿日止,按照中国人民银行规定的利率计算的利息;(三)取得有关拒绝证明和发出通知书的费用。被追索人清偿债务时,持票人应当交出汇票和有关拒绝证明,并出具所收到利息和费用的收据”的规定，集团某公司有权主张以某材料厂发出提示付款申请之日作为利息起算时间，遂以此提出上诉，要求就利息部分判项进行改判。经开庭审理，二审法院采信集团某公司关于“以提示付款之日为利息起算日”的上诉请求，认为持票人在电子商业承兑汇票到期日之后提示付款被拒付的，自提示付款日开始计算利息，改判某置业公司与集团某公司于判决生效之日起十日内向某材料厂连带支付电子商业承兑汇票款60万元及利息（利息以60万元为基数，自2021年8月8日计算至实际付清之日止，按全国银行业间同业拆借中心公布的贷款市场报价利率计算）。

从生效判决中，我们可以看到法院的评议结论：持票人是否在电子商业承兑汇票提示付款期间内进行提示付款，将直接影响背书人是否在票据追索权案件中承担责任。若持票人无充分证据证明其在提示付款期内发出过提示付款申请，将丧失向背书人行使票据追索的权利，但仍有权向电子商业承兑汇票出票人、电子商业承兑汇票承兑人行使票据追索权。

而在持票人于提示付款期间内发出过提示付款申请的情况下，持票人向背书人行使票据追索权的前提已经满足，但利息的起算时间应以提示付款申请发出之日为宜。

**三、2例一审未判决集团某公司承担付款责任的案件评析**

持票人未在提示付款期间内发出提示付款申请系票据追索权纠纷中较为常见的事实情况。

（一）某科技成华分公司诉集团某公司、某地产公司票据追索权纠纷案

某地产公司于2021年6月2日向集团某公司出具电子商业承兑汇票四份，金额共计900 000元；四份商票均载明出票日期为2021年6月2日，汇票到期日2021年12月1日，可再转让；出票人、承兑人均为某地产公司，收票人为集团某公司。出票人承诺：本汇票请予以承兑，到期无条件付款；承兑人承诺：本汇票请予以承兑，到期无条件付款，承兑日期2021年6月2日。2021年7月2日，集团某公司将商票一、商票二背书转让给某科技成华分公司。

2021年8月2日，集团某公司将商票三、商票四背书转让给某科技成华分公司。

某科技成华分公司收到上述4份商业承兑汇票后，于2021年12月22日向

某地产公司提示付款，某地产公司以商业汇票承兑人账户余额不足拒付。现该4份商业承兑汇票的票据状态均为：拒付追索待清偿。庭审中，某科技成华分公司陈述称，集团某公司在2018年至2020年与其签订了多份混凝土供应、加工合同，双方存在真实的交易关系，并提交其与集团某公司的有关合同及工程结算书予以佐证。集团某公司、某地产公司均表示结算书与本案无关联性。

庭审中，某科技成华分公司称，因其与集团某公司存在关联关系，故票据到期时并未急于履行提示付款行为，现主张利息从汇票到期日起算。某地产公司称，利息应从某科技成华分公司提示付款时间即2021年12月22日起算。

（二）某科技成华分公司诉某置业公司、集团某公司票据追索权纠纷案

某置业公司于2021年5月31日向集团某公司出具电子商业承兑汇票一份，票据金额人民币50万元，出票日期2021年5月31日，汇票到期日2021年11月30日，可再转让；出票人、承兑人均为某置业公司，收票人为集团某公司；出票人承诺：本汇票请予以承兑，到期无条件付款；承兑人承诺：本汇票已经承兑，到期无条件付款，承兑日期2021年5月31日。2021年7月23日，集团某公司将该电子商业承兑汇票背书转让给某科技成华分公司。某科技成华分公司收到上述商业承兑汇票后，于2022年1月6日向某置业公司提示付款，某置业公司拒付，电子汇票系统显示拒付理由为“其他”。现该商业承兑汇票的票据状态为：拒付追索待清偿。

庭审中，某科技成华分公司陈述称，集团某公司在2018年至2020年与其签订了多份混凝土供应、加工合同，双方存在真实的交易关系。集团某公司认可上述证据的真实性。

**四、裁判观点总结**

1. 某科技成华分公司未在法定期限内提示承兑，集团某公司对某地产公司的债务不承担连带责任。

一审判决书评述如下：（1）持票人依法享有向票据债务人请求支付票据金额的权利，同时票据债务人应当依法履行向持票人支付票据金额的义务。某地产公司作为案涉承兑汇票的出票人及承兑人，依据《票据法》第26条“出票人签发汇票后，即承担保证该汇票承兑和付款的责任。出票人在汇票得不到承兑或者付款时，应当向持票人清偿本法第七十条、第七十一条规定的金额和费用”之规定，某

科技成华分公司向某地产公司主张的汇票金额90万元,具有事实及法律依据,予以支持。案涉4份商业承兑汇票于2021年12月1日到期,某科技成华分公司于2021年12月22日向某地产公司提示付款,已超过法律规定的提示付款期限,某科技成华分公司对逾期提示付款期间的利息损失应自行承担。对某科技成华分公司要求某地产公司支付利息之诉请,予以调整支持,利息自2021年12月22日起按照同期3.8%标准计算至实际清偿之日止。

(2)关于集团某公司是否承担连带责任。根据《票据法》第40条第2款"汇票未按照规定期限提示承兑的,持票人丧失对其前手的追索权"之规定,某科技成华分公司未在法定期限内提示承兑,已丧失对其前手集团某公司的追索权,故集团某公司对某地产公司的上述债务不承担连带责任。

2. 某科技成华分公司未在法定期限内提示承兑,集团某公司对某置业公司的债务不承担连带责任。

一审判决书评述如下:(1)持票人依法享有向票据债务人请求支付票据金额的权利,同时票据债务人应当依法履行向持票人支付票据金额的义务。某置业公司作为案涉承兑汇票的出票人及承兑人,依据《票据法》第26条"出票人签发汇票后,即承担保证该汇票承兑和付款的责任。出票人在汇票得不到承兑或者付款时,应当向持票人清偿本法第七十条、第七十一条规定的金额和费用"之规定,某科技成华分公司向瑞达汇公司主张的汇票金额50万元,具有事实及法律依据,予以支持。案涉商业承兑汇票于2021年11月30日到期,某科技成华分公司于2022年1月6日向某置业公司提示付款,已超过法律规定的提示付款期限,某科技成华分公司对逾期提示付款期间的利息损失应自行承担。对某科技成华分公司要求某置业公司支付利息之诉请,予以调整支持,利息自2022年1月6日起按照同期银行间同业拆借中心公布的一年期贷款市场报价利率(年利率3.8%)标准计算至实际清偿之日止。

(2)关于集团某公司是否承担连带责任。根据《票据法》第40条第2款"汇票未按照规定期限提示承兑的,持票人丧失对其前手的追索权"之规定,某科技成华分公司未在法定期限内提示承兑,已丧失对其前手集团某公司的追索权,故集团某公司对某置业公司的上述债务不承担连带责任。

## 五、管理建议

（一）减少甚至拒绝收取房地产开发企业以电子商业承兑汇票形式支付工程款

此前受新冠疫情影响，经济下行，房地产市场还将长期受到政府管控限制，诸多房地产开发企业面临破产的风险。而电子商业承兑汇票自出具至到期，通常会有几个月不等的承兑期限，收款时间的延长，无疑将增加建筑企业的收款风险。故为从根源上规避收款风险，建议集团某公司以现金转账方式收取工程款，减少甚至拒绝收取房地产开发企业以电子商业承兑汇票形式支付工程款。

（二）由四大国有银行作为承兑人

除由出票人作为承兑人外，电子商业承兑汇票还可以由银行作为承兑人。鉴于银行（尤其是四大国有银行）资金实力明显强于房地产开发企业，集团某公司在收取电子商业承兑汇票时，可要求由业务经营情况良好的银行作为承兑人，以避免在电子商业承兑汇票到期后无法承兑的情况。至于银行是否能向出票的房地产开发企业再追索成功，在所不问。

（三）与持票人协商诉讼策略

集团某公司作为国有企业，在建筑行业中具有较强的综合实力和影响力。持票人拟向人民法院提起票据追索权诉讼前，通常会向其前手告知电子商业承兑汇票无法承兑并催要款项。此时，集团某公司可与持票人沟通协商，不将集团某公司列为共同被告，由持票人直接向电子商业承兑汇票出票人行使票据追索权，进而减少集团某公司的诉累；也可仅将集团某公司列为第三人，在诉讼过程中协助人民法院查明案件事实，保障持票人的权利顺利实现。

（四）主动积极、及时妥善地处理支付问题

对于裁判文书确定需由集团某公司承担连带付款责任的案件，集团某公司应积极联系电子商业承兑汇票出票人协商付款事宜，要求电子商业承兑汇票出票人直接向持票人支付电子商业承兑汇票款、利息、诉讼费等费用。在本文撰写之时，关于本系列票据案件中已生效、确定存在集团某公司负有连带支付义务的情形，集团某公司与出票人进行了较为顺利的沟通，由出票人先行支付，避免了集团某公司的损失。

无论案件是否进入执行程序，凡是确定由集团某公司支付相应款项的案件，集团某公司应充分保留款项支付凭证,在完成支付后要求收款方出具结清证明,同时申请人民法院解除对集团某公司所采取的司法查封措施(若有),然后以电子商业承兑汇票出票人为被告,通过诉讼方式及时行使电子商业承兑汇票再追索权利。

(五)可视情况以商票折价换取开发商名下房屋等财产以解决部分债务

开发商发生商票逾期或拒绝兑付等违约行为时,可协商用开发商正在建设或即将建设的期房及其他不动产折价抵冲商票持有人手中的逾期商票款。但此种交易涉及票据法律关系和商品房(不动产)买卖法律关系之间的转换,即双方之间票据法律关系的终止以及商品房买卖合同关系的建立,需要从预售商品房是否取得预售许可证、是否受当地房屋交易政策影响(如商票持有人是否具有购房资格)、是否能对抗抵押权和建设工程价款优先受偿权等,涉及各方权利义务多、牵涉面广、利益冲突大,需要做好详尽的尽职调查和处置方案。

# 第六编

# 知识产权保护法律实践研究

# 解读国家知识产权局《商标侵权判断标准》

屈　良*

【摘要】对于商标侵权的判定，人民法院目前审判适用的法律为《商标法》以及相关司法解释。实践中，商标侵权的表现形式呈现多样化趋势，某些行为根据现行法律有时难以直接认定商标侵权。2020年6月15日，国家知识产权局颁布的《商标侵权判断标准》对商标侵权判断标准进行了细化，为商标权利人维权提供指引与判断依据。

【关键词】商标；商标侵权；标准

## 一、《商标侵权判断标准》适用范围

《商标侵权判断标准》的制定主体为国家知识产权局，该标准制定主体为国务院职能部门，因此该文件属于国务院部门规章。虽然人民法院在审理案件时，部门规章一般情况下不作为审判适用的法律依据，但商标行政执法部门在处理、查处商标侵权案件时适用该标准。故对于申请工商行政管理部门处理商标侵权行为的权利人具有较强的指引性，对于人民法院审判的商标权案件，该标准亦具有一定的参考性。

## 二、《商标侵权判断标准》对于商标使用的认定

《商标侵权判断标准》第3条第2款规定，商标的使用，是指将商标用于商品、商品包装、容器、服务场所以及交易文书上，或者将商标用于广告宣传、展览以及其他商业活动中，用以识别商品或者服务来源的行为。其对于商标的使用在

---

* 屈良，四川君合律师事务所律师，合伙人。

《商标法》第48条的基础上，增加了商标用于服务场所的行为亦构成对商标的使用，并且对商标使用的目的增加了用以识别服务来源的表述。

《商标侵权判断标准》对于实践中常见的商标使用行为的具体表现形式进行了具体罗列，根据《商标侵权判断标准》，附着商标的标签、产品说明书、介绍手册、价目表、发票、收据、工作人员服饰、名片、办公文具、信笺，将商标使用在二维码上等均是商标使用的具体表现形式。

**三、《商标侵权判断标准》对于同一种商品或服务、类似商品或服务的认定**

根据《商标法》第57条第1项，未经商标注册人的许可，在同一种商品中使用相同商标的行为构成商标侵权；根据该条第2项，未经商标注册人的许可，在同一种商品中使用近似商标或在类似商品中使用相同或相近商标，容易导致混淆的行为构成商标侵权。但实践中，对于同一种商品、类似商品的认定一般依赖于相关公众对商品名称、商品用途等的主观感知。《商标侵权判断标准》对于同一种商品、同一种服务、类似商品、类似服务进行了具体规定，明确同一种商品除名称相同外，在功能、用途、主要原料、生产部门、消费对象、销售渠道等方面相同或基本相同的商品，相关公众一般认为是同种商品。

**四、《商标侵权判断标准》将与注册商标相同、近似的具体比对标准进行了细化**

《商标侵权判断标准》对于与文字商标、图形商标、文字图形组合商标、立体商标、颜色组合商标、声音商标等相同、近似的具体比对方式进行了细化，尤其是文字商标，《商标侵权判断标准》明确了仅改变字体、大小写、文字横竖排列，或仅改变文字、字母、数字之间的间距的情形，一般可以认定与注册商标是相同的商标。《商标侵权判断标准》同时明确，对于与注册商标字形、读音、含义近似的文字商标，构图、着色、外形近似的图形商标，一般可以认定属于近似商标。

**五、《商标侵权判断标准》明确在商品中使用与注册商标相同或近似的企业字号属于商标侵权**

《商标法》第58条规定，将他人注册商标作为企业字号进行使用，误导公众，构成不正当竞争行为的，适用《反不正当竞争法》。对于不正当竞争的认定，一般以易造成误认或混淆为前提，这增加了权利人的举证难度。《商标侵权判断标准》明确规定将与他人注册商标相同的企业字号在同一种商品中突出使用的行为,将与他人注册商标近似的企业字号在同一种商品或类似商品中使用并且容易导致混淆的行为,均属于商标侵权行为。

## 六、《商标侵权判断标准》对于不属于"销售不知道是侵犯注册商标专用权的商品"的情形进行了罗列

《商标法》第60条第2款规定,销售不知道是侵犯注册商标专用权的商品,能证明商品是自己合法取得并说明提供者的,承担停止侵权的法律责任而无须承担赔偿损失的责任。实践中,合法销售者一般也使用该条进行抗辩。《商标侵权判断标准》第27条对于不属于"销售不知道是侵犯注册商标专用权的商品"的情形进行了罗列,如进货渠道不符合商业管理且价格明显偏低的、不配合工商行政部门搜集相关证据的、之前有类似违法行为受到过处理再犯等情形均不属于"销售不知道是侵犯注册商标专用权的商品"的情形。

## 七、《商标侵权判断标准》对于判断是否属于商标侵权提供了明确指引

根据《商标侵权判断标准》,权利人一般情况下可以初步判断某项行为是否构成商标侵权,并可据此申请工商行政部门对涉嫌商标侵权行为予以处理。工商行政部门认定构成商标侵权后,对赔偿数额有争议的,权利人可请求工商行政部门予以调解,调解不成的权利人可以起诉。工商行政部门已对商标侵权行为进行的认定,降低了权利人对于商标侵权行为的举证难度。故对于涉嫌商标侵权行为,以工商行政部门处理为主、民事诉讼处理为辅可能是今后权利人依法维权的主要方式。

# 浅议专利侵权抗辩中的合法来源制度

## ——以零售商家为视角

屈 良*

**【摘要】**随着对知识产权保护力度的加大，不少专利权人已经开始清理市场，并以诉讼的方式维护自身权益，在这个过程中，许多销售专利侵权产品的零售商家成了被起诉的对象，在多数案件中成了赔偿者。专利法规定的合法来源制度，一定程度上可以让这些零售商家免除赔偿责任。零售商家如何使用合法来源制度来免除赔偿责任，是本文探讨的主要内容。

**【关键词】**合法来源；专利侵权；销售

### 一、关于合法来源的相关法律规定

专利侵权诉讼中，作为专利侵权产品的销售者、使用者的被告，大多数会援引合法来源制度进行答辩。《专利法》第 77 条规定，为生产经营目的使用、许诺销售或者销售不知道是未经专利权人许可而制造并售出的专利侵权产品，能证明该产品合法来源的，不承担赔偿责任。根据该规定，专利侵权产品的销售者、使用者，如果援引该条抗辩成功，其便不会承担赔偿责任。

根据前述法律规定，专利侵权产品的销售者，要想以该条作为抗辩依据不承担赔偿责任，需要满足以下几个条件。

---

* 屈良，四川君合律师事务所律师，合伙人。

1. 主观条件,即销售者必须不知道所销售的产品是专利侵权产品,而且这个举证责任通常在销售者一方。

2. 自行举证证明合法来源。为更好地适用、理解《专利法》第 77 条关于合法来源抗辩的规定,最高人民法院《关于审理侵犯专利权纠纷案件应用法律若干问题的解释(二)》第 25 条规定:为生产经营目的使用、许诺销售或者销售不知道是未经专利权人许可而制造并售出的专利侵权产品,并且举证证明该产品合法来源的,对于权利人请求停止上述使用、许诺销售、销售行为的主张,人民法院应予支持,但被诉侵权产品的使用者举证证明其已支付该产品的合理对价的除外。本条第 1 款所称不知道,是指实际不知道且不应当知道。本条第 1 款所称合法来源,是指通过合法的销售渠道、通常的买卖合同等正常商业方式取得产品。对于合法来源,使用者、许诺销售者或者销售者应当提供符合交易习惯的相关证据。

根据上述司法解释,对于零售商销售专利侵权产品的抗辩,需进一步举证:(1)主观条件,即不知道且不应当知道,对主观条件的举证通常难度较大;(2)合法来源,即合法的销售渠道以及通常的买卖合同,并应当提供合乎交易习惯的证据。

**二、零售商家面临的专利侵权风险**

笔者之所以选择以零售商家为视角撰写此文,是因为零售商家大多数为直接跟消费者接触的一线销售者,实践中通常表现为个体工商户或注册资本相对较小的公司,通常他们的维权意识以及法律意识都相对较弱,因此诉讼中通常处于较为被动的地位。

1. 零售商家较易被取证

目前,随着国家对知识产权的大力保护,很多专利权人对于专利侵权行为都不会选择听之任之,绝大多数专利权人会通过诉讼维护自己的合法权益,这当然值得鼓励,并且该诉讼行为也会促进整个市场对知识产权的重视,对创新的尊重。但是,由于作为零售商的个体工商户或者小公司,他们所销售的侵权产品通常在市场上最易被察觉,故也成了专利权人的第一诉讼对象。

目前专利权人较多采取的维权方式是:交给专业的第三方进行维权;第三方对专利进行研究后,会收集侵权线索,如走访相关市场并进行一定的调研,这里的相关市场通常是该专利产品的零售市场;在取得侵权线索后联系当地公证处,与公证处一并至该销售地点购买侵权产品,并取得关键的侵权公证书。

故零售商销售侵权产品的行为,是专利侵权中较易取证的行为。

2. 零售商家被起诉的风险

一般情况下,专利权人在取得专利侵权公证文书后,不会直接联系零售商,要求其下架产品并进行相应的赔偿。因为诉前联系会浪费时间并且也不会得到较理想的结果,大多数情况下,他们会选择直接向法院进行起诉。故被取证的零售商家通常会作为第一被告被起诉。目前全国法院的诉讼立案信息都是公开的,一旦零售商家被作为被告起诉,该案件基本信息均可通过天眼查、企查查等第三方查询平台进行查询。对于特别在意自身名誉的某些零售商家来说,不管该案件最终的处理结果如何,作为被告被起诉对他们来说就是不利的消息。

3. 零售商家败诉的风险

通常在接到法院的应诉文书后,某些零售商家可能会手足无措,某些可能也会不太上心,某些则会请专业律师进行抗辩(由于类案判赔标的不大,多数律师会建议其自行应诉)。因专利权人前期工作准备比较充分,大多数常规抗辩如现有技术抗辩、在先使用抗辩、区别特征抗辩等都很难被法院采纳,故零售商家最主要的抗辩方式就是合法来源抗辩。受制于零售商家法律意识以及维权意识的局限,一般来说,零售商家对于合法来源的举证都会存在难度。例如,个体工商户对于销售单据以及发货单据保存不规范、对于进货商家的具体信息了解不全面,故提供证据通常也不会很完善,最后的结果就是法院认为合法来源抗辩不成立,判决零售商家承担赔偿责任。

4. 零售商家支付赔偿金的风险

根据《专利法》,对专利侵权赔偿在无证据证明侵权实际损失、侵权人实际获利的情况下(大多数专利侵权案都很难提供前述证据),法院对于专利侵权的赔偿金额的下限是3万元。该下限金额对于零售商家特别是小规模的零售商家并不算低。

## 三、零售商家在专利侵权诉讼中的应诉策略

1. 关于举证

对零售商家来说,对于主观条件,通常很难提供证据证明不知情,一般来说,法院对个体工商户类的零售商家的法律注意义务要求程度并不高,故能提供让法

院信服的能证明合法来源渠道的证据至关重要。笔者认为,为证明销售渠道合法,应尽量向法院提供:记载有上家完整信息的销售单或发货单、销售单列明的与侵权产品型号对应的型号、向上家支付的转款凭证或转款记录、上家的经营范围等证据材料。

2. 关于和解

对于提供了充分证据证明合法来源的零售商家,如最终被法院认定抗辩成功,其会免于赔偿责任。但另一个问题是,专利权人可能会将其上家作为被告另案起诉。对零售商家来说,某些上家被起诉对其也不一定是什么利好消息,故可以从与专利权人和解的角度来化解类似专利侵权纠纷。例如,与专利权人就赔偿具体金额达成和解后,可由零售商家与其上家就侵权赔偿款支付达成协议,该类案件基本就得到了较好的解决。

**四、对零售商家的建议**

1. 进货渠道

笔者建议,零售商家需提高法律风险意识以及权利保护意识,零售商家需从正规渠道进货,比如从具有经营资格以及相关许可证的上家进货,或者从具有代理资格的上家进货。

2. 进货凭证

建议进货凭证中要载明具体的销售方信息(须有全名),进货凭证中须对产品的型号、颜色、数量等进行具体列明。对于进货款项的支付也尽量用对公账户支付。

3. 价格的注意义务

虽然目前法院对于小规模零售商家的注意义务要求并不是很高,但明显低于市场价的进货价通常会被认为主观存在过错,即知道该产品为侵权产品,故零售商家在遇到明显低于市场价的进货渠道时,必须非常谨慎,并对对方的销售资质以及产品来源等持谨慎态度。

4. 不进“三无”产品

通常来说,若销售的产品为“三无”产品(无生产日期、无质量合格证、无生产厂家),法院会倾向于认为零售商家主观上知道所销售的产品是专利侵权产品,并且“三无”产品由于无生产厂家的保证,若出现质量纠纷,均由销售方承担责任。实际上，随着国家对知识产权保护力度的增加，笔者认为“三无”产品被市场淘汰只是时间问题，故建议零售商家应杜绝销售“三无”产品。

专利侵权诉讼中，为维护专利权人的合法权益，专利律师需要研究债权人专利侵权行为依法承担的责任。不过一线零售商家法律意识的提高以及权利意识的提高，一定程度上也隔绝了侵权产品的销售渠道，净化了市场，有助于保护知识产权。

# 从软件相似性鉴定浅谈软件保护对策

赵洪波*

**【摘要】**计算机软件相似性鉴定作为审理软件著作权侵权案件中的重要一环，其鉴定结果对于认定是否侵权关系重大。本文通过分析计算机软件相似性鉴定操作流程，给出计算机软件保护对策，以便计算机软件开发者在软件开发、著作权登记等流程中有针对性地采取相关措施。

**【关键词】**实质性相似；软件相似性鉴定；软件保护对策

随着计算机软件价值日益凸显，软件著作权保护课题越发重要。分析软件相似性鉴定操作流程，指导软件开发者有针对性地采取相关保护措施，能够防患于未然，以便在遭遇侵权行为时举示有力证据。

## 一、侵权认定原则

在软件著作权侵权案件中，"实质性相似 + 接触 + 排除合理解释"是司法实践采用的侵权认定原则。软件实质性相似是指创作在后的软件与创作在先的软件表达方式构成实质性相似。接触是指被控侵权人接触了在先软件。接触的证明标准较低，只要后创作的软件与先创作的软件实质性相似，除非被控侵权人能够举示相反证据，否则可推断被控侵权人接触了先创作的作品。排除合理解释是指在后软件开发者不能对实质性相似作出合理解释，如证明软件系自己独立开发、合理使用等。

---

* 赵洪波，四川君合律师事务所律师，合伙人，青年律师工作委员会秘书长。

## 二、软件相似性鉴定操作

判定被侵权软件与被控侵权软件是否实质性相似，需要对源代码、目标程序、文档等进行比对。比对过程专业性很强，除非二者源代码、目标程序、文档等通过简单比对便可判断具备同一性，否则均需通过鉴定得出软件相似度结论，并由审判人员判断二者是否构成实质性相似。

### （一）被侵权软件源代码与备案源代码同一性鉴定

为证明被侵权软件与软件著作权登记的软件系同一软件，需要对被侵权软件源代码与软件著作权登记备案的源代码进行同一性鉴定。只有二者具备同一性，才能将权利人提供的被侵权软件作为鉴定样本与被控侵权软件进行相似性鉴定。

### （二）鉴定前预处理

鉴定前需要排除开源软件、第三方软件对鉴定结果的影响，需要将二者代码中的开源代码、第三方代码删除；某些代码由于表达方式有限，不可避免出现重复现象，这部分代码也要删除；被控侵权软件可能会修改文件名、变量名、函数名等，在修改痕迹比较明显的情况下，需要统一名称，以排除名称修改对鉴定结果的影响；代码格式、结构顺序等对结果也有影响，需要对源代码、目标代码等进行格式规范、结构顺序调整。

### （三）软件相似性比对方法

根据掌握被控侵权软件的源代码、目标程序、文档等检材情况不同，比对方法包括源代码之间的对比、目标程序间的对比、源代码和目标程序间的对比、文档的对比等。被侵权软件和被控侵权软件源代码均能提供的情况下，主要对源代码的目录结构、文件名、文件内容、变量、函数、宏定义、程序逻辑与结构等进行比对检验。当二者源代码系不同编程语言编写时，需要考虑不同编程语言转换可能性，在具备转换可能性的前提下，将不同编程语言通过转换工具转换成相同编程语言后进行比对，或者将源代码编译成目标程序后再比对。在未掌握被控侵权软件源代码而仅掌握被控侵权软件目标程序的情况下，需要将被侵权软件源代码编译成目标程序，再将编译后的目标程序与被控侵权软件目标程序进行比对，实践中一般使用目标程序文件的哈希值或二进制代码进行比对。一般来说，被控侵权软件的文档基本无法获取，如果能够获取，可以对二者的目录结构、内容以及属性等进行比对。

(四)比对中特别关注的事项

软件相似性鉴定会特别关注一些事项,比如二者存在相同的软件署名、开发者姓名、开发单位、废程序段、独特的代码序列、不寻常的缺陷等。两个独创的软件基本不会存在这些相同之处。在无法对源代码、目标程序、文档等进行比对的情况下,如果存在这些不合理的相同之处,被控侵权方又无法作出合理解释时,基于举证责任方面考量,可以认定软件构成实质性相似,具体可以参考最高人民法院第 49 号指导案例。

## 三、软件保护对策

(一)软件编写注意事项

根据软件相似性鉴定的操作以及一些特别关注事项,在编写软件时可以有意插入一些特别代码,比如插入一些废代码,故意制造不易察觉、特定条件下触发的缺陷,安排一些具有独特特征的代码等。对于一些容易被反编译的软件,一定要通过加壳等手段进行加密,或者与软件接触人签订保密协议。

(二)软件著作权登记注意事项

应指派专人负责软件著作权登记,软件更新版本后,应及时办理软件著作权登记,做到一版本一登记。现在软件著作权登记不再收取登记费,在规范内部操作、熟悉登记流程后,软件著作权登记的成本很低。鉴于软件著作权登记只需要备案部分源代码,建议选择核心、不易修改的部分源代码进行登记,以免新版本更新后没有及时登记,致使无法认定备案软件与最新版本软件具有同一性。同时,还需要做好软件版本备份,通过网盘、邮件、U 盘、移动硬盘等方式备份软件版本,以证明不同版本软件形成时间,从而证明被侵权软件的形成时间在被控侵权软件之前。

软件保护是一项复杂的系统性工程,本文主要是从软件相似性鉴定出发,总结相应的软件保护对策。

# 高校网站教学引用属合理使用还是侵权之探讨

## ——以北京某文化传媒公司诉某大学作品信息网络传播权案为例分析

褚立宁*

**【摘要】**在网络时代,信息交换数据加快,给学习、工作、生活等多方面带来便利,但随之也会产生新的社会矛盾,诸如各类型的侵权事件、违约诉讼等;我们在享受网络红利的同时,也应严格遵守法律法规之约束,以免引发其他纠纷。

**【关键词】**信息网络传播权;大学;合理使用;侵权;著作权

### 一、案情简介

某大学未获授权,引用马某在网络发表的文章,发布在校园网站用于教学,马某等主张信息网络传播权侵权赔偿,引发本案。

### 二、案件经过

2019 年 5 月,北京某文化传媒公司、马某以对案涉文章享有著作权,某大学未经授权擅自在校园网站上传,已经构成侵犯其作品信息网络传播权为由,向成都市中级人民法院知识产权审判庭提起诉讼,要求某大学承担停止侵权、赔礼道歉、赔偿损失的责任。

---

* 褚立宁,四川君合律师事务所律师,合伙人,劳动法律事务部部长,青年工作委员会副部长。

（一）原告诉讼请求

1. 某大学向北京某文化传媒公司支付经济损失、维权费用数万元。

2. 某大学停止侵权并向马某公开赔礼道歉。

（二）被告答辩意见

1. 本案原告诉讼主体不适格，存在程序问题，应当驳回其诉讼请求。

两个原告基于不同的事实与理由、不同的诉讼请求提起本案，应当由著作权案吸收，在著作权人提起诉讼时，北京某文化传媒公司将丧失请求权基础。

马某作为著作权人，其诉讼权利包含全部著作权，而北京某文化传媒公司的诉权源于著作权人马某的授权，而且仅仅涉及财产权，不涉及人身权。如果著作权人马某作为原告提起诉讼，那么被授权方北京某文化传媒公司自然丧失原告资格，不应当同时也作为原告存在。

2. 某大学引用文章作为教学案例的行为属于合理使用，并不构成侵权。

《信息网络传播权保护条例》第 6 条规定：为学校课堂教学或者科学研究，向少数教学、科研人员提供少量已经发表的作品，可以不经著作权人许可，不向其支付报酬。

（1）结合全国各地高校教学模式发展情况来看，在学校网站上传学习资料在各大高校具有普遍性，此做法方便学生及科研人员学习研究，相比较中小学固定课堂教学更具合理性。而且某大学作为国家双一流、知名高校，其科研人员教学方式存在多样性，某大学经济与管理学院还承载地区 7 所高校数千名学生的双学位教学任务，教学方式早已突破传统固定的教室内部授课。在校园网站上传教学资料等学习模式更实用高效，属于法律规定的课堂教学或者科学研究范畴。某大学经济与管理学院于 2013 年 11 月在网站案例教学专栏上传案涉文章，系用于学院市场营销等专业开展线上案例教学。

（2）根据原告提供的公证网页来看，某大学官网上该文章两年多的浏览量仅仅为 294 次，可以说浏览量相当少。某大学经济与管理学院全院师生共 12 300 多人，而全校师生人数更是有 5 万至 6 万人，该点击量相比较其他面向全校师生的文章或者作品浏览点击量甚至可以忽略不计。可以说 294 次浏览点击完全系经济与管理学院市场营销专业师生阅读完成的，从点击量和浏览次数上讲符合“合理使用”关于“向少数教学、科研人员提供”的数量要求。

综上，通过案涉文章展示具体位置和流程看，某大学将文章上传于经济与管理学院教学资源系统内部，并且作为学生们线上案例教学使用，完全符合法律规定的合理使用情形，不构成著作权侵权。

3. 某大学属于合理使用且早已删除了相关文章，没有给作者马某造成任何损失，也没有对其产生任何不利影响；无须承担停止侵权、消除影响、赔礼道歉、赔偿损失等责任。

《著作权法》第52条规定构成著作权侵权的，应当根据具体情况，承担停止侵害、消除影响、赔礼道歉、赔偿损失等民事责任。

（1）本案某大学的行为属于法律规定的合理使用，因此可以不经著作权人许可，不向其支付报酬，不构成著作权侵权，不需要承担赔偿责任。

（2）某大学将案涉文章上传经济与管理学院官网，作为教学案例供校内师生、科研人员学习研究合理使用，在2017年1月学院案例教学课程结束后，及时删除了相关文章，没有任何持续性，而且学院相关子网站已于2017年7月停止使用、彻底关闭。原告方关于停止侵权的主张应当驳回。另外某大学对文章的合理使用并没有任何贬损、诋毁著作权人和该文章的行为，也没有给著作权人马某造成任何不良影响，不应当承担消除影响、赔礼道歉的责任。

（3）某大学无须承担任何经济损失的赔偿责任。首先，作为合理使用并不构成侵权，承担赔偿责任没有法律依据。其次，某大学使用案涉文章并没有给著作权人马某及北京某文化传媒公司造成任何实际损失。另外，某大学属于教育部直属高校、事业单位而非营利机构，引用该文章纯粹用于教学科研，并没有任何商业用途，并未因此获取任何利益。

（4）北京某文化传媒公司、马某主张的维权损失不应当得到支持。因为《著作权法》第52条规定的赔偿损失责任承担的立法目的，是弥补著作权人作品被侵权而遭受的经济损失，系对著作权中财产性权益保障。综观本案，某大学作为非营利性科研院校，2013年11月引用文章供学生学习，并于2017年1月课程结束后及时主动删除相关文章。至此并未给著作权人马某造成任何经济损失，但是北京某文化传媒公司、马某却于2019年5月提起本案诉讼，以此要求某大学赔偿以获取高额利益。原告诉讼的目的并非弥补损失，而是将法院沦为牟取高额利润的工具。该行为违背公平正义和诚信原则，诉讼费应当由原告自行承担。

**三、案件争议焦点**

1. 北京某文化传媒公司原告主体是否适格。

2. 某大学是否构成侵权。

**四、法庭辩论及审判结果**

2019 年 7 月 12 日成都市中级人民法院知识产权审判庭开庭，笔者作为某大学代理律师通过对案件证据进行梳理，对案件事实及法律适用进行分析论证，经过几轮辩论后，北京某文化传媒公司、马某向法院申请撤回起诉。

**五、法律分析**

案件主要涉及《著作权法》第 53 条之规定，未经著作权人许可，复制、发行、表演、放映、广播、汇编、通过信息网络向公众传播其作品的，应当根据情况，承担停止侵害、消除影响、赔礼道歉、赔偿损失等民事责任。《著作权法》第 24 条规定了合理使用情形：在下列情况下使用作品，可以不经著作权人许可，不向其支付报酬，但应当指明作者姓名、作品名称，并且不得侵犯著作权人依照本法享有的其他权利：为学校课堂教学或者科学研究，翻译或者少量复制已经发表的作品，供教学或者科研人员使用，但不得出版发行。

根据本案案情及庭审经过分析，某大学在学院网站教学过程中引用案涉文章，展示位置为某大学官网中经济与管理学院官网下“教学资源”中的“教学案例”中。

笔者认为某大学上述行为属于合理使用。虽然案涉行为不属于传统意义上的课堂教学或者科学研究，已经突破课堂范畴，上传学校官网，对外开放，校外人士也可以通过网站浏览。但结合高校教学模式发展情况来看，在学校网站上传学习资料在各大高校具有普遍性，方便学生学习研究，更具合理性；而且某大学作为国内双一流、知名高校，其科研人员学习方式存在多样性，早已突破固定的课堂教学模式，在校园网站上学习的模式更实用。而且根据原告提供的公证网页来看，某大学经济与管理学院网站上该文章的浏览量仅仅为 294 次，可以说浏览量相当少。因为某大学经济与管理学院全院师生共 12 300 多人，而全校师生人数共 5 万至 6 万人，该点击量在校内其他文章或者作品浏览点击量甚至可以忽略不计。可以说仅有的浏览点击量 294 应当系校内全校师生学习浏览的，不会有社会人士的浏览，应该符合前文所述的合理利用情形。

## 六、结语

笔者作为某大学的代理人,在庭审过程中,对高校通过网站或者其他网络途径公开教学引用文章等行为符合法定“合理使用”情形,进行了充分的论述,观点也得到了合议庭法官的认可,因此所代理该案件取得了比较理想的诉讼结果。

但是通过案例库等大数据检索分析,绝大多数高校类似教学情形被认定为侵犯著作权,因此我们善意提醒,作为高校,由课堂教学向网络教学转变过程中,应当尽量注意避免类似侵权著作权的事件发生。规避风险方式其实并不难,完全可以在引用相关题材前联系著作权人取得许可,因为任何著作权人都希望自己的文章或者观点能够被广大读者熟悉并认可;抑或是教学过程中通过对相关案例进行非侵权类改编等方式引用学习。

另外,作为著作权人应当合法正当地维权,提倡心存善意、避免唯利是图。若自身作品署名权、修改权、保护作品完整权等著作权确实被恶意侵权,那么应当依法积极维权。倘若自己的文章能够被高校作为课堂教学案例使用,在某种意义上可算是一种成就,切莫再以维权之名牟利。

# 结合一则案例浅析商业秘密法律问题

熊永林　张逸迁*

【摘要】商业秘密，是指不为公众所知悉、具有商业价值并经权利人采取相应保密措施的技术信息、经营信息等商业信息。商业秘密是具备秘密性、价值性、保密性的技术信息和经营信息，民事诉讼相关案由为侵害商业秘密纠纷。相关民事诉讼中，法院将会审查是否侵害了原告的技术秘密和经营秘密。本案中，原告主张本案被告侵害了其商业秘密。笔者作为被告代理人明确提出技术秘密属于第三方所有而非原告所有，后在庭审中原告撤回了关于技术秘密的诉讼请求，本案案由确定为侵害经营秘密纠纷。本文试图通过介绍本案案情以及成都市中级人民法院的审理过程并结合相关法律和案例，阐述代理有关侵害商业秘密纠纷案件的律师实务，希望提供相关商业秘密非诉讼法律服务的过程中需要注意的相关要点，以对律师服务有一定的启发意义。

【关键词】商业秘密纠纷；经营信息；技术信息；侵权

近年来，面对国际形势的复杂多变以及世界格局的百年未有之大变局，我国已将建设创新型国家作为国家战略。随着新技术、新模式、新业态快速发展，我国商业秘密纠纷案件呈现逐年上涨的趋势，商业秘密在知识产权法律制度中的重要性不断提升，在许多行业尤其是高科技领域，已成创新主体的“安身立命之本”。

---

* 熊永林，四川君合律师事务所律师，高级合伙人，房地产与建设工程法律事务部部长。张逸迁，四川君合律师事务所律师。

本文根据相关法律法规,参考相关案例,结合笔者承办的一起商业秘密纠纷案,探讨相关法律问题以及律师法律服务中有关实务问题。

**一、案情及诉讼代理简介**

原告B公司向成都市中级人民法院知识产权庭提起诉讼,称被告A公司现任职工甲、乙、丙、丁、戊、己、庚(A公司案涉职工),在B公司工作时,利用职务之便,获取并私自保留了B公司关于外企客户HK公司的商业秘密,离职并入职A公司后,将案涉商业秘密非法泄露给了A公司,以供A公司与HK公司进行市场交易获利,抢占了B公司市场,造成了B公司的损失。A公司及A公司案涉职工的行为,侵犯了B公司的商业秘密,B公司要求A公司停止侵权,并提出了上千万元金额的赔偿请求。

双方均认可的事实如下:任职B公司时,A公司案涉职工与B公司签订了保密协议;从B公司陆续辞职后,分不同时段,加入了A公司;A公司案涉职工在B公司任职期间并未参与A公司的任何业务。

在庭审证据交换阶段,B公司主张A公司及A公司案涉职工侵害了B公司的经营秘密及技术秘密。笔者作为被告代理人,明确提出技术秘密属于HK公司所有而非B公司所有,并提交了《保密协议》等证据予以佐证。后B公司撤回了基于技术秘密的诉讼请求,确定其主张的秘密点为:(1)B公司业务合同所载的客户名称、地址、联系方式、产品品类、数量、成交价格等信息。(2)设备研发项目的客户名称、地址、联系方式、交易内容等。(3)B公司为开发及生产设备所合作的供应商名称、联系人及电话、采购产品种类及价格等信息。B公司主张A公司的侵权行为系:(1)根据《反不正当竞争法》第9条第3款的规定,A公司明知或者应知A公司案涉职工实施本条第1款所列违法行为,仍获取、使用或者允许他人使用该商业秘密,侵犯了B公司的商业秘密。(2)根据《反不正当竞争法》第9条第1款第3项的规定,A公司案涉职工违反保密义务或者违反权利人有关保守商业秘密的要求,披露、使用、允许A公司使用其所掌握的商业秘密。

法院审查是否构成商业秘密侵权,主要审查案涉信息是否符合商业秘密法定条件、双方信息是否相同或实质相同、被诉行为是否正当等方面,故笔者作为被告A公司的代理人,结合赔偿、立法本意、社会经济效益等方面,从以下几点进行了抗辩:(1)B公司所主张的秘密信息不符合法定条件,不属于商业秘密信息。(2)即使相关信息属于商业秘密,商业秘密权利人为HK公司,B公司不具备本案诉讼主体资格。技术信息完全来源于HK公司,B公司作为相关信息的普通许可使用权人,不具备诉讼资格。(3)A公司案涉职工除职工甲外其他职工未接触B公司经营信息。(4)A公司、B公司分别与HK公司在进行市场交易中,使用的交易信息不同。(5)HK公司已经授权A公司使用相关信息,A公司有正当渠道获取信息,不存在侵害B公司经营信息的情形。(6)基于对职工甲等人的信赖,HK公司自愿与B公司建立交易,并且自愿与案涉甲等人其后就职的A公司建立交易关系。(7)HK公司与B公司交易大幅度减少或不与B公司交易,系B公司自身原因导致。(8)A公司通过其员工的知识、经验、技能,争取到了HK公司的信赖与认可,根据知识产权保护相关法律的立法本意,A公司具有较强的竞争力及创新力,法律应该保护更具创新能力的企业,才能达到以司法保护服务高质量发展、以科技创新催生新发展动能的目的。(9)B公司主张的赔偿金额没有事实依据和法律依据。(10)B公司失去HK公司业务,实际是市场正当竞争的结果,B公司不应以恶意诉讼的方式打压竞争对手,而应通过努力提升其自身综合能力的方式,争取市场份额。

笔者根据法律、法规的相关规定,并从情、理、法多维度进行论述,成功达到了抗辩目的。基于对A公司综合利益的考量(因B公司采取诉中保全措施,对A公司经营业务造成了较为严重的影响),在庭审取得优势的情况下,通过调解结案,可以维护A公司更大权益。故在法官主持下,笔者促成了双方的调解方案:B公司从主张要求A公司赔偿1000万余元,变更为A公司仅需向原告B公司支付25万元的和解款。

以下笔者将结合相关法律法规、案例、司法实践、立法本意及本案案情,结合法院审查商业秘密纠纷案件实务进一步阐述相关问题。

**二、商业秘密的法定构成条件浅析**

《反不正当竞争法》第9条第4款规定:"本法所称的商业秘密,是指不为公众所知悉、具有商业价值并经权利人采取相应保密措施的技术信息、经营信息等商业信息。"商业秘密是具备不为公众所知悉、具有商业价值、经权利人采取相应保密措施即秘密性、价值性、保密性三个特征的信息。需注意,《反不正当竞争法》2017年修订后，商业秘密法定构成条件中已不再包含“实用性”。

最高人民法院《关于审理侵犯商业秘密民事案件适用法律若干问题的规定》第1条规定：“与技术有关的结构、原料、组分、配方、材料、样品、样式、植物新品种繁殖材料、工艺、方法或其步骤、算法、数据、计算机程序及其有关文档等信息，人民法院可以认定构成反不正当竞争法第九条第四款所称的技术信息。与经营活动有关的创意、管理、销售、财务、计划、样本、招投标材料、客户信息、数据等信息，人民法院可以认定构成反不正当竞争法第九条第四款所称的经营信息。前款所称的客户信息，包括客户的名称、地址、联系方式以及交易习惯、意向、内容等信息。”侵害经营秘密案件中，原告所主张侵害经营秘密信息，大多指侵害客户信息。

根据《反不正当竞争法》第9条第4款的规定，以及最高人民法院《关于审理侵犯商业秘密民事案件适用法律若干问题的规定》第5条、第27条的规定，原、被告应着力于秘密性、价值性、保密性三个方面，并结合秘密信息的载体、具体内容进行诉讼。原告需要在一审法庭辩论结束前明确所主张的商业秘密具体内容，并对秘密性、价值性、保密性进行论述，被告需要针对原告所主张的秘密点，从秘密性、价值性、保密性进行抗辩。

结合本案，在秘密性方面，笔者提交了“为公众所知悉”的相关证据，成功抗辩了B公司主张的部分秘密点（HK公司名称、地址、联系方式）不具有秘密性。在诉讼中，可根据最高人民法院《关于审理侵犯商业秘密民事案件适用法律若干问题的规定》第4条的规定，对于经营信息中的客户名称、地址、联系方式等信息，可考虑收集证据证明相关信息通过网络、宣传资料、展会、媒体平台等渠道即可容易获得，以证相关信息已为公众所知悉，从而否定该信息的秘密性。对于技术信息，可以通过查询专利（专利中未公开体现的信息，通常被认为是技术秘密信息）、公开出版物及其他公开渠道，确实是否“为公众所知悉”，另外如技术信息仅涉及产品的尺寸、结构、材料、部件的简单组合等内容，所属领域的相关人员通过观察上市产品即可直接获得的，同样可认定为“为公众所知悉”的信息。

在价值性方面，最高人民法院《关于审理侵犯商业秘密民事案件适用法律若干问题的规定》第7条第1款规定：“权利人请求保护的信息因不为公众所知悉而具有现实的或者潜在的商业价值的，人民法院经审查可以认定为反不正当竞争法第九条第四款所称的具有商业价值。”所谓具有现实的或者潜在的商业价值的信息，可理解为能够增加交易机会、较少交易成本的信息（如纪晓昕法官就北京三亿亿亿超低温技术有限责任公司与被告青岛胜亿超低温科技有限公司侵犯商业秘密纠纷案编写的优案评析中提到，客户名单的价值在于增加交易机会、降低交易成本，最终实现企业的营利）。本案中，笔者通过对 HK 公司的交易模式进行论述（交易模式为：仅 HK 公司主动发起交易邀请，其他公司无法主动与 HK 公司建立交易关系，不存在案涉信息可以使 A 公司增加交易机会、降低交易成本的可能），从而否定了案涉信息的价值性。需要注意的是，最高人民法院《关于审理侵犯商业秘密民事案件适用法律若干问题的规定》第 7 条已不再强调商业秘密价值性需求“能够带来竞争优势”，当下认定案涉信息是否具有价值性，条件已较为宽松。关于技术秘密信息，通常提供曾经售卖过该产品的证据，法院大概率会认为技术秘密信息具有价值性。

在保密措施方面，根据最高人民法院《关于审理侵犯商业秘密民事案件适用法律若干问题的规定》第 6 条第 1 项的规定，签订保密协议或者在合同中约定保密义务的，法院通常会认定为权利人采取了保密措施。本案中，B 公司案涉职工均签订了保密协议，法院大概率将认可 B 公司采取了保密措施，笔者仅能依据最高人民法院《关于审理侵犯商业秘密民事案件适用法律若干问题的规定》第 5 条第 2 款的内容，从商业价值、保密措施的可识别程度、保密措施与商业秘密的对应程度以及权利人的保密意愿等因素进行抗辩。故此可知，在处理非诉业务时，与公司商业秘密相关员工签订保密协议，与合作单位在合同中约定保密条款，尤为关键，若发生商业秘密侵权纠纷，将极大降低权利人的举证难度。

最高人民法院《关于审理侵犯商业秘密民事案件适用法律若干问题的规定》对商业秘密“三性”内容的规定，如图 1 所示。

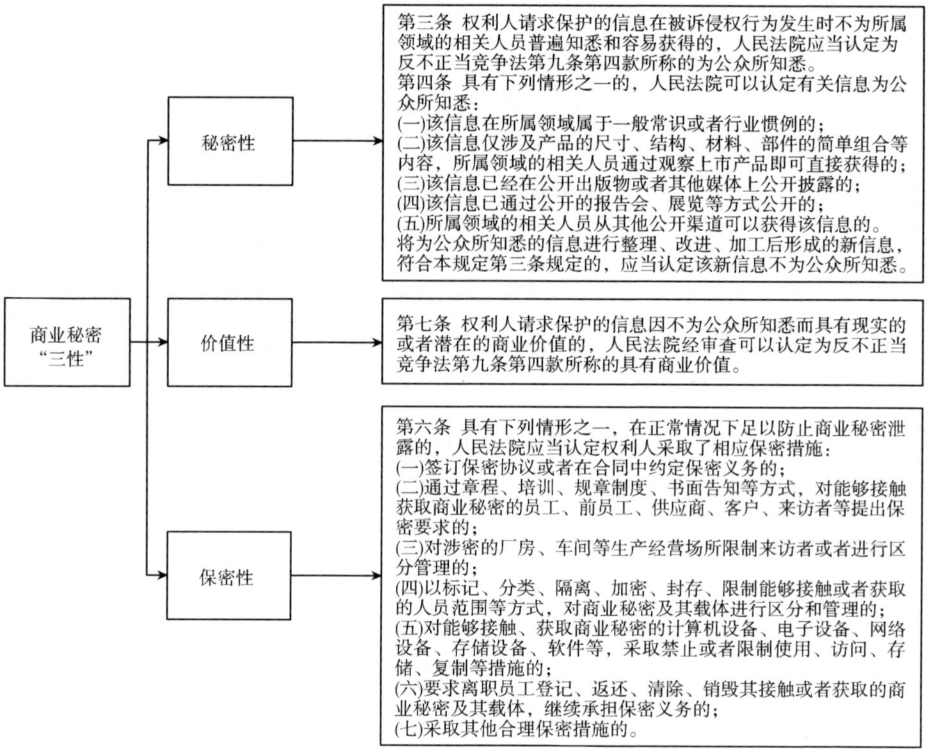


**图1　司法解释对商业秘密“三性”的规定**

综上，秘密性、价值性、保密性系处理商业秘密纠纷案件的基础及重点。

## 三、权利人主体适格问题浅析

根据以下法律规定可知，作为商业秘密的权利人才享有诉讼的权利。独占使用许可合同的被许可人可以独立提起诉讼；排他使用许可合同的被许可人和权利人可以共同提起诉讼，或者在权利人不起诉的情况下，自行提起诉讼；但普通使用许可合同的被许可人，必须和权利人共同提起诉讼，或者经权利人书面授权后，才可单独提起诉讼。

1.《民事诉讼法》第122条规定：“起诉必须符合下列条件：（一）原告是与本案有直接利害关系的公民、法人和其他组织；（二）有明确的被告；（三）有具体的诉讼请求和事实、理由；（四）属于人民法院受理民事诉讼的范围和受诉人民法院管辖。”

2. 最高人民法院《关于审理侵犯商业秘密民事案件适用法律若干问题的规定》第26条规定:"对于侵犯商业秘密行为,商业秘密独占使用许可合同的被许可人提起诉讼的,人民法院应当依法受理。排他使用许可合同的被许可人和权利人共同提起诉讼,或者在权利人不起诉的情况下自行提起诉讼的,人民法院应当依法受理。普通使用许可合同的被许可人和权利人共同提起诉讼,或者经权利人书面授权单独提起诉讼的,人民法院应当依法受理。"

结合本案,根据各方签订的协议可知,B公司不是独占、排他使用被许可人,仅作为普通使用被许可人,在没有HK公司授权的情况下,没有权利单独提起诉讼,不是适格的诉讼主体,至少对于技术信息可以明确认定,B公司不是适格的诉讼主体。故面对被告对主体适格方面的抗辩,B公司不得不在商业秘密侵权诉讼中取消了对于技术信息侵权的主张。

综上,在商业秘密纠纷中,原告应注意审查自身诉讼资格,若为普通使用被许可人,应向权利人获取授权文书。被告应对原告的诉讼资格具有敏感性,特别是对于技术秘密信息,若原告主体资格存在问题,则可以直接通过抗辩获得胜诉。

**四、侵权行为认定浅析**

根据以下法律规定,司法审判中认定是否存在侵权行为,通常采取"接触+相同或实质相同—合法来源"的原则。

1. 最高人民法院《关于审理侵犯商业秘密民事案件适用法律若干问题的规定》第12条规定:"人民法院认定员工、前员工是否有渠道或者机会获取权利人的商业秘密,可以考虑与其有关的下列因素:(一)职务、职责、权限;(二)承担的本职工作或者单位分配的任务;(三)参与和商业秘密有关的生产经营活动的具体情形;(四)是否保管、使用、存储、复制、控制或者以其他方式接触、获取商业秘密及其载体;(五)需要考虑的其他因素。"

2.《反不正当竞争法》第32条第2款规定:"商业秘密权利人提供初步证据合理表明商业秘密被侵犯,且提供以下证据之一的,涉嫌侵权人应当证明其不存在侵犯商业秘密的行为:(一)有证据表明涉嫌侵权人有渠道或者机会获取商业秘密,且其使用的信息与该商业秘密实质上相同;(二)有证据表明商业秘密已经被涉嫌侵权人披露、使用或者有被披露、使用的风险;(三)有其他证据表明商业秘密被涉嫌侵权人侵犯。"

3. 最高人民法院《关于审理侵犯商业秘密民事案件适用法律若干问题的规定》第13条规定:“被诉侵权信息与商业秘密不存在实质性区别的,人民法院可以认定被诉侵权信息与商业秘密构成反不正当竞争法第三十二条第二款所称的实质上相同。人民法院认定是否构成前款所称的实质上相同,可以考虑下列因素:(一)被诉侵权信息与商业秘密的异同程度;(二)所属领域的相关人员在被诉侵权行为发生时是否容易想到被诉侵权信息与商业秘密的区别;(三)被诉侵权信息与商业秘密的用途、使用方式、目的、效果等是否具有实质性差异;(四)公有领域中与商业秘密相关信息的情况;(五)需要考虑的其他因素。”

4.《关于充分发挥知识产权审判职能作用推动社会主义文化大发展大繁荣和促进经济自主协调发展若干问题的意见》第25条规定:商业秘密权利人提供证据证明被诉当事人的信息与其商业秘密相同或者实质相同且被诉当事人具有接触或者非法获取该商业秘密的条件,根据案件具体情况或者已知事实以及日常生活经验,能够认定被诉当事人具有采取不正当手段的较大可能性,可以推定被诉当事人采取不正当手段获取商业秘密的事实成立,但被诉当事人能够证明其通过合法手段获得该信息的除外。

在最高人民法院(2015)民申字第550号再审民事裁定书中,纪晓昕法官就北京三亿亿亿超低温技术有限责任公司与被告青岛胜亿超低温科技有限公司侵犯商业秘密纠纷案编写的优案评析中,新乡市中级人民法院马兵务及翟晓就新乡市恒基化工有限公司诉新乡市博科精细化工有限公司、吉林万华精细化工有限公司、梁某军侵害商业秘密纠纷案编写的优案评析中,均明文体现了该原则(该原则最早规定于1995年原国家工商行政管理局《关于禁止侵犯商业秘密行为的若干规定》第5条第3款)。

结合本案,在“接触”方面,A公司抗辩除甲员工以外的其他员工未接触案涉信息。在相同或实质相同方面,A公司举证证明A公司、B公司分别与HK公司在进行市场交易中,使用的交易信息不同。在合法来源方面,A公司举证证明HK公司已授权了A公司合法使用交易信息,并且A公司的交易信息来源系源自HK,而非B公司;案涉员工未将B公司信息披露或者允许A公司使用。

在本案法律依据方面,根据最高人民法院《关于审理侵犯商业秘密民事案件适用法律若干问题的规定》第2条第2款的规定:“客户基于对员工个人的信赖而与该员工所在单位进行交易，该员工离职后，能够证明客户自愿选择与该员工或者该员工所在的新单位进行交易的，人民法院应当认定该员工没有采用不正当手段获取权利人的商业秘密。”在商业秘密案件中，个人信赖抗辩系被告能够采取的强有力抗辩方式之一，本案中，A 公司通过 HK 公司出具的书面材料，证明 HK 公司基于对 A 公司甲员工等人的信赖，与 B 公司进行交易，案涉员工离职后，HK 公司自愿与 A 公司进行交易。代理律师通过个人信赖抗辩为 A 公司在庭审中取得了巨大优势。

需要注意的是，根据上海市高级人民法院发布的 2019 年上海法院加强知识产权保护力度典型案件之十：上海豪申化学试剂有限公司、上海美墅化学品有限公司与朱某佳、上海黎景贸易有限公司侵害经营秘密纠纷案（涉个人信赖抗辩审查的侵害经营秘密纠纷案）中，上海市高级人民法院在典型意义中提到，认定是否构成个人信赖，需综合考虑以下三个因素：(1) 客户的开发是基于个人技能为主还是原单位的物质、技术条件为主；(2) 离职员工是否采用诋毁、价格竞争等不正当手段主动引诱客户与其产生交易；(3) 离职员工与原公司之间是否签订过竞业限制协议。故诉讼中采取或应对个人信赖抗辩时，可从客户与原单位合作是基于员工个人信赖还是原单位物质条件、离职员工是否采取不正当手段引诱客户、离职员工与原单位是否就个人信赖问题另有约定三个方面着手。在处理非诉业务时，对于离职员工，应该注意对离职员工离职后与客户建立交易关系相关问题进行约定，以规避个人信赖抗辩问题。

关于原告主张的技术秘密与案涉信息是否相同或实质相同，通常需要通过专业机构的鉴定来确定。根据原告主张的技术秘密信息的秘密点，逐一对比被告使用的技术秘密信息，是否相同或实质相同。

综上，商业秘密纠纷案件中，关于侵权行为认定方面，原、被告应着力于是否接触或获取商业秘密及其载体、被告使用信息与原告主张的商业秘密是否相同或实质相同、案涉信息是否具有合法来源三个方面。

**五、赔偿问题浅析**

对于知识产权侵权赔偿数额，法律有明确规定，应先按照权利人因被侵权所受到的实际损失确定；实际损失难以计算的，按照侵权人因侵权所获得的利益确定；实际损失及获利均难以计算的，应结合商业秘密的性质、商业价值、研究开发成本、创新程度、能带来的竞争优势以及侵权人的主观过错、侵权行为的性质、情节、后果等因素,确定500万元以下的赔偿金额。赔偿额确定的递进关系如图2所示。

**图2　赔偿额确定之递进关系**

1.《反不正当竞争法》第17条规定:"因不正当竞争行为受到损害的经营者的赔偿数额,按照其因被侵权所受到的实际损失确定;实际损失难以计算的,按照侵权人因侵权所获得的利益确定。经营者恶意实施侵犯商业秘密行为,情节严重的,可以在按照上述方法确定数额的一倍以上五倍以下确定赔偿数额。赔偿数额还应当包括经营者为制止侵权行为所支付的合理开支。经营者违反本法第六条、第九条规定,权利人因被侵权所受到的实际损失、侵权人因侵权所获得的利益难以确定的,由人民法院根据侵权行为的情节判决给予权利人五百万元以下的赔偿。"

2.最高人民法院《关于审理侵犯商业秘密民事案件适用法律若干问题的规定》第20条规定:"权利人请求参照商业秘密许可使用费确定因被侵权所受到的实际损失的,人民法院可以根据许可的性质、内容、实际履行情况以及侵权行为的性质、情节、后果等因素确定。人民法院依照反不正当竞争法第十七条第四款确定赔偿数额的,可以考虑商业秘密的性质、商业价值、研究开发成本、创新程度、能带来的竞争优势以及侵权人的主观过错、侵权行为的性质、情节、后果等因素。"

结合本案,笔者举证证明了HK公司与B公司交易大幅度减少或不再与B公司交易,系B公司自身原因导致,与A公司无关,同时,加强了法官对于本案的心证,从而实现抗辩目的,另结合质证,否定B公司因A公司及案涉职工遭受了实际损失,以应对B公司所主张的高额赔偿。需注意,若实际损失与获利无法计算的情况下,赔偿金额将降低至500万元以下。

**六、立法本意、社会经济效益、司法观点等问题浅析**

最高人民法院民三庭负责人就最高人民法院《关于审理侵犯商业秘密民事案件适用法律若干问题的规定》、最高人民法院《关于审理专利授权确权行政案件适用法律若干问题的规定(一)》两项司法解释答记者问内容如下:"知识产权保护是激励创新的基本手段,是创新原动力的基本保障,是国际竞争力的核心要素。面对百年未有之大变局,服务和保障以国内大循环为主体、国内国际双循环相互促进的新发展格局,必须更加牢固地树立保护知识产权就是保护创新的理念,加强和完善知识产权司法保护。这不仅是服务创新驱动发展和经济高质量发展的必然要求,也是营造国际一流营商环境的必然要求。"

最高人民法院于 2010 年 10 月 18 日作出(2009)民申字第 1065 号民事裁定书认定如下内容:"作为具有学习能力的劳动者,职工在企业工作的过程中必然会掌握和积累与其所从事的工作有关的知识、经验和技能。除属于单位的商业秘密的情形外,这些知识、经验和技能构成职工人格的组成部分,是其生存能力和劳动能力的基础。职工离职后有自主利用其自身的知识、经验和技能的自由,因利用其自身的知识、经验和技能而赢得客户信赖并形成竞争优势的,除侵犯原企业的商业秘密的情况外,并不违背诚实信用的原则和公认的商业道德。在既没有违反竞业限制义务,又没有侵犯商业秘密的情况下,劳动者运用自己在原用人单位学习的知识、经验与技能为其他与原单位存在竞争关系的单位服务的,不宜简单地以《反不正当竞争法》第 2 条的原则规定认定构成不正当竞争。"

根据上述内容,知识产权保护实质是对创新的保护,创新的基础是劳动者的知识、技术、经验,在既没有违反竞业限制义务,又没有侵犯商业秘密的情况下,劳动者运用自己在原用人单位学习的知识、经验与技能为与原单位存在竞争关系的自己或者其他经营者服务的,不宜简单地以《反不正当竞争法》第 2 条的原则规定认定构成不正当竞争。

结合本案,笔者在本案中提交了证明 A 公司竞争力较强、B 公司竞争力较弱的证据,特别强调了案涉职工在与 HK 公司交易中的重要作用,失去人才的 B 公司已失去与 HK 公司建立交易的条件,点出商业秘密保护实质是保护创新,维护市场正当竞争,以达到充分抗辩的目的。

故在诉讼中,可以考虑,除基于商业秘密的法定条件构成、侵权行为认定、赔偿金额确定三方面进行抗辩外,对于立法本意、司法观点、社会效益、人才重要性方面进行抗辩,可以进一步加强抗辩力度,影响法官心证。

综上所述,以本案为例,商业秘密纠纷在诉讼中,首先应着重于商业秘密构成的法定条件,从秘密性、价值性、保密性进行论证;其次着力于侵权行为的认定,在接触、相同或实质相同、合法来源方面下功夫;再次着手于赔偿额确定方面,关注实际损失及获利;最后着眼于立法本意、司法观点、社会经济效益,进一步加强、完善诉讼策略。

# 国内 NFT 合规性解读

廖晓丽　牟嫣然*

【摘要】NFT 成为《柯林斯词典》2021 年热词排行榜 No. 1，足以体现数字艺术品在加密技术领域的魅力。在一个创作更多发生于数字世界的时代，NFT 的出现顺应艺术界对数字作品确权、身份验证的需求，将数字文件与其创作者永久地连接在一起，实现虚拟数字世界与现实世界连通。在某种程度上，NFT 让一切电子创意的作品均能在市场中实现价值量化，但 NFT 技术的实际应用也确实给世界各国的监管带来许多全新挑战。

【关键词】NFT；数字资产；区块链；数字证书

## 一、什么是 NFT？

NFT（英文全称"Non－Fungible Token"，中文名称为"非同质化代币"），通常是指开发者根据 ERC721 标准/协议在以太坊平台上发行的不可拆分的代币。NFT、比特币以及以太币等均属于代币，并且均是以区块链为基础进行铸造、流通以及交易的。以太币、比特币执行的智能合约无法在铸造和交易过程中体现"所有权归属"，而 NFT 的智能合约标准则是在数字艺术品所有权归属问题上通过引入"代币 ID"的方式作出了改进，故 NFT 也被解释为"唯一的数字证书"。

---

* 廖晓丽，四川君合律师事务所律师，高级合伙人，副主任。牟嫣然，四川君合律师事务所律师。

根据《柯林斯词典》的解释①,NFT以区块链技术为载体,将图片、视频、音乐、美术作品等内容数字资产化,其实质为数字资产凭证。NFT也可以简单理解为类似二维码的一种验证形式,是用于表示数字资产的唯一加密令牌,它可以验证在数字世界中独一无二的物品的归属。

NFT主要具有以下3个特性。

1. 非同质化。顾名思义,非同质化代币的概念与同质化代币相对应,即NFT是唯一的、不可拆分的代币,如NFT化的数字门票、加密猫等,NFT不能如同质化代币(比特币、以太币)一样拆分为0.1NFT,并且每个NFT皆不相同,故无法成为一般等价物。这一特性恰好与艺术收藏品的特性吻合,这也是NFT能频频在加密艺术领域大放异彩的原因。

2. 去中心化。去中心化,即每一个NFT都是基于区块链而存在。NFT所依附的区块链又分为公链和联盟链。境外最大的NFT交易平台OpenSea使用主链为以太坊,侧链为Polygon等公链,交易全程都在链上进行,任何人都能读取信息,任何人都可以成为NFT创建者,其属于公链。在国内,比较知名的阿里公司的蚂蚁链、腾讯公司的至信链以及百度公司使用的超级链等均属于联盟链。联盟链支持"多中心化",并非真正意义的"去中心化",是一种需要许可的区块链,参与者仅限于联盟成员,故笔者认为国内的NFT并未达到真正意义上的"去中心化",很难真正实现跨链流通。

3. 可交易性。NFT的铸造者将自己创作的数字艺术品上传到可供查阅和交易的平台上,平台开发者便会为NFT构建一个可复用、可继承、通用化的API来读取和写入数据方法,进而可以在多个数字系统中转移,即当制作出一个NFT时,其可以在不同交易平台上进行查看、交易等,市场进而更加自由、开放,市场主体亦无须控制管理从供应到定价等一系列环节,从而减少了中间较为繁杂的流程与成本,但国内现有的多个NFT交易平台均不支持二次交易。

**二、NFT在中国应用现状**

金沙遗址博物馆首次推出的"数字文创产品"在支付宝平台仅50秒就一抢而空,实现销售额39.6万元。2022年2月22日,春秋航空在"NFT中国"平台发

---

① 《柯林斯词典》中NFT指"在区块链中注册的唯一数字证书,用于记录艺术品或收藏品等资产的所有权"。

布航空业首批限量 NFT 数字藏品，主题为“因爱而生”，共发行 5 款，分别为高山滑雪、越野滑雪、跳台滑雪、短道速滑、速度滑冰，每款仅 20 枚，全球限量发售 100 枚。

NFT 的发展路径受中国国内监管政策的影响，较国外而言更加保守。国内 NFT 发行平台主要分为两类：第一类是基于互联网大厂搭建的联盟链，此类 NFT 主要拥有收藏功能，不支持二次交易，即缺乏代币交易功能；第二类是交易功能更加全面的 NFT 平台，但针对普通用户而言，其发行 NFT 的门槛更高。

国内现有 NFT 平台如表 1 所示。

**表 1 国内现有 NFT 平台**

| 序号 | 平台名称 | 关键词 | 代表作品 | 平台简介 | 发行模式 | 平台特点 |
|---|---|---|---|---|---|---|
| 1 | 幻核 | 收藏家、艺术家参与联盟链 | 《十三邀》《万华镜》 | 由腾讯、网安以及北明软件共同发起建立的基于数字文化内容的服务平台 | 目前主要以私下联系艺术家的形式发行，并未开放私人作品上传。发行产品类型主要以收藏为主，暂不支持二次交易 | 国内首个、至信联技术支持 |
| 2 | 鲸探 | 付款码、收藏功能 | 敦煌飞天、九色鹿、吾皇猫、我不是胖虎 | 基于阿里巴巴公司开发的蚂蚁链。主要有产品：付款码 NFT 皮肤、数字艺术品 | 目前暂未开放私人创作平台，同时暂不支持转让或二次交易，赠送功能有限制 | 平台功能局限 |
| 3 | NFT 中国 | 同步市场 | 陶文元《又是一丰年》、泉《桎梏》 | 是一家支持 NFT 数字资产上链、推广、交易等功能的综合性平台。NFT 中国主要专注于艺术品类的 NFT，包含线下、线上渠道，现已有数千名艺术家入驻 | 对于工作室用户无发行数量的限制；对于个人限制最多上传 20 份作品。平台现有拍卖、盲盒以及直接定价等多种发行模式。关键在于该平台支持链上作品直接同步到 OpenSea、Rarible 等海外市场 | 国内首个去中心化、规模最大、交易最活跃的数字资产交易平台 |
| 4 | DMall. im | 中文界面 | ArtBlocks Curated、Arabian Camels 系列 | 系亚洲规模领先的 NFT 商城，平台支持购买或出售任何符合“ERC721/ERC1155”标准的 NFT | 平台主要特点有：(1)门槛低，可自由创建、上链；(2)支持中文界面，操作简单，有利于新手操作；(3)支持一口价和拍卖等形式出售 NFT 产品 | 亚洲首个且领先的加密电商平台 |

续表

| 序号 | 平台名称 | 关键词 | 代表作品 | 平台简介 | 发行模式 | 平台特点 |
|---|---|---|---|---|---|---|
| 5 | Ibox | 高端发行、二次流动性提升、公链 | 张国荣公益数字餐品,同道大叔、陈小春作品 | 是火币旗下的 NFT 交易平台,重点服务于亚太地区玩家,部署在多条公链,主要特点有:安全、交易费用低、速度快等,支持"ERC721/ERC1155"标准的 NFT 买/卖 | 与知名 IP、艺术家或公众人物联合发布。有定价、盲盒、拍卖等多种发行模式,同时配套如结合借贷、挖矿、价格预言等多种二次流动性提升方案 | 星座、汽车、游戏等联名推出的数字产品 |
| 6 | 优版权 | 版权绑定、兼容多链 | 《必由之径》、孔子爷爷 | 将原创版权作品通过区块链技术将其 NFT 资产化,通过漫联盟 ipbank 版权运营。平台包括艺术品、音乐、短视频、明星 IP 等 | 作品大多来自自带流量的企业用户,其他个人需提交作品进行申请,可选择盲盒发行、限量发行等模式 | 艺术品、音乐、短视频等 |
| 7 | Umx | 两级市场、微信支付 | 苏茂隆《六嬗》、林泉《寂》、薛继业《毛椅子》 | 中国首家多板块 NFT 交易平台,主要有视觉艺术、音乐、混合数字艺术等。平台采用在微信端设置安全秘钥的方式来使用微信支付交易。作品可收藏、可转卖 | 商品拥有者通过 Umx 平台区块链智能合约发布,同时设定价格、发行份数、发行时间及交易版税等。主要有定价和竞价两种发售方式,支持再交易 | 可收藏、可转卖,包括视觉艺术、音乐等 |

国外主要的 NFT 交易平台有:Opensea、Rarible、Nifty Gateway 等。

**三、NFT 在法律层面应如何定性?**

1. NFT 产品具有价值性、稀缺性、可支配性等属性,属于虚拟财产。

NFT 产品性质为一种数字证书,当它与特定数字资产相结合,便具备了财产属性。2019 年,杭州互联网法院审理了首例比特币案件,因比特币具有价值性、稀缺性、可支配性等性质,其具备了财产作为权利客体所需具备的全部属性,法院认定比特币具备财产作为权利客体所需具备的属性,具有虚拟财产地位。法院认为,比特币属于"代币""虚拟货币",其符合虚拟财产的构成要件,应当对比特币作为虚拟财产、商品属性及对应产生的财产权益予以肯定。由此可见,NFT 让原本可无限"ctrl c + ctrl v"的数字产品得以确权,使其具备稀有性、专有性及可支配性,因此,NFT 产品属于虚拟财产。

《民法典》第 127 条①的规定首次将数据、网络虚拟财产纳入民事财产权利的

① 《民法典》第 127 条规定,法律对数据、网络虚拟财产的保护有规定的,依照其规定。

保护客体范围。但对于此类虚拟财产目前为止并无配套的法律法规，实践中也存在诸多疑问，如"数据、网络虚拟财产"的客体应是数据文件还是数字资产凭证？另外，相较于传统虚拟财产，存在于区块链系统的 NFT 具有很多新型的特征，例如其原始权利人的身份、对应的资产状况等都是相对清晰的，即基本上可以实现排他性地占有、访问、控制、使用、收益与处分等，就这个角度而言，可能与物权保护的路径更为契合，但 NFT 缺乏实际"物体"这一物理特征也为其完全解释为物权性质的保护带来了障碍。

2. NFT 数字作品属于《著作权法》下的"作品"。

近年来，原始艺术作者纷纷开始投入数字艺术品的创作，加上数字作品拍卖屡屡以高价成交。在此背景下，NFT 可被视为相关数字作品的所有权证书和真实性证书。2021 年《著作权法》将原第 3 条第 9 项修改为"符合作品特征的其他智力成果"，将作品的定义进一步扩大，以便更加灵活地容纳更多的新作品形式。因此笔者认为只要 NFT 符合作品的特征，即文学、艺术以及科学领域内具有独创性并能以一定形式表现的智力成果，就应当认为其属于《著作权法》下的"作品"而得到法律的保护。

3. 非 NFT 作品铸造成 NFT 作品仍需获得原著作权人授权。

如果将已有的非 NFT 作品铸造成 NFT 作品，在转化的过程中极有可能侵犯原作者的改编权、复制权、展览权、放映权、广播权以及信息网络传播权等权利，换言之，已有作品在未取得原作者同意的前提下，直接制成 NFT 作品进行交易并获利，这极有可能侵犯原作者的发行权、复制权、信息网络传播权等。

4. NFT 作品交易中的善意第三人。

以 NFT 方式侵权如何进行救济，是未来需探索的问题，但对于 NFT 作品本身的交易而言，其所有交易均基于区块链，整个交易过程相对清晰且公开可查，每一手交易的签约记录均留存在区块链上，这对于 NFT 购买者主张法律意义下的"善意取得"又具有较为积极的意义。

**四、国内 NFT 项目风险及合规要点**

（一）基于 NFT 的投融资项目

前文从法律层面分析了 NFT 属于一种虚拟财产，如与传统艺术品或收藏品相结合不仅有较大收藏价值，而且具备投资属性，但作为准备参与 NFT 交易的主体需注意以下两点。

1. 禁止以 NFT 作为变向非法融资的手段。

根据《关于防范代币发行融资风险的公告》和《关于防范以“虚拟货币”“区块链”名义进行非法集资的风险提示》等，在我国明令禁止通过代币进行非法公开融资，如禁止从事法定货币与代币、虚拟加密货币相互之间的兑换业务；禁止买卖代币或虚拟加密货币；禁止为代币或虚拟加密货币提供定价、信息中介等服务。利用 NFT 作品开展融资活动的相关主体，应严格注意其融资行为的定性，严禁将 NFT 作为变向非法融资的手段。

2. 禁止将 NFT 视为虚拟货币进行流通。

根据《关于进一步防范和处置虚拟货币交易炒作风险的通知》的规定①，“虚拟货币”具有非货币当局发行、使用加密技术及分布式账户或类似技术、以数字化形式存在等主要特点，NFT 虽不等同于“虚拟货币”但又似乎符合其部分特点，如 AL 的蚂蚁链曾与敦煌美术研究所联合发布了两款 NFT 皮肤，分别为敦煌飞天和九色鹿，定价 9.9 元人民币，可用于支付宝付款码，全球限量发行两款共 16 000 个，均具有唯一 NFT 编码。后敦煌皮肤在二级交易市场被炒至百万余元，因此平台方随即下架了与此相关的所有 NFT 商品，并作出 NFT 不是虚拟货币的声明。在现有市场环境下，NFT 与“虚拟货币或相关金融衍生品”的界限模糊不清，企业在投资、发行 NFT 产品的过程中，稍有不慎便极有可能被定性为集资、炒作金融衍生产品，国内虽尚未出台 NFT 的相关法规与政策，但仍应把握合规红线。

（二）国内 NFT 交易平台的限制与资质

随着 NFT 概念的兴起与普及，NFT 交易平台作为 NFT 作品流转的关键一环得以快速发展，而经营此类平台应主要注意以下几点。

1. 国内 NFT 交易平台禁止以虚拟货币进行定价和交易。国外的 NFT 大型交易平台，如 Opensea 等均是以以太币为结算方式。从目前中国国内已经上线的 NFT 交易平台来看，其发布的数字资产均系以人民币为结算方式，而 NFT 的角色

---

① 《关于进一步防范和处置虚拟货币交易炒作风险的通知》第 4 条规定：任何法人、非法人组织和自然人投资虚拟货币及相关衍生品，违背公序良俗的，相关民事法律行为无效，由此引发的损失由其自行承担；涉嫌破坏金融秩序、危害金融安全的，由相关部门依法查处。

则是作为获取其数字藏品的“数字令牌”,暂不存在虚拟货币属性。

2. NFT 交易平台应严格监管二级市场。在国内,综合考虑 NFT 可能涉及的投机、炒作虚拟货币或其他违法的金融活动的风险,故目前对于 NFT 在二级市场流转的监管较为严格。如国务院《关于清理整顿各类交易场所切实防范金融风险的决定》(国发〔2011〕38 号)[①]、国务院办公厅《关于清理整顿各类交易场所的实施意见》(国办发〔2012〕37 号)[②]等均规定了相应内容。

3. NFT 交易平台需具备应有的资质。如果 NFT 经营平台对数字作品 NFT 进行发行、发售、交易、拍卖等,首先平台需要取得区块链的信息服务备案(区块链信息服务安全资质评估);其次在网络文化取得相应资质(拍卖资质、网络出版许可证、艺术品销售活动备案);最后平台还需要取得 ICP 增值业务经营许可证和 ICP 网络内容提供商备案等。另根据《关于进一步防范和处置虚拟货币交易炒作风险的通知》,企业、个体工商户注册名称和经营范围中均不得含有“虚拟货币”、“虚拟资产”、“加密货币”以及“加密资产”等字样或内容。同时市场监管部门与金融管理部门要联合加强对涉虚拟货币相关广告的监管,并及时查处与之相关的违法广告。

4. 国内 NFT 交易平台不得与境外虚拟货币交易所产生联系。根据《关于进

---

① 国务院《关于清理整顿各类交易场所切实防范金融风险的决定》(国发〔2011〕38 号)第 3 条规定:自本决定下发之日起,除依法设立的证券交易所或国务院批准的从事金融产品交易的交易场所外,任何交易场所均不得将任何权益拆分为均等份额公开发行,不得采取集中竞价、做市商等集中交易方式进行交易;不得将权益按照标准化交易单位持续挂牌交易,任何投资者买入后卖出或卖出后买入同一交易品种的时间间隔不得少于 5 个交易日;除法律、行政法规另有规定外,权益持有人累计不得超过 200 人。除依法经国务院或国务院期货监管机构批准设立从事期货交易的交易场所外,任何单位一律不得以集中竞价、电子撮合、匿名交易、做市商等集中交易方式进行标准化合约交易。从事保险、信贷、黄金等金融产品交易的交易场所,必须经国务院相关金融管理部门批准设立。为规范交易场所名称,凡使用“交易所”字样的交易场所,除经国务院或国务院金融管理部门批准的外,必须报省级人民政府批准;省级人民政府批准前,应征求联席会议意见。未按上述规定批准设立或违反上述规定在名称中使用“交易所”字样的交易场所,工商部门不得为其办理工商登记。

② 国务院办公厅《关于清理整顿各类交易场所的实施意见》(国办发〔2012〕37 号)第 1 条规定:本次清理整顿的范围包括从事权益类交易、大宗商品中远期交易以及其他标准化合约交易的各类交易场所,包括名称中未使用“交易所”字样的交易场所,但仅从事车辆、房地产等实物交易的交易场所除外。其中,权益类交易包括产权、股权、债权、林权、矿权、知识产权、文化艺术品权益及金融资产权益等交易;大宗商品中远期交易,是指以大宗商品的标准化合约为交易对象,采用电子化集中交易方式,允许交易者以对冲平仓方式了结交易而不以实物交收为目的或不必交割实物的标准化合约交易;其他标准化合约,包括以有价证券、利率、汇率、指数、碳排放权、排污权等为标的物的标准化合约。

一步防范和处置虚拟货币交易炒作风险的通知》，对于相关境外虚拟货币交易所的境内工作人员，以及明知或应知其从事虚拟货币相关业务仍为其提供营销宣传、支付结算、技术支持等服务的法人、非法人组织和自然人，将依法追究责任。

5. NFT交易平台需注意知识产权领域侵权。在国内，交易平台应在用户协议中明确：因NFT作品存在权利瑕疵、内容违法违规或其他可能产生严重负面舆情等情形，导致NFT作品被屏蔽或限制使用的，平台无须承担相关责任。

## 五、结语

2021年被称为"元宇宙"元年，NFT应运而生。NFT发展至今，区块链技术已被证明是数字资产创设、发行、登记、存储和交易的最佳方案，并且适用于任何形式的资产。以NFT为代表的区块链数字资产市场的发展前景可期，未来空间巨大。NFT的爆炸式增长既是市场机遇，也是投资风险。NFT的种种侵权行为正在不断发生，目前我国虽未出台与NFT有关的具体明文规定，但参照虚拟货币的一系列强监管政策，NFT项目也受到较多的限制，故相关NFT投资主体应注意在抓住商业机遇的同时，也须把握合规红线。

# 传统音像出版领域如何搭上NFT快车

廖晓丽　牟嫣然*

**【摘要】**目前,电子图书、数字藏品正猛烈冲击着传统图书和传统音像出版行业,传统出版行业若不尝试版权转化,则可能很短时间就会落后于时代浪潮。本文将着重讨论在区块链生态下,如何将传统出版音像领域经营的文字作品、美术作品、摄影作品、音频、视频、动漫铸造成数字藏品并发行;对此,NFT交易平台如何合规和NFT作品的如何合规发行至关重要。

**【关键词】**NFT;智能合约;区块链;版权

周杰伦NFT被盗,短短1个小时内几易其手,并分别以130ETH、155ETH的价格转手交易,让NFT热度再度攀升。元宇宙、哈希值被热捧。元宇宙的开启、NFT风靡全球,都意味着数字版权将被重新审视。在传统出版音像制品生态里,版权的价值往往和出版物的实物形态联系在一起,因一本纸质书、一部电影、一张CD而具象化。对比传统出版音像领域的版权转化形式,数字藏品有着明显的优势,那么在区块链生态下,如何将传统出版音像领域经营的文字作品、美术作品、摄影作品、音频、视频、动漫铸造成数字藏品并发行?

* 廖晓丽,四川君合律师事务所律师,高级合伙人,副主任。牟嫣然,四川君合律师事务所律师。

## 一、NFT 交易平台如何合规

1. 平台的经营资质。平台的经营资质主要包括区块链备案[①]、国家和省级网信办安全评估[②]、安全自评估报告[③]、网络出版服务许可证[④]、信息网络传播视听节目许可证[⑤]、网络文化经营许可证[⑥]、艺术品销售活动备案[⑦]、ICP 备案/EDI 许可证/增值电信业务经营许可证[⑧]以及拍卖许可[⑨]等，以上许可、备案和资质等要求意味着 NFT 交易平台所使用的区块链必须经过国家认可并纳入监管视野，毕竟大量的 NFT 交易信息要通过区块链进行存储和认证，一旦出现问题后果难以设想。目前国内仍有部分 NFT 平台使用以太坊等国际公链或公链上的侧链，此种模式虽在商业上更有利于 NFT 藏品的流通，但在合规层面仍旧存在风险。（详见图 1）

---

① 《区块链信息服务管理规定》第 11 条规定：区块链信息服务提供者应当在提供服务之日起 10 个工作日内通过国家互联网信息办公室区块链信息服务备案管理系统填报服务提供者的名称、服务类别、服务形式、应用领域、服务器地址等信息，履行备案手续。区块链信息服务提供者变更服务项目、平台网址等事项的，应当在变更之日起 5 个工作日内办理变更手续。区块链信息服务提供者终止服务的，应当在终止服务 30 个工作日前办理注销手续，并作出妥善安排。

② 《区块链信息服务管理规定》第 9 条规定：区块链信息服务提供者开发上线新产品、新应用、新功能的，应当按照有关规定报国家和省、自治区、直辖市互联网信息办公室进行安全评估。

③ 国家互联网信息办公室《关于〈区块链信息服务管理规定〉涉安全评估条款说明的公告》第 1 条规定：相关企业可委托上述具有相关资质的测评机构开展安全评估，或自行对区块链信息服务开展安全风险自评估，并根据国家互联网信息办公室与公安部联合发布的《具有舆论属性或社会动员能力的互联网信息服务安全评估规定》的相关要求，通过"全国互联网安全管理服务平台"（www. beian. gov. cn）提交安全自评估报告。

④ 《网络出版服务管理规定》第 7 条规定：从事网络出版服务，必须依法经过出版行政主管部门批准，取得《网络出版服务许可证》。

⑤ 《互联网视听节目服务管理规定》第 7 条规定：从事互联网视听节目服务，应当依照本规定取得广播电影电视主管部门颁发的《信息网络传播视听节目许可证》或履行备案手续。

⑥ 《互联网文化管理暂行规定》第 8 条规定：申请从事经营性互联网文化活动，应当向所在地省、自治区、直辖市人民政府文化行政部门提出申请，由省、自治区、直辖市人民政府文化行政部门审核批准。

⑦ 《艺术品经营管理办法》第 5 条规定：设立从事艺术品经营活动的经营单位，应当到其住所地县级以上人民政府工商行政管理部门申领营业执照，并在领取营业执照之日起 15 日内，到其住所地县级以上人民政府文化行政部门备案。其他经营单位增设艺术品经营业务的，应当按前款办理备案手续。

⑧ 《电子商务法》《互联网信息服务管理办法》规定。

⑨ 《拍卖法》第 11 条规定：企业取得从事拍卖业务的许可必须经所在地的省、自治区、直辖市人民政府负责管理拍卖业的部门审核批准。

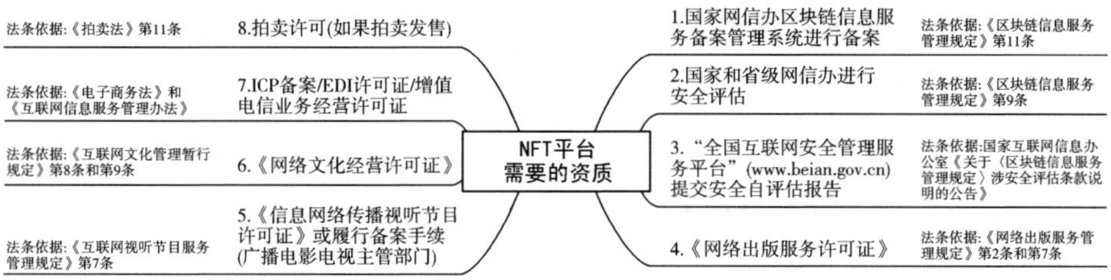


**图1　NFT平台需要的资质**

2. 平台的发行方式。国内领先的NFT平台暂时采取较为保守的策略,即只做铸造合法性环节,不支持二级市场的流通(可能支持有条件的赠与),同样也不支持版权和NFT藏品的绑定等。换言之,国内NFT的性质基本仅能定位为“藏品”,用于买家收藏、欣赏,这种方式比较安全,合规风险相对最低,但同时也暴露了此类NFT藏品的价值局限,没有流通则没有价值。故NFT交易平台在规范经营资质的同时,还需要制定相应的NFT流通提升方案,以解决以上价值局限。

**二、NFT作品的合规发行**

1. 直接作为发行方发行还是通过第三方平台代发行。直接作为发行方发行NFT的好处是可以更直接地控制整个发行过程,可及时对发行过程中出现的问题做出调整,但其技术难度和发行成本较高;通过第三方平台代发行的方式相对而言更加省心省力,只需要提供相应的IP素材和版权资质,但此种方式对于发行流程较难掌控,出现的问题取决于第三方平台的处理能力,同时可能还涉及一定的额外代发行费用。另外,如果第三方代发行平台为了获取更多佣金采取炒作、虚假宣传等方式也会带来重大风险,这些问题需要在《代发行协议》中提前约定,事先做好风险隔离。

2. NFT发售者需取得原著作权人的充分授权。根据《著作权法》中对“作品”的定义,诸如敦煌皮肤、金沙文创等NFT都可以理解为作品,其著作权人应当享有相应的著作权,包括复制权、发行权、展览权、信息网络传播权等。《著作权法》允许著作权人通过协议等方式全部或部分转让经济性权利并获得报酬,但如果使用他人原创作品生成NFT和上链,即非著作权人本人拟发售数字作品NFT,则发售者需要取得原著作权人的充分授权。进一步地,如果传统作品生成NFT,而原作者与NFT的创建者不是同一人,还需要考虑NFT的创建者可能产生的衍生权利,即均需取得NFT创建者的授权,其中重点应包括“复制权和信息网络传播

权”,并将前述权利独家授权给 NFT 的铸造者,否则在 NFT 的铸造过程中极有可能产生侵权争议。(详见图 2)

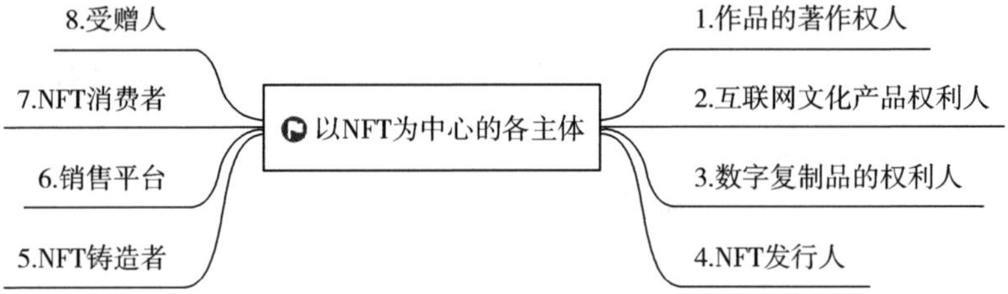


**图 2　以 NFT 为中心的各主体**

3. 严格把控 NFT 智能合约的内容。智能合约是数字藏品在线上发行的权利合约,与传统合约最大的不同是交易条款写在代码里自动生成并执行,例如发行方获得的版税、平台的佣金比例等都可能直接写在智能合约的代码中,故在发售 NFT 时应当与律师充分沟通并了解 NFT 发行平台所使用的智能合约内容,做到合法合规,以避免后续产生纠纷。

4. 构建“NFT + 版权”区块链版权综合运营中心。区块链拥有“去中心化式”的系统,能够使得数字内容的存储更具有安全性,可以实现点对点的版权交易、NFT 铸造和交易记录可追溯、交易信息透明公开,以达成共识机制的自治。NFT 作为一种新型的技术,在与数字出版相结合后,更加需要构建“NFT + 版权”区块链版权综合运营中心,以便于将版权内容申请、登记、转让交易、交叉授权、溯源取证、固证维权、质押融资等服务实现一体化管理,进而实现区块链技术体系下的全流程版权保护、管理、开发利用,最终通过技术业务标准化、人才体系培养、产学研用融合以及服务国家文化大数据体系建设的实践,实现版权产业整体价值提升。

5. 建立数字作品交易领域的征信数据库。虽然 NFT 具有去中心、去信任的特征,甚至可以追踪到具体节点的侵权行为,但实际上技术无法识别真实身份。这可能为盗版者提供便利,熟悉 NFT 的人员完全可以通过技术漏洞进行隐蔽式的侵权。例如普通用户将视频下载后剪辑并配音,重新加密后上传,数据内容变化导致短视频也发生变化,重新编辑过的内容是加密的,而行为人是匿名的,那么这种侵权行为不会被轻易发现。所以,在此基础上还需要做好对匿名参与者身份认证、作品信息确认,并尝试建立数字作品交易领域的征信数据库,并寻求与著作权集体管理组织和行政监管部门的合作,核实相关信息、交流材料、交易信息,同时将核查信息同步录入上链,降低自身刑事风险。

NFT 为传统出版单位的“破次元”玩法打开了新思路。那么传统出版单位如何在新技术条件下展开对未来版权生态的大胆探索?在此过程中传统出版单位必须依托专业的力量,在资本、法律、技术、渠道等方面不断创新。传统出版单位必须重新审视自有版权价值,并作出更加科学合理的评估、规划,确定自身的版权品牌,借助新技术条件的“东风”,实现版权产业整体价值的提升。

# 第七编

# 劳动关系法律实践研究

# 用工单位退回劳务派遣人员的法律风险

## ——用工单位退回劳务派遣人员有过错的，可能面临对经济赔偿承担连带赔偿责任的法律风险

赵雨婷*

【摘要】近期，笔者收到一份劳动争议案仲裁裁决，裁决书认定用工单位无正当理由将劳动者退回劳务派遣单位，导致劳务派遣单位与劳动者解除劳动合同，用工单位存在明显过错，并且该过错与劳动者被劳务派遣单位解除劳动合同存在直接、重大因果关系，故依据《劳动合同法》第92条第2款“用工单位给被派遣劳动者造成损害的，劳务派遣单位与用工单位承担连带赔偿责任”之规定，裁决用工单位与劳务派遣单位就支付经济赔偿金承担连带责任。笔者对该观点持有异议，下文将简要阐述自身观点。

【关键词】劳动争议；劳务派遣；经济赔偿金

笔者在阅读一份劳动仲裁裁决书时，发现该份裁决书认定用工单位无正当理由将劳动者退回劳务派遣单位，导致劳务派遣单位与劳动者解除劳动合同，用工单位存在明显过错，并且该过错与劳动者被劳务派遣单位解除劳动合同存在直接、重大因果关系，故依据《劳动合同法》第92条第2款“用工单位给被派遣劳动者造成损害的，劳务派遣单位与用工单位承担连带赔偿责任”之规定，裁决用工

* 赵雨婷，四川君合律师事务所律师。

单位与劳务派遣单位就支付经济赔偿金承担连带责任。

笔者对该观点有异议,故对相关法律规定及司法案例进行了检索,发现目前司法实践中关于此种情形下用工单位是否应就经济赔偿金与劳务派遣单位承担连带责任,存在两种观点。

1. 即便用工单位退回劳务派遣人员有过错,也不应就经济赔偿金承担连带赔偿责任。

首先,用工单位将劳动者退回劳务派遣单位,并不当然导致劳动者与劳务派遣单位之间的劳动合同解除,劳务派遣单位可将劳动者继续派遣至其他单位,或按照最低工资标准向劳动者按月支付报酬。

其次,用工单位违法退回,应当按照派遣协议向劳务派遣单位承担违约责任,基于劳动合同的相对性原则,应由劳务派遣单位向劳动者承担违法解除责任,用工单位不应直接向劳动者承担责任。

最后,《劳动合同法》第92条规定的"给劳动者造成损害"应为未按照国家劳动标准提供相应的劳动条件和劳动保护,未支付加班费、绩效奖金,未提供与工作岗位相关的福利待遇等,不应包含解除劳动合同,否则有扩大解释法律之嫌。

2. 用工单位退回劳务派遣人员有过错的,应就经济赔偿金承担连带赔偿责任。

首先,《劳务派遣暂行规定》第24条规定,用工单位违反本规定退回被派遣劳动者的,按照《劳动合同法》第92条第2款规定执行。两条文结合起来理解,违法退回应属用工单位承担连带责任的情形。

其次,违法解除赔偿金属于损害赔偿的范围。违法解除的情况下,劳动者如果要求继续履行,则劳动者的损失为正常提供劳动的情况下应得到的工资报酬等;不要求继续履行的,损失就体现为解除劳动合同赔偿金。赔偿金既是对用人单位违法解除劳动合同的一种惩罚,也具有劳动者失业后的社会保障和生活补助性质。

笔者支持第一种观点,解除劳动合同的经济补偿金或赔偿金,属于用人单位应当履行的法定义务,用工单位与被派遣劳动者之间不存在劳动合同关系,连带支付经济补偿金或赔偿金缺乏法律依据。目前四川省司法实践中[如(2020)川01民终6848号案、(2021)川01民终12575号案]也倾向于支持此观点。

在劳务派遣用工形式中，由于用工单位与被派遣劳动者并未建立劳动合同关系，但用工单位在劳动过程中实际使用被派遣劳动者，双方关系紧密。因此，用工单位应建立健全人员管理制度，规范相关劳务派遣人员的任用、退回等流程，避免承担连带赔偿责任。

# 从一则案例看在确认劳动关系案件中被告的举证技术

郑筱珺*

**【摘要】**众所周知，行业特点决定了建筑工程装饰装修公司对工人不具有控制权和管理权（工人以每个项目开出的日薪标准自行决定和选择工作，装饰装修公司无权要求工人在一定时期内必须接受公司管理并只能按照约定相对固定地为公司工作），该行业特点由建筑工程装饰装修工程工期短、材料甲供（发包人提供）、以焊工和油漆工等主要工种的工人在该行业劳动力市场中有权选择随时选择在哪个工地工作的市场因素决定。在工人与装饰装修公司形成的是较为随意、松散的劳务关系情形下，装饰装修公司无法给工人购买社保以及能较为精准获赔的商业保险，一旦工人因各种原因受伤，又必然会通过尝试提起劳动关系确认之诉让装饰装修公司按照工伤保险待遇对其进行赔付。在暂时无法改变大前提的情况下，装饰装修公司在日常公司经营过程中及应诉工作中做好双方形成的是劳务关系而非劳动关系的举证准备。

**【关键词】**按日计薪；建立劳动关系的合意；考勤管理

* 郑筱珺，四川君合律师事务所律师，合伙人，房地产与建设工程法律事务部副部长。

## 一、案情简介[①]

原告:赵某。

被告:装饰装修公司,代理人系笔者。

赵某诉称,2021 年 2 月 23 日,其入职装饰装修公司担任焊工,公司未与其签订劳动合同,也未缴纳社保。同年 4 月 22 日,赵某下班时骑行电动二轮车与驾驶重型仓栅式货车的案外人相撞发生交通事故,致使赵某受伤。道路交通事故认定书确认案外人负全部责任。赵某在下班途中受到非本人主要责任的交通事故属于工伤,装饰装修公司理应及时予以赔付。据此,赵某诉请人民法院判令:(1)确认赵某与装饰装修公司自 2021 年 2 月 23 日至今存在事实劳动关系;(2)装饰装修公司支付从 2021 年 3 月 23 日至 4 月 22 日未签订劳动合同双倍工资差额 12 912.50 元。

装饰装修公司辩称,赵某与其之间不构成劳动关系。赵某系焊工,于 2016 年开始为本公司在不同的工程项目上提供按日计酬的焊工劳务服务,其提供劳务服务的期间从 2 天到 2 个月不等。行业特点决定装饰装修公司对工人不具有控制权和管理权(工人以每个项目开出的日薪标准自行决定和选择工作,装饰装修公司无权要求工人在一定时期内必须接受公司管理并只能按照约定相对固定地为公司工作),该行业特点由装饰装修工程工期短、材料甲供(发包人提供)、焊工和油漆工等主要工种的工人在劳动力市场中占据优势且有随时选择为哪个工地工作的市场因素决定。赵某在装饰装修公司上下班的工作过程中无专人管理,无对提供的劳动内容有严格的工艺质量标准考核、工序衔接、班组工期、相对固定时间内完成工作量等常规劳动关系中劳动者工作内容所必备的要求。例如在 2016 年 11 月至 12 月,赵某为在装饰装修公司承接的怡心湖项目工作 8 天,装饰装修公司按日为其计算报酬,其旋即离开前往日薪更高的项目工作或者选择近期不工作,公司也无权对赵某按照劳动关系进行管理。赵某的举证中有一项其自行统计的工作表,上面"良 ×"为其本人,"桂 ×"为其所称的配偶,均按照天数及加班小时计算报酬,可明显看出两人均没有上班的期间有时并非国家法定节假日,也非

---

① 参见四川省成都市青羊区人民法院民事判决书,(2021)川 0105 民初 22413 号;四川省成都市中级人民法院民事判决书,(2022)川 01 民终 11058 号;四川省高级人民法院民事裁定书,(2023)川民申 1286 号。

工程停工期间,可证明提供劳务者有自主决定是否工作的权利。装饰装修公司与赵某之间不存在管理与被管理关系,装饰装修公司的各项劳动规章制度不适用于赵某。请求驳回赵某的诉讼请求。

在建立委托代理关系的过程中,委托人装饰装修公司负责人向本团队律师讲:不是公司出于逃避责任,不想给工人买社保、商业保险才不与工人签订劳动合同。相反,就建筑行业装饰装修工程工期短的特点,公司愿意用固定薪酬标准与工人签订劳动合同,使其在本项装饰装修工程施工期间都为本项目工作,若发生工伤等风险,可以通过社保及商业保险分担。但实际情况是工人会随时因为其他工地薪资更高或者自己承揽了阳台门窗等临时性活儿而随时离开本公司的工地。劳务派遣公司则更愿意将劳工队伍派遣给工期更长的工程项目使用,如施工周期更长的土建等工程。在与原告赵某多年的零星相处中,双方都默认了按日计薪、集中发放这样约定俗成的模式,但现在其又为利益所引诱,试图以与公司建立劳动关系为由拿到2倍工资赔偿及工伤待遇赔偿,一旦赵某的诉讼请求得到支持,公司将面临较大的损失。本团队律师经过分析,认为赵某与装饰装修公司之间形成的关系为劳务关系而非劳动关系,可以尝试通过强化该方面的举证来应诉。

**二、一审法院的审理过程及结果**

一审法院经审理查明,2021年2月至4月,赵某经案外人赵某某介绍前往装饰装修公司承揽的盈嘉大厦工程项目工作。2021年2月,赵某工作6天,加班7小时,装饰装修公司按300元/天,加班6小时计为1天的标准向赵某支付工资2150元。2021年3月,赵某与案外人何某、陶某作为整体共工作30天,加班61小时,装饰装修公司按350元/天,加班6小时计为1天的标准向赵某、何某、陶某支付工资14 050元。其中,赵某工资为5000元,何某工资为5000元,陶某工资为4050元。2021年4月,赵某与案外人何某作为整体共工作20天,加班45小时,装饰装修公司按350元/天,加班6小时计为1天的标准向赵某、何某支付工资9625元。其中,赵某工资为5000元,何某工资为4625元。

2021年5月21日,赵某向成都市青羊区劳动人事争议仲裁委员会申请仲裁,提出如案请求。同年9月13日,该委作出成青劳人仲委案字(2021)第00868号仲裁裁决书,裁决驳回赵某全部请求事项。赵某不服,遂起诉至法院。

上述事实有工资表、银行流水、仲裁裁决书、送达证明及当事人陈述等证据在案为证。

一审法院认为，原劳动和社会保障部《关于确立劳动关系有关事项的通知》（劳社部发〔2005〕12号）第1条规定，用人单位招用劳动者未订立书面劳动合同，但同时具备下列情形的，劳动关系成立：(1)用人单位和劳动者符合法律、法规规定的主体资格；(2)用人单位依法制定的各项劳动规章制度适用于劳动者，劳动者受用人单位的劳动管理，从事用人单位安排的有报酬的劳动；(3)劳动者提供的劳动是用人单位业务的组成部分。赵某与装饰装修公司虽具有建立劳动关系的主体资格，其提供的劳动也是装饰装修公司业务的组成部分，但现有证据显示，装饰装修公司计算赵某工作天数、加班时长并非对赵某进行考勤管理，而系作为计发工资报酬的计算依据，并且在计发2021年3月、4月工资时，赵某的工作时长与案外人的工作时长作为整体进行计算。赵某与装饰装修公司之间不具备人身依附性的管理与被管理关系，而更符合劳务关系的特征，宜认为双方不存在事实劳动关系。

一审法院判决驳回原告赵某的诉讼请求。

**三、二审法院裁判的主要内容**

赵某不服一审判决，上诉至二审法院。经过二审开庭审理，二审法院另查明如下事实。

1. 赵某于2016年1月至2021年4月22日，在装饰装修公司承建的不同工程项目处间断从事焊工工作，具体如下：(1)"怡心湖"工程：2016年11月（出勤5天，加班10小时）、2016年12月（出勤3天，加班6小时）。(2)"三里花城"工程：2018年5月（出勤11.5天，加班21小时，日工资260元）。(3)"爱心公园"工程：2018年7月（出勤5天，加班4小时，日工资260元）。(4)"盈嘉大厦"工程：2019年12月（出勤2天，加班1小时，日工资300元）、2020年3月（出勤14天，加班14小时、日工资300元）、2021年2月（出勤6天，加班7小时，日工资300元）、2021年3月（出勤30天，加班61小时，日工资350元）、2021年4月（出勤20天，加班45小时，日工资350元）。

2. 2021年4月16日，装饰装修公司通过银行转账向赵某名下尾号为5405的银行账户内转入2021年2月工资2150元；分别于2021年4月16日、4月22日两次通过银行转账向赵某名下尾号为5405的银行账户以及何某名下尾号为

5273 的银行账户、陶某名下尾号为6908 的银行账户内转入2021 年3 月工资共计14 050 元。对于该部分事实，二审法院经过当庭询问，结合双方当事人的陈述，还原的事实情况为赵某为了避税，向装饰装修公司提供了两案外人的银行卡用于代为领取本人的工资。

3. 赵某代理人在回答“现场负责人是谁?”的问题时称“不知道具体的名字，但确实是被上诉人的人员……案涉工地没有包工头，一直都是被上诉人工作人员在现场进行管理”。

二审法院认为，根据赵某的上诉理由和装饰装修公司的答辩意见，二审法院归纳本案的争议焦点为：(1)赵某与装饰装修公司从2021 年2 月23 日至今是否存在事实劳动关系；(2)装饰装修公司应否向赵某支付2021 年3 月23 日至4 月22 日未签订劳动合同二倍工资差额以及二倍工资差额应当如何计算。

关于赵某与装饰装修公司之间是否存在劳动关系的问题。赵某上诉称，其工作期间接受装饰装修公司的考勤打卡，上下班时间固定，装饰装修公司通过银行账户次月按时转账，该公司向其提供工作牌，其接受装饰装修公司的劳动管理，从事该公司安排的有报酬的劳动，双方之间从2021 年2 月23 日至4 月22 日存在劳动关系。二审法院认为，参照原劳动和社会保障部《关于确立劳动关系有关事项的通知》第1 条“(一)用人单位和劳动者符合法律、法规规定的主体资格；(二)用人单位依法制定的各项劳动规章制度适用于劳动者，劳动者受用人单位的劳动管理，从事用人单位安排的有报酬的劳动；(三)劳动者提供的劳动是用人单位业务的组成部分”的规定，认定劳动者和用人单位之间是否形成劳动关系，应当综合考量以下因素：双方的主体资格；双方是否具有劳动管理与被管理的关系；劳动者提供的劳动是否是用人单位的业务组成部分；双方工资发放的关系等。

本案中，赵某、装饰装修公司具有劳动者与用人单位的主体资格，赵某提供的劳动亦属于装饰装修公司的业务组成部分，但是，从本案查明事实来看，首先，赵某从2016 年11 月至2021 年4 月22 日，偶尔在装饰装修公司承建的工地从事焊工工作，即赵某提供的劳动并不具有连续性，双方之间亦未建立稳定的劳动关系。其次，赵某称工作过程中接受装饰装修公司现场负责人的管理，但其并不清楚“现场负责人”的名字，不符合日常工作习惯，不能认定赵某对装饰装修公司具有人身隶属性。再次，赵某未举证证明双方对劳动合同期限、上下班时间、工资的支付、劳动保护等内容协商一致，达成了建立劳动关系的合意。最后，从装饰装修公司向赵某支付工资的时间来看，装饰装修公司于2021年4月才支付2021年2月工资，并且2021年3月工资分成两次三笔进行了支付，并非如赵某所述在次月支付上月工资。赵某认为其与装饰装修公司之间建立了劳动关系、装饰装修公司应向其支付未签订书面劳动合同二倍工资差额的上诉主张，无事实和法律依据，二审法院不予支持。

二审法院最终判决赵某的上诉主张不成立，一审法院认定事实部分有误，但不影响本案的处理结果，并且适用法律正确，二审法院予以维持。

**四、再审维持二审判决**

再审法院认为：原审生效判决认定事实清楚，适用法律正确，审理程序及实体处理均无不当；赵某申请再审称与被申请人存在事实劳动关系，二审认定事实缺乏证据证明，适用法律错误等理由，不能成立；裁定驳回赵某的再审申请。

**五、举证技术经验总结**

综观本案四次庭审，历经劳动仲裁、两级人民法院及再审法院的审理，双方要举证证明的焦点为：工人与公司之间是否形成了稳定的劳动关系、双方是否具有建立劳动关系的合意？

（一）双方举证之工资发放记录

原告赵某主张在2021年3月、4月，其连续稳定在被告装饰装修公司处工作、按月领取月薪的诉求，以工资发放的银行流水记录、手工填写的工作牌为证，在工资发放记录上，双方无异议。但对工资发放记录的银行流水证明如何提炼其证明目的，可从一审及二审法院的说理中学习：在双方约定以按日计薪的关系中，一般较难认定为双方形成了较为稳定的劳动关系。如本案中，一审法院在判决中明确指出，装饰装修公司计算赵某工作天数、加班时长并非对赵某进行考勤管理，而系作为计发工资报酬的计算依据；二审法院更是以装饰装修公司未按一定程度的人身依附性的工作制度对赵某进行过管理，双方亦未对劳动合同期限、上下班时间、工资的支付、劳动保护等内容协商一致来认定双方并不具有建立劳动关系的合意。

（二）原告在2021年3月之前在被告处零散工作的工资发放记录

被告在该部分举证上做了较为细致的工作，虽然证据形式仅为工人工资发放表,但在工人工资发放表中体现了较为完整的信息:包括本案赵某在内的同样一批工人,自2016年起就在被告承接的各工地上以按日计薪的方式提供劳务,从工人们工作的时间来看,无规律性且体现出工人们经常在工作日未进行工作,装饰装修公司也未进行过干涉;工人的日薪构成由每天工作满8个小时计算一天日薪、若当天加班满6个小时则多计算一天工资的形式进行统计,由装饰装修公司按月发放。

证据目录由编号、证据名称、证据内容、证明目的等内容构成,而如何完整地提取证据内容、准确地撰写证明目的,则是考验代理律师基本功的地方,也是当事人聘请律师的价值所在。

# 浅议劳务管理规范化中的农民工工资发放问题

## ——以总承包人为管理视角

郑筱珺*

**【摘要】**《保障农民工工资支付条例》已于2020年5月1日起施行。不同于以往政策性文件，该条例为行政法规，效力仅次于宪法和法律，开启了通过行政强制力保障农民工工资支付的新阶段。在国家采取行政立法手段干预后，工程进度款的欠付压力层层往下传递，其中作为工程项目总承包人的建筑企业更是被两头挤压，承担了过重的责任，导致总承包人被迫超付、代偿农民工工资的情况时有发生，但在总承包人进行追偿时往往对方早已处于无力支付的状态，总承包人自身维权非常艰难。总承包人应该以对劳务管理过程的关键点形成闭环，而不是发现问题后"一事一议"。

**【关键词】**农民工工资；总承包人；劳务分包；超付；代偿

## 一、立法规定

### （一）法条规定突破合同相对性

《保障农民工工资支付条例》第30条规定：分包单位对所招用农民工的实名制管理和工资支付负直接责任。施工总承包单位对分包单位劳动用工和工资发放等情况进行监督。分包单位拖欠农民工工资的，由施工总承包单位先行清偿，

* 郑筱珺，四川君合律师事务所律师，合伙人，房地产与建设工程法律事务部副部长。

再依法进行追偿。工程建设项目转包,拖欠农民工工资的,由施工总承包单位先行清偿,再依法进行追偿。该条例第36条规定:建设单位或者施工总承包单位将建设工程发包或者分包给个人或者不具备合法经营资格的单位,导致拖欠农民工工资的,由建设单位或者施工总承包单位清偿。施工单位允许其他单位和个人以施工单位的名义对外承揽建设工程,导致拖欠农民工工资的,由施工单位清偿。

(二)确立了农民工工资支付专户制度

《保障农民工工资支付条例》第32、33条规定了总承包单位存储保证金制度。人力资源和社会保障部等10部门联合制定的《工程建设领域农民工工资专用账户管理暂行办法》(人社部发〔2021〕53号)是《保障农民工工资支付条例》的重要延伸,对上述条例中关于专用账户的规定作出了进一步细化:要求总承包单位应当于工程施工合同签订之日起30日内,在工程建设项目所在地银行开立专项用于支付农民工工资的专用存款账户。建设单位与总承包单位订立书面工程施工合同时,应当约定建设单位拨付人工费用的周期和拨付日期以及人工费用的数额或者占工程款的比例等,并且该人工费用的数额或占比应当满足农民工工资按时足额支付的要求。建设单位应当按工程施工合同约定的数额或者比例等,按时将人工费用拨付到总承包单位专用账户。人工费用拨付周期不得超过1个月。因用工量增加等导致专用账户余额不足以按时足额支付农民工工资时,总承包单位提出需增加的人工费用数额,由建设单位核准后及时追加拨付。

2022年3月30日,四川省农民工工作领导小组办公室发布了《四川省在建工程项目落实保障农民工工资支付制度指引》,对《保障农民工工资支付条例》《工程建设领域农民工工资专用账户管理暂行办法》《工程建设领域农民工工资保证金规定》作出了细化规定,分为工程款支付保障制度、实名制管理制度、农民工工资专用账户制度、农民工工资保证金制度、施工总包单位代发农民工工资制度、配备劳资专管员制度、维权信息公示制度、信息化平台监管制度8个方面。

## 二、建设单位根据总承包人(施工单位)每月的产值支付进度款和保障按时足额支付农民工工资的目标存在一定的矛盾

建设市场的基本逻辑是建设单位以施工单位施工的形象进度核定产值为基础拨付工程款,本质上属于市场经济行为,受市场经济各因素影响。影响产值核定的因素多样,并不是建筑工人付出了劳动,施工单位就能产生对应产值,同时还

有施工单位调配资源的能力、管理水平以及外部的天灾人祸因素等。但为了保证农民工工资的及时足额支付，国家立法采取用行政法干预的手段，通过上述法规、部门规章的强制要求来达到建设单位及时拨付人工费到施工单位专用账户以保障农民工及时足额领取到工资。在建筑市场低迷的大背景下，建设方的资金也较为困难，在保障及时拨付人工费后必然导致建设方拨付的工程进度款中减少、延后了对建筑材料、施工机械的购买和租赁等费用。由此工程进度款的欠付压力层层往下传递，其中作为总承包人的施工单位更是被两头挤压，承担了过重的责任，一方面会因建设单位欠付工程款而欠付材料供应商的工程款，另一方面还因劳务分包单位未及时向农民工发放工资而被迫超付、代偿农民工工资，但在总承包人依法追偿时，劳务分包单位往往已经处于无支付能力的情形，总承包人维权的道路异常艰难。

**三、总承包人（施工单位）出现被迫超付、代偿农民工工资的原因**

（一）名为劳务分包，实为违法分包、转包

正因为违法分包、转包屡禁不止，《保障农民工工资支付条例》第30、36条才以突破合同相对性原则来规定总承包人要直接承担支付责任。但建筑行业在一定时期内仍然将普遍存在施工总承包人将工程进行违法分包和转包的情形，形成分包人、转包人、实际施工人—班组长—农民工这样的结构形式，总承包人将农民工工资及时足额支付后，分包人、转包人、实际施工人会通知掌握农民工实名制工资卡的班组长将农民工工资转出挪作他用。

分包人、转包人、实际施工人在支付人、材、机各项工程款上不会首先选择及时足额支付人工费，反而因农民工会以向班组长借支生活费、借支的生活费将在支付工资时扣除而“获取”了时间差。在这样的情形下，分包人、转包人、实际施工人利用该支付时间差将本应用于发放农民工工资的款项挪作他用，一旦发生了回款不及时的事件，必然造成总承包单位已经按约及时足额支付农民工工资，但农民工却无法及时足额拿到工资的情况。

（二）因“维稳”压力或农民工群体与班组长、分包人、转包人、实际施工人恶意串通，导致总承包人超付或代偿农民工工资

当矛盾积累到一定程度的时候，尤其在农历春节前后，容易爆发农民工代表、班组长以劳务分包人、实际施工人等未向其足额支付人工费且已经跑路，到行政

部门投诉举报、到总承包单位围堵闹事等讨薪事件，其中既有农民工工资确实未得到及时足额支付的情况，也有举报者恶意串通、通过混淆人工费以外的其他工程款，虚增夸大人工费欠付金额，试图以行政机关向总承包人施压的方法，让总承包人超付或者先行代偿的情况。

## 四、经验总结与管理建议

### (一)抓关键节点，管理闭环

如前所述，总承包人要改变认为自身已经依法依规，按照合同约定及时足额支付了农民工工资但未进行进一步管理的普遍认知，要通过对关键节点的管理，从证据上形成闭环。

在分包人、转包人、实际施工人—班组长—农民工的模式下，最初的“人工费结算”发生在各班组长与分包人、转包人、实际施工人之间。因此，总承包人应该严格按照法律法规规定、公司制度、项目管理制度，定时定期与劳务分包人核对账目、检查和监督劳务分包人的履行情况，尤其要注意劳务分包人与其下属的各班组长之间的支付、对账情况，定期抽查班组长下属的某个工种的工人代表工资领取情况。加上农民工群体一般沾亲带故、经常互相签字代为领取工资，农民工领取工资的花名册、考勤记录、微信工作群聊天记录、各种电子支付记录等原始资料在今后可能发生的纠纷中将作为直接证据判断农民工本人是否领取了工资，如果未能及时足额领取工资，责任在哪一方，该类原始资料反映的内容极其重要。同时总承包人要检查分包人、实际施工人提交的会议纪要、工作简报、工作汇报内容是否真实，附件(上述提及的农民工领取工资的花名册、考勤记录、微信工作群聊天记录、各种电子支付记录等)是否完整，在形式上，记录的文字内容应附水印照片，主要参会人员签字要齐全。

另外，对于农民工流动性强的特点也要做好管理工作，杜绝人离开后，工资卡仍然在领工资、新来的人却没有办理工资卡甚至没有签订劳动合同的情况出现。很多行业的乱象，都是通过各种事故才能揭示其冰山一角，常见的案例如新来却没有签订劳动合同的工人受伤，工人通过劳动仲裁或者向法院起诉总承包人认定劳动关系，并进一步主张工伤待遇索赔。若裁判机关查清的事实为已经离开的人的工资卡仍然在原项目上领工资，新来的没签订劳动合同的人只要稳定工作一段时间并接受了班组长的管理，总承包人很难不承担责任。

（二）对于行政机关的处罚要积极、正面应对，据理力争

在农历春节前等一些比较特殊的时期，部分行政机关接到拖欠农民工工资的举报和投诉后，基于社会稳定等层面考虑，可能会督促总承包人以先行清偿或代付农民工工资等方式解决问题。究其原因，是行政机关对建设工程行业的工程款构成不了解，非常容易错误地引用支付农民工工资不需要建设方和施工方结算为前提的规定。总承包人要勇敢地面对行政机关的错误处罚和决定，及时申请行政复议，必要时提起行政诉讼，并注意收集可能存在的农民工群体与实际施工人（包工头、班组长）恶意串通的证据，如班组长及工人代表在总承包人的定期抽查中、工地会议中有规律地签字认可工资得到了及时发放，但突然在某个时间节点完全改变说法等。

（三）对属于劳务关系的纠纷，让其回归劳务关系管理

典型的如建设工程装饰装修分包领域的用人模式为对工人工资日结月发，用人单位不具有管理权，双方关系松散，工人对用人单位没有劳动关系中要求的隶属性。在证据上，工人工资发放记录及考勤表可以较为清晰看出工人未必按照工地要求的时间上班，在工地上班的时间内，工人可能请假离开几天，后又回来上班，双方缺乏建立稳定劳动关系的合意。对于该类劳务管理关系，总承包人在管理上要让其回归劳务关系，不让其总处于模糊范围内，如分包人因其自身管理不善，在工人发生工伤事件后以建立事实劳动关系为由要求工伤待遇赔付，日常管理问题才浮出水面。

# 第八编

# 破产事务法律实践研究

# 预重整制度的价值研究

李　力　谢厚良*

【摘要】虽然我国尚未在全国性立法、司法文件中正式提出“预重整”概念，但最高人民法院在2018年发布的《全国法院破产审判工作会议纪要》中，首次提出探索推行预重整制度与法庭内重整程序的衔接。同时期，温州地方法院颇具开拓性地将预重整制度运用到温州吉尔达鞋业公司的企业重组当中，最终企业得以重生。实践证明，预重整制度在帮助具有发展前景和挽救价值的困境企业获得更生，以及在推动产能结构调整和供给侧结构性改革等方面具有其独特的价值定位。本文拟从理论层面和实务层面对预重整的制度价值进行剖析，以期为预重整制度的认识、确立和完善积蓄价值驱动。

【关键词】预重整；意思自治；公平与效率

预重整作为破产重整的创新制度，在帮助企业挣脱困境、重获新生的制度使命上，具有目的上的一致性和手段上的相似性。作为供给侧结构性改革的种子制度，预重整制度对于盘活资产、淘汰“僵尸”企业、调整产能结构和维护市场经济秩序等具有重要的理论和实践价值。因此，理论界和实务界也普遍认为预重整制度在降低传统重整制度的成本、提高重整效益等方面具有其独特的价值所在，都翘首以盼预重整制度能早日在我国破产制度中熠熠生辉。

---

* 李力，四川君合律师事务所律师，高级合伙人。谢厚良，四川君合律师事务所律师。

## 一、预重整制度的概述

### (一)预重整制度的立法沿革

预重整制度最早诞生于英国、美国,而美国最先开启预重整实践。自1978年《美国联邦破产法》确立破产重整制度以来,囿于高额的成本代价,破产重整程序遭受颇多诟病。1986年,美国Crystal石油公司首次采用预重整方式进行债务重组。以此为契机,预重整制度作为一种债务重组模式受到学者的广泛青睐。直到1990年,美国正式采用预重整这一概念,并在《美国联邦破产法》中对预重整中债权人委员会保留、信息披露、重整计划的提出等作出了明确规定。同一时期,英国也在其破产法附录中规定了庭外任命管理人制度。

2006年,我国表决通过《企业破产法》,并于2007年开始实施,正式确立破产重整制度,但至今未对预重整制度进行正式立法。2013年6月28日,浙江省高级人民法院《关于企业破产案件简易审若干问题的纪要》第7条规定重整预登记制度。这可谓是我国预重整制度的萌芽。2018年3月4日,最高人民法院出台了《全国法院破产审判工作会议纪要》,其中第22条提出:探索推行庭外重组与庭内重整制度的衔接,首次言及庭外重组模式。2019年6月22日,国家发展改革委会同最高人民法院、工业与信息化部等部门联合发布的《加快完善市场主体退出制度改革方案》第4条明确提出:研究建立预重整和庭外重组制度。《全国法院民商事审判工作会议纪要》第115条提出庭外重组协议效力在重整程序中的延伸,对预重整制度的具体操作层面给予了指引,但也仅仅局限于重整计划草案或重组协议等债权人承诺的效力。此外,自2019年3月14日深圳市中级人民法院出台《审理企业重整案件的工作指引(试行)》,北京、南京、苏州等地区相继出台有关预重整制度的相关工作指引。这些制度在整体上勾勒出我国预重整制度的雏形。

### (二)预重整的概念

关于预重整的概念,作为奠基的美国和英国都未在破产法典中正式提出预重整的概念。具有代表性的提法是美国破产法专家劳帕齐(Lopucki)提出的整体预重整和部分预重整的"两分法"。申言之,他认为预重整指债务人在向法院提起重整申请程序之前已经与全部或一部分债权人完成起草并通过重整计划。①

---

① 参见王佐发:《预重整制度的法律经济分析》,载《政法论坛》2009年第2期。

在我国理论界,有学者认为预重整是指部分或全部当事人之间在正式向法院申请重整救济之前已经就重整事项进行谈判并达成重整计划(也可能没有达成完整的计划),然后在已经达成的谈判条件下向法院正式申请重整。[①] 有学者提出预重整是指债权人、债务人等利害关系人在破产申请受理前开展协商谈判,形成庭外重组方案,能够通过司法重整程序获得快速批准的意思自治活动。[②] 也有观点认为预重整是指当事人在向法院提出破产重整申请之前就重整事项进行谈判并达成重整计划草案的一种困境企业拯救机制。[③] 笔者赞同第一种观点,其更加符合预重整制度的设立目的和制度特征。

**二、预重整的理论价值**

(一)意思自治与司法强制相结合

法律行为的本质是私法自治。[④]。意思自治是法律应当尊重人们天生的自由,而私法自治只不过是意思自治的另一种表达而已,公平原则、诚实信用原则、国家适度干预原则以及禁止滥用权利等原则并行不悖、相辅相成。[⑤] 这里的司法强制也就是国家适度干预原则的体现。很多学者都认为预重整是庭外重组向庭内重组的延伸,即庭外重组的完全自治与庭内重组有限自治的结合。首先,预重整在程序启动上体现意思自治。在制度设计上,对于我国现有预重整的启动,债务人、债权人、持有债务人1/10以上股权的股东以及其他利害关系人均享有预重整的申请权,申请主体在向人民法院申请预重整时完全取决于自身的意思自治。其次,预重整环节重组协议的达成、重组计划的表决取决于债权人、债务人、投资人以及其他利害关系人协商一致,债权的放弃、债务的豁免、投资决策等无一不体现当事人的自由意志。最后,基于效率和成本的考虑,在尊重当事人意思自治的基础上,预重整引入了破产重整阶段的司法强制,即在预重整阶段已经作出的信息披露、债权申报和确认、为达成重组协议作出的承诺等在破产重整阶段具有等同破产重整中相关行为的效力。

---

① 参见王佐发:《预重整制度的法律经济分析》,载《政法论坛》2009年第2期。

② 参见陈唤忠:《预重整制度的实践与思考》,载《人民司法》2019年第22期。

③ 参见浙江省杭州市余杭区人民法院课题组:《房地产企业预重整的实务探索及建议》,载《人民司法(应用)》2016年第7期。

④ 参见迟颖:《法律行为之精髓——私法自治》,载《河北法学》2011年第1期。

⑤ 参见尹田:《论意思自治原则》,载《政治与法律》1995年第3期。

（二）债权人与债务人本位相结合

传统的破产法制度从债权人或债务人本位逐渐发展到债权人和债务人本位相结合的权利本位，申言之，破产法保护的法益经历了单独强调债权人或债务人的权益发展到债权人、债务人权益的平衡保护。作为特殊的破产法制度，预重整尤为鲜明地体现了这一特征。首先，赋予债务人、债权人及其他利害关系人同等选择预重整与否的申请权。当债务人面临企业困境，所有有权主体均有权根据企业的资产状况、发展潜力、市场前景等判断重整价值的大小和重整成功的概率决定是否申请企业自救，以求企业重生。其次，债权人面对债务人及其他利害关系人的重整请求，依法享有信息知情权、债权申报权、债权审核异议权等权利，考虑自身债权属性和风险以及重整价值，自主决定是否同意重组方案和重整计划等。最后，预重整中相关行为效力的稳定性。少数人认为预重整制度是破产重整的"准备制度"，仅仅是将司法重整在信息披露、债权申报、重整草案等事项的前移，诸如在无法科学确定预重整范围和预重整与重整制度衔接问题时，甚至认为这种功能上的延伸是对传统重整制度的迁延和成本的负重。因此，维持预重整与破产重整的顺利衔接同样是对债权人、债务人及其他参与人在预重整中相关权利的保护和延续。

（三）兼顾公平与效率

公平含有公正（正义）和平等两方面的意思，通俗地讲就是得其所应得。效率一般是指投入与产出或成本与收益之间的关系。① 公平主要体现在预重整的发生、债权的平等受偿以及程序的公正中。② 其中，发生的公平性体现为预重整的启动依赖于债务人、债权人等申请主体的自决，发生与否以及发生的时机都取决于申请主体的经验判断，从社会利益整体考量困境企业资不抵债且具备重整的条件，债务人、债权人等申请主体公平地享有启动预重整这一机制。同样，债权的公平受偿是破产制度整体的价值诉求，而对于预重整制度要求获得的重整投资或资产出让对价在破产重整受理以后公平地用于债权清偿，而优先债权的保护与公平受偿并行不悖，其根源在于保护理性投资人的风险预期。然而，效率可谓是预

---

① 参见强世功：《法理学视野中的公平与效率》，载《中国法学》1994 年第 4 期。

② 参见雍灵：《破产法律制度价值探微——兼论破产法律制度的完善》，载《河北法学》1996 年第 4 期。

重整制度的首要价值追求。预重整作为破产重整的制度延伸,在很大程度上就是为破产重整程序而服务的,其很多制度尤其是与重整制度的衔接机制体现出在实现企业更生、债权受偿、司法效率方面的价值追求。

## 三、预重整的功能价值

### (一)有利于降低企业重整成本

破产重整是企业债务重组或退出的一项重要制度,其主要目的就是要实现债权人公平受偿和企业重生。意图实现这一目标,就必须实现重整企业经济价值的最大化,控制再生成本是“开源节流”中“节流”的重要一环。传统重整成本大致可以划分成直接成本和间接成本。其中直接成本又称积极成本,主要是指诉讼费用、管理人报酬、审计、法律服务、评估、拍卖、咨询等共益债务,外加高昂的时间成本;而间接成本又称消极成本,主要是指因破产重整基于时间成本而引发的机会成本、商誉损失、人才和客户流失、资产贬值等,这些成本都会导致企业重整价值的降低。预重整通过前期对破产企业相关信息的披露、债权人会议的召开、债权申报和审核、投资方引入、草拟表决重整计划、预重整管理人与破产重整管理人同一性等有效降低破产重整程序中的时间成本和管理成本。同时,预重整制度司法干预程度相对较低,债权人、债务人以及投资人对重整的预期、债务人对资产的处置,以及债权人与债务人之间谈判的自治程度可以在很大程度上降低相较于直接进入破产重整给企业带来的负面影响和机会成本。这些都将有利于降低企业的重整成本。

### (二)有助于真实呈现企业价值

重整制度本质是帮助具有发展前景和挽救价值的困境企业更生,维持企业的运营价值,而企业是否具有运行价值是决定企业进行重整与否的关键。在传统重整模式中,企业陷入困境后,相关主体有权主动向法院申请企业重整,决定企业是否重整的决定权在人民法院,而人民法院实际上又并不具备相应的商务能力,很难对企业是否具备运营价值进行准确研判。推进预重整制度,将市场主体引入对企业运营价值的判断当中,不仅能够准确识别企业重整的可行性,而且有助于企业价值的真实呈现。如果困境企业直接进入破产重整,各方主体基于破产企业商业信誉的减损或丧失,以及对破产案件走向的担忧,将会严重影响参与各方对企业重整价值的预期。虽然在传统破产程序中,通常会采取公开方式招募投资人,致力于引入市场机制来决定企业的营业价值。但是囿于招募方式、资产属性、市场环境等方面的局限，以及处于司法介入状态的破产重整程序往往会抑制债权人和投资人预期，增强“救生员（债权人、投资人）”的风险警示，很难充分激发市场主体的主动性和积极性。相反，如果启动预重整，困境企业并非必然走向“破产”，并且企业的经营状况几乎不受影响，企业的商誉也将得到很大程度的保护，客观上营造出一个破产重整前的“冷静期”，让内外部债权人、投资人、监管部门、企业员工、上下游企业等利益相关者能够“心无旁骛”地识别重整价值、开展重整谈判。在此种框架下，相较于预重整以前，企业并未发生实质性变化，但其经营价值往往能够得到一个更加准确的市场体现。

（三）有助于提高企业重整效率

破产制度包含秩序、效益和公正三大基本价值，而其中首要的价值是效益。[①]效益的关键要素之一是效率，即高效地完成资源的优化配置。首先，预重整与破产重整之间存在诸多的制度衔接。预重整阶段对重整企业的信息披露、债权债务的梳理、资产负债的清查、债权人对债务重组所作之承诺、重整计划的表决等对破产重整程序都是有效的，但出现实质性变更或造成债权人实质性损害的情形除外，有利于提高管理人工作效率和人民法院破产案件的审理效率。其次，预重整阶段已经完成大量的磋商谈判工作。预重整阶段的主要任务就在于投资人的招募和谈判、重组协议的达成和重整计划的表决，这几项工作是耗时长、沟通成本大的工作，有了前期的预处理机制，在过渡到破产重整阶段以后，将大大提高重整效率。最后，破产管理人的继续履职。一般情况下，现在国内已出现的预重整工作指引中原则上都规定了预重整与破产重整在管理人任命上的一致性，在既有经验基础上，管理人履职的效率得以保证，这在很大程度上决定了法院破产案件的办案效率。

（四）有效解决庭外重组中的债权人钳制问题

债权人钳制是指如果采取一致行动对集体有利，但是个人以不合作相威胁从而获取多于其他成员的利益，其他成员以此为代价获得通过一致行动，这就是一

① 参见雍灵：《破产法律制度价值探微——兼论破产法律制度的完善》，载《河北法学》1996年第4期。

种谈判中的钳制策略，钳制者通过这种策略获得多于团队中其他成员的利益。① 这种现象在庭外重组的过程中尤为常见，在达成重组协议时基于庭外重组一致表决的客观要求，决定了个别或少数债权人可能会因一己私利阻滞重组协议的通过，导致无法达到债务重组的效果，也就无法帮助困境企业脱困，最终引发庭外重组失败。预重整制度通过将传统破产重整的司法强制力先行介入庭外重组，赋予庭外重组以司法强制，避免少数债权人企图钳制其他债权人最大化自己的利益或获取超额利益。这样在很大程度上维护了庭外重组和庭内重组的有序进行，降低了重整成本和提高重整效率，最终有助于重组价值实现。

（五）减少重整参与方的破产欺诈行为

我国目前尚且没有个人破产制度，现行《企业破产法》主要规制的是企业破产行为。企业作为股东集成的商事主体，追求股东利益最大化与追求企业价值最大化相统一。换言之，作为破产企业的利益相关者，面临资不抵债的困局，主动利用破产重整制度实现企业更生是追求企业价值最大化和债权最大限度受偿的必然要求和价值使然。在传统的破产重整制度中，高昂的重整成本以及长期处于较低水平的重整成功率客观上会对债务人、债权人以及其他利益相关方的重整激情产生较大的负面影响，诱导债务人、债权人以及其他参与方刻意地实施偏颇行为或诈害行为等破产欺诈行为，藏匿、转移、隐瞒、非正常交易、串通损害债务人资产以达到“废公肥私”的目的，严重损害债权人的公平受偿和破产制度的重生价值。预重整制度中，债务人、债权人、投资人等本身具有很强的自主性，其主观上积极追求破产重整的积极效益，通过企业的资产重组、结构优化、引入战略投资等手段，实现企业的重生，在保障债务人存续和发展的同时，维护了债权人以及其他参与方的合法权益和破产制度的秩序价值。

① 参见浙江省杭州市余杭区人民法院课题组：《房地产企业预重整的实务探索及建议》，载《人民司法（应用）》2016 年第 7 期。

# 论破产欺诈的立法认定

李　力　谢厚良[*]

【摘要】《企业破产法》实施以来，在破产规范、利益平衡方面发挥了重要作用。但破产欺诈行为规制条款已被不法行为人“破解”和利用，加上其具有很强的隐蔽性和损害法益的共益性，导致破产欺诈猖獗，严重影响破产秩序及债权人的公平受偿。因此，厘清破产欺诈的相关理论和实践问题，维护债权人的合法权益势在必行。

【关键词】破产欺诈；公平受偿；债权人保护

“有破产就有欺诈”，破产欺诈随着破产制度产生和演化，抑或从最开始就扮演着破产制度和债权人合法权益的“蛀虫”。关于破产欺诈，《企业破产法》仅以列举的方式规定部分可撤销行为和无效行为，对破产欺诈缺乏整体具象，导致配套立法和司法认定无所适从，甚至引发破产欺诈立法规制被架空，法定责任无法落地，不法行为人肆无忌惮、有恃无恐。因此，本文以《企业破产法》现有制度为基础，拟从比较法角度厘清破产欺诈概念、一般要件、法定情形以及除外规则等相关问题，以期为纠正破产欺诈行为人的“越轨行为”提供指引，将不法行为纳入破产法的正常轨道。

## 一、问题的缘起

### （一）破产欺诈的概念

#### 1. 破产欺诈的立法沿革

早在公元前1世纪，罗马法就已经创设了民事欺诈制度。作为破产欺诈制度

---

* 李力，四川君合律师事务所律师，高级合伙人。谢厚良，四川君合律师事务所律师。

的发端,民事欺诈制度随着商品经济的发展日臻完善,而破产制度作为重要的商事制度也逐渐从商法中分立,破产欺诈制度也从产生走向成熟。1807 年,法国在《法国商法典》中全面确立了商事破产制度,明确规定欺诈破产及其法律后果,历经几次修改都不曾受到影响。1861 年,英国第一部《英国破产法》诞生,经过 1883 年、1914 年、1969 年以及后期的多次修正,依然保留了诈欺破产及其后果的规定。美国从 1800 年第一部《美国联邦破产法》伊始,破产欺诈始终置身于破产制度之下,并不断完善,已经成为世界各国破产立法移植的重要参考。

1986 年,我国颁布了第一部破产法律——《企业破产法(试行)》,而对隐匿、转移财产等破产欺诈行为的处理散见于《民法通则》、《公司法》、《刑法》、最高人民法院《关于贯彻执行〈中华人民共和国企业破产法(试行)〉若干问题的意见》、最高人民法院《关于审理企业破产案件若干问题的规定》等法律、司法解释当中,缺乏整体的制度构架和程序设置,破产欺诈相关制度也并非此次立法的重点。2006 年,我国现行《企业破产法》开始实施,相较于《企业破产法(试行)》,其在破产欺诈行为的立法认定、法律责任、司法救济等方面有了较大进展,但与西方发达国家相关制度相比仍然存在较大差距,这也一定程度上造成了我国破产逃债频发的司法困境。

2. 破产欺诈的概念

两大法系主要国家在立法中均未正式界定"破产欺诈"一词,但在具体的法律规则中该词被广泛使用,而在我国有关"破产欺诈"的界定仅仅停留在理论研究当中。目前,我国理论界关于"破产欺诈"的界定主要有以下三种观点:第一种观点认为,破产欺诈是指行为人违反破产法的规定,通过隐瞒真实情况或制造虚假情况的手段,导致破产财产减少或破产财产负担的增加,或使破产财产状况不明,从而损害债权人利益的行为。[①] 第二种观点认为,破产欺诈是指公司、企业的法人代表及其直接责任人通过隐瞒事实或制造虚假情况的手段,实施某种物之处分或交易,促使公司、企业破产的行为。[②] 第三种认为,破产欺诈是指行为人(主要是债务人)违反破产法的有关规定,通过隐瞒事实真相或制造虚假情况等手段,实施某种物之处分或交易行为,导致破产财产减少或破产财产负担的增加,或

① 参见王卫国:《破产法》,人民法院出版社 1999 年版,第 288 页。

② 参见覃美洲、邓艳:《破产欺诈的法律思考》,载《当代法学》2002 年第 12 期。

使破产财产状况不明,直接损害债权人利益,乃至社会利益的行为。①

相较之下,第三种观点较为全面地反映了破产欺诈的主观恶意性、客观表现形式以及结果的致害性。笔者较为赞同该种观点。

(二)破产欺诈与立法价值相背离

破产欺诈的违法性主要归咎于其对公平价值和诚信价值的违背。公平是破产程序应当实现的最为重要的价值目标,它涉及诸债权人之间的公平受偿以及债权人与债务人之间的公平。② 涵摄着公平理念的破产法应当具有为公平满足多数债权人的要求,使全体债权人获得公平清偿;兼顾债务人经济上复兴的利益,在一定程度上阻止破产之恶劣影响的扩大,以防止连锁倒闭的经济恐慌。③ 存在多个债权人且债务人资产不足以偿付债权总额时,破产法选择所有债权公平受偿代替个别受偿,同时债务人获得重生亦是破产制度的价值追求。诚实信用原则要求民事主体从事民事活动,应当遵循诚信原则,秉持诚实,恪守承诺。在破产过程中,行为人往往通过隐匿、破坏、无偿转让、偏颇性清偿等欺诈性行为减损破产财产、增加破产债务,损害债权人的清偿利益,这些欺诈行为无疑走向破产法立法目的的反面,与公平清偿原则和诚实信用原则背道而驰。因此,规范破产欺诈,是对公平价值和诚信原则的维护,更是纠正破产欺诈行为人的"越轨行为",防止债权人的权益遭受行为人恶意侵害的措施。

## 二、破产欺诈的构成要件分析

(一)破产欺诈的主体

关于破产欺诈的实施主体,美国反破产欺诈法规所涵盖的破产欺诈犯罪主体十分广泛,不仅可以包括债务人、债权人、托管人、保管人或破产法院执行官,还可以包括其他任何与破产案件有联系的人。④ 法国在《法国商法典》和《法国破产法》中也规定了对商人、手工业者或农业耕作者,任何直接或间接、法律上或事实上领导了从事经济活动的私法法人的人或负责主持了对该种法人的清算工作的

① 参见张艳丽:《破产欺诈与立法对策》,载《法学杂志》2005年第6期。

② 参见刘黎明:《回应与前瞻——"统一破产法"若干问题研究》,载《法商研究》2005年第1期。

③ 参见[日]石川明:《日本破产法》,何勤华、周桂秋译,中国法制出版社2000年版,第1~2页。

④ 参见梅新育:《美国反破产欺诈法规及其对我国的启示》,载《经济与法》1998年第5期。

人，以及法人的法人领导人的欺诈行为及惩罚。[①] 我国《企业破产法》第31、32、33条规定破产可撤销行为、无效行为对破产欺诈行为主体仅限于债务人，没有将企业直接责任人、债权人、破产管理人、第三人等纳入破产欺诈主体范围，这导致司法实践中债务人与部分债权人、部分债权人之间，以及债权人、债务人与其他参与人联合、串通损害债权人合法权益或社会公共利益的现象屡禁不止，甚至为法律之所不及，形成破产欺诈规制在源头上的一块真空，导致反破产欺诈立法中非债务人参与人的法律责任"无处安放"，甚至使债务人之外的参与人面对破产欺诈产生"置身事外"的错觉，这种不明就里的状态严重影响反破产立法制度的构建和司法效果。

从破产欺诈的概念分析可以看出，国内理论界普遍认为破产欺诈的行为主体应当包括但不限于债务人，债权人，破产管理人，法官，主管部门，清算组，审计、评估、鉴定等中介机构人员等在内的所有破产参与人，这也与国际上的通行做法相一致。

（二）行为人主观上须有损害债权人利益的故意

破产法的制度使命在于赋予诚信破产人"债务释重"的退出机制，以及为债权人提供公平受偿的制度保障。然而，行为人（通常是债务人）通过隐匿、转移、虚构债务、无偿转让、不合理低价交易等行为转移资产、逃避债务，诱发"翻壳经营""金蝉脱壳""舢板出逃、大船搁浅[②]"等破产欺诈现象频频发生，其本质是在利用股东有限责任、法人人格独立、破产免责、豁免财产等制度损害债权人利益。有观点认为破产欺诈行为人主观上应当具有欺诈的故意，但是在笔者看来，欺诈的直接相对人可能是债权人也可能是债权人之外的第三人，只有欺诈的相对人是债权人或者欺诈的结果归债权人承受时才是破产法上所谓之欺诈。比如债务人无偿赠与，行为人并未对相对人施以欺诈手段，但不影响对债权人破产欺诈的成立。换言之，行为人所谓欺诈的动机在于损害债权人利益。

（三）行为人实施了欺诈行为

行为人成立破产欺诈在客观方面必须实施了破产法上规定的欺诈行为。破产欺诈行为区别于通过语言、文字或行为虚构事实、隐瞒真相的传统欺诈行为，其

---

① 参见金邦贵：《法国商法典》，中国法制出版社2000年版，第355～356页。

② 参见张艳丽：《破产欺诈与立法对策》，载《法学杂志》2005年第6期。

难点在于行为是否符合破产法上的欺诈性。跟传统欺诈一样,破产欺诈行为可以分为作为和不作为两类。其中作为的破产欺诈行为往往体现出行为人以积极的行为方式(如转让、隐匿、虚构债务)减少债务人财产、增加债务人负担,而不作为方式主要是债务人不履行说明和移交义务导致财产状况不明的情形。破产欺诈行为的欺诈性认定的重要前提是债务人丧失清偿能力,很多情况下行为人的行为符合正常业务行为的特征,加上债务人资产、负债状况的模糊性,很难获取债务人丧失清偿能力的证据。绝大多数国家设置临界期制度,通过立法确定一定的期限内行为人实施特定的行为,即推定行为的欺诈性,而并不对行为人实施欺诈的主观状态和实害行为进行实质性审查,从这个层面上讲破产欺诈行为具有很强的法定性。因此,行为人实施的欺诈行为必须以破产法明文规定或符合破产法规定的欺诈行为为一般要件。

(四)损害事实

侵权法上的损害事实是指一定的行为致使权利主体的人身权、财产权以及其他利益受到侵害,并造成财产利益和非财产利益的减少或者灭失的客观事实。[①]破产欺诈行为造成的损害事实主要是债权人财产性利益的损害。确立损害事实作为破产欺诈行为的构成要件的立法动因除了破产欺诈的准确认定以外,关键是为破产欺诈损害赔偿和"出民入刑"提供事实基础。

(五)欺诈行为与损害事实之间存在因果关系

破产欺诈中的因果关系要件是指欺诈行为与损害事实之间引起和被引起的关系。目前,国际上关于因果关系的认定学说主要有责任因果关系说和相当因果关系说,两者的主要差异是责任因果关系说强调加害行为的违法性,这种违法性要件决定了欺诈行为的认定前提必须是法律明确规定,在法律没有明确规定的情况下,即缺乏责任范围的认定条件,可能导致因果关系认定失败,不利于行为人欺诈行为的责任认定。我国普遍认可的是相关当因果关系说,在因果关系的判断上分为事实因果关系的判断与法律因果关系的判断两步。[②] 主要国家破产法大多采用类型划分与列举性规定相结合的立法模式,采用事实因果关系和法律因果关系认定相结合的方式。在此基础上,对破产欺诈因果关系的认定首先寻找法律上

---

① 参见杨立新:《侵权法论》(第2版),人民法院出版社2004年版,第159页。

② 参见郭明瑞:《侵权责任构成中因果关系理论的反思》,载《甘肃政法学院学报》2013年第4期。

的因果关系,在法律没有明确规定的情形下适用事实因果关系加以认定。[①]

## 三、从比较法角度完善我国破产欺诈的立法认定

### (一)破产欺诈行为法定范围狭窄

1. 立法模式

破产欺诈的规制条款主要是指破产欺诈行为的法定种类。世界上通行的立法模式主要有列举式、概括加列举式,以及类型化三种。其中,列举式是指通过直接列举各种具体行为对破产欺诈行为加以认定的立法模式,这种模式下对破产欺诈行为的认定完全取决于法条的明文规定,司法裁量权较小,适应性较弱。比如《法国商法典第六卷:困境企业》中就对无效行为和可撤销行为进行了规定,通过列举的方式罗列了 14 种行为。概括加列举式是指在法条中明确罗列典型破产欺诈行为的基础上,提炼概括出破产欺诈行为的一般属性在法条中进行规定,具有较强的指引性和适应性。比如《德国破产法》第 129 条采用概括式规定可撤销行为的一般条款,即"对于在支付不能程序开始之前实施的并且使支付不能债权人受到不利益的法律行为"。类型化模式主要是将破产欺诈行为进行概括分类,再分别列举具体的行为模式。比如《美国联邦破产法》第 547 条和第 548 条将破产欺诈分为偏颇性清偿和欺诈性转让,并对这两种行为的性质、种类、构成要件、行为主体、主观状态和例外情形都进行了详细的规定。

我国《企业破产法》规定了无偿转让财产等 8 种法定破产欺诈行为,采用的正是直接列举模式,其规则柔性不足、刚性有余,在司法裁量中具有很强的指引性,但面对复杂多变的市场环境,应对起来略显捉襟见肘。这种列举方式的法定性和稳定性还可能降低行为人的违法性认识或激发行为人的违法动机,导致既定规则遭受规避和架空,无法充分发挥法律的指引和教育功能。

笔者认为,我国《企业破产法》中关于法定破产欺诈行为的规定最宜采取"概括加列举"的立法模式。该模式中概括性条款是对破产欺诈行为一般属性的高度概括,具有较强的裁量空间和适应性,甚至可以作为一个兜底条款,对行为人具有威慑作用,以弥补列举条款的不足。列举条款是对破产欺诈行为立法认定规则的具体化,利于加强司法指引和法律预期。这样既避免了概括主义的高度抽象和

---

① 参见李雪田:《我国反破产欺诈法律制度研究》,吉林大学 2010 年博士学位论文。

难以操作性,又克服了列举主义挂一漏万的不完全性。[①] 此外,此种模式与我国《企业破产法》关于破产欺诈的列举式条款具有架构上的一致性,客观上减少了模式调整对既定法带来的影响。

2. 破产欺诈行为法定类型

关于破产欺诈行为,《美国联邦破产法》第18篇中规定的破产欺诈犯罪包括:隐匿财产,虚假宣传,作假证明,贿赂主管破产程序人员,伪造、毁坏、销毁有关文件,贪污或挪用债务人的资产,故意强占破产财产,拒绝有关人员检查文件,私分费用等行为。[②]《德国刑法典》第283条a中规定的"破产罪"包含的欺诈行为包括:对宣告破产程序中属于破产人的财产部分,加以转移或隐匿,或以违反通常经济要求的方式加以毁弃、损坏或使其不能使用;以违反通常经济要求的方式进行货物或有价证券的亏本交易、投机交易或差额交易,或以非经济的支出、赌博、打赌而大量损耗或负债;赊欠货物或有价证券,将赊欠的货物或有价证券及其衍生物,以违反通常经济要求的方式,以明显低于其价值让与他人或做其他处置;虚构他人的权利或承认虚构的权利;依法有义务记载商业账簿而不记载,或将商业账簿作如此记载或变更,以至于使人很难查阅其财产状况;商人将其依商法有义务保管的商业账簿或其他资料,以保管期限届满前,予以转移、隐匿、毁弃或损坏,由此而增加查阅其财产状况困难;违反商法的规定:(1)为增加查阅其财产状况的困难而提出资产负债表;(2)对其财产的资产负债表或财产清单,不在规定的期限内提出;或以其他违反通常经济的要求的方式减少其财产,或隐匿或掩盖其真实的经营情况。[③]

我国《企业破产法》第31、32、33条规定了无偿转让财产,以明显不合理的价格进行交易,对没有财产担保的债务提供财产担保,对未到期的债务提前清偿、放弃债权、个别清偿,为逃避债务而隐匿、转移财产,虚构债务或者承认不真实的债务等8种法定破产欺诈行为,与两大法系的代表性国家的破产欺诈认定规则相比还存在较大差距。鉴于上述立法经验,破产欺诈行为可增加但不限于以下行为:伪造、毁坏、销毁有关文件;贪污或挪用债务人的资产;故意强占破产财产、拒绝有关人员检查文件;私分费用;虚假陈述;虚假证明;不制作、不记载、虚假记载、隐藏

---

① 参见李永军:《破产法律制度:清算与再建》,中国法制出版社2000年版,第260页。

② 参见梅新育:《美国反破产欺诈法规及其对我国的启示》,载《经济与法》1998年第5期。

③ 参见徐久生、庄敬华:《德国刑法典》,中国方正出版社2004年版,第137~138页。

或变更毁灭商业账簿的行为；严重不负责任，浪费财产或进行不合理开支、违规管理等，致使财产严重毁损或减少的行为。

（二）破产欺诈行为的临界期过短

破产欺诈的认定前提是具备破产原因，即丧失清偿能力。实践中因债务人掌握账簿、文件等经营资料，甚至相关资料记载不清，或者债务人为了转移资产、逃避债务实施破坏行为，很难证明丧失清偿能力的时间。加上破产欺诈行为与正常经营行为往往具有相似性且通常具有很强的隐蔽性，因此引入临界期制度就是为了准确界定破产欺诈行为。

关于临界期的划分有单一制和多元制两种模式。单一制是指无论欺诈行为的性质和种类，都规定统一的临界期。比如，我国《企业破产法（试行）》中规定统一规定临界期为破产案件受理前6个月。多元制是指根据欺诈行为的种类、行为对象、特征、危害性大小等因素规定不同的临界期。关于行为的种类，比如，《德国破产法》第132条、第133条分别规定“直接损害破产债权人利益的法律上的行为”3个月的临界期，而对“故意损害债权人利益的法律上的行为”区分不同情况规定了10年、2年的临界期。关于危害性大小，《日本破产法》第160条规定债务人明知有害与债权人的，不设置临界期，这与我国《企业破产法》第33条规定的为逃避债务而隐匿、转移财产，虚构债务或者承认不真实的债务等情形的处理方式是一样的。关于欺诈协议，《芬兰破产法》规定临界期为5年，有时甚至可能为10年。关于行为对象，《美国联邦破产法》第547条规定对于一般债权人临界期为申请破产前90日，内幕人则为1年。①

我国《企业破产法》规定无偿转让财产、以明显不合理的价格进行交易、对没有财产担保的债务提供财产担保、对未到期的债务提前清偿、放弃债权的临界期为破产受理前1年，个别清偿为破产受理前6个月，为逃避债务而隐匿、转移财产，虚构债务或者承认不真实的债务不设置临界期。相较于欧美国家的立法经验来看，我国的临界期普遍偏短且分类简单，无法适应复杂的市场变化和“道德考验”，建议分情况酌情延长我国的法定临界期，尤其是关联人交易、做空企业等恶意性极强的行为，延长破产欺诈的规制范围，倒逼行为人尤其是债务人善良地运

① 参见李飞主编：《当代外国破产法》，郑冲译，中国法制出版社2006年版，第581～584页。

用破产制度谋求重生、增加受偿。

（三）破产欺诈的除外规则不足

破产欺诈行为的认定制度功能在于识别破产欺诈行为，并以此为基础建立配套的责任制度和救济制度。基于构成要件的分析将满足条件的各种行为囊括在内，难免造成破产欺诈行为认定的扩大化，虽然保护了债权人的合法权益，但这种扩大化的认定同样可能对交易安全、法律秩序乃至第三人利益造成损害。认定破产欺诈行为的例外规则目的就在于别除个别行为，而这种别除并不是对反破产欺诈制度功能的削弱，相反，除外规则的适用增添了制度整体的和谐。一方面，在破产欺诈行为的规制机制中，满足破产欺诈形式要件的行为的秩序破坏性和权利损害性未必达到立法目的意图规范的不法行为要求的程度，将其作为破产欺诈进行规制在利益平衡、秩序规范上的价值不大；另一方面，反破产欺诈一个重要立法价值在于利益平衡，除外规则往往可能更能体现对债务人乃至第三人的兼容保护。

关于破产欺诈的除外规则，具有代表性的是《美国联邦破产法》第547条规定了偏颇性清偿，为取得新价值发生的交易、新增贷款的担保、常规营业的付款、浮动担保、法定担保、家庭抚养费、小额生活费等9种例外情形。欺诈性转移行为包括经授权的转让行为、强制申请案件、不动产转让以及一定比例的慈善捐款。①

目前，我国《企业破产法》确定的破产欺诈的除外规则包括《企业破产法》第32条规定“个别清偿使债务人财产受益的除外”，以及最高人民法院《关于适用〈中华人民共和国企业破产法〉若干问题的规定（二）》第16条规定的债务人为维系基本生产需要而支付水费、电费等，债务人支付劳动报酬、人身损害赔偿金的，使债务人财产受益的其他个别清偿。这些除外规则旨在保障债务人基本的生产生活，防止债务人财产不当减损，但并未涉及其他法定破产欺诈行为的除外规则，对此需要立法进一步明确。因此，笔者认为，可以根据具体情况，以保护债务人基本生存权、善良风俗，以及法律制度之间的兼容为目标，设定特别的除外规则，比如无偿转让财产中符合善良风俗的小额赠与②、家庭抚养费、新增贷款的担保、法定担保、小额生活费、放弃诉讼时效抗辩，但恶意串通除外等。

① 参见［美］大卫·G.爱泼斯坦等：《美国破产法》，韩长印等译，中国政法大学出版社2003年版，第317页。

② 参见吕映雪：《论破产可撤销行为的认定》，西南政法大学2018年硕士学位论文。

# 商品房消费者保护与抵押权的优先性之博弈

## ——以某破产案件中车位购买者是否具有商品房消费者权利为视角

钟　薇　雷　琴　赵菡敏*

【摘要】自2023年4月20日起施行的最高人民法院《关于商品房消费者权利保护问题的批复》(法释〔2023〕1号)(以下简称《商品房消费者权利保护的批复》),明确了因商品房已售逾期难交付引发的相关纠纷案件中涉及的商品房消费者权利顺位,但对于适用的前提、条件或范围并未进行明确,导致在司法实践中,出现诸多争议,本文仅以某一破产案件中车位购买人及抵押权人权利顺位争议的相关问题抛砖引玉,就《商品房消费者权利保护的批复》以及相关法律的适用问题进行论述。

【关键词】破产;商品房消费者权利保护;抵押权

## 一、案情简介

某房产公司开发的某住宅楼盘的车位已全部竣工且交付使用多年,但存在车位已出售给业主但未为购买人办理产权的问题。据查,该房产公司的车位已竣工并办理初始登记,2014年该房产公司向银行贷款并办理了车位抵押登记,并于2016年起陆续将上述已抵押车位出售给小区业主,车位买卖合同明确记载"与该

* 钟薇,四川君合律师事务所律师。雷琴,四川君合律师事务所律师。赵菡敏,四川君合律师事务所律师。

商品房有关的抵押情况为:抵押尚未解封”。后因该房产公司无力偿还贷款,银行向法院起诉,经判决后申请人民法院强制执行并查封了案涉车位,案件尚未执行终结。

2022年该房产公司因无法清偿到期债务,被人民法院受理破产清算,遂出现涉及该房产公司名下该处已售车位,购买人与抵押权人权利顺位问题的争议。

**二、法律分析及争议观点**

(一)购买车位的业主是否在商品房消费者权益保护范围内

观点1:小区车位购买者不在商品房消费者权益保护范围内。

该观点认为,业主购买车位并非以居住为目的,车位也与用于居住的房屋不同,车位购买者不属于商品房消费者。

《全国法院民商事审判工作会议纪要》第126条规定:“根据《最高人民法院关于建设工程价款优先受偿权问题的批复》第1条、第2条的规定,交付全部或者大部分款项的商品房消费者的权利优先于抵押权人的抵押权,故抵押权人申请执行登记在房地产开发企业名下但已销售给消费者的商品房,消费者提出执行异议的,人民法院依法予以支持。但应当特别注意的是,此情况是针对实践中存在的商品房预售不规范现象为保护消费者生存权而作出的例外规定,必须严格把握条件,避免扩大范围,以免动摇抵押权具有优先性的基本原则。因此,这里的商品房消费者应当仅限于符合本纪要第125条规定的商品房消费者。买受人不是本纪要第125条规定的商品房消费者,而是一般的房屋买卖合同的买受人,不适用上述处理规则。”该纪要第125条第2款规定:对于其中“所购商品房系用于居住且买受人名下无其他用于居住的房屋”如何理解,审判实践中掌握的标准不一。“买受人名下无其他用于居住的房屋”,可以理解为在案涉房屋同一设区的市或者县级市范围内商品房消费者名下没有用于居住的房屋。商品房消费者名下虽然已有1套房屋,但购买的房屋在面积上仍然属于满足基本居住需要的,可以理解为符合该规定的精神。

综上,小区的车位显然与用于居住的房屋性质不同,车位购买者不在前述商品房消费者的范围内。

观点2:小区车位购买者在商品房消费者权益保护范围内。

该观点认为,车位是住房的必要配套设施,具有保障业主基本居住权益的属性。车位虽不属于住宅，但依法属于满足业主住宅需要的必要设施。

《民法典》第 276 条规定："建筑区划内，规划用于停放汽车的车位、车库应当首先满足业主的需要。"国家住房和城乡建设部发布的《城市居住区规划设计规范》规定居住区内必须配套设置居民汽车（含通勤车）停车场、库，明确规定了在城市商品房建设阶段建设单位应设计、修建车位、车库以满足业主需求的强制性义务，赋予车位以特定用途。虽然建筑区划内的车位、车库不同于居住的商品房，但车位依法依附于商品房而存在，功能在于满足小区业主的居住需要，车位使用权与业主居住权密切相关，具有满足居民基本生活需要的属性，属于商品房所提供居住功能的必要延伸和拓展[（2022）最高法民终 86 号案支持车位具有居住权利属性]。

笔者赞同第二种观点，小区业主基于生活、居住目的购买车位，车位是为了用于房屋配套居住，车位依附于住宅以满足居住需要，车位购买者在商品房消费者的范畴内。

（二）在属于商品房消费者保护范围的前提下，车位购买人与抵押权人的权利顺位问题，也颇有争议

观点 1：依据最高人民法院《关于商品房消费者权利保护问题的批复》（以下简称《商品房消费者权利保护的批复》）及相关规定，车位购买人的交付请求权优先于抵押权，从而有权要求办理过户，理由如下。

目前有效的关于商品房消费者权利的主要规定为《商品房消费者权利保护的批复》以及最高人民法院《关于人民法院办理执行异议和复议案件若干问题的规定》（以下简称《执行异议规定》）第 29 条的规定。

《商品房消费者权利保护的批复》第 2 条规定：商品房消费者以居住为目的购买房屋并已支付全部价款，主张其房屋交付请求权优先于建设工程价款优先受偿权、抵押权以及其他债权的，人民法院应当予以支持。

对于满足商品房消费者已支付全部价款的，其房屋交付请求权优先于抵押权，批复所述的抵押权并未区分抵押权登记的时间是否在购买的时间之前或者之后，那么针对本案中涉及交付请求权的权利顺位必然更优先，其实质上是物权期待权的权利特征之一，虽然提及的仅为"交付请求权"，实际上亦应当延伸至在符合办证条件情况下的办证请求权，否则仅仅是交付使用，却不办理产权，但又限制抵押权人的优先受偿权的行使，这将是个无穷的僵局，违背保护商品房消费者生

存权的基本原则。据此，小区车位的问题，可以适用《商品房消费者权利保护的批复》第2条的规定。

《执行异议规定》第29条规定："金钱债权执行中，买受人对登记在被执行的房地产开发企业名下的商品房提出异议，符合下列情形且其权利能够排除执行的，人民法院应予支持：(一)在人民法院查封之前已签订合法有效的书面买卖合同；(二)所购商品房系用于居住且买受人名下无其他用于居住的房屋；(三)已支付的价款超过合同约定总价款的百分之五十。"如果满足在查封之前已签订书面买卖合同，该小区无其他居住配套车位，并且付款比例达到规定条件，则应当排除执行，而破产案件实际上也是一个概括执行程序，亦应当适用上述规定。

综上，车位购买者可以依据上述商品房消费者权利保护的相关规定，得到优先于抵押权人的商品房消费者权利保护。

观点2：不能依据商品房消费者权利保护的相关依据，但可以依据《民法典》，通过诉讼的方式取得生效判决带押过户，理由如下。

首先，《商品房消费者权利保护的批复》主要解决的是"因商品房已售逾期难交付引发的相关纠纷案件中涉及的商品房消费者权利保护问题"。本案中的商品房已经交付多年，实际是因抵押权在先引发的无法办证问题，在合同中亦约定了无法办证可以解除合同，不符合《商品房消费者权利保护的批复》的适用前提。

其次，《全国法院民商事审判工作会议纪要》第126条规定："根据《最高人民法院关于建设工程价款优先受偿权问题的批复》第1条、第2条的规定，交付全部或者大部分款项的商品房消费者的权利优先于抵押权人的抵押权，故抵押权人申请执行登记在房地产开发企业名下但已销售给消费者的商品房，消费者提出执行异议的，人民法院依法予以支持。但应当特别注意的是，此情况是针对实践中存在的商品房预售不规范现象为保护消费者生存权而作出的例外规定，必须严格把握条件，避免扩大范围，以免动摇抵押权具有优先性的基本原则……"也就是说商品房消费者的权益保护，应当限于针对商品房预售的情形，小区的车位问题，在于银行抵押权的设定并非在建工程的抵押，而系修建完成之后因开发商的经营借贷设定的，与在建工程抵押之后的预售房产逾期难交付的问题存在本质的区别。因此，案涉车位事宜不能适用上述批复。

但是《民法典》第406条规定：抵押期间，抵押人可以转让抵押财产。当事人另有约定的,按照其约定。抵押财产转让的,抵押权不受影响。最高人民法院《关于适用〈中华人民共和国民法典〉时间效力的若干规定》第1条规定:《民法典》施行前的法律事实持续至《民法典》施行后,该法律事实引起的民事纠纷案件,适用《民法典》的规定,但是法律、司法解释另有规定的除外。虽然小区的车位买卖合同时间在2016年,但是车位一直没办理产权,该状态持续至《民法典》实施之后,可以适用《民法典》的相关规定,主张带押过户。

观点3:在抵押权人主张行使抵押权的前提下,车位购买人无法主张优先于抵押权人的权利保护而进行产权办理。

该观点认为,《商品房消费者权利保护的批复》以及《执行异议规定》均无法适用,并且《民法典》关于带押过户的规定亦不能适用。因为《民法典》第406条规定:抵押人转让抵押财产的,应当及时通知抵押权人。抵押权人能够证明抵押财产转让可能损害抵押权的,可以请求抵押人将转让所得的价款向抵押权人提前清偿债务或者提存。转让的价款超过债权数额的部分归抵押人所有,不足部分由债务人清偿。根据目前了解的情况,小区车位买卖的情况并未及时通知抵押权人,目前开发商已经进入破产清算程序且已经主张行使抵押权,如果适用带押过户,实际上亦损害了抵押权,故小区的车位问题不能主张优先于抵押权人的权利保护而进行产权办理。

**三、笔者意见**

笔者认为,小区业主购买车位,其作为车位购买人,属于商品房消费者的范畴,但车位购买者与抵押权人权利顺位问题的争议,应当区分抵押权的设定情况作区分处理。

1. 抵押权的设定若属于开发商所做在建工程的抵押,而预售之后难交付的情形,那么购买者可以依据适用《商品房消费者权利保护的批复》第2条的规定,主张商品房消费者权利优先保护。对于满足商品房消费者已支付全部价款的,其房屋交付请求权(符合办证条件下的办证请求权)优先于抵押权,并且该抵押权并不区分抵押权登记的时间是否在购买的时间之前或者之后。

2. 抵押权的设定若属于开发商在完成初始登记后办理的抵押登记,那么应当区分买卖行为与抵押行为的时间先后,确定权利顺位。

(1)若购买并占有使用车位的行为在先,那么购买者的权利应得到优先于抵押权的保护。

先行购买并占有使用车位的,应当优于一般债权予以保护,其占有对在后设定的抵押权具有公示力,办理抵押贷款的银行应对购买者的权利负有适当的注意义务。

《商业银行法》第36条第1款规定:“商业银行贷款,借款人应当提供担保。商业银行应当对保证人的偿还能力,抵押物、质物的权属和价值以及实现抵押权、质权的可行性进行严格审查。”中国人民银行《贷款通则》第27条规定:“贷款调查:贷款人受理借款人申请后,应当对借款人的信用等级以及借款的合法性、安全性、盈利性等情况进行调查,核实抵押物、质物、保证人情况,测定贷款的风险度。”上述法律法规明确规定银行对外贷款设定担保时负有对抵押物进行审查的义务。车位属于法律明确规定满足小区业主居住需求的商品房的必要配套设施。虽然车位登记在开发商房产公司名下,但银行在设定抵押权时对车位的实际状态负有法定的审查义务。

若抵押登记时间在签订买卖合同、支付价款以及实际占有使用时间后,则说明在车位上有他人权利的可能性已经明显存在的情况下,银行未调查了解车位是否已经出卖或者是否有其他权利人,以至于银行的抵押权与购买者在先权利产生冲突,银行未尽到必要的注意义务,存在过错,那么购买者的权利顺位必然更优先,有权行使物权期待权,在符合办证条件情况下有权主张办证请求权。

(2)若抵押的设立登记在购买并占有使用车位的行为之前,那么抵押权应当优先于购买者权利。

本文讨论的破产案件则属于此种情形,在先的抵押无法控制开发商在未经抵押权人同意情况下的在后销售行为,并且依据2016年尚有效的《物权法》第191条“抵押期间,抵押人经抵押权人同意转让抵押财产的,应当将转让所得的价款向抵押权人提前清偿债务或者提存。转让的价款超过债权数额的部分归抵押人所有,不足部分由债务人清偿。抵押期间,抵押人未经抵押权人同意,不得转让抵押财产,但受让人代为清偿债务消灭抵押权的除外”的规定,抵押权人并未同意转让抵押财产,违反了法律规定,亦不属于银行可预测的情形,抵押权人无任何过错。

在开发商与购买者签订的买卖合同中,明确记载“车位的状态属于抵押尚未解除”,购买者明知系已设定抵押的车位而购买,其应当在购买车位时知晓可能无法办证的风险。

车位买卖的情况并未及时通知抵押权人,而开发商已经进入破产清算程序,抵押权人的债权属于担保债权的性质,就担保物享有优先受偿权,其已经主张行使抵押权的情况下,如果将车位过户至购买者名下,实际上损害了抵押权的优先受偿权。故若抵押在前,买卖在后,抵押权的权利应当优于购买者的权利,车位购买者不得主张商品房消费者的优先保护权要求办理产权。

综上,车位购买者与抵押权人权利顺位问题,不能一概而论,应当根据情况作分类处理。以上仅为从某起房产公司破产案件的某楼盘的车位纠纷所作的法律适用方面的思考,但商品房消费者权利保护的相关法律适用问题,目前可参考的司法判例少之又少,望此后能够出台相应的法律适用解答,以免出现诸多不同意见,从而统一司法实践操作。

# 第九编

# 行政管理法律实践研究

# 教育培训机构受政策影响的违约责任和免责探讨

褚立宁　王　兰*

【摘要】为深入贯彻党的十九大和十九届五中全会精神，切实提升学校教书育人水平，遵循教育规律，坚持学生为本、回应关切，有效减轻义务教育阶段学生过重作业负担和校外培训负担，进一步提升校教育教学质量和服务水平，全面规范校外培训行为，坚持从严审批机构，《关于进一步减轻义务教育阶段学生作业负担和校外培训负担的意见》(以下简称《双减意见》)应运而生。《双减意见》实施后，教育培训机构面临了前所未有的挑战，退费、转型等问题严峻，甚至出现不少机构卷款跑路现象，法律问题随之而来，尤其是民法领域中的违约。违约责任是《民法典》“合同编”中的重要内容之一，也是司法实践中最为常见的争议问题。本文试图通过分析《双减意见》对教育培训机构的影响，包括对违约责任承担与免责问题进行探讨，以及其所引发的对社会诚信体系构建的关注，希望律师群体、法律职业共同体共同努力，为消除社会诚信危机、构建诚信法治社会蓄力。

【关键词】双减意见；教育培训机构；违约责任；不可抗力；情势变更

---

* 褚立宁，四川君合律师事务所律师，合伙人，劳动法律事务部部长，青年工作委员会副部长。王兰，四川君合律师事务所律师。

## 一、违约责任及免责事由概述

《民法典》第533条规定，合同成立后，合同的基础条件发生了当事人在订立合同时无法预见的、不属于商业风险的重大变化，继续履行合同对于当事人一方明显不公平的，受不利影响的当事人可以与对方重新协商；在合理期限内协商不成的，当事人可以请求人民法院或者仲裁机构变更或者解除合同。人民法院或者仲裁机构应当结合案件的实际情况，根据公平原则变更或者解除合同。

《民法典》第577条规定，当事人一方不履行合同义务或者履行合同义务不符合约定的，应当承担继续履行、采取补救措施或者赔偿损失等违约责任。

根据法条文义可知，违约的基本表现就是不履行合同义务或者履行合同义务不符合约定；而违约责任的承担方式为继续履行、采取补救措施或者赔偿损失等。

违约行为导致承担责任系民事法律关系中的常态，但也存在例外情形。若因不可归责于当事人的事由，导致违约，可免于承担违约责任。此类免责事由在法律上可分为两大类，即法定免责事由和约定免责事由。法定免责事由是指由法律直接规定、不需要当事人约定即可援引的，主要指不可抗力、情势变更等，在《民法典》中有具体规定。约定免责事由是指当事人根据双方合意，事先在合同中约定的免责条款，约定免责事因合同类型不同、法律关系不同而差别较大，需要具体问题具体分析，常见的有债权人过错等。

经济高速发展的今天，贸易往来的频繁及社会诚信的缺失，都会增加合同履行的违约风险。违约责任是《民法典》"合同编"中的重要内容之一，也是司法实践中最为常见的争议问题，是衡量契约社会、诚信社会的重要标尺。只要订立合同，相应的违约责任就不会缺席。

诚信履约是契约社会的愿望，但现实中突发事件却是诚信原则的"绊脚石"。新冠疫情基本控制，由此产生的违约争议及免责问题还未完全消除，又出现了新的情形。因解决义务教育阶段减负等问题，国家层面出台《关于进一步减轻义务教育阶段学生作业负担和校外培训负担的意见》（以下简称《双减意见》），由此引发了教育行业的违约问题，特别是教育培训机构面临的违约及责任承担等争议问题，需要我们结合具体案情进行分析。

## 二、教育培训机构面临的违约责任及责任承担问题

随着《双减意见》的颁布和实施，大多的教育培训机构已无法正常开展业务，

并且面临着现有学员退款、退租、资金链断裂等问题。本文主要讨论有关教育培训机构房屋租赁关系涉及的违约及责任承担问题。教育培训机构承租的店面往往位于大型商场,一般情况下租赁合同的条款对于承租人极为严苛,如擅自解约将会面临赔付巨额违约金。因《双减意见》导致教育培训机构无法继续履行或解除房屋租赁合同,类似于“非约定免责事由违约”是否需要承担违约责任,需要具体情况具体分析。

在《双减意见》的影响下,教育培训机构单方解除或者终止房屋租赁合同是否存在违约行为?因国家政策影响,教育培训行业迎来寒冬,众多的培训机构不再具备相应的办学条件或者无法继续开展学科类培训活动,只能停止办学甚至全额退款,以原来承租的办学场所与业务前景无法匹配而要求紧急解除合同或是不能如期继续支付房租。在此情景下,双方的租赁合同并未到期,承租方依约有继续履行合同的义务,即继续承租房屋并缴纳租金。若教育培训机构单方解除、终止租赁合同,则属于违约;若无法定或约定免责事由,其应当承担相应的违约责任。

既然单方解除或者终止房屋租赁合同构成违约,关于教育培训机构是否需要依法依约承担违约责任,应当结合具体案情及是否存在免责事由进行分析。前文讲过免责事由一般分为合同约定和法律约定。民事法律关系遵循意思自治原则,在合同订立时,合同双方可以通过双方合意约定,因发生约定情形影响承租人正常经营的可以解除合同,赋予承租人附条件的解除权,这就是约定免责事由。在合同生效履行过程中,发生了约定免责的情形时,教育培训机构可以依据《民法典》第 562 条主张解除合同。政策变动一般是合同签订时无法预见的,因此合同主体不会对具体政策调整内容提前约定准确,因此政策调整免责条款较少以约定免责的情形出现。约定因不可抗力因素导致合同不能继续履行的,可以解除合同,且不承担责任,这种约定的不可抗力条款有效,不影响直接援引法定不可抗力条款,若约定范围小于法定范围,当事人仍可主张法定不可抗力条款;若约定范围大于法定不可抗力范围,超出部分视为约定有效的免责条款。

实务操作中,教育培训机构一般是要求通过法定免责事由的方式解除合同,退还租金、保证金等。因此教育培训机构是否需要承担解除或者终止房屋租赁合同违约责任的关键,是国家出台的《双减意见》是否可以构成法定的不可抗力或者其他具备其他法定免责事由。根据《民法典》第180条的规定,不可抗力是指不能预见、不能避免且不能克服的客观情况。因不可抗力不能履行民事义务的,不承担民事责任。由此可见,存在不可抗力并不意味着就不承担民事责任,必须同时满足"因不可抗力不能履行民事义务的"。因此,当前教育培训机构是否符合法定免责情形需要进行两方面分析:《双减意见》是否构成不可抗力或者存在其他免责事由,是否直接导致合同不可履行。

对于不可抗力的理解,我国民法学界一向认为存在有主观说、客观说和折中说的区别,通说认为我国现行民事立法采折中说,既要考虑当事人的主观因素,又要强调客观方面。关于不能预见,判断合同当事人能否预见影响合同履行事件的发生,一般以订立合同时作为预见时点,以一般人的预见能力为标准加以判断。教育培训机构的经营资质是合法取得的,在取得该办学资质时,无法预见合法登记的经营范围相应业务不能继续开展的风险,且该培训行业也并未有过类似案例,因此对于《双减意见》的发生培训机构是不能预见的。关于不能避免,《双减意见》所针对的对象是整个行业,具有强制性。培训机构身处该教育行业,自然是不能避免的。而对于不能克服的客观情况,实务界多认为所指向的是客观事件及其所导致的合同履行障碍,该观点既关注客观事件本身,也重视事件导致不能履行的后果。但是从法条本身来说,不能克服的只有"事件"本身,并不考虑是否影响合同履行。基于法律条文的具体规定,我们在此分仅考虑教育培训机构能否克服《双减意见》的压力。在该政策下,对于已签订租赁合同但并未交付房屋使用,或者虽已交房但尚未完成教育培训机构营业执照登记或者培训办学许可证的,那么培训机构依法将不会通过审批,无法取得具有办学条件,也无法取得营业执照或者办学许可资格,只能转型或是退出该行业。由此可见,停止办理培训事宜或者办理培训审批对于一般的学科类教育培训机构而言是不具备克服的能力,但是能否对其房屋租赁合同的履行构成不可抗力是值得商榷的。

通过以上分析,笔者认为《双减意见》对于前述部分教育培训机构企业经营或者业务发展的影响是不言而喻的,但是是否构成不可抗力也存在一定的争议。关于培训机构能否免责,还要考虑该事件是否直接构成合同履行的障碍。一般来说,培训机构与出租方签订的租赁合同都会明确约定租赁房屋仅作为教育培训使用,因此在《双减意见》颁布后,教育培训机构若无法完成营业执照审批、办学许可等手续，那么显然失去了相应的教育培训资格，进行教育培训目的已不能实现，但是就房屋租赁合同能否履行、是否能够直接援引不可抗力抗辩是存在争议的。对于该类型争议如果不可以援引不可抗力免除违约责任，那么需要寻求其他法定免责事由，比如情势变更原则等。

基于实践中教育培训机构房屋租赁关系履行的复杂性，《双减意见》更容易被认为属于情势变更而非不可抗力。例如中国民办教育协会在2021年8月8日发布的《关于校外培训机构房租有关问题的行业意见书》，明确因校外培训机构外部制度环境发生了根本性的变化，对现有校外培训机构业务与前景带来战略性影响，需紧急退租，并将租金用于退还学费、裁减员工补偿等情况的校外培训机构可适用《民法典》第533条规定的情势变更原则。该校外培训房租意见书对于情势变更原则的分析，前提是教育培训机构已经通过所租赁房屋取得了营业执照或者学科类培训办学许可证，那么此时《双减意见》将不会直接导致营业执照或者学科培训资格的丧失，而仅仅是影响后期业务规模扩展，比如节假日、双休日等不得开展学科类培训业务。因此也不会直接导致原房屋租赁合同目的无法实现、合同无法继续履行的严重后果，如果继续按照原合同约定履行明显不公平，对此类争议来说，解释《双减意见》性质更适合援引情势变更原则，但同样符合违约免责的情形。

通过以上分析可知，《双减意见》实施后，教育培训机构若因此无法继续履行房屋租赁合同的，可以行使法定的合同解除权，并且基于情势变更原则免除违约责任的承担。但是实践中大量的出租人对此不予认可，简单地依据合同约定要求教育培训机构承担违约责任；可能是该类群体对于法律知识存在缺失，也可能是在反映社会诚信体系还不够完善。

**三、诚信社会律师要有新力量**

诚信原则是作为整个民法领域的最高原则，又称“帝王条款”，市场主体均应当认真遵守该原则；否则，任何合同主体都有可能构成违约并承担相应责任。违反诚信原则既会损害守约方的合法权益，也会影响法治社会的诚信体现。

《双减意见》政策是面向整个教育行业的，各地的教育培训机构纷纷以情势变更或不可抗力为由，要求出租方解除合同并退还租金、保证金。政策对于教育培训机构的影响是全方位的、巨大的，教育培训机构为了应对新政策、寻求生存或者转型也是不得已而为之,客观上也是为国家义务教育阶段减负任务舍弃自身利益,对于国家“双减政策”重大决策的贯彻和落实作出了正面的、积极地回应。相反,部分借此机会拒绝退还房租或者寻求高额违约金的出租人表现出的缺少温情和诚信,一定层面上也阻碍了国家双减政策的落实,也为诚信社会体系建立增加了障碍。当然,也有些教育培训机构或者类似企业浑水摸鱼,打着不可抗力或者情势变更的幌子,为自身减负、业务转型等目的牟利,损害守约方的利益,这是对诚信原则的一大挑战。

违约责任、责任承担等争议不仅是对契约主体诚信的挑战,也是对律师职业的考验。律师作为法律与当事人之间的桥梁,既是法律的代言人,也是当事人的代理人,同时肩负着两份重任,即对法律进行解释说明和维护当事人的合法权益。新时代、新阶层对律师职业的有新要求,律师必须注重以诚信为本,加强对法律的诚信、对客户的诚信、对国家和社会的诚信,向全社会彰显出律师行业依法公正执业和维护公正司法的新形象和新力量,为构建诚信社会、法治社会蓄力护航。

# 关于《行政处罚法》第29条"一事不再罚"在城市管理行政执法实践中的理解和运用

尹　霞*

【摘要】2021年1月22日，中华人民共和国第十三届全国人民代表大会常务委员会第二十五次会议对《行政处罚法》的修订审议通过，并予以公布，自2021年7月15日起正式施行。《行政处罚法》的修订亮点之一就是对"一事不再罚"原则进行了完善。"一事不再罚"作为行政法的基本原则之一，对于依法行政、公平执法具有重要意义，但实践中对其理解和适用并无统一标准，实践运用方式不一而足。本文就结合在城市管理行政执法实践中遇到的问题，对"一事不再罚"的理解和运用进行简析。

【关键词】《行政处罚法》第29条；一事不再罚；就高罚款；法条竞合；想象竞合

## 一、什么是"一事不再罚"？

### （一）法律依据

《行政处罚法》第29条规定："对当事人的同一个违法行为，不得给予两次以上罚款的行政处罚。同一个违法行为违反多个法律规范应当给予罚款处罚的，按照罚款数额高的规定处罚。"

---

* 尹霞，四川君合律师事务所律师。

(二)关于“一事”的界定

“一事”即“同一个违法行为”,是指同一个违法主体实施的一个或一次违法行为。对于“一事”的界定,法律法规并无明确的规定,执法实践中也无统一标准。结合实践经验,笔者总结了以下几个界定要点:

第一,违法实施主体是否相同?如在建设工程违法分包的案件中,将工程设计工作分包给不具备相应等级资质的设计公司的,针对发包人的违法发包行为查处后,还应另案查处设计公司的超资质承揽业务的行为。

第二,是否在相同地点或地区实施?如流动性食品摊贩于同一日上午在A区实施违法在户外公共场所销售食品、经营餐饮摊点的行为的,A区城管执法部门上午给予其行政处罚后,其下午流动到B区实施相同行为的,B区城管执法部门有权针对其下午的违法行为进行查处和处罚。

第三,违法行为的实施是否存在持续性?如在车辆运输建筑垃圾时垃圾沿途泄漏、遗撒的案件中,同一车辆从施工现场装载建筑垃圾出发后,需要从A区运输至B区的,在其运输的1个小时过程中,建筑垃圾自A区到B区均有泄漏、遗撒,但基于其违法行为是持续发展的,在A区和B区的违法行为具有持续性,应按照一个违法行为进行查处,A区和B区的城管执法部门均有执法权,由先立案的执法部门进行查处即可。

第四,违法行为之间是否存在吸收或合并关系?如建筑工程施工单位,在施工过程中,被执法部门发现其使用的水泥抗压等级低于图纸要求,同时还发现了其使用的钢筋、管线等存在偷工减料的情形的,则相关行为均作为“同一个违法行为”按照《建设工程质量管理条例》第64条在一个案件中作出一次罚款处罚即可。

(三)关于“不再罚”的界定

《行政处罚法》中的“不再罚”实际是“不再罚款”。如果某一违法行为,在城管部门仅有罚款的权限的,而其他管理部门有权依据其他法律法规进行吊销营业执照、没收违法所得等行政处罚的,则不属于“一事二罚”,不违反《行政处罚法》第29条的规定。

**二、“就高罚款”如何适用?**

根据《行政处罚法》第29条,同一违法行为不得给予两次罚款,若同一违法行为违反多个法律规范的就高予以罚款,但对于“就高”如何实际操作,执法人员的理解存在不一致,基于已经认定属于“同一个违法行为”的情况下,针对“同一个违法行为触犯数个具有包容关系的法律规范”“同一个违法行为同时触犯数个不同领域的法律规范”“违法行为的实施手段违反另一个法律规范”这三种情形(法条竞合、想象竞合、牵连犯)应根据案件实际情况,逐一分析。

(一)法条竞合

针对法条竞合(“同一个违法行为触犯数个具有包容关系的法律规范”)的情形,需要从《立法法》的角度,进行分析,将适用将上位法优先下位法、特别法优于一般法、从旧兼从轻的原则的情形进行排除,如出现此三类情形的,则不能直接“就高”,而应按照《立法法》确认的法律适用原则处理。例如,建设工程施工现场出现扬尘污染的,同时可适用《大气污染防治法》和《成都市建设施工现场管理条例》的,因前者属于法律,而后者属于地方性法规,前者效力高于后者,若二者罚款幅度不一致,无论是依据《大气污染防治法》的罚款金额高,还是依据《成都市建设施工现场管理条例》的罚款金额高,均应适用《大气污染防治法》的规定。

(二)想象竞合

针对想象竞合(“同一个违法行为同时触犯数个不同领域的法律规范”)的情形,对同时违反的多个规定进行对比分析,选择适用罚款金额最高的,作为处罚依据。全国人大常委会法工委立法规划室副主任黄海华在解读新行政处罚法时,提出三种标准确定方式:第一,对于固定数额的罚款,直接适用罚款数额高的规定给予罚款处罚。第二,对于有幅度的罚款,“就高”先比较罚款上限,适用罚款上限高的规定;没有罚款上限或者罚款上限一致的,适用罚款下限高的规定。第三,对于从形式上难以比较高低的,如一部法律规定罚款以违法所得为计算标准,另一部法律罚款以合同标的额为计算标准,则需要根据案情等实际情况来作出判断。笔者认为,黄海华提出的上述标准确定方式,符合《行政处罚法》的立法精神,对执法实践具有积极异议。实践中,类似的案例如成都市范围内的违法占用城市道路案件,同时违反了《成都市市政工程设施管理条例》第 20 条和《成都市市容和环境卫生管理条例》第 23 条的规定,按照《成都市市政工程设施管理条例》第 57 条应处以 1 万元以上 2 万元以下罚款,而按照《成都市市容和环境卫生管理条例》则是对个人处 200 元罚款,对单位处 1000 元以上 2000 元以下罚款。对比可见,《成都市市政工程设施管理条例》的罚款金额明显高于《成都市市容和环境卫生管理条例》,此类案件中应适用《成都市市政工程设施管理条例》作出处罚。

(三)牵连犯

针对牵连犯("违法行为的实施手段违反另一个法律规范")的情形,此类情形较为复杂,实践中比较常见的是行政违法行为同时构成刑事犯罪的要件。在"行刑交叉"的案件中,《行政处罚法》已明确了案件移交制度和罚金折抵制度,即同时违反行政管理法律法规和构成刑事犯罪的,也只缴纳一次罚款;行政机关发现涉嫌刑事犯罪的,应移交司法机关处理;经司法机关认定构成刑事犯罪的,行政执法机关已经作出的罚款折抵人民法院作出的罚金;若行政执法机关还未进行行政罚款,则不再作出行政罚款决定,直接由人民法院作出罚金的处罚。

**三、案例分析**

(一)违法建设查处后,对新增(扩大)违法建设的查处的案件

1. 案件基本情况:2021 年年底,A 区甲某因其房屋居住面积狭窄,又无力另购房屋,在未取得规划许可证的情况下,在其房屋的顶楼修建了一个 30 平方米的房屋用于其家人居住。A 区城管执法局发现后,依法开展了案件查处工作,责令甲某限期拆除该 30 平方米的违法建设,并对甲某处以罚款。但甲某收到决定书后,不仅未按要求自行拆除,还在违法建设旁进行加建,形成了一处 20 平方米的储物间。其后,A 区城管执法局对其加建的 20 平方米储物间立案查处,责令甲某限期拆除该 20 平方米的违法建设,并对甲某处以罚款。甲某不服,以 A 区城管执法局违反"一事不再罚"为由诉至法院,要求撤销 A 区城管执法局的责令限期拆除和罚款的行政决定。

2. 法律分析:本案中,针对甲某提出的违反"一事不再罚"的问题,需要首先判断,是否为同一个违法行为,判断时,可以参考刑法中对于"继续犯"和"连续犯"的认定和区分方式。甲某的违法行为分为两段,分别为先修建的 30 平方米住房和后修建的 20 平方米储物间,住房和储物间虽均由同一违法当事人实施建设且最终形成了附合,但甲某的两次违法建设行为,不具有连续性,应视为其分别两次实施了同类的违法行为,而并非同一违法行为。因此,A 区城管执法局的查处和处罚不违反"一事不再罚"原则,违法当事人不能将"同一个违法行为"和"同类违法行为"相混淆,以"一事不再罚"为由,借以对其后续的新实施的违法行为提

供庇护,逃避行政查处和处罚。

另外,这个案件中需要思考的是,A区城管执法局对30平方米的住房的查处案件尚未结案的情况下,是否能将20平方米的储物间合并为一案进行查处呢?针对该问题,目前法律法规并无明确规定,但笔者认为,案涉的两个违法建设行为,由同一违法当事人实施,发生在同一地点,受同一执法部门管辖,从节约行政执法资源、提高行政执法效能的角度出发,合并查处更利于执法实践。需要注意的是,合并查处的,执法机关应重新对违法现场进行查勘,补充关于增加违法建设的证据材料,并在自由裁量中结合新增的违法建设情节,撤销原行政决定后,重新合并作出限期拆除和罚款决定。

(二)安全生产事故中,对违反建设工程施工管理规定违法行为的处罚案件

1. 案件基本情况:2021年年底,C市B区发生一起施工棚坍塌事故,造成4人死亡,十余人受伤。经事故调查认定,发生事故的建设工程的建设单位为甲公司,甲公司在对案涉工程进行发包时,未依法在招标时设置相应的资质要求,将案涉工程发包给了不具有相应资质的乙公司,乙公司又将案涉工程分包给了同样不具备资质的丙公司。事故发生的直接原因为施工所用的杆件设计承载力不足,间接原因为违法发包、转包,无资质和超资质承揽工程。甲、乙、丙三公司均被认定为事故的责任单位。事故发生后,C市安全应急管理部门按照《安全生产法》第114条对甲、乙、丙三公司作出了罚款的行政处罚决定。其后,C市城管执法局对甲公司违法发包、乙公司无资质承揽工程和违法分包以及丙公司无资质承揽工程等违法行为,依据《建设工程质量管理条例》第60条、第62条的规定,对三公司作出没收违法所得、降低资质、罚款的行政处罚。

2. 法律分析:行政处罚应遵从"合理性"原则,在类似的安全事故案件中,责任单位在承担安全事故责任罚款后,还是应对其前端的违法行为进行罚款,实践中做法不一,理论上也存在较大争议。在本次案件中,笔者倾向性地认为,C市安全应急管理部门和城管执法部门的罚款处罚,不违反《行政处罚法》第29条,具体理由如下:

首先,《行政处罚法》所明确的"一事不再罚"、所禁止的"两次罚款",C市城管执法局作出的没收违法所得、降低资质、罚款的行政处罚中,没收违法所得和降低资质不属于"一事不再罚"的讨论范围。

其次,针对C市城管执法局作出的罚款的处罚决定,应对“行为罚”和“事故罚”进行区分。违法发包、违法分包、无资质承担工程的违法行为,属于建设工程管理领域,其损害的是安全生产管理秩序。C市城管执法局的罚款处罚依据的是《建设工程质量管理条例》第60条和第62条,分别针对的是甲公司违法发包、乙公司无资质承揽工程和违法分包以及丙公司无资质承揽工程的违法行为应承担的法律责任,属于对违法事实进行处罚的“行为罚”。《安全生产法》第114条规定:“发生生产安全事故,对负有责任的生产经营单位除要求其依法承担相应的赔偿等责任外,由应急管理部门依照下列规定处以罚款:……”可见,安全事故的违法行为,属于安全生产管理领域,其损害的安全生产管理秩序。C市安全应急部门作出的罚款的行政处罚,针对的是生产经营单位在生产经营活动中发生的人身伤亡或经济损失应承担的法律责任,属于对违法行为造成的安全事故所设置的“事故罚”。

此外,三公司的违法发包、违法分包、无资质承揽工程的行为,无论是否最终造成安全事故,都应由城管执法部门进行查处和处罚,不以造成安全生产事故为处罚前提条件。更何况本案中,“违法发包、违法分包、无资质承揽工程”属于安全事故发生的间接原因。

综上所述,“违法发包、违法分包、无资质承揽工程”与“造成安全责任事故”相比,二者侵犯不同的法益,造成的损害客体不同,由不同的执法机关管理,适用的法律依据不同,属于应分别查处的不同违法行为,两执法部门有权在其职责范围内分别作出罚款的行政处罚决定。

另外,需要说明的是,笔者作出以上倾向性意见的基础为C市安全应急管理部门适用的是《安全生产法》第114条对安全事故责任单位的处罚,如果C市安全应急管理部门不适用《安全生产法》第114条,而是适用其第49条和第103条关于“违法发包”的规定作出罚款处罚,则C市城管执法部门其后依据《建设工程治理管理条例》对“违法发包”作出的罚款决定违反了《行政处罚法》第29条,属于对“同一违法行政”作出“两次罚款”。

# 第十编

# 婚姻家事法律实践研究

# 浅谈夫妻忠诚协议财产约定效力

褚立宁　李凤梅*

**【摘要】**《民法典》涉及内容广泛，对此前的很多法律内容进行了完善，也被法律人给予厚望，以求解决此前很多无法解决的法律难题。本文将通过对《民法典》部分内容学习研究，尝试解决笔者在案件实务中遇到的"夫妻忠诚协议"等涉及身份关系协议相关问题，比如财产约定效力问题、是否可以参照《民法典》合同编适用违约金条款等，主要涉及《民法典》第464条、第1065条等规定。

**【关键词】**忠诚协议；民法典；效力；违约金

在《民法典》出台之前，原《合同法》第2条明确规定婚姻、收养、监护等有关身份的协议，适用《合同法》之外其他法律规定，在《民法典》出台后，像离婚协议、夫妻忠诚协议、夫妻财产协议这样，及其他与身份关系变动以及身份关系当事人间财产行为之设立、变更、终止为目等关系，可以参考《民法典》合同编的某些条款适用。这无疑给予身份法律关系问题的解决提供了新的依据的裁判思路，将身份关系协议参考适用合同法的规定，这将填补此前类似协议无法可依的法律空白。

夫妻忠诚协议中约定剥夺子女抚养问题、离婚后探望权等于人身属性密切相关的条款，理论和实践中均认为是无效的，但夫妻忠诚协议中较大的争议在于，财

* 褚立宁，四川君合律师事务所律师，合伙人，劳动法律事务部部长，青年工作委员会副部长。李凤梅，四川君合律师事务所律师助理。

产性质类条款的效力问题及违约金适用问题,下文将尝试对此机型分析和探讨。

## 一、夫妻忠诚协议的效力理论争议

对于夫妻忠诚协议的效力,学界主要有两种观点,即"有效说"和"无效说"。

"有效说"认为夫妻忠诚协议符合契约自由精神和合同成立的有效要件。夫妻双方作为平等的主体,在双方具有相应的民事行为能力,意思表示真实,不违反法律,行政法规的强制性规定,不违背公序良俗,不存在欺诈、胁迫或者恶意串通损害第三人利益等情况下,可以看作一种广义的合同,应该尊重当事人的意愿,根据合同内容进行裁判。

"无效说"认为忠诚义务具有强烈的人身属性、伦理性,应该受道德的约束,不宜以协议的形式进行约定。该理论的支持者认为夫妻忠诚协议限制了夫妻的离婚自由,违背善良风俗;夫妻忠诚协议存在恣意扩大约定财产制的适用范围,从而变相替代法定财产制的可能。学术上,大多数人对于此观点持否定态度。《民法典》第464条出台之后,可以预测未来的趋势是夫妻忠诚协议不完全是无效的,至少关于财产约定部分的效力应当被确认。

## 二、夫妻忠诚协议财产约定的裁判困境

### (一)违反夫妻忠诚协议事实举证困难

在大量的涉及夫妻忠诚协议的判决中,法院以缺乏足够证据为由不予认定夫妻一方违反忠诚义务的事实。证明违反忠诚义务的举证是比较困难的,仅仅以一方与婚外异性的通话记录、双方当事人协商过程中对出轨事情予以承认的录音等证据往往不足以证明出轨的事实。类似的案例如(2018)豫13民终808号案、(2016)鲁09民终1539号案等。

### (二)根据公平原则酌情裁判

在很多涉及夫妻忠诚协议的判决中,法院确认当事人违反了协议中的忠诚义务,也没有否认忠诚协议的效力,但却不会根据忠诚协议约定的内容进行裁判。而是适用最高人民法院《关于适用〈中华人民共和国婚姻法〉若干问题的解释(一)》第28条的规定,也就是基于离婚损害赔偿的规定,酌情确定金额。如在(2018)黔01民终5882号案中,一审法院认为段某在与李某夫妻关系存续期间,与其他女性在酒店开房过夜,虽是在双方感情已出现裂痕、李某诉讼离婚期间,但也违背了夫妻间相互忠实的义务,确给李某造成一定的精神损害,应给付李某一

定的精神损害赔偿金,但李某主张的赔偿金30万元过高,结合双方感情状况以及清镇市当地平均生活水平,酌情支持20 000元。二审法院维持了这一项判决。可见,实践中,由于夫妻忠诚协议约定的财产数额较大,法院往往根据公平原则,酌情调整金额。

以上分析可知以往的实务中,在处理违反夫妻忠诚协议纠纷时,缺乏较为明确的法律依据,希望《民法典》的实施能够给予答案。

**三、《民法典》提供新的依据和裁判思路**

根据《民法典》第464条的规定,在没有特别法予以规定的情况下,涉及婚姻、收养等身份关系的相关协议,可以参考《民法典》合同编的内容,据此可知夫妻忠诚协议同样适用。那么在参照《民法典》合同编内容时,能否按照普通合同约定并适用违约责任,或者约定违约金的条款效力或者具体如何适用?下文笔者尝试着给出自己的一些分析和看法。

(一)夫妻忠诚协议参照适用合同违约金规则的合理性

《民法典》第585条规定:当事人可以约定一方违约时应当根据违约情况向对方支付一定数额的违约金,也可以约定因违约产生的损失赔偿额的计算方法。约定的违约金低于造成的损失的,人民法院或者仲裁机构可以根据当事人的请求予以增加;约定的违约金过分高于造成的损失的,人民法院或者仲裁机构可以根据当事人的请求予以适当减少。当事人就迟延履行约定违约金的,违约方支付违约金后,还应当履行债务。

笔者认为,夫妻忠诚协议对于财产的约定,从本质上讲,是一份以财产性质为主,人身性质为辅的合同。若根据《民法典》第464条的规定,此类协议参照适用《民法典》合同编的某些规定,参照违约金的规定较为适当。夫妻忠诚协议一般是具有婚姻关系的夫妻约定的,内容会涉及夫妻均有不得违反忠诚义务、不得发生婚外性行为,并对此约定违约责任等;甚至会约定以夫妻人身权利、义务或者财产所有权变更为内容的协议,其目的是维护夫妻婚姻关系的稳定。实务中较为常见的有"净身出户""金钱补偿""空床费"等提法,本质上是对违反忠诚义务约定的违约责任。

在我国合同法领域,当事人根据意思自治原则任意协商违约金的金额,有的合同可能是基于增强对方缔约意愿的目的,承诺极其高额的违约金,而现行法律及司法解释规定，可以根据公平原则和当事人的请求，调整违约金的金额。这意味着，对于违约金的问题，现行法律把公平原则放在了意思自治原则之前。而在身份关系的夫妻忠诚协议的问题上，参照此种裁判思路似乎也理所当然。婚姻忠诚协议往往是当事方已经违反协议之后的“保证书”，抑或在结婚初期，当事方为表忠心而做出的承诺，是为了维护婚姻的稳定的行为。实践中的忠诚条款，动辄“净身出户”或天价赔偿金，这与合同中高额的违约金异曲同工。若法院完全支持忠诚协议条款，恐造成违约方婚后生活困难，有违公平原则。而若完全不支持协议内容，违反了契约自由的原则，不利于家庭的稳定与和谐，不符合法律发展的趋势和民法典的立法精神，剥夺了当事人自由处分自己财产的权利。故类似夫妻忠诚协议等身份关系协议中关于财产的约定应该首先尊重当事人意思自治主义，除非违约方能够举证证明“如此会造成其生活极度困难、客观上无法履行等明显不公平的情形”。

（二）夫妻忠诚协议参照适用合同编规定之约束

原合同法司法解释中有关于一般合同约定违约金条款调整的规定，是以实际损失为基础，兼顾合同的履行情况、当事人的过错程度以及预期利益等综合因素，根据公平原则和诚实信用原则予以衡量，并作出认定，一般是以当事人约定的违约金是否超过造成损失的30%为界。

那么婚姻忠诚协议如何参照《民法典》合同编内容适用违约金的原则呢，能否直接参照适用原合同法司法解释规定呢？

笔者认为情感的损失是无法用金钱衡量的，夫妻忠诚协议纠纷处理时，应当将尊重当事人意思自治原则放在首位，除非协议约定的违约责任会造成违约方生活极度困难、客观上无法履行等极度不公平的情形出现。简言之，约定的违约责任应当具有可操作性，且履行违约责任在公平合理、社会可接受范围内，那么就应该尊重约定，不宜简单粗暴地进行调整。当然也并非绝对，在违约方举证证明按约履行将导致极不公平的现象或者客观无法履行时，应当给法官保留调整的权利。比如类似“净身出户”等极端严苛的违约责任，应当在适当的范围内进行调整，如在满足违约方个人基本生活条件保障的前提下，将其他共同财产作为对方的补偿。

“相濡以沫、坚如磐石”是理想的爱情和婚姻状态，然而在实际生活中，违反夫妻忠诚义务的案件时有发生，越来越多的夫妻选择用夫妻忠诚协议来保护自己的婚姻。现《民法典》的出台将会更好地解决该类问题，《民法典》婚姻家庭编中第1043条规定“夫妻应当互相忠实，互相尊重，互相关爱”。《民法典》合同编中第464条规定“婚姻、收养、监护等有关身份关系的协议，适用有关该身份关系的法律规定；没有规定的，可以根据其性质参照适用本编规定”。

笔者因工作中遇到类似“夫妻忠诚协议”相关纠纷问题，恰逢《民法典》出台之际，寄希望于该类疑难问题得以解决，粗浅研读相关条文后有感而作此文，分析和思路不尽完善和准确。

# 《民法典》新增居住权带来的影响

刘艳律师团队*

【摘要】目前社会中存在很多住房问题，例如老人赡养、离婚纠纷、房屋租赁等。在司法实践中，也大量存在着居住权纠纷案例。《民法典》中新增用益物权居住权具有很强的排他性，确立居住权制度，肯定了居住权的立法价值，有利于解决更多生活中的纠纷。

【关键词】民法典；物权编；居住权

《德国民法典》《法国民法典》《意大利民法典》《瑞士民法典》等欧洲国家的民法典都对居住权制度作出了规定。对于弱势群体利益保护的考虑，2002年至2005年《物权法（草案）三次征求意见稿》中均就居住权作出规定，但2007年正式颁布的《物权法》中还是予以删除。本次《民法典》物权编将居住权确定为一项法定用益物权，有效兼顾商品房购买的稳定性和房租租赁的灵活性，有利于克服传统二元房屋供应体系的弊端，是一项住房领域供给侧结构性改革的重要成果，体现了以人民为中心的发展思想，对实现"人民群众住有所居"的目标具有现实意义。

## 一、居住权

### （一）居住权的起源

居住权最初来源于古罗马法，是一项古老的权利类型，罗马法时代即已存在，属于人役权的范围。罗马法中的居住权具有扶弱、施惠的功能，因而往往通过遗

---

* 刘艳律师团队，四川君合律师事务所律师团队，国际权威法律评级机构钱伯斯发布《钱伯斯亚太地区顶尖的商业律师：2015年客户指南》中获得好评和重点推荐的专业律师团队。

嘱、遗赠等单方法律行为作出，居住权制度对大陆法系民法典的制定产生了很大的影响。关于我国是否应当引入居住权制度，早在《物权法》制定时就存在争议。在征求意见稿中作出过规定，最后删除，主要理由是认为居住权的使用范围可能较窄。

（二）居住权的定义

居住权是一种为了实现生活居住目的，具有占有、使用权利的用益物权。居住权属于用益物权，用益物权是对他人之物在一定范围内占有、使用、收益的定限物权。一般的用益物权以占有、使用、收益为主要内容。由于居住权一般不具有收益权能，因此主要是占有、使用权。

（三）居住权的设立

居住权一般是无偿设立的，但是如果双方当事人另外有约定的也可以有偿设立。设立需要经过登记，通过合同在不动产上设立的，居住权的成立采取强制公示的物权模式，需要办理居住权登记手续。登记具有物权变动效力，权利自登记时设立，登记机构是不动产登记的机构。如果是以遗嘱方式设立的居住权，则与基于继承、遗赠引起的其他的物权变动一样，不需要办理登记，继承人或遗赠人自动获得该不动产的居住权，但是由于未经登记该居住权不得对抗善意第三人。居住权的设立方式有合同、遗嘱两种。

1. 通过合同设立

《民法典》第 367 条规定，设立居住权，当事人应当采取书面形式订立居住权合同，其条款主要包括当事人的姓名或名称和住所、住宅的位置、居住的条件和要求、居住权期间等。主要的表现形态有四种：其一，所有权人与买受人签订居住权合同；其二，所有权人与买受人同时签订买卖合同与居住权合同；其三，所有权人将住宅的所有权转让给买受人，并为第三人设立居住权；其四，所有权人将住宅出卖给买受人，同时要求买受人为第三人设立居住权。

2. 通过遗嘱设立

《民法典》第 371 条规定："以遗嘱方式设立居住权的，参照适用本章的有关规定。"参照《民法典》第 230 条之规定，自遗嘱生效即继承开始时，居住权设立，而不以办理登记为设立条件。通过遗嘱设立居住权，从性质上来说是附义务的遗嘱。遗嘱作为单方法律行为，居住权设立的形式和效力应当参照《民法典》继承编中遗嘱的形式和效力的规定加以认定。

## 二、案例分析[①]

### （一）基本案情

被告刘父、周母系夫妻，原告刘某女系二被告的独生女。2012年11月，刘父、周母、刘某女购买经开区房屋一套，合同约定刘某女占90%，刘父、周母各占5%。2014年5月，该房屋交付使用，同年8月办理了房屋产权证，载明该房屋为成套住宅，权利人为刘父、周母、刘某女，但未对产权份额予以明确。刘某女与刘父、周母因房屋装修发生争议，刘某女于2014年6月2日书面通知二被告停止装修该房屋未果。审理中，二被告明确表示不愿将其拥有的房屋产权份额转让。另查明，二被告仅有与刘某女共有的一套房屋居住，现暂住他人房屋。

案涉房屋大部分房款由刘父、周母出资，刘父、周母购房时将大部分财产份额登记在刘某女名下，超出刘某女出资的部分，具有赠与性质。

### （二）裁判依据及结果

一审依照原《民法通则》第78条，原《物权法》第93条、第94条、第99条之规定，判决：驳回原告刘某女的诉讼请求。

一审法院认为，公民的合法财产权益受法律保护，案涉房屋系成套住宅，是一个整体，具有不可分性，因刘父、周母无其他房屋居住，案涉房屋是其唯一可行使居住权的场所，刘父、周母对案涉共有房屋有权居住。

二审按照原《物权法》第99条的规定，"……共同共有人在共有的基础丧失或者有重大理由需要分割时可以请求分割……"本案中，刘某女举示的证明无法证明其请求分割涉案房屋符合法律规定，故刘某女上诉理由不成立，一审判决结果正确，应予维持。

再审按照原《物权法》第99条的规定，"……共同共有人在共有的基础丧失或者有重大理由需要分割时可以请求分割……"本案中，刘某女举示的证据无法证明其请求分割案涉房屋符合法律规定，故刘某女上诉理由不成立，一审判决结果正确，应予维持。

再审法院认为（2014）渝五中法民终字第06040号民事判决认定共同共有不

---

① 参见重庆市第五中级人民法院民事判决书，（2015）渝五中法民再终字第00043号。

当，导致适用法律有瑕疵，应予纠正，但判决结果正确，应予维持。

《物权法》第7条明确规定："物权的取得和行使，应当遵守法律，尊重社会公德，不得损害公共利益和他人合法权益。"本案中原被告之间具有特殊关系，刘某女要求其父母转让财产份额的诉求与善良风俗、传统美德的要求不符。

判决结果：本案经过一审、二审、再审；一审判决驳回刘某女的诉讼请求，二审维持原判，再审维持二审民事判决。

（三）居住权对本案的影响

《民法典》设立居住权后，本案类似情况出现时，刘某女可以与刘父、周母签订书面居住权合同并进行登记，为刘父、周母设立居住权。刘父与周母不必再担心刘某女取得房屋的全部产权后变卖房屋而导致其二人无房居住，刘某女也可以提前实现自己的诉请，提前分割房屋的所有权。

**三、居住权在生活中的应用与影响**

（一）在不动产所有权转让方面

在不动产上设立居住权，对居住权人来说是一种权利保护，但在不动产所有权转让的法律关系中，居住权的存在对买受人而言则是一种权利瑕疵。《民法典》生效后，在购买不动产之前，除了不动产的所有权属、查封、抵押、租赁等情况，还需要核实不动产是否登记有居住权。一旦房屋登记有居住权，买受人即使拥有了房屋所有权，也会因居住权的存在而无法获得房屋全部使用权。

（二）在老人赡养方面

居住权制度的出现能有效解决父母设立遗嘱时常有的一个困惑。父母立遗嘱时基本是将不动产转让给子女，但同时他们又会担心不动产转让给子女后另一半的居住养老问题。居住权制度的出现，可以让父母在遗嘱中直接设立居住权，规定子女有权继承房产，但同时配偶对不动产享有居住权，从而保障配偶在自己过世后继续在不动产内居住养老的权利。

（三）在婚姻关系中

居住权制度为离婚纠纷中弱势一方的生活居住问题提供了新的可行性解决思路。婚姻关系中对不动产出资较少的一方可以通过设立居住权的方式保护自身居住权益。在夫妻离婚时，可以通过居住权的设立，来有效保护经济实力处于弱势的一方。譬如，丈夫和妻子离婚析产时，房子分给丈夫所有，但丈夫同意经济实力较差的妻子对房产拥有居住权,在离婚后仍然居住在房子内,给妻子一个居住保障,待特定条件达到(如再婚或约定期限届满)再注销她的居住权。在这种情形下创设的居住权较好地实现了满足居住权人实际生活需要的目的。

(四)产生新的房产交易模式

居住权设立并登记后具有较强的稳定性,适合对不动产有长期居住需求的人进行居住,可能会催生出买房、租房之外的第三种房屋交易模式:房屋居住权交易。在这一交易模式下,居住权人向不动产所有权人支付对价,所有权人为居住权人设立居住权,居住权人即对不动产享有居住权,居住权人使用房屋期间需要承担不动产的修缮、税费等费用,所有权人也可获得对价,这种新型房产交易模式可以增强居住权人对不动产使用的稳定性。

**四、结语**

居住权的立法初衷是为弱势群体提供基本的住房保障,体现了法律的社会扶助职能,有利于落实住房保障制度政策。《民法典》规定居住权制度可以有效保障社会生活中弱势群体的住房利益,为司法实践中对居住权的适用提供明确的法律支撑。

# 浅谈家庭成员间的骨灰归属纠纷

李远拓*

**【摘要】**关于死者的骨灰之性质和归属等问题，学术界一直争论不休，尚无定论，而现实中却随时需要处理。根据民法监护制度中的“最密切关系原则”对骨灰的归属问题进行处理，更具有合理性，即如果死者的近亲属对死者骨灰的归属产生争议且不能达成一致，则应当依照亲属的亲疏远近确定死者骨灰的归属。

**【关键词】**骨灰；归属；纠纷

## 一、骨灰的定性及法律规定

人活着就是自然人，是民事主体，既可以承担责任也可以享受利益。人死了就是尸体，尸体当然不是民事主体，我认为只能是物，尸体火化后的骨灰也是物。当然尸体和骨灰都是特殊的物，具有特定人格利益的物。现在法学界对此有不同的观点：综合主要有三种观点：一是骨灰物权说；二是死者人格利益延续说；三是人格象征物品说。① 本文不是理论探讨，对此就不做过多的探讨了。

目前我国现行法律、行政法规、司法解释均无骨灰的直接规定，唯一比较接近的是关于遗骨的司法解释。最高人民法院《关于确定民事侵权精神损害赔偿责任若干问题的解释》第 3 条规定：“死者的姓名、肖像、名誉、荣誉、隐私、遗体、遗骨等受到侵害，其近亲属向人民法院提起诉讼请求精神损害赔偿的，人民法院应

---

* 李远拓，四川君合律师事务所律师，合伙人。

① 参见陈娟：《骨灰的民法问题研究——基于骨灰纠纷案件司法实践的分析》，华东政法大学 2013 年硕士学位论文。

当依法予以支持。”《民法典》第994条规定：“死者的姓名、肖像、名誉、荣誉、隐私、遗体等受到侵害的，其配偶、子女、父母有权依法请求行为人承担民事责任；死者没有配偶、子女且父母已经死亡的，其他近亲属有权依法请求行为人承担民事责任。”

**二、案情简述及案由**

死者刘某于2016年10月23日因公去世，死前无遗嘱，刘某死后其骨灰一直保存在殡仪馆。2018年1月，死者配偶青某及其儿子因遗产继承纠纷将死者母亲王某起诉至四川省攀枝花市东区人民法院，诉讼过程中死者母亲王某提起诉讼，要求死者配偶青某归还死者刘某的骨灰。死者母亲王某居住在陕西省西安市农村，死者配偶青某居住在四川省攀枝花市，死者刘某的骨灰寄存证保管在其配偶青某处。

法院立案后，笔者和案件承办法官就本案的案由进行了讨论。法官查阅案例后，发现各地法院立案的案由并不一致，有侵权责任纠纷、管理权纠纷、人格权纠纷等。最终之所以确定为管理权纠纷，原因就是法官接受了骨灰实质上是一个特殊的物的观点，而原、被告争议骨灰实质上是争议骨灰到底应该由谁来管理骨灰，由谁来安葬骨灰，故本案的案由为管理权纠纷。二审及再审法院均未改变本案的案由。

**三、从一审判决看亲属关系的亲疏**

在起诉及诉讼过程中，原告死者母亲诉讼理由为：根据民政部《关于贯彻执行〈革命烈士褒扬条例〉若干具体问题的解释》、《烈士褒扬条例》、《军人抚恤优待条例》、《人民警察抚恤优待办法》的相关规定，相关证明书均是发放给遗属的，且持证人有顺序，因此，谁有领取证明书的权利，谁就享有骨灰领取的权利，而从这些法规来看，父母基本处于首位；从情理来说，母亲享有儿子的骨灰属天经地义、人之常情，且叶落归根，故应将死者刘某的骨灰送回陕西老家安葬。

为了说服法官支持骨灰由被告青某保管，笔者从五个方面提出了代理意见：

1. 亲属关系是人们基于婚姻、血缘和法律拟制而形成的社会关系，是所有社会关系中最重要的一种。因婚姻而形成的夫妻关系是最初和最基本的家庭关系，是家庭存在的基础，婚姻的最本质因素和基础便是夫妻间的感情，因此，通常情况下，夫妻间往往具有最深厚的感情，死者骨灰的妥善安葬不仅对在世配偶感情慰藉最大,而且根据我国数千年来因循相沿的夫妻合葬风俗,也涉及其自身去世后的安葬问题,因而死者骨灰的安葬方式对配偶的精神利益影响最大。

2. 根据我国民法中关于监护、继承等亲属法律关系的立法精神以及我国民间习惯,“最密切关系原则”应为处理绝大多数亲属之间权利义务关系的基本规则。因婚姻而形成的夫妻关系是最初和最基本的家庭关系,是家庭存在的基础,虽然父母子女之间具有最近的直系血缘关系,但因成婚子女单独成立家庭,形成相对独立的家庭生活单元,故基于最密切关系原则及公序良俗,笔者认为骨灰管理权第一行使主体应为配偶,其次为成年子女、父母等其他近亲属。

3. 虽然骨灰不是遗产,但是在目前国家没有明确规定的情况下,可参照《民法典》的相关规定。根据《民法典》第 1127 条的规定,法定第一顺序继承人依次为:配偶、子女、父母。虽然法定第一顺序继承人一般是均等继承,但是基于上述两条原因,考虑到“亲疏之别”,我国《民法典》在确定法定继承人范围与继承顺序时,配偶因上述原因而位列第一顺序继承人的首位,子女列为次位,父母居于第三。故当配偶、子女与父母就死者安葬的地点等具体祭奠方式意见不一致时,在不影响父母进行祭奠活动的前提下,当优先遵从被告死者配偶意见,其次是子女,最后才是死者父母。

4. 原、被告分别为死者刘某的母亲与配偶,而配偶、儿子与母亲,均享有对骨灰的祭奠权和保管权。骨灰的保管人的确定应当遵从死者利益最大化原则。鉴于原告死者母亲年事已高,而被告死者配偶及死者的儿子尚年轻,骨灰归被告死者配偶保管更能得到长期及妥善的维护,故从死者利益最大化的角度考虑,骨灰由被告死者配偶保管并安葬在四川省攀枝花市更为妥当。

5. 原告死者母亲拟将死者刘某的骨灰安葬在其住宅旁边承包土地中,这与《殡葬管理条例》第 15 条“在允许土葬的地区,禁止在公墓和农村的公益性墓地以外的其他任何地方埋葬遗体、建造坟墓”的规定相违背。被告死者配偶取得死者刘某的骨灰后,拟将骨灰安葬在四川省攀枝花市的公墓中,完全符合《殡葬管理条例》的规定,故刘某的骨灰由被告死者配偶安葬更为合法。

一审判决的主要观点为:(1)原告虽提出一系列法规来证明己方主张,但首先,该系列法规均适用于特定主体,死者刘某非特定主体,因此并不适用;其次,该系列法规是对烈士证明书等荣誉证明如何发放进行规定,非对骨灰保管的规定,二者有本质区别。(2)当各近亲属就骨灰的保管意见不一致时,应根据善良风俗和道德习惯,依照亲疏远近确定权利归属,即由死者生前血缘关系或生活关系最近的亲属享有保管权。(3)从骨灰的长期保管及祭奠来看,原告年事已高,骨灰归被告保管更能得到妥善维护,且被告与子女的祭奠亦更长久。综合理解就是要依照亲属的亲疏远近确定骨灰归属,这也正是笔者在诉讼中极力主张的。

**四、近亲属之间骨灰纠纷的处理规则**

结合上述案例,笔者总结了近亲属之间骨灰纠纷处理规则如下:

(1)在死者生前对于死后骨灰的安葬方式、安葬地点留有遗愿的情形下,应遵循死者的遗愿,只要该遗愿不违反法律、政策以及公序良俗、社会公德。

(2)如果死者关于骨灰的安葬未留下遗愿,则应由死者的近亲属共同决定死者骨灰的安葬方式、安葬地点。

(3)如果死者的近亲属对死者骨灰的安葬方式、安葬地点不能达成一致,则应依照亲属的亲疏远近确定死者骨灰的安葬方式、安葬地点。

(4)如果死者的骨灰已被某近亲属以不违反公序良俗的方式安葬,依据我国"入土为安"的民间风俗,则应尽量维持现状。

(5)如果死者的近亲属均同意将死者骨灰分葬,则骨灰分葬不失为解决纠纷的一种方法。

**五、结语**

通过办理上述案件,笔者有以下三点总结:

(1)婚姻家事案件中,以情感和亲属的远近亲疏来说服法官非常重要。庭审的主要目的是说服法官,婚姻家事案件更要从情感上打动法官。原告以烈士、军人的相关优抚条例等为其主要依据,显得过于生硬。而反之被告以夫妻关系以及婚生子祭奠父亲的便利性等作为主要依据就显得更为温情,也更容易得到法官的同情和理解。

(2)《民法典》第28条规定:无民事行为能力或者限制民事行为能力的成年人,由下列有监护能力的人按顺序担任监护人:①配偶;②父母、子女;③其他近亲属……该条规定虽与本案无关,但是可作为亲属关系远近的理论依据,该条规定表明配偶优先于父母、子女。

(3)事实上被告和死者在死前确实有闹离婚,且死者工作的地点和被告工作的地点分属不同城市，两者只有周末才能见面。若本案原告的代理律师在起诉时选择以原告、被告与死者之间的感情亲疏作为切入点，以被告与死者之间的夫妻感情作为主要依据，则本案的裁判结果可能会截然不同。

# 被继承人债务清偿纠纷与遗产必留份冲突问题

李远拓*

**【摘要】**在被继承人债务清偿纠纷案件审理过程中，遇到有未成年人或是缺乏劳动能力又没生活来源的成年人作为继承人时，如何理解《民法典》第1159条的规定？如何平衡债权人的债权和遗产必留份之间的利益关系，人民法院是如何审理这类案件的？笔者从2020年起的137份判决书中，找到了被继承人债务清偿纠纷与遗产必留份发生冲突时，各地人民法院多种多样的判决，并在解析这些判决的基础上提出了自己的观点。

**【关键词】**被继承人；债务清偿；必留份；冲突

随着社会经济的持续发展，自然人掌握的资产越来越多。自然人死亡后，遗产也逐步增多。社会经济的发展导致社会资金的流动性增强，也必然导致债权债务的增多。因此自然人死亡后，除有了遗产（包括债权）外，也必然有了债务。

在自然人死亡后，债务清偿的纠纷呈逐年增多态势。本文就是探讨被继承人债务清偿纠纷中，涉及必留份问题时的冲突解决意见。

## 一、被继承人债务清偿纠纷与遗产必留份概述

### （一）被继承人债务清偿纠纷

被继承人债务清偿诉讼是指债务人死亡后，债权人要求债务人的继承人在继承遗产范围内清偿被继承人（债务人）债务的诉讼。

---

* 李远拓，四川君合律师事务所律师，合伙人。

《民法典》第 1161 条规定：继承人以所得遗产实际价值为限清偿被继承人依法应当缴纳的税款和债务。超过遗产实际价值部分，继承人自愿偿还的不在此限。继承人放弃继承的，对被继承人依法应当缴纳的税款和债务可以不负清偿责任。

（二）遗产必留份

必留份是从被继承人（债务人）的遗产中，为缺乏劳动能力又没生活来源的继承人保留的必要遗产份额。

《民法典》第 1159 条规定：分割遗产，应当清偿被继承人依法应当缴纳的税款和债务；但是，应当为缺乏劳动能力又没有生活来源的继承人保留必要的遗产。

## 二、被继承人债务清偿纠纷案件数量分析

据不完全统计（选定关键词"被继承人债务清偿纠纷""判决书"使用 Alpha 大数据搜索），被继承人债务清偿纠纷案件呈逐年上升趋势，其中 2017 年为 2229 件；2018 年为 3236 件；2019 年为 4347 件；2020 年为 4534 件；2021 年 1 ~ 5 月为 525 件。

其中涉及未成年人（选定关键词"被继承人债务清偿纠纷""未成年人""判决书"使用 Alpha 大数据搜索）的也呈逐年上升趋势，其中 2017 年为 52 件；2018 年为 64 件；2019 年为 109 件；2020 年为 126 件；2021 年 1 ~ 5 月为 11 件。

综上，无论是被继承人债务清偿纠纷案件还是涉及未成年人的被继承人债务清偿纠纷案件均呈逐年递增的情形。

## 三、司法实践中，法院处理遗产必留份的几种情形

以 2020 年 1 月以后的 137 件判决书为例，被继承人债务清偿纠纷中涉及遗产必留份的情形主要有以下几种。

1. 诉讼参与人一方提出遗产必留份要求（或类似要求）后，判决书中未对继承人提出的要求作出回应。

此类判例共 21 份，涉及北京、内蒙古、安徽、河南、辽宁、江苏、山东、福建、湖北。上述判决书中，被告均在答辩时提出了应当给未成年人保留适当遗产份额（或类似要求）的请求，但是判决书中未在"本院认为"部分或是判决结果中作出回应，如辽宁省辽阳市中级人民法院作出的（2020）辽 10 民终 1886 号庄某、叶某被继承人债务清偿纠纷二审民事判决书。部分判决书驳回了原告的诉讼请求，可

能是基于这一原因没有回应被告方的必留份要求,如北京市海淀区人民法院作出的(2019)京0108民初47335号袁某与池某等被继承人债务清偿纠纷一审民事判决书。

笔者认为,只要诉讼一方提出必留份的要求,法院均应在判决书中予以回应,毕竟必留份的要求是符合法律或司法解释(当时适用)的规定,不能不予回应,回避问题并不可取,即便因债权人证据不足而驳回其诉讼请求,也应在判决书中就必留份问题予以论述。

2. 诉讼参与人一方提出遗产必留份要求(或类似)后,判决书予以驳回。

此类判例共22份,涉及陕西、江苏、湖南、吉林、河南、福建、湖北、山东。上述判决书中,法院驳回必留份要求的理由主要有以下几种:

(1)简单阐述不符合相关法律规定,即予以驳回。如陕西省西安市中级人民法院作出的(2020)陕01民终10443号王某燕、王某宇、王某诺等与李某、赵某被继承人债务清偿纠纷二审民事判决书。

(2)明确未成年人在继承债务人遗产范围内偿还债务系其法定义务,故驳回其关于必留份的要求。如江苏省扬州市邗江区人民法院作出的(2020)苏1003民初3186号中国农业银行股份有限公司扬州润扬支行与胡某、严某1等被继承人债务清偿纠纷一审民事判决书。

(3)以未成年人另有扶养人,况且保留继承份额多少无法确定,如果进行过多的保留,有可能损害债权人的权益为由,驳回必留份要求。如湖南省郴州市汝城县人民法院作出的(2020)湘1026民初715号朱某花与何某萍、何某云等被继承人债务清偿纠纷一审民事判决书。

(4)以未成年人还有其他法定监护人抚养,不符合生活无来源的条件为由,驳回必留份要求。如吉林省辽源市中级人民法院作出的(2020)吉04民终463号生某可、李某等与汤某被继承人债务清偿纠纷二审民事判决书。

(5)债权人不认可为未成年人保留适当遗产的要求,遗产继承人(被告)又无法证明未成年人没有生活来源,应承担举证不能的法律后果,故驳回必留份的要求。如福建省泉州市泉港区人民法院作出的(2019)闽0505民初2859号庄某与林某2、林某3被继承人债务清偿纠纷一审民事判决书。

(6)是否为未成年人保留适当遗产要结合遗产是否足以偿还债务、未成年人的生活来源等情况综合考虑。而要考虑上述问题只有在案件执行过程中查明遗产数额、债务数额等情况后考虑，故在诉讼程序中对必留份主张不予支持，可在案件进入执行程序且查明遗产及债务情况后提出。如湖北省石首市人民法院作出的(2020)鄂1081民初320号蔡某与陈某、易某1被继承人债务清偿纠纷一审民事判决书。

笔者认为，不能简单以未成年人有其他法定监护人存在而驳回必留份的要求，毕竟被继承人的死亡，一定会影响未成年人的生活质量。也不能把问题留到执行阶段，毕竟在执行阶段提出必留份的要求存在法律障碍，法院执行部门不可能在没有判决依据的前提下直接认定必留份的具体数额。

3. 对案件诉讼参与人提出的必留份要求予以支持。

此类判例共11份，涉及安徽、江西、浙江、吉林、云南、天津。上述判决书中，即便是支持了诉讼参与人关于必留份的主张，法院的做法也有以下几种：

(1)确认应当给未成年人保留必要的份额，但以未查清遗产状况为由，不确定具体金额，仅在判决中注明先为未成年人保留必要的份额。如安徽省广德市人民法院作出的(2020)皖1822民初560号王某与潘某、向某被继承人债务清偿纠纷一审民事判决书。

(2)参照案涉法院当地城镇居民人均消费性支出计算具体的必留份金额。如江西省鄱阳县人民法院作出的(2020)赣1128民初2486号张某与吴某1、汪某2被继承人债务清偿纠纷一审民事判决书。

(3)法院酌情认定必留份保留份额为被继承人(债务人)遗产实际价值的一定比例。如浙江省慈溪市人民法院作出的(2020)浙0282民初3004号严某与徐某、姚某被继承人债务清偿纠纷一审民事判决书。

(4)法院酌情认定必留份保留份额为一定的金额。如安徽省安庆市中级人民法院作出的(2021)皖08民终408号中国邮政储蓄银行股份有限公司岳西县支行、储某被继承人债务清偿纠纷二审民事判决书。

笔者认为，参照案涉法院当地城镇居民人均消费性支出计算具体的必留份金额，并在判决中予以明确有理有据。当然保留具体的金额作为必留份也便于案件后期顺利履行。

## 四、被继承人债务清偿纠纷与遗产必留份发生冲突的解决建议

(一)债权人的债权优先还是遗产必留份的优先问题

在被继承人债务清偿纠纷与遗产必留份发生冲突时如何解决的问题,其实质就是在债权确定的前提下,是债权人的利益优先还是未成年人的利益优先的问题。

笔者认为,相对于债权人的利益,未成年人或丧失劳动能力没有生活来源的成年人的利益更应得到保护,毕竟生存权才是最重要的。因此笔者认为无论从道义上还是从法律上来说,都应当保护其基本的生活和教育。在实现债权人合法权益之前,为未成年人适当保留遗产,是依法保护未成年人作为公民应享有的最基本的生存权及受教育权,亦更能弘扬社会主义核心价值观。

《未成年人保护法》第 107 条第 1 款"人民法院审理继承案件,应当依法保护未成年人的继承权和受遗赠权"的规定,也从未成年人保护的角度阐述了保护未成年人继承权的重要性,因此必留份优先毋庸置疑。

(二)需要诉讼参与人提出还是需要法院主动依职权查明必留份的问题

从笔者查询的案例来看,大量的案例中诉讼参与人没有提出必留份的要求,在这类案例中,法院基本没有依职权主动提出必留份问题的情形,这可能基于法院惯性的民事诉讼审理习惯导致。笔者认为,基于生存权至上原则,法院不应被动地等诉讼参与人提出必留份的要求,而应当依职权主动对必留份进行审查并给出切实可行的必留份保留份额。

(三)关于"缺乏劳动能力又没有生活来源"的认定问题

目前没有专门的认定标准,最高人民法院也没有出台相关规定或批复等,笔者建议可参考民政部 2021 年 4 月 26 日发布的《特困人员认定办法》(民发〔2021〕43 号)第 5 条及第 6 条的相关规定予以认定。

(四)胎儿是否应保留必留份的问题

根据《民法典》第 16 条"涉及遗产继承、接受赠与等胎儿利益保护的,胎儿视为具有民事权利能力……"的规定,笔者认为涉及遗产继承必留份问题时,也应当给胎儿预留必留份。最高人民法院《关于适用〈中华人民共和国民法典〉继承编的解释(一)》第 31 条"应当为胎儿保留的遗产份额没有保留的,应从继承人所继承的遗产中扣回。为胎儿保留的遗产份额,如胎儿出生后死亡的,由其继承人

继承；如胎儿娩出时是死体的，由被继承人的继承人继承”的规定，若胎儿娩出时为死胎时，债权人可要求将该必留份用于偿还被继承人的债务。《民法典》第1155条也规定了继承时应给胎儿预留份，若是没有给胎儿保留必留份，则胎儿的预留份规定就无法落到实处。

（五）关于未成年人放弃继承权的问题

在被继承人债务清偿纠纷中，部分继承人基于被继承人遗产较少但债务较多的前提，为了减少麻烦而放弃继承权，以达到免于承担偿还债务的目的。针对法定代理人代表未成年人放弃继承权，多数法院依据已失效的最高人民法院《关于贯彻执行〈中华人民共和国继承法〉若干问题的意见》第8条及《民法典》第35条第1款的规定，认定法定代理人代表未成年人放弃继承权的行为无效，如湖北省黄石市中级人民法院作出的（2020）鄂02民终702号袁某2、吴某被继承人债务清偿纠纷二审民事判决书。

当然，也有法院认为在没有证据证实被继承人实际留有遗产且其遗留财产多于本案债务的情况下，未成年人的法定代理人代为表示放弃继承权，并不损害未成年人的利益，从而对放弃继承权的行为予以确认。如浙江省文成县人民法院作出的（2020）浙0328民初997号蓝某与林某、徐某被继承人债务清偿纠纷一审民事判决书。

笔者认为，在被继承人实际留有的遗产少于债务的情况下，应对未成年人的法定代理人代为表示放弃继承权的行为予以确认，这样可避免出现未成年人成为判决偿还债务的义务人，以及成为强制执行案件的被执行人。

（六）关于判决未成年人作为债务履行义务人的问题

部分案件中，因成年遗产继承人纷纷自愿放弃继承权，最终导致未成年人成为案件判决的偿还债务义务人。如山西省临猗县人民法院作出的（2020）晋0821民初474号张某4与宋某、张某3等被继承人债务清偿纠纷一审民事判决书。

也有部分法院将未成年人的法定代理人作为案件判决的偿还债务义务人。如云南省华坪县人民法院作出的（2020）云0723民初42号吕某与尹某、付某1被继承人债务清偿纠纷一审民事判决书。

笔者认为，将未成年人的法定代理人作为案件判决的偿还债务义务人，更有利于对未成年人的保护，也可以避免“9岁女童限高令”事件再次发生。

### （七）必留份份额计算方式问题

关于必留份的计算，目前没有具体的规定，笔者建议可参照以下几种方式计算。

1. 根据当年当地“人均消费性支出”作为计算依据，除以对其有抚养或赡养义务的人数，再以未成年人计算至18周岁，需赡养的成年人计算至“全省人均期望寿命”。

2. 未成年人的必留份可参照最高人民法院《关于适用〈中华人民共和国民法典〉婚姻家庭编的解释（一）》第49条的规定予以确定。

3. 可参照交通事故或工伤事故中处理被扶养人生活费的计算方式予以确定必留份的人数及份额。

# 老有所依！谁是孤寡老人的监护人？

## ——老人说了算！

王　璐*

**【摘要】**我们每一个人从出生到死亡，会面对各种各样工作上、身体上、生活上的问题，为了保障一个家庭、一个社会、一个国家的正常运转，针对人生的不同阶段，不同人群，不同民事行为能力，渐渐形成了不同的监护制度，通过监护制度，由监护人代为或协助被监护人进行民事活动，可以有效地保护被监护人的合法权益。

**【关键词】**监护权；遗赠扶养；遗嘱；老有所养；老有所依；老有所乐

### 一、监护人的职责

监护人的职责是代理被监护人实施民事法律行为，按照最有利于被监护人的原则履行监护职责（主要包括人身权利、医疗救护、财产处理及法务代理等监护职责①），保护被监护人的人身权利、财产权利及其他合法权益。

因发生突发事件等紧急情况，监护人暂时无法履行监护职责，被监护人的生活处于无人照料状态的，被监护人住所地的居民委员会、村民委员会或者民政部门应当为被监护人安排必要的临时生活照料措施。

---

* 王璐，四川君合律师事务所实习律师。

① 《民法典》第1188条规定："无民事行为能力人、限制民事行为能力人造成他人损害的，由监护人承担侵权责任。监护人尽到监护职责的，可以减轻其侵权责任。有财产的无民事行为能力人、限制民事行为能力人造成他人损害的，从本人财产中支付赔偿费用；不足部分，由监护人赔偿。"

## 二、监护的种类

1. 法定监护：针对的是未成年子女[①]及无民事行为能力或者限制民事行为能力的成年人。

父母是未成年子女的监护人。[②]

未成年人的父母已经死亡或者没有监护能力的，由下列有监护能力的人按顺序担任监护人：(1)祖父母、外祖父母；(2)兄、姐；(3)其他愿意担任监护人的个人或者组织，但是须经未成年人住所地的居民委员会、村民委员会或者民政部门[③]同意。

2. 无民事行为能力或者限制民事行为能力的成年人，由下列有监护能力的人按顺序担任监护人[④]：(1)配偶；(2)父母、子女；(3)其他近亲属；(4)其他愿意担任监护人的个人或者组织，但是须经被监护人住所地的居民委员会、村民委员会或者民政部门同意。

3. 遗嘱监护[⑤]：被监护人的父母担任监护人的，可以通过遗嘱指定监护人。

4. 协议监护：依法具有监护资格的人之间可以协议确定监护人。协议确定监护人应当尊重被监护人的真实意愿。

5. 指定监护：对监护人的确定有争议的，由被监护人住所地的居民委员会、村民委员会或者民政部门指定监护人，有关当事人对指定不服的，可以向人民法院申请指定监护人；有关当事人也可以直接向人民法院申请指定监护人。

---

① 《民法典》第19条规定："八周岁以上的未成年人为限制民事行为能力人，实施民事法律行为由其法定代理人代理或者经其法定代理人同意、追认；但是，可以独立实施纯获利益的民事法律行为或者与其年龄、智力相适应的民事法律行为。"

② 《民法典》第20条规定："不满八周岁的未成年人为无民事行为能力人，由其法定代理人代理实施民事法律行为。"

③ 《未成年人保护法》第94条规定："具有下列情形之一的，民政部门应当依法对未成年人进行长期监护：(一)查找不到未成年人的父母或者其他监护人；(二)监护人死亡或者被宣告死亡且无其他人可以担任监护人；(三)监护人丧失监护能力且无其他人可以担任监护人；(四)人民法院判决撤销监护人资格并指定由民政部门担任监护人；(五)法律规定的其他情形。"

④ 《民法典》第23条规定："无民事行为能力人、限制民事行为能力人的监护人是其法定代理人。"

⑤ 最高人民法院《关于适用〈中华人民共和国民法典〉总则编若干问题的解释》第7条规定："担任监护人的被监护人父母通过遗嘱指定监护人，遗嘱生效时被指定的人不同意担任监护人的，人民法院应当适用民法典第二十七条、第二十八条的规定确定监护人。未成年人由父母担任监护人，父母中的一方通过遗嘱指定监护人，另一方在遗嘱生效时有监护能力，有关当事人对监护人的确定有争议的，人民法院应当适用民法典第二十七条第一款的规定确定监护人。"

居民委员会、村民委员会、民政部门或者人民法院应当尊重被监护人的真实意愿,按照最有利于被监护人的原则在依法具有监护资格的人中指定监护人。

依据上述第1款规定指定监护人前,被监护人的人身权利、财产权利以及其他合法权益处于无人保护状态的,由被监护人住所地的居民委员会、村民委员会、法律规定的有关组织或者民政部门担任临时监护人。

监护人被指定后,不得擅自变更;擅自变更的,不免除被指定的监护人的责任。

6. 意定监护:具有完全民事行为能力的成年人,可以与其近亲属、其他愿意担任监护人的个人或者组织事先协商,以书面形式确定自己的监护人,在自己丧失或者部分丧失民事行为能力时,由该监护人履行监护职责。

**三、对于空巢家庭、失独家庭、丁克家庭、独居者、残障人士等来说,哪一种监护方式更适合**

答案是——意定监护。

2018年12月29日修正的《老年人权益保障法》借鉴了英美的持续性代理权制度和日本的任意监护制度,首次提出了意定监护制度。2021年1月1日施行的《民法典》将意定监护的适用人群范围扩大至所有具有完全民事行为能力的成年人,有力地保障了成年人的权益,特别是老年人这个群体,使其丧失或者部分丧失民事行为能力时能够老有所养、老有所依、老有所乐。

意定监护制度是指被监护人在具有完全民事行为能力时,依自己的意思能力预先选任信赖之个人或组织作为将来自己被认定为丧失或者部分丧失民事行为能力时之监护人(并不限于法定监护人),并与之订立委托监护协议,由本人将自己的监护事务(包括生活、医疗救护和财产管理、债务处理等事务)的全部或部分代理权授予监护人,在本人因年老、精神障碍或其他丧失判断能力的事实发生时协议生效的法律制度。

**四、意定监护的办理程序和要求**

(1)签订书面协议。

(2)协议内容涉及意定监护协议中的被监护人,将来成为限制民事行为能力人或无民事行为能力人时,约定的单位或个人成为被监护人的监护人。

(3)双方在订立协议时,必须是完全民事行为能力人。

根据《民法典》之规定，成为意定监护人仅需由委托人与受托人自行达成书面意定监护协议即可。公证非必要程序，但意定监护协议成立的前提是委托人在订立协议时具有完全民事行为能力，为避免意定监护的法律效力受到影响，实践中，签订意定监护协议，建议对意定监护协议办理公证。

**五、意定监护与法定监护不一致并发生冲突时怎么办**

这时应坚持最有利于被监护人的原则，以及最大限度地尊重被监护人的真实意愿。

（一）案例分享①

被监护人孙某某现年84岁，曾患小儿麻痹症，有肢体残疾后遗症，父母、妻子均已过世。2019年，孙某某的房屋因旧房改造被征收。孙某某的女儿孙某甲在其不知情的情况下，申请对孙某某行为能力鉴定并指定自己为监护人，后经司法鉴定科学研究院鉴定，法院判决宣告孙某某为限制民事行为能力人，指定孙某甲为其监护人。现孙某某侄女孙某乙起诉要求变更监护人。经法院查明，上海市普陀区公证处出具的公证书载明，孙某某与孙某乙等签订的意定监护协议约定委任孙某乙为意定监护人、陶某某为监护监督人。房屋拆迁后，孙某某不再与孙某甲共同生活，孙某某的钱款和证件等均处于孙某乙及其父亲的保存与管理中，孙某乙对其进行照顾。审理中，法院在庭审与居住地调查中多次征询孙某某意见，其均表示希望孙某乙作为监护人。

（二）裁判结果

上海市静安区人民法院认为，孙某某虽为限制民事行为能力人，但有一定的理解表达能力，其多次表示不愿意让孙某甲担任监护人、同意孙某乙担任监护人，态度十分坚决。考虑被监护人孙某某的实际状况，孙某甲在客观上无法再继续履行监护职责，亦未将监护责任部分或全部委托给他人。从有利于被监护人孙某某的角度出发，判决变更监护人为孙某乙，希望孙某乙能从维护被监护人利益的角度出发，依法行使监护的权利，认真履行监护职责，切实保护孙某某的人身、财产及其他合法权益，除为维护孙某某的利益外，不得擅自处理孙某某的财产。若孙

① 参见最高人民法院发布的老年人权益保护第二批典型案例“孙某乙申请变更意定监护人纠纷案”。

某乙存在侵害被监护人利益的情况，孙某甲等其他愿意担任孙某某监护人的个人或组织亦可申请法院变更监护人。

（三）典型意义

本案系典型的意定监护与法定监护相冲突的变更监护权案判决。法院既考量意定监护协议约定，又考量被监护人的实际生活情况，坚持最有利于被监护人原则和最大限度地尊重被监护人真实意愿的原则，多次征询被监护人意见，并突击走访被监护人家中和居委会，了解其真实生活与医疗等情况，综合各方因素，依法判决变更监护人。同时，积极引导监护人自觉履行监护职责，切实保障了“失智”“失能”老年人的合法利益。①

**六、意定监护和遗赠扶养、遗嘱的区别**

意定监护、遗赠扶养、遗嘱的区别见表1。

**表1　意定监护、遗赠扶养、遗嘱的区别**

| 区别 | 意定监护 | 遗赠扶养[1] | 遗嘱[2] |
|---|---|---|---|
| 主体 | 包含继承人在内的个人和组织 | 继承人以外的个人和组织 | 立遗嘱人 |
| 产生方式 | 协议约定，代理权 | 法定生养死葬 | 单方进行 |
| 是否有偿 | 没有明确规定 | 明确享有受遗赠权利 | 无 |

[1]《民法典》第1158条规定：“自然人可以与继承人以外的组织或者个人签订遗赠扶养协议。按照协议，该组织或者个人承担该自然人生养死葬的义务，享有受遗赠的权利。”

[2]《民法典》第1133条规定：“自然人可以依照本法规定立遗嘱处分个人财产，并可以指定遗嘱执行人。自然人可以立遗嘱将个人财产指定由法定继承人中的一人或者数人继承。自然人可以立遗嘱将个人财产赠与国家、集体或者法定继承人以外的组织、个人。自然人可以依法设立遗嘱信托。”

监护制度的兴起和完善，对于多数人来说是适用于未成年人与精神病人的制度，实际上，不仅弱势群体需要监护，成年人群体也可以通过意定监护制度提前选择自己的监护人、安排自己有限的时光更加有质量。针对中国公民的养老需求，传统的有遗赠扶养协议及遗嘱等制度建设。无论是监护制度还是其他制度都是实现每个人生有所养，老有所依的有力保障。

---

① 《老年人权益保障法》第26条规定：“具备完全民事行为能力的老年人，可以在近亲属或者其他与自己关系密切、愿意承担监护责任的个人、组织中协商确定自己的监护人。监护人在老年人丧失或者部分丧失民事行为能力时，依法承担监护责任。老年人未事先确定监护人的，其丧失或者部分丧失民事行为能力时，依照有关法律的规定确定监护人。”

# 爱情和法律，是谁牵绊了离婚的步伐

## ——对离婚冷静期的思考

张 悦*

【摘要】离婚冷静期是指夫妻协议离婚时，政府要求双方暂时分开考虑清楚后再行决定是否继续离婚的制度。自离婚冷静期制度出台以后，我国离婚率出现大幅下降趋势。离婚本是夫妻双方婚姻自由的重要体现，离婚冷静期制度是否限制了我国婚姻自由的行使成为人们讨论的热点。文章从社会热点和案例出发，对离婚冷静期制度的设立底因、适用对象以及离婚冷静期过程的注意事项进行理性思考。

【关键词】离婚冷静期；婚姻自由；法理；伦理

### 一、讨论背景

2020年8月一条"为何全国上半年离婚率大幅下降"的热搜高挂微博榜首，成为群众茶余饭后的谈论热点。民政局发布的最新数据显示，2020年上半年全国离婚登记人数为96.6万对。2020年全国离婚登记是373.3万对。① 为何上半年离婚登记人数会下降这么多？人口专家、广东省人口发展研究院院长董玉整教授经分析认为，离婚人数下降，有多方面原因，其中一个关键因素是离婚冷静期制度

---

* 张悦，四川君合律师事务所律师。

① 《全国上半年离婚大数据：下跌约五成，河南最多四川第二》，载经济观察网，htpp://www.eeo.com.cn/2021/0805/497527.shtml。

的实施。

随着《民法典》的施行,离婚冷静期的制度为协议离婚戴上了成本枷锁。《民法典》对离婚冷静期作了如下规定:自婚姻登记机关收到离婚登记申请之日起30日内,任何一方不愿意离婚的,可以申请撤回离婚登记。同时,自离婚冷静期届满后30日内,双方未共同到婚姻登记机关申请发放离婚证的,视为撤回离婚登记申请。

值得注意的是,根据《民法典》的规定,离婚冷静期仅适用于协议离婚阶段,对于诉讼离婚,并无法律明文规定。但是在法院审判的过程中,却有很多的法官依职权判令予以离婚双方当事人冷静期的司法实例。由此可见,设立离婚冷静期亦是大势所趋。

**二、经典案例**

2018年度中国十大影响性诉讼之六准确适用“离婚冷静期”促使仍有感情的夫妻重归于好。

该案中,彭州市人民法院经庭前“问诊”认为:夫妻二人之间仍有感情,不属于死亡婚姻。综合全案情况,根据最高人民法院《关于进一步深化家事审判方式和工作机制改革的意见(试行)》第40条的规定,向双方当事人发出个性化定制的《离婚冷静期通知书》,给予双方当事人2个月冷静期。

冷静期通知书以温和婉转的语言告诫离婚对子女带来的伤害,并要求双方“在冷静期内均应保持冷静和理智,并积极与对方沟通,男方要积极改正缺点错误,女方应对男方的转变有所回应。双方要给予对方包容和理解,避免争吵和猜疑”。冷静期内,法官联合家事调查员多次走访、调解并动员当事人女儿居中调和,最终夫妻关系重归于好。

**三、理性思考**

1. 离婚冷静期的设立底因

社会对离婚冷静期的讨论颇多,究其根本原因在于,离婚双方的法律诉求和立法之间的反差。实践中反对者多以其违反离婚自由原则对其进行非难,理论上也一直陷入婚姻法公法、私法属性之争以及个人主义与家庭主义相互纠缠的泥潭。绝对的离婚自由观念不但冲击家庭本身的稳定性,还对社会治理和国家治理带来冲击。设立离婚冷静期的目的在于警示社会,表明国家反对草率离婚的立场。离婚冷静期的直接功能在于防止草率离婚,即以防止草率离婚为目标,以协议离婚中的冲动型、赌气型等草率离婚为防范对象。“离婚冷静期”展现了国家对草率离婚的干预立场。“离婚冷静期”不是当事人的意志选择,是国家强制干预,体现了国家维护婚姻稳定的态度和决心。离婚冷静期的设立并非重在满足婚姻双方的需求,更是为了维护社会的和谐和稳定,是立足于自己的本土文化视域去思考婚姻和家庭,进而构建符合中国人精神伦理世界的家庭法哲学。

2. 离婚冷静期的范围和适用对象

根据《民法典》第1077条的规定,适用范围仅限于民政机关协议离婚,不适用诉讼离婚。“离婚冷静期”的适用对象包括所有协议离婚当事人,即凡在民政机关协议离婚者,均适用“离婚冷静期”。但是根据司法判例的结果看,在诉讼过程中,离婚冷静期的适用亦是存在扩张的倾向。有学者认为民事诉讼法中离婚审结时限规定和二次离婚诉讼规则中都有6个月的期限规定,这一规定与离婚冷静期制度重复。但亦有学者认为离婚冷静期区别于民事诉讼法中这6个月的消极等待,究其根本离婚冷静期是可以经过多方协调对双方婚姻的积极挽回。①

3. 离婚冷静期中的注意事项

离婚冷静期间,究其法律关系的根本,双方当事人之间依然还是婚姻关系。故双方权利义务可以总结为:夫妻身份关系、财产关系、子女抚养关系不变。同时要做到不得侵害对方人身权利、不得转移毁损共同财产、不得拒绝履行其他家庭义务。离婚冷静期所得财产、一方所负债务、一方意外死亡等,都应按夫妻关系的有关规定处理。

**四、结语**

离婚冷静期的争议表面看为是否维护和贯彻离婚自由法律原则的问题,而其背后反映的实质问题却是当前我国家庭法哲学所指导的家庭实践呈现的理论和实践上的矛盾和混乱。家庭中本就存在许多诸如此类的用法理难以概全的伦理

---

① 参见杨嫱宁:《民法典中关于离婚冷静期现实操作可能性制度搭建》,载《法制与社会》2021年第16期。

性社会问题，这就要求我们在合乎法律规定的基础上重新思考“家”的法理意涵。[①] 我们更需要立足于自己的文化视域去思考婚姻和家庭，进而构建符合中国人精神伦理世界的家庭法哲学，并继而指导家庭法实践，“增强当事人维护家庭亲情、伦理与道德的自我意识，从而夯实家庭亲情、伦理与道德健康发展的内、外机制”[②]，重塑家国情怀、家庭功能与家庭意义，为现代中国人寻到安身立命之处。

---

① 参见胡敬阳：《“家”的法理意涵再思考——从〈民法典〉“离婚冷静期”制度出发》，载《湖州师范学院学报》2021 年第 5 期。

② 方乐：《法律实践如何面对“家庭”》，载《法制与社会发展》2011 年第 4 期。

# 第十一编

# 网络法治研究

# 网络游戏虚拟财产的法律保护

廖衍玲　占文浩*

【摘要】随着网络游戏行业的快速发展，网络游戏虚拟财产侵权案件数量逐年增加，虚拟财产的法律保护也日益引发关注。网络游戏虚拟财产作为个人合法财产的一种表现形式，应当受到法律的保护。为致力营造良好网络游戏环境，同时更好地通过法律保护网络游戏中个人拥有的虚拟财产，我们需要厘清网络游戏运营商、玩家之间的法律关系及各自的权利义务，结合现有法律规定，就实务中因网络虚拟财产频发的矛盾纠纷进行解析，并就网络游戏虚拟财产的法律保护提出建议。

【关键词】网络游戏；虚拟财产；权益保护

## 一、游戏运营商与玩家之间法律关系及权利义务

### （一）法律关系

游戏运营商与玩家之间为民事法律关系，法院对游戏运营商与玩家因网络游戏产生的纠纷多以网络服务合同纠纷为案由受理立案。游戏运营商与玩家之间的矛盾纠纷主要依靠合同法的原理来进行调整；同时，基于玩家的法律地位，还应适用《消费者权益保护法》予以调整。①

---

* 廖衍玲，四川君合律师事务所律师，高级合伙人。占文浩，四川君合律师事务所律师。

① 于雷：《网络游戏虚拟财产的民事法律属性研究》，载《法制博览》2020 年第 33 期。

(二)权利义务

1.游戏运营商

“网络游戏”,是指由软件程序和信息数据构成,通过互联网、移动通信网等信息网络提供的游戏产品和服务。如需参与网络游戏,玩家需要实名注册账号并进行登录。就网络游戏服务提供者而言,运营商有权要求玩家进行实名注册并保证玩家自身提供信息真实无误;有权通过向玩家提供网络游戏运营服务来收取相应的费用;有权制定游戏规则,并对违反游戏规则的玩家作出处罚;网络游戏运营存在一定时限,运营商还有权决定停止游戏运营的时间。

玩家进行了实名注册并使用网络游戏,运营商应对玩家的个人信息进行保密,并通过网络安全技术为玩家提供健康、公平的网络游戏使用环境,保证网络游戏的正常运行、玩家公平竞技。同时,对于玩家在使用网络游戏中形成的电子数据,运营商应进行妥善保管,不得随意修改或删除。如因第三方原因导致玩家账号被盗、虚拟财产损失,运营商有义务协助玩家找回账号及虚拟财产,如存在公安、司法机关取证的情形,运营商还应当协助相关机关进行取证。

2.玩家

网络游戏玩家有权登录自己的网络游戏账号并使用装备进行公平竞技;有权要求供应商提供健康、安全的网络游戏运营环境,保证网络游戏的正常运营;有权要求运营商对玩家个人信息进行保密,如因运营商原因造成泄露,有权要求运营商承担法律责任;对于玩家使用网络游戏形成的电子数据,有权要求运营商妥善保管,如因运营商原因造成账号被盗、虚拟财产损失,玩家有权要求运营商承担相应的法律责任。

对于自己注册的游戏账号,玩家有义务妥善保管账号及密码,并依照《游戏许可及服务协议》内容正确、安全地进行使用。如玩家未尽义务导致出现账号密码遗失、账号被盗等情形,玩家应当承担由此产生的法律后果;此外,玩家有义务遵守网络安全相关规定及游戏规则,共同营造健康、公平的游戏环境。

**二、网络虚拟财产认定**

(一)法律特征

“网络虚拟财产”(network virtual property)也称“虚拟财产”,是一种能为人所支配的具有价值的权利,是财产在网络虚拟空间的表现形式。虚拟财产根据其独特的存在形式及价值，具有无形性、价值性、可支配性、受保护性。(1)虚拟财产具有无形性。公民的财产既包括有形的，也包括无形的，网络游戏虚拟财产依托于网络游戏软件产生，实质为以电磁记录方式存储于服务器内，并以特定数字单位表现的虚拟兑换工具，应属于无形资产的一种。(2)虚拟财产具有价值性。虚拟财产在网络游戏程序之外具有交易价值，在特定网络游戏中具有使用价值，对使用网络游戏使用发挥了巨大作用，使玩家的物质及精神需求得到满足。(3)虚拟财产具有可支配性。在遵守游戏规则的前提下，玩家有权选择如何处置自己的虚拟财产，虚拟财产受玩家支配。(4)虚拟财产具有受保护性。虚拟财产的获得往往需要通过玩家的真实财物付出(购买游戏卡等)、市场交易(买卖装备)等途径，网络虚拟财产已经具备了真实财产的基本特性，应受到法律的保护。①

(二)法律性质②

关于网络虚拟财产权属于物权、债权、知识产权抑或是新型财产权利，存在以下不同学说。

1. 物权说。物权是指权利人依法对特定的物享有直接支配和排他的权利，包括所有权和他物权(用益物权和担保物权)。一些学者认为网络虚拟财产受物权保护，因为虚拟财产由网络游戏玩家控制支配，具有使用、交换价值。但依据物权的内容来分析，直接将虚拟财产划分为物权保护实则上未考虑虚拟财产存在的客观条件及运营商的地位。物权的内容是直接支配一定的物，并排除他人干涉。虚拟财产作为依附于网络游戏软件而存在的一种无形财产，玩家要使用、支配虚拟财产需要使用网络游戏、遵守网络游戏规则，并依赖运营商提供健康、正常、公平的网络游戏运营环境。就网络游戏虚拟财产而言，运营商占有绝对的主导地位，玩家并非直接支配并享有不受他人影响的排他权。此外，物权的权利主体特定，义务主体不特定。在网络游戏中，玩家与运营商因签订《游戏许可及服务协议》而产生法律关系，玩家拥有的虚拟财产的保护主要依赖于运营商制定的游戏规则及网络安全技术支撑，即玩家网络游戏虚拟财产的主要义务相对人为运营商，非不特定的多数人，故不满足物权义务主体的不特定性，因而也就无法直接将网络

---

① 王立国、马佳:《网络游戏虚拟财产认定与法律保护》，载《黑龙江省政法管理干部学院学报》2020 年第 6 期。

② 陈燕、余永跃:《网络游戏虚拟财产的法律保护制度》，载《青年与社会(上)》2019 年第 21 期。

游戏虚拟财产权简单划分至物权的保护范畴。

2. 债权说。债权是指请求他人为一定行为(作为或不作为)的民法上的权利。和物权不同的是,债权是一种典型的相对权,只在债权人和债务人之间发生效力,原则上债权人和债务人之间的债之关系不能对抗第三人。网络虚拟财产具有类似债权的相对性,具体体现在权利义务和虚拟财产价值的相对性:(1)权利义务。网络游戏虚拟财产实际为依托于网络游戏软件存在的电子数据,而玩家拥有使用网络游戏、拥有虚拟财产必须先与运营商签订《游戏许可及服务协议》,即网络游戏中电子数据的建立及维护,依据与运营商与玩家之间签订的格式合同内容,依据合同相对性原则,玩家就网络游戏享有的权利及拥有的虚拟财产须由运营商提供技术保障,玩家基于网络服务合同享有的权利只能对抗运营商,而非不特定的多数人。(2)虚拟财产价值。网络游戏虚拟财产价值与现实财产之间的联系不是固定且一致的,不同网络游戏中的虚拟财产价值也不相一致。网络游戏虚拟财产的价值直接与游戏市场发展、游戏性质及定位、运营商制定的游戏规则、运营商运营状况及成本等挂钩,即网络游戏虚拟财产价值的实现主要取决于网络游戏运营商,就如同债权的实现取决于债务人个人资产与履行能力,具有强烈的对人性。但在网络游戏中,实际存在玩家与运营商、玩家与玩家、玩家与第三人之间的关系,针对第三人的侵权行为,若玩家、运营商均无过错,则玩家与运营商均为利益受损方,若依据合同的相对性要求运营商承担全部法律责任,对于运营商是不公平的。

3. 知识产权说。知识产权,也称“知识所属权”,指权利人对其智力劳动所创作的成果和经营活动中的标记、信誉所依法享有的专有权利,一般只在有限时间内有效。从网络游戏运营商角度来说,运营商开发运营一款网络游戏,利用网络科学技术创造虚拟游戏环境、游戏账号及虚拟财产。网络游戏虚拟财产作为一种无形财产,依托于运营商的网络科学技术而存在或消失,本质上属于运营商独占或垄断,玩家仅享有网络游戏账号、虚拟财产的使用权,并不具有对虚拟财产电子数据的独占性及排他性。但在实际操作中,个别游戏会在玩家与运营商签订的《游戏许可及服务协议》中对知识产权作出特殊约定,约定玩家在使用游戏服务中产生的游戏数据的所有权和知识产权归游戏开发商所有,游戏开发商有权保存、处置该游戏数据。

4. 新型财产权说。此种学说认为不能将虚拟财产权简单地划为任何一种学说，虚拟财产权作为一种新兴权利类型，其已经突破了传统物权、债权的二元法律框架，成为具有物权特性和债权属性、兼采两种权利优势的新型财产权，认为虚拟财产实质上是一种具有财产价值的权利凭证，主要意义在于证明玩家所拥有的财产价值而非虚拟财产本身。①

综上所述，各种学说具有其理论支撑及存在的合理性，同时又存在未完全考虑虚拟财产特殊性的情形。结合我国对于虚拟财产的立法现状，无法从立法的角度来明确虚拟财产的法律性质及归属。但在司法裁判实务中，玩家与运营商之间因网络游戏运营服务产生的矛盾纠纷，法院多以网络服务合同纠纷为案由受理立案，并将网络游戏中玩家享有的权利认定为债权，即司法裁判实务中多将网络游戏虚拟财产划分至债权予以保护。

## 三、网络虚拟财产常见纠纷解析

### （一）玩家虚拟财产被盗

在网络游戏中，玩家持有的账户和密码作为虚拟财产使用支配的身份凭证，运营商也依据该身份凭证来为玩家提供个性化的游戏服务，若存在玩家虚拟财产被盗，应由哪方主体承担责任，需分情形进行讨论。

1. 运营商未尽管理、通知及补救义务。网络游戏运营商作为提供网络游戏运营服务的一方，除应为玩家提供网络游戏使用外，还需利用网络安全技术来保障网络游戏环境安全。《民法典》第 1195 条规定，“网络用户利用网络服务实施侵权行为的，权利人有权通知网络服务提供者采取删除、屏蔽、断开链接等必要措施……网络服务提供者接到通知后……未及时采取必要措施的，对损害的扩大部分与该网络用户承担连带责任……”依据上述规定及结合司法实务，具体来讲，运营商可能会因以下情形承担民事责任：因技术安全措施不到位、虽监测到玩家账户异常但怠于通知、玩家报告异常后未及时采取保护性措施。如因以上情形导致玩家虚拟财产被盗或产生损失的，玩家有权依据《游戏许可及服务协议》要求运营商采取措施并承担法律责任。另外，基于玩家与运营商技术地位的不平等，司法实务中通常需要运营商承担举证责任，举证证明已依据《游戏许可及服务协

① 杨彪：《网络游戏虚拟财产的法律性质及其救济方式》，载《判例与研究》2006 年第 2 期。

议》尽到相应义务或玩家存在过错,否则需要承担举证不能的不利后果。

2.玩家未尽妥善保管义务。网络游戏账号是运营商按照协议授权玩家用于登录、使用游戏及相关服务的标识,其所有权依然属于游戏开发商。玩家仅根据账号使用协议以及游戏开发商为此发布的专项规则享有游戏账号的使用权。理论上,玩家不得将游戏账号以任何方式提供给他人使用,包括但不限于不得以转让、出租、借用等方式提供给他人作包括但不限于直播、录制、代打代练等商业性使用。否则,因此产生任何法律后果及责任均由玩家自行承担,且游戏开发商有权对玩家的游戏账号采取包括但不限于警告、限制或禁止使用游戏账号全部或部分功能、删除游戏账号及游戏数据及其他相关信息、封号直至注销的处理措施,因此造成的一切后果由玩家自行承担。

细化到实务,如前手玩家甲将游戏账号借给两名后手玩家乙、丙使用,因此产生了账号共享但乙、丙互相不知道对方存在的情况,乙、丙均认为自己得到了前手玩家甲的独占使用许可,从而放心地对账号进行了充值或游戏道具的购买。此时,后手玩家乙整理游戏道具时发现前手玩家甲遗留的游戏道具,故对该物品进行了出售,该游戏道具实际为后手玩家丙购买的。而丙再登录游戏之时便发现自己购买的游戏道具消失不见,以为"被盗号"。此时,账号原主人(前手玩家甲)未尽告知义务,侵权行为人(后手玩家乙)未尽注意义务,根据《民法典》第1172条"二人以上分别实施侵权行为造成同一损害,能够确定责任大小的,各自承担相应的责任;难以确定责任大小的,平均承担赔偿责任"的规定,应当由账号原主人(前手玩家甲)和侵权行为人(后手玩家乙)对实际损失人(后手玩家丙)承担民事赔偿责任,而非游戏运营商。

3.第三人侵权,玩家、运营商均无过错。从物权角度分析,当玩家网络游戏虚拟财产受到了第三人侵害,若运营商自身没有实施侵害行为且无过错,运营商可依据《游戏许可及服务协议》约定协助玩家进行维权,但无须就玩家损失的虚拟财产承担侵权责任,相关法律责任由第三人独立承担。从债权角度分析,对于玩家拥有的网络游戏虚拟财产,运营商具有积极保护债权的义务,第三人的侵权行为直接导致运营商无法适当履行义务,这一规则便要求运营商需先对玩家承担民事责任后再向第三人进行追偿。

此外,针对网络游戏虚拟财产被盗是否涉及刑事犯罪、构成何种罪名,《最高人民法院公报》2006年第11期发布的上海黄浦区人民检察院诉孟某、何某某网络盗窃案案例,可作为指导审判实践的判例。其裁判摘要指出:(1)秘密窃取网络环境中的虚拟财产可能构成盗窃罪;(2)盗窃数额应当按照虚拟财产在现实生活中对应的实际财产遭受损失的数额来确定;(3)虚拟财产在现实生活中对应的财产数额,可以通过该虚拟财产在现实生活中的市场交易价格来确定。结合裁判文书网2020年公布的裁判文书,以非法占有为目的,利用网络实施盗窃且数额较大的行为,法院多以盗窃罪进行定罪量刑。①

### (二)游戏出现BUG

网络游戏本身也可能因游戏软件BUG(程序错误)、版本更新缺陷、第三方病毒攻击或其他任何因素导致玩家的游戏角色、游戏道具、游戏装备及游戏币等数据发生异常。在数据异常的原因未得到查明前,游戏运营商有权暂时冻结该游戏账号;若查明数据异常为非正常游戏行为所致,游戏运营商有权恢复游戏账号数据至异常发生前的原始状态(包括向第三方追回被转移数据),玩家与运营商有权依据双方签订的《游戏许可及服务协议》进行处理;若无明确约定,双方也可依据《民法典》中就合同的相关规定进行处理。

### (三)游戏宣传与实际不符

《广告法》第4条规定:"广告不得含有虚假或者引人误解的内容,不得欺骗、误导消费者。广告主应当对广告内容的真实性负责。"《广告法》第28条规定:"广告以虚假或者引人误解的内容欺骗、误导消费者的,构成虚假广告。广告有下列情形之一的,为虚假广告:(一)商品或者服务不存在的;(二)商品的性能、功能、产地、用途、质量、规格、成分、价格、生产者、有效期限、销售状况、曾获荣誉等信息,或者服务的内容、提供者、形式、质量、价格、销售状况、曾获荣誉等信息,以及与商品或者服务有关的允诺等信息与实际情况不符,对购买行为有实质性影响的;(三)使用虚构、伪造或者无法验证的科研成果、统计资料、调查结果、文摘、引用语等信息作证明材料的;(四)虚构使用商品或者接受服务的效果的;(五)以虚假或者引人误解的内容欺骗、误导消费者的其他情形。"若游戏广告宣传内容有符合上述条款的,则可以认定游戏运营商涉嫌虚假宣传,发布虚假广告。处罚则

---

① 吕磊:《我国盗窃"虚拟财产"案件定性问题的司法实践》,载《网络法律评论》2011年第2期。

需根据《广告法》第55条之规定，由主管行政机关予以责令停止发布、罚款、没收广告费用、暂停广告发布业务、吊销营业执照、吊销广告发布登记证件等行政处罚，严重者甚至构成犯罪的，将依法追究刑事责任。

（四）玩家注销账户或运营商终止游戏

1. 玩家注销账户

玩家有权选择注销游戏账号，若玩家一旦注销游戏账号，该游戏账号下的虚拟财产则将依据《游戏许可及服务协议》内容进行处理。一般来讲，玩家选择注销游戏账号，则运营商有权对该游戏账号下的虚拟财产做清除处理，因此产生的后果由玩家自行承担。前述游戏收益包括但不限于：游戏会员权益、等级；与游戏角色成长升级相关的所有数据（包括但不限于经验值、荣誉值、声望值、称号等）；尚未使用的网络游戏虚拟货币、虚拟道具及其他虚拟物品（如卡券、金币、钻石、道具及其他等）；已经购买但未到期或未使用完的增值服务；已产生但未消耗完毕的其他游戏收益或未来预期的游戏收益等。

2. 运营商终止游戏

任何一款网络游戏都有期限，网络游戏运营商可以根据市场经营状况选择是否终止网络游戏。网络游戏虚拟财产依附于网络游戏存在，游戏一旦被终止，虚拟财产则不复存在。针对网络游戏终止，应依据玩家与运营商签订的《游戏许可及服务协议》采取相应处理措施。一般来讲，网络游戏被终止，账号中的游戏装备本质上是为游戏服务，在游戏关停服务后便失去价值，不属于未失效的游戏服务，且无法将装备兑换成现金。此外，玩家接受了游戏运营商提供的游戏服务，享受了游戏的乐趣，合同目的已经实现，不能将因运营商关停服务的行为认定为构成违约。①

## 四、对保护网络虚拟财产的建议

就网络游戏玩家而言，注册网络游戏账号前认真阅读《游戏许可及服务协议》，尤其对其中标黑加粗的格式条款加以注意，对不理解或认为不合理的条款应提前咨询客服或游戏运营商；严格遵守游戏规则，尽量避免账号共享或密码泄露，造成虚拟财产损失；合理需求、谨慎购买。

---

① 参见尚志红、王素娟、王瑞：《虚拟财产纠纷中运营商的法律责任》，载《北方工业大学学报》2007年第4期。

就游戏运营商而言,严格依据相关规定进行网络游戏的运营,履行自身相应的法律职责并承担企业的社会担当。提供完善的游戏环境,管理、维护并保证网络游戏正常运行;妥善保管网络游戏产生的电子数据并对玩家注册时所提供的信息和个人资料予以严格保密;在玩家因网络游戏被侵权引发矛盾纠纷时,积极协助公安机关、法院等进行取证,共同营造健康、公平、良好的网络游戏环境。

就国家立法而言,网络游戏中的虚拟财产应受到法律保护,应建立健全网络虚拟财产保护法律体系。2021 年 1 月 1 日起施行的《民法典》第 127 条规定,"法律对数据、网络虚拟财产的保护有规定的,依照其规定",该条款吸收《民法总则》中确定虚拟财产的民事权利地位规范的内容,将虚拟财产保护纳入《民法典》进行原则性规范。但就网络游戏虚拟财产的特殊性,制定虚拟财产单行法,就网络游戏虚拟财产定义、性质、侵权标准、保护手段、处罚措施等作明确规定,具有划时代的现实意义。①

① 参见刘慧荣:《虚拟财产法律保护体系的构建》,法律出版社 2008 年版。

# 第十二编

# 民事司法研究

# 执行程序中变更追加瑕疵出资股东为被执行人之法律问题研究

艾智菊*

【摘要】执行案件中的被执行人未履行裁判文书所确定的义务，无财产可供执行，但有证据显示被执行人的股东未履行出资责任或履行出资存在瑕疵的，债权人在满足一定条件下可以变更追加公司股东、出资人或依公司法相关规定对该出资承担连带责任的发起人作为被执行人，要求其在未依法出资的范围内对公司债务承担连带责任。

【关键词】执行；瑕疵出资；变更追加被执行人

在涉及公司作为债务人的民事纠纷中，公司通常是独立承担民事责任的主体，裁判中所确定的权利义务关系通常与作为案外人的股东没有直接关系。在进入执行程序后，若公司无财产可供执行或者财产明显不足以清偿债务的，我国现行《公司法》、公司法相关司法解释以及《民事执行中变更、追加当事人若干问题的规定》赋予债权人在满足一定条件下有权申请变更、追加公司股东、出资人或依《公司法》规定对该出资承担连带责任的发起人为被执行人，以拓宽其债权清偿的渠道，进一步保护债权人的合法权益。

在进入正式讨论之前，我们先看一下关于执行异议之诉与执行异议的区别与联系。在(2019)最高法民再49号案中，最高人民法院指出：案外人执行异议与执行异议之诉虽具有一定的关联性和共通性，但二者分属于不同的诉讼程序，其

---

* 艾智菊，四川君合律师事务所律师。

功能并不相同。相应地,对案外人民事权益的审查原则和审查标准也不尽相同。执行异议作为执行程序的一部分,其制度功能在于快速、不间断地实现生效裁判文书确定的债权,其价值取向更注重程序效率性,同时兼顾实体公平性。基于这一目标,执行异议程序更侧重于对执行标的上的权利进行形式审查,人民法院执行部门主要根据执行标的的物权登记、实际占有等权利外观来认定执行标的的权属,并作出应否予以执行的判断。而执行异议之诉作为与执行异议衔接的后续诉讼程序,是一个独立于执行异议的完整的实体审理程序,其价值取向是以公平优先、兼顾效率为目标,通过实质审查的方式对执行标的权属进行认定,进而作出案外人享有的民事权益是否足以排除强制执行的判断,以实现对案外人民事权益的实体性执行救济。在本文中,笔者与大家讨论的主要是在执行程序中由申请执行人针对未履行或未全面履行出资义务的股东与未依法履行出资义务,即转让股权的股东及其受让股东提出的变更、追加申请的审查问题,不包括在执行异议之诉中人民法院对执行标的进行实质审查的内容。

**一、股东未履行或者未全面履行出资义务即转让股权的法律规定**

**最高人民法院《关于适用〈中华人民共和国公司法〉若干问题的规定(三)》**

第十三条　股东未履行或者未全面履行出资义务,公司或者其他股东请求其向公司依法全面履行出资义务的,人民法院应予支持。

公司债权人请求未履行或者未全面履行出资义务的股东在未出资本息范围内对公司债务不能清偿的部分承担补充赔偿责任的,人民法院应予支持;未履行或者未全面履行出资义务的股东已经承担上述责任,其他债权人提出相同请求的,人民法院不予支持。

股东在公司设立时未履行或者未全面履行出资义务,依照本条第一款或者第二款提起诉讼的原告,请求公司的发起人与被告股东承担连带责任的,人民法院应予支持;公司的发起人承担责任后,可以向被告股东追偿。

股东在公司增资时未履行或者未全面履行出资义务,依照本条第一款或者第二款提起诉讼的原告,请求未尽公司法第一百四十七条第一款规定的义务而使出资未缴足的董事、高级管理人员承担相应责任的,人民法院应予支持;董事、高级管理人员承担责任后,可以向被告股东追偿。

第十八条　有限责任公司的股东未履行或者未全面履行出资义务即转让股

权，受让人对此知道或者应当知道，公司请求该股东履行出资义务、受让人对此承担连带责任的，人民法院应予支持；公司债权人依照本规定第十三条第二款向该股东提起诉讼，同时请求前述受让人对此承担连带责任的，人民法院应予支持。

受让人根据前款规定承担责任后，向该未履行或者未全面履行出资义务的股东追偿的，人民法院应予支持。但是，当事人另有约定的除外。

**最高人民法院《关于民事执行中变更、追加当事人若干问题的规定》**

第十七条　作为被执行人的营利法人，财产不足以清偿生效法律文书确定的债务，申请执行人申请变更、追加未缴纳或未足额缴纳出资的股东、出资人或依公司法规定对该出资承担连带责任的发起人为被执行人，在尚未缴纳出资的范围内依法承担责任的，人民法院应予支持。

第十九条　作为被执行人的公司，财产不足以清偿生效法律文书确定的债务，其股东未依法履行出资义务即转让股权，申请执行人申请变更、追加该原股东或依公司法规定对该出资承担连带责任的发起人为被执行人，在未依法出资的范围内承担责任的，人民法院应予支持。

**二、对“未依法履行出资义务”的理解**

司法实践中，对于“股东出资责任”“未依法履行出资义务”有不同理解。部分法院认为，只要债权产生于原股东持股期间，无论股东出资期限是否届满，都可以要求原股东承担出资责任。典型如在（2016）川民再232号案中，四川省高级人民法院即认为“尽管黄某足额缴纳了届期的出资数额，但并未全部缴纳其认缴的出资额，在其足额缴纳出资差额之前皆属未全面履行出资义务”，而且最高人民法院《关于民事执行中变更、追加当事人若干问题的规定》只要求作为被执行人的营利法人财产不足以清偿生效法律文书确定债务，即可申请变更、追加未实缴出资股东在未实缴出资范围内承担责任。

但是，根据（2019）最高法民终230号案、（2021）最高法民申6423号案的裁判思路以及《全国法院民商事审判工作会议纪要》（以下简称《九民纪要》），最高人民法院对此问题予以明确：在认缴期限届满前，股东享有期限利益，故股东在认缴期限内未缴纳或未全部缴纳出资不属于未履行或未完全履行出资义务。在认缴期限届满前转让股权的股东无须在未出资本息范围内对公司不能清偿的债务承担连带责任，除非该股东具有转让股权以逃废出资义务的恶意，或存在在注册资本不高的情况下零实缴出资并设定超长认缴期等例外情形。《九民纪要》第6条规定:“在注册资本认缴制下,股东依法享有期限利益。债权人以公司不能清偿到期债务为由,请求未届出资期限的股东在未出资范围内对公司不能清偿的债务承担补充赔偿责任的,人民法院不予支持。但是,下列情形除外:(1)公司作为被执行人的案件,人民法院穷尽执行措施无财产可供执行,已具备破产原因,但不申请破产的;(2)在公司债务产生后,公司股东(大)会决议或以其他方式延长股东出资期限的。”

**三、在执行程序中追加股东为被执行人的条件**

为适应现代市场经济发展,更好保障债权人的合法权益,进一步破解公司债务执行难的问题,最高人民法院《关于适用〈中华人民共和国公司法〉若干问题的规定(三)》以及最高人民法院《关于民事执行中变更、追加当事人若干问题的规定》为债权人变更、追加未缴纳或未足额缴纳出资的股东以及未依法履行出资义务即转让股权的股东为被执行人提供了法律依据。

(一)追加未缴纳或未足额缴纳出资股东为被执行人

股东作为公司的投资人对公司承担的是有限责任,执行程序中追加股东作为被执行人时,应当限定在股东尚未缴纳出资的范围内承担法律责任。实践中,在执行程序中变更、追加未缴纳或未足额缴纳出资的股东为被执行人需要严格满足两个法定条件:

1. 需满足债务人公司财产不足以清偿法律文书确定的债务之程序要件;

2. 满足股东认缴出资加速到期之实体要件。

前者的认定标准一般为:(1)公司名下无任何财产,或财产不足以清偿其债务;(2)法院裁定终结本次执行。该处可参见最高人民法院制定的《关于严格规范终结本次执行程序的规定(试行)》的相关规定予以判断。后者的认定情形一般仅为以下三种情形:(1)破产;(2)解散清算;(3)《九民纪要》第6条规定的两种例外情形。

(二)追加未履行或者未全面履行出资义务即转让股权的股东以及受让股东为被执行人

鉴于我国目前实行的是注册资本认缴制,此种制度降低了设立公司的门槛,股东在出资事宜上拥有了更大的自主权,可以自由地约定出资方式、出资额、出资时间，还可以自由转让股权。因此，在此背景下也经常会出现股东未实缴出资，在出资期限届满前将股权转让给他人，但股权转让时公司已无偿债能力，股东借此逃废出资、损害债权人利益的情形。司法实践中，出于对股东依法享有的出资利益期限的考虑，人民法院在处理执行程序中追加原股东以及受让股东为被执行人时，一般会审查原股东转让股权的时间以及是否存在恶意转让股权逃避债务的情形。笔者通过检索相关司法判例，典型如（2021）沪01民终6011号案、（2021）最高法民申6423号案，人民法院一般通过以下几方面予以考虑：（1）公司注册资本认缴期限未满但公司严重资不抵债符合破产情形的，原股东未积极推动公司破产而将公司股权转让给他人的；（2）股东出资期限届满未足额履行出资义务，在公司存在债务后通过决定（议）延长认缴出资期限后将股权转让他人的；（3）原股东在出资期限届满后转让股权，原股东不能举证证明其在转让股权前已足额缴纳出资的。

在执行程序中，针对申请执行人提出的以上两种情形下的变更、追加申请，人民法院认定股东是否存在未缴纳或未足额缴纳出资的情形，一般通过公司章程中规定的出资方式、出资时间、出资金额以及出资财产的交付情况来进行判断；对于转让股权则直接采取外观审查形式进行审查。故，人民法院在执行程序中追加股东为被执行人，一般以股东承担责任的事实具有外观上的明显性为基础，而后依法作出追加或者不予追加的裁定书。如当事人对该裁定不服，可以依法通过向作出追加（不予追加）裁定的法院的上一级人民法院申请复议的方式或者向作出追加（不予追加）裁定的法院提起执行异议之诉的方式予以救济，人民法院在审理变更、追加被执行人的执行异议之诉中则要求在实体上判定被追加的股东是否应承担责任。

**四、如受让股东已经依法履行出资义务，原股东以及受让股东是否应被变更、追加为被执行人**

根据最高人民法院《关于适用〈中华人民共和国公司法〉若干问题的规定（三）》、最高人民法院《关于民事执行中变更、追加当事人若干问题的规定》，以及《九民纪要》之规定，如原股东不存在逃废出资义务的恶意或在注册资本不高的情况下零实缴出资并设定超长认缴期等例外情形时，为保护股东依法享有的期限利益，原股东在章程规定的出资期限等条件成就前不存在所谓的“出资义务”，也就是此时转让股权并不存在股东未履行或者未全面履行出资义务的违法行为,且原股东据此依法转让股权后,受让股东应当依章程约定的出资期限履行缴付出资的义务。在此种情形下:(1)如受让股东已经依法全面履行出资义务,自然不存在被追加为被执行人的"未履行或者未全面履行出资义务"前提条件。(2)如受让股东未依法全面履行出资义务,则可依法被变更、追加为被执行人;但这种情况下,原股东的出资义务是否因股权转让而免除,要根据个案的具体情况进行综合认定,一方面需审查债务形成的时间是在股权转让之前还是股权转让之后,另一方面还需要审查原股东转让股权是否有逃避履行出资义务或侵害公司债权人利益的主观恶意。

同时,如原股东在章程约定的出资期限届满后转让股权的,按照最高人民法院《关于适用〈中华人民共和国公司法〉若干问题的规定(三)》与最高人民法院《关于民事执行中变更、追加当事人若干问题的规定》之规定,公司有权同时向原股东和受让股东追缴出资,公司的债权人也有权向原股东和受让股东主张权利,要求其在认缴出资的范围内,对公司的债务承担补充赔偿责任,除非受让股权的股东已经履行完毕出资义务,包括逾期出资应当承担的相关违约责任与赔偿责任。

综上所述,债权人在实现其债权的执行程序中,应积极与执行法院沟通,并从多个角度对公司进行财产调查,包括注册资本的组成情况、股东履行出资的状况、注册资本的增资与减资情况、股东是否存在出资瑕疵等情况。如果股东行为符合追加为被执行人条件的,债权人可以向法院申请变更、追加股东为被执行人,使其在一定范围内对公司债务承担补充赔偿责任,从而拓宽实现自身债权的渠道。如法院未接受追加被执行人的申请,债权人可以根据实际情况,在不影响执行效率的情况下提起执行异议之诉或另行提起民事诉讼,起诉相关股东损害公司债权人利益,在取得股东承担责任的生效判决后另行对相关股东进行执行,以维护自身权益。

# 从一则案例看合同约定通讯地址能否视同“诉讼送达地址”并产生相应送达效果

## ——成都地区相关司法裁判尺度研究

肖 磊 周婧宇*

**【摘要】**最高人民法院《关于进一步加强民事送达工作的若干意见》、四川省高级人民法院《关于解决民事诉讼“送达难”若干问题的意见》等文件均对法院诉讼文书送达程序进行了规定,但是关于合同中约定送达地址没有约定该地址具有法院诉讼文书送达地址的性质,是否还能将其作为诉讼文书送达地址并产生相应送达效果,从现有法律规定中难以得到确定的答案。在司法实践中,成都地区基层法院法官常常有着截然不同的理解和操作态度,造成了合同约定送达地址在有些法官手中可以推定为诉讼文书送达地址,而在有些法官手中必须经过公告程序最终才能形成生效判决。

**【关键词】**送达效果;合同约定通讯地址;诉讼文书送达地址;司法裁判尺度

### 一、案情简介

A公司因与甲某产生借款合同纠纷,起诉至成都高新技术产业开发区人民法

* 肖磊,四川君合律师事务所律师,合伙人,公司法律事务部副部长。周婧宇,四川君合律师事务所律师。

院(以下简称高新法院),高新法院于2017年8月8日受理该案后,向案涉借款合同中甲方的约定通讯送达地址,向甲某EMS邮寄了起诉状副本、应诉通知书、举证通知书、传票等法律文书。EMS邮件全程跟踪查询结果显示,该邮件因“收件人不在指定地址”“查无此人”被退回,未送达成功,此后高新法院未再采取其他送达方式进行送达。高新法院在前述邮寄载明的传票日公开开庭审理了该案,笔者作为A公司代理人到庭参加诉讼,甲某未到庭,高新法院缺席审理并当庭宣判。2017年10月27日,高新法院又以案涉合同约定的通讯地址向甲某邮寄送达民事判决书。EMS邮件全程跟踪查询结果显示,该邮件因“收件人不在指定地址”“查无此人”被退回,未送达成功。另外,案涉证据显示:甲某的户籍地址与案涉合同约定通讯送达地址不同,高新法院未向该户籍地址进行过送达,也未采取直接送达、委托送达、转交送达、公告送达等方式向甲某进行过送达。

2019年8月,成都高新技术产业开发区人民检察院向高新法院抗诉被驳回;2020年4月,成都市人民检察院向成都市中级人民法院提起抗诉,申请重审该案。

**二、检察机关的抗诉意见**

成都市人民检察院认为高新法院作出的上述判决存在严重的程序违法情形,原审以涉诉合同约定通讯送达地址作为诉讼送达地址,缺乏法律依据,适用法律显属错误,依法应予纠正。理由如下:

1.《关于进一步加强民事送达工作的若干意见》第8条规定:“当事人拒绝确认送达地址或以拒绝应诉、拒接电话、避而不见送达人员、搬离原住所等躲避、规避送达,人民法院不能或无法要求其确认送达地址的,可以分别以下列情形处理:(一)当事人在诉讼所涉及的合同、往来函件中对送达地址有明确约定的,以约定的地址为送达地址;(二)没有约定的,以当事人在诉讼中提交的书面材料中载明的自己的地址为送达地址;(三)没有约定、当事人也未提交书面材料或者书面材料中未载明地址的,以一年内进行其他诉讼、仲裁案件中提供的地址为送达地址;(四)无以上情形的,以当事人一年内进行民事活动时经常使用的地址为送达地址。人民法院按照上述地址进行送达的,可以同时以电话、微信等方式通知受送达人。”该司法解释第9条规定:“依第八条规定仍不能确认送达地址的,自然人以其户籍登记的住所或者在经常居住地登记的住址为送达地址,法人或者其他组织以其工商登记或其他依法登记、备案的住所地为送达地址。”

2. 四川省高级人民法院《关于解决民事诉讼“送达难”若干问题的意见》第7条“经人民法院告知，当事人拒不提供送达地址、提供的送达地址不明确或不存在，或当事人躲避、规避送达导致人民法院无法告知其确认送达地址的，按照以下方式确认送达地址：（一）诉讼所涉及的合同、文件中对诉讼送达地址有明确约定的，以约定地址为送达地址……”第17条“人民法院可以依照本意见第5条、第6条、第7条、第8条、第11条、第12条规定的送达地址向受送达人邮寄送达诉讼文书，文书签收之日视为送达之日。因受送达人拒绝签收或因查无此人等原因导致诉讼文书未能被受送达人实际接收的，文书退回之日为送达之日”的规定，推定送达地址的前提是当事人存在故意躲避、规避送达，如拒接电话、能够电话联系但拒不主动领取诉讼文书也不提供送达地址等情形。

3. 最高人民法院《关于进一步加强民事送达工作的若干意见》仅规定可以将涉诉合同约定地址作为“诉讼送达地址”，但并未规定该地址具有“文书退回之日视为送达之日”的法律后果；四川省高级人民法院《关于解决民事诉讼“送达难”若干问题的意见》则明确规定涉诉合同约定“诉讼送达地址”的，“文书退回之日为送达之日”。

综上所述，成都市人民检察院认为：只有在涉诉合同中明确约定为“诉讼送达地址”的，才具有确认送达地址的法律效力。本案中，涉诉合同对甲某的地址仅约定为“合同履约过程中相互通知用途的通讯送达地址”，既未明确为“诉讼送达地址”，也未约定该地址是否适用于诉讼程序，因此案涉合同通讯送达地址仅为合同约定的一般地址，不具有诉讼确认地址的法律效力。另外，案卷中并无证据显示甲某具有躲避、规避送达情形，故原审直接以上述合同约定的一般地址进行邮寄送达缺乏法律依据，且在送达未果后并未依法采取公告送达而径直缺席审理，显然不符合法律规定。

**三、笔者代理A公司之抗辩意见**

原审程序依法向甲某送达了诉讼文书，保障了其辩论权利，案涉合同约定通讯送达地址可以作为诉讼文书的送达地址，理由如下：

1. 原审送达程序符合《借款合同》之约定，原审程序已按合同约定向甲某送达了诉讼文书。

(1)案涉合同第30.1条约定:按本合同约定由任何一方发给其他方的任何通知或者书面通讯,应以挂号邮寄、图文传真、专递、手机短信等即时通信方式或者其他通讯形式发出,送至本合同之首页所列各方的地址。该合同第30.2条约定:如采用专递方式,专递人员将上述文件或通知送达收件人地址之日,即视为送达和收到之日。另外,合同首页记载了甲某的详细通讯地址。

(2)原审法院已通过EMS向合同约定的甲某的通讯送达地址邮寄了起诉状副本、应诉通知书、举证通知书、传票等法律文书,因此根据合同约定,前述法律文书邮寄至该约定地址后"查无此人"退回,应视为送达和收到之日,应视为甲某已经收到全部诉讼文书。

(3)合同约定通讯送达地址是甲某名下不动产的地址。庭审过程中,笔者向合议庭提交了甲某的不动产证复印件作为证据,该证据显示甲某名下的不动产所在地与合同约定的通讯地址完全一致,该地址也是A公司在2017年通过向其发送债权催告通知的地址,甲某没有理由不能收到原审法院送往其实际住所地的所有诉讼文书。

2. 原审送达程序符合法律规定,涉诉合同约定地址可作为诉讼送达地址。

最高人民法院《关于进一步推进案件繁简分流优化司法资源配置的若干意见》第3条规定:当事人在纠纷发生之前约定送达地址的,人民法院可以将该地址作为送达诉讼文书的确认地址。原审法院向甲某邮寄诉讼文书的地址即为合同约定的甲某通讯送达地址,该地址是甲某与A公司在"双方纠纷发生之前通过合同明确约定的送达地址"。因此按照前述规定,原审法院可以将该地址作为送达诉讼文书的确认地址。

3. 笔者在代理过程中,向合议庭提交了本文第五部分提及的成都地区类案司法判例,作为支撑上述抗辩意见的依据。

**四、二审法院再审审理思路**

成都市中级人民法院认为,一审法院在本案审理中的送达程序并未违反法律规定,审判程序合法,判决维持一审判决,理由如下:

1. 最高人民法院《关于进一步推进案件繁简分流优化司法资源配置的若干意见》第3条规定:当事人在纠纷发生之前约定送达地址的,人民法院可以将该地址作为送达诉讼文书的确认地址。本案中,双方当事人在《借款合同》第30.1

条约定："按本合同约定由任何一方发给其他方的任何通知或者书面通讯，应以挂号邮寄、图文传真、专递、手机短信等即时通信方式或者其他通讯形式发出，送至本合同之首页所列各方的地址。"这表明合同双方当事人在签订合同时即已明确约定送达地址，一审法院可以此地址作为送达诉讼文书的确认地址。

2. 参照四川省高级人民法院《关于解决民事诉讼"送达难"若干问题的意见》中有关"因查无此人等原因导致诉讼文书未能被受送达人实际接收的，文书退回之日为送达之日"的规定，本案中一审法院按双方确认的地址送达法律文书，文书退回之日即为送达之日，一审法院的相关送达程序合法有效。

**五、成都地区类案介绍**

成都市中级人民法院审理的潘某与C公司合同纠纷再审案中，潘某以其未收到一审法院邮寄送达的诉讼文书，也未在开庭3日前接到参加庭审的通知，除此之外一审未采用其他任何送达方式向其送达诉讼文书，剥夺了其辩论权利为由，请求再审本案。再审法院查明，原审法院先于2017年8月10日向双方签订的合同载明的潘某的通讯地址邮寄送达了诉讼文书，该邮件因"收件人不在指定地址"未能妥投，遂作退回处理；后又于2017年8月11日向潘某户籍地址送达了诉讼文书，因"拒收退回"，也作退回处理。再审法院认为，本案中，双方在合同第8.5条约定，C公司就本合同给予其他方的任何通知、要求或其他函件，一经按本合同记载的或按其他方已书面通知乙方变更后的地址发出即视为送达。该条约定表明，合同双方在缔约的时候即已明确约定送达地址，原审法院可以将该地址作为送达诉讼文书的确认地址。纠纷发生后潘某拒收原审法院邮寄送达的诉讼文书，应视为有效送达，潘某的再审申请理由不能成立，对潘某提出的再审申请不予支持。

再审法院引用最高人民法院《关于进一步推进案件繁简分流优化司法资源配置的若干意见》第3条之规定，"……当事人在纠纷发生之前约定送达地址的，人民法院可以将该地址作为送达诉讼文书的确认地址……"案涉合同约定通讯地址表明双方当事人在签订合同时即已明确约定送达地址，法院可以将该地址作为送达诉讼文书的确认地址。

**六、实务总结及给予客户的律师实操建议**

1. 上述案例中，成都市中级人民法院均引用最高人民法院《关于进一步推进案件繁简分流优化司法资源配置的若干意见》第3条之规定，将“合同约定通讯送达地址”直接推定为“诉讼文书送达地址”，即便“合同约定送达地址”中并没有约定该地址具有法院诉讼文书送达地址的性质和效果，但仍予以了推定确认。

2. 根据我们的实操经验，成都地区基层法院法官对“合同约定通讯送达地址”是否能直接作为“约定诉讼文书送达地址”来使用，常常有着截然不同的理解和操作态度，即便是同一个基层法院的不同法官都有着不同的认知，从而造成了同样一个案件，在有些法官手中直接可以推定送达并缺席判决处理，在有些法官手中必须公告2次最终才能形成生效判决。

3. 成都市中级人民法院在面对基层法院案多人少、重度承压、偏向追求实体正义并确保判决司法效果与社会效果相统一的价值导向下，对“诉讼文书送达地址”的认定尺度进行了扩大解释和执行。

4. 为了确保未来涉诉案件在诉讼程序中高效推进，针对诉讼主体一方的送达能够达到“约定诉讼送达地址”或“诉讼送达地址确认书”中的法律效果，加快债权清收效率，建议客户提前做好如下工作：

（1）将所有与债务方签署的各类经济合同中的送达地址条款作如下个性化约定：“本合同所列通讯送达地址适用于本合同发生纠纷时合同相关方沟通、通知函件文件的送达，以及诉诸司法程序（包括但不限于进入仲裁，民事诉讼程序后的一审、二审、再审和执行程序）时相关法律司法文书文件的送达。如采用挂号邮寄方式，自前述文件或通知在投邮后第4个自然日视为送达日；如采用快递邮寄方式，自前述文件或通知邮寄寄出后第3个自然日视为送达日；如采用直接通知方式，自相对方在前述文件或通知文件上签字之日视为送达日；如采用电子邮箱方式，则前述文件或通知在邮件发出之日视为送达日。”

（2）留存与相对方约定诉讼送达地址相一致的不动产证，户口簿、身份证复印件等文件，便于法院作为送达参考。

（3）如不存在打草惊蛇的顾虑，可在正式起诉前向债务人约定诉讼送达地址做一次留痕催告或律师函催告，以此佐证送达地址有效性。

# 诉讼保全不构成错误典型案例研析

## ——借款纠纷类

刘　艳*

**【摘要】**借款纠纷被法院以无证据证明存在借款关系为由全部驳回后，原告申请的财产保全是否构成错误，不能仅以案件败诉为认定标准，应严格按照侵权责任四要件进行判断。只有在同时具备前述要件情况下，才构成保全错误，反之则不构成保全错误。

**【关键词】**借款纠纷败诉；保全错误；因果关系

### 一、案例索引

绿旗科技集团有限公司、刘某、中国平安财产保险股份有限公司四川分公司因申请诉前财产保全损害责任纠纷案；案号为（2019）最高法民申4118号、（2018）川民终750号、（2017）川01民初4995号。

### 二、基本案情

2015年6月30日，刘某申请对吴某群、罗某、寰慧科技集团有限公司、北京寰慧资产管理有限公司、绿旗科技集团有限公司、姚某明等七名被申请人持有的合计价值2530.23万元非上市股权进行保全，法院于2015年7月10日对被申请人绿旗科技集团有限公司持有的科润智能科技股权有限公司10%股权实施保全。案外人王某吉从2015年12月11日出借银行现金存款与绿旗科技集团有限

* 刘艳，四川君合律师事务所律师，高级合伙人，副主任。

公司用于替换保全财产，法院从2015年12月22日至2017年5月4日冻结该银行现金存款合计16个月25天。绿旗科技集团有限公司依据《协议书》和(2017)豫0882民初2836号民事判决书向王某吉合计支付借款利息476.22万元。

成都市中级人民法院、四川省高级人民法院均以刘某不能证明其实际向吴某群等被告支付借款为由，驳回刘某的全部诉讼请求。

绿旗科技集团有限公司诉至法院，主张构成保全错误，要求刘某赔偿损失，中国平安财产保险股份有限公司四川分公司作为担保人应承担连带责任。

四川君合律师事务所刘艳律师团队代理中国平安财产保险股份有限公司四川分公司，参与了该案一审、二审、再审。

**三、裁判结果**

成都市中级人民法院一审认为：侵权责任的归责原则以过错责任原则为基本原则，在法律有特别规定的情况下，适用无过错责任原则。因此，对“申请有错误”，不应仅从字面上将其理解为申请人败诉或未完全胜诉则构成“申请有错误”，而应当对这一错误作进一步的解读，探究申请人对申请财产保全出现错误的主观过错情况。财产保全的申请人仅在对财产保全出现错误存在一定主观过错的情况下，构成“申请有错误”。至于何种程度的主观过错能够构成财产保全损害赔偿责任，采取普通人的注意义务为标准，将重大过失纳入申请人主观过错范围内，可以在申请人诉讼权利保护、权力滥用限制和被申请人合法权益维护之间进行合理平衡，保障民事诉讼活动的顺利进行……通过以上事实可以确认刘某、绿旗公司对案涉款项具有一定关联性。虽然(2015)成民初字第2336号以及(2017)川民终87号民事判决书均驳回了刘某的诉讼请求，认定其败诉的主要依据是刘某提交的证据不足以证明双方存在借款关系，但根据(2017)川民终87号民事判决中……认定，生效判决并未否认双方之间存在其他法律关系。刘某依据双方之间的经济纠纷，提起诉讼，其主观上选择的诉讼策略并无重大过失，亦不存在故意，仅是诉讼方向未被生效判决认可，故刘某申请保全绿旗公司等法人的股份并无过错。

四川省高级人民法院二审认为：由于当事人的法律知识、对案件的举证证明能力、对法律关系分析判断能力各不相同，通常达不到司法裁判所要求的专业水平，其对诉争事实和权利义务的判断未必与法院裁判相一致，如果仅以申请人的诉讼请求是否得到法院支持为依据判断申请保全是否错误,无疑向保全申请人的法律专业水平提出了过于苛刻的要求,也不利于诉讼保全制度保障将来生效裁判文书得以执行的制度功能的实现。申请保全错误损害赔偿责任应采用过错责任原则,须以申请人存在主观故意或重大过失为要件,结合具体案情综合考虑,不能仅以申请人的诉讼请求是否得到支持为唯一判断依据。根据本案已经查明事实,刘某在申请诉前财产保全时,有相应的其认为能支持其诉讼主张的《借款合同》、收条等证据,申请保全的财产金额与诉讼请求金额一致,尽到了一般自然人在申请财产保全时的注意义务。(2017)川民终 87 号民事判决虽驳回了刘某关于其双方存在民间借贷关系,对方应向其支付借款本息的诉讼请求,但并未否认双方之间存在其他法律关系,因此,不能仅以刘某对其双方之间的交易关系的法律性质认知未得到人民法院认可,从而认定刘某在明知借贷关系不成立的前提下滥用诉权,恶意申请保全,或在申请诉前财产保全时存在重大过失。

最高人民法院再审审查认为:财产保全制度的目的在于保障将来生效判决的执行,因财产保全引起的损害赔偿纠纷,应当适用原《侵权责任法》规定的过错责任归责原则。因此,只有在申请人对出现财产保全的错误存在故意或重大过失的情况下,方可认定申请人的申请有错误,而不能仅依据裁判结果来认定责任的成立与否。本案中,刘某为保证胜诉后的判决得以顺利执行而申请诉前财产保全,其申请程序合法,申请后及时提起了诉讼,申请保全的金额与诉讼请求的范围一致,且提供了相应的担保。因此,刘某申请诉前财产保全的行为在无程序错误的前提之下,不具有违法性。刘某起诉时提供了《借款合同》及收条,可初步证明各方当事人之间存在借贷和担保关系,至于该证据能否支持其全部诉讼请求,则有待于案件进入实体审理后才能作出判断,非刘某申请保全时可以预见。同时,(2017)川民终 87 号民事判决并未否认当事人之间存在其他法律关系,故刘某作为申请人基于现有证据申请诉前财产保全并提起诉讼,尽到了普通人的合理注意义务。根据本案查明的事实,四川省成都市中级人民法院裁定保全后,绿旗公司并未申请复议,默认了保全对其权利的限制。法院不予支持。

**四、实务要点**

判断申请财产保全是否错误,应适用过错侵权责任的相关规定。考察标准包括诉讼本身是否具备合理性、保全行为是否具备适当性(保全对象及方式是否适当)、是否存在主观过错、是否存在客观上的保全错误后果。只有在同时具备前述要件情况下,才构成保全错误,反之则不构成保全错误。本案申请人借款诉讼虽未获得法院支持,仅是因证据不足而导致诉讼策略与法院认定不一致,但法院并未否认其与被申请人存在其他法律关系,因此保全并不存在过错,也就未造成损失,保险公司当然也无须承担保险责任。

**五、关联法条**

《民法典》第1165条规定:“行为人因过错侵害他人民事权益造成损害的,应当承担侵权责任。依照法律规定推定行为人有过错,其不能证明自己没有过错的,应当承担侵权责任。”

《民事诉讼法》第103条规定:“人民法院对于可能因当事人一方的行为或者其他原因,使判决难以执行或者造成当事人其他损害的案件,根据对方当事人的申请,可以裁定对其财产进行保全、责令其作出一定行为或者禁止其作出一定行为;当事人没有提出申请的,人民法院在必要时也可以裁定采取保全措施。人民法院采取保全措施,可以责令申请人提供担保,申请人不提供担保的,裁定驳回申请……”

《民事诉讼法》第108条规定:“申请有错误的,申请人应当赔偿被申请人因保全所遭受的损失。”

# 从一则案例看民间借贷利率约定不明的相关法律问题及处理

熊永林*

**【摘要】**在日常生活实践中,民间借贷的双方主体往往具有亲戚、朋友以及其他特殊社会关系。在中国人情社会的大环境下,亲朋好友之间对于资金往来,在一些细节问题上往往碍于情面,不愿在事先作过于细致的约定。而在民间借贷纠纷案件中,往往是由于诸多细节事项的事前约定不明,给双方当事人带来不必要的损失。事实上,恰恰是双方约定不明甚至仅仅是口头约定而没有书面手续,诱发了道德风险,从而形成了各种纠纷。本文主要从笔者代理的一起民间借贷纠纷案件入手,分享处理该类案件的一些经验。

**【关键词】**民间借贷纠纷;利率;约定不明

## 一、案情简介

2013年4月18日,A、B向C、D出借250万元,并约定借款利率为2%/月(以下简称第一笔借款);2014年5月15日,A、B向C、D出借250万元,并约定借款利率为1%/月(以下简称第二笔借款);2015年3月18日,A、B向C、D出借20万元,并约定借款利率为2%/月(以下简称第三笔借款);2015年6月26日,A、B向C、D出借150万元,并约定借款利率为2.5%/月(以下简称最后一笔借款)。当时,A、B与C、D关系较好,碍于情面,前述借款均未签订书面借款合同,也未出具借条等书面手续。2015年9月11日,C、D向A、B归还第三笔借款的

* 熊永林,四川君合律师事务所律师,高级合伙人,房地产与建设工程法律事务部部长。

本金及利息。2015年12月7日,C、D向A、B归还最后一笔借款的部分本金100万元。截至2016年4月30日,C、D一直按约向A、B支付月息。2016年5月1日至2017年8月5日间,C、D仅分别于2017年1月24日、2017年5月9日、2017年7月22日、2017年8月4日向A、B转账25万元、3万元、5万元、5.79万元。截至2018年2月28日,对于第一笔借款和第二笔借款的本金,C、D全部未偿还,且对于最后一笔借款,C、D仅偿还了100万元本金。故,C、D尚欠A、B借款本金511.21万元,尚欠A、B利息148.21万元。

后来,C、D不按约偿还本金及利息,且拒绝沟通。A、B咨询笔者相关的法律问题,笔者建议A、B先缓和与C、D之间的矛盾,取得更多证据后,再通过诉讼途径解决。其后,A、B取得1份由C、D提供的《借款合同》,但是C、D为了少支付利息,故意将双方口头约定并实际履行的利率写错,具体如下:第一笔借款"月息2%"写成"月息1‰";第二笔借款"月息1%"写成"月息2‰";第三笔借款"月息2%"写成"月息2‰";最后一笔借款"月息2.5%"写成"月息2.5‰"。在多次追偿无果的情况下,A、B正式委托笔者代理本案诉讼。

**二、案件诉讼过程**

虽然A、B取得了一些证据,但是本案依然存在一些难点,即委托人提供的证据材料比较少,笔者需要运用高度盖然性原则,推定当事人内心真实的意思表示。而实务中,法官一般非常谨慎地采信推定的结论。

笔者通过分析案情,总结了双方主要争议的情况,具体如表1所示。

**表1 双方对争议焦点的主张**

| 序号 | 争议焦点 | A、B的主张 | C、D的主张 |
|---|---|---|---|
| 1 | 有争议的三笔借款本金所对应的利率 | 按照口头约定并实际履行的利息计算,即第一笔借款利率为2%/月、第二笔借款利率为1%/月、最后一笔借款利率为2.5%/月 | 按照《借款合同》载明的利息计算,即第一笔借款利率为1‰/月、第二笔借款利率为2‰/月、最后一笔借款利率为2.5‰/月 |
| 2 | 归还的100万元用于抵扣哪笔借款本金 | 用于归还最后一笔借款 | 用于归还第一笔借款 |

（一）争议焦点一：有争议的三笔借款本金所对应的利率

1. 笔者通过研究相应法律法规及司法案例，总结如下几点。

（1）最高人民法院《关于审理民间借贷案件适用法律若干问题的规定》（法释〔2015〕18 号）第 26 条规定：“借贷双方约定的利率未超过年利率 24%，出借人请求借款人按照约定的利率支付利息的，人民法院应予支持。借贷双方约定的利率超过年利率 36%，超过部分的利息约定无效。借款人请求出借人返还已支付的超过年利率 36% 部分的利息的，人民法院应予支持。”①

（2）成都市中级人民法院（2016）川 01 民终 120 号李 ×、李 × × 间借贷纠纷二审民事判决书中，二审法院认为：“……案涉借条中没有关于利息的约定，且约定使用期限由双方商定，但在借款的次月李 × 支付了 15 500 元，之后每月固定向李 × 支付15 000 元，对此李 × 解释系每月等额归还的本金。但首先，如果每月等额归还本金，借款时间就能够确定，这与双方关于‘使用期限由双方商定’的约定不符。其次，根据李 × 提交的关于还款的银行流水上面书写有‘借款是事实，但只是我借的钱并打了 10 多万的利息’的内容以及王 × 廷关于其每月支付李 × 1.5 万元利息，再由李 × 支付给李 × 的陈述，可以看出借款时三方口头约定了利息。最后，李 × 陈述月息按 3% 支付，如按此标准计算，50 万元的月息为 15 000 元，与李 × 每月支付的金额完全吻合。由此可见，借贷双方口头约定了月息按 3% 计算，并且照此执行。故原审法院上述交易惯例认定借贷双方口头约定月息为 3% 并无不当。”

（3）成都市中级人民法院（2016）川 01 民终 3564 号王 × 睿、王 × 民间借贷纠纷二审民事判决书中，二审法院认为：“关于第二个争议焦点，关于借款是否约定利息的问题，从王 × 睿向王 × 的转款来看，每月归还金额几乎均为 4 万元，王 × 主张双方约定月息为 4%，王 × 睿则主张双方并未约定利息，对此，本院认为，一方面，王 × 睿的还款呈现出每月固定金额的规律，符合王 × 主张的月息 4% 的特征。另一方面，王 × 睿与王 × 的另案民间借贷纠纷中（我院受理的 2016 川 01 民终 3565 号案）中，王 × 睿主张双方约定月息 5%，可见双方有约定利息的习惯，在另

① 现最高人民法院《关于审理民间借贷案件适用法律若干问题的规定》（2020 第二次修正）第 25 条规定：“出借人请求借款人按照合同约定利率支付利息的，人民法院应予支持，但是双方约定的利率超过合同成立时一年期贷款市场报价利率四倍的除外……”

案借款金额仅47 500 元的情况下,双方都约定了高达5%的利息,而本案本金金额100万元不约定利息不符常理。对王×睿关于双方并未约定利息的主张,本院不予支持。关于王×主张的双方口头约定月息4%的主张,本院予以采信。”

2. 在前述法律法规及案例的前提下,笔者针对争议焦点一,结合调查取证的证据,深入分析本案的情况,提出如下主张。

(1)《借款合同》为被告单方书写,应根据双方交易习惯推断双方对利率约定的真实意思表示。《借款合同》为被告单方书写,并没有原告的签字。被告抗辩双方约定利率符号为‰,对此原告不予认可。《借款合同》中载明的利率符号既非标准的%符号,亦非标准的‰符号,而是类似阿拉伯数字100的不规范符号,且该利率符号除去后面两个零外,剩余部分亦和其书写的阿拉伯数字9十分相像,说明被告书写很随意,仅根据该利率符号不能确定双方约定的利率符号是千分号。被告不能根据其单方书写的《借款合同》确定双方对利率的约定,应根据双方交易习惯推断双方对利率约定的真实意思表示。

(2)原告主张的月利率符合正常商业交易习惯和双方交易习惯。案涉期间,根据中国人民银行于2012年7月5日发布的中国人民银行《关于下调金融机构人民币存贷款基准利率和调整贷款利率浮动区间的通知》,金融机构存款基准年利率一年期为3%、二年期为3.75%、三年期为4.25%、五年期为4.75%。从2013年4月19日原告向被告出借款项已有5年有余,若按照被告抗辩认为的月利率符号为1‰,折合成年利率仅为1.2%,远远低于金融机构5年期存款基准年利率4.75%,甚至远远低于金融机构一年期存款基准年利率3%。民间借贷风险远远高于金融机构存款,正常的民间借贷利率不可能低于金融机构存款利率,故原告主张的月利率才符合正常商业交易习惯和双方交易习惯。

(3)根据双方交易流水可以推断,第一笔借款月利率应为2%,第二笔借款月利率应为1%,最后一笔借款的月利率应为2.5%。C、D每月定期付款金额与借款本金的比值恰好为原告主张的月利率,具体如下:①从2013年5月起至2016年4月止,C、D针对第一笔借款每月向A、B转账支付5万元,恰好对应实际约定的月利率2%(计算方式:5万元/250万元=2%);②从2014年6月起至2016年4月止,C、D针对第二笔借款每月向A、B转账支付2.5万元,恰好对应实际约定的月利率1%(计算方式:2.5万元/250万元=1%);③从2015年7月起至2015

年11月止，C、D针对最后一笔借款每月向A、B支付3.75万元，恰好对应实际约定的月利率2.5%（计算方式：3.75万元/150万元＝2.5%）。

（二）争议焦点二：归还的100万元本金用于抵扣哪笔借款

笔者针对争议焦点二，结合调查取证的证据，深入分析本案的情况，提出如下主张。

（1）2015年12月7日，C、D偿还100万元借款后，最后一笔借款每月利息定期付款金额发生了变化，即从原来的3.7万元变更为1.25万元，仍然恰好对应月利率2.5%（计算方式：1.25万元/50万元＝2.5%），故，被告偿还的100万元系用于归还最后一笔借款本金符合逻辑和交易习惯。

（2）最高人民法院《关于适用〈中华人民共和国民事诉讼法〉的解释》（2021修正）第91条第2项规定："主张法律关系变更、消灭或者权利受到妨害的当事人，应当对该法律关系变更、消灭或者权利受到妨害的基本事实承担举证证明责任。"原告已经举证证明被告归还的100万元本金系用于抵扣最后一笔借款，但是被告主张系用于第一笔借款却没有提供相应的证据证明。

（三）判决结果

综合前文所述，根据相关法律法规及相关案例，并从逻辑、经验等维度展开论述，笔者通过当事人的外部表示（双方交易流水）以及大众商业习惯和生活经验，最大限度地还原当事人的内心真实的意思表示（本金所对应的利率为原告主张的利率），最终法院采信了笔者的主张，笔者从而为委托人挽回了巨大的经济损失。

法院最终判决如下：

1. 被告C、D自本判决生效之日起10日内共同向原告A、B归还借款本金250万元并以未归还本金为基数从2016年12月12日起至本金付清之日止，按年利率24%向原告A、B支付利息。

2. 被告C、D自本判决生效之日起10日内共同向原告A、B归还借款本金250万元并以未归还本金为基数，从2016年4月15日起至本金付清之日止，按年利率12%向原告A、B支付利息。

3. 被告C、D自本判决生效之日起10日内共同向原告A、B归还借款本金50万元并以未归还本金为基数，从2016年4月26日起至本金付清之日止，按年利率24%向原告A、B支付利息。

## 三、以案说法,浅析民间借贷利率的法律问题

### (一)民间借贷利率的确定

1. 约定不明、理解有争议、没有约定的区别

约定不明,通常是指合同条款本身表达不完整、模糊,使当事人得不出结论或者得出多种结论。理解有争议,是指合同条款本身是完整的,但双方对合同条款有不同理解,得出不同的结论,在理解上存在争议。①

(1)约定不明时的解释规则。《民法典》第510条规定:"合同生效后,当事人就质量、价款或者报酬、履行地点等内容没有约定或者约定不明确的,可以协议补充;不能达成补充协议的,按照合同相关条款或者交易习惯确定。"前述的法律规定了约定不明确的处理方式,是合同漏洞的填补规则,即当事人就合同内容约定不明确的,且不能达成合意的,可按照合同相关条款或者交易习惯确定。

(2)理解有争议时的解释规则。《民法典》第142条规定:"有相对人的意思表示的解释,应当按照所使用的词句,结合相关条款、行为的性质和目的、习惯以及诚信原则,确定意思表示的含义。无相对人的意思表示的解释,不能完全拘泥于所使用的词句,而应当结合相关条款、行为的性质和目的、习惯以及诚信原则,确定行为人的真实意思。"前述法律规定了对合同条文理解有争议的处理,是合同解释规则,即理解有争议时,当事人可按照合同约定相关条款、行为的性质和目的、习惯以及诚信原则,确定行为人的真实意思。前述笔者代理的案件属于无相对人的意思表示的情形,尽管该案诉讼期间《民法典》尚未出台,也无关于"无相对人的意思表示的情形"的相关法律规定,但笔者通过认真研判相关司法案例及法理,基于A、B与C、D双方真实的银行流水及正常的交易习惯及生活逻辑,证明了原告A、B主张利率为当事人之间真实的意思表示,而法官最终采信了笔者的主张。

(3)民间借贷的利率经过前述的解释方法后,当事人仍然无法确定利率的约定,才可认定为利息、利率约定不明。民间借贷利息、利率约定不明,视为无息借贷,借款人不需要支付利息,即《民法典》第680条的第2项和第3项规定:"借款

---

① 参见于慧:《民间借贷问题利率法律问题研究》,沈阳师范大学2015年硕士学位论文。

合同对支付利息没有约定的，视为没有利息。借款合同对支付利息约定不明确，当事人不能达成补充协议的，按照当地或者当事人的交易方式、交易习惯、市场利率等因素确定利息；自然人之间借款的，视为没有利息。”

（4）在具体案件的操作中，当事人遇到这类民间借贷利率争议问题，笔者认为应优先厘清案件中的具体问题。①确定有利率约定但理解有争议的，当事人可依据《民法典》第142条、第466条，结合缔约的相关条款、行为的性质和目的、习惯以及诚信原则，确定行为人的真实意思；②利率约定不明的，当事人可依据《民法典》第510条的规定，按照合同相关条款或者交易习惯等，对合同漏洞予以填补；③利率经过上述的解释方法后，当事人仍然无法确定利率的约定，可适用《民法典》第680条的规定，自然人之间为利息利率约定不明，视为无息借贷，借款人不需要支付利息。

2. 真实意思的解释方式

真实意思有两个标准：一种是当事人内心的意思，另一种是当事人的外在表示。订立合同时的真实意思往往藏在当事人的内心，法官无法清楚地了解。故，可利用当事人的外在表示，采用高度盖然性原则，推定当事人的内心表示。我国合同解释规则要求法官运用语义解释、体系解释、目的解释、习惯解释及诚实信用原则，通过双方当事人的外部表示（合同目的、交易习惯、实际履行情况等），最大限度地还原和接近当事人的内心意思。故，当事人向法官证明案件真实的意思表示为处理此类案件的重点和难点，正如笔者代理的前述案例，在处理双方的利率问题争议时，笔者根据双方实际的利息利率履行情况、交易习惯，并运用逻辑推理和日常生活经验，推断我方主张的利率是双方的真实意思表示，且达到了高度盖然性的标准，而最终法官采信了笔者的主张。

（二）民间借贷逾期利率的确定

1. 逾期利率的计算问题

最高人民法院《关于审理民间借贷案件适用法律若干问题的规定》（2020第二次修正）第28条规定：“借贷双方对逾期利率有约定的，从其约定，但是以不超过合同成立时一年期贷款市场报价利率四倍为限。未约定逾期利率或者约定不明的，人民法院可以区分不同情况处理：（一）既未约定借期内利率，也未约定逾期利率，出借人主张借款人自逾期还款之日起参照当时一年期贷款市场报价利率标准计算的利息承担逾期还款违约责任的，人民法院应予支持；（二）约定了借期内利率但是未约定逾期利率，出借人主张借款人自逾期还款之日起按照借期内利率支付资金占用期间利息的，人民法院应予支持。”

根据最高人民法院《关于审理民间借贷案件适用法律若干问题的规定》（2020 第二次修正）第 25 条第 2 款的规定，一年期贷款市场报价利率是指中国人民银行授权全国银行间同业拆借中心自 2019 年 8 月 20 日起每月发布的一年期贷款市场报价利率。

在实务中，逾期利息系当事人的切实利益。结合司法解释的相关规定，法院就逾期利息的利率标准有以下几种观点：（1）借贷双方对逾期利率有约定的，从其约定，但不超过合同成立时一年期贷款市场报价利率 4 倍；（2）约定了借期内利率但未约定逾期利率，出借人可主张借款人自逾期还款之日起按照借期内利率支付资金占用期间利息；（3）既未约定借期内利率，也未约定逾期利率的，系按全国银行间同业拆借中心公布的一年期贷款市场报价利率计算逾期利息。

2. 违约金与逾期利率问题

最高人民法院《关于审理民间借贷案件适用法律若干问题的规定》（2020 第二次修正）第 29 条规定：“出借人与借款人既约定了逾期利率，又约定了违约金或者其他费用，出借人可以选择主张逾期利息、违约金或者其他费用，也可以一并主张，但是总计超过合同成立时一年期贷款市场报价利率四倍的部分，人民法院不予支持。”其实，无论是约定了给付逾期利息还是支付违约金都是合同双方的真实意思表示，都是为了保证借款人能够按期还款，但为了维护公平原则，避免借款人承担畸高的利息，法律对此作出了最高数额的限制。故，出借人与借款人可以在借款合同中同时约定逾期利息和违约金，但是二者合计不能超过合同成立时一年期贷款市场报价利率 4 倍，超过的部分不受法律保护。

# 从一则金融借款纠纷案件看商事审判的价值追求

郑筱珺*

**【摘要】**金融借款纠纷属于商事案件，其所适用的裁判规则和法律价值取向都与普通民事案件区别较大。本文拟以作者代理的一起金融借款纠纷案件为例，探讨在商事案件审判中法院对当事人双方意思自治原则的认定和法律适用背后的价值追求。本案中的担保人、保证人以其在担保合同、保证合同中承诺对主合同内容变更仍然承担担保和保证责任、无须经其同意或者另行通知的合同条款系格式条款为由，主张应当被认定为无效的抗辩未被人民法院采纳。在商事审判中，法官更注重保护交易的秩序和效率，更强调尊重商事主体之间的意思自治和促使商事主体之间充分理解风险自担的裁判规则。本文讨论的案例经过二审程序，两级人民法院围绕本案中借款本金金额的认定、担保和保证合同中是否存在可能导致无效的格式条款等争议焦点进行了详细的说理和评析，体现了商事审判与民事审判不同的价值取向。

**【关键词】**金融借款纠纷；意思自治；格式条款；公平与效率

## 一、基本案件事实①

国民信托公司（贷款人、甲方）与经和度公司（借款人、乙方）签订《信托贷款合同》，约定：国民信托公司向经和度公司发放总额不超过2亿元的人民币资金

---

* 郑筱珺，四川君合律师事务所合伙人律师，房地产与建设工程法律事务部副部长。

① 参见四川省成都市中级人民法院民事判决书，(2019)川01民初7074号；四川省高级人民法院民事判决书，(2021)川民终642号。

信托贷款,贷款期限为12个月,自贷款发放之日起至贷款发放满12个月之对应日(具体以借款借据为准),贷款发放满12个月之对应日为贷款到期日,经和度公司应按照一次性还本的方式偿还贷款本金,即贷款到期日偿还全部贷款本金;合同项下的贷款采取固定利率,总的贷款利率为8%/年,贷款到期时利随本清,乙方应于到期日偿还全部贷款本金;借款人所偿还的款项小于按本合同约定的付款日应付款项总额,按照费用、赔偿金、违约金,支付应付罚息、复利,支付应付利息,支付应付的本金顺序安排。借款人未按期足额偿还合同项下信托贷款本金或利息的,贷款人有权宣布贷款提前到期,并对届时应付未付的贷款本息逾期之日起按照逾期罚息利率(按本贷款实际年利率上浮50%,即逾期罚息利率=逾期日本贷款实际年利率×150%)按日计收罚息,直到信托贷款本息归还为止,对届时应付未付的利息按上述逾期罚息利率计收复利,直至贷款本息全部清偿为止;因借款人的违约行为而提起诉讼或申请仲裁的,贷款人为该项诉讼或仲裁支付的诉讼或仲裁费用、聘请律师等律师费用应由借款人承担。该合同未载明签订时间。

2017年12月21日,国民信托公司与经和度公司签订《信托贷款合同补充协议(一)》,约定贷款期限修改为自贷款发放之日起至2018年12月22日,2018年12月22日为贷款到期日。

2018年5月21日,国民信托公司与经和度公司签订《信托贷款合同补充协议(二)》,除确认上述补充协议一中利息计算方式外,另约定:R按照如下方式确认,贷款发放日起满365天之日(不含)之前,R=7.8%/年,贷款发放日起满365天之日(含)后至2018年5月24日(不含),R=8%/年;2018年5月24日(含)至贷款到期日(不含),R=14.835%/年。

国民信托公司(抵押权人、甲方)与金福地公司(抵押人、乙方)签订抵押合同,约定金福地公司自愿将其有权处分的地块土地使用权全部抵押给国民信托公司作为债务人经和度公司履行《信托贷款合同》项下义务的担保。甲方与债务人协商变更主债权合同的,包括但不限于延长主债务履行期限,增加主债务金额等,乙方在此无条件同意对变更后的主合同项下主债务承担保证责任,甲方无须另行取得乙方同意或通知乙方。抵押担保的范围为:债务人在主债权合同项下应向甲方履行的所有义务、责任,包括但不限于向甲方支付债务、利息、罚息、复利、违约金、赔偿金以及甲方为实现债权发生的诉讼费、律师费、财产保全费、差旅费、执行费等费用。双方就抵押财产办理了抵押登记。

2016 年 12 月 2 日，亚东公司（系金福地公司股东之一）、金福地公司、几位自然人（保证人、乙方）分别与国民信托公司（债权人、甲方）签订保证合同，约定各保证人为债务人经和度公司在《信托贷款合同》项下的债务提供连带责任保证担保。保证范围均为：债务人在主债权合同项下应向甲方履行的所有义务、责任，包括但不限于向甲方支付债务、利息、罚息、复利、违约金、赔偿金以及甲方为实现债权发生的诉讼费、律师费、财产保全费、差旅费、执行费等费用。保证期间均为担保合同生效之日起至所有被担保债务的履行期限届满之日起两年。无论甲方对被担保债务是否拥有其他担保（包括但不限于保证、抵押、质押、保函等担保方式），也不论其他担保是否由债务人自己提供，乙方均不得主张保证责任的减轻或免除，甲方均有权直接要求乙方在其担保范围内承担全部保证责任。甲方与债务人协商变更主债权合同的，包括但不限于延长主债务履行期限，增加主债务金额等，乙方在此无条件同意对变更后的主合同项下主债务承担保证责任，甲方无须另行取得乙方同意或通知乙方。

2016 年 12 月 2 日，国民信托公司分别与金福地公司的股东王某、亚东公司、张某签订股权质押合同并办理股权出质设立登记通知书、股权质押登记证明。上述股权质押合同同样约定，如果甲方（国民信托公司）与债务人协议变更《主债权合同》条款（包括但不限于变更偿还币种、支付方式、支付账号、支付日、延长债务履行期限、增加债权金额等），无须另行取得乙方（王某、亚东公司、张某）同意。

2016 年 12 月 2 日，国民信托公司与经和度公司签订《信托业保障基金委托认购协议》，约定经和度公司委托国民信托公司按照《信托业保障基金管理办法》进行投资认购信托业保障基金。认购款项 200 万元，经和度公司指令并授权国民信托公司在按照《信托贷款合同》约定发放贷款资金时，直接将贷款资金对应的委托认购款项划付至国民信托公司开立的银行账户，由国民信托公司代经和度公司进行保障基金的认购，该款项系国民信托公司向经和度公司提供贷款资金的一部分。提款日期为 2016 年 12 月 22 日的国民信托借款借据载明，借款金额 2 亿元，经和度公司在借据上盖章确认。同日，国民信托公司向经和度公司的合同约定账号转行支付 1.98 亿元。

王某为金福地公司股东，持股比例为 50%。2017 年 1 月 16 日，金福地公司委托王某组建金福地公司坐落在成都市成华区的开发项目，处理项目后续融资等各种生产经营纠纷处置事项，委托权限为自主经营，独立承担全部经济民事责任。2017年1月30日，金福地公司任命王某为总经理，全面管理公司经营事务。2019年，国民信托公司就案涉贷款合同向成都市成华区人民法院提起实现担保物权之诉，请求就案涉抵押物优先受偿。2019年7月28日，王某向成都市成华区人民法院出具情况说明，载明王某作为金福地公司总经理，对国民信托公司与经和度公司签订的两份补充协议（延长贷款期限、提高贷款利率），不仅知晓也是完全同意的。

## 二、一审判决中主要争议焦点及评析说理

### （一）借款本金金额的认定

经和度公司委托国民信托公司按照《信托业保障基金管理办法》进行投资认购200万元信托业保障基金，指令并授权国民信托公司在按照《信托贷款合同》约定发放贷款资金时，直接从贷款资金款项中用于保障基金的认购。前述约定符合《信托业保障基金管理办法》第14条关于资金信托按新发行金额的1%认购保障基金，属于融资性资金信托的，由融资者认购的规定。国民信托公司按指令为经和度公司购买了信托保障基金，该基金的权利人系经和度公司，金福地公司、亚东公司抗辩应将200万元从借款本金中扣除，一审法院不予支持。

### （二）关于利息、罚息、复利

本案《信托贷款合同》中对于利息、罚息均有明确约定，未违反法律和行政法规的强制性规定，故在经和度公司违约不能履行还款责任的情况下，对于国民信托公司要求支付利息、罚息的诉讼请求，应予支持。其中，贷款利率虽表述为固定利率8%/年，但双方在《信托贷款合同补充协议（二）》中对2018年5月24日（含）至贷款到期日（不含）的利率标准调整为14.835%/年。国民信托公司主张经和度公司应从2018年6月20日开始支付利息，各被告均未提交已经归还2018年6月20日之后利息的证据，故经和度公司应以180 000 000元本金为基数，从2018年6月20日起至12月22日止，按照年利率14.835%的标准支付。对于罚息，因各方约定了罚息利率按照执行利率上浮50%计算，故罚息应以180 000 000元为基数，从2018年12月23日起至本金实际付清之日止，按照罚息利率为22.2525%标准计算。对于复利，各方约定对应付未付利息按逾期罚息利率计收

复利,并未明确约定对罚息计收复利,一审法院对国民信托公司主张的期内欠付利息计收复利予以支持。故复利应以 2018 年 6 月 20 日至 12 月 22 日期内欠付利息为基数,按照年利率 22.2525% 的标准,按照实际逾期天数计算。对国民信托公司主张超出上述利息、罚息、复利的主张,一审法院不予支持。

(三)关于担保责任和保证责任

关于担保责任的问题。在国民信托公司实现担保物权一案中,金福地公司股东、总经理王某向区人民法院出具情况说明,载明知晓并同意国民信托公司与经和度公司签订的案涉两份补充协议。王某虽并非金福地公司法定代表人,但其为公司控股股东并全面管理公司经营事务,其情况说明能够证明金福地公司知晓并同意国民信托公司和经和度公司变更主合同行为。而金福地公司、亚东公司、张某分别在《抵押合同》《股权质押合同》中约定了担保人为经和度公司债务提供担保,并约定国民信托公司与经和度公司协商变更主债权合同的,各担保人无条件同意对变更后的主合同项下主债务承担保证责任,无须另行取得各担保人同意或通知各担保人。国民信托公司主张金福地公司、亚东公司、张某对变更后的主合同承担相应的抵押责任,符合各方合同约定。

关于保证责任的问题。最高人民法院《关于适用〈中华人民共和国担保法〉若干问题的解释》第 30 条第 1 款规定:"保证期间,债权人与债务人对主合同数量、价款、币种、利率等内容作了变动,未经保证人同意的,如果减轻债务人的债务的,保证人仍应当对变更后的合同承担保证责任;如果加重债务人债务的,保证人对加重部分不承担保证责任。"该法条规定的"保证同意",既包括保证人的事后同意,也包括保证人事先权利放弃。本案中,各保证人在保证合同中均约定了债权人与债务人协商变更主债权合同,无须另行取得其同意,无条件同意对变更后的主合同项下主债务承担保证责任,该约定并未违反法律法规的禁止性规定,应尊重当事人意思自治,国民信托公司与经和度公司就《信托贷款合同》签订的补充协议对各保证人均有约束力,各担保人应按约对经和度公司的债务承担担保责任。

一审判决如下:"一、成都经和度商贸有限公司于本判决生效后十日内支付国民信托有限公司贷款本金 180 000 00 元及相应的利息、罚息、复利;二、成都经和度商贸有限公司于本判决生效后十日内支付国民信托有限公司律师费、保全保险费;三、国民信托有限公司有权对四川金福地投资有限公司设置抵押并登记于不动产登记证明项下的国有土地使用权享有抵押权,在成都经和度商贸有限公司未履行本判决第一项、第二项确定的债务时,可以协议折价或者拍卖、变卖该抵押物所得的价款优先受偿……"

## 三、律师对一审过程中争议焦点的分析

### (一)关于本案借款本金金额的认定

在一审过程中,金福地公司和亚东公司抗辩主张,因国民信托公司发放到经和度公司账户的借款金额为1.98亿元,法院应以国民信托公司实际提供给经和度公司的借款金额作为认定借款本金的金额。国民信托公司举证,借款本金的构成为上述发放给经和度公司账户的1.98亿元加上经和度公司委托国民信托公司按照《信托业保障基金管理办法》进行投资认购200万元的信托业保障基金。该200万元系经和度公司指令并授权国民信托公司在按照《信托贷款合同》约定发放贷款资金时,直接从贷款资金款项中用于保障基金的认购。前述约定的法律依据为《信托业保障基金管理办法》第14条的规定,即"保障基金现行认购执行下列统一标准,条件成熟后再依据信托公司风险状况实行差别认购标准:……(二)资金信托按新发行金额的1%认购,其中:属于购买标准化产品的投资性资金信托的,由信托公司认购;属于融资性资金信托的,由融资者认购。在每个资金信托产品发行结束时,缴入信托公司基金专户,由信托公司按季向保障基金公司集中划缴"。一审法院采纳了国民信托公司的意见。

金福地公司、亚东公司主张"人民法院应当将实际出借的金额认定为本金",从而认为在本案中,国民信托公司提供给经和度公司的借款为1.98亿元,该推论的错误在于混淆了借款合同纠纷与其项下的金融借款纠纷案由所对应的请求权基础:第一,"人民法院应当将实际出借的金额认定为本金"的前提来自原《合同法》第200条,即"借款的利息不得预先在本金中扣除。利息预先在本金中扣除的,应当按照实际借款数额返还借款并计算利息"。该条规定强调的是借款利息不得在本金中扣除,与本案中国民信托公司代经和度公司缴纳信托贷款保障基金而从合同约定在借款本金中扣除对应的200万元并缴纳到规定的资金归集账户有本质的区别,国民信托公司的该行为系完成信托贷款所必须完成的合法流程,并非法律禁止和否定的行为。第二,原《合同法》第210条规定:"自然人之间的

借款合同,自贷款人提供借款时生效。"该条规定适用的主体为自然人之间的借款合同,不适用于本案的情形。

关于本案的案由金融借款合同纠纷,是指因借款人与金融机构签订的借款人向金融机构借款,到期返还借款并支付利息的合同产生的纠纷。其特殊性在于贷款人为金融机构。《银行业监督管理法》第 2 条规定:"国务院银行业监督管理机构负责对全国银行业金融机构及其业务活动监督管理的工作。本法所称银行业金融机构,是指在中华人民共和国境内设立的商业银行、城市信用合作社、农村信用合作社等吸收公众存款的金融机构以及政策性银行。对在中华人民共和国境内设立的金融资产管理公司、信托投资公司、财务公司、金融租赁公司以及经国务院银行业监督管理机构批准设立的其他金融机构的监督管理,适用本法对银行业金融机构监督管理的规定……"

本案贷款人国民信托公司系具备贷款资质的信托公司,依法属于金融机构,其将借款发放给经和度公司,双方形成金融借款合同关系。就金融借款合同,法律未规定在贷款人提供借款时合同才生效,国民信托公司亦未在借款本金中预先扣除利息,因此本案应当认定借款本金为 2 亿元。

(二)关于利息、罚息、复利的认定

当事人双方在《信托贷款合同》中对于利息、罚息均有明确约定,未违反法律和行政法规的强制性规定,故在经和度公司违约不能履行还款责任的情况下,对于国民信托公司要求支付利息、罚息的诉讼请求,应予支持。国民信托公司主张经和度公司应从 2018 年 6 月 20 日开始支付利息,各被告均未提交已经归还 2018 年 6 月 20 日之后利息的证据,故经和度公司应以 180 000 000 元本金为基数,从 2018 年 6 月 20 日起至 12 月 22 日止,按照年利率 14.835% 的标准支付。对于罚息,因各方约定了罚息利率按照执行利率上浮 50% 计算,故罚息应以 180 000 000 元为基数,从 2018 年 12 月 23 日起至本金实际付清之日止,按照罚息利率为 22.2525% 标准计算。对于复利,各方约定对应付未付利息按逾期罚息利率计收复利,并未明确约定对罚息计收复利,对国民信托公司主张的期内欠付利息计收复利应予支持,故复利应以 2018 年 6 月 20 日至 12 月 22 日期内欠付利息为基数,按照年利率 22.2525% 的标准,按照实际逾期天数计算。上述诉讼请求得到了一审法院的支持;国民信托公司对于超过年利率 22.2525% 的标准的罚息和复利均未主张。

(三)关于金福地公司的担保责任

针对金福地公司抗辩其不应对延长贷款期限和提高利率承担担保责任以及抵押合同等涉及格式条款应认定为无效的问题:首先,担保人在抵押合同中明确表示"此无条件同意以本合同项下抵押物对变更后的主合同项下全部债务承担担保责任",此种情形长期、稳定出现在金融借款合同的担保合同中,已经成为金融借款合同担保合同的一种定型化契约条款,此种约定不违反法律、行政法规强制性规定,应得到司法实践尊重。[①] 其次,在金融借款纠纷中,双方当事人身份地位、认知相当,对于自身签认的合同系双方平等协商的结果,应当认定为双方当事人真实意思的表示,对双方均有约束力;案涉《抵押合同》并不存在限制对方主要权利、规避己方主要责任义务的无效情形,金福地公司的抗辩不能成立。

**四、二审判决对本案争议焦点及法律分析**

(一)上诉人的上诉请求、事实及理由

一审判决送达后,亚东公司、金福地公司向省高级人民法院提起了上诉,主要上诉请求为调减利息:(1)将一审判决第3项中的"在成都经和度商贸有限公司未履行本判决第一项确定的债务时"改判为"在成都经和度商贸有限公司未履行本判决第一项确定的债务时(扣减以下利息、复利、罚息:扣减利息6 356 550元;扣减罚息以180 000 000元为基数,自2018年12月23日起至本金实际付清之日止,按照年利率10.2525%标准计算的部分,截至上诉之日,扣减罚息33 679 462元;扣减复利1 493 606元)"。(2)将一审判决第5项中的"四川亚东房地产开发有限公司、四川金福地投资有限公司对本判决第1项确定的成都经和度商贸有限公司的债务承担连带保证责任"改判为"四川亚东房地产开发有限公司、四川金福地投资有限公司对本判决第一项确定的成都经和度商贸有限公司的债务承担连带保证责任(扣减以下利息、复利、罚息:扣减利息6 356 550元;扣减罚息以180 000 000元为基数,自2018年12月23日起至本金实际付清之日止,按照年利率10.2525%标准计算的部分,截至上诉之日,扣减罚息33 679 46元;扣减复利

① 参见高圣平、曹明哲等:《中国担保法裁判综述与规范解释》(上册),人民法院出版社2020年版,第145~156页。

1 493 606 元)”。(3)将一审判决第 4 项中的“在成都经和度商贸有限公司未履行本判决第一项确定的债务时”改判为“在成都经和度商贸有限公司未履行本判决第一项确定的债务时(扣减以下利息、复利、罚息的 40%:扣减利息 6 356 550 元;扣减罚息以 180 000 000 元为基数,自 2018 年 12 月 23 日起至本金实际付清之日止,按照年利率 10.2525% 标准计算的部分,截至上诉之日,扣减罚息 33 679 462 元;扣减复利 1 493 606 元)”。

事实与理由:未经金福地公司、亚东公司同意,国民信托公司与经和度公司擅自提高贷款利率,单方扩大债权数额,增加金福地公司、亚东公司的担保责任,金福地公司、亚东公司对增加的利息、罚息、复利不应承担担保责任。(1)王某于 2019 年 7 月 28 日向区人民法院出具的情况说明不能够证明金福地公司知晓并同意国民信托公司和经和度公司变更主合同行为。(2)国民信托公司与经和度公司签订《信托贷款合同补充协议(二)》,未经金福地公司、亚东公司同意而将贷款年利率由 8% 提高至 14.835%,根据《民法典》第 695 条第 1 款、最高人民法院《关于适用〈中华人民共和国民法典〉有关担保制度的解释》第 20 条的规定,增加的利息、罚息和复利不应由金福地公司、亚东公司承担担保责任。(3)自 2018 年 12 月 23 日起至本金付清之日止,不应按年利率 22.2525% 而应按 12%(8% + 4%)标准计算罚息。《信托贷款合同》第 1.3 条约定“本合同项下贷款利率为 8%/年”,《信托贷款合同补充协议(一)》约定“2018 年 12 月 22 日为贷款到期日”,《信托贷款合同补充协议(二)》约定“2018 年 5 月 24 日(含)至贷款到期日(不含),R = 14.835%/年”。根据该补充协议约定,年利率 14.835% 对应的期限仅为 2018 年 5 月 24 日(含)至贷款到期日 2018 年 12 月 22 日(不含),未约定贷款到期日后的利率标准也调整为 14.835%/年,依据《民法典》第 701 条、最高人民法院《关于适用〈中华人民共和国民法典〉有关担保制度的解释》第 20 条的规定,贷款到期日后即 2018 年 12 月 23 日起的年利率仍应按《信托贷款合同》第 1.3 条约定的 8% 计算,对应的罚息也应按 8% 上浮 50% 计算。(4)虽然国民信托公司与金福地公司、亚东公司签订的《抵押合同》《股权质押合同》《保证合同》约定国民信托公司与经和度公司协商变更《主债权合同》的,担保人无条件同意对变更后的主合同项下全部债务承担担保责任,无须另行取得担保人同意或通知担保人,但以上条款属于“格式条款”,根据原《合同法》第 39 条、第 40 条、第 41 条和《民法典》第496条第2款、第497条的规定，以上格式条款应属无效。（5）贷款年利率由8%提高至14.835%，增加的利息、罚息、复利共计41 529 618元，不应由金福地公司、亚东公司承担担保责任。

（二）被上诉人的答辩意见

国民信托公司辩称：第一，金福地公司、亚东公司应对增加的利息、罚息、复利承担担保责任。一审中，国民信托公司提供经和度公司在另案中向法庭出示的任命书、《授权委托书》、情况说明，证明延长贷款一年期限及提高年利率为14.835%的补充协议是得到金福地公司总经理及受托人王某同意的。2016年12月，国民信托公司与金福地公司签订《抵押合同》，金福地公司的法定代表人刘某军签名并加盖公司印章。2016年12月2日，国民信托公司与亚东公司签订《股权质押合同》，亚东公司的法定代表人签名并加盖公司印章。同日，国民信托公司分别与金福地公司、亚东公司签订《保证合同》，亚东公司、金福地公司均由法定代表人签名并加盖公司印章。因此，案涉《抵押合同》《股权质押合同》《保证合同》的签订均系双方真实意思表示，合同条款说明清晰无歧义，金福地公司、亚东公司对合同已充分了解、无异议。最高人民法院《关于适用〈中华人民共和国担保法〉若干问题的解释》（已失效）第30条第2款规定的"保证人同意"，既包括保证人的事后同意，也包括保证人的事先权利放弃。本案中，保证人亚东公司、金福地公司在案涉保证合同中均约定债权人与债务人协商变更主债权合同，无须另行取得其同意，无条件同意对变更后的主合同项下主债务承担保证责任，该约定未违反法律、行政法规的禁止性规定，应尊重当事人意思自治，国民信托公司与经和度公司就《信托贷款合同》签订的补充协议对各保证人均有约束力，各保证人应按约对经和度公司的债务承担担保责任。

第二，案涉《抵押合同》《保证合同》均系合同双方当事人协商后签订，非格式合同，不存在提供格式条款一方通过加重对方义务、排除对方主要权利导致该条款无效的情形。根据原《合同法》第39条的规定，订立合同时当事人是否可以协商是格式条款与其他条款的根本性区别。本案中，从订立合同开始，当事人双方就是平等主体，国民信托公司对金福地公司和亚东公司并不具备强势地位，也不存在合同条款完全没有协商余地的情况，合同各方系协商一致签订合同，合同条款系双方真实意思表示，国民信托公司已就相关合同条款向金福地公司、亚东公司作了相应的必要说明,合同双方对所有条款均无异议,双方法定代表人签名并加盖公司印章予以确认。因此,案涉合同均非格式合同。根据原《合同法》第39条、第40条以及最高人民法院《关于适用〈中华人民共和国合同法〉若干问题的解释(二)》(已失效)第10条的规定,格式条款的无效,需同时满足"提供格式条款的一方当事人违反合同法第三十九条第一款的规定,并具有合同法第四十条规定的情形之一"两个条件才会被认定为无效。而本案中不存在格式条款,也未同时存在以上两种情形,金福地公司、亚东公司均有签订《抵押合同》《保证合同》两次合同行为,都知晓且确认其所签合同条款,也清楚自己的权利和义务。在3份股权质押合同中,金福地公司的3名股东:王某、亚东公司、张某也认同并签署了"如果甲方(国民信托公司)与债务人协议变更《主债权合同》条款(包括但不限于变更偿还币种、支付方式、支付账号、支付日、延长债务履行期限、增加债权金额等),无须另行取得乙方(王某、亚东公司、张某)同意"的合同条款。

因此,上诉人在本案中主张格式条款无效的上诉请求及理由不能成立。

(三)二审判决评析

二审法院认定的案件事实与一审法院认定的案件事实一致。

本案二审争议焦点主要为:金福地公司、亚东公司承担担保责任的案涉借款的利息、罚息、复利应否予以调减?二审法院对该问题评判如下:本案系《民法典》施行前的法律事实所引起的纠纷,依照最高人民法院《关于适用〈中华人民共和国民法典〉时间效力的若干规定》第1条第2款关于"民法典施行前的法律事实引起的民事纠纷案件,适用当时的法律、司法解释的规定,但是法律、司法解释另有规定的除外"之规定,应当适用当时的法律、司法解释的规定。因本案二审争议的担保事实发生时的法律、司法解释对担保有规定,故金福地公司、亚东公司关于本案应适用《民法典》担保制度规定与解释的上诉理由不能成立,二审法院不予采纳。

关于金福地公司、亚东公司承担担保责任的案涉借款的利息、罚息、复利应否予以调减的问题。金福地公司、亚东公司上诉主张,本案借贷双方未经其同意,擅自将贷款年利率从8%提高到14.835%,担保人金福地公司、亚东公司不应对因此而增加的利息、罚息、复利承担担保责任。

首先,金福地公司、亚东公司分别与国民信托公司就案涉担保签订的《抵押合同》《股权质押合同》《保证合同》，均由双方的法定代表人签字或盖章并加盖公司印章，系双方当事人的真实意思表示。上述当事人在《股权质押合同》第6.1条、《抵押合同》第7.7条、在金福地公司、亚东公司分别与国民信托公司签订的《保证合同》第5.5条中，均明确约定："甲方（国民信托公司）与债务人协商变更《主债权合同》的，包括但不限于延长主债务履行期限，增加主债务金额等，乙方在此无条件同意对变更后的主合同项下主债务承担保证责任，甲方无须另行取得乙方同意或通知乙方，乙方不因此变更免除其承担的本合同项下的保证责任。若《主债权合同》展期或增加被担保债务金额的，乙方仍在变更后的《主债权合同》所约定的新的期限及债务金额范围内承担不可撤销的连带保证责任。"前述约定，足以证明金福地公司、亚东公司在签订案涉担保合同时，对借贷双方将来变更主合同内容增加其担保责任的可能性已有充分预见，却在担保合同中明确表示愿意对将来变更后的主合同所约定的债务金额和履行期限承担担保责任，且担保人事先同意主合同变更的约定并不违反法律、行政法规的禁止性规定，故应尊重当事人意思自治，依法由担保人金福地公司、亚东公司对债权人国民信托公司与债务人经和度公司通过补充协议形式将贷款到期日明确为2018年12月22日，将2018年5月24日（含）至贷款到期日（不含）的贷款年利率从8%增加至14.835%的债务承担担保责任。

其次，关于案涉《股权质押合同》第6.1条、《抵押合同》第7.7条、《保证合同》第5.5条是否属于格式条款无效情形的问题。依照《合同法》第39条关于"采用格式条款订立合同的，提供格式条款的一方应当遵循公平原则确定当事人之间的权利和义务，并采取合理的方式提请对方注意免除或者限制其责任的条款，按照对方的要求，对该条款予以说明。格式条款是当事人为了重复使用而预先拟定，并在订立合同时未与对方协商的条款"及该法第40条关于"格式条款具有本法第五十二条和第五十三条规定情形的，或者提供格式条款一方免除其责任、加重对方责任、排除对方主要权利的，该条款无效"之规定，格式条款并非当然无效，除非存在《合同法》第40条、第52条、第53条规定的无效情形。经审查，案涉《股权质押合同》《抵押合同》《保证合同》的最后一页均注明"本页无正文，为签署页"或"本页为签署页，无正文"字样，且在该注明之下双方签字盖章之上的醒目处载明："担保人金福地公司、亚东公司在签署本合同时已阅读、理解和同意主合同的内容；主债权的金额、期限等相关要素以主合同约定及或依据该等约定计算所得结果为准；应金福地公司、亚东公司要求，国民信托公司已经就本合同作了相应的条款说明；金福地公司、亚东公司对本合同条款的含义及相应的法律后果已全部知晓并充分理解、无异议。”在前述内容之下，合同双方的法定代表人均予签名或盖章并加盖公司印章，且抵押、质押均依法办理了相应登记。前述事实能够证明，签订案涉担保合同时，担保人金福地公司、亚东公司对《股权质押合同》第6.1条、《抵押合同》第7.7条、《保证合同》第5.5条的含义及相应的法律后果知晓并充分理解、无异议，担保权人国民信托公司尽到了以合理方式提请对方注意合同内容和应对方要求就合同条款做了相应说明的法定义务，不存在《合同法》第40条、第52条、第53条规定的无效情形，故前述合同条款应为合法有效，金福地公司、亚东公司关于前述合同条款属格式条款无效情形的上诉理由不能成立，二审法院不予支持。

关于律师费及保全担保费用。因经和度公司未依照合同约定履行还款义务，国民信托为实现债权支出的律师费应由经和度公司负担。对于保全担保费用，国民信托因经和度公司违约而提起本案诉讼，并申请对被告的财产采取保全，属于依法行使《民事诉讼法》规定的当事人之诉讼权利，具有法律依据，其采取提交保险公司出具的保全保险函作为保全担保财产亦属于法律认可的保全担保方式。国民信托为申请财产保全而提供保险公司出具的保全保单保函，由此而产生的保全保险费属于经和度公司违约给国民信托造成的损失，应当由经和度公司承担，故国民信托要求经和度公司承担保全保险费的诉讼请求具有事实和法律依据，一审法院予以支持。

最后，关于金福地公司、亚东公司应当承担的案涉借款的利息、罚息、复利的利率标准问题。如前所述，贷款人国民信托公司与借款人经和度公司在主债权合同中约定了利息、罚息、复利及计算方法，并以补充协议方式约定2018年12月22日为贷款到期日，2018年5月24日（含）至贷款到期日（不含）的年利率为14.835%，而金福地公司、亚东公司均在案涉担保合同中明确同意对变更后的前述主合同项下主债务承担担保责任，故金福地公司、亚东公司依法应当以前述变更后的年利率14.835%标准对案涉贷款的利息并按年利率14.835%上浮50%标准计算的罚息、复利承担担保责任。至于金福地公司、亚东公司所称贷款到期日之后的利率因案涉补充协议未约定故应按最初约定的年利率8%标准计算的问题,因前述主合同及补充协议对贷款到期日之后约定的是计算罚息和复利,而罚息和复利的利率标准均是以贷款利息的年利率14.835%上浮50%,故而不存在贷款到期日之后计算利息从而需要确定利率标准的问题。

综上所述,金福地公司、亚东公司关于其承担担保责任的案涉借款的利息、罚息、复利应当予以调减的上诉理由不能成立,二审法院不予支持;一审法院关于由金福地公司、亚东公司对案涉借款以年利率14.835%标准计算的利息并按年利率14.835%上浮50%标准计算的罚息、复利承担担保责任的判决并无不当,二审法院予以维持。

**五、律师对二审判决的评析**

关于金福地公司及其股东就案涉主借款合同提供抵押担保、保证、股权质押时所作出的意思表示真实,依法应认定为对双方具有约束力。

第一,金福地公司在为经和度公司向国民信托公司借款提供抵押担保和保证时出于自身真实意愿的选择,国民信托公司与金福地公司之间不存在其他法律关系;对于双方签订的抵押合同、保证合同均系双方平等协商的结果,系双方真实的意思表示,不违反法律和行政法规的禁止性规定,合法有效。本案中,争议的合同中是否存在可能无效的格式条款问题,两级人民法院已经进行了充分说理,在此不再赘述。

第二,虽然对3份股权质押合同的审理并未列为本案审理的争议焦点,但该3份股权质押合同的内容系金福地公司的3名股东:王某(持有公司50%股份)、亚东公司(持有公司40%股份)、张某(持有公司10%股份)将自己持有金福地公司的全部股权质押给国民信托公司,在股权质押合同中,同样也有贷款合同双方协议变更时,无须再取得3位出质人同意的条款,王某、亚东公司、张某也同样签署了该合同。结合上述第一点金福地公司在抵押担保和保证合同中以公司名义作出的意思表示以外,其所有股东还在出质股权时也作出了同样的放弃对贷款合同缔结双方协议变更合同时的被通知和抗辩减轻责任的权利,以明示的方式表示仍然承担质押的相应责任。

本判决中对于保全担保费的承担认定还被最高人民法院开发的“法信”平台纳入裁判规则:“因债务人未依照合同约定履行还款义务,债务人为了实现债权而提起本案诉讼,为了利于后续执行而在诉讼期间申请对债务人的财产采取保全措施,为此其向人民法院提交人民法院认可的保全保险函作为保全担保财产并向保险公司支付保险费,显然属于债权人为实现债权而支付的合理费用且在案涉担保合同约定的担保范围之内,应当由保证人承担担保责任。”

在商事审判中,法律的价值取向为保护平等商业主体之间的交易秩序,要求参与商事的主体具有比普通民事主体更高的商业和法律知识,否则就应当承担对应的风险。如在本案中,对于当事人意思表示的认定,只要合同上的签章为真实的,则应当认定为系当事人的真实意思表示,因为商事主体应当充分知晓公章、签字的法律效力;两级人民法院都对于合同中是否存在格式条款进行了详尽的说理,对格式条款可能存在无效情形的法律规定主要用于调节合同缔结双方地位悬殊、一方利用优势地位限制对方主要权利的情形,对于本案中合同缔结双方地位平等、合同条款双方可充分协商的情形则不适用。

# 从一则案例看“恶意串通”的认定规则和证明标准

熊永林*

【摘要】我国现行民事法律及司法解释未对恶意串通作出非常明确界定。司法实践中，恶意串通的判断很大程度上取决于行为人的主观上是否存在恶意，但主观心态属于个人内心活动范畴，难以直接予以证实或查明，故应根据高度盖然性原则，对其采取推定的方式予以认定。大部分的法官对恶意串通的认定保持着审慎的态度，笔者以代理的一起确认合同无效纠纷的案件为例，浅谈代理这类案件的一些启发。

【关键词】合同无效；恶意串通；主观；启发

## 一、案情简介

2016年5月起，C、D未按约向A、B偿还550万元借款本金及利息，且多次催收未果。2018年3月6日，A、B向法院提起诉讼，法院出具《先行调解告知书》后组织调解，C、D在先行调解期间多次恶意拖延调解，且C、D未按约定时间参加法院组织的调解，法院于2018年4月9日出具《案件受理通知书》。2018年10月28日，法院就前述案件作出民事判决书，判令C、D偿还A、B的本金550万元及利息。

2019年1月9日，A、B依据前述生效判决向法院申请强制执行，法院告知，C、D名下的房屋（以下简称案涉房屋），在前述案件先行调解期间已经设定抵押

* 熊永林，四川君合律师事务所律师，高级合伙人，房地产与建设工程法律事务部部长。

登记,且无其他可供执行的财产信息,因此法院依法裁定终结本次执行。其后,A、B 委托笔者代理本案件。经过笔者查询,案涉房屋设定抵押登记的日期刚好在 C、D 恶意拖延调解的期间内。案涉房屋档案信息显示,C、D 与 F 于 2018 年 4 月 2 日签订《借款协议》,约定 A、B 向 F 借款 600 万元,借款期限为 2018 年 3 月 11 日至 2021 年 3 月 11 日,A、B 以案涉房屋作为抵押物为借款提供抵押担保,案涉房屋于 2018 年 4 月 2 日为 F 设定价值 600 万元的抵押权。

关于 600 万元借款款项的支付问题,笔者查询 C、D 的银行流水,未发现 F 支付的 600 万元借款,对此,在庭审中,被告陈述如下:C、D 系委托第三人 E 收取借款款项,并指示 F 将款项支付给第三人 E(在后面的庭审中,C、D 改口称 E 为实际借款人,只是因为 E 无财产抵押担保,故,房管部门提出由 C、D 作为借款人签订借款合同并提供涉案房产进行抵押担保,最后又改口声称 C、D、E 为共同的实际借款人)。

本案件的难点在于证明 C、D、E 与 F 的行为构成恶意串通难度大。委托人提供的证据材料比较少,故,笔者需要根据高度盖然性原则,排除所有合理怀疑,证明被告之间构成恶意串通,且直接损害委托人的合法利益。

笔者总结了双方主要争议的情况,具体见表 1。

**表 1　双方主要争议情况**

| 序号 | 争议焦点 | A、B 的主张 | C、D、E、F 的主张 |
| --- | --- | --- | --- |
| 1 | 案涉借款是否真实 | 案涉借款不真实 | 案涉借款系真实的意思表示并已实际履行 |
| 2 | 案涉合同是否为无效 | 案涉合同构成恶意串通,案涉合同自始无效 | 案涉合同不构成恶意串通,案涉合同系有效的 |
| 3 | 案涉抵押合同是否无效,抵押登记是否应予以注销 | 主合同无效则从合同无效,被告借贷合同(主合同)无效,抵押合同(从合同)则无效,案涉抵押登记应予以注销 | 案涉抵押登记不应予以注销 |

## 二、诉讼代理过程

### (一)争议焦点一:案涉借款关系是否真实

1. 在本文讨论的案例中,法律依据具体如下,最高人民法院《关于审理民间借贷案件适用法律若干问题的规定》(2015年)第19条规定:"人民法院审理民间借贷纠纷案件时发现有下列情形,应当严格审查借贷发生的原因、时间、地点、款项来源、交付方式、款项流向以及借贷双方的关系、经济状况等事实,综合判断是否属于虚假民事诉讼:(一)出借人明显不具备出借能力;(二)出借人起诉所依据的事实和理由明显不符合常理……(五)……委托代理人对借贷事实陈述不清或者陈述前后矛盾;(六)当事人双方对借贷事实的发生没有任何争议或者诉辩明显不符合常理……(十)其他可能存在虚假民间借贷诉讼的情形。"

2. 在前述法律法规的前提下,笔者针对借贷是否真实的争议焦点,结合调查取证的证据,深入分析本案的情况,提出如下主张。

(1)被告之间签订的借款协议不合常理

C、D、E与F之间借贷关系涉及600万元,借款金额巨大,F作为出借人,却丝毫不关心是否签订借款协议以及借款协议的内容(借贷双方竟然说不清楚双方签订的是《借款协议》还是《借款合同》,且双方手里均不持有《借款协议》原件,仅仅是在房管部门进行涉案房产抵押登记处留存了1份《借款协议》),《借款协议》中连最基本的借款用途、借款利率、利息支付方式、收款账户以及还款期限和违约责任都没有约定,完全不考虑借款的安全,明显不符合常理。

(2)F未证明其有出借能力及款项来源

被告F提供的证据不足以证明其具有出借能力及其出借款项的来源。其声称,在其出借款项中有向其哥哥公司的部分借款,然而,却说不清楚该部分借款的具体金额,且除其单方陈述外没有其他证据证明。在本案中,F陈述在其哥哥的公司中有股份,然而,也没有相应的证据证明;当回答法官询问为什么没有一次性支付600万元借款时,其陈述,他有家里存放现金的习惯,而且,存放在其家里、父母家里以及其哥哥家里,然而,F提供借款600万元却花了几个月的时间分别存款、转款,不符合常理。

事实上,第三人E也没有证据证明其借款的目的和使用情况以及款项的流向。E声称,其先准备借款购买矿产后利用借款购买了建材后挂靠他人公司对外出租,然而,却没有提供证据证明这种挂靠关系,也没有证据证明购买了建材,甚至就连其声称的购买建材的收据也没有按照法院的要求提交法院,更没有将租赁合同提交法院,事实上,即使挂靠关系,相关交易也应该有发票提供给被挂靠单位用于财务做账。显然,本案的借款关系系虚假的借贷关系。

(3)被告陈述前后矛盾,交易模式不符合正常的交易习惯

F 声称有使用现金习惯,但是,每次向 E 转款却是先向银行存入现金再通过银行进行转款,同样,第三人 E 也声称有使用现金的习惯,然而,其向 F 借款却没有要求提供现金而是通过银行转款的方式进行交易,而且,其向 E 支付所谓的利息却是通过银行转账的方式完成的,而不是现金交易,显然系为了制造借款关系的银行流水。

C、D、F 与 E 之间的借贷方式不符合正常的交易逻辑。①第一笔款项的流转:E 取出 100 万元的现金后,F 随即现金存款并将款项转给 E;②其余 5 笔款项的流转:F 共分 5 次向 E 转款共计 500 万元,转款金额为 110 万元、90 万元及 3 次 100 万元,从双方转款当日的银行流水看,均是 E 先取现、F 后现金存入、F 再向 E 转款,通过“取现—存入—转款”的方式循环,双方账户中几乎实现了收支相抵。故,F 与 E 利用 100 万元故意制造了 600 万元借款的假象具有高度的可能性,转款操作见表 2。

**表 2 E、F 具体操作**

| 时间 | E | 结余 | F | 结余 |
|---|---|---|---|---|
| 2018 年 4 月 3 日 | E 取现 100 万元 | 0 | 存入 100 万元 | 0 |
| | F 转入 110 万元 | | 转给 E 110 万元 | |
| 2018 年 4 月 4 日 | E 取现 100 万元 | | 存入 100 万元 | |
| | F 转入 90 万元 | | 转给 E 90 万元 | |
| 2018 年 4 月 5 日 | E 取现 99.98 万元 | +0.02 万元 | | -0.5 万元 |
| 2018 年 4 月 8 日 | F 转入 100 万元 | | 存入 95 万元 | |
| | | | 转给 E 100 万元 | |
| 2018 年 4 月 9 日 | E 取现 100 万元 | 0 | 存入 100 万元 | 0 |
| | F 转入 100 万元 | | 转给 E 100 万元 | |
| 2018 年 4 月 10 日 | E 取现 100 万元 | 0 | 存入 100 万元 | 0 |
| | F 转入 100 万元 | | 转给 E 100 万元 | |

（二）争议焦点二：案涉合同是否无效

1. 笔者通过研究法律法规及司法案例，整理了相应的法律依据，具体如下：

（1）原《合同法》第52条规定："有下列情形之一的，合同无效：（一）一方以欺诈、胁迫的手段订立合同，损害国家利益；（二）恶意串通，损害国家、集体或者第三人利益；（三）以合法形式掩盖非法目的；（四）损害社会公共利益；（五）违反法律、行政法规的强制性规定。"①

（2）最高人民法院《关于适用〈中华人民共和国民事诉讼法〉的解释》（2015年）第109条规定："当事人对欺诈、胁迫、恶意串通事实的证明，以及对口头遗嘱或者赠与事实的证明，人民法院确信该待证事实存在的可能性能够排除合理怀疑的，应当认定该事实存在。"

2. 在前述法律法规的前提下，笔者针对合同是否无效的争议焦点，结合调查取证获得的证据，深入分析本案的情况，提出如下主张。

（1）被告存在基于恶意串通而损害债权人利益之恶意。

案涉合同签订及办理抵押登记的时间为2018年4月2日，在A、B起诉C、D借款合同纠纷一案的先行调解期间，此时，C、D欠A、B的债务已到期，C、D明知有大额到期债务未偿还，且债权人已向人民法院起诉主张权利，其即将面临被人民法院判决向A、B归还借款的高度可能性。而E系C的父亲，且与C、D共同生活，E应知晓该笔债务已经涉诉以及C、D的资产状况、还款能力等，而当时C、D有案涉住房未被查封，此时3人向他人借款并将房屋设立抵押担保，客观上会产生增大C、D的债务负担。事实上，C、D与F实施借款行为并将房屋设立抵押担保，客观上阻却A、B对于房屋的执行，3人之间恶意串通的行为，客观上损害了A、B的合法债权。故，其行为具有恶意串通的主观动机和恶意。

（2）C、D、E与F之间存在恶意串通的行为。

被告之间不存在真实的民间借贷关系，被告之间恶意串通、签订借款协议并办理案涉房屋抵押登记以妨碍对案涉房屋的强制执行。

（3）恶意串通的行为直接有损于原告A、B之利益。

2019年1月9日，A、B依据生效判决向法院申请强制执行，法院告知，案涉

---

① 现《民法典》第154条。

房屋在先行调解期间已经设定抵押登记，且无其他可供执行的财产信息，因此法院依法裁定终结本次执行。至今，原告的债权依然没有得到实现，故，C、D、E 与 F 之间恶意串通的行为，直接损害了债权人的利益。

另外，笔者在庭审的过程中，发挥了庭审的优势，被告作出了许多前后矛盾的陈述。被告对于借贷发生的原因、时间、地点、款项来源、交付方式、款项流向以及借贷双方的关系、经济状况等事实均无法作出合理解释。

（三）争议焦点三：案涉抵押登记是否应予以注销

担保合同是主债权债务合同的从合同，主债权债务合同无效，则担保合同无效。C、D、E 与 F 之间构成恶意串通，C、D 与 F 之间的借款合同（主合同）自始至终为无效合同，则 C、D 与 F 之间的抵押合同（从合同）亦无效。故，C、D、F 应注销案涉房屋的抵押登记。

**三、判决结果**

综合前文所述，根据相关法律法规及相关司法案例，并从逻辑、经验等维度展开论述，笔者证明了 C、D、E 与 F 之间恶意串通的事实存在高度的可能性，且能够排除合理怀疑。最终法院采信了笔者的主张，判决如下：

1. 确认 C、D 与 F 签订的《借款协议》无效；

2. 确认 C、D 与 F 就案涉房屋签订的《房地产抵押合同》无效；

3. C、D、F 于判决生效之日起 10 日内注销案涉房屋的抵押登记。

**四、以案说法：浅谈恶意串通的认定规则和证明标准**

司法实践中，对恶意串通如何把握，实属难点，法官对证据的采信和恶意串通的认定多持审慎态度。只有在“恶意串通”这种主观状态具有外在的表现形式且能够被证据证明时，且能够排除合理怀疑，法官才可能作出认定。《民法典》第 154 条规定：“行为人与相对人恶意串通，损害他人合法权益的民事法律行为无效。”

笔者经过检索中国裁判文书网，以及研究相关司法案例，实务中认定为“恶意串通”的裁判规则，大体总结见表 3。

**表3　相关案例裁判规则总结**

| 要件 | 具体内容 | 基本要求 |
| --- | --- | --- |
| 主观层面（故意） | 明知自己的行为会造成损害的结果，并且希望或者放任这种结果发生的心理状态 | 主观上具有违背公序良俗的恶意 |
| 客观层面（行为） | 虚构借贷关系，恶意设置抵押权 | 实行了损害第三人利益的行为 |
| | 虚构债权债务关系，虚假诉讼 | |
| | 以不合理的价格虚构买卖关系损害第三人的合法利益 | |
| | 拍卖活动中，双方以损害他人利益为目的，弄虚作假 | |
| | 利用关联公司，恶意串通，转移公司资产 | |

所谓恶意串通，需满足以下四个构成要件：(1)双方的意思表示主观上具有违背公序良俗的恶意。恶意串通的要求双方内心意思均以明显悖于公序良俗的方式作出。恶意是指违背公序良俗的故意，即明知自己的行为会造成损害的结果，并且希望或者放任这种结果发生的心理状态。(2)意思表示须以行为人与相对人以恶意串通的方式作出。串通是指在恶意损害他人权益方面，行为人与相对人在主观意思与客观行为上相互配合、相互联络。恶意串通的主观要件要求当事人双方存在损害第三人合法权益的意思主义的恶意，即订立合同的初衷和目的就是出于追求损害第三人的合法权益。恶意串通的客观要件强调的重点不是合同双方的一般性履约行为，而是寻求以明显背俗的方式损害他人权益。例如，笔者代理的前述的案件中，C、D、E与F对他们之间签订的借贷合同约定的利息、借款用途均不关心，他们订立合同之初追求的就是损害原告A、B债权人的利益，这就可能构成恶意串通。(3)民事法律行为需存在损害他人合法权益的可能。这里的"损害"不仅包括实质性损害还应包括可能的损害，因为恶意串通的行为不全是发生在合同履行完毕之后，也有可能发生在合同成立之初，或者是合同尚未履行之时。合法权益，包括合法的权利与合法的利益，具体而言，既可是合法有形财产如房屋、汽车、设备等，也可是合法无形财产如股票、基金、证券；既可是人格性权利如姓名权、生命权、健康权，也可是财产性权利如债权、物权、知识产权等。(4)损害他人合法权益与当事人行为存在因果关系。双方恶意串通之行为直接损害了第三人之利益。

## 五、恶意串通制度与债权撤销权制度的对比

《民法典》第154条明确了恶意串通制度，恶意串通，损害国家、集体或者第三人利益情形的，合同无效。《民法典》第538条、第539条明确了债权人撤销权制度，因债务人放弃其到期债权或者无偿转让财产，对债权人造成损害的，债权人可以请求人民法院撤销债务人的行为。就保护债权人利益而言，恶意串通制度与债权人撤销权制度各有所长，适用不同的情形，债权人应该结合相关证据，依法选择适用。

1. 在证明标准上，恶意串通的证明标准更高。最高人民法院《关于适用〈中华人民共和国民事诉讼法〉的解释》第109条规定："当事人对欺诈、胁迫、恶意串通事实的证明，以及对口头遗嘱或者赠与事实的证明，人民法院确信该待证事实存在的可能性能够排除合理怀疑的，应当认定该事实存在。"恶意串通是直接指向合同无效的，合同无效是自始无效，绝对的无效，而债权人撤销权，合同效力自撤销之后为无效，由此可见，两者之间的效力是有高低之分的。故，法律规定认定恶意串通的标准要高于民事诉讼中高度盖然性的一般标准，且能够排除合理怀疑，而债权人撤销权的证明标准则只需要达到高度盖然性的一般标准即可。

2. 在主观构成要件上，恶意串通要求主观上存在意思主义上违反公序良俗的恶意，恶意串通中"损害"是"恶意"直接指向的对象，而非单纯客观上影响债权的实现。债权人撤销权构成要件则不考虑是否存在恶意，对主观上的要求较低。①

3. 在证据收集上，最高人民法院《关于适用〈中华人民共和国民事诉讼法〉的解释》第96条的规定，适用恶意串通规则，法院可以依职权收集证据。

4. 在诉讼时效上，债权人行使撤销权受除斥期间限制，《民法典》第541条的规定："撤销权自债权人知道或者应当知道撤销事由之日起一年内行使。自债务人的行为发生之日起五年内没有行使撤销权的，该撤销权消灭。"但是，恶意串通属于确认合同无效事由，合同无效的确认不应受诉讼时效的限制。诉讼时效仅适用于请求权，体现了"法律保护勤勉者，不保护懒惰者"的原则，目的是督促权利人及时行使权利，而不应适用于请求确认合同无效，合同无效的确认是对事实的确认，只要规定合同无效的强制性法律规范未发生变化，合同的违法性状态就一

---

① 参见杨思佳：《恶意串通与债权人撤销权规定的适用关系研究》，浙江大学2018年硕士学位论文。

直持续,不因单纯的时间经过而发生改变。

5. 在法律后果上,债权人撤销权的行使范围限于债权人的债权额,而恶意串通规则无此限制,在债权人平等受偿的前提下,适用恶意串通规则更有利于债权的充分实现。

在司法实践中,法院对于“债权人撤销权诉讼”与“确认合同无效诉讼”一般予以辨别,法院将合同效力审查作为前置环节。故,当债务人实施逃避债务行为时,债权人还需结合相关证据及证据证明力大小进行综合考虑,选择适合的诉讼策略。

综上,恶意串通证明标准要求较高,如没有明显违背市场规律或没有造成明显不公平现象的,法官一般不会认为构成恶意串通。以笔者代理的前述案件为例,证明恶意串通的行为,首先应梳理相应的法律法规及司法案例,其次应着重寻找当事人之间存在违背市场规律或者违背商业规律的证据事实,最后应着眼于立法的本意、司法的观点以及社会经济效益。

# 对债权人代位权成立的法定要件的思考

## ——从一起离婚纠纷案件说起

廖晓丽　尹　霞*

**【摘要】**2021 年至 2022 年,君合律师代理了一起债权人代位权诉讼,作为被告代理人参加诉讼。该案件同时还涉及离婚后财产分割、民间借贷等多个法律关系,律师从债权人代位权成立的要件出发,一一分析和阐述,律师意见最终得到法院的采纳,判决驳回了原告要求行使代位权的诉讼请求。

**【关键词】**《民法典》;债权人;债务人;怠于行使;到期债权;成立要件

一起因离婚纠纷案件引发离婚后债权债务清算问题,继而引发第三人提起债权人代位权诉讼。由于婚姻家事案件在处理债权债务时掺杂了婚姻感情纠纷,处理债权债务时尤为复杂。君合律师代理了债权人代位权案件的被告。律师在案件代理过程中,结合婚姻家事案件、债权人代位权等关联案件的基本事实与债权人代位权诉讼要点,庭前充分论证诉讼策略,庭中充分阐述代理观点,代理意见得到一审、二审法院采纳。一审判决驳回了原告的全部诉讼请求,二审维持了一审的判决结果。

---

* 廖晓丽,四川君合律师事务所律师,高级合伙人,副主任。尹霞,四川君合律师事务所律师。

## 一、案件基本情况

A女士与B先生2011年结婚,2016年协议离婚。婚姻关系存续期间长期从事投资业务,有经营实体也有,同时,经营实体与两自然人存在人格混同的情形。离婚时双方签订了《离婚协议书》约定各自债务各自承担,婚姻关系存续期间以A女士名义的对外债权收回的,扣除成本后,双方五五分账。离婚后,A女士起诉甲公司要求归还借款,法院执行回款约520万元。其间,A女士收回了向乙公司的借款约400万元。此外,A女士对外还对丙公司、丁公司享有债权,但因丙公司、丁公司无可供执行财产未能成功收回。

B先生起诉A女士,主张A女士已收回的乙公司400万元借款属于夫妻债权,要求A女士按照《离婚协议书》的约定进行五五分账,该案法院判决支持了B先生的诉讼请求,判决A女士需向B先生支付收回乙公司借款的50%。后B先生就该案申请法院执行,2019年,因A女士无可供执行财产,该执行案件终本。

C先生系B先生债权人,对B先生享有本金180万元的债权本金以及相应利息(非B先生与A女士婚姻关系存续期间发生的共同债务),该债权已经由生效判决书确认,但C先生对B先生提起的强制执行案件,因B先生无可供执行财产,执行终本,债权至今未收回。2021年年底,C先生向A女士提起了代位权诉讼,认为A女士对甲公司、丙公司、丁公司的债权属于与B先生的夫妻共同债权,而B先生未起诉A女士要求分割,属于怠于行使对A女士的债权,因此,C先生认为其有权在《离婚协议书》约定的50%的范围内,向A女士行使代位权,要求A女士承担偿还责任。

## 二、关于债权人代位权成立的法定要件分析

《民法典》第535条规定:"因债务人怠于行使其债权或者与该债权有关的从权利,影响债权人的到期债权实现的,债权人可以向人民法院请求以自己的名义代位行使债务人对相对人的权利,但是该权利专属于债务人自身的除外。代位权的行使范围以债权人的到期债权为限。债权人行使代位权的必要费用,由债务人负担。相对人对债务人的抗辩,可以向债权人主张。"

代位权指债务人怠于行使权利,债权人为保全债权,以自己的名义代位行使债务人对相对人的权利。

债权人在同时应具备以下四个要件时,方可行使代位权。

1. 债权人对债务人享有到期债权，债务人对次债务人（相对人）享有债权。

债权人对债务人享有到期债权，债务人对次债务人（相对人）享有债权是代位权成立的最基础的条件，而关于相关债权的享有和存在的认定，司法实践中，需要由原告方承担举证责任，对债权人与债务人之间存在到期债务以及债务人与次债务人之间存在债权债务关系进行举证证明。

2. 该权利并非专属于债务人自身。

专属于债务人自身的权利，即只能由债务人自己行使，债权人不能代位行使的权利，参照原合同法司法解释的相关规定，主要有基于扶养关系、抚养关系、赡养关系、继承关系产生的给付请求权和劳动报酬、退休金、养老金、抚恤金、安置费、人寿保险、人身伤害赔偿请求权等权利。

3. 债务人怠于行使其债权或者与该债权有关的从权利。

"怠于行使"是指债务人应当行使其权利，且能够行使而不行使，而如果债务人已经行使了权利，不管行使权利的实际效果如何，债权人都不能再行使代位权。此外，《民法典》对代位权的客体进行了变更，将"债务人的到期债权"变更为"债务人的权利或者与该债权有关的从权利"，"与该债权有关的从权利"主要是指担保权利（包括担保物权和保证），如债权人可代债务人行使对次债务人的抵押权。

4. 影响了债权人的到期债权实现。

影响了债权人的到期债权实现，是指因债务人不行使到期债权，可能造成债务人的财产的减少、受损，导致债权人的债权得不到清偿的情况。例如债务人的对外债权到期后，未及时向次债务人进行追索，可能导致该笔债权诉讼时效到期丧失胜诉权，进而影响债权人的债权实现的，债权人可行使代位权向次债务人提起诉讼。

**三、案情分析**

1. 是否享有到期债权之要件。

本案中，C 先生对 B 先生的债权已经经法院生效判决书确认，并且申请了法院强制执行，因 B 先生暂时无可供执行财产，案件终本，未能执行获偿。因此，C 先生具备对债务人享有到期债权这一要件。

2. 债务是否专属于债务人自身之要件。

本案中,关于案涉债权是否专属于债务人,法院并未作出认定,法律规定并不明晰。代理人主张,A女士和B先生签订的《离婚协议书》是基于双方曾经的夫妻关系这一特殊身份而签订,B先生对A女士享有的或有债权是基于《离婚协议书》关于离婚后债权分割的约定,由此产生的债权债务关系是以双方婚姻家庭的特殊身份关系作为基础的债权,所涉债权与特定身份有关属于与双方的人身具有密切关联性、专属性,不宜由第三人代为行使。

3. 债务人B先生是否怠于行使其债权之要件。

本案中,代理律师认为C先生不符合债权人代位权行使要件的重要理由之一,为B先生不存在怠于行使其对A女士债权的情形。

2017年,B先生就已经向人民法院起诉A女士离婚后财产纠纷案件,认为A女士已经收回了以A女士名义对乙公司享有的债权,该债权属于B先生与A女士的夫妻共同债权,应按照《离婚协议书》的约定,由双方平分。该案件法院最终判决支持了B先生的诉讼请求,认为A女士已经收回的对乙公司的400万元债权属于与B先生的夫妻共同债权,应按照5:5的分配标准,向B先生支付200万元。案件判决生效后,B先生向人民法院申请了强制执行。其后,因A女士无可供执行财产,人民法院作出了《民事裁定书》,裁定终止本次执行程序。

由上可见,B先生已就离婚后财产纠纷向A女士提起了诉讼,法院判决并申请执行,B先生向A女士已经积极主张了债权,B先生未怠于行使到期债权的情形。

4. 债务人B先生的行为是否影响了债权人C先生的到期债权实现之要件。

代理人认为C先生不符合债权人代位权行使要件的另一重要理由,就是B先生未再次就A女士对甲、丙、丁公司的债权向A女士提起诉讼,未实际影响C先生的到期债权实现。

B先生已在2017年向A女士提起了离婚后财产纠纷,而该案件进入执行程序后,因A女士无可供执行财产已经终本。我们认为,无论B先生是否再次就A女士对甲、丙、丁三公司的债权分配提起诉讼,均不影响对C先生债权的实现。如果在A女士经司法执行认定无可供执行财产的情况下,仍要求B先生再次向A女士起诉的,只能徒增B先生的诉累和浪费司法资源。因此,B先生不存在怠于履行其债权的行为,也未因此影响C先生的到期债权实现。

5. 代理人认为B先生对A女士不享有合法的到期债权。

除以上法定的债权人代位权的构成要件分析以外,本案中,A女士与B先生之间的债权债务未进行结算和达成一致的分配意见,B先生对A女士不享有合法的到期债权,C先生无法也无权行使代位权。主要理由有:

(1)A女士仅收回了对甲公司的债权,而C先生主张的对丙、丁公司的债权,A女士并未收回,C先生也未能举证证明A女士收回了对丙、丁公司的债权,C先生主张的对丙、丁公司的债权享有的代位权不成立。

(2)A女士和B先生就《离婚协议书》中所明确的"共同债权"是否包含案涉的对甲、丙、丁三公司所涉债权,所谓"共同债权"的分配时间节点等方面均存在重大争议,属于约定不明。在双方就债权债务尚未厘清的情况下,B先生是否对A女士享有债权尚无法认定,更谈不上怠于行使并因此损害C先生利益问题。

(3)B先生与A女士对已收回的甲公司债权尚未进行分割,该笔款项尚未特定化,不属于到期债权。本案中,假设人民法院认定A女士从甲公司收回的借款属于夫妻共同债权的,也应在A女士和B先生对实现债权费用,包括但不限于律师费、案件诉讼费等进行结算和扣减后,该债权才具备分割条件,因此目前该债权尚未特定化,不属于B先生享有的到期债权。

**四、法院判决情况**

(一)裁判要旨

法院认为,本案的争议焦点为:(1)B先生是否对A女士享有合法有效的到期债权;(2)B先生是否怠于行使权利影响C先生债权的实现。

关于第一个争议焦点。C先生所主张的B先生对A女士享有债权的依据为B先生与A女士在《离婚协议书》所约定的"以A女士名义产生的所有共同债权收回减去成本费用后按5:5分账",并基于此主张××××号民事判决、××××号民事判决、××××号民事判决所确认的A女士的债权属于B先生应当对A女士享有的债权范围。

首先,对于××××号民事判决、××××号民事判决,C先生未举证证明A女士已获得受偿,故不能认定属于《离婚协议书》中所约定的A女士收回的共同债权。其次,对于××××号民事判决,虽A女士已收回部分款项,但B先生、A

女士未对该笔收回款项进行结算,也未明确属于双方婚内的共同债权,无法确定就该笔收回债权A女士应当向B先生支付的款项金额,故B先生并未享有对A女士的明确债权。最后,B先生与A女士在《离婚协议书》中仅约定收回债权扣除费用后按5:5分账,并未约定支付时间,故在双方未达成新的结算协议或经生效法律文书确认支付时间的情形下,B先生并不因《离婚协议书》对A女士享有到期债权。综上,B先生对A女士并不享有合法有效的到期债权。

关于第二个争议焦点。B先生曾于2017年2月起诉A女士离婚后财产纠纷,成都市某区人民法院作出××××号民事判决,确认A女士向B先生支付××××元。B先生亦申请执行,但未执行到位。该事实足以说明,B先生未怠于行使其基于《离婚协议书》所享有的对A女士的权利。而未执行到位的事实,也足以证明A女士并无向B先生履行债务的能力。B先生未再基于《离婚协议书》向A女士主张权利,在A女士在前诉中已无财产可供执行的情况下,既不会影响B先生自身清偿能力,也不会影响C先生对于B先生的债权的实现。故B先生既未怠于行使权利,也不会影响C先生债权的实现。C先生的主张不符合代位权的成立要件,依法不应得到支持。

(二)判决结果

一审判决结果:驳回原告的全部诉讼请求。

二审判决结果:驳回上诉,维持原判。

**五、延伸思考**

(一)债权人代位权纠纷

本案法院确定案由为债权人代位权纠纷。债权人代位权行使的对象为债务人对相对人的债权有关的从权利。债权人代位权诉讼,不是当事人因合同权利义务关系而直接产生的纠纷,如果依据"合同相对性原则"分析处理案件将出现方向性偏差。债权人代位权诉讼,诉的依据不是合同,而是法律规定。在债权人代位权诉讼中,债务人对相对人的债权(主权利)分析和法律适用不容忽略。

债权人代位权诉讼案件可能涉及的法律关系有:(1)债权人债务人的权利义务关系,本案中即为B先生与C先生之间的债权债务关系;(2)债务人与次债务人的权利义务关系,本案中即为A女士与B先生基于《离婚协议》产生的法律关系。

法律适用主要是《民法典》第535条、第536条、第537条。

（二）债权人代位析产纠纷

债权人代位析产纠纷为《民事案件案由规定》（2020年）新增案由，与债权人代位权纠纷有区别。

最高人民法院《关于人民法院民事执行中查封、扣押、冻结财产的规定》第12条第3款规定，“共有人提起析产诉讼或者申请执行人代位提起析产诉讼的，人民法院应当准许。诉讼期间中止对该财产的执行”。“析产”包括被继承人代位析产、按份共有人分割共有物、共同共有人分割共有物、夫妻婚内分割共同财产、同居关系析产。基于共有关系包括共有关系、家庭关系、婚姻关系、继承关系、同居关系。在执行过程中作为债权人代位诉请分割被上诉人婚姻存续期间、共有期间购买的房屋、车辆及银行账户资金，案件案由应当确定为债权人代位析产纠纷。此类债权人代位析产纠纷应属伴生于查封措施而产生的附随诉讼，是用于解决被执行人与他人之间的财产共有关系，与解决债务人与次债务人之间债权债务关系而依据《民法典》第535条提起的债权人代位权纠纷有明显区别。

法律适用主要是《民法典》第297条至第310条，第1062条至第1066条；最高人民法院《关于人民法院民事执行中查封、扣押、冻结财产的规定》第12条；最高人民法院《关于执行权合理配置和科学运行的若干意见》第11条。

# 从一则案例看汽车自燃引发纠纷举证责任的分配

蒋琴琴*

**【摘要】**汽车自燃造成损害引发纠纷案件中，导致汽车自燃原因涉及举证责任的分配问题，而举证责任的分担实质关系到受害人及产品生产者利益问题。司法实践中处理该类案件中应运用利益平衡原则，要求受害人首先举证证明使用产品后即发生某种损害，且造成这种损害的产品存有缺陷的高度盖然性，即可以推定因果关系成立，继而转由产品的生产者对免责事由及缺陷产品与损害事实之间不存在因果关系进行举证证明。

**【关键词】**汽车自燃；产品缺陷；举证责任

## 一、基本案情

2017 年 10 月 30 日，李某在某汽车销售公司处购买大众公司生产的大众牌轿车一辆，新车购置价 73 900 元，缴纳税金 4300 元，合计 78 200 元。该车于 2017 年 11 月 8 日登记上牌，车牌号为川 Q×××××，车辆所有人为李某。2018 年 8 月 28 日，原告将其所有的川 Q×××××轿车送到金陈汽修部修理，其中一项修理项目是左前方雾灯总成。2018 年 9 月 3 日，车辆修理完毕后，李某支付修理费 1400 元。

2018 年 9 月 29 日 21 时 43 分许，该车停放在锦屏镇集翠村 1 组肖大洪地坝

---

* 蒋琴琴，四川君合律师事务所律师，合伙人。

内,突然起火。因火势严重,造成他人的部分屋顶也被烧毁。经四川省屏山县消防大队扑救,未造成人员伤亡,但是车辆已经全部烧毁。2018 年 11 月 16 日,四川省屏山县公安消防大队出具的《火灾事故认定书》认定:“起火部位:李某私家车;起火点:李某私家车左前方车灯处;起火原因:可以排除人为纵火、雷击、遗留火源引燃周围可燃物等原因,但不能排除自燃引发火灾的可能。”

李某认为其在正常使用车辆的过程中,汽车发生自燃,导致燃烧发生的原因不应归责于其自己,且该车辆整车属于质保期间。四川省屏山县公安消防大队出具的《火灾事故认定书》已排除了人为原因所致,故系车辆维修问题及自身质量问题导致了自燃,大众公司、销售公司、金陈汽修部均负有责任。而金陈汽修部拒绝承认系维修问题导致汽车自燃,而销售公司、大众公司拒绝承认系汽车自身质量问题导致汽车自燃,由此引发争议。

李某提起诉讼,主张:(1)判令三被告赔偿原告经济损失 78 200 元;(2)判决三被告承担本案诉讼费。

**二、裁判结果**

1. 被告大众公司在本判决生效之日起 10 日内赔偿原告李某车辆损失费 61 900 元;

2. 驳回原告李某的其他诉讼请求。

**三、裁判要旨**

李某提交的《火灾事故认定书》证明车辆燃烧的原因为“不排除自燃”,排除了人为纵火、雷击、遗留火源引燃周围可燃物、自然天气等外在因素导致的情形。该车在静止时发生燃烧事故,排除使用不当的因素,且无证据显示该车有人为改装的情形,案涉车辆发生燃烧时也在整车保修期内,故案涉车辆发生自燃,可以推定属于车辆内在因素导致,李某在其举证能力范围内已完成初步的举证责任,而大众公司没有提供证据证明案涉车辆存在免责的情形,也未申请对起火原因进行鉴定,应承担举证不能的法律后果。

**四、律师意见**

《产品质量法》第 41 条规定,因产品存在缺陷造成人身、缺陷产品以外的其他财产损害的,生产者应当承担赔偿责任。生产者能够证明有下列情形之一的,不承担赔偿责任:(1)未将产品投入流通的;(2)产品投入流通时,引起损害的缺陷尚不存在的;(3)将产品投入流通时的科学技术水平尚不能发现缺陷的存在的。该法第42条第1款规定,由于销售者的过错使产品存在缺陷,造成人身、他人财产损害的,销售者应当承担赔偿责任。由此可知,因产品缺陷引发的产品责任对生产者适用的是无过错责任原则,即只要产品存在缺陷造成损害,不管生产者是否存在过错均应承担赔偿责任,且严格限定了生产者不承担赔偿责任的3项法定事由。关于产品是否存在缺陷,损害与缺陷是否有因果关系的举证责任,依据一般的举证规则,应由受害人承担相应的举证责任。

根据前述规定,产品责任成立须满足3个构成要件:产品存在缺陷、存在损害事实、产品缺陷与损害事实之间具有因果关系,产品受损害方仍应承担相应的举证证明责任。本案中,李某所购汽车仅一年有余,关于汽车自燃的原因,其提供的最主要的证据是公安消防大队出具的《火灾事故认定书》,该事故认定书对车辆起火的原因有相应的认定,起火原因排除了纵火、雷击、遗留火源引燃周围可燃物、自然天气等多种原因。故,李某所举证据已达到高度盖然性的证明标准,依据日常生活经验法则推理,足以得知起火原因是汽车本身存在缺陷问题导致。此时,大众公司应举证证明车辆不存在缺陷、缺陷与损害之间不具有因果关系。因大众未提交证据证明且未申请鉴定,应承担举证不力的法律后果,承担赔偿责任。

# 绿色原则在《民法典》中的体现及司法实践浅析

褚立宁　王　兰*

**【摘要】**《民法典》自2021年1月1日起施行，作为国内第一部法典、现行最重要的法律渊源，其第9条明确规定，民事主体从事民事活动，应当有利于节约资源、保护生态环境。这是一条民法基本原则，即绿色原则，该原则的设立使得《民法典》成为世界范围内首部真正意义上的绿色民法典，具有划时代的创新和引领意义。“绿色原则”具有独特的法律价值和功能，其作为民事主体进行民事活动必须遵循的基本原则，不仅有力地回应了资源环境恶化带来的生态环境问题，也丰富和发展了生态环境保护和环境侵权责任体系的内容，将环境私益和环境公益纳入保护范围，从社会本位的角度对公民的合同等民事行为作出限制和引导。绿色原则反映了我国当前社会发展面临的时代要求，将人如何与自然环境和谐共处纳入具体的法律规定，体现了法律对社会的引领和推动作用。绿色原则具有独特性和不可替代性，但其作为一个新出现的基本原则，在司法实践中“绿色原则”仍然面临着具体操作等挑战。

**【关键词】**民法典；绿色原则；生态环境；司法适用

随着社会进步及经济的快速发展，人类对自然资源的利用程度加深、利用方式细化，人类发展与资源、环境间的矛盾也日益显现。秉承着可持续发展概念，有

* 褚立宁，四川君合律师事务所律师，合伙人，劳动法律事务部部长，青年工作委员会副部长。王兰，四川君合律师事务所律师。

效缓和人与资源、生态的冲突，在党的二十大报告中提出，中国式现代化是人与自然和谐共生的现代化，保护生态、保护环境、保护自然是全面建设社会主义现代化国家的内在要求，这要求未来社会发展需严格遵循“绿色发展”。

绿色原则的确立，表明我国法律顺应时代发展，立足于人民，对社会环境污染问题和社会环境保护作出及时的立法回应；也标志着我国民法体系实现了重大创新，通过立法将绿色原则纳入私法保护体系，将原本道德层面的节约环保义务上升到法律的高度，完善了环境保护体系。我们期望绿色原则能够在贯彻落实绿色发展理念、在社会治理中发挥无可取代的作用，当然，能否成功实现预期的使命，还需要通过司法适用检验和运用，来逐步发展与完善相配套的具体法律条款。

**一、绿色原则在民法典中的体现**

《民法典》规定的绿色原则，不是简单地确立一个抽象的基本原则，也不仅仅体现在总则编，而是在民法典物权编、合同编和侵权责任编中制定了相关的“绿色条款”，甚至可以说贯穿始终，从而形成“原则 + 规则”的完整规范体系，这样的体系编排，避免了司法实践中只有抽象规定而缺乏具体条款适用，导致绿色原则成为一个“僵尸条款”情形，也增加了司法实践的具体可操作性。

（一）绿色原则在物权编的体现

绿色原则在物权行使过程中的体现。《民法典》第 286 条规定体现了对业主相关行为应当符合节约资源、保护生态环境的要求。《民法典》第 326 条规定体现了用益物权人在行使权利过程中对资源利用、生态环境保护相关要求。《民法典》第 346 条规定体现了土地开发相关权利行使过程中涉及节约资源、环境保护的要求。

上述绿色条款，将生态价值与环境保护纳入了物权的使用范畴之中，将传统的物权制度赋予了绿色属性，一定意义上体现了物权争议在实务处理过程中的温度和柔性。

（二）绿色原则在合同编的体现

民法典规定的绿色原则，在原有法规倡导绿色的基础上增加、完备了具体条款，也反映了我国民事立法的重要价值取向。合同法作为市场经济的核心交易规则，同样要遵循绿色原则，在履行合同的整个过程中，当事人都要考量自己的行为，避免浪费资源、污染环境和生态破坏。

《民法典》第 509 条第 3 款规定当事人在履行合同过程中，应当避免浪费资源、污染环境和破坏生态。该条款将环保、节能等绿色理念上升具体合同交易过程中的法律要求，体现了民法典对环境保护、节约资源等重视。

《民法典》第 558 条规定首次明确交易过程中涉及的“旧物回收”的义务。现阶段国内消费水平提高，交易市场活跃，该旧物回收的规定无疑为市场交易在环保、节能等方面提供了保障和依据。

《民法典》第 619 条规定对市场交易过程中涉及交付标的物的包装方式进行“绿色规范”，强调应当采取足以保护标的物且有利于节约资源、保护生态环境的包装方式。该规定非常符合社会现实的要求，如媒体多次曝光的、被群众诟病多年的“天价月饼”“天价礼品”包装此类问题，将不再符合《民法典》的相关规定。

以上条文的规定，不仅要求合同履行过程中避免浪费资源、污染环境和破坏生态，而且对交付标的物的包装方式提出节约资源、保护生态环境的要求，甚至在合同履行的附随义务提出相应的绿色要求，如需承担旧物回收义务。这样的规定能够极大促进资源的重复利用，对绿色原则的体现更加深入。

（三）绿色原则在侵权责任编的体现

民法典侵权责任编中对“环境污染和生态责任保护”相关绿色制度设置七个条文，较为详细地回应了总则中规定的绿色原则。

《民法典》第七编第七章在环境和生态保护方面做了较为完善的规定。相关条文在原环境污染相关责任的基础上，增加了生态破坏责任。《民法典》第 1232 条创设性地增加了生态环境侵权惩罚性赔偿条款；《民法典》第 1234 条详细地规定了对生态环境损害的修复和赔偿规则。另外，《民法典》第 1234 条还规定了生态环境损害相关公益诉讼的赔偿范围，例如生态环境受到损害至修复完成期间服务功能丧失导致的损失、清除污染、修复生态环境费用等。

《民法典》侵权责任编中涉及的绿色规定，对传统民事法律调整的“私法”领域进行拓展，系在人类命运共同体的站位完善了相应规定，并非仅仅约束简单的个体行为，更加强调协调生态环境过程中的个人利益与公共利益的关系。侵权责任编的绿色原则相关规定为“绿水青山就是金山银山”“经济发展与生态安全并重”等理念的贯彻和实施提供法律保障。

## 二、绿色原则在司法实践中的难点

绿色原则作为民法的基本原则，考虑其在司法实践中的具体适用，《民法典》在各分则编中配套增加了相关环境保护和生态维护的绿色条款，但依然存在部分条款民事主体的权利与义务以及违反后应当承担的法律责任等内容缺乏具体可操作性。

### （一）明确绿色原则适用范围和效力的民事属性

《民法典》总则中明确了绿色原则使用的主体，即“平等主体的自然人、法人和非法人组织”，同时明确了绿色原则作为法律条文调整范围以“民事活动”为限，体现了绿色原则调整民事法律关系的基本属性。“民事活动”的解释则应立足于立法背景，这一原则的目的是促进人与自然和谐相处，保护自然环境，“民事活动”则应是对环境产生影响的活动，即法律行为的设立、物权行使、合同订立与履行等民事行为对环境污染、资源消耗、生态的影响等。

### （二）优先适用法律规则，绿色原则补充发挥功能

司法实践应当有法可依，应当始终遵循优先适用现行法律规则，在存在明确法律漏洞或者法律规则空白时，方可适用法律原则去调整，此为法律原则的补充功能。法律规则天然具有滞后性，不可能对所有民事行为作出预估和评判，因此不可避免地出现缺失的情形，那么就需要考虑借助法律原则的弹性软化僵硬的条文，以弥合漏洞，这是法律原则的功能之一。因此，司法裁判人员在适用绿色原则时，应保持谨慎适用的态度，结合具体案情作出合法合理的裁判。

### （三）审慎使用绿色原则，适用比例原则

绿色原则作为私权利的限制条款，可能会对公民的权利产生较大的限制作用，应当在合理范围之内进行限制。但实践中对于合理幅度的确定，仍基于司法裁判人员的主观能动性，存在过度适用或适用不足的问题，对此可以引用比例原则来解决法官对绿色原则在何种程度上限制私权的问题。① 比例原则一般是适用于公法领域中审查政府行为合理性的原则，但在私法领域中，其不仅可以对民法领域的公权力进行限制，保持其适度与均衡；还可以实现对法官的裁判指引作

---

① 参见纪海龙：《比例原则在私法中的普适性及其例证》，载《政法论坛》2016年第3期。

用,限制法官自由裁量权的滥用。①

(四)研究发布案例指导,统一裁判标准

所有法律条文适用存在共性问题,因地区、法院、法官等多重差异性,对绿色原则立法目的的解释也不尽相同,导致法官在具体案件办理过程中对法条和裁判依据引用存在差别,实践中难免会出现“同案不同判、同法不同解”现象。另外,绿色原则作为一个新设的法律原则,在缺乏现有权威案例指引、缺少足够的实践案例参考,容易出现同案不同判的现象,由此导致大量上诉、再审案件,也会增加社会层面涉诉涉访时间,引发社会负面评价,不利于维护法律的稳定性和裁判的权威性。

因此,为了促进绿色原则的正确适用,最高人民法院、最高人民检察院等权威机关应当适时公布一些涉及绿色原则相关的典型案例或者指导案例供业内学习研究,进而发挥指导案例制度和类案参考制度的作用和优势,可以在一定程度上减少裁判工作者在具体案件中对绿色原则适用的难度和差异,促进裁判统一与法律的准确适用。

**三、结语**

党的十八大以来,习近平总书记多次强调,“环境就是民生,青山就是美丽,蓝天也是幸福,良好生态环境是最公平的公共产品,是最普惠的民生福祉”。民法典规定的绿色原则也很好地契合“良好生态环境是最普惠的民生福祉”这一理念。民法典在总则、分编中增设多条绿色原则及相关条文,恰恰是通过立法的形式对前述理念的有效回应。

《民法典》中对绿色原则的新增规定及其他与绿色原则相契合的条文,不仅为规范民事活动提供明确的参考规则和法律渊源,更为民事司法提供了裁判规则和法律依据,更有利于巩固我国社会主义生态文明成果。②

《民法典》的颁布并非一劳永逸解决了所有的民事法律问题,而绿色原则也不能一蹴而就解决合同履行过程中涉及的资源浪费、环境污染、破坏生态等问题。

---

① 参见郑晓剑:《比例原则在现代民法体系中的地位》,载《法律科学(西北政法大学学报)》2017年第6期。

② 参见鄢斌:《民法典绿色原则的价值立场及功能》,载《民主与法制时报》2021年12月9日,第6版。

绿色原则作为民法典编一项基本原则,在调整、约束民事法律行为过程中,与全面履行原则、诚信原则等重要制度和原则需要协同适用、相互补充,保障民事交易的合法顺畅进行。

法律的生命力在于实施,法律的权威也在于实施。早在400多年前,明代张居正曾提出"天下之事,不难于立法,而难于法之必行"。《民法典》中绿色原则在实践中的实施,可能面临诸多困难与挑战,需要法律职业共同体不断努力,在实践中探索与革新,以求充分发挥《民法典》在司法实践中的指引、保障作用。

# 从一则案例看邮政寄递服务中“未妥投”行为的裁判思路

徐思琦*

**【摘要】**中国邮政除承担着邮政普遍服务以及受政府委托提供邮政特殊服务外,也对竞争性邮政业务实行商业化运营。在整个邮政寄递服务过程中,因收件人与邮政企业关于“妥投”与否引起的法律纠纷较为普遍,诉讼中除对相关事实进行确认外,还涉及两类问题,一是收件人的诉讼主体问题,二是对相关损失的赔偿问题。本文结合具体案例就法院的裁判思路进行梳理。

**【关键词】**邮政企业;寄递服务;合同相对性;损害赔偿

邮政寄递服务是指将信件、包裹、印刷品等物品按照封装上的名址递送给特定个人或者单位的活动,包括收寄、分拣、运输、投递等环节。其中,投递作为整个服务过程中的最后环节,若发生“未妥投”行为,收件人主张邮政企业承担违约责任还是侵权责任是诉讼中的关键。

## 一、案情介绍

案例一:四川省金牛区市场监督管理局诉邮政金牛区分公司,请求确认邮政金牛区分公司提供的邮寄投递服务方式违反规定。①

案例二:江苏省丹阳市自规局诉邮政丹阳营业部,请求确认邮政丹阳营业部

---

* 徐思琦,四川君合律师事务所实习律师。

① 参见四川省成都市金牛区人民法院民事判决书,(2023)川0106民初13286号。

没有将编号为774的EMS邮政特快专递进行有效送达或确认送达行为无效。[①]

上述两个案例的相同点在于:两个案件均是因行政机关未及时获取举报投诉人寄送的邮件而导致举报投诉人以其未在法定期限内作出答复为由申请行政复议,原告行政机关在寄递环节中均是收件人。不同点在于:案由不同,前者为服务合同纠纷,后者为侵权责任纠纷;涉案邮件性质不同,前者为XA935挂号信函件系邮政普遍服务业务,后者为EMS邮政特快专递系快递服务。

**二、收件人的诉讼主体问题**

在案例一中,笔者作为邮政企业的代理人从合同相对性层面提出答辩意见,即寄件人与邮政企业之间订立邮政服务合同,收件人虽然作为整个服务过程中不可缺少的角色,但并非邮政服务合同的缔约者,根据合同相对性原则,收件人不具备诉讼主体资格,因此无权要求邮政企业依照邮政服务合同承担违约责任。在司法实践中,部分法院对上述答辩意见持支持态度,认为不应突破合同相对性原则,确认了收件人不是邮政服务合同相对方。除此之外,部分法院会以收件人为邮政服务合同利益相关人而认定其独立的诉讼地位,如在(2023)浙0523民初2171号案中,浙江省安吉县人民法院认为原告汪某威虽不是案涉邮政服务合同的相对人,但其作为收件人,与该合同的履行结果有利害关系,构成合同的利益第三人,具有独立的请求权,从而认为收件人可以作为适格原告提起诉讼。

在案例二中,法院认为,自规局是案涉给据邮件的收件人,邮政企业应当按照寄件人的指示向收件人交付相应的邮件,但中国邮政丹阳营业部未将相应邮件妥投,侵害了丹阳自规局的合法权益,丹阳自规局可以作为原告起诉,是适格原告。

在收件人与承运方邮政企业就是否妥投产生争议时,收件人是如案例一以服务合同纠纷主张邮政企业的违约责任还是如案例二以侵权责任纠纷主张邮政企业的侵权责任,两种诉讼路径截然不同,裁判结果也存在不一致性。笔者认为,虽然有部分法院将收件人视为邮政服务合同实际参与方,但从法理上讲,邮政企业作为承运方在未将邮件完整无损地交付给收件人时,收件人对运输中的邮件不享有任何权利。换句话说,未交付邮件时,收件人既不享有邮件的所有权,收件人与邮政企业之间就邮件的运输、投递也不存在合意,故收件人若主张违约责任,存在

---

① 参见江苏省镇江市中级人民法院民事判决书,(2022)苏11民终862号。

障碍。但如果是请求邮政企业承担侵权责任，则相对合理。由于邮政企业未妥投行为造成收件人的财产权益或者人身权益受到侵害，此时收件人作为被侵权一方是适格原告。

### 三、要求损失赔偿问题

如本文所列举的两个案例，在确认邮政企业“未妥投”的情况下，还涉及损失赔偿的问题。

#### （一）基于违约或者侵权的损失赔偿责任

对于邮件性质不同，自然赔偿标准也存在一定差异。本文案例一所涉邮件为挂号信，系邮政普遍服务业务。根据《邮政法》第 47 条的规定，邮政企业对于挂号信的赔付标准最高不能超过收取资费的 3 倍。《邮政法》第 48 条规定了邮政企业的免责事由，即不可抗力、合理损害、寄件人及收件的过错导致邮件损失，邮政企业不承担赔偿责任。

本文案例二所涉邮件为 EMS 邮政特快专递系快递服务。根据《邮政法》第 45 条第 2 款的规定，邮政普遍服务业务范围以外的邮件的损失赔偿，适用有关民事法律的规定。根据《民法典》第 584 条的规定，[①]快递业务应当按照双方订立的合同承担相应损失。

#### （二）基于消费欺诈行为产生的赔偿责任

随着用户维权意识增强，已在多起邮政寄递服务案例中，用户依据《消费者权益保护法》第 55 条的规定，主张邮政企业承担惩罚性赔偿责任。如（2020）京 0108 民初 1791 号案中，[②]贾某认为邮政速递公司违反“今日寄，隔日达”的服务承诺和虚假签收，严重损害消费者的知情权等合法权益，故要求免除当次邮费，并按照《消费者权益保护法》赔偿其 500 元损失。法院认为，邮政速递公司不存在违反服务承诺和虚假签收的问题，作为快递服务提供者，邮政速递公司在收件人同意由投递员先行代收并改日再投的情况下，依据自行确定的投递规范在邮件查询系统中备注已由他人代收的行为，客观上虽可能导致消费者理解的分歧，但亦非

---

① 《民法典》第 584 条规定：“当事人一方不履行合同义务或者履行合同义务不符合约定，造成对方损失的，损失赔偿额应当相当于因违约所造成的损失，包括合同履行后可以获得的利益；但是，不得超过违约一方订立合同时预见到或者应当预见到的因违约可能造成的损失。”

② 参见北京市海淀区人民法院民事判决书，（2020）京 0108 民初 1791 号。

毫无事实依据的虚假编造或故意欺骗，因此不应认定为构成虚假签收或欺诈，故驳回其诉讼请求。

除此之外，也有用户依据《邮政法》第67条的规定，[①]要求对邮政企业不符合标准的邮政服务进行处罚。如(2023)辽05民终297号案中，[②]原告姜某认为，妥投行为发生在2022年5月13日或14日，在邮政系统中显示为2022年5月11日他人代签收，邮政企业存在虚假签收的欺诈行为。法院认为，《邮政法》第67条系对邮政服务不符合标准的行政处罚方式，原告提出此依据不符合民事赔偿的要求；结合本案，被告不存在欺诈行为且原告未受到财产损失，故原告依据上述法律要求被告赔偿损失50 000元，无事实及法律依据，故法院驳回其诉讼请求。

**四、笔者评析**

服务是邮政企业永恒的主题。正如(2020)京0108民初1791号案中法官所述，"虽然本案中本院未对贾某某的相关诉请予以支持，但从更好地保障消费者的知情权和选择权、有效减少甚至避免类似纠纷产生的角度来说，本院也建议两被告对引发本案诉讼的原因进行认真分析，在此基础上进一步细化和完善现有的服务标准和工作规范"。笔者认为，作为邮政企业，为避免因"未妥投"行为引发法律纠纷，除应细化完善邮政企业内部管理制度外，还应落实对投递员的培训考核工作，以便更好地服务于广大消费者，践行人民邮政为人民的服务宗旨。

---

① 《邮政法》第67条规定："邮政企业提供邮政普遍服务不符合邮政普遍服务标准的，由邮政管理部门责令改正，可以处一万元以下的罚款；情节严重的，处一万元以上五万元以下的罚款；对直接负责的主管人员和其他直接责任人员给予处分。"

② 参见辽宁省本溪市中级人民法院民事判决书，(2023)辽05民终297号。

# 第十三编

# 刑事司法研究

# 刑民交叉案件中的基础问题

罗宏波　王　婧*

【摘要】无论是在民事司法方面还是在刑事司法方面,刑民交叉案件都是一类疑难案件,这种疑难主要体现在由于刑事与民事方面的交织、牵连,从而导致对行为人的行为性质认定不清,罪与非罪的界限容易被混淆。正确认识什么是刑民交叉案件,准确区分该类案件中的刑事法律关系与民事法律关系,对处理刑民交叉案件具有重大意义。本文从刑民交叉案件的概念、处理原则及常见类案上对刑民交叉案件中的基础问题予以梳理。

【关键词】刑民交叉

1. 刑民交叉,是指刑事案件和民事案件由于特定因素的关联而出现交叉或者并存的现象,通常表现在诉讼活动中,刑事案件和民事案件因关联因素的存在而互相影响。

学术界对刑民交叉并没有一个统一的规范的定义,存在"刑民交叉"、"刑民交错"和"刑民交织"等多种称谓上的说法。目前来看,刑民交叉案件是指既涉及刑事法律关系,又涉及民事法律关系,且相互直接存在交叉、牵连、影响的案件。①

在诉讼活动中,通常会出现一些特定因素,从而导致与此相关联的刑事案件和民事案件出现交叉或者并存的现象,此时该案件同时涉及刑事法律关系与民事

---

* 罗宏波,四川君合律师事务所律师,高级合伙人,刑事辩护部部长。王婧,四川君合律师事务所律师。

① 参见何帆:《刑民交叉案件审理的基本思路》,中国法制出版社2007年版,第25~26页。

法律关系，且互相影响。对这类案件的公正处理，是法律人的共同责任。

从法律主体上来看，该类案件中的刑事被告人、被害人，可能与民事原告、被告相同，出现重合的现象；从法律事实来看，该类案件中的刑事方面与民事方面可能存在同一法律事实，也可能仅存在关联法律事实；从法律关系上看，该类案件中既存在刑事法律关系，也存在民事法律关系，二者互相交叉、牵连、影响；从法律责任上看，行为人可能需要承担刑事方面与民事方面的双重责任，但这种双重责任并非必然。

完全满足刑事犯罪构成要件的案件都是刑事案件，反之均是民事纠纷，它们均不是刑民交叉案件。

根据中国裁判文书网公布的案件大数据检索结果，截至2023年4月，我们发现刑民交叉案件或者常见经济犯罪案件的无罪率极低，比如合同诈骗案件占比0.4%，非吸案件占比0.07%，职务侵占案件占比0.2%。

2. 根据通说，刑民交叉案件可以分为竞合型和牵连型两种类型。

所谓牵连型，是指基于多个不同法律事实的关联性而引发的刑民交叉案件，即同一主体可能涉及多个法律事实，多个法律事实之间又有一定的关联性；所谓竞合型，则是基于同一法律事实的不同法律属性判断而引发的刑民交叉案件，成为“同一事实竞合型”刑民交叉，即同一法律事实同时触发多个不同属性的法律关系。

3. 在宏观处理原则方面，实践中一般以“先刑后民”为原则，以“刑民并行”或“先民后刑”为补充；微观方面，在被告人资产不足的情况下，以先退赔、后缴纳罚金为原则，且一般不得提起附带民事诉讼。

(1)先刑后民。

《全国法院民商事审判工作会议纪要》(以下简称《九民纪要》)第105条规定：“人民法院在案件审理过程中，如果发现公安机关已经就实际用资人、直贴行、出资银行的工作人员涉嫌骗取票据承兑罪、伪造印章罪等立案侦查，一方当事人根据《最高人民法院关于在审理经济纠纷案件中涉及经济犯罪嫌疑若干问题的规定》第11条的规定申请将案件移送公安机关的，因该节事实对于查明出资银行是否为正当持票人，以及参与交易的其他金融机构的抗辩理由能否成立存在重要关联，人民法院应当将有关材料移送公安机关……”

《九民纪要》第129条规定："2014年颁布实施的《最高人民法院最高人民检察院公安部关于办理非法集资刑事案件适用法律若干问题的意见》和2019年1月颁布实施的《最高人民法院最高人民检察院公安部关于办理非法集资刑事案件若干问题的意见》规定的涉嫌集资诈骗、非法吸收公众存款等涉众型经济犯罪，所涉人数众多、当事人分布地域广、标的额特别巨大、影响范围广，严重影响社会稳定，对于受害人就同一事实提起的以犯罪嫌疑人或者刑事被告人为被告的民事诉讼，人民法院应当裁定不予受理，并将有关材料移送侦查机关、检察机关或者正在审理该刑事案件的人民法院。受害人的民事权利保护应当通过刑事追赃、退赔的方式解决。正在审理民商事案件的人民法院发现有上述涉众型经济犯罪线索的，应当及时将犯罪线索和有关材料移送侦查机关。侦查机关作出立案决定前，人民法院应当中止审理；作出立案决定后，应当裁定驳回起诉……当事人因租赁、买卖、金融借款等与上述涉众型经济犯罪无关的民事纠纷，请求上述主体承担民事责任的，人民法院应予受理。"

最高人民法院《关于在审理经济纠纷案件中涉及经济犯罪嫌疑若干问题的规定》第11条规定："人民法院作为经济纠纷受理的案件，经审理认为不属经济纠纷案件而有经济犯罪嫌疑的，应当裁定驳回起诉，将有关材料移送公安机关或检察机关。"

2015年最高人民法院《关于审理民间借贷案件适用法律若干问题的规定》第5条第1款规定："人民法院立案后，发现民间借贷行为本身涉嫌非法集资犯罪的，应当裁定驳回起诉，并将涉嫌非法集资犯罪的线索、材料移送公安或者检察机关。"也就是说，民事争议有待刑案的查明，在刑案尚未审查终结的情形下应当裁定驳回起诉。

由此可见，在实践中，刑事案件与民事案件涉及同一事实即竞合型刑民交叉案件中，原则上应通过刑事诉讼的方式解决，人民法院在审理民商事案件的过程中如果发现该案件事实同时涉及刑事犯罪的，应当将犯罪线索和有关材料移送侦查机关。

（2）分开审理，刑民并行。

最高人民法院于1998年颁布实施的《关于在审理经济纠纷案件中涉及经济犯罪嫌疑若干问题的规定》对该问题予以明确。该文件第1条规定，在同一当事人之间,因不同法律事实分别涉及经济纠纷和经济犯罪嫌疑的,民事案件和刑事案件应分开审理,确定了分开审理的原则。

《九民纪要》第128条进一步明确"分别审理"的情形,同一当事人因不同事实分别发生民商事纠纷和涉嫌刑事犯罪,民商事案件与刑事案件应当分别审理,主要有下列情形:①主合同的债务人涉嫌刑事犯罪或者刑事裁判认定其构成犯罪,债权人请求担保人承担民事责任的;②行为人以法人、非法人组织或者他人名义订立合同的行为涉嫌刑事犯罪或者刑事裁判认定其构成犯罪,合同相对人请求该法人、非法人组织或者他人承担民事责任的;③法人或者非法人组织的法定代表人、负责人或者其他工作人员的职务行为涉嫌刑事犯罪或者刑事裁判认定其构成犯罪,受害人请求该法人或者非法人组织承担民事责任的;④侵权行为人涉嫌刑事犯罪或者刑事裁判认定其构成犯罪,被保险人、受益人或者其他赔偿权利人请求保险人支付保险金的;⑤受害人请求涉嫌刑事犯罪的行为人之外的其他主体承担民事责任的。审判实践中出现的问题是,在上述情形下,有的人民法院仍然以民商事案件涉嫌刑事犯罪为由不予受理,已经受理的,裁定驳回起诉。对此,应予纠正。

若民事诉讼与刑事诉讼所审判的涉案事实是相互独立的,两者的法律关系不相关联的,则应当分别审理经济案件与经济犯罪。

最高人民法院《关于在审理经济纠纷案件中涉及经济犯罪嫌疑若干问题的规定》第10条规定:"人民法院在审理经济纠纷案件中,发现与本案有牵连,但与本案不是同一法律关系的经济犯罪嫌疑线索、材料,应将犯罪嫌疑线索、材料移送有关公安机关或检察机关查处,经济纠纷案件继续审理。"

《关于审理民间借贷案件适用法律若干问题的规定》第6条规定:"人民法院立案后,发现与民间借贷纠纷案件虽有关联但不是同一事实的涉嫌非法集资等犯罪的线索、材料的,人民法院应当继续审理民间借贷纠纷案件,并将涉嫌集资等犯罪的线索、材料移送公安或检察机关。"该法第8条规定:"借款人涉嫌犯罪或者生效判决认定其有罪,出借人起诉请求担保人承担民事责任的,人民法院应予受理。"

对于与涉案事实存在牵连,但非同一法律关系的牵连型案件,人民法院在审理过程中应将经济犯罪嫌疑线索和材料移送公安、检察机关,且不影响民商事案件的继续审理。如果同一主体的行为分别涉及的不同的法律事实又分别涉及民事纠纷和经济犯罪嫌疑的，则不因该主体涉嫌经济犯罪而影响基于不同事实产生民商事案件的审理。

4. 刑民交叉案件所涉及的常见类案。

实践中，常见的刑民交叉案件罪名包括合同诈骗罪、贷款诈骗罪、骗取贷款罪、集资诈骗罪、非法吸收公众存款罪、职务侵占罪等。以下列举三个典型案例以作理解。

（1）上海市第一中级人民法院：吴某晖集资诈骗、职务侵占案。

法院经审理查明：“被告人吴某晖隐瞒股权实控关系，以其个人实际控制的多家公司掌管安邦财产保险股份有限公司（以下简称安邦财险）、安邦集团股份有限公司（以下简称安邦集团），并先后担任安邦财险副董事长和安邦集团董事长、总经理等职。2011 年 1 月起，吴某晖以安邦财险等公司为融资平台，指令他人使用虚假材料骗取原保监会批准和延续销售投资型保险产品。2011 年 7 月至 2017 年 1 月，吴某晖指令他人采用制作虚假财务报表、披露虚假信息、虚假增资、虚构偿付能力、瞒报并隐匿保费收入等手段，欺骗监管机构和社会公众，以承诺还本付息且高于银行同期存款利率为诱饵，超过原保监会批准的规模向社会公众销售投资型保险产品非法吸收巨额资金。其间，吴某晖以虚假名义将部分超募保费转移至其个人实际控制的百余家公司，用于其个人归还公司债务、投资经营、向安邦集团增资等，至案发实际骗取 652 亿余元。此外，法院还查明，吴某晖利用职务便利非法侵占安邦财险保费资金 100 亿元。案发后，公安机关查封、冻结吴某晖及其个人实际控制的相关公司名下银行账户、房产、股权等资产。”

（2）最高人民法院指导案例 62 号：王某明合同诈骗案。

基本案情：“2012 年 7 月 29 日，被告人王某明使用伪造的户口本、身份证，冒充房主即王某明之父的身份，在北京市石景山区链家房地产经纪有限公司古城公园店，以出售该区古城路 28 号楼一处房屋为由，与被害人徐某签订房屋买卖合同，约定购房款为 100 万元，并当场收取徐某定金 1 万元。同年 8 月 12 日，王某明又收取徐某支付的购房首付款 29 万元，并约定余款过户后给付。后双方在办理房产过户手续时，王某明虚假身份被石景山区住建委工作人员发现，余款未取得。2013 年 4 月 23 日，王某明被公安机关查获。次日，王某明的亲属将赃款退还被害人徐某,被害人徐某对王某明表示谅解。”

(3)北京市第一中级人民法院:钰诚国际控股集团有限公司等单位及丁某等26人集资诈骗、非法吸收公众存款案。

法院经审理查明:“被告单位安徽钰诚控股集团、钰诚国际控股集团有限公司于2014年6月至2015年12月间,在不具有银行业金融机构资质的前提下,通过‘e租宝’‘芝麻金融’两家互联网金融平台发布虚假的融资租赁债权项目及个人债权项目,包装成若干理财产品进行销售,并以承诺还本付息为诱饵对社会公开宣传,向社会公众非法吸纳巨额资金。其中,大部分集资款被用于返还集资本息、收购线下销售公司等平台运营支出,或用于违法犯罪活动被挥霍,造成大部分集资款损失。此外,法院还查明钰诚国际控股集团有限公司、丁某等人犯走私贵重金属罪、非法持有枪支罪、偷越国境罪的事实。”

5. 刑民交叉案件中,民事当事人可以通过提起附带民事诉讼、跟进刑事诉讼全过程、委托律师跟进执行等方式维权。

《刑事诉讼法》第101条第1款规定:“被害人由于被告人的犯罪行为而遭受物质损失的,在刑事诉讼过程中,有权提起附带民事诉讼。被害人死亡或者丧失行为能力的,被害人的法定代理人、近亲属有权提起附带民事诉讼。”因此,符合条件的当事人可以通过提起附带民事诉讼的方式来维护自己的合法权益。此外,民事当事人还可以通过全程跟进办案进度,参与刑事诉讼全过程的方式来维权,在执行阶段,还可以委托律师跟进刑事案件执行进度,以保障自身合法权益。

# 诈骗罪的“以非法占有为目的”管见

吕金马[*]

【摘要】根据《刑法》第224条的规定，“以非法占有为目的”是构成合同诈骗罪的主观要件。本文结合实际案例，拟就合同诈骗罪中的行为人是否具有非法占有的目的发表一孔之见。

【关键词】主观要件；以非法占有为目的

根据《刑法》第224条的规定，“以非法占有为目的”是构成合同诈骗罪的主观要件。行为人在签订、履行合同过程中，主观上具有非法占有的目的，骗取对方当事人财物，数额较大的，才构成合同诈骗罪。

例如，笔者办理的苗某合同诈骗案中，苗某对某高校商铺、食堂无所有权、无出租权、无发包权，却以出租人、发包人身份，与王某签订租赁合同、承包合同，将该高校商铺、食堂出租、发包给王某，但王某付款后，却不能承租、承包到商铺和食堂。苗某“非法占有”承租、承包人财物的目的是明显的。法院认定苗某合同诈骗罪成立。

再如，张某得知某大型企业急需一批硫黄维持连续生产，遂声称自己存有大量硫黄待售，并带领需方人员到现场看货，随之签订买卖合同。当需方支付货款后，前去提货时，受到真正的货主某某矿区的制止，才大呼上当受骗。张某对此危害后果是明知的，其主观上非法占有某大型企业钱款的目的也是显而易见的。法院遂按张某犯合同诈骗罪追究其刑事责任。

---

* 吕金马，四川君合律师事务所律师，合伙人。

可见,苗某、张某为骗取事主财物,主观上明知自己没有签订、履行合同的能力,却与对方签订租赁合同、承包合同、买卖合同,钱款到手后借故推诿,或杳无音讯,其非法占有的目的是不言而喻的。

在社会主义市场经济条件下,合同的签订、履行量与日俱增,尤其是《民法典》合同编鼓励交易原则的确立,社会生活的方方面面,平等主体的自然人、法人、其他组织之间设立、变更、终止民事权利义务关系,都与一纸合同相关联。在浩如烟海的民事经济合同中,严格区分合同交易与合同诈骗犯罪,准确认定“以非法占有为目的”,分清罪与非罪的界限,对于惩罚犯罪,保护国有财产和公民所有的财产,维护社会、经济秩序等,都具有十分重要的意义。

“以非法占有为目的”是一种主观心理状态,但是否具有签订履行合同的能力,却是外在的,是可以通过调查了解掌握的。如前述的发包食堂不是苗某的,苗某没有发包权,在签订合同前做些调查了解,要求出租方、发包方出示相关产权凭证,就能揭穿骗局,避免己方损失的发生。

笔者在律师执业过程中,不时听到一些当事人因签订买卖合同支付了货款,却未能按合同约定期限提到货物,或者因借贷合同出借资金后,借款人不能按时偿还借款;他们向警方报案时,警方则以系经济纠纷为由,不予受理立案。显然,避免单纯以行为人是否具有履约能力判断其是否具有非法占有的目的,分清是经济纠纷还是合同诈骗,维护国家法律的正确实施,维护当事人的合法权益,在司法实践中尤为重要。在社会主义市场经济条件下,市场条件瞬息万变,受各种主客观因素的制约,履约能力的有无及大小具有时间性和可变性。下文分享两个案例,涉及对是否有非法占有目的的判断,供大家参考。

案例 A:成都文某某,在成都开了一家酒楼,向上海一家公司借款 300 万元,用以装饰装修及添置炊具,约定还款期限 2 年。开业后主要经营上海特色菜肴,由于上海特色菜肴在成都市场份额有限,至还款期限届满,仍无资金偿还借款。几经催收无果,出借方遂向上海市警方报案,称被文某某合同诈骗。上海市警方经侦查后发现文某某在千方百计改善经营,努力争取早日还款,其不具有非法占有的目的,双方是合同纠纷,于是随即销案。

案例 B:陕西邓某,作为成都某食品公司合同约定的经销商打款 15 万元,在陕西经营成都某食品公司的产品。经销合同履行中,成都某食品公司因设备故障供货暂停,而陕西当地市场则需求正旺,邓某多次到成都催促发货无果,于是就尚未发货的3万元预付款,向派出所报食品公司合同诈骗。派出所经侦查后,未发现食品公司有非法占有的目的,即以双方争议系合同纠纷为由,不予立案,并告知邓某按合同纠纷通过民事诉讼解决。

可见,是否具有"以非法占有为目的"这一犯罪构成的主观要件,是判断合同诈骗罪是否成立的必要条件,是坚持罪刑法定原则、认定罪与非罪、保障无罪的人不受刑事追究的客观要求。

# 对认罪认罚从宽制度中的被害人保护问题的思考

廖衍玲　占文浩*

【摘要】当下认罪认罚从宽制度已经被写入了《刑事诉讼法》，但并不意味着这项制度已经十分完备，在试点过程中暴露出的问题需要引起我们足够的重视，尤为重要的是制度中被害人权利的保障。认罪认罚从宽制度中要做到兼顾被害人的合法权利以及社会中普通民众的需要，被害人作为与犯罪嫌疑人、被告人相对的一方，在程序中也理所应当得到办案机关的重视。

【关键词】认罪认罚从宽制度；权利保护；被害人

## 一、认罪认罚从宽制度被害人保护的理论基础

### （一）制度体现

认罪认罚从宽制度经由2018年《刑事诉讼法》上升为刑事诉讼制度，该制度在繁简分流、提升诉讼效率、优化职权配置等方面功能突出，彰显了社会主义法治优势。认罪认罚从宽制度是一项系统性刑事诉讼制度，其优点日益显现，但该制度下被害人权益保护存在的问题也日益凸显，需要加强对策性研究。

### （二）现实问题

在《关于在部分地区开展刑事案件认罪认罚从宽制度试点工作的办法》（以

---

* 廖衍玲，四川君合律师事务所律师，高级合伙人，监事长。占文浩，四川君合律师事务所律师助理。

下简称《认罪认罚试点办法》)中,涉及被害人权利保护的条款一共只有两条,即该办法第 3 条"……保障犯罪嫌疑人、被告人依法享有的辩护权和其他诉讼权利,保障被害人的合法权益……"和第 7 条"办理认罪认罚案件,应当听取被害人及其代理人意见……作为量刑的重要考虑因素"。在《关于适用认罪认罚从宽制度的指导意见》(以下简称《认罪认罚指导意见》)中,涉及被害人权利保护的条款一共有 3 条,即被害方权益保障由听取意见、促进和解谅解和被害方提出异议后的处理构成。同时,在 2018 年 10 月修改的《刑事诉讼法》中,认罪认罚从宽制度涉及被害人的部分也仅有一处,即该法第 173 条规定了听取被害人及其诉讼代理人的意见并记录在案,却并未说明听取意见后的结果,对于量刑的意见也只提到"从轻、减轻或者免除处罚等从宽处罚的建议",这与保护被害人权利的需求相距甚远,是很难说对其权利保障进行了完备的规定。

## 二、认罪认罚从宽制度被害人保护的认识不足

### (一)价值选择冲突

在我国目前的刑事司法实践中,被害人在案件中基本居于证人的地位,在案件中仅仅能够协助公安司法机关办理案件,而不符合法律中所规定的独立的当事人地位。理论研究与实践中存在较大差距,被害人并不能够切实享有当事人地位或者行使当事人权利,只承担控方证人的角色。

虽然一直以来法律规定被害人是刑事诉讼的当事人,但由于其往往不能够在认罪认罚从宽制度中进行实质性的参与,可以说被害人地位根本未得到明确。司法实践中,被害人能够表达意见的途径似乎只有被害人陈述,而被害人陈述在法定证据分类中属于独立的一类,被害人陈述的作用也仅仅是向公安司法机关说明案件情况、协助公安司法机关对案件进行调查,被害人在实践中与证人无异。

### (二)司法理念碰撞

被害人权利保护理论基础薄弱是认罪认罚从宽制度的问题之一。理论似乎都将目光集中于被追诉人一方,对被追诉人权利保护的力度也在不断加大,反观被害人权利保障则是蜻蜓点水似的提及。

在我国刑事诉讼体制下,"有的案件在被追诉人认罪认罚的情况下,由于被害人坚持要求从严处理,导致认罪认罚制度难以落实"。这种观点也是司法实践中保障力度不足的原因之一,部分办案机关认为加大对被害人的保障力度无异于

给自己增加工作量，对于被害人的从重处理要求还需要耐心劝导，甚至导致适用认罪认罚从宽制度处理的案件无法继续进行。

## 三、比较法上认罪认罚从宽制度被害人保护的借鉴

### （一）美国辩诉交易制度

辩诉交易，是指检察官和刑事被告人之间协商达成的协议，协议中被告人对较轻的指控或多项指控的一项做有罪答辩，以换取检察官一定让步，这些让步通常包括更宽大的量刑或者对部分指控的撤销。

辩诉交易中也设置了保护被害人权利的机制，被害人在程序中享有知悉权、出庭权、参与诉讼程序权、快速终结程序权、财产请求权等广泛的权利，但无权阻止辩诉交易。被害人在程序中并不参与控辩双方协商，但法律规定其可以表达判决意见，当其意见与检察官所作出的承诺不一致时，也可以独立于检察官表达自己的建议，法庭则必须在充分考虑被害人意见后做出最终裁决。

### （二）中外被害人保护比较分析

源于美国的辩诉交易制度由于在提高司法效率和节约司法资源方面的优势而逐步风靡世界，随着刑事案件的高发和公安司法机关办案压力的增大，越来越多的国家和地区采用了认罪协商程序。刑事被害人的权利正在逐渐复兴，被害人权利的保障正在重新进入学界的视野，这就是欧美法学界称为“重新发现被害人”的过程。辩诉交易中被害人享有的权利，主要指知情权和发表意见权。被害人可以在辩诉交易制度中知晓程序和实体权利两方面的信息，还可以根据自身了解的信息发表对于案件的意见，其可以针对控辩双方的协议或是就案情等问题作出陈述，而法官会对被害人所提出的意见和陈述进行考虑，并作出最终决断。

随着司法体制改革的深入，具有中国特色的认罪协商制度——认罪认罚从宽制度也终究开始推行。在认罪认罚从宽制度中我们也需要借鉴国外认罪协商制度的先进经验，摒弃国外认罪协商制度的弊端，根据我国国情加以选择。在被害人权利保护方面，有必要借鉴美国的做法，必须充分考虑被害人利益，让被害人在程序中发挥其应当发挥的作用，并且能够切实得到满足，被害人应当在刑事诉讼中“有效参与”，其先进经验和做法值得移植并加以本土化。

## 四、我国认罪认罚从宽制度被害人保护的完善建议

### （一）理念梳理

必须要落实法律的规定，明确被害人在认罪认罚从宽制度中当事人的地位，

并且赋予其与地位相匹配的权利。在认罪认罚从宽制度实行的相关细则中再次重申被害人的当事人地位，在制定细则后还应当建立专门监察机构监督实践中是否存在侵害被害人权利的行为，为被害人寻求救济提供便利。

（二）权利保障

1. 主动告知被害人以保障知情权

被害人作为在案件中受到伤害的主体，有权利知晓与案件相关的内容。对被害人知情权的保障需要公权力机关从多方面进行，一般情况下身处强势一方的公权力机关应当主动告知被害人，保障其知情权能够使被害人根据案件及其自身情况行使权利，以便保障其合法权益不受侵犯。

2. 被害人关于程序适用、量刑轻重的意见表达权

破除一直以来存在的被害人证人化现象，最主要的就是赋予其发表意见的权利。我国法律中被害人陈述作为法定的证据种类，只能够起到帮助公权力机关破案的作用，所以被害人发表意见的权利主要在以下方面：

（1）被追诉人在认罪从宽制度中承认罪行还应该面向被害人。实践中公安司法机关作为独立于犯罪之外的主体有时会受视角限制，但被害人在犯罪中直接受到伤害，其可从自身视角识别被追诉人是否虚假认罪悔罪。可以考虑被害人意见在认罪与否中的占比，综合考虑并判定被追诉人是否认罪悔罪。

（2）被害人作为与案件处理结果切身相关的诉讼主体，其在是否适用制度上发表意见权利的缺失可以说是十分荒谬的。当事人应当有权利决定通过何种途径解决问题，单方面为了提高效率或是解决资源就剥夺被害人对于程序的选择权，在法理上是很难说通的。

（3）在认罪认罚从宽制度中也应借鉴被害人影响陈述制度的相关内容，让被害人在程序中可以发表关于被追诉人处刑轻重的意见。被害人对从宽幅度发表意见是其有效参与诉讼过程的表现，在一定程度上也能够满足其“报应心理”，起到制约最终裁判的作用。

3. 被害人亦需获得法律帮助权

尽管在理论上被害人在刑事诉讼中的利益诉求大部分已经由检察机关替代，但二者并不能完全等同，检察机关更多代表社会公共利益，有时难以兼顾每个被害人的具体利益。因此，主张在认罪认罚从宽案件中赋予被害人法律帮助权，是基于被害人权益被犯罪行为侵害的状态，需要专业法律人士为其提供有效的法律

帮助,弥合其因犯罪行为所带来的伤害。对于经济困难没有能力聘请代理律师的被害人,确实存在为其提供法律帮助的必要性。办案部门应积极联系值班律师,通过讲解法律政策、提供有效的法律咨询帮助被害人,积极引导和疏解被害人的一些不合理诉求,从而推动被害人认同合理的认罪认罚从宽判决结果。

**五、结语**

认罪认罚从宽制度运行与推广的范围不断扩大,司法实践中适用此项制度处理的刑事案件数量会日益增多,但是不能忽视的是,对于那些存在被害人的案件,我们应该给予他们合理的关注与尊重,避免其受到“二次伤害”。“努力让人民群众在每一个案件中感受到公平正义”这句话不应当是一句空话,而应当是现阶段司法的追求,是需要切实实现的。制度运行中加强对被害人权利的保护、赋予其广泛的权利是实现此程序合理运行的必由之路,也是中国刑事法治的现实要求,更是实现法治社会的必然选择。

# 从一起涉黑案的指定辩护人看认罪认罚从宽制度

陈　琳*

【摘要】认罪认罚从宽制度是中国特色社会主义刑事司法制度的重大创新，不仅有利于提高司法效率，快速瓦解被告人之间的攻守同盟，及时惩治犯罪，维护社会稳定，而且有利于贯彻宽严相济刑事政策，强化人权司法保障。法律援助制度的推广和普及使得指定辩护人进入刑事案件中，进一步推动着认罪认罚从宽制度的适用。在黑社会性质组织的犯罪中，通过指定辩护人会见犯罪嫌疑人、被告人，释明法律适用和法律风险，适用认罪认罚从宽的法律后果等要素，不仅有利于司法机关高效地查清事实，作出公正审判，缓和社会矛盾，维护社会稳定；也能达到被告人认罪服判的效果，切实保障被告人的合法权利。

【关键词】认罪认罚从宽制度；黑社会性质组织犯罪；法律援助

## 一、认罪认罚从宽制度之缘起

刑事案件认罪认罚从宽制度试点工作，是落实党中央有关改革部署的重大举措。2016 年 11 月试点启动，试点地区北京、浙江、福建、山东、广东、重庆、陕西等地法院试点案件数量多、比例高，作用发挥好。在实体处理、程序适用、配套保障等方面形成了许多成功做法和经验。2017 年 12 月，十二届全国人大常委会第三十一次会议审议了最高人民法院、最高人民检察院试点中期报告，充分肯定相关

* 陈琳，四川君合律师事务所合伙人，婚姻家事与财富传承部部长。

工作。2018年5月2日,最高人民法院发文《关于全面深入推进刑事案件认罪认罚从宽制度试点工作的通知》(法〔2018〕114号)。2019年10月,最高人民检察院召开新闻发布会,发布最高人民检察院联合最高人民法院、公安部、国家安全部、司法部制定的《关于适用认罪认罚从宽制度的指导意见》(以下简称《认罪认罚指导意见》)。

认罪认罚从宽制度适用中,控辩协商、被告人对已查明罪行供认不讳是关键,在实务中如何保障犯罪嫌疑人和辩护人的合法权益,避免犯罪嫌疑人非自愿认罪认罚等现象出现,是一大问题。在刑事诉讼中,犯罪嫌疑人、被告人大多不懂法,更缺乏诉讼经验和知识,对认罪认罚的性质和法律后果很难做到真正了解。为保障犯罪嫌疑人、被告人认非认罚的自愿性,《刑事诉讼法》和《认罪认罚指导意见》从权利告知、听取意见、保障获得律师帮助权等多个方面规定了司法机关的义务。

自《认罪认罚指导意见》实施以来,法律援助制度格外引人注目,确实成为更多刑事案件犯罪嫌疑人、被告人的不二选择,成为他浮生中的一扇天窗。检察官充分听取意见,就涉嫌的犯罪事实、罪名及适用的法律规定,从轻、减轻或者免除处罚等从宽处罚的建议等事项听取犯罪嫌疑人、被告人及指定辩护人的意见。在法治相对发达的西方国家,大多是在辩护率普遍提高的基础上注重辩护的实质性。① 现各有关部门纷纷完善和落实法律援助制度,为值班律师会见、查阅案卷材料提供方便,着实提高了辩护的实质性。犯罪嫌疑人的知情权和认罪认罚的真实性及自愿性等要素再一次引起了相关部门的极大重视。

## 二、理论基础

### (一)认罪认罚从宽制度

认罪认罚从宽是指犯罪嫌疑人、被告人自愿如实供述自己的犯罪,对于指控犯罪事实没有异议,同意检察机关的量刑意见并签署认罪认罚具结书的案件,可以依法从宽处理。

从宽分为程序上从简和实体上从宽两方面。程序上,对认罪认罚案件,属于基层法院所管辖的可能判处3年以下有期徒刑的案件,被告人认罪认罚可以适用速裁程序进行审判。对于基层法院管辖可能判处3年以上有期徒刑刑罚的案件,

---

① 参见胡铭、宋善铭:《试论认罪认罚从宽制度中的律师有效参与》,载《江苏行政学院学报》2018年第1期。

可以适用简易程序。在审理当中,被告人对程序适用提出异议的,或者有其他不宜简化审理情形的,人民法院依法转为普通程序进行审理。

实体上,检察机关根据犯罪事实和对社会的危害程度以及认罪认罚的情况,依法提出从宽处罚的量刑建议,人民法院在作出判决时一般应采纳人民检察院指控的罪名和量刑建议。

但是从保障人权和确保司法公正角度看,该制度对以下几类案件是不适用的:一是犯罪嫌疑人、被告人属于尚未完全丧失辨认或者控制自己行为能力的精神病人;二是未成年人的犯罪嫌疑人和被告人,他们的代理人和辩护人对未成年人认罪认罚有异议的;三是犯罪嫌疑人、被告人可能不构成犯罪,以及有其他不宜适用的情形。

(二)法律援助制度

法律援助制度是国家在司法制度运行的各个环节和各个层次上,对因经济困难或者其他因素而难以通过一般意义上的法律救济手段保障自身权利的社会弱者,减免收费,提供法律帮助的一项法律保障制度。该制度既有利于实现司法公正,又利于保护犯罪嫌疑人、被告人的基本人权。刑事案件律师辩护全覆盖进一步为认罪认罚制度的落实提供了操作空间。

《刑事诉讼法》第35条第1款和《法律援助法》第24条规定犯罪嫌疑人、被告人因经济困难或者其他原因没有委托辩护人的,本人及其近亲属可以向法律援助机构提出申请。《刑事诉讼法》第35条第2款、第3款规定犯罪嫌疑人、被告人是盲、聋、哑人,或者是尚未完全丧失辨认或者控制自己行为能力的精神病人,犯罪嫌疑人、被告人可能被判处无期徒刑、死刑,没有委托辩护人的,人民法院、人民检察院和公安机关应当通知法律援助机构指派律师为其提供辩护。《法律援助法》第25条规定进一步扩大应当提供法律援助的范围,将缺席判决、死刑复核案件也纳入其中。从上述规定来看,《刑事诉讼法》和《法律援助法》赋予了犯罪嫌疑人、被告人申请法律援助的权利。最高人民法院、最高人民检察院、公安部、司法部《关于进一步深化刑事案件律师辩护全覆盖试点工作的意见》进一步扩大法律援助的范围,并指出进一步深化刑事案件律师辩护全覆盖试点工作,既是贯彻落实法律援助法,不断健全完善法律援助制度的内在要求;又是全面贯彻宽严相济刑事政策,精准适用认罪认罚从宽制度的重要举措。

## 三、案例分析

2008年至2018年，被告人卢某先后以公司、茶楼形式，纠集多人从事非法高利放贷业务，并通过“套路贷”方式，有组织地实施敲诈勒索、抢劫、故意伤害、寻衅滋事、虚假诉讼等违法犯罪活动，非法占有他人财物，以商养黑、以黑护商，攫取巨额经济利益，逐步形成了以被告人卢某为组织、领导者的黑社会性质组织。2019年3月，董某进入该组织，多次上门催收，于2019年4月被公安局刑事拘留，在法院庭审阶段辩护律师提出董某是黑社会性质组织的一般参加者，参与时间短，在催收时未携带工具，未有伤人行为，未发生伤人事件，且到案后如实供述，具有坦白情节，主观恶性小，社会危害性小，且认罪认罚，希望法庭能够从轻处罚。开庭前，法律援助律师的同行问我受援被告人的情况时，我说：“还好啦，已经认罪认罚了。”在庭审休庭时，检察官说需要补做一个认罪认罚，因为量刑建议书只能依法作出法律建议，而董某在审查起诉阶段做了认罪认罚后，出具了10个月有期徒刑的量刑建议，因本案是黑社会性质组织犯罪，案情复杂，结合在法院庭审时最后几位自愿认罪认罚的被告人的情况，只能出具1年起有期徒刑的量刑建议，我心怀忐忑，不知道能不能向被告人把这么复杂的法律规定解释清楚，和检察官一起来到关押室，受援被告人董某站到我的面前，我向他解释了法律规定、并结合本案案情告诉他目前最好的选择就是新签1份认罪认罚具结书，他不理解、还有点情绪，说这怎么说变就变呢，我无语了3秒钟，直视受援被告人的眼睛，大声说：“你相信律师嘛！”他盯着我看了两眼，相信了成都市锦江区法律援助中心给他指派的法律援助律师，在《成都市锦江区人民检察院认罪认罚从宽制度告知书》《认罪认罚具结书》上签名、捺印，在法庭审理中，被告人董某真诚认罪悔罪，最终成都市锦江区人民法院判决被告人董某犯参加黑社会性质组织罪，判处有期徒刑1年，并处罚金人民币1万元。本人作为一名法律援助律师，不负所托，而认罪认罚从宽制度也让刑辩律师切实感受到了价值所在。

上述涉黑案中，被告人董某经济困难，无力支付委托律师的费用，董某申请法律援助后，司法机关同意其申请，并指派刑辩律师为其辩护人。法律援助律师参与重大案件犯罪嫌疑人、被告人的指定辩护人，有以下几点益处：其一，被告人董某自身文化程度较低，法律意识不强，通过法律援助，让其更深刻地认识到之前的犯罪行为的严重性，其悔罪表现并非停留在口头上，对其释法教育后，进一步弱化被告人董某的社会危害性;其二,辩护律师告知其认罪认罚从宽制度,使得被告人董某在到案后积极配合,对于查清案件事实有极大帮助;其三,被告人董某因辩护律师的介入,适用了认罪认罚从宽制度,最终被判处1年有期徒刑,进一步体现罪刑相适应原则、罚当其罪;其四,董某认罪认罚,也是对受害人的一种交代和安慰,缓和了社会矛盾,有利于构建和谐社会。

# 第十四编

# 行政司法研究

# 我国政府信息依申请公开及司法审查研究

## ——以住建领域为视角

廖衍玲　何　梅*

**【摘要】**2019 年国务院对 2008 年 5 月 1 日起实施的《政府信息公开条例》进行首次修改。在这十余年,除了部分地方人民政府统一制定了政府信息公开规范性文件外,有关政府职能部门也制定了政府信息公开的规范性文件,为政府信息依申请公开工作的科学化奠定坚实基础,为上述条例修改提供了宝贵经验。本文借此修改背景及机构改革的契机,对这 10 年来政府信息依申请公开工作做一个梳理,结合律师参与处理的住建领域的相关司法审查情况进行数据分析和案例,分析人民群众最关心的住建领域政府信息种类,分析负有政府信息公开职能的行政机关在处理类似案件中的重点难点以及应对措施,以达到政府信息依申请公开工作中的合法性和合规性标准。

**【关键词】**政府信息;依申请公开;司法审查

### 引言

从 2008 年 5 月 1 日《政府信息公开条例》实施,到 2019 年 5 月 15 日新修《政府信息公开条例》的公布实施,政府信息公开工作开展已有十余年。政府信息公

* 廖衍玲:四川君合律师事务所律师,高级合伙人,监事长,行政法律事务部部长。何梅:四川君合律师事务所律师助理。

开工作的目的也发生了变化,这在《政府信息公开条例》第1条立法目的中就有体现。以2008年《政府信息公开条例》为参照物来看,政府信息公开的目的有四类:第一,保障知情权;第二,提高透明度;第三,促进依法行政;第四,发挥政府信息作用。2019年《政府信息公开条例》对此作了调整,将原来第三点"促进依法行政"改为"建设法治政府"。其实不难理解,"依法行政"是政府行为的方式手段,而"法治政府"才是新时期政府所应当实现的状态,即新时期的新目标。

2017年10月18日,中国共产党第十九次全国代表大会在北京隆重召开,习近平代表第十八届中央委员会向大会作报告。其中深化依法治国实践一段中就提到了"建设法治政府,推进依法行政,严格规范公正文明执法"。现行《宪法》文本中虽然没有"建设法治政府"的表述,但是以"法治"为关键词进行查找,共出现过3次,分别是序言第七段的"健全社会主义法治",以及第一章总纲第五条的"中华人民共和国实行依法治国,建设社会主义法治国家"。

本文的研究目的在于通过对过去十余年政府信息公开工作开展情况以及司法审查情况进行梳理,找到政府信息公开工作的重点难点以及应对方法。

## 一、政府信息公开概述

### (一)政府信息

关于政府信息,修改前后的《政府信息公开条例》对其定义有所不同。2008年《政府信息公开条例》规定政府信息是指行政机关在履行职责过程中制作或者获取的,以一定形式记录、保存的信息。而2019年《政府信息公开条例》则规定政府信息是指行政机关在履行行政管理职能过程中制作或者获取的,以一定形式记录、保存的信息。这其中的差别就在于"履行职责"与"履行行政管理职责",显然行政机关的职责范围是大于行政机关的行政管理职责的。行政机关除了行政管理职责,即行政机关作为特定的社会组织对公共事务的组织和管理外,还有其他什么职责或行为能力呢?

第一,行政机关的党务职责。党的十九大报告提出:党政军民学,党是领导一切的。坚持党的领导、履行党务职责,是行政机关应当履行的职责之一。其依据就是《中国共产党章程》及相关党内法规。

第二,行政机关的组织职能。周佑勇教授在其《行政法学》一书中指出"行政法意义上的行政仅指'公共行政',是特定的社会组织对公共事务的组织和管理活动。"[①]其中组织职能体现在行政机关体系作为一个整体的内部结构和内部运作上。如行政机关之间的公文来往、上级机关对下级机关的指导,下级对上级的服从和汇报产生的事务性信息。这些行政行为一般不对公民、法人或其他社会组织的权利义务产生实质性影响。

第三,行政机关的管理职责。这一职责又可以细分为行政许可、行政强制、行政处罚、行政征收等,这些职责的履行涉及行政机关与行政相对人的权利义务关系,甚至涉及社会公共利益。行政机关的管理职责不仅包括行政机关对行政相对人等民事主体的监督、管理、指导、服务、许可、强制、处罚等方面的职能;还包括行政机关对其管辖范围内的各部门、单位的领导和组织协调的职能。可以说,行政机关的管理职能涉及领域广泛、涉及关系众多,是产生政府信息的主要来源,也是引发申请政府信息公开的主要原因。

第四,行政机关的民事行为。行政机关为了更好地履行上述三项公共职能,在日常工作中,不可避免地需要以民事主体的名义,与公民、法人和其他社会组织产生民事法律关系。这时的行政机关与民事法律关系另一方之间具有平等的民事法律地位,二者之间的行为由民法调整。

通过分析,本文认为,新修订的条例对政府信息进一步进行了明确,即将行政机关履行党务职责以及作为平等民事主体进行民事活动过程中制作或获取的信息排除在外。而对于行政机关履行行政职能的政府信息是否属于政府信息则需要具体情况具体分析:首先判断该信息是不是属于行政机关应当主动公开的政府信息;其次明确该信息是否涉及两个或两个以上行政机关的公文来往,若是,则不属于《政府信息公开条例》规定的公开的范围。

另外,行政机关履行管理职责过程中制作或获取的信息中属于其内部事务性信息,则根据《政府信息公开条例》第16条的规定,"可以"不公开,但这并不是绝对的,也同样存在例外情形。具体见最后一部分案例分析,在此不做赘述。

(二)政府信息公开

根据《政府信息公开条例》的规定,政府信息公开的形式被分为两种,一种是主动公开,另一种是依申请公开。本文以依申请公开的政府信息作为分析对象,

---

① 参见周佑勇主编:《行政法学》,武汉大学出版社2009年版,第1页。

并将范围限定在住建领域内,原因有二:

一是我国已经有对专门领域的政府信息公开的规定,[①]随着政府机构改革工作的推进,地方上将原城乡建设局和原城乡房产局的职能合并交由住房和城乡建设局行使。其实早在2008年中央“大部制”改革背景下,中央就已经通过机构改革将原来的“建设部”改为“住房和城乡建设部”。近年地方上的机构改革使得地方与中央更相协调,也见证了住建领域的管理工作的不断成长和发展。

众所周知,住房问题是人民群众最为关心的问题之一,住建领域的行政工作备受关注,从而对住房建设领域的政府信息公开也成为人民群众监督政府行为的最直接的方式。因此本文认为有必要对这一领域的政府信息依申请公开情况作简要梳理。

二是依申请公开的行为存在特定的行政相对人,这种具体行政行为存在的被复议和被诉讼的概率较高,司法实践的素材较多。通过中国裁判文书网查询,可以初步了解涉及住建领域的政府信息公开被诉情况。此部分内容在本文第三部分作详细阐述。

(三)政府信息公开原则及其例外情形

通过对《政府信息公开条例》进行文义解释和体系解释,可以发现这项工作遵循的基本原则是“公开为原则,不公开为例外”。除了《政府信息公开条例》第5条[②]对政府信息公开工作的原则提供的法律依据外,这一项原则产生的法理基础是什么?

第一,权力滋生腐败的本质。对于权力的这一本质,国内外许多法学家都有论述。安立志在其《把权力关进制度笼子的深度思考》一文中,将国内外学者对于权力这一本质属性的论述予以罗列,[③]从人的无限欲望到“利维坦”的凶暴邪恶,讲述无论是掌握权力的个人,权力操弄的对象——国家,一旦掌握权力,就有

---

① 例如,海关总署2014年发布的《海关政府信息公开办法》、中国保险监督管理委员会2008年发布的《中国保险监督管理委员会政府信息公开办法》。

② 《政府信息公开条例》第5条规定,行政机关公开政府信息,应当坚持以公开为常态、不公开为例外,遵循公正、公平、合法、便民的原则。

③ 参见安立志:《把权力关进制度笼子的深度思考》,载《工会论坛(山东省工会管理干部学院学报)》2013年第2期。

行使至极致的可能。

第二，行政权力源于人民委托。根据洛克的人民主权学说，人民作为一个整体虽然无法直接行使对国家事务管理的主权，但是可以通过授权立法机关的方式间接行使该权力。这在我国就直接体现为人民代表大会制度，其中最直接的表现就是全国人民代表大会行使立法权。此外，作为根本大法的宪法也对“人民主权”理论提供了法律支撑。①

根据“权力滋生腐败”和“行政权力来源于人民委托”，人民有权且应当对权力的行使状况进行监督，监督的途径在我国的体现包括由授权立法的人民发表大会定期听取政府的工作报告，由人民代表大会产生的司法机关对行政行为的司法审查，行政机关定期向社会主动公开政府信息，以及行政机关依据群众的政府信息公开申请依法作出是否公开的决定。

**二、政府信息公开工作现状**

（一）政府信息公开工作的历程

虽然2008年《政府信息公开条例》的正式实施才使得政府信息公开制度得以正式确立，但政府信息公开这项工作其实早在2008年以前就是存在的，但因此时的工作没有形成制度化、规范化，使得这一时期的工作未成体系，也缺乏有效的监督。例如在1978年恢复高考之际，对于高考的相关政府信息以及高考后的成绩公布和录取情况的公开，就属于事实上的政府信息公开。而2008年以后，政府信息公开工作具有了强有力的法律保障，既体现了国家加强对行政权监督的意识增强，又体现了国家对公民权利的进一步保障。

2008年《政府信息公开条例》实施以来，中央和地方通过各种方式完善政府信息公开工作，不仅包括正式实施前的规范性文件的指导，还包括实施以后公开工作情况的汇报，此外还有对问题的梳理以及应对措施。笔者在北大法宝进行搜索，从中央层面来看，过去十余年来，国务院制定的以“政府信息”为题的规范性文件有17件，最高人民法院出台的有3件，国务院各机构制定的有440件，其他机构制定的有97件。从地方层面来看，地方政府规章有63件，地方规范性文件1897件，地方司法文件2篇，地方工作文件2457篇。

---

① 我国2018年《宪法》第2条第1款规定：“中华人民共和国的一切权力属于人民。”

国务院办公厅分别于2007年8月4日和2008年4月29日下发了《关于做好施行〈中华人民共和国政府信息公开条例〉准备工作的通知》以及《关于施行〈中华人民共和国政府信息公开条例〉若干问题的意见》，由此可见，中央政府对于政府信息公开工作的重视程度。在之后的政府信息公开工作中，中央政府进一步总结经验并于2010年1月12日出台了《国务院办公厅关于做好政府信息依申请公开工作的意见》。地方政府也积极制定规范性文件以指导本地方的政府信息公开工作，除此之外还有特殊领域的政府信息公开规范性文件在相继出台，如《海关政府信息公开办法》。十年磨一剑，2019年国务院公布了修订后的《政府信息公开条例》并于2019年5月15日正式施行。

（二）住建领域依申请公开政府信息特征

申请人申请的政府信息在一定程度上体现了人民群众最关心的事情，如果能够了解住建领域依申请公开的政府信息情况，就能了解在住建领域中，同人民群众切身利益最为密切的政府工作是什么，并通过此指导行政机关不断改进相应工作。前文已经提到地方相关机构改革工作是近年才逐步完成的，本文通过对住建领域某一行政机关（以下简称A市住建局）的政府信息依申请公开线下申请工作情况进行梳理，以期对住建领域人民群众最想获取的政府信息有所了解。

A市住建局在正式挂牌成立以后，截至2019年8月31日，收到的线下政府信息公开申请共33件，其中涉及施工许可信息的有17件；涉及竣工验收资料的有4件；涉及预售许可信息的有9件；直接涉及住房安置的信息有2件；涉及文件的有2件。在这些信息中，人民群众最想获取的政府信息为施工许可相关信息以及预售许可相关信息。从申请人来看，基本上是小区业主，以及极少数的业主委员会（仅1例）。

政府信息依申请公开工作实务中，对于行政机关制作的信息的公开属性是很好判断的，但对于行政机关从公民、法人和其他组织那里获取的信息，行政机关是很难把握的。从司法审判的情况来看，司法机关对行政机关作出合法性判断的要求很高，如公开是否“可能损害”第三方利益的判断，对社会稳定产生影响的证据，采纳“商业秘密”意见的证据是否充分，对于已经移交档案馆的信息的处理问题。因此政府信息依申请公开工作不仅是一项行政工作，也是一项法律审查工作。

## 三、住建领域政府信息公开依申请的司法审查

### (一)政府信息公开司法审查情况

政府信息公开是手段,其目的在于监督行政机关依法履行行政管理职责,维护公民的知情权。在实务中,群众申请政府信息公开,其根本目的不在于政府信息,而是为了通过这种合法渠道搜集对自己有利的证据,维护自己的合法权益。因此通常情况下申请人所申请公开的政府信息与其权益有密切关系。因此在司法实践中,涉及政府信息的案件可以粗略分为两类:一是申请人对行政机关对其提出的政府信息公开申请所作出的答复或未答复的具体行政行为不服而提起的行政诉讼;二是申请人通过政府信息公开申请这一法律行为所获得的政府信息作为其进一步提起民事诉讼或其他行政诉讼的证据。本文仅讨论第一种情况。

以所申请的信息种类划分,本文将住建领域的政府信息大致分为以下几类:房屋拆迁方面的;房屋征收方面的;建设工程方面的;市政工程方面的;施工许可证方面的;预售许可证方面的。

在正式介绍查询结果前,先简要介绍本文的查询原则:范围限定。第一,限定在行政案件范围内,排除将获得的政府信息作为民事诉讼、刑事诉讼证据的案件;第二,限定在判决书范围内,排除法院未做实质审查的案件;第三,限定在政府信息公开范围内,排除与政府信息公开无关的其他行政案件。

在上述限定条件下,截至 2019 年 9 月 25 日,相关法律文书有 75 797 篇,纵观 2008 年政府信息公开制度确定以来,法院审查政府信息公开案件的数量来看,在政府信息公开制度确立之初,甚至是前 5 年,法院审查的数量都是非常少的,从 2013 年到 2014 年,法院审查数量出现了呈几何增长的趋势,之后增长逐渐缓慢(见图 1)。因此总体来说,一方面,法院审查政府信息公开案件是呈波动式增长的;另一方面,法院审查政府信息公开案件数量在增长速度上是有所减缓的。

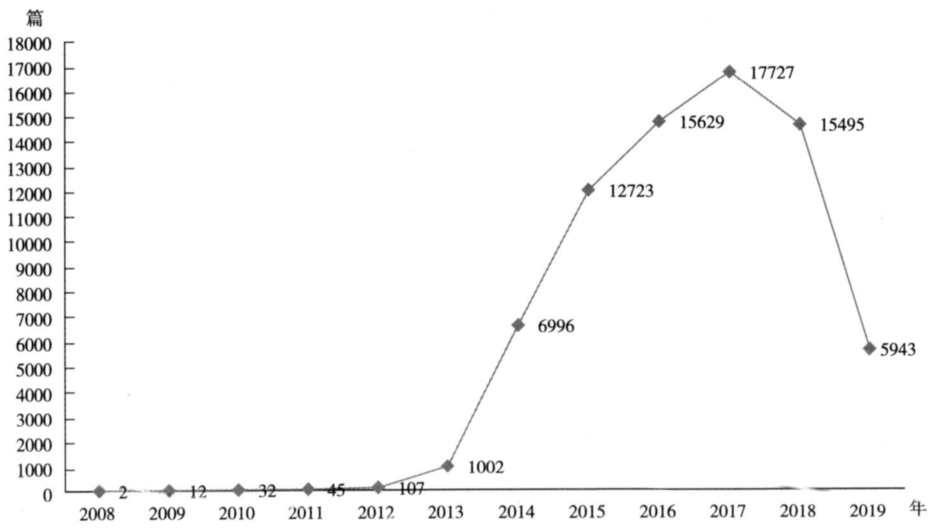


**图1　相关案件数量变化**

注:本文相关数据来源于中国裁判文书网,因系统上传或调整案件等原因,该数据并不稳定,但对于整体研究无碍。

本文认为,2013年以后,法院审查政府信息公开案件的数量从急速增长再到呈缓慢下降趋势,其原因有以下几点:第一,行政机关对于政府信息公开工作的态度转变:从一开始的“找理由不予公开”,到公开意识逐渐增强。第二,行政机关从行政复议、行政诉讼的败诉经验中总结教训,使得一些程序性错误,如逾期答复、答复形式不合法等情形有所减少。第三,行政机关通过行政复议制度以内部纠错的方式将纠纷予以化解。第四,虽然近两年的法院审查政府信息公开案件的数量在增长速度上有所减缓,但是总体基数依然很大,其原因在于,一方面人民群众维权意识增强,另一方面经济发展迅速,经济发展过程中产生的经济纠纷不断增加,人民群众获取政府信息的需求是呈上扬趋势的。

虽然图2显示的数据存在部分重合的情况,但是也可以看出政府信息依申请公开在住建领域被诉较多的信息集中在涉及房屋征收和房屋拆迁的部分。从图3来看,北京、上海各级法院作出的与房屋征收和房屋拆迁有关的政府信息公开案件判决书数量最多。以房屋拆迁为例,四川省各级法院作出的判决书总量虽低于沿海直辖城市,但在西南片区排名第一;就房屋拆迁相关的政府信息公开案件而言，整个四川省各级法院作出的判决书总量约占北京市的1/5，不到上海市的1/2。除西北五省外，与四川省交界的其他省市相比较，四川省各级法院作出有关房屋拆迁的判决书总量最高。之所以出现这些现象，同城市的经济发展和城市建设发展密不可分。

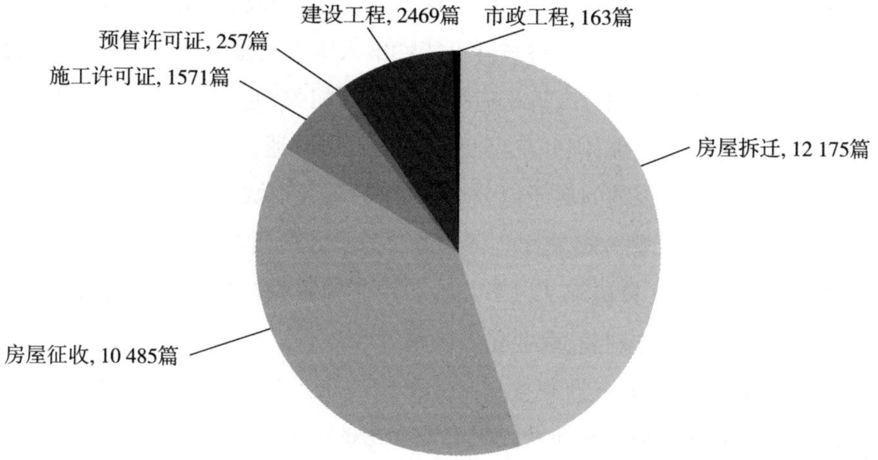


**图2　法院审查不同案由政府信息公开案件判决书数量**

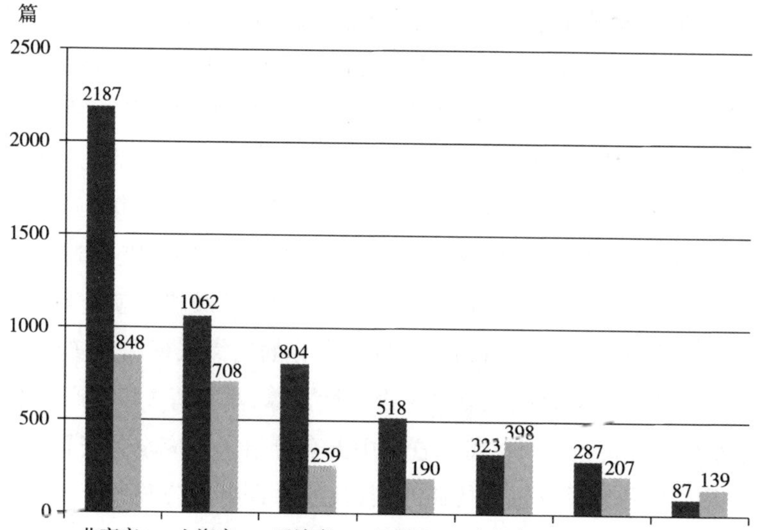


**图3　不同省市有关具体政府信息公开案件判决书数量**

综上分析，首先，政府信息公开审判工作量和经济发展呈正相关。经济越发展，人民群众通过政府信息公开渠道维护自己合法权益的需求越大，政府信息依申请公开工作量就越大。在这种情况下，有具体行政行为，就有产生与之相应的行政复议或行政诉讼的可能性。其次，政府信息公开审判工作量与法治政府建设程度密不可分，随着政府职能的转变，依法行政、服务型政府、责任意识的增强，行政机关作出具体行政行为前会将被诉可能性纳入审查范围。最后，政府信息公开审判工作量与行政复议和行政诉讼有效实施密切相关，通过对全国各地政府信息公开工作败诉情况的梳理，国务院以及最高人民法院通过发布文件的方式，对政府信息公开工作中出现的问题予以公布，从而指导各地政府信息公开工作。

（二）司法审查反映出政府信息公开工作的难点问题及常见问题

本文通过梳理，大致梳理了以下几类在住建领域内较为复杂的问题。

1. 信息涉及第三方利益、商业秘密的情况

司法实践中，涉及第三方利益或商业秘密的认定是非常复杂和困难的，需要主张存在损害第三方利益和涉及侵犯商业秘密的一方进行举证证明。

首先，行政机关应当对是否有可能损害第三方利益进行评估，只有在“公开可能会损害”第三方利益时，才需启动征求意见的程序。如朱某案，①因其宅基地房屋被其远方亲戚朱某1损毁后擅自在该宅基地上违法建房，后该房屋被区政府征收，区政府与朱某1签订了征收协议，朱某为核实其被侵犯的宅基地面积，向区政府提出关于“征收协议的”政府信息公开申请。区政府以该信息涉及他人隐私为由拒绝公开，法院认为被告行政机关没有证据证明公开涉及第三方的相关信息会给第三方造成何种损害，若以此为由，拒绝公开的，属于适用法律不当。

其次，在确定“公开可能会损害”第三方利益时，行政机关就应当书面征求第三方意见，因为作出具体行政行为必须具备充分的法律依据和事实依据，其中事实依据就是证据，否则行政行为就缺乏合法性支撑，对申请人权益产生不利影响。如尹某辉等案，②被诉行政机关将安置房中五套分给了不应享受安置房的其他人员，损害了原告等应享受安置房待遇的利益，故原告申请公开五套安置房占有者信息，被诉行政机关虽书面征求第三方意见，但在向第三人发出征求意见的公告

---

① 参见安徽省高级人民法院行政判决书，(2018)皖行终1338号。

② 参见四川省成都市成华区人民法院行政判决书，(2014)成华行初字第69号。

以前就已经作出告知书，称“为保护第三方利益”而不予公开。对此法院判决行政机关程序违法并对其所作告知书予以撤销。

最后，根据第三方意见作出不予公开的告知书也存在风险。法律对于商业秘密的认定是非常严苛的，要求必须具有秘密性、价值性（竞争优势）、适用性以及采取保密措施的条件，且四个条件缺一不可。因此行政机关对此应当对第三方所称商业秘密进行审查，若行政机关在第三方主体未对商业秘密进行举证的情况下即作出不予公开的决定，将承担具体行政行为被撤销的风险。如王某利案，[①]他申请公开委托拆迁协议及费用信息，被诉行政机关作出了征求第三方意见书，第三方虽未答复，但被诉行政机关以信息内容涉及商业秘密为由不予公开。法院认为认定信息涉及商业秘密的证据不足，判决撤销被诉告知书。该案被收录到最高人民法院关于政府信息公开的十大案例之中，警示行政机关不得通过滥用商业秘密而达到不予公开的目的。

除了上述情况外，行政机关还需注意在未征求第三方意见的情况下，就将该信息公开于申请人。这种情况可能导致因侵犯第三人利益而产生的行政诉讼。

2. 信息是否属于档案信息的认定

在处理政府信息依申请公开工作的实务中存在行政机关误将档案管理机关提供保存场地的信息当作档案信息，并向申请人告知前往档案馆查询的情况。行政机关在认定的过程中首先明确两点：第一，该信息是否达到档案移交的年限，如果该信息是1年内制作的信息，那么即便它在档案馆内，行政机关也应当认定该信息属于行政机关保存的信息，档案馆只是提供存放信息的场地。第二，该信息是否保存在国家档案馆，而非行政机关内部档案室。如果是存放在行政机关内部档案室的信息，仍有可能属于可以依申请公开的政府信息。

根据最高人民法院《关于审理政府信息公开行政案件若干问题的规定》（以下简称最高人民法院《政府信息公开规定》）第7条规定，只有移交国家档案馆的信息，才能依据档案管理相关规定执行。如彭某林案，[②]原告申请公开本组村民高某建房用地审批信息，该信息保存于被告的档案室，被告以《档案法实施办法》

① 参见天津市和平区人民法院行政判决书，(2014)和行初字第103号。

② 参见2014年《最高人民法院公布全国法院政府信息公开十大案例》中彭某林诉湖南省长沙县国土资源局案。经多方查找，长沙县和长沙市法院对此案所作判决原文及案号已查找不到。

(1990年)第25条"……集体和个人寄存于档案馆和其他单位的档案,任何单位和个人不得擅自公布……"的规定,作出不予公开的决定。法院认为当遇到《档案法实施办法》和《政府信息公开条例》发生法条竞合问题时,应当依据最高人民法院《政府信息公开规定》第7条进行处理,即适用档案管理相关规定的前提是该档案已经移交国家档案馆,而非行政机关自己的档案室。据此判决被告答复适用法律、法规错误,应予撤销,并责令限期重新答复。

3. 不是所有的内部事务性信息都可以不公开

《政府信息公开条例》规定内部事务性信息,"可以"不公开,而非应当不公开,当该内部信息属于"一事一议"的情形,涉及申请人切身利益时,且不妨害决策完整性和行政事务处理的有效性,行政机关就应当予以公开。在姚某金、刘某水案[①]中,原告申请公开其房屋所在区域地块拟建项目的"一书四方案",[②]被告称该信息不属于公开范围,认为其属于行政机关制作的过程性信息,属于内部管理信息。而法院审查认为,因相关信息已经处于"确定的实施阶段",不存在妨害可能性,且当事人享有知情权,故判定撤销被告行政机关不予公开的决定。

4. 其他情况

在行政机关的政府信息公开工作中,除了上述专业性的难题外,还有很多问题属于非技术性问题。如逾期答复、未针对申请人申请事项回复、未保存的证据不足、未引用法条或引用法条错误等。

(三)政府信息公开工作重点难点问题的应对措施

通过上文的论述,本文认为政府信息公开工作是一项直接面对行政相对人的工作,是一项对行政相对人的权利义务产生实际影响的工作。行政机关工作人员对此应当做到严格依法办事,作出的具体行政行为,《政府信息公开申请告知书》应当有充足的法律依据和事实证据作支撑。在法律依据方面,行政机关要在告知书中明确其行为的法律依据,在事实依据方面,行政机关对申请的信息要从制作主体和保存主体两个方面进行初步预判,无论是否制作保存,除有法律的明确规定,行政机关应当尽到合理的查询检索义务,并保留查询记录以作为行政行为合

---

① 参见福建省福州市中级人民法院行政判决书,(2014)榕行终字第82号。

② 一书四方案:指建设用地项目呈报说明书、农用地转用方案、补充耕地方案、征收方案、供地方案。

法的证据。

申请政府信息公开是人民群众直接行使监督权的体现，政府信息公开制度是人民监督行政机关、行使公民知情权的制度保障。这项制度存在不可忽视的重要性，也具有应当有效实施的必要性。为保证这项工作的有序推进，不仅要求政府信息公开工作人员了解信息本身，了解信息背后的利益关系，还要求工作人员应当对是否公开作法律判断。

因此，行政机关应当提高重视，不定期对政府信息公开工作人员组织培训，增加作出决定前的内部法律审查工作，并将工作成效作为政府考察的重要指标，多方面、多维度保障政府信息公开工作的有效推进。

# 第十五编

# 其　他

# 未成年人严重不良行为矫治相关法律问题研究

李远拓*

**【摘要】**2021 年 6 月 1 日，新修订的《预防未成年人犯罪法》正式实施。本文紧扣《预防未成年人犯罪法》第四章的 12 条规定，针对未成年人严重不良行为的矫治，从未成年人严重不良行为的责任主体、矫治主体及矫治责任、专门教育和专门矫治教育三个方面进行分析论证，并继而提出自己的矫治建议。

**【关键词】**未成年人；严重；不良行为；矫治；探讨

新修订的《预防未成年人犯罪法》自 2021 年 6 月 1 日起施行。其中的第四章“对严重不良行为的矫治”从 6 条增加到了 12 条，由此可见国家层面对未成年人严重不良行为的矫治的重视程度。本文将围绕着这 12 条规定进行研究，现针对未成年人严重不良行为的矫治相关法律问题探讨如下。

## 一、未成年人严重不良行为矫治的责任主体

《预防未成年人犯罪法》第 38 条规定“本法所称严重不良行为，是指未成年人实施的有刑法规定、因不满法定刑事责任年龄不予刑事处罚的行为，以及严重危害社会的下列行为……”

由此可见，严重不良行为的责任主体主要有三个方面特征。

### （一）不满法定刑事责任年龄的未成年人

《未成年人保护法》第 2 条规定，未成年人是指未满 18 周岁的公民。但是

* 李远拓，四川君合律师事务所律师，合伙人。

《刑法》第17条规定:“已满十六周岁的人犯罪,应当负刑事责任,已满十四周岁不满十六周岁的人,犯故意杀人、故意伤害致人重伤或者死亡、强奸、抢劫、贩卖毒品、放火、爆炸、投放危险物质罪的,应当负刑事责任。已满十二周岁不满十四周岁的人,犯故意杀人、故意伤害罪,致人死亡或者以特别残忍手段致人重伤造成严重残疾,情节恶劣,经最高人民检察院核准追诉的,应当负刑事责任……”

综上,严重不良行为的责任主体一般是指未满16周岁的未成年人;在犯特定罪名的情况下,严重不良行为的责任主体为不满14周岁;在经最高人民检察院核准的前提下,犯特定罪名的情况下,严重不良行为的责任主体为不满12周岁。

(二)实施的严重不良行为在刑法上有规定

据统计,目前刑法共计有469个罪名,理论上说特定年龄以下的未成年人只有实施了这469个罪名中的一种,均可能构成《预防未成年人犯罪法》所称的严重不良行为。当然,有些罪名是特定主体,未成年人不具备犯罪主体资格。

《预防未成年人犯罪法》第38条列举的八种行为只是其中较为典型的一部分,并不是全部,这也是列举“兜底条款”的原因所在。

需要特别说明的是,列举的这八种行为在《治安管理处罚法》均有明确规定,且均规定了拘留以上的行政处罚,由此可见,列举的八种情形既是常见的违法行为,也是需要课以较重的行政处罚的违法行为。

(三)因不满法定刑事责任年龄而不予刑事处罚

未成年人实施的严重不良行为已达到或超过《刑法》及其修正案规定的承担刑事责任的程度,只是因为年龄问题,而没有被追究刑事责任。

**二、未成年人严重不良行为的矫治主体及矫治职责**

《预防未成年人犯罪法》列举的未成年人严重不良行为矫治主体很多,大体有家庭、学校、居民委员会、村民委员会、公安机关、教育行政部门、专门教育指导委员会、专门学校、社会组织、司法行政机关、人民法院、人民政府。下面就选择部分矫治主体分别论述如下。

(一)家庭(父母或其他监护人)

若未成年人实施了严重不良行为,则大体可说明家庭教育是失败的。家庭(父母或其他监护人)在未成年人严重不良行为矫治中的职责主要有以下几种。

1. 报告义务

《预防未成年人犯罪法》第 39 条规定：未成年人的父母或者其他监护人发现有人教唆、胁迫、引诱未成年人实施严重不良行为的，应当立即向公安机关报告。

根据《关于建立侵害未成年人案件强制报告制度的意见（试行）》规定，这是未成年人的父母或者其他监护人的法定义务，必须报告。若知情不报，则可受到公安机关的处罚。现实中，父母或者其他监护人往往秉着“家丑不可外扬”“为未成年人保留一个好名声”等现实考虑，不会立即向公安机关报告，导致错失矫治未成年人严重不良行为，追究教唆、胁迫、引诱者行政或刑事责任的最佳时机。

2. 加强管教

《预防未成年人犯罪法》第 40 条规定：公安机关接到举报或者发现未成年人有严重不良行为的，可以责令其父母或者其他监护人消除或者减轻违法后果，采取措施对未成年人严加管教。

公安机关的责令应是书面的，未成年人父母或者其他监护人应按照公安机关的书面要求，对未成年人予以管教。未成年人父母或者其他监护人不加强管教的，可能会导致接受社会观护。

3. 赔偿损失

《预防未成年人犯罪法》第 41 条规定：对有严重不良行为的未成年人，公安机关可以根据具体情况，采取以下矫治教育措施：……责令赔礼道歉、赔偿损失……

此条规定虽是针对实施严重不良行为的未成年人采取的矫治教育措施，但因未成年人通常没有收入或财产，则该赔偿损失的义务实际应由其家庭（父母或其他监护人）实际落实。若不赔偿损失，则公安机关可依据《预防未成年人犯罪法》第 44 条的规定，决定将未成年人送入专门学校接受专门教育。

4. 配合矫治教育

《预防未成年人犯罪法》第 42 条第 2 款规定：未成年人的父母或者其他监护人应当积极配合矫治教育措施的实施，不得妨碍阻挠或者放任不管。

家庭（父母或其他监护人）必须配合公安机关针对未成年人矫治教育，且不得阻挠或放任。需要说明的是该配合行为是必须履行的义务，若父母或其他监护人不履行配合义务或阻挠、放任，根据《预防未成年人犯罪法》第 61 条的规定，则可能承担相应的行政责任并接受家庭教育指导。

5. 申请接受专门教育

《预防未成年人犯罪法》第43条规定:对有严重不良行为的未成年人,未成年人的父母或者其他监护人无力管教或者管教无效的,可以向教育行政部门提出申请,经专门教育指导委员会评估同意后,由教育行政部门决定送入专门学校接受专门教育。

若家庭(父母或其他监护人)发现对有严重不良行为的未成年人无力管教或者管教无效,父母或其他监护人有权申请将未成年人送入专门学校接受专门教育,这既是父母或其他监护人的权利,也是父母或其他监护人的义务,更是家庭教育失败后的一种弥补手段。

6. 知情权及探视权

《预防未成年人犯罪法》第48条规定:专门学校应当与接受专门教育的未成年人的父母或者其他监护人加强联系,定期向其反馈未成年人的矫治和教育情况,为父母或者其他监护人、亲属等看望未成年人提供便利。

接受专门教育的未成年人的父母或者其他监护人,其监护权并未被剥夺,故依法应受到保护。根据《未成年人保护法》的相关规定,作为未成年人的监护人,未成年人的父母或者其他监护人有权获得未成年人在专门学校的矫治、教育、生活等各方面的情况,这也是未成年人的父母或者其他监护人知情权及监护权的体现。当然看望未成年人也是未成年人的父母或者其他监护人行使监护权的基本要求。

7. 行政复议或行政诉讼权

《预防未成年人犯罪法》第49条规定:未成年人及其父母或者其他监护人对本章规定的行政决定不服的,可以依法提起行政复议或者行政诉讼。

在有严重不良行为的未成年人矫治过程中,有权作出行政决定的行政机关主要有公安机关和教育行政部门,故未成年人父母或其他监护人主要针对公安机关或教育行政部门提起行政复议或行政诉讼。至于专门教育指导委员会,因其不是行政机关,其作出的评估及意见不是具体行政行为,不能申请行政复议或提起行政诉讼。

(二)学校(专门学校)

学校在对有严重不良行为未成年人的矫治教育中,扮演着积极重要的角色,有严重不良行为的未成年人矫治教育活动基本都是在学校中实现的。学校(专门学校)在未成年人严重不良行为矫治中的职责主要有以下几种。

1. 报告义务

《预防未成年人犯罪法》第 39 条规定:学校发现有人教唆、胁迫、引诱未成年人实施严重不良行为的,应当立即向公安机关报告。

根据《关于建立侵害未成年人案件强制报告制度的意见(试行)》的规定,该报告义务是学校应尽的义务,现实中考虑到学校的名声,学校可能会将此类教唆行为进行内部处理,导致教唆、胁迫、引诱者逃脱法律的制裁,也使教唆、胁迫、引诱者继续其违法行为。

2. 参与公安机关的矫治教育

《预防未成年人犯罪法》第 32 条规定:公安机关在对未成年人进行矫治教育时,可以根据需要邀请学校参与。

学校参与公安机关的矫治教育主要有督促未成年人定期报告活动情况;监督未成年人遵守特定的行为规范,不得实施特定行为、接触特定人员或者进入特定场所;安排心理辅导教师进行心理辅导、行为矫治;组织未成年人参加社会服务活动;进行社会观护。

3. 申请接受专门教育

《预防未成年人犯罪法》第 43 条规定:对有严重不良行为的未成年人,所在学校无力管教或者管教无效的,可以向教育行政部门提出申请,经专门教育指导委员会评估同意后,由教育行政部门决定送入专门学校接受专门教育。

若未成年人所在学校发现对有严重不良行为的未成年人无力管教或者管教无效,学校有权申请将未成年人送入专门学校接受专门教育,这样既可使有严重不良行为的未成年人能够接受行之有效的矫治教育,也可以将其与其他未成年人有效隔离,避免其他未成年人受到侵害。

4. 行使教育权

《预防未成年人犯罪法》第 45 条第 2 款规定:省级人民政府应当结合本地的实际情况,至少确定一所专门学校按照分校区、分班级等方式设置专门场所,对前款规定的未成年人进行专门矫治教育。该法第 47 条第 1 款规定:专门学校应当对接受专门教育的未成年人分级分类进行教育和矫治,有针对性地开展道德教育、法治教育、心理健康教育，并根据实际情况进行职业教育；对没有完成义务教育的未成年人，应当保证其继续接受义务教育。

作为专业的教育机构，应当对未成年人进行规定的教育，这种教育既包括普通的知识教育，也包括道德教育、法治教育、心理健康教育。尤其是专门学校，更要严格按照《中共中央办公厅　国务院办公厅印发〈关于加强专门学校建设和专门教育工作的意见〉的通知》（厅字〔2019〕20 号）文件的要求，切实做好有严重不良行为未成年人的教育工作。对于从专门学校转学至普通学校的，普通学校必须接收。对符合毕业条件的，应当及时颁发毕业证书。

5. 矫治信息反馈及看望

《预防未成年人犯罪法》第 48 条规定：专门学校应当与接受专门教育的未成年人的父母或者其他监护人加强联系，定期向其反馈未成年人的矫治和教育情况，为父母或者其他监护人、亲属等看望未成年人提供便利。

专门学校应与接受专门教育的未成年人的父母或者其他监护人建立专门的联系渠道，定期联系。建立专门的看望室，定期安排接受专门教育的未成年人的父母或者其他监护人、亲属等看望未成年人。

（三）公安机关

公安机关是未成年人矫治教育工作的主要承担机关，既要接受报案，依法调查处理，还要具体实施矫治教育措施，决定是否接受专门教育，在未成年人进入专门学校后，公安机关还要负责未成年人的矫治工作。公安机关在未成年人严重不良行为矫治中的职责主要有以下几种。

1. 接受报告或报案

《预防未成年人犯罪法》第 39 条规定：未成年人的父母或者其他监护人、学校、居民委员会、村民委员会发现有人教唆、胁迫、引诱未成年人实施严重不良行为的，应当立即向公安机关报告。

根据国家监察委员会、最高人民检察院、教育部、公安部等 9 部门联合印发《关于建立侵害未成年人案件强制报告制度的意见（试行）》的规定，接受报告的公安机关应当按照要求立案处理，并及时反馈案件进展。

2. 依法调查处理

《预防未成年人犯罪法》第 39 条规定：公安机关接到报告或者发现有上述情

形的，应当及时依法查处；对人身安全受到威胁的未成年人，应当立即采取有效保护措施。该法第40条规定：公安机关接到举报或者发现未成年人有严重不良行为的，应当及时制止，依法调查处理，并可以责令其父母或者其他监护人消除或者减轻违法后果，采取措施严加管教。

《关于建立侵害未成年人案件强制报告制度的意见（试行）》对于案件的处理也有明确具体的规定，公安机关应依照该意见及《公安机关办理未成年人违法犯罪案件的规定》的规定调查处理案件。

3. 实施矫治教育措施

《预防未成年人犯罪法》第41条规定：对有严重不良行为的未成年人，公安机关可以根据具体情况，采取以下矫治教育措施：（1）予以训诫；（2）责令赔礼道歉、赔偿损失；（3）责令具结悔过；（4）责令定期报告活动情况；（5）责令遵守特定的行为规范，不得实施特定行为、接触特定人员或者进入特定场所；（6）责令接受心理辅导、行为矫治；（7）责令参加社会服务活动；（8）责令接受社会观护，由社会组织、有关机构在适当场所对未成年人进行教育、监督和管束；（9）其他适当的矫治教育措施。

公安机关作为对有严重不良行为未成年人进行矫治教育的主要机关，依法有权采取上述八条措施。具体采取上述措施时，应根据不同的矫治教育措施制订不同的执行标准和程序，这也是目前尚需公安机关考虑和制订的《预防未成年人犯罪法》配套实施文件。

4. 邀请参与矫治教育

《预防未成年人犯罪法》第42条第1款规定：公安机关在对未成年人进行矫治教育时，可以根据需要邀请学校、居民委员会、村民委员会以及社会工作服务机构等社会组织参与。

公安机关实施前述矫治教育措施时，需要学校、群众自治组织、社会组织予以配合，尤其是实施责令遵守特定的行为规范，不得实施特定行为、接触特定人员或者进入特定场所；责令接受心理辅导、行为矫治；责令参加社会服务活动；责令接受社会观护等矫治教育措施时，只能依靠上述组织、单位等予以配合，仅靠公安机关是无法完成的。

5. 决定送入专门学校

《预防未成年人犯罪法》第 44 条规定：未成年人有下列情形之一的，经专门教育指导委员会评估同意，教育行政部门会同公安机关可以决定将其送入专门学校接受专门教育……该法第 45 条第 1 款规定：未成年人实施刑法规定的行为、因不满法定刑事责任年龄不予刑事处罚的，经专门教育指导委员会评估同意，教育行政部门会同公安机关可以决定对其进行专门矫治教育。

公安机关决定对未成年人进行专门教育或专门矫治教育时，必须与教育行政部门联合作出决定，按照《预防未成年人犯罪法》的规定，虽是联合作出决定，但是应以教育行政部门的决定为主，公安机关的决定次之。

6. 负责专门矫治教育工作

《预防未成年人犯罪法》第 45 条第 3 款规定：前款规定的专门场所实行闭环管理，公安机关、司法行政部门负责未成年人的矫治工作，教育行政部门承担未成年人的教育工作。

因专门矫治教育比专门教育更为严格，故对未成年人实施专门矫治教育时，需由公安机关和司法行政机关负责未成年人的矫治工作。专门教育则无须公安机关介入专门学校的矫治工作。

(四)专门教育指导委员会

专门教育指导委员会是《预防未成年人犯罪法》第 6 条规定设立的一个跨部门常设机构，由教育、民政、财政、人力资源社会保障、公安、司法行政、人民检察院、人民法院、共产主义青年团、妇女联合会、关心下一代工作委员会、专门学校等单位，以及律师、社会工作者等人员组成，研究确定专门学校教学、管理等相关工作。专门教育指导委员会在未成年人严重不良行为矫治中的职责主要有以下几种。

1. 评估同意送入专门学校接受专门教育

《预防未成年人犯罪法》第 43 条规定：对有严重不良行为的未成年人，未成年人的父母或者其他监护人、所在学校无力管教或者管教无效的，可以向教育行政部门提出申请，经专门教育指导委员会评估同意后，由教育行政部门决定送入专门学校接受专门教育。该法第 44 条规定：未成年人有下列情形之一的，经专门教育指导委员会评估同意，教育行政部门会同公安机关可以决定将其送入专门学校接受专门教育……

专门教育是国民教育体系的组成部分，是对有严重不良行为的未成年人进行教育和矫治的重要保护处分措施。专门教育指导委员会对于是否需要送入专门学校接受专门教育需进行评估，理论上来说该评估应有相应的流程和标准，最终结果应以评估报告的形式体现。评估结果应是同意送入专门学校接受专门教育或是不同意送入专门学校接受专门教育。

2. 评估同意送入专门学校接受专门矫治教育

《预防未成年人犯罪法》第 45 条第 1 款规定：未成年人实施刑法规定的行为、因不满法定刑事责任年龄不予刑事处罚的，经专门教育指导委员会评估同意，教育行政部门会同公安机关可以决定对其进行专门矫治教育。

专门教育指导委员会针对是否需要送入专门学校接受专门矫治教育需进行评估，评估程序应与是否需要接受专门教育一致，但是评估标准应比是否需要接受专门教育更为严格。鉴于接受专门矫治教育对于人身自由的管控更为严格，故专门教育指导委员会作出同意送入专门学校接受专门矫治教育的评估结果时应更加审慎。

3. 接受专门教育情况评估

《预防未成年人犯罪法》第 46 条第 1 款规定：专门学校应当在每个学期适时提请专门教育指导委员会对接受专门教育的未成年学生的情况进行评估……

专门教育指导委员会作该评估的主要目的是接受专门教育的未成年人是否适合转回普通学校就读，故作评估的程序和要求与送入专门学校接受专门教育截然不同。

4. 转回普通学校建议权

《预防未成年人犯罪法》第 46 条第 1 款规定：……对经评估适合转回普通学校就读的，专门教育指导委员会应当向原决定机关提出书面建议，由原决定机关决定是否将未成年学生转回普通学校就读。

专门教育指导委员会经评估认为适合转回普通学校就读的可向教育行政部门或教育行政部门及公安机关提出书面建议。专门教育指导委员会无权决定是否转回普通学校就读。

**三、专门教育和专门矫治教育的区别**

专门教育和专门矫治教育的实施场所均在专门学校。据 2020 年 8 月四川省检察院印发的《关于加强检察机关与专门学校工作衔接的意见》,目前四川已在10个市(州)建有专门学校11所,配备教职工250余人,在数量上位于全国前列。

进入专门学校接受专门教育的途径一共有三条:(1)由未成年人的父母或者其他监护人向教育行政部门提出申请,经专门教育指导委员会评估同意后,由教育行政部门决定送入专门学校接受专门教育。(2)由未成年人所在学校向教育行政部门提出申请,经专门教育指导委员会评估同意后,由教育行政部门决定送入专门学校接受专门教育。(3)未成年人有四种严重情形之一的,经专门教育指导委员会评估同意,由教育行政部门会同公安机关决定将其送入专门学校接受专门教育。

进入专门学校接受专门矫治教育,只有一种途径,即未成年人实施刑法规定的行为、因不满法定刑事责任年龄不予刑事处罚的,由检察机关或人民法院提出,经专门教育指导委员会评估同意,教育行政部门会同公安机关可以决定对其进行专门矫治教育。

专门教育和专门矫治教育完全不同:首先,程度不同,专门矫治教育更为严重,所涉不良行为也比接受专门教育的更为严重。其次,接受教育的专门学校不同,接受专门教育的只是普通县级以上设立的专门学校,而接受专门矫治教育的是省级人民政府确定的专门学校。最后,管理的程度不同,接受专门教育的普通专门学校管理较为宽松,而接受专门矫治教育的专门学校实行按照分校区、分班级等方式设置专门场所,实行闭环管理,公安机关、司法行政部门负责未成年人的矫治工作,教育行政部门承担未成年人的教育工作。

**四、思考及建议**

(一)在政府中建立专门常设机构

未成年人严重不良行为的矫治工作有一个突出特点就是参与的主体众多,大体有监护人、学校、公安机关、教育行政机关、司法行政机关、人民法院、人民政府、专门教育指导委员会、居民委员会、村民委员会、社会组织等。在众多主体参与的情况下,势必需要一个机构居中指挥、协调各方,以高效地实现对未成年人严重不良行为的矫治目的。

《预防未成年人犯罪法》并未设立这一机构,这可能导致各方主体基于自身的职权、认知、理解的不同,对未成年人严重不良行为的矫治工作效率产生影响,甚至出现拖延、推诿等情形。笔者认为应在人民政府中设立一个常设机构,这对于推进未成年人严重不良行为的矫治工作是极为有利的。

(二)尽快制定相关配套文件

《预防未成年人犯罪法》的规定较为笼统,不具有实践操作性。比如专门教育指导委员会的设立程序、人员组成、评估程序、评估标准等;又如,社会观护制度,目前还在探索阶段,根本没有配套文件支持。

综上,尽快建立未成年人严重不良行为矫治配套制度,使得矫治工作有法可依是当务之急。湖北恩施市检察院建立了观护官制度,对社会观护制度做了一些有益的探索,这对于建立社会观护制度是极为有利的。

(三)加强检察监督,切实保障未成年人的合法权益

专门学校教育具有限制人身自由的特点,是一种较为严厉的矫治措施。检察机关作为国家法律监督机关,应对专门教育及专门矫治教育的决定、执行进行监督,促进专门教育及专门矫治教育法治化运行。故在未成年人严重不良行为矫治工作中,检察机关应主动介入,切实保障未成年人的合法权益。

(四)建立联络员制度

如前所述,参与未成年人严重不良行为矫治工作的主体众多,这可能导致各主体之间出现传递信息延迟或偏差。为了避免这一情况发生,建议参与未成年人严重不良行为矫治工作的主体在内部设立专(兼)职联络员,建立联络员制度,专门处理未成年人严重不良行为矫治工作。对联络员进行系统的培训,提高其参与未成年人严重不良行为矫治的工作技能,也便于出现问题后的追责工作。

(五)建立强制职业技能教育制度

随着《职业教育法》的修订实施,国家将职业教育提高到了一个新的层次。在专门学校接受专门教育或专门矫治教育的未成年人也应加强职业技能教育,以使其年满16周岁或成年后,可以掌握一技之长,顺利实现就业。

笔者认为,应强制在专门学校接受专门教育或专门矫治教育的未成年人参加职业技能教育,并取得职业技能证书。具备相应知识和能力的未成年人经评估后,可直接转入中等职业学校(含技工学校)或高等职业学校。

(六)建立档案集中管理机制

2022年5月24日,最高人民法院、最高人民检察院、公安部、司法部共同制

定了《关于未成年人犯罪记录封存的实施办法》,对于未成年人犯罪记录封存作出了明确规定。《预防未成年人犯罪法》第59条对于未成年人犯罪记录依法封存、查询、保密等也做了原则性的规定。

因参与未成年人严重不良行为矫治工作的主体众多,导致涉及未成年人严重不良行为矫治工作的档案也存放在不同主体中,为了切实保护未成年人合法权益,应制定档案移交保管制度,将存放在各主体手中的统一移交给一个专业机构(档案馆),这样既便于查询,也便于保密,真正实现未成年人记录依法封存的目的。

# 也谈律师的可为与有为

## ——从案例看律师执业的术与道

郑筱珺*

【摘要】律师群体在社会中的可为与有为不仅是高喊“承担社会责任、为法治社会做出贡献”的口号,而更应从律师职业的要求和律师的社会作用层面出发,从律师执业的专业技术上升到律师执业“道”的层面,将可为和有为落到律师执业过程中的每一个细节中去。

【关键词】律师;可为;有为;道;术

### 一、可为与有为

2021 年高考的作文题目《可为与有为》,近期在社会上引起了广泛的讨论:一心只读圣贤书的年代已经过去了,高考早已不是知识点的大串烧,对于通过高考即将成为成年人的学生,国家要选拔的是有态度的人:有理想,有国家情怀,有积极向上的生活态度,有正确的价值观,是基础。能多角度思考,能具备一定的批判性思辨能力,是拔高。

高考作为重要的人才筛选机制,在一定程度上代表了社会当下对所需人才的必备素质要求,这个要求放到我们律师行业,也有值得思考的地方,即律师的“可为”,应当是尽力提升自己的执业素养将每件事情尽到自己最大努力,这是律师执业中专业技术的层面(“术”);律师的“有为”,是在完成当事人委托的事务过

* 郑筱珺,四川君合律师事务所律师,合伙人,房地产与建设工程法律事务部副部长。

程中，将对法律的正确理解和法律如何调整社会关系、追求平衡利益的功能传递给当事人，以自己的言行共同建设良好的法治社会大环境，这是律师执业“道”的层面。

《诉讼可视化》中有一段非常经典的话是这样阐述的：“有时候，是律师没有做好自己的本职工作，才让法官做出了对当事人不利的判决。在抱怨法官不采纳说理，怀疑法官枉法裁判之前，律师是否真的可以问心无愧地说，我们已经做足了工作，把律师的专业能力发挥到了极致？在尽职尽责穷尽所有技术手段之前，我们没有资格怨天尤人。”[①]这段描述非常真实地展开了在律师代理案件的过程中，经常出现的情况。

## 二、术在习得，道在日常

我团队曾在不到一年内承办过三个一审败诉、在二审阶段开始介入代理的案件。这些案件的法律关系各有不同：有项目经营管理引起的民间借贷纠纷，有建设工程分包合同纠纷，有定金合同纠纷。三个案件经过在二审过程中代理人的充分举证和说理，尤其是通过将一审过程中忽略的信息抽丝剥茧后再还原成简单明了的证据呈现给法官，较好地证明了案件事实，这三个案件已经通过二审改判扭转了一审对当事人的不利判决。在此选取一起定金合同纠纷案件作为案例，对律师在诉讼案件代理中的“可为与有为”进行分享。

### （一）案件基本信息

案由：定金合同纠纷。

上诉人：某贸易公司。

被上诉人：某医疗管理公司。

一审被告：茶某，某贸易公司员工。

### （二）案情简介

一审原告、二审被上诉人为某医疗管理公司，一审被告、二审上诉人为某贸易公司，均具有从事二类医疗器械的资质。在2020年从我国发现并波及全世界的新冠疫情开始，2020年3月，中国口罩生产和国内外贸易的商业机会围绕KN95口罩展开。某贸易公司与案外人某科技公司（口罩生产厂家）达成了长期合作关

---

① 参见蒋勇主编：《诉讼可视化》，法律出版社2017年版，第1页。

系，在口罩货源的供给上占有一定优势。2020 年 3 月 25 日，在某贸易公司一直从事国内贸易的员工茶某（不太懂国际贸易），因帮公司宣传有可供出口的口罩货源发了微信朋友圈，案外人陈某通过朋友介绍联系了茶某，茶某将其了解的口罩货源情况进行了介绍，并在 2020 年 3 月 26 日建立了微信群，将某贸易公司的法定代表人，商务经理等员工拉入群，就协商签订口罩买卖合同进行沟通。2020 年 3 月 26 日下午，陈某用其支付宝向茶某支付宝转账 5 万元定金。由于口罩出口的对象国家均要求口罩出口之前拿到 SGS（第三方检测机构）的检测报告，陈某持某医疗管理公司的名义前往某贸易公司的供应商某科技公司进行"验货"，并在次日由 SGS 机构出具了由陈某另外安排的一家贸易公司，河北某贸易公司持有该批口罩货物的 SGS 报告。陈某的行为被口罩供应商某科技公司发现后，某科技公司立刻终止了与某贸易公司的合作，并且将某贸易公司之前已经购买的口罩货物暂扣。因某贸易公司在当时口罩生意进行得较为顺利，还加入了抗疫物资援助的行列，并未对陈某不诚信的行为积极主张权利。

2020 年 4 月 2 日，某贸易公司商务经理与陈某协商了"7.8 元单价、20 万个口罩共 156 万元"的交易条件，该商务经理答应将陈某之前支付的 5 万元定金抵扣入总货款再优惠 1 万元，商定口罩货款总价为 150 万元。但此时陈某提出必须先退还 5 万元、签订书面合同后再支付货款，某贸易公司发现自与陈某协商口罩买卖事宜以来，从未核实过陈某与某医疗管理公司之间的关系，通过高德地图查询，发现该医疗公司的注册地址显示为教育培训机构，某贸易公司当即认为自己可能上当受骗，对陈某提出要求上门查看该公司的情况，被陈某拒绝。2020 年 10 月，陈某以个人名义起诉某贸易公司、茶某和某科技公司，要求三被告连带双倍返还定金 10 万元。后陈某撤诉，某医疗管理公司以自己的名义提起诉讼，以某贸易公司、茶某为被告，要求二被告连带双倍返还定金 10 万元。在一审判决中，法院粘贴复制了所有的微信聊大记录，但未对完整的微信聊天记录进行评述，尤其未对陈某未支付货款便前往供应商厂家进行"验货"、后要求先行退还 5 万元定金再签订合同等事实予以查明，认为该 5 万元系担保口罩交易合同签订的定金，合同最终未能签订的原因系某贸易公司商务经理要求支付全部货款，判决某贸易公司双倍向某医疗管理公司返还定金 10 万元。

该判决下达后，某贸易公司的负责人非常不认可一审判决，认为明明是自己被不诚信的商家伤害,为何法院还要判决其双倍返还定金?同时,还对一审律师的代理过程和一审法官的公正性都提出极大的质疑。

笔者作为二审代理律师分析了一审判决,认为主要原因系一审过程中我方未向法官进行充分举证和说理造成,加之法官不了解口罩的商业交易流程和规则,未能觉察到陈某的不诚信行为。二审若能查明该部分事实,某贸易公司至少不会承担双倍返还定金的责任。某贸易公司的负责人认同该分析,并且全力配合律师的代理工作。茶某在一审作为被告缺席,在二审开庭前经过与其沟通,我认为茶某为人正直且能够理解诉讼程序,若其能够出庭,对庭审效果将起到更好的作用,便建议其一起出庭帮助法官查明案件事实。

在二审中,贸易公司补充提交了以下证据:

第一组:(1)微信群聊天记录;(2)解除协议书;(3)银行电子回单(两张);(4)采购合同;(5)解除协议;(6)银行电子回单(三张),拟用以证明陈某与第三方案外人前往向口罩供应商某科技公司将某贸易公司已经付款购买的口罩货物拍摄作为自己可以交付货源的假象,导致当日到场多名采购商因交付先后顺序引发争议,先后退款。口罩供应商某科技公司随后与某贸易公司解除了供货协议,某贸易公司的客户也与其解除了口罩买卖协议。随后,陈某对自身的不诚信行为对某贸易公司及其他公司造成的损失、对某贸易公司提出的尽力为其找到20万个口罩的货物是否继续商洽采购合同不予回应。

第二组:(1)微信聊天记录。(2)某医疗管理公司工商信息。(3)某医疗管理公司注册地址照片及高德地图定位信息,拟证明:陈某坚持要某贸易公司先退还其于2020年3月26日支付的5万元才签订合同并支付货款,哪怕某贸易公司将合同总价让步该5万元+1万元,要求陈某所称代表的某医疗管理公司支付总价150万整数即可,陈某也要坚持先退还5万元,让某贸易公司对其身份产生了怀疑。某医疗管理公司的工商信息中并无陈某的身份信息,某贸易公司经过高德地图查询其注册地址显示该地址一条街均为路边小餐饮店,便要求陈某提供公司经营地址上门查看,陈某拒绝。直到本案开庭前,某医疗管理公司的注册地址仍然为餐饮和培训机构。陈某只想让某贸易公司退还其5万元、不想签订合同的意思表示已经很明显。

第三组:(1)(2020)川某民初1665号案庭审笔录。(2)河北某贸易有限公司资质证书详情。(3)微信聊天记录,拟证明:第一,陈某在第一次向某区法院以个人名义起诉要求某贸易公司双倍返还定金时陈述表示其并未代某医疗管理公司支付定金,根据禁反言原则,陈某对某贸易公司员工支付5万元的行为在本案中法院应传唤其到庭作证或依职权追加其为第三人参加诉讼以查明事实。第二,河北某贸易有限公司于2020年3月26日,即陈某向某贸易公司支付5万元称要与某贸易公司进行口罩买卖的当日,才取得医药器械经营备案资质。第三,陈某在未取得货物的情况下,骗取SGS检测报告使得某医疗管理公司已经达到能够依据该骗取的报告违规套牌销售的非法目的。其自始并无与某贸易公司签订正式合同的意愿,并在达到目的后起诉要求双倍退还其支付的5万元定金。

第四组:(1)西瓜视频中文国际CCTV－4。(2)四川观察节目新闻报道。(3)《华西都市报》2020年3月29日。(4)西瓜视频上海电视台新闻综合频道"白色印钞机",拟证明:中文国际CCTV－4以及四川观察节目均报道了某贸易公司出口13万只口罩及额温枪等紧急物资运往波兰的事实。2020年3月下旬某贸易公司订舱中欧班列,中欧班列保障了防疫物资绿色通道畅通,使得某贸易公司能够大量出口口罩帮助其他国家防控疫情。某贸易公司尽最大努力将出口口罩成本控制,自己让出利润,用行动实践中国企业的担当。本案双方诉争的围绕口罩买卖合同给付定金及商洽期间,围绕KN95口罩的商机导致很多之前并无资质的企业抢着申请经营医疗器械资质从而通过生产口罩在短期内赚取高额利润:陈某通过以某医疗管理公司(疫情前就有资质)名义与某贸易公司商洽进行口罩买卖,支付5万元定金进入贸易公司的供货厂家、将贸易公司的口罩货物拍摄作为当天才取得口罩买卖资质的河北某贸易公司的货源的不诚信操作,使得河北某贸易公司拿到了SGS报告。而遵守法律规定、资质齐全、货源稳定、物流渠道畅通、一心想促成交易的某贸易公司反而成为被陈某及某医疗管理公司利用的对象。

第五组:(1)SGS简介。(2)检验申请表,用以证明:SGS是国际公认的检验、鉴定、测试和认证机构,在世界各地共有89 000多名员工,分布在2600多个分支机构和实验室,构成了全球性的服务网络。SGS检验报告要求在申请检验的时候就要填写最终买家、供应商、工厂、申请检验付费方的信息。货品生产状态需符合下列要求,生产初期检验:大约10%货品已完成生产,并且至少有50套已完成货品可供检查。生产中期检验:30% ~50% 货品已完成生产,其余货品正在生产中。成品终期检验:100% 货品已全部完成生产过程,并且至少有 80% 货品完成最终包装且已装箱完毕(其余部分正处于装箱阶段)。若配件来自不同工厂,须集中到检验地点等候检验。SGS 检验报告要求在申请检验的时候就要填写最终买家、供应商、工厂、申请检验付费方的信息且根据出具检验的报告不同,对生产货物的成品要求不同。

上述证据还能证明,某贸易公司支付全款订下的口罩被陈某用案外公司当作自己的货源进行检验以谋取对下一个环节销售口罩的必要信息。2020 年 3 月,中国口罩生产和销售商机巨大,口罩企业产能严重不足,各种不法分子利用该机会谋取不法利益,严重损害了市场交易秩序和一定程度上影响了中国的国际形象。

在二审过程中,法官通过了解上诉人某贸易公司的举证,一开庭就发现了陈某和其所称代表的某医疗管理公司并未支付过口罩货款,但陈某安排的案外人河北某公司却拿到了持有口罩货物的 SGS 检测报告。法官要求其代理人当庭打电话给陈某,开启免提模式询问为什么没有支付口罩货款但拿到了 SGS 检测报告,报告的持有人是谁? 陈某回答 SGS 检测报告由河北某贸易公司持有。在查明该问题后法官询问上诉人某贸易公司是否向相关部门举报过陈某的行为? 某贸易公司回答当时确实不知道还能通过举报查处陈某的行为,仅认为陈某的行为属于不诚信的带有欺骗性质的商业行为。

另外,某贸易公司员工茶某出庭的效果较好,茶某向二审法官陈述了其本不懂国际贸易,在公司工作几年来一直负责国内贸易板块业务;2020 年 3 月,茶某想帮公司宣传促成口罩出口交易而发送微信朋友圈进行宣传以及陈某如何联系他、如何违规“验货”的过程;茶某还表示自己对某贸易公司有愧疚感、对陈某的不诚信行为感到愤怒等。参与庭审的人能明显感觉法官对于茶某的陈述采信度较高。代理律师需要注意的是,当事人在诉讼中作为共同被告,应告知每一位被告有出庭应诉的义务并提前一起做好出庭的准备;不应认为共同被告中的一方承认责任应当完全由自己承担而其他共同被告就可以随意缺席审判。

最终二审法院判决认定:5 万元作为担保双方订立口罩买卖合同的定金,具有担保合同签订的功能,而双方在 2020 年 4 月 2 日的协商过程中,已经就口罩买卖的主要交易条款达成一致,口罩买卖合同已经成立,5 万元定金用于担保合同签订的功能已经实现。但双方最终未履行合同,某贸易公司未供货,某医疗管理公司和陈某未支付货款,对于陈某已经支付的 5 万元定金,某贸易公司应当予以返还。判决撤销一审判决,改判某贸易公司在 10 日内向某医疗管理公司返还 5 万元。①

值得注意的是,虽然二审判决记载对于上诉人某贸易公司的除微信聊天记录以外的举证(一审未审查完整)均因缺乏关联性而不予采纳,但在庭审过程中却围绕该部分举证进行了详细审理和询问。这就是代理人体现专业技术的部分,即“可为”的部分,充分举证说理,还原案件真相,虽然某些举证最终不一定被判决书采纳,但实质上影响法官的自由心证和价值判断,最终扭转了对当事人不利的一审判决。

上述案例在二审中通过律师的“可为”,即通过律师的专业技术扭转了一审对当事人的不利判决结果,这是律师执业“术”的层面;律师的“有为”,是在完成当事人委托的事务过程中,将对法律的正确理解和法律如何调整社会关系、追求平衡利益的功能传递给当事人,以自己的言行共同建设良好的法治社会大环境,这是律师执业“道”的层面。

在为某贸易公司分析二审判决书时,笔者注意强调了以下几个方面:提醒某贸易公司学习交易过程中各方的言行对应怎样的法律后果;通过二审判决改判,让某贸易公司得到了应有的正义,即其在本案中并无过错,不应得到法律的惩罚(双倍返还定金),这是普通老百姓对法律的信仰;法律的功能是平衡社会利益,因贸易公司未在一审中就陈某的不诚信行为提起反诉,二审法院的审理也只能限于本买卖合同成立后某贸易公司未提供货物,不返还 5 万元没有法律的依据。某贸易公司表示认同,并立即将 5 万元返还到了被上诉人公司的账户,积极履行了判决书确定的义务。至此,本案圆满结案。

法谚有云:“不公正的审判是污染公平正义的源头。”如果说这句话主要强调审判机构的责任,那么作为重要诉讼参与人的律师不尽职尽责导致法院对当事人作出不利判决,同样也会伤害到大众对法律的信仰。律师应当在每个自己接受委

---

① 参见四川省成都市中级人民法院民事判决书,(2021)川 01 民终 6359 号。

托的案件过程中,通过专业技术的“可为”上升到对法律信仰的“有为”,将执业的境界从“术”上升到“道”。借着高考作文题目的启发,我写下这篇案例回顾,希望早已远离高考考场的我们,也能借着莘莘学子的朝气与活力,以梦为马、不负韶华,将律师职业做到极致。

律师可为,律师有为,律师大有可为。

# 恶犬伤人谁之过？人祸——该当何罪

陈　琳　罗　欢*

【摘要】犬只伤人事件已成为社会关注热点话题，目前养狗人携犬出户未尽谨慎注意义务的，对禁养烈性犬监管不严的，已引发多起大型犬伤人事件。立法机关、民间组织通过建立犬只饲养法律规范或民间规则，进一步规范养狗人的养狗行为；执法机关通过加强对违法携犬出户行为的惩罚力度，进一步落实饲养狗的行为规范；养狗人通过内心里尊重养狗规范、行为上遵守养狗规则，才能有效避免狗伤人事件的再次发生，才能为汪星人与人们的和谐相处提供条件和保障。

【关键词】烈性犬伤人；携犬出户；女童受伤；规范养狗行为

## 一、案情简介

2023年10月16日8时许，成都崇州市羊马街道恒大西辰绿洲小区内发生一起女童被狗咬伤事件。

经查，2023年10月16日8时许，邓某与女儿唐某在小区楼下行走时，遇一黑色罗威纳犬和一白色拉布拉多犬，黑色犬只对唐某发起攻击，将其咬伤。2023年10月16日8时30分，邓某、唐某被送至医院救治，后转至华西医院，经诊断，唐某全身多处咬伤，经全力救治，目前生命体征平稳。华西医院医疗救治专家组将根据检查情况完善后续医疗救治措施。

---

* 陈琳，四川君合律师事务所合伙人，婚姻家事与财富传承部部长。罗欢，四川君合律师事务所实习律师。

## 二、案件分析

目前,黑色罗威纳犬主人已被公安机关刑拘。狗主人可能涉嫌过失致人重伤罪,依法将处3年以下有期徒刑或者拘役。但是,本案特殊性在于烈性犬咬伤人事发小区属于公共场所,狗主人也可能涉嫌过失以危险方法危害公共安全罪,或处3年以上7年以下有期徒刑,情节较轻的或有可能处3年以下有期徒刑。

这次事件中伤人的罗威纳犬有特别明显的缺点,因其体型较大,长相较为凶悍,领地意识强,警惕性高,具有较强的攻击性,罗威纳犬吓到路人和伤人事件时有发生。

恶犬伤人事件并非不可避免。根据《动物防疫法》第30条第2款的规定:携带犬只出户的,应当按照规定佩戴犬牌并采取系犬绳等措施,防止犬只伤人、疫病传播。《成都市养犬管理条例》规定:养犬人应当对犬只拴养或者圈养;养犬人携犬出户,应当将犬只装入犬笼、犬袋或者由完全民事行为能力人使用犬绳牵领。如上所述,此次恶犬伤人事件是完全可以避免的,假使罗威纳犬的饲养人遵守《成都市养犬管理条例》,拴绳牵领,必然不会发生该事件。正是由于养狗人不遵守法律法规,才出现了女童受伤的严重后果,而这个幼小的生命,也因此改变了一生,不得不面对伤痕累累的身体和敏感多虑的心灵,需要更多的尊重、呵护与关注。

## 三、案例启示

为避免类似事件的发生,期待在以下方面能有改善。

首先,完善禁止饲养犬类的名单,进一步规范饲养犬只的种类,并对饲养行为进行完善、规范。对于违反法律法规并造成损害结果的行为进一步加以约束,如饲养人未遵守法律规范,造成损害后果的,一定时间内不能再次饲养狗,并将该禁养令在犬业协会进行公布;对于违法行为,依法追究饲主相应的法律责任。

其次,通过半官方的组织制定规范饲养狗的文件,如成都市锦江区犬只管理协调小组办公室于2023年3月1日制定的《关于锦江区关于文明养犬的通告》。另外,可通过民间组织制定养狗规范,如通过业主委员会制定犬只管理规范,通过犬业协会制定养狗行为规范,以此进一步规范养狗人的养狗行为。

再次,明代张居正曾言:“盖天下之事,不难于立法,而难于法之必行。”①当前,不论是《动物防疫法》还是《成都市养犬管理条例》均对携犬出户的行为进行了规范,但并未落到实处,悲剧也因此而发生。只有据实规范养狗人的养狗行为,才能避免此类事件的再次发生。

又次,养狗人要遵循内心的指引,善意地遵守规则和承诺。正如美国法学家伯尔曼曾说的,“法律必须被信仰,否则它将形同虚设”。② 法律的文字只有成为内心的道德,法治才能实现。养狗行为亦是如此,只有养狗人敬畏生命、自愿遵守养狗规范,从而心存敬畏、行有所止,那么,恶犬伤人事件才能被有效遏制,市民尤其是老人、小孩等弱势群体才能免于受到恶犬的肆意伤害。

最后,期盼饲主可以选择那些较为温顺的狗,在携带狗出门时拴好狗绳,千万不要随意饲养禁养的烈性犬,以避免此类悲剧的再次发生。

---

① (明)张居正:《请稽查章奏随事考成以修实政疏》,载《张居正集第1册奏疏》,荆楚书社1987年版,第131页。

② [美]伯尔曼:《法律与宗教》,梁治平译,商务印书馆2012年版,第7页。